创新驱动发展战略研究

谢富纪 著

教育部哲学社会科学研究重大课题攻关项目（项目批准号：15JZD017）

科学出版社
北京

内 容 简 介

本书沿着中国情境、国际比较、理论探讨、实证分析、总体构想、顶层设计、战略重点的思路，层层递进展开研究。基于创新驱动发展的中国情境分析、主要国家创新驱动发展的国际比较研究、创新驱动发展的技术赶超理论与产学研协同创新机制理论研究、创新驱动发展的政策研究、创新驱动发展的创新网络研究，提出我国实施创新驱动发展战略的总体构想，并进行顶层设计，阐明战略重点。本书的出版有利于我国创新驱动发展理论体系的构建，将对我国实施创新驱动发展战略产生积极的影响。

本书适合政府、企业、高校、科研机构等工作人员以及对创新领域感兴趣的研究人员阅读，以期在我国创新驱动发展战略实施过程中帮助政府、企业、高校、科研机构解决在创新理论与实践方面遇到的困惑。

图书在版编目（CIP）数据

创新驱动发展战略研究 / 谢富纪著. —北京：科学出版社，2024.6
ISBN 978-7-03-078388-2

Ⅰ. ①创⋯ Ⅱ. ①谢⋯ Ⅲ. ①国家创新系统–发展战略–研究–中国 Ⅳ. ①F204 ②G322.0

中国国家版本馆 CIP 数据核字（2024）第 076836 号

责任编辑：郝　悦 / 责任校对：姜丽策
责任印制：张　伟 / 封面设计：无极书装

科学出版社 出版
北京东黄城根北街 16 号
邮政编码：100717
http://www.sciencep.com
北京盛通数码印刷有限公司印刷
科学出版社发行　各地新华书店经销

*

2024 年 6 月第 一 版　开本：720×1000　1/16
2024 年 6 月第一次印刷　印张：37
字数：740 000

定价：298.00 元
（如有印装质量问题，我社负责调换）

目　　录

第一篇　绪　　论

第一章　研究背景与意义 ································· 3
　一、研究背景 ····································· 3
　二、创新驱动发展的理论轨迹 ······························ 6
　三、研究价值与意义 ································· 35

第二章　研究框架与内容 ································· 37
　一、总体框架 ····································· 37
　二、研究目标 ····································· 37
　三、研究的基本内容 ································· 38

本篇参考文献 ······································· 43

第二篇　创新驱动发展的中国情境与国际比较研究

第三章　创新驱动发展的中国情境 ···························· 59
　一、创新驱动发展的制度情境 ······························ 60
　二、创新驱动发展的经济发展情境 ···························· 70
　三、创新驱动发展的历史文化情境 ···························· 75
　四、创新驱动发展的科技发展情境 ···························· 79

第四章 创新驱动发展的国际比较 ……………………………………… 87
一、美国创新驱动发展的演进历程及特征 …………………………… 87
二、日本创新驱动发展的演进历程及特征 …………………………… 97
三、韩国创新驱动发展的演进历程及特征 …………………………… 105
四、英国创新驱动发展的演进历程及特征 …………………………… 115
五、德国创新驱动发展的演进历程及特征 …………………………… 123
六、印度创新发展的演进历程及特征 ………………………………… 138
七、俄罗斯创新发展的演进历程及特征 ……………………………… 143
八、巴西创新发展的演进历程及特征 ………………………………… 149
九、南非创新发展的演进历程及特征 ………………………………… 152

第五章 国际启示与新科技革命对中国创新驱动发展的挑战 ………… 157
一、国际启示 …………………………………………………………… 157
二、新科技革命发展趋势 ……………………………………………… 160
三、中国创新驱动发展面临的挑战 …………………………………… 163

本篇参考文献 ………………………………………………………… 166

第三篇　创新驱动发展的理论研究

第六章 创新驱动发展的技术赶超理论研究 …………………………… 173
一、技术赶超研究的理论溯源 ………………………………………… 174
二、技术赶超路径和赶超战略 ………………………………………… 183
三、机会窗口对技术赶超路径选择的影响 …………………………… 192
四、制度变革对技术赶超路径选择的影响 …………………………… 200
五、中国技术赶超路径分析 …………………………………………… 209

第七章 创新驱动发展的产学研协同创新机制研究 …………………… 218
一、产学研协同创新研究的理论溯源 ………………………………… 218
二、产学研协同创新演进机制研究 …………………………………… 228
三、产学研协同创新激励机制研究 …………………………………… 240
四、产学研协同创新利益分配机制研究 ……………………………… 254

五、研究结论与启示……………………………………………………… 267

本篇参考文献……………………………………………………………… 270

第四篇　创新驱动发展的政策研究

第八章　政策评估的理论与方法溯源………………………………… 279
　一、政策评估的相关理论………………………………………… 279
　二、政策组合评估相关研究……………………………………… 286

第九章　新能源汽车产业创新政策体系评估理论框架……………… 295
　一、相关产业创新政策研究回顾………………………………… 296
　二、政策工具分类和相互作用机制……………………………… 306
　三、政策体系评估理论框架的构建……………………………… 310

第十章　政策组合视角下新能源汽车产业创新政策体系分析
　　　　　——以上海市为例………………………………………… 314
　一、样本选择……………………………………………………… 314
　二、样本编码……………………………………………………… 316
　三、上海市新能源汽车政策效果分析…………………………… 319
　四、结论与讨论…………………………………………………… 346

第十一章　政策组合中多层级多类型政策对新能源汽车创新产出影响研究… 348
　一、理论分析与研究假设………………………………………… 348
　二、数据来源与变量测量………………………………………… 353
　三、实证分析……………………………………………………… 357
　四、结论与讨论…………………………………………………… 368

第十二章　政策组合的特征对新能源汽车创新产出影响研究……… 370
　一、理论分析与研究假设………………………………………… 370
　二、数据来源与变量测量………………………………………… 373
　三、实证分析……………………………………………………… 376

四、结论与讨论 385

第十三章　创新驱动发展的产业创新政策建议 387
　　一、新能源汽车产业政策研究结论 387
　　二、政策建议 389

第十四章　创新驱动发展的人才政策研究 393
　　一、相关人才政策研究回顾 394
　　二、人才政策发展三阶段模型与中国人才政策 396
　　三、人才政策与区域创新发展 402
　　四、结论与政策建议 417

本篇参考文献 419

第五篇　创新驱动发展的创新网络研究

第十五章　企业创新网络研究背景与模型构建 433
　　一、研究的意义与背景 433
　　二、创新网络与企业创新相关研究 434
　　三、研究的理论模型 440
　　四、数据获取与网络构建 441

第十六章　创新网络动态演化分析 447
　　一、专利统计分析 447
　　二、合作网络动态演化规律及特征 452
　　三、专利引用网络动态演化规律及特征 473
　　四、结论与讨论 484

第十七章　合作网络对企业创新绩效影响的实证研究 ... 488
　　一、理论分析与研究假设 489
　　二、数据与变量 493
　　三、实证检验 496

四、结论与讨论 …………………………………………………………… 502

第十八章　专利引用网络对企业创新绩效影响的实证研究 ……………… 504
　　一、理论分析与研究假设 ………………………………………………… 506
　　二、数据与变量 …………………………………………………………… 510
　　三、实证检验 ……………………………………………………………… 511
　　四、结论与讨论 …………………………………………………………… 515

第十九章　多层网络对创新绩效影响的实证研究 ………………………… 517
　　一、理论分析与研究假设 ………………………………………………… 518
　　二、数据与变量 …………………………………………………………… 524
　　三、实证检验 ……………………………………………………………… 525
　　四、结论与讨论 …………………………………………………………… 529

第二十章　创新驱动发展的企业创新网络政策建议 ……………………… 532
　　一、主要研究结论 ………………………………………………………… 532
　　二、政策建议 ……………………………………………………………… 536

本篇参考文献 ………………………………………………………………… 540

第六篇　中国实施创新驱动发展战略的总体构想

第二十一章　实施创新驱动发展战略的顶层设计 ………………………… 553
　　一、指导思想和设计思路 ………………………………………………… 553
　　二、总体设计 ……………………………………………………………… 555

第二十二章　创新驱动发展战略实施的战略重点 ………………………… 559
　　一、改革科研管理与教育体制，突破关键核心技术制约 ……………… 559
　　二、构建全国技术交易市场，激活创新主体活力 ……………………… 562
　　三、优化产学研合作创新网络，加速科技成果转化 …………………… 570
　　四、把握双循环发展格局，创新驱动产业转型升级 …………………… 574

五、强化多维协同机制，创新驱动经济高质量发展……………………… 577

本篇参考文献 …………………………………………………………… 580

后记 ……………………………………………………………………… 581

第一篇 绪 论

第一章 研究背景与意义

一、研究背景

党的十八大明确提出实施创新驱动发展战略,强调"科技创新是提高社会生产力和综合国力的战略支撑,必须摆在国家发展全局的核心位置"[①]。2020年10月,中国共产党第十九届中央委员会第五次全体会议召开,全会强调"坚持创新在我国现代化建设全局中的核心地位,把科技自立自强作为国家发展的战略支撑,面向世界科技前沿、面向经济主战场、面向国家重大需求、面向人民生命健康,深入实施科教兴国战略、人才强国战略、创新驱动发展战略,完善国家创新体系,加快建设科技强国"[②]。创新驱动将成为我国经济、社会及生态文明和谐发展的主要引擎。改革开放40多年来,我国主要依靠廉价劳动力投入、大量资源消耗和大规模投资实现了经济高速增长。然而随着经济发展方式和要素结构的转变,原有的人口红利、包括土地在内的资源红利和资本红利优势开始减弱,劳动报酬及其预期的提升使得劳动力不再无限供给,资源和环境的不可持续问题已经非常突出,基于大规模投资和技术设备改善的传统发展模式也难以为继。

当今世界正在经历新一轮大发展大变革大调整,数字经济时代的到来,正以巨大的力量改变着人类社会,改变着我们的生活方式、思维方式和经济全球化发展。从国际范围来看,各创新型国家无不在技术更新换代、高新技术研发等领域注入重资,技术主权之争愈演愈烈。从国内来看,我国的经济是在一个大多数产业没有掌握关键核心技术的环境下发展的,以市场换技术的发展思路并未取得预期效果。在新发展格局下,西方发达国家设置的技术壁垒和技术封锁使我国的技术赶超与创新型国家建设之路面临着严峻的挑战。虽然几十年来我国经济高速发

[①] 胡锦涛. 坚定不移沿着中国特色社会主义道路前进 为全面建成小康社会而奋斗——在中国共产党第十八次全国代表大会上的报告. 求是, 2012, (12): 3-25.

[②] 中国共产党第十九届中央委员会第五次全体会议公报. 旗帜, 2020, (11): 5-8.

展,科技进步取得不凡成绩,但关键核心技术的缺失依然制约着我国经济的高质量发展,关键核心技术瓶颈已成为我国发展的最大障碍。因此,我国坚持创新驱动发展,实施创新驱动发展战略,是顺应时代背景、国际环境、国内背景和技术趋势的必然要求。

(1)时代背景:知识经济时代方兴未艾,技术能力竞争如火如荼。进入21世纪,知识以超过任何一个时代的速度和规模突飞猛进。知识经济时代的来临,正以巨大的力量改变着人类社会,改变着我们的生活方式和思维方式。一个以知识和信息为基础、机遇和挑战并存的全球一体化局面正在形成。按照经济合作与发展组织(Organization for Economic Co-operation and Development,OECD)的说法,知识经济是以现代科学技术为核心的,建立在知识和信息的生产、存储、使用和消费之上的经济。这一界定凝练了知识经济时代的基本特征,彰显了技术在当今时代举足轻重的作用。从国际范围来看,包括美国、日本、韩国乃至印度在内的世界各国,无不在技术更新换代、高新技术研发以及技术吸收与转化等领域注入重资,关于技术能力的竞争正在全球范围内扩散开来。能否在这一充满不确定性的竞争中占据一席之地,在一定程度上关系着一个国家的未来命运。受全球单边主义抬头和逆全球化趋势的双重影响,世界经济低迷。在全新的时代背景下,中国异军突起的关键正是把握时机,创新驱动发展经济。

(2)国际环境:全球竞争形势复杂多变,技术主权之争愈演愈烈。知识的情境性和隐性特征以及科学技术的环境性与抽象性特性,使得全球范围内以知识和技术为基本要素的竞争变得愈加复杂和非均衡化。技术的地理分布差异性是这种非均衡化的一种重要表现。发达国家往往占据技术研发的领先地位,见证了诸多技术的出现、兴衰与变迁,并力图在技术演变过程中掌握话语权。它们通过创造信息与技术的先行优势得到市场的先机,又通过网络外部性和正反馈机制保持和扩大这种优势。这使得后发国家的"技术黑箱"解密之路面临着严格的技术壁垒和严重的技术封锁。然而,后发国家在研发成本和行业风险把握等方面可能具备的后发优势,使其能够更有效地洞察技术的非连续性、消费需求的不确定性和市场的规模性特征。竞争形势的复杂化与后发优势的存在促使后发国家在技术能力的竞争中不断寻找技术发展之路,以期在技术升级或演变中分得一杯羹,甚至是获得新技术的所有权。

(3)国内背景:产业结构升级蓄势待发,创新驱动发展势在必行。受贸易保护主义的影响,国际经济遭受重挫,而我国正处于转变经济发展方式和产业结构升级的关键时期。产业升级主要是指产业结构的改善和产业素质与效率的提高。产业结构的改善表现为产业的协调发展和结构的提升,而产业素质与效率的提高表现为生产要素的优化组合、技术水平和管理水平以及产品质量的提高。在这一系列改革背后,技术进步无疑是支撑产业升级的极为重要的一个要素。作为后发大国之一，我国需要着眼于科学技术及信息化的发展趋势，树立超前意识，加强对前沿技术和新概念技术的预先研究，注重重大关键技术的自主创新，争取研发出具有自主知识产权的战略性、前瞻性、关键性技术和产品，锻造我国企业的"杀手锏"。然而，不得不面对的现实是，尽管我们在光伏、新能源等领域已经处于世界领先水平，但在关乎经济发展和社会民生的多数行业，我们仍处在相对落后的位置。于是，立足中国的经济发展与社会管理实际，制定出切实可行的技术赶超战略，赶上和超越先进国家的技术水平，势在必行。

（4）技术趋势：技术赶超之路波诡云谲，创新驱动发展迫在眉睫。从不同国家的赶超历史来看，后发国家要实现技术赶超，技术引进是一条可行的道路。通过对引进技术的分解、消化与吸收来加速对现有技术的理解与掌握，并在此基础上进行类似或升级技术的研发。然而，技术的外生性和技术升级的跳跃性，使得技术引进有时隐含极大的"陷阱"。这种陷阱使技术引进国的研究开发力量出现"空洞化"，弱化了当地的研究开发能力，在技术上越来越依赖国外技术。就如同"拉美奇迹"的昙花一现，最终走上"依附型社会"道路。因此，过分的技术演变路径依赖不利于技术赶超的实现，而在没有路径依赖的基础上过分强调路径创造，则又可能陷入"竞争力陷阱"。对于转型时期的我国来讲更是如此，既不能完全依附国外技术的引进，更不能进行完全封闭式技术赶超。在路径依赖、路径跃迁和路径创造中寻找平衡，在众多可选择的技术赶超之路中，提升自主创新和自主知识产权的当量迫在眉睫。

在技术赶超的法则里，自主创新重于一切。我国企业一直在积极探索技术赶超之道，有些企业已经取得了可观的成绩。从通信设备制造商的华为技术有限公司（以下简称华为公司），到装备制造业的三一重工股份有限公司（以下简称三一重工），再到重型装备制造业的上海振华重工（集团）股份有限公司（以下简称振华港机），都在技术赶超的道路上成绩非凡。

华为公司自1987年成立至今，每年的研发投入都占销售额的10%以上，有的年份甚至超过15%。2018年华为公司的研发支出约为153亿美元。截至2019年12月31日，华为公司在全球持有有效授权专利85 000多件，其中中国有效授权专利30 000多件，中国以外国家有效授权专利50 000多件，其中90%以上专利为发明专利（华为技术有限公司，2020）。

成立于20世纪90年代的三一重工一直将基础研发和投入作为企业发展的关键，致力于整体技术创新平台的建设、"技术—专利—标准"梯次的知识产权与标准战略、建设"宽容失败，不许重错"的创新沃土。企业不仅每年将销售收入的5%以上投入研发领域，而且还有各种奖励、分红和股权激励政策。截至2018年，三一重工已累计申请专利13 126件，授权专利9 461件，申请及授权数居国内行业第一（伍玲，2019）。三一重工的成功再一次说明：只有走自主创新之路，才是民族工业振兴的制胜法宝。

20多年前，集装箱起重机市场还是欧美、日韩等产品一统天下，振华港机十几个创业者坚定地喊出了自己的雄心壮志，并通过了每年将2%的产值投入科技研发的决定。随后，凭借不断创新的新技术和低成本优势，振华港机的产品迅速在美国东西海岸港口"点亮"。从2001年开始，振华港机的创新产品如潮水般不断涌出。ZPMC（Zhenhua Port Machinery Company）品牌的港口机械装备已经打入了65个国家和地区，销量连续多年全球第一。振华港机通过强力自主创新，"掐死"了外企的技术轨道，自己也成功登上了世界之巅。

然而，纵观我国行业发展现状，不少细分行业仍面临外资品牌纵横天下、国资品牌生存艰难的窘迫局面。当然，有一部分行业或企业已认识到自主创新与技术赶超的重要性，如商业飞机制造业、电动汽车制造业等，都在技术研发上投入了大量的资金。然而，有些公司的业绩扭亏为盈，突然"大变脸"并不是来自本行业的技术创新，而是来自企业投资矿山或地产的收益，而平时鲜见其在研发与技术领域的大手笔投入。在这种背景下，能否实现先进行业带动其他行业、先进企业带动行业内其他企业，从而加快我国自主创新型技术赶超的进程，成为必须面对的现实。

二、创新驱动发展的理论轨迹

创新驱动发展战略研究的相关理论问题与研究主要有创新驱动发展及其战略、创新型国家建设、国家创新体系、技术赶超战略与路径、开放式创新、创新生态系统、微观合作效率、创新网络等方面。

（一）创新驱动发展及其战略的相关研究

近年来，关于创新驱动发展的研究逐渐展开，鉴于内涵机理和运行实践的重要性，创新驱动的学术探讨日益受到学者的关注。辜胜阻（2013）在其著作《创新驱动战略与经济转型》中从经济转型与企业发展、新型城镇化与扩大内需、新兴产业发展与金融创新、智慧城市建设与社会管理等方面，系统全面地分析了我国经济发展经济转型与创新的深层次问题。洪银兴（2013）在其研究中对创新驱动做了如下定义：创新驱动就是利用知识、技术、企业组织制度和商业模式等无形要素，对现有资本、劳动力、物质资源等有形要素进行组合，以创新的知识和技术改造物质资本，提高劳动者素质和科学管理水平，进而形成内生性的增长。

创新驱动发展的内涵（王海燕和郑秀梅，2017）有：第一，创新驱动发展是通过知识、技术等要素的引入突破资源要素的瓶颈；第二，创新驱动发展是对各类创新资源的整合与盘活；第三，创新驱动发展是传统经济发展动力的优化与升级。波特（2007）也曾将国家竞争优势阐述为要素驱动、投资驱动、创新驱动和财富驱动四个阶段。但总的来讲，国内外学术界和业界关于创新驱动的内涵依然存在不同的理解和范围界定。

在创新驱动发展战略成为国家发展战略的实践需求，创新学逐渐成为一门显学的背景下，有必要对创新驱动发展研究特征和主题内容进行系统梳理。总体来说，目前关于创新驱动发展战略的研究主要集中在五个层面：企业层面、产业层面、区域层面、国家层面及国际比较层面研究。

1. 企业层面

锁箭等（2014）基于创新理论和转型发展理论，借鉴发达国家和地区中小企业创新和转型的经验，提出了我国中小企业转型的理论逻辑及路径设计。我国中小企业可选择在资源配置、战略选择和市场拓展等方面进行调整，借以实现自身在增长方式、发展战略和目标市场等方面的转型。饶扬德等（2008）从市场创新、技术创新、管理创新及它们间的协同的视角研究企业成长问题，尝试性提出和界定了"创新协同驱动型企业成长模式"，并分析探讨了创新协同驱动型企业成长模式的核心要素、主要特征及其风险。李艳（2014）探讨了内蒙古中小企业发展现状和存在的主要问题，阐述了中小企业向创新驱动转轨的战略意义，提出了推动转轨的思路和措施。周琳（2015）在阐释创新驱动发展战略的特征、内涵基础上，对企业创新绩效的提升进行了制度层面和微观层面的深入剖析。张海涛和唐元虎（2005）分析了知识型企业进化的内容，并基于知识型企业的生存模型、知识创新量计算模型，构建由知识创新驱动的知识型企业进化度量模型，对知识型企业进化程度进行度量。金桂荣（2014）运用数据包络分析（data envelopment analysis，DEA）指数方法对我国各省份中小企业 2005~2011 年的节能减排效率变动指数进行了测度，通过指数分解和分析，得出中小企业节能减排效率提升主要得益于技术创新，而管理创新的贡献相对较小。

2. 产业层面

创新驱动型发展当前阶段的特点是，数百万消费者的互联网访问量不断扩大，范围广泛的数字服务、产品、系统集成到数字社会生态和经济系统中（Gagulina et al.，2020）。姚西龙等（2015）利用 DEA-RAM（data envelopment analysis-range adjusted measure）模型，构建了包含环境效率、经济效率及创新效率的工业经济转型效率的测算模型，根据此模型能够测算出我国总体及不同省份的绿色创新效率。张来武（2013）认为，我国"三农"发展已经进入一个新阶段，要解决好"三农"问题，必须更多依靠深化改革，更多依靠创新驱动，把改革的红利和创新的活力充分释放出来。孙晓和张少杰（2015）认为，颠覆性创新具有起点低、错位竞争、易于接受及平民化等特点，不仅可有效降低成本和提高生产效率，而且可以产生利益再分配及获得超额利益，对提高产业国际竞争力具有重要作用。实施颠覆性创新战略、选择产业突破口及差异化竞争策略，是提高我国产业国际竞争力的有效途径。周济（2012）提出工程化、产业化是创新驱动发展的关键，要着重做好以下几点：一是为推进工程化产业化的科学决策提供战略咨询；二是为强化工程化产业化的制度创新提供战略咨询；三是为优化工程化产业化的环境提供战略咨询。孙志刚（2013）探讨了深化医改过程中创新驱动发展的战略，一是创新核心理念，确保改革沿着正确方向推进；二是创新体制机制，构建基本医疗卫生制度框架；三是创新发展方式，推动公共医疗卫生可持续发展；四是创新改革路径，实现新旧体制平稳转换。郑文范和孙家成（2014）论述了创新驱动与东北老工业基地再振兴，应提高自主创新能力，大力推动科技创新驱动，提高集成创新能力，大力推动工程创新驱动，加强科技成果产业化，大力推进产业创新驱动，深化改革，大力推进制度创新驱动。刘英基（2013）在对产业高端化的协同创新驱动因素进行分析的基础上，运用社会网络方法讨论了产业高端化的协同创新主体互动机制，采用2003~2011年全国28个制造业的面板数据模型实证检验了协同创新因素对产业高端化的作用程度。葛秋萍和李梅（2013）指出我国创新驱动型产业升级政策的着力点在于综合运用各种政策工具，通过增强产业创新动力、提升产业创新能力和实现产业化来加强产业共性技术研究。刘晖等（2014）在总结我国战略性新兴产业发展现状与存在问题的基础上，从市场需求、创新投入、发展效率、发展质量四个方面进行了产业创新驱动的影响要素分析，提出了创新驱动四要素螺旋模型，并通过格兰杰因果检验，验证了创新驱动要素之间的逻辑关系。刘静暖等（2014）把生态要素纳入农业生产系统，构建了新型农业综合生产能力提高驱动机制，包括提高气候生产能力的碳税驱动机制、提高土地自然生产能力的土壤肥力修复机制、提高人的生态生产能力的生态人培育机制等。从企业视角看，企业创新发展应处理好企业为主体与产学研协作、自主创新与开放式创新相结合、技术创新与制度创新相结合、技术创新与商业模式创新相结合、技术创新与金融创新相结合、技术创新与创新文化培育相结合等六大关系，不断提升创新能力（武汉大学国发院创新驱动发展研究课题组，2020）。

3. 区域层面

区域经济高质量发展的创新驱动机制，实质是围绕如何解决当前经济发展不平衡不充分、结构性失衡以及发展动力不足这三个核心问题而嵌入在区域社会经济系统中的动态交互关系（李华军，2020）。上海社会科学院经济研究所课题组（2014）研究了创新驱动发展与上海建设"四个中心"的关系，认为在创新驱动发展视野下，国际经济中心被赋予新内涵，"四个中心"的内在联系更紧密，"四个中心"联动发展需求根植于上海城市基因，体现出"开放、改革、创新、转型"的城市文明与传承。曹霞和于娟（2015）研究了创新驱动视角下中国省域研发创新效率研究，结果表明：中国省域研发创新效率均值不足 0.5，处于较低水平，存在较大的无效率现象，尚有较大的提升空间，且各省域研发创新效率差异性较大，发展不均衡。刘金华和尹庆民（2014）在介绍创新管理的概念和创新性国家特征的基础上，通过总结江苏实施创新驱动发展的建设实践，得出江苏实施创新驱动的战略意义，并提出了政策建议。李艳和赵远亮（2014）对内蒙古科技发展的形势和面临的挑战进行了深入分析，提出了内蒙古实施创新驱动发展战略的对策建议。刘战豫（2014）通过对区域产业创新发展的影响因素进行分析，在理论研究基础上，采用结构方程方法对影响因素在产业发展驱动中的作用方式及路径进行假设和建模，发现区域产业创新发展的影响因素主要包括管理水平、技术环境、经济环境和政策环境。刘焕等（2015）基于创新投入、创新活动和创新产出的逻辑模型，构建了省级政府实施创新驱动发展战略的监测评估指标体系，为地方政府实施创新驱动发展战略提供理论参考。何礼（2014）对四川实施创新驱动发展进行了战略思考，着重要处理好五个关系：一是创新驱动与经济发展质和量的关系；二是创新驱动中政府和市场的关系；三是创新驱动中创新供给与产业升级需求的关系；四是创新驱动中"引进来"与"走出去"的关系；五是创新驱动中首位城市与多点多极支撑的关系。蒋国林（2014）介绍了苏州创新驱动发展的平台布局和功能定位，主要有六大支撑性平台：一是驱动支柱产业升级的科技研发平台，二是扶持新兴产业生长的培育平台，三是为创新前台提供支持的创新服务平台，四是优秀创新人才引进和成长的人力资源平台，五是以提升产业技术创新能力为目标的产学研协同创新平台，六是为创新驱动提供财力保障的金融支撑平台。方健雯等（2008）以 2000~2005 年度江苏、浙江和上海三省（市）的面板数据为基础，对该地区创新的驱动因素做了一个量化分析，结果表明政府科技支出、外商直接投资、全社会 R&D 投入以及企业科技经费支出对科技创新的影响显著。

4. 国家层面

高技术产业创新驱动发展绩效时间上呈现一定程度的增长，而空间差异显著，亟待进行引领产业创新驱动结构转型（侯建等，2019）。现代化经济体系的构建核心是形成以企业、高校、科研机构为主体，以政府、金融机构、中介组织、创新平台、非营利性组织为辅助的多元协同互动的网络创新模式，通过知识创造主体和技术创新主体间的协同创新与资源整合来实现（谢富纪，2020）。吴优等（2014）在总结前人研究成果的基础上，搭建了城市创新驱动发展评估分析框架，构建了创新驱动发展评价指标体系。借助熵值法，对北京、上海、广州和深圳进行了实证研究。尹德志（2013）通过构建创新驱动发展的、评价模型，分析了创新驱动发展的必要性和具体措施，并针对我国国情提出了切实可行的方案，为我国的创新发展提供思路。张来武（2011）简要分析了自由主义和凯恩斯主义在经济发展理念上的差别，并结合创新理论和我国经济发展的现状和问题，提出我国转变经济发展方式就是从传统生产要素驱动经济增长的方式转到由科技创新驱动经济发展的方式；紧接着分析了推动科技创新的三种力量：市场、政府和第三种力量。陈波（2014）认为推动科技进步，实现创新驱动取决于教育与研究的不断发展；健全的创新利益保护制度是实现创新驱动的制度基础；建设好的市场经济对培育创新主义逻辑意义重大；政府的创新政策对于弥补市场失灵至关重要。雍兰利和赵朝霞（2015）系统梳理了创新政策演进和创新驱动发展战略形成的过程，发现创新战略与创新政策具有驱动与互动紧密关联的演进趋势，创新政策要适应并服务于国家创新发展战略。基于对梳理的分析与结论，构建了基于全面创新的创新驱动和基于驱动功能的创新政策结构模型，并对重构后驱动发展与驱动主体创新的功能做出解释。李洪文（2013）基于我国创新驱动发展的现状分析了口号与行动、发展方式、体制三个要素在这一过程中的重要性，提出了我国在创新驱动中面临的问题。张蕾（2013）提出了中国创新驱动发展的路径，即加大研发投入、提高教育水平、加强自主创新、促进经济转型升级等。总之，我国的创新驱动发展需要科技制度框架的深层改革（柳卸林等，2017）。

5. 国际比较层面

栗献忠（2014）结合各国的发展模式及特色，在大量分析研究的基础上，从中国、印度、巴西三个国家的创新驱动模式角度出发，针对其发展的现状、问题及未来的研究方向进行了分析。万继蓉（2013）认为国际金融危机给美欧国家的实体经济造成了巨大的冲击，纷纷将再工业化作为应对金融危机的核心战略。面对挑战，我国制造业必须在技术、新兴产业、传统产业、价值链、制度等方面进行创新，实现创新驱动发展。胡婷婷和文道贵（2013）通过比较世界几个主要国家的创新驱动发展，总结了几个国家的发展路径与特征，为我国的创新发展提供一些实际的指导。陈强和余伟（2013）对英国创新驱动发展的演进历程进行了梳理，对其特征进行了分析，并探索了英国创新驱动发展的主要路径，最后形成了对我国实施创新驱动发展战略的若干启示。

（二）创新型国家建设的相关研究

波特是创新型国家的最早提出者之一，波特（2007）认为，在全球生产和技术分工体系中，创新型国家的技术来源主要是创新，而非创新型国家的技术来源主要是采用领先国家的技术。在一个国家和地区不同的发展阶段，技术影响经济增长的途径不同，竞争优势的来源不同。创新型国家是相对于一个国家发展阶段而言的。为此，将世界上的国家按发展阶段分为三类。第一类是要素驱动的国家，主要依靠自身丰富的自然资源增加国民财富，如中东产油国，属于资源型国家。这些国家缺乏创新的能力，技术主要是引进的，比较优势来自于成本和资源。第二类是投资驱动的国家，随着一国由低收入国家向中等收入国家迈进，竞争性质开始变成投资驱动，经济增长主要是依靠利用全球技术资源进行本土生产，外国直接投资、合资，以及业务外包等，这些都会使一个国家融入全球生产体系，使当地的技术得以改进，从而使国家经济得以增长。大多数发展中国家都处于这一阶段。中国是其中一个重要成员。第三类是创新驱动的国家，这些国家把科技创新作为基本战略，大幅提高自主创新能力，形成日益强大的竞争优势，如美国、日本、芬兰、韩国等，当今世界的发展也主要是由这些创新型国家主导的，它们在创新投入、知识产出、创新产出和创新能力等方面，远远高于其他国家。

在《世界经济论坛 2002-2003 年全球竞争力报告》中，75 个参评国家被划分为两类：一类是核心国家或创新型国家（地区）；另一类是非核心国家或非创新型国家（地区）。罗吉和王代敬（2006）初步分析了创新型国家的内涵，划分了美国、欧盟国家和日本创新型国家的三种类型，并比较分析了我国与创新型国家的差距。谢富纪（2009）研究了创新型国家的演化模式，目前对创新型国家概念基本达成一致的看法，创新型国家，主要体现在以下几点：①国家发展不是通过要素驱动，而是通过自主创新实现经济社会持续和协调发展；②使得创新成为社会普遍行为，能够形成一个有利于创新的社会文化基础；③使得创新活动拥有体制保障，能够在微观组织内部和宏观社会体系中形成一个有利于创新的制度基础。Brima 等（2018）通过对金砖国家的创新系统研究，认为整体上对金砖国家经济增长具有积极影响。

创新型国家在配置 R&D 资源过程中表现出许多共同特征，包括：①把国家创新体系建设纳入国家科技政策的基本范畴，优化的国家创新体系使 R&D 资源配置合理，R&D/GDP 指标大都在 2%以上，产业界的 R&D 投入占 GDP 的比重在 50%左右，产业集中度和研发效率高，并且拥有最具创新能力的人才资源；②R&D 资源配置主体之间相互作用，研发机构、中介服务、风险投资和企业以市场为纽带处于良性的互动状态；③具备完善的鼓励创新的制度框架和健全的科技立法体系，为企业等研发机构营造了良好的研发环境，推动了科研成果的产业化；④完善的资本市场体系催化了风险投资的形成与发展，促进了这些国家高新技术产业的发展，促进了社会化的科技创新体系的形成和完善。刘建生等（2015）认为我国应进一步加大政府的 R&D 投入，以增强调动全社会科技资源配置的能力；进一步完善市场经济体制，激发企业 R&D 投入的积极性和主动性；加大高校 R&D 经费投入，促进基础研究蓬勃发展。

鉴于企业对创新型国家的重要作用，朱迎春（2018）建议政府应从利用研发费用加计扣除政策、改善宏观经济环境、健全知识产权保护法规等入手，引导企业加强行业共性问题的基础研究。于永达等（2019）认为国有企业是我国建立创新型国家的重要部分，一方面，政府可以通过增加研发投入、构建创新系统以及培养创新人才等方式改善国企的创新资源；另一方面，政府需制定明确的考核指标来衡量国企的创新发展水平，将研发投入和创新水平挂钩，推动创新资源的有效配置。

（三）国家创新体系的相关研究

1. 国家创新体系范畴及发展

国家创新体系是一个国家各有关部门和机构间相互作用而形成的推动创新的网络，是由经济和科技组织组成的创新推动网络。企业、高校、独立科研机构、政府、中介机构和金融机构是国家创新体系的构成要素，这些要素之间相互作用、相互联系来创造、扩散和使用新知识和新技术。国家创新体系理论的研究经历了一个不断发展的过程，并形成了国家创新体系的不同学派和流派，主要有：①费里曼（Freeman）的国家创新体系理论；②波特（Porter）的国家创新体系理论；③伦德瓦尔（Lundvall）的国家创新体系理论；④佩特尔（Patel）和帕维蒂（Pavitt）的国家创新体系理论；⑤OECD 的国家创新体系理论。

OECD 进一步揭示了国家创新体系的政策意义，指出了研究国家创新体系的政策含义是纠正技术创新中的系统失效和市场失效，即纠正企业因短视而对技术开发的投入不足。通过创新的产学研合作计划、网络计划等建立创新中介机构，以纠正创新的系统失效。国家创新体系的政策意义主要是加强整个创新体系内的相互作用和联系的网络，包括企业与企业之间的创新合作联系、中介机构在各创新主体间的重要桥梁作用、政府在创新中的产业发展战略与政策引导作用，以及政府在工作职能上的协调一致和系统集成等。

Khanin 等（2019）构建了一个模型测评欧盟国家和地区的国家创新体系，该模型还通过建立关键参数，帮助特定国家/地区根据模型转移到更适合的国家或地区创新集群中。Arranz 等（2020）在传统的高校-工业-政府三螺旋互动国家创新体系模型基础上，添加了两个额外的维度（国际合作、非营利组织），说明二者在知识创造中的日益重要的作用。

国内学者对国家创新体系的研究始于 20 世纪 90 年代。刘洪涛（1997）对国家创新体系与中国技术创新模式进行了实证分析；冯之浚（2008）强调了发展与完善国家创新体系要既能与国际接轨，又符合中国实际，其目标就是建成一个以企业为主体、市场为导向、应用为目的、创新为核心、政府职能转变为关键的体制，推动科技体制、教育体制与经济体制的整合，促进科技进步与经济增长，增强国家的创新能力和国际竞争力；Liu 和 White（2001）通过对中国计划经济时期与转型时期的创新体系的对比分析，提出了分析创新体系的一般性框架，围绕研究与开发、应用、最终使用、教育、联结五项基本活动进行界定，并强调了系统的结构与动力学的应用效果。之后的研究主要集中在国家创新体系内涵、国家创新体系动力机制、国家创新体系的模式、国家创新体系的评价、国家创新体系的系统构成等方面。

21 世纪国际社会创新战略发生了根本性转变，理论上彻底摆脱了传统的技术创新论和线性模式的羁绊，全面肯定并接受创新体系理论、知识流理论及非线性动态化交互型创新模式，各国的关注焦点从创新结果转向创新体系的运行，注意力也从优先投资研发转向由市场来调节技术转移，鼓励协同、网络、集群的发展，促进知识向新产业流动，推动体制变革，提高企业家的主体地位以及改善市场导向的金融体系等，这些内容极大丰富了国家创新体系理论。

综合国外学者对国家创新体系的研究可以看出，国际上对国家创新体系的研究，其研究方法、侧重面甚至定义都存在差异，这一方面反映了国家创新体系研究的复杂性，另一方面也体现了人们对国家创新体系认识和理解上的不同。虽然国内外表述各不相同，但都赞成以国家为边界对创新体系进行讨论。也许是国外市场经济体制比较完善的缘故，其国家创新体系中的政府、企业及高校的作用比较明确：政府是制度、政策的制定者，企业就是创新的主体，高校是知识的生产者与传播者。因此从国家宏观层面上看，国外的国家创新体系中各创新主体的定位是清晰的，这些发达国家的企业尤其是跨国公司是自主创新的主体，在专利拥有量、论文发表量、技术贸易和高技术产品贸易等方面都占据主导地位。从知识创新能力的指标来看，我国的创新能力水平与其他发达国家之间存在一定的差距（王健聪，2017）。

国内学者的研究主要从宏观层面上对我国国家创新体系进行整体性的思考与分析，但对于如何结合我国创新实际，构建中国特色的自主创新体系，尚缺乏系统分析与研究。国家自主创新体系这一概念，主要是我国学者针对国家实施"增强自主创新能力，建设创新型国家"战略后提出的。黄少坚（2006）提出了国家创新体系应形成以"一体两翼"为主体的自主创新网络构架。沈伟国和陈艺春（2007）从产业的角度提出了建立开放式自主创新体系是我国自主创新战略的发展目标。杨柳青等（2016）研究证明负债水平会显著削弱国家创新体系对企业研发投入的促进作用，而企业年龄则会加强国家创新体系对企业研发投入的促进作用。张磊等（2009）比较分析了世界主要国家自主创新体系的发展，提出加快建设、发展和完善有中国特色的国家创新体系，强调了创新环境、创新人才队伍建设、知识创新体系建设、知识共享体系建设的重要性。张鹏和袁富华（2020）则认为只有实现从工业化创新体系向城市化创新体系的转变，才能迎接以知识生产和知识创新为内生动力的高质量发展时代的到来。龚刚等（2017）认为中国的国家创新体系中，最亟待改进的应是政府行为。政府积极有为的企业家精神是经典创新的直接推手和催化剂。

2. 国家创新体系国际化的研究

20 世纪 90 年代后，国家创新体系概念迅速出现在经济学等相关学科。较早提出创新体系国际化的是 Niosi 和 Bellon（1996），他们分析了美国、日本和欧洲主要国家的国家创新体系的开放度，其测量指标包括跨国公司的 R&D，跨国技术联盟，跨国技术转移、国际贸易、科技人员的跨国流动等。Lundvall（1992）也指出，现实世界中有组织的创新主体可以在不同的国家体系中以不同方式组织起来，而且深深植根于不同国家体系中的创新主体行为可能由不同的规则和规范决定着。Carlsson（2003）对有关的研究进行了分析，重点对 R&D 全球化问题的研究文献进行了评述，指出了在 R&D 全球化条件下国家创新体系依然具有重要性，需随着环境条件的变化进行动态的调整，提出了创新体系国际化的理念，并分析了国际化的障碍。Carlsson 还对以往的创新体系国际化的实证研究进行了评述。

在国外学者的研究中，更多的是论述 R&D 的国际化问题，还不是系统地阐述国家创新体系的国际化，更没有理论的阐述与分析。

刘智强和曾伏娥（2006）探讨了技术创新全球化趋势及其对国家创新体系边界的影响，研究表明，技术创新全球化趋势或多或少会对国家创新体系边界带来影响，这种影响既可能表现为国家创新体系边界扩张，也可能表现为边界收缩，但不会导致国家创新体系边界消失。国家创新体系是区域和全球创新体系的基础。跨越国界的创新网络（如欧盟、北美自由贸易协定）是技术创新全球化趋势下的相伴产物，通常是具有各种创新活动的组织机构在寻求效率、效益最大化的过程中产生的。系统边界扩张并没有否定国家边界，也没有减弱国家在推动技术创新与塑造国家创新体制方面的领导作用，只是在一定时期、一定范围内实现了国家、国家集团网络甚至全球网络共生共存。系统边界扩张既不会动摇国家在创新体系中的边界划分，也不会减弱国家在其中的作用。

曾德明和彭盾（2009）研究了基于耗散结构理论的国家创新体系国际化问题，指出没有一个国家能够在资源和相关技术领域取得完全优势，因此许多中国公司开始注意到国外资源在技术创新过程中的重要性，纷纷加强与国外组织的联系，以获取和交换各种资源、知识和信息。这些国外组织可能是跨国公司的供应商、客户、竞争对手，也可能是高校、科研机构、投资银行等。这样，各国创新体系处于相互依赖状态。R&D 国际化使得各国国家创新体系内部和外部环境条件都发生变化，不同国家会根据自身以往技术积累以及技术发展模型来调整目标。刘云等（2015）从系统和动态演进的视角，研究提出了国家创新体系国际化"要素-制度-功能-阶段"四维分析模型，构建了国家创新体系国际化评价指标体系，并对包括中国在内的21个国家的国家创新体系国际化综合水平进行了实证评价。

因此，各国国家创新体系不是固定的、永久的，而是随环境的演变不断地进行动态调整，以适应不断变化的外部环境。综合国内外学者的研究，对国家创新体系国际化的研究目前尚处于概念阶段，以及对主要发达国家国家创新体系国际化现象的描述，尚没有在理论上研究其演进的机理。

（四）技术赶超战略与路径的相关研究

后发优势的存在使得技术落后国家（地区）的经济和技术水平不断提高，虽然单纯的技术模仿不能实现赶超，但是发展中国家（地区）却仍然在走技术模仿道路；而技术领先国家（地区）也会采取不阻碍赶超的策略，因为该状态是有利于整个社会经济持续发展的最优化状态（李丹丹等，2018）。国内外一些学者从企业层面研究了技术赶超战略问题。Cho 等（1998）通过对以往研究中所提到的先发者优势与劣势进行归类分析，将这些优势与劣势分为三组：企业、市场与竞争者。在此基础上，通过研究全球半导体产业中的后进入者如何追赶现存的产业领导者，他们提出了后发者赶超战略分析框架。通过对日本和韩国三个半导体公司的深度案例分析，他们识别出成功的后发者战略，并将这些战略归并为两类：一类是克服后发劣势的战略，另一类是利用后发优势的战略。专注、低容忍度等要素是克服后发劣势战略的基础，而特殊时机、时间压缩、人力嵌入式技术转移、标杆、技术跨越和资源平衡则构成了优势利用战略的基础。Lewis（2007）指出中国和印度的风能产业近年来取得了急速发展，与国外发达国家在该领域的差距逐渐缩小。他对中国和印度的风力发电机组制造业领先企业 Suzlon 和 Goldwind 所采取的技术发展战略进行了研究，通过研究发现发展中国家有可能在短时间内获取某些领域的实质性的领先技术。对 Suzlon 和 Goldwind 两家公司而言，获取与消化吸收先进技术、利用国际技术转移应该是其制定与实施技术跨越战略的核心。Athreye 和 Godley（2009）认为国际化是企业在技术间断（不连续）阶段，获取特殊竞争优势的重要战略。在 20 世纪 40 年代的抗生素革命中，原本处于落后地位的美国公司就通过这种战略的实施，取得了在抗生素领域的优势地位。在 20 世纪 90 年代，对新药开发的非化学途径可能性的探索，使得印度的基因药物制造商获得了新药开发能力。他们对美国和印度企业所采取的技术跨越战略进行了比较，发现对这两国企业而言，国际化战略在它们各自的技术跨越时期中都发挥了非常重要的作用。

张明玉（1999）将企业的跨越式发展定义为企业在短时间内各种经济指标的迅速提高，认为企业进行技术跨越是企业成功实现跨越式发展的关键。他将技术创新战略分为领先创新战略、跟随创新战略、技术模仿战略与合作创新战略四种，同时，他认为我国的技术能力与欧美国家的差距较大，因此，难以满足国际领先技术创新的需要。基于此种考虑，他认为我国大部分企业应该采取瞄准世界先进技术水平，采用"引进—消化吸收—二次创新"的创新模式。此外，他还认为"走出国门、博采众长、拿来最佳、集成综合、创新提高"是我国企业实现技术跨越式发展的途径。张明玉等（2000）提出我国企业技术创新的战略核心是"集中优势，实施技术跨越"，认为我国企业的技术赶超战略必须立足于国情，有所为，有所不为；还认为扬长避短，进行正确的战略选择可能是企业取得最后成功的决定性因素。作者根据企业的竞争优势差别，提出了两类基本的跨越战略，一类是绝对跨越，即直接达到国际领先水平；另一类则是相对跨越，即由低水平跨越到较高水平。紧接着，作者根据竞争优势的差异，将中国企业分为三类：高新技术企业、传统制造业与劳动密集型企业，并分别提出这三类企业的技术赶超战略。对于高新技术企业而言，应该从以下两种模式中选择：利用技术平台，突破某些关键技术与领域；利用先进管理技术与方法，成为名牌企业。对于传统制造业而言，应该采取"放眼世界、博采众长、结合国情、拿来最佳、集成综合、创新提高"的技术赶超战略。对于劳动密集型企业，作者提出的技术跨越战略是，紧抓低成本优势，结合关键技术突破，提升产品竞争力；以管理跨越带动技术跨越。

吴晓波等（2006）认为企业技术跨越战略是技术创新战略的高级形态，通过将技术跨越理论与高科技产业的特征分析进行结合，参照传统战略管理理论中的战略基本过程框架，提出了高科技企业的技术跨越战略实施过程框架。这一框架大体分为战略识别与分析、战略制定、战略实施及后续工作四个阶段，主线是企业进行技术跨越的基本过程，即技术的选择、获取、应用以及技术标准化、技术资源保护等。两条辅线为以技术能力为核心的企业能力积累和以资源优化配置为基础的技术跨越组织构建，它们贯穿技术跨越战略过程的始终；并以杭州海康威视数字技术股份有限公司在数字监控技术领域的跨越式发展作为研究案例,对其提出的理论框架进行了分析。

有些学者从产业层面研究了技术赶超问题。Mu 和 Lee(2005)对中国的电信行业的技术能力发展进行了研究,在 Lee 和 Lim(2001)的技术学习与赶超模型的基础上,他们针对上海贝尔、CIT-led 研发协会、华为公司三个组织进行了案例分析,从而探讨中国电信业企业如何实现技术赶超。首先,"市场换技术"战略使得上海贝尔对 CIT-led 研发协会和华为进行知识扩散,这构成了华为进行技术赶超的初步基础,而电话交换机的技术体制以高技术轨道可预测性与低积累性为重要特征则是中国企业实现技术赶超的重要条件,这些条件和战略帮助中国企业实现阶段跨越式赶超,从模拟信号交换机直接跃升到数字交换机。

刘助仁(2001)研究了我国环保产业的技术跨越问题,通过对发达国家在这一行业的经验进行总结,认为我国环保产业的技术跨越必须从技术引进与吸收做起,不能期望自主掌握全部先进技术。在此基础上,他提出了我国环保产业实施技术跨越的战略,即"坚持以融合、引进吸收、扩大内需的市场开拓为主,并举技术替代、自主开发和市场竞争"。同时,作者还指出技术跨越过程中必须重视的三方面内容:引进新兴技术;引进成熟技术;注重整个创新链条的运行效率。此外,作者还从技术引进、科研机构调整与布局、投融资机制、政策法律扶持与技术市场五个方面提出了实现技术跨越战略的基本措施。

张华胜与薛澜(2003)认为技术跨越的本质是以技术为途径,以产业为落脚点,以提高国家竞争力为根本目标的一种技术学习和技术追赶过程。作者认为数控机床产业的技术特点和战略地位决定有必要实行跨越式发展战略。首先,从技术基础、市场情况与政策方面,分析了我国数控机床业进行技术赶超所具备的条件。其次,分析了实现跨越发展战略所面临的三大障碍。最后,针对我国数控产业的产品和服务,提出高中低三种发展模式:针对高端产品的技术攻关型发展模式;针对中档产品市场的进口替代型模式;针对廉价机市场的成本优先模式。作者提出数控产业的发展,除了要重视技术攻关外,还必须重视技术的商业化,企业要按市场机制进行运作。此外,作者认为数控产业化发展,既需要国家在外部环境建设方面给予支持,又需要数控产业界自身的努力。郑长江等(2017a)认为国家技术赶超动力机制可分为经济收敛、后发优势、制度转型和技术移植四种类型。

郭克莎和王伟光(2004)认为跨越式发展主要发生在企业、产业与国家三个层面上,而跨越式发展战略,是发展中国家加速经济发展,拉近与发达国家距离的重要战略。作者从技术投入角度考察了制造业的技术优势行业,分析了技术密集型行业的技术发展趋势与特点、不同所有制企业的 R&D 分布、国际技术差距和国际竞争力状况,在此技术上,对我国制造业的技术跨越战略进行了深入探讨。作者通过分析指出，我国实施技术跨越战略的重点行业是电子及通信设备、医药、电气机械及器材、仪器仪表及文化办公用机械四个行业，重点领域主要是计算机与通信技术、生物技术等领域。同时，作者还认为制造业行业实施技术跨越战略，是一个复杂的系统工程，不仅需要一定的产业基础、开放性大环境，还特别需要政府推行正确而有效的战略和政策措施。

肖鹏等（2006）指出我国以前实施的"以市场换技术"的模仿创新战略并未给我国带来良好的技术效益，我国汽车产业仍停留在较低的技术水平上，绝大部分汽车企业缺乏核心技术，只能依赖国外同行，致使我国汽车工业长期处于不断重复引进的落后被动局面。通过从技术落差、技术实力、人力资源、市场需求、技术积累能力几个方面对我国汽车产业进行技术跨越的可能性进行了分析，作者认为该产业已经基本具备了技术赶超的基础，并提出了引进技术跨越模式与自主技术跨越模式。尹新悦和谢富纪（2020）研究发现后发企业通过技术模仿获取技术资源，对企业绩效的影响呈倒 U 形的二次型曲线关系，其中企业自身创新能力在两者关系中起到中介作用，这一点在短期绩效方面较为显著。此外，外部环境不确定性对创新能力与企业短期绩效的关系具有正向调节作用。

胡卫（2008）认为成功实现技术赶超的国家往往以某一或某几个产业为突破口，从而实现整体技术赶超，因此，产业层面的技术赶超是一个国家实现整体技术赶超的关键所在。他认为产业层面的技术赶超体现在产业技术水平、技术研发能力和市场能力三个要素的动态变化中，并在此基础上，提出了技术主导模式、研发主导模式和市场主导模式三个技术赶超战略。同时，他还认为当一个国家成功实现产业技术赶超后，不同的要素主导模式对于产业保持领先地位的稳定性和持久性有不同的影响。

从现有的研究来看，对技术赶超战略的相关研究主要集中在中观的产业层面与微观的企业层面，许多研究指出产业层面的技术赶超是国家技术赶超的关键所在。因此，研究者需要对产业层面的技术赶超战略加以深入探讨，但是这些研究由于关注点的限制，难以回答国家层面的技术赶超战略关键问题，如超越领域、时间等方面的选择。同时这些研究所使用的方法各不相同，缺乏一个整体的框架对我国关键领域的技术赶超战略进行系统分析。

既有关于技术赶超路径的探讨多集中在后发优势、技术轨道、能力累积或吸收能力、产业或企业等视角。基于后发优势的探讨，Kim（1997）研究了韩国汽车行业的赶超，发现发展中国家企业的技术赶超往往采用反价值链的方式运作，同时，独立自主的赶超之路虽然相对较难运作，但是这比合作的形式更易提升组织学习能力。吴晓丹和陈德智（2008）认为要成功实现技术赶超，必须构建有效的国家创新体系，重视政府的作用，培育出合格的人力资本并营造开放式的国际环境。郑长江等（2017b）认为提升国家治理能力、实施自主创新战略、建设世界技术领先中心是中国技术赶超成功的关键。

基于技术轨道的研究，Lee 和 Lim（2001）认为技术赶超模型在内容上包括技术赶超和市场赶超，在具体的赶超模式上，可分为路径跟随式、路径跳跃式和路径创造式（后两种属于技术跨越式）。路径跟随式，即后发企业采取与领先企业已经采用的相同的技术发展路径，但历时更短。路径跳跃式，即后发企业跳过了领先企业已经采用的技术发展路径中的一些阶段节省了时间。路径创造式，即后发企业发掘出自己的技术开发路径其中后两者为技术跨越。陈德智（2003）提出了技术跨越的四种模式：自主跨越、引进跨越、合作跨越和并购跨越。姚志坚和姚婕（2003）按照资源目标维度提出了集中收敛型、集中发散型、分散收敛型和分散发散型，并研究了不同技术跨越类型与组织模式的匹配问题。

苗文斌和吴晓波（2006）分析了技术非连续性和价值体系变迁对技术赶超的挑战，指出根据技术自身演化特点和技术演进中的价值体系变迁对企业进行能力重构，才能保证赶超的成功，提出了技术赶超过程中能力重构的综合分析框架。王振和史占中（2005）认为传统的技术追赶，注重技术跟踪和技术消化能力的建设，依赖政府的政策支援，相对忽视商业模式的创新。在开放环境中，全球价值链逐步形成，科技与经济资源重新配置，这些措施不断得到挑战，而正确预见和实施商业模式创新，则成为技术追赶和经济地位突破发展的新关键问题。蔡玲（2009）借助中间产品质量进步型技术创新模型，分析了发展中国家企业通过技术模仿实现赶超的路径。结论表明，发展中国家技术进步的过程是非均衡的，发展中国家的知识产权保护力度应该与本国企业的技术水平相适应；技术赶超的原动力来自持续高速的本国企业的危机意识。

也有一些基于产业或企业的研究，王永贵（2002）认为在经济全球化时代，单纯地从资本和劳动角度分析技术类型选择，对中国经济发展并没有实际意义，中国在以后一段相当长的时期内，应该将技术战略集中在技术密集型产业战略上，只有这样，中国才能把握好技术前沿，具备技术赶超的能力。Dosi 和 Yu（2019）认为技术赶超所带来的快速经济发展是有利于就业动态发展的。胡卫（2008）从产业层面探讨了技术赶超模式，他认为产业层面的技术赶超体现在产业技术水平、技术研发能力和市场能力三个要素在赶超过程中的变化。产业层面的技术赶超战略有技术主导模式、研发主导模式和市场主导模式三个要素模式。魏伟等（2011）发现，内外资企业的整体技术差距在不断缩小，但内资企业仅在劳动密集和一般技术性行业中实现了技术赶超，在资本密集和高技术行业的赶超难度较大。出口、外商直接投资、规模效应对缩小不同行业内外资企业技术差距的作用存在显著差异。王冬和孔庆峰（2012）动态比较优势与博弈论分析表明，对于低技术水平国家而言，开放政策能带来更快的技术进步、产业升级和福利提高；对于中等技术水平国家而言，开放政策可能导致国家陷入中等技术陷阱，产业升级停滞，技术进步减缓；对于高技术水平国家，开放的政策意味着更高的垄断利润、较为连续的技术进步和产业升级。案例研究突显了这样一个事实，即除了企业家精神、吸收能力、适当的市场规模以及足够的财务资源等共同因素之外，中国行业还存在不同的模式/路径。例如，它们如何利用国内外供应链、如何运用专利策略，以及如何充分利用最初的竞争优势。

还有关于技术赶超路径的研究文献中直接提出了自主创新的方式，如张琳（2007）对日本在20世纪实现技术赶超的历史进行分析发现，技术赶超在一定程度上必须采取自主创新方式。生延超（2010）指出后发技术赶超方式主要有两种：联盟创新和自主创新，具体采用哪一种要看企业的技术能力状况，企业的要素素质决定了企业的技术能力，进而决定了企业的技术赶超方式。

在新的国际形势下，由于发达国家限制性策略、中资企业自身吸收能力、国家创新体系中资源错配等因素，海外技术并购一定程度上对我国技术赶超形成了抑制效应（马瑞华和郑玉刚，2020）。

（五）开放式创新的相关研究

1. 开放式创新概念的提出

Chesbrough（2003）在《开放式创新：进行技术创新并从中赢利的新规则》中首次提出了开放式创新的概念。Chesbrough 等（2006）认为创新不再是一个企业的内部研发行为，而是一个创新网络，是企业与企业之间、企业与科研单位之间以合作竞争方式表现的开放创新过程。林森等（2001）认为创新分为技术创新和产业化两个阶段，创新的目的是实现科技成果转化，而这一过程是一个技术链。Turkenburg（2002）同样认为创新不是单一行为结果，而是包含多个行为主体在内的共同作用的创新链。

杨武和申长江（2005）将开放式创新概念引入我国，探讨了企业的开放式创新战略及其运行机制，并且认为自主创新不等于封闭创新，自主创新需要开放式创新战略，需要合作创新。此后，国内学者开展了企业开放式创新与自主创新相结合的研究。陈莞和谢富纪（2007）将创新的支撑体系研究纳入自主创新理论中，分析了开放式自主创新战略实施模式和支撑系统要素，包括技术系统、区域经济模式、制度环境、国际技术水平等关键控制变量，并描述了基于相应支撑体系的企业开放式自主创新模式的选择过程。余芳珍和唐奇良（2007）认为提升自主创新能力不是一个封闭式过程，我国企业需要以开放式的心态，寻求各种创新源，提升企业创造力，增加自身的核心竞争力。沈伟国和陈艺春（2007）建立了一个我国开放式自主创新体系的框架模型，以此来分析吸引外资与提高我国自主创新能力的关系,并从对策建议层面对外资直接参与发展我国自主创新的途径进行了研究。刘海兵(2019)定义了开放式创新的类型,提出从驱动力、创新链开放节点、交易逻辑、知识流、卷入的创新资源、沟通方式、沟通频率和核心特征等八个维度定义开放式创新,认为可划分为内部依赖-内向型、主导参与-内向型、主导参与-双向型、社群共创-双向型四种类型。

2. 开放式创新的外部知识源

开放式创新的关键是企业的外部知识获取能力,因而从哪些知识源获取知识则成为企业走开放式创新道路首要思考的问题。

Laursen 和 Salter(2006)将外部知识源划分为四类:市场、机构、其他、特殊。其中市场类型主要包括供应商、客户、竞争者、专业顾问、商业实验室;机构类型包括高校与科研机构、私营研究所;其他类型包括专业会议、贸易伙伴、技术出版物与相关数据库、会展;特殊类型包括技术标准、环境标准、健康与安全标准。这一划分方式比较具体细致,但是层次性不够分明。陈钰芬和陈劲(2009)结合我国的实际情况,将企业创新的外部知识源按照来源对象和利益相关者分为领先用户、供应商、高校、政府、技术中介等。无论哪种划分方式,高校都是重要的外部知识来源,也就是主要的企业开放式创新模式之一。Zobel(2017)认为通过识别、吸收和利用外部创新来源的基本过程,公司能够获取外部技术资源并将其转化为技术相关的能力和产品创新的竞争优势。

3. 创新开放度

对于如何量化开放式创新行为,Laursen 和 Salter(2006)给出了两个重要的概念:创新开放广度和创新开放深度。创新开放广度是指企业为进行创新活动,搜索外部知识源的渠道数量;创新开放深度是指企业为进行创新活动,对外部各种知识源和渠道的搜索程度。

Laursen 和 Salter(2006)在给出定义的同时,通过实证研究探讨了企业创新开放程度对创新绩效的影响,并发现两者存在二次效应,即在一定程度范围内的外部知识搜索会使得创新绩效提升,但过度的搜索会造成创新绩效的下降。陈钰芬和陈劲(2009)对我国的企业创新开放程度采用同样的方法进行实证研究,发现对于科技驱动型企业同样存在二次效应。由此可见,开放度的概念虽然讨论了合作伙伴的"量"对创新绩效的影响,但是忽略了对合作伙伴"质"的讨论。随着开放度的提高,同质性的合作伙伴为企业提供的知识存在重叠,企业为搜索新的合作伙伴支付了成本,但获得的外部知识却可能是企业内部或其他合作伙伴已有的知识;此外,同质性的合作伙伴之间由于技术背景、产业背景和产品之间的相似性,更容易在合作过程中发生技术溢出的可能。搜索成本和技术溢出会导致高水平的开放度不利于企业的创新,因此,企业只能保持适当水平的开放度,开放式创新对企业创新绩效的促进作用受到了限制。王金杰等(2018)通过实证研究认为互联网对企业创新绩效存在正向影响,就创新方式来看,互联网放大了技术人员与研发资金投入对企业创新绩效的积极影响,减弱了传统的公司治理对创新绩效的影响,但是互联网不能显著地影响企业文化与创新绩效关系。

曹勇等(2015)提出新兴企业创新的开放幅度和开放强度均对知识溢出效应有显著的正向影响,同时知识吸收能力在创新开放度与知识溢出效应之间起着部分中介作用。任爱莲(2010)的研究结果显示对供应商和顾客开放能够改善创新绩效,对竞争者开放会降低创新绩效,对科研院所开放与创新绩效的关系不显著。李平等(2014)认为技术特性是影响企业创新开放度的内在因素,创新研发技术的不确定性、技术关联性、技术可显性和技术可模块性从不同方向、不同程度影响创新开放度。闫春和蔡宁(2014)引入与开放式创新密切相关的两个中介因素——创新导向与商业模式,构建起创新开放度对开放式创新绩效作用机理的构建模型,研究后提出创新导向和商业模式在创新开放度与开放式创新绩效之间扮演中介角色。阳银娟和陈劲(2015)也提出环境动荡性对开放度与创新绩效关系起着正向调节作用,另外开放度也受到市场导向的影响,市场导向通过影响企业开放度进而提高企业创新绩效,企业市场导向越强,创新绩效越高。吴晓云和李辉(2013)提出实施高全球化-高开放度战略的跨国公司具有最高的突破式创新绩效,但实施高全球化-低开放度、低全球化-高开放度以及低全球化-低开放度等三种战略的跨国公司的渐进式创新绩效比突破式创新绩效更显著。

开放如何影响企业的创新能力和企业如何从创新中获利是创新研究的两个核心问题,由此衍生出的创新开放度与创新绩效之间的关联也成为开放式创新的一个重要研究议题。另外,因研究视角不同,现有关于创新开放度与创新绩效关系的研究得出二者之间存在正向或负向关联的两种迥然相异的结论。再者,由于技术的多样性和复杂性,研究技术创新管理的学者很少涉及技术特性带来的模式规定性,鲜有关于技术特性与企业创新开放度的关系论述。

4. 开放式创新绩效的影响因素

王智新和赵景峰(2019)通过实证研究证明开放式创新显著增强了企业技术创新绩效,同时开放式创新与全球价值链嵌入的交互作用显著正向增强技术创新绩效。闫春(2014)引入商业模式的中介作用,从两种创新导向互动——二元性的视角入手,深入剖析了创新导向与开放式创新绩效之间的作用机理。陈曦和缪小明(2012)认为企业技术能力在开放式创新模式和创新绩效之间起中介作用,开放式创新对企业技术能力具有正向促进作用,并直接和间接通过企业技术能力正向影响创新绩效。陈劲等(2007)认为学习源、学习内容、学习主体、学习层次和学习环境等技术学习的五方面要素均会直接或通过影响技术能力间接影响企业创新绩效。随后，陈劲等（2013）发现集群内企业的开放程度能够促进企业通过多样化集聚获取外部资源，说明了异质性的外部资源对企业创新的作用。另外，郭爱芳和陈劲（2017）认为基于科学/经验的两种学习对创新绩效都有显著的正向影响，环境动态性对科学/经验学习与创新绩效之间的关系起调节作用。彭正龙等（2011）提出资源共享频率、资源输出和资源输入均对知识转移和创新绩效产生影响，而知识转移仅在资源输入对创新绩效的影响中具有显著的中介效应。蒋旭灿等（2011）证实创新资源共享对创新绩效具有显著的正向影响，市场动荡性在资源共享频率与创新绩效以及资源输入与创新绩效的关系之间起正向调节作用，并且技术动荡性在资源输出与创新绩效的关系之间起着正向调节作用。在此基础上，王海花和谢富纪（2012）的实证研究表明组织间知识转移对创新绩效的提升具有显著的正向影响，技术动荡性对企业创新绩效的影响不显著，市场动荡性对企业创新绩效具有显著的正向影响。Mubarak 和 Petraite（2020）研究证明技术导向和技术吸收能力在数字信任与开放式创新之间的关联中具有明显的中介作用。

石芝玲和金生（2011）认为在开放式创新模式下，网络能力和技术能力要素对创新绩效的促进作用以及两种能力要素协同高度发展下的企业创新绩效最高。陈劲和刘振（2011）发现在开放式创新模式下，组织内操作技术学习、组织内战术技术学习、组织内战略技术学习、组织间操作技术学习以及组织间战略技术学习对企业的创新绩效有着显著的作用。赵立雨（2014）提出与外部技术开发相比，外部技术获取正向影响了企业绩效；外部技术获取加强了外部技术开发与企业绩效之间的联系。张振刚等（2015）认为企业对外部技术的吸收能力为开放式创新及其作用提供了中介条件与调节机制，实际吸收能力在内向型和外向型开放式创新与创新绩效之间起完全中介作用；潜在吸收能力在内向型开放式创新与创新绩效间起显著的负向调节作用，但在外向型开放式创新与创新绩效间起显著的正向调节作用。

综上可以看出对于影响创新能力的因素研究，国内外都开展得比较深入，而且研究的涵盖面也很广。不同的是，国外的研究并未定位于自主创新，而是泛泛地讨论存在哪些影响创新能力的因素，国内的研究则将重点放在了创新的自主意识上。但最终国内外研究的焦点又同归于原始创新这一创新概念的本质模式上。因此，探讨我国情境下的企业创新绩效影响因素是重要立脚点。

5. 开放式创新能力的测度与评价

对于创新能力的测度主要通过专利技术、研发投入和股票市值等间接评价方法。Zoltan 和 Audretsch（1998）则直接对不同行业、不同规模企业的创新能力进行了综合评价，并发现创新产出数量与社会关注度呈现出负相关，而研发投入、劳动力技能水平与行业中大型企业构成比例呈正相关。Moore 和 Benbasat（1991）开发了一套包含38项测度指标的量化工具用于评价创新扩散效应。夏志勇和蒲洪波（2008）建立了自主创新内部运行能力和自主创新外部支持能力这两大一级指标和自主创新研发能力、自主创新生产能力、自主创新营销能力、自主创新管理能力、自主品牌创建能力、市场支持能力、财税支持能力以及文化支持能力等八大二级指标的大企业自主创新能力测度指标体系。张莉和金生（2009）从创新资源、创新效益和创新扩散三个方面给出了产业创新能力评价指标体系。王萍和刘思峰（2009）从创新的投入能力、配置能力、管理能力、支撑能力和产出能力五个方面构建了高新区创新能力评价指标体系，并给出了熵值法的评价方法与步骤。

针对开放式创新测度的并不多，主要是依循 Laursen 和 Salter（2006）提出的创新开放广度与创新开放深度对企业为创新目的获取外部知识的能力进行测度。国内的陈钰芬和陈劲（2009）也同样采纳这一测度方法进行了实证研究，探讨了经验驱动型、科技驱动型两类企业开放式创新行为。蔡宁和闫春（2013）从财务和战略两个角度构建开放式创新绩效的理论测度量表，通过数据实证收集，采用探索性影响因子分析方法进行指标筛选、维度定义和理论模型构建，最后通过验证性因子分析方法进行验证，提出开放式创新绩效的测度可以分为财务绩效和战略绩效两个维度，它们分别代表企业从开放式创新中获得的不同类型收益。

国外对于创新能力的测度与评价研究开展得比较早，而且测度面也比较多样化。国内则着眼于自主创新能力，通过构建评价指标体系来全面地测度创新能力。但创新能力更多地体现出长效性，采用现期数据对于创新能力的测度存在滞后效应。因而，通过各种影响创新能力的因素去推测创新能力，并用当期的企业绩效数据去评价先前的企业创新政策或措施是否能够促进创新能力的提升，将会更加合理，但这方面的研究并不多见。

6. 开放式创新与知识产权管理

开放式创新模式下无法回避的问题之一就是如何做好知识产权管理。Chesbrough（2003）首先探讨了在开放式创新模式下，如何走出原有的封闭式创新模式，实行有效的知识产权管理。但各国知识产权保护环境各有不同，Chesbrough 也并没有针对性地给出具体的知识产权管理措施。因而，在此之后我国学者对这一问题进行了细致深入探讨。杨武（2006）分别从技术创新的角度、技术-经济-法律一体化的角度、商业化的角度、利益机制的角度研究了基于开放式创新的知识产权管理理论问题。郑小平等（2007）提出不管是资源流入还是技术流出，都是企业对技术所有权和技术使用权的追逐。唐方成和仝允桓（2007）考察了开放式创新所处的环境、知识资源利用、关系情景和知识特性对知识产权保护的作用，提出我国企业在开放式创新环境下应采取探索企业进行知识产权管理的商业模式、开发评估知识产权价值的工具和手段以及培育知识产权交易市场等知识产权的保护机制和管理策略。胡承浩和金明浩（2008）认为在开放式创新背景下，企业实施知识产权战略展现出与封闭式创新不同的特点与模式：从闭关自守独享走向开放合作共赢。柴金艳（2008）提出开放式创新模式下，企业的知识产权管理应该采用开放战略，进行自主创新和制度更新，建立合作共享机制和风险控制机制。谢芳（2011）指出虽然高校知识产权的数量逐年增加，但成果转化率一直偏低。由于信托机制可以明显降低管理成本和交易成本，故开放式背景下高校知识产权管理可以采取知识产权信托机制。黄国群（2014）对开放式创新背景下知识产权协同管理困境的主要表现及困境类型、背后原因进行了探讨并提出了相应的应对思路。谢子远和王佳（2020）实证检验了开放式创新对企业研发效率的正向影响，而且企业规模越大、知识吸收能力越强，这种正向影响越明显，同时这种正向影响在三资企业中比在国有企业中体现得更加充分。

开放式创新必定会涉及知识产权保护的问题，与传统的封闭式创新所强调的绝对知识产权保护策略相比，开放式创新更加注重知识成果的转化与转移，可以通过各种渠道实现知识成果的共享。国内这方面的研究还处在初期阶段，并且以定性分析为主，需要更深层次的研究来探讨如何调和开放式创新与知识产权保护之间的关系与矛盾。

（六）创新生态系统的相关研究

1. 创新生态系统的影响因素

杨忠直（2003）在《企业生态学引论》一书中，对系统生态理论、企业行为、企业生态竞争、企业适应性与进化等问题进行了分析。创新生态系统的协同创新主要涉及三个层面：创新主体间的节点协同、创新群间的关系协同、内外部创新环境协同（黄海霞和陈劲，2016）。郭龙军等（2005）探讨了生态创新系统中组织的 r 选择（如果某一环境气候稳定、资源丰富、灾害稀少，则称之为饱和系统，在这一系统内生物密度高，生存竞争激烈，该系统对生物的作用称为 r 选择）和 k 选择（如果某一环境气候变化大、资源相对短缺、灾害较多，则称为不饱和系统，在这一系统内生物密度小，竞争缺乏，该系统对生物的作用称为 k 选择），并指出在网络经济环境中，企业间的协作及合作构成企业生存、发展的基本条件，企业的进化、发展不仅取决于企业自身，更取决于"关系者"的进化行为。Amitrano 等（2018）指出技术影响创新生态系统的几个关键要素是技术的整体观念在推动创新中起关键作用，影响技术并为实现基于创新的目标做出贡献的参与者，以及因技术而出现的决策过程。中国新兴产业创新生态系统呈现出科学技术在部分领域领先并驱动发展的新格局，同时也出现了科学、技术、市场联动不足导致缺乏协同、商业相对滞后的新问题（许冠南等，2020）。

2. 创新生态系统的价值创造

创新生态系统是由核心企业共生单元、配套组织共生单元在一定的共生环境中，通过各种共生模式在所形成的共生界面上从事价值创造和价值获取等共生活动的复杂系统（欧忠辉等，2017）。创新生态系统各主体角色不同，大企业应该肩负引领作用，政府应该提供政策保障，其他组织机构给予资源支持，共同助力中小企业与初创企业的创新活动（戴亦舒等，2018）。Yin等（2020）认为创新生态系统可以改善可持续智能产品创新，因为可以促进创新资源和知识在生态系统中的流动、整合和分配，从而在可持续性共同创新中解决跨组织的协作问题。Su等（2018）通过案例详细说明了创新生态系统内构思、企业家精神、投融资以及创新的作用，并解释了它们如何相互作用和协作以实现整体的共同目标。该文强调特定类型的创新中介及其基本机制，支持激励机制和在创新生态系统中的作用。杜丹丽等（2021）通过研究发现创新生态系统中，价值共创不完全直接影响企业创新绩效；创新资源互动部分中介价值共创对企业创新绩效的影响；生态系统规范机制部分正向调节价值共创对创新资源互动的影响。

3. 创新生态系统的案例研究

在创新生态系统实际应用方面有许多学者进行了深入研究，如Cabezas等（2005）认为，生态创新的发展不能只停留在概念提出阶段，要在实践中予以实现，为此，他们进行了模拟生态与技术实验，进一步指出生态创新系统是一个复杂的可持续系统，人类社会活动的工业、农业与自然生物之间构成复杂的"广义食物网"。Korhoner和Snakin（2005）通过建立各种资源利用、能量循环和产业多样化运行模型，科学地揭示和分析生态创新在生态经济、环境规划和组织管理中的应用，并强调生态学及生态进化理论将在未来经济发展中发挥巨大作用。此外，Basu和Zyl（2006）还进一步把生态创新理论与清洁生产理论结合在一起，指出清洁生产的程度依赖于产业生态化的程度。这些学者的研究成果丰富了生态创新理论体系，对于经济与环境的和谐发展提供了新的研究视角。王艳（2008）采用生态创新理论，建立了移动互联网生态商业模式的分析框架，对移动运营商的商业模式中的关键策略进行了分析。张白玉（2010）将生态创新理论应用于创意产业园区的研究中，分析了创意产业园区的系统构成、生态环境、企业间竞合关系等方面，从生态系统角度研究创意产业园区发展模式。辜胜阻等（2018）则认为粤港澳大湾区应在互惠互利的基础上，合力打造多主体联动、要素充裕且流动自由、制度高效协同的创新生态系统,以减少三个区域的同质竞争与"摩擦",降低交易成本,增强创新活力,协同推进区域创新能力的提高。

(七)微观合作效率的相关研究

由于社会分工的存在,实施创新驱动发展战略必须重视微观层面的合作。近年的研究热点在于产学研合作与技术市场,焦点集中在利益分配上。关于什么条件下能够促成合作,对于不存在信息的情况,一是利用合作博弈的夏普利值来解决,二是假定市场的需求函数求得利益函数。两者都是先分别得出合作与不合作的收益,然后进行比较以说明合作对双方都有利。任培民和赵树然(2008)把期权与合作博弈进行整合,分析产学研的利益最优分配。卢仁山(2011)分析了产研一体化与分散制的利益分配。姚潇颖和卫平(2017)运用超越对数随机前沿模型估计了中国产学研合作创新效率,并考察其非效率影响因素。庄涛等(2015)研究发现:中国高技术产业产学研合作总体效率不高,但呈缓慢上升趋势;企业技术吸收能力、高校-企业-政府三方合作紧密程度、高校参与程度对产学研合作效率有显著促进作用;政府 R&D 投入对规模效率存在显著促进作用,而对综合效率和纯技术效率存在显著抑制作用。张秀峰等(2016)发现由国有企业主导的产学研合作研发效率最低,由港澳台企业主导的产学研合作研发效率最高,内资企业中由混合所有制企业主导的产学研合作研发效率高于国有企业和私营企业。庞长伟(2016)对 177 家中国企业数据进行实证研究发现相比于引进创新,自主创新对企业绩效的正向作用更显著;而当企业与联盟伙伴具有良好的合作关系时,企业更倾向于实施引进创新。

微观合作中存在道德风险与逆向选择,这样夏普利值等方法就不适用,合同理论则是一个有效的分析工具。但是即便仅考虑信息不对称的文献,仍然浩瀚如海,以下仅对本项目涉及的几个焦点问题进行评述。

1. 合作中的"搭便车"问题

最终的产出需要企业、研发者双方的共同努力,但由于投入都是有成本的,且双方的投入难以通过第三方验证,会出现所谓的"搭便车",也叫"双边道德风险问题",会降低合作的效率,常见于企业的技术外包。技术外包企业与研发者的投入都不足,低于系统的社会最优水平。

为了提高技术外包中企业与研发者的合作效率,人们研究了一些措施。如果是长期的合作关系,王安宇等(2006)认为,企业和研发者可以形成一种非正式的关系契约,该契约是"自动执行"的。基于长期利益考虑,企业和研发者都不会偷懒,均衡结果是双方都实施有效投入,这就解决了低效问题。以上说明,长期关系可以解决双边道德风险。但是，关系契约必须建立在重复博弈的基础上，只适用于长期合作，不能用于一次性博弈。

对于一次性博弈如何提高效率也有一些研究结果。Roels 等（2010）认为委托人可以通过选择不同的合同提高效率，可以使用固定费合同，也可以对代理人监督，根据其努力程度决定支付，或者根据项目的收益产出决定支付，并比较了三种合同的效率。Gürtler 和 Kräkel（2010）认为如果存在可观察的证据，司法机构的介入可以解决双边道德风险问题。如果其中一方利益受损，可以通过司法途径维护利益。当受损一方告状的威胁是可置信的，即使双方事后不会打官司，系统也能达到帕累托最优。

"搭便车"的前沿问题是如何改善系统的效率，接近或者达到帕累托最优。这是目前理论研究的新领域，有很多问题需要进一步思考。特别是从博弈论的观点看，签约前采取可置信的威胁与承诺，可以改变签约后参与人的行动，从而得到不同的博弈均衡，因此必然对系统的效率产生影响。目前按照此思路解决问题的研究还未见，这正是本项目的努力方向。

2. 合作伙伴的选择

产学研合作中，有时候存在若干合作伙伴有合作意愿，但只能选择其中的一个，技术拍卖即属此类问题。当合作出现竞争的情况时，适用拍卖理论解决。拍卖理论可以同时解决商品的分配与定价，优势在于使买者互相竞争出价。无论是交易价格还是交易成功率，均高于一对一的交易。拍卖是揭示私人信息，优化资源配置的有效交易方式。

关于技术拍卖的研究，采用与一般物品相同的拍卖方式，没有把拍卖价格与技术的产出联系起来。Varma（2003）、谢非等（2010）分析了技术的一价拍卖，认为企业为了获得未来竞争的优势，有夸大私人信息，提高报价的动机。主要发现是，如果企业进行古诺竞争，拍卖可以提高发明人收益，并实现技术的有效配置，但如果企业进行伯川德竞争，则拍卖机制是无效的。另外，对于市场前景存在不确定性的情形，Janssen 和 Karamychev（2009）认为风险态度将决定配置，喜欢冒险的企业会赢得拍卖，并且，垄断市场可能比寡头市场更有效，因为赢得竞标的垄断者是对市场预期最乐观的企业，它选择的市场产量更高且价格更低。

以上关于技术拍卖的文献忽略了技术产出的可观察性。企业投标价格是一个固定价格，与技术的事后产出无关，没有把技术价格与产出联系起来。实际上，在技术拍卖中，竞标报价也可以采用"固定费+提成"的形式。Giebe 和 Wolfstetter（2008）研究了古诺市场的专利拍卖，技术价格是产出的函数，但他们的分析是基于完全信息的，不存在信息不对称的问题，因此与一般意义上的拍卖不同。

实践上，技术拍卖在我国是新生事物，近些年才开始使用。我国实践上使用的是英式拍卖（升价拍卖），即先设定一个底价，然后让买家不断提价，报价最高者获得技术。技术拍卖价格与产出无关是英式拍卖的一个缺陷，也是目前拍卖成交率不高的重要原因之一。一方面，企业要承担技术产业化过程中的全部风险。无论产业化后技术能否创造利润，企业都要支付技术使用费，一点不能少。另一方面，发明人不知道技术在产业化中的实际价值，因为怕吃亏，往往不切实际地索要高价。于是在技术拍卖会上，常常是发明人的底价过高，超过了企业的市场预期，使得企业保守观望不愿出价，这就导致拍卖成功率很低。英式拍卖虽然在其他物品的拍卖实践中应用广泛，但因为拍卖价格与技术的产出脱节，而技术商品本身又具有信息严重不对称特性，所以英式拍卖并不适用于技术拍卖。

合同竞标理论最早由 McAfee 和 Mcmillan（1987）提出，近年被用在供应链、特许经营权等竞争性签约方面。一对一的签约只需要决定签订什么合同，合同竞标却能够同时解决两个问题：选择哪个企业，签订什么合同。合同竞标又称激励性契约拍卖，与英式拍卖的不同在于，竞标结束后，赢者获得一个合同，即根据事后的可观察产出确定支付价格，而不是一个直接的报价。例如，Chen（2007）利用合同竞标理论，分析了供应商遴选与产品定价问题，合同竞标不仅选出了最高效的企业，而且对其有效激励。

竞标理论上的最新进展之一是多目标拍卖，这时需要对多目标综合打分，以分数为目标函数求解拍卖问题。例如，Cachon 和 Zhang（2006）认为，招标方不仅要考虑价格，而且要考虑时间成本，并分析了两种具体的简单机制，一是耽误时间要赔偿，二是规定一个固定的交付时间，均可以达到较优的拍卖效果。

关于拍卖理论的研究，开始重视物品的拍卖价格与事后价值联系问题。Gorbenko 和 Malenko（2010）研究了有价证券的拍卖问题，虽然项目的利润难以被证实，但是很容易观察到项目拍卖后的现金流。他们发现，以现金流作为拍卖价格的依据（我们可称之为"现金分享制"），与设置保留价格一样，可以降低买方的信息租金。特别是，现金收益分享制可以代替保留价格的作用，有时候用了分享制，就没必要再设置保留价格了。同样基于现金流来确定拍卖价格，Cornelli 和 Felli（2012）分析了如何拍卖一个公司。与有价证券不同的是，公司需要考虑破产的情况，增加拍卖收益的关键在于有效设置现金流的分享比例。

Abhishek 等（2013）研究了事后利润可以分享的拍卖，此时项目的事后利润是拍卖价格的影响因素之一。如果项目的价值是私人独立同分布的，与一次性给钱走人的拍卖相比较，无论卖方是风险中性还是风险回避的，对于英式拍卖与二价拍卖，拍卖人使用利润分享拍卖都可以得到更高的收益。基于事后信息，Skrzypacz（2013）建立了一个统一的共同价值模型。这些事后信息包括现金流、债务、提成、期权等，对于拍卖价格形成的方式也各有特点，该模型把相关研究放在了一个框架内。Sun 等（2019a）运用灰色聚类评估以北京地铁的建设经营为案例研究了 PPP 模式的合作效率，从而认为 PPP 模式是较高效的，并指出可以改进的方面。

3. 存在信息的一对一技术交易

如果只有一个企业购买技术，发明人对技术定价时，主要面临两类信息不对称问题，即逆向选择与信号传递。文献分析中，为了解决这两种信息不对称，常使用"固定费+提成"的二元合同。基于离散分布，Sen（2005）较早利用合同理论，分析了工艺创新技术的"产量+产量提成"定价，认为最优的定价合同呈现多样性，可以是固定价格的形式，也可以只收取提成，或者是"固定价格+提成"的二元合同，这就初步说明我国实践上过于单一的技术定价方式并不合理。石岩和刘思峰（2009）分析了需求创新技术，考虑了企业分布为连续类型的情况，模型上是求解一个带约束的泛函极值问题，认为虽然工艺创新总能够卖出去，但是需求创新则不一定，原因是最大化专利费期望收益的目标要求一个最低保留价格。另外，信息也可能存在于发明人一方。例如，企业观察不到技术的优劣，发明人可能以次充好，技术市场存在鱼目混珠现象，则技术定价需要解决信号传递问题。目前关于信号传递的研究还比较少，仅限于类型分布比较简单的情况。对于技术市场以次充好的现象，石岩和刘思峰（2010）认为，提成项是显示技术质量的信号，持有优质技术的发明人往往希望在产业化后分享提成，持有劣质技术的发明人则希望企业一次付清。Martimort 和 Piccolo（2007）认为在技术质量存在信息的同时，如果企业还存在道德风险，即信息不对称是双向的，则提成作为显示质量的信号存在多个弊端，如加重企业的道德风险、增加签约失败的可能等，因此在签约时，是否使用提成项需要认真权衡。

上述文献限于分析简单的信息不对称问题，合同的形式也较为简单，仅限于"固定费+提成"的二元合同，对于现实中稍微复杂些的合同尚难适用。然而，从我国的情况看，技术交易中不仅包含技术的价格，而且还常常包含其他附加条款，并且条款呈现多样性。例如，我国科技部提供技术交易合同的标准模板，关于附加条款的内容就占了很大篇幅。这样，技术交易合同就采取了较为复杂的定价形式，而不限于"固定费+提成"。从合同理论的视角看，附加条款改变了合同的完整性。于是问题出来了，是否还能通过附加条款，找到比"固定费+提成"的二元合同更优的定价方式。

简单来讲，交易双方签约时，如果合同内容并未包括签约后所有会发生的情况，则此合同具有不完全性。签约后，代理人的行动仍然有灵活操作的余地，这会对均衡结果有显著影响。因此，可以在现有文献基础上，从合同完整性的视角，考虑信息不对称时包含附加条款的技术定价问题，这一方面尚是空白。Erutku 等（2007）是能找到唯一的讨论附加条款与技术定价的文献。该文的附加条款规定，发明人在不同地域只能对一个企业出售技术，发现增加的地域条款可以避免企业间的竞争，从而提高发明人的技术转让收益。但是，该文的分析基于简单的完全信息的双寡头模型，不能适用于信息不对称情形。

从合同理论的近期发展看，人们发现附加条款对最优合同有重要影响，合同理论对此也非常关注。Martimort 和 Piccolo（2007）用不完全合同分析了供应链，给出了 RPM（resale price maintenance，转售价格维持）机制的特征，发现制造商定价时，在标准的 Wholesale（整体定价）供货合同中，加入关于零售价格的条款，可以增加制造商收益。所以对制造商而言，应该在合同中确定商品零售价，而不是由零售商定价。与此类似，Kaya 和 Özer（2009）也关注策略性签约前定价的作用，认为在产品外包中，签订外包合同前宣布价格，可以降低产品的质量风险，所以发包方在事前应该弥补合同的不完全性。

一般而言，委托人通过弥补合同的不完全性，可以减少代理人自利行为的空间，控制代理人的行为，部分地消除信息劣势。然而，附加条款并非一定带来利益。Martimort 和 Piccolo（2007）分析了存在两条供应链的情况，如果产品是互补的，则保留合同的不完全性反而是有益的，应该让代理人有灵活的行动空间。

以上文献所分析合同的不完全性，在技术交易中同样存在，对技术定价的研究有积极的启发作用。附加条款对技术交易的影响值得研究。事实上，发明人可以利用合理的附加条款，对二元定价合同进行优化。

（八）创新网络的相关研究

最早关于创新网络的论文 "Networks of innovators: a synthesis of research issues" 由 Freeman 于 1991 年发表在期刊 *Research Policy* 上。Freeman 认为，创新网络是为了系统性创新的一种基本制度安排，网络架构的主要联结机制是企业间的创新合作关系。此后，国内外相关文献开始了对创新网络的研究，不同的研究者对于这种形式具体采用不同的称呼，主要有创新网络、跨组织网络、技术联盟等，研究角度各不相同，从资源、战略管理、组织行为等角度都有相关研究。

1. 企业层面创新网络的相关研究

Freeman（1991）提出创新领域研究的网络概念只是作为一个隐喻，并没有实质性的结构属性。随着小世界模型、无标度模型等复杂网络理论和社会网络分析工具（UCINET、NetDraw、PAJEK 等软件包）的兴起，企业创新网络研究文献数量快速增长。企业层面的创新网络研究大致有以下三类。

1）企业网络位置对创新绩效的影响

在企业创新网络研究中，学者们最关心的问题是企业的网络位置对创新绩效的影响。Baum 等（2000）通过生物创业企业的研究发现，技术联盟网络建立时期的配置决定它们早期绩效的显著差异。Tsai（2001）认为组织占据能够通过其他单元获取新知识网络的中心位置，就能够拥有更多的创新和获得更好的绩效，当然这个效应还依赖于组织的吸收能力或者成功复制新知识的能力。曹鹏等（2009）探讨了企业内部资源要素对网络能力、创新网络和创新绩效的影响。张巍和党兴华（2011）研究发现企业网络权力与企业网络能力之间存在显著的正相关关系。潘松挺和郑亚莉（2011）从探索式学习和利用式学习的角度分析了网络关系与企业技术创新绩效的关联。刘学元等（2016）通过研究发现创新网络关系强度和企业吸收能力均对企业创新绩效存在显著的正向影响，且企业吸收能力在网络关系强度和企业创新绩效之间起不完全中介作用。

2）企业网络整体结构属性及其对企业创新活动的影响

随着研究的深入，企业网络位置对创新绩效影响的研究逐步拓展为网络整体结构属性及其对企业创新活动的影响。Hagedoorn 等（2006）研究发现战略网络能力（特别是基于中心性的能力和选择合作伙伴的效率）有利于建立新网络关系，并在企业持续互动中扮演重要角色。Schilling 和 Phelps（2007）证实参与联盟网络的公司具有高集聚性和高可达性，比不具备这些特征的公司更具有创新性。党兴华和张首魁（2005）提出技术创新网络是一个模块化节点形成的松散耦合系统，并且就节点之间的耦合关系、松散组织管理强度进行了分析。解学梅（2010）探讨了不同的协同创新网络和企业创新绩效的关系。李玲（2011）研究发现企业间联合依赖与不对称依赖的程度会影响到企业在合作过程中的开放度，同时也会影响到企业的合作绩效。

3）企业技术创新网络结构演化机制研究

在研究结构与绩效关系的同时，网络结构的纵向演化也是学者关注的重要议题。Roijakkers 和 Hagedoorn（2006）运用医药生物技术领域 1975 年以来的大规模纵向数据分析了企业间 R&D 合作关系网络的演化。Hanaki 等（2010）研究了美国信息技术（information technology，IT）产业 R&D 合作网络的演化过程，发现研发网络越来越广泛、集聚和不均衡，网络中明星组织已经出现。Rampersad 等（2010）运用信息与通信技术（information communications technology，ICT）、生物和纳米技术网络数据，推动了网络层面管理创新理论的发展。研究发现参与丹麦创新网络的企业可以在四年后将劳动生产率和全要素生产率分别提高近 7%和 13%。蔡宁和潘松挺（2008）分析了企业创新网络关系强度与技术创新模式的协同演化。王大洲（2006）、张宝建等（2011）、程跃等（2011）研究了企业创新网络的生成、进化机制和演化模式等。简兆权和旷珍（2020）研究发现协同创新网络对新服务开发绩效有着显著的正向影响；复合式能力在协同创新网络和新服务开发绩效之间起着中介作用；环境竞争性会增加复合式能力在协同创新网络与新服务开发绩效之间的中介效应。杨春白雪等（2020）通过分析网络整体特征发现，当创新网络密度较小、网络中各创新主体之间连接不紧密时，较松散的网络结构更有利于知识获取，使网络中度较高的节点成长为核心。

2. 区域层面创新网络的相关研究

近年来，随着区域创新体系内部结构复杂化和社会网络分析方法在创新研究领域的广泛应用，区域创新体系框架内创新网络研究的文献迅速增加，正成为新的学术热点。区域层面的创新网络研究大致有以下三类。

1）区域创新网络结构和绩效关系研究

延续区域创新体系的研究思路，结构和绩效仍然是区域创新网络关注的焦点。Eisingericha 等（2010）研究表明网络强度和网络开放度是支撑高绩效区域集群的基础，其中网络开放性的正向效应随着环境不确定性的增加而增加，而网络强度的正向效应随着环境不确定的增加而减小。池仁勇（2005，2007）以浙江省为例对区域小企业创新网络的密度、中心节点等结构属性、网络功能和绩效进行了系统研究。殷德生等（2019）分析了长三角城市群创新网络从以上海为绝对中心的单级结构逐步演化为"一龙头、多中心"的钻石型结构，空间网络中心性对城市创新产出存在显著正向影响。区域之间的地理邻近性对跨区域产学协同创新绩效的影响是正向且显著的。夏丽娟等（2017）通过研究认为社会网络邻近性对跨区域产学协同创新绩效的促进作用并不显著；技术邻近对跨区域产学协同创新绩效的影响是正向且显著的。

2）区域创新网络中的产学研关系研究

高校、科研机构是区域创新网络的重要组成部分，企业和学研机构之间的互动关系是区域创新个体网络的主要议题。Graf 和 Henning（2009）基于德国四个地区的样本研究发现，学研机构在区域创新网络中占据重要位置，创新网络密度越大，网络中的学研机构就越多。Kratke（2010）考察了德国典型都市圈地区专利合作网络结构特征。Broekel 和 Graf（2010）对比分析了德国基础与应用领域创新网络，结果显示：基础研究网络规模较小但是比较紧密，呈现明显的核心边缘结构，而应用研究网络中的核心创新者是大企业，高校与公共科研机构发挥作用较小。洪伟（2010）研究了中国区域校企专利合作创新网络的结构。喻科（2011）分析了产学研合作创新网络主体间的网络特征及动态能力培育。Cao 和 Li（2020）认为产学研创新网络规模的扩大降低了网络中知识转移的速度，平均合作程度也越来越高。节点的强度越高，知识转移的发展深度就越高。

3）区域创新网络形成、演化和连接机制研究

近年来，区域创新网络形成、演化和连接机制的研究逐渐增多。Powell 等（2005）分析了积累优势、同质性、趋势跟随和多元连接四种机制对生物技术产业组织间合作结构和动态性的影响。Glückler（2005）以网络关系作为切入点，研究发现网络演化具有累积机制和选择机制。Amburgey 等（2008）研究发现组织更倾向于和它们具有相似制度和结构位置的组织建立连接。Boschma 和 Frenken（2009）以邻近性作为切入点，认为认知邻近性、社会邻近性、组织邻近性、制度邻近性及地理邻近性是影响创新网络空间演化的重要因素。周灿等（2017）提出城市创新网络具有小世界特征和择优连接性，培育网络中心城市和创新城市群有益于优化创新网络结构，增加网络资本。易将能等（2005）较早讨论了区域创新网络演化的阶段性。汪少华和汪佳蕾（2007）、傅首清（2010）分别以浙江传统特色产业集群和中关村为例，研究了区域创新网络的演化阶段和路径。

3. 跨国层面创新网络的相关研究

跨国创新网络研究是创新体系国际化和跨国创新体系理论的延伸，是全球生产网络的重要支撑和补充。

1）跨国创新网络基本理论问题研究

Ahuja（2000）较早运用跨国化学产业公司的样本对跨国创新网络结构进行研究，但是主要关注网络的直接联系和间接联系，而不是本土联系和国际联系。Ernst 和 Kim（2002）研究表明全球生产网络中的领导组织通过正式和非正式的机制向本地供应商转移显性和隐性知识，本地供应商需要升级技术和管理技能进而满足领导组织的技术规范。Coe 和 Bunnell（2010）认为跨国创新网络是企业研发网络、个人社会网络、教育和政策等公共网络领域相互重叠运行的结果，其中企业与其他非企业组织构成的研发网络是主体。

2）跨国创新网络结构及演化机制研究

在跨国技术创新网络基本理论探讨的基础上，网络结构、成员关系、演化机制等问题开始逐步引起学术界的关注。Gay 和 Dousset（2005）基于生物技术产业联盟网络的研究表明，跨国创新网络具有无标度和小世界特征，网络增长遵循适应度模型，优先机制是公司掌握的核心技术。Maskell 等（2006）比较了公司之间短暂的网络关系群、永久的网络关系群以及其他互动形式之间的适用条件。Gay（2008）通过跨国生物技术产业的研究发现，嵌入动态复杂网络的公司具有无标度特征、小世界特征，因为路径非常短会促进创新快速扩散。Ernst（2009）运用电子信息产业的全球创新网络数据考察了网络驱动因素，重点关注了亚洲电子信息产业在全球创新网络中的作用，以及亚洲公司嵌入网络后如何影响企业自身的学习、能力形成和创新。王清晓和杨忠（2006）探讨了影响跨国公司各内部网络

节点知识转移的因素，特别是国家专有知识产生的影响。向希尧和蔡虹（2009，2011）、向希尧等（2010）运用专利引用网络和专利合作网络相结合的方法，系统分析了跨国网络结构和接近性的作用。

3）国家层面跨国创新网络研究

相关学者对国家层面跨国技术创新网络进行了研究。Maggioni 和 Uberti（2009）运用欧洲专利局专利共同申请、人员流动等数据研究了欧洲创新网络的无标度和小世界特征。Guan 和 Chen（2012）运用国家层面数据分析了跨国专利合作网络的演化过程，并且将所有国家划分为知识创造群体（OECD 国家）和知识运用群体（非 OECD 国家）。Sun 等（2019b）通过结构方程分析认为知识流动对合作文化与创新网络治理绩效之间的关系具有中介作用。

通过以上文献分析，我们可以看到：①企业层面创新网络研究主要分析了企业个体网络位置对创新绩效的影响、网络中企业关系对创新活动的影响和网络结构的演化特征等议题。这些文献的共同特点是以医药生物技术、IT 等行业中的企业作为样本进行实证研究，解析网络结构-绩效关系以及网络演化机制等，但是较少探讨网络结构如何生成和演化，这是解析网络结构-绩效互动演化内在机制的关键。企业个体创新战略选择是形成网络结构的基础，进一步研究需要将企业 R&D 合作和技术发展战略等方面的研究引入创新网络领域，从微观层面加强企业进入或者退出创新网络决策、企业创新网络合作伙伴选择等议题的研究。②区域创新网络研究一方面借鉴了区域创新体系理论的相关成果，探讨网络结构-绩效和产学研关系；另一方面借鉴了创新地理学和产业集群等空间相关研究，探讨网络形成、演化和连接机制。实际上，现有研究仍然没有将创新体系的系统内涵、创新空间的地理内涵和创新网络的连接机制进行很好的整合。建立区域技术创新网络研究分析体系，进一步的研究需要重点探讨参与创新系统的产学研关系以及创新地理的邻近性如何影响网络连接机制的形成和演化。③跨国层面的技术创新网络研究虽然选取跨国企业或产业数据作为样本探讨网络结构和演化等问题，但是相关研究并没有深入探讨网络对于跨国创新的意义，以及地理和国家边界在跨国创新网络生成中的作用，等等。

三、研究价值与意义

本书是一项紧密结合国家发展战略，兼顾基础理论研究与应用研究的综合性交叉研究。既强调既有模式和基本理论的总结与凝练，又强调研究视角与研究方法的创新，更注重理论研究在我国创新驱动发展实践中的应用，通过对我国创新驱动发展战略理论与实践问题的研究，进行顶层设计与战略重点分析，以期为我国切实有效地克服创新驱动发展道路上的障碍，为我国创新驱动发展中面临的问题提供可行与可操作性的解决方案，为我国产业升级、经济转型与创新型国家建设提供发展思路。综合来讲，本书的价值和意义主要体现在以下方面。

（1）从学术研究价值来看，有利于我国创新驱动发展理论体系的构建。在深化和拓展已有相关理论的基础上，尝试性地提出中国情境下创新驱动发展的理论框架，重点聚焦于创新驱动发展的技术赶超理论与产学研协同创新机制的理论分析，对我国创新驱动发展战略的实施进行顶层设计，推进了我国创新驱动发展理论的探索进程。

（2）从实际应用价值来看，将对我国实施创新驱动发展战略从国家、区域、产业、企业各个层面的实践产生积极的影响。

（3）从社会意义来看，提供了具有参考价值的创新驱动发展政策体系与实践建议，将有利于中央政府、地方政府、产业发展相关部门、企业、高校、科研机构等各层面的创新驱动发展，为创新驱动发展战略的实施和路径的具体选择提供依据，推进我国创新型国家与科技强国建设的进程。

本书既探讨国家层面的创新驱动发展战略，亦从区域、产业、企业等层面提出创新驱动发展的思路，为各个层面的创新驱动发展提供指导与参考。

第二章 研究框架与内容

一、总 体 框 架

本书将基于创新驱动发展的中国情境分析,进行创新驱动发展的国际比较,理论、政策、创新网络等专题的深入探讨,提出创新驱动发展战略实施的总体构想,阐明我国创新驱动发展的战略重点。总体框架如图 2-1 所示。

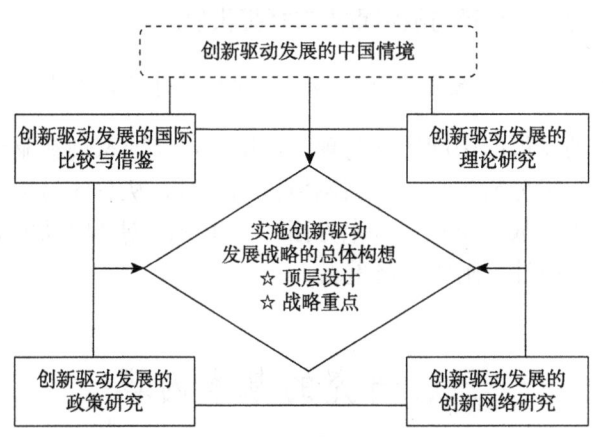

图 2-1 本书研究总体框架

二、研 究 目 标

1. 推进我国创新驱动发展理论的探索与研究进程

基于创新驱动发展的中国情境分析和主要国家创新驱动发展的国际比较分析,进行创新驱动发展的中国技术赶超的宏观理论分析与产学研协同创新的微观理论探讨，探索创新驱动发展战略的实现机制，以推进我国创新驱动发展理论的探索和研究进程。

2. 分析与评价我国实施创新驱动发展的相关政策

国家创新驱动发展政策研究对国家创新驱动发展战略的实施起着重要的引导、协调、控制和促进作用。通过对战略性产业发展政策和国家人才政策的深入剖析与评价，为各个层面的创新驱动发展提供建议，为中央政府、地方政府、产业发展相关部门提供有价值的创新驱动发展政策参考，并为创新驱动发展战略实施路径的具体选择提供依据。

3. 设计创新驱动发展战略实施过程中的关键机制

创新驱动发展战略的实施，涉及国家发展的方方面面、各个层次。对创新驱动发展战略实施过程中的技术赶超、产学研协同创新、创新政策驱动产业与区域发展、网络合作创新、技术市场运行、创新驱动产业升级与经济高质量发展等关键性机制问题展开研究，以丰富创新驱动发展的理论与实践研究，为创新驱动发展战略实施的驱动力、路径与战略重点选择提供思路。

4. 确定实施创新驱动发展的战略构想、顶层设计与战略重点

基于创新驱动发展的中国历史与现实情境、主要国家创新驱动发展的比较分析、理论探讨、政策分析评价、创新网络机制探讨，从总体目标、实施阶段、核心内容、动力来源和战略重点等各个方面，构建我国创新驱动发展战略实施的总体构想，进行顶层设计，阐明战略重点。

三、研究的基本内容

（一）创新驱动发展的中国情境与国际比较研究

本部分的研究主要目的是为顶层设计与确定战略重点两个核心问题奠定国内、国际情境基础与经验借鉴。

剖析创新驱动发展的中国情境，从以下四个方面展开：制度情境——中国科技制度的发展演变与中国地方政府的科技制度竞争；经济发展情境——中国经济发展历程与新常态、新变局，以及转变经济发展方式与创新驱动发展战略；历史文化情境——文化多元性与创新驱动发展战略；科技发展情境——中国科技发展历程与成就。

通过对主要国家创新驱动发展路径的识别,对创新政策演化的考察,归纳创新驱动发展的主要特征与类型。分析以美国、日本、韩国、英国、德国为主要代表的创新型国家在国家战略与政策、创新制度设计、国家创新体系运行等方面的主要经验做法;探讨同为"金砖国家"的印度、俄罗斯、巴西和南非在创新发展领域的举措。具体包括:国家科技创新战略与政策,创新驱动发展的基本指标比较与评价;国家创新体系特征、结构,创新的制度安排,创新文化生态系统,创新的产学研协同;国家创新驱动发展的动力要素构成与驱动机制,创新资源的配置机制,知识产权保护鼓励创新;政府在国家创新驱动发展中的作用,以及创新评估体系等。

根据以上分析,提出这些国家的做法对我国创新型国家建设与实施创新驱动发展战略的启发,并结合新科技革命发展的趋势,阐明我国实施创新驱动发展战略面临的主要挑战与障碍。

(二)创新驱动发展的理论研究

根据主要国家创新驱动发展的比较分析和中国创新驱动发展的特殊情境,本书进行了国家技术赶超理论分析,界定了国家技术赶超概念的边界与内涵,基于制度差异和技术差距两个因素识别出六种典型技术赶超路径,并将技术赶超路径选择与技术赶超战略联系起来,区分出跟随型、嵌入型、对抗型与竞争型四种技术赶超战略。探讨了技术赶超机会窗口是如何影响技术赶超路径初始方向选择与之后的路径阶段转换,以及如何通过制度变革推进技术赶超。

在创新驱动发展的微观层面,基于过往产学研合作研究,深化了创新驱动发展的产学研合作创新理论,在对产学研协同创新演进机制、激励机制、收益分配机制的研究中,将博弈双方努力程度视为连续型变量,更能反映出协同过程中隐性努力程度不足这一双边道德风险问题。使用随机演化博弈的分析范式分析了产学研协同创新过程中协同双方努力程度的演进机制,随机扰动项的引入能够较为客观地体现现实中的协同过程。将量子博弈应用于产学研协同创新激励机制的研究中,提出了涉及可量化绩效指标的"纠缠合同",在一定程度上缓解了产学研合作中的囚徒困境问题。在对收益分配方式的比较分析中考虑了协同双方的风险厌恶程度及协同项目本身的成功概率,检验了改进的 Cobb-Douglas 模型,较为真实地体现了现实中的协同过程。

（三）创新驱动发展的政策研究

政策研究是对政策要素即政策目标、政策工具和政策主体，以及要素之间的协调关系进行探索。我国创新驱动发展的战略目标就是实现全面的技术赶超，建设成为世界科技强国。本书从产业创新政策和人才政策两个方面对国家创新发展政策进行研究。

基于政策组合理论，以新能源汽车产业政策为研究对象，从政策组合视角构建政策分析框架对新能源汽车产业政策进行系统性分析，对政策组合中多层级多类型政策及其组合特征对新能源汽车创新产出的影响效果进行实证研究。重点探讨了可量化的政策组合的一致性、平衡性和综合性三个特征指标对新能源汽车创新产出的影响，尤其分别分析了多层级政府维度的中央政府层面、地方政府层面以及两者构成的多层级政府整体层面的政策组合的三个特征对新能源汽车创新产出的影响。研究结果表明，中央政府层面和多层级政府整体层面的政策组合的一致性对新能源汽车创新产出具有显著正向的影响；政策组合的平衡性对新能源汽车创新产出具有显著正向的影响；政策组合的综合性对新能源汽车创新产出的正向影响没有获得验证。根据研究结果，提出相应的政策建议：充分发挥新能源汽车政策体系框架的统筹引领作用；促进多层级政府间的横向和纵向协同合作；规范和完善政策评估制度和机制建设；加强供给面政策组合和环境面政策组合的使用；控制和调整需求面政策组合的使用；优化多层级多类型政策在政策组合中的科学搭配使用。

基于成本收益和知识基础理论，建立了人才政策发展三阶段模型，对中国各城市的人才政策进行了归类整理分析，使用中国人才政策发展数据对三阶段模型进行了检验，实证分析了我国人才政策对区域创新效率和创新产出的影响效果及其路径。结果表明，现阶段我国通过人才政策来改变区域人力资本存量的方式进而提高区域创新效率和创新产出的方式相较于改变区域人力资本结构的方式更为有效。当然人才政策并不能无限制地提升区域创新效率和创新产出，人才政策对区域创新的促进作用存在威廉姆森空间效应，即政府人才政策在提升区域创新上具有门槛效应。相关的政策建议有：政策制定者要准确了解当地的发展及人才需求情况；地方政府可以通过出台人才政策的方式增加区域人力资本存量，改善人力资本结构进而提升区域创新效率和创新产出；人才政策的制定和实施要考虑区域人力资本、社会经济发展的具体特征以及政策成本因素；中央政府应重视对地方政府人才政策的管理，防止地方政府间的恶性竞争。

（四）创新驱动发展的创新网络研究

企业的创新能力不仅取决于自身能力、政策支持，也取决于一个国家或地区的创新网络环境。在成熟的创新网络环境中，更有利于企业与其他主体的互动、提高创新的整体效率。在开放式创新背景下，组织难以完全依靠自身的知识等资源库来推进技术创新，多主体协同已逐渐成为数字经济时代的新常态。

通过对专利合作网络、引用网络及多层创新网络与企业创新关系的梳理，本书认为创新作为一个多方参与的过程，创新主体同时嵌入在不同网络中，如城市合作网络、国际合作网络、知识元素网络、专利引用网络等。仅分析单一网络对企业创新绩效的影响无法充分解释这些影响因素对创新绩效的作用机制。在多层网络构建中，合作层主要关注企业参与的企业间合作网络与产学研合作网络，专利引用层聚焦于产学研合作模式下的专利引用、被引用。根据社会网络视角，本书使用 ICT 产业申请并授权的发明专利数据，分析合作网络和专利引用网络的动态演化，从整体网络和个体网络两个层面探讨网络演化的基本特征。相关结论有：专利合作和引用关系表征的知识流动网络在演化过程中均呈现出动态性和阶段性特征；对于合作关系表征的知识流动，企业间合作网络与产学研合作网络的演化过程具有一定差异；基于专利引用的知识流动是一个由简单到复杂的，随时间推移变得更加多元化的过程，但网络密度相对偏低。相关政策建议有：合理调整合作模式以及知识流入、流出的比例；兼顾企业间合作和产学研合作对企业创新的综合影响；平衡知识吸收与扩散为企业创新所带来的优势与弊端；针对性地建立不同水平的专利引用网络联系强度；平衡维持合作伙伴稳定性与拓展新合作关系；综合考虑合作网络与专利引用网络二者的优势；当企业在专利引用网络中的中心性水平较高时，应尽量维持相对较低的结构洞水平，才能充分发挥对企业创新的积极作用。

（五）我国实施创新驱动发展战略的总体构想

基于中国情境与国际比较研究、理论探讨、创新政策分析、创新网络的研究结果，结合我国创新驱动发展战略实施的实践，从总体目标、实施路径、核心内容、动力来源和战略重点等方面，总体构想我国实施创新驱动发展战略，并进行顶层设计，阐述战略重点。

总体目标：建设科技强国。

实现路径：第一阶段注重技术赶超，实现关键核心技术的突破，建成创新型国家；第二阶段注重科技领先，建成科技强国，成为世界主要科学中心。

双轮驱动：科技创新与制度创新。

四个驱动力：理论驱动、政策驱动、网络驱动、创业驱动。

五大战略重点：①改革科研管理与教育体制，突破关键核心技术制约；②构建全国技术交易市场，激活创新主体活力；③优化产学研合作创新网络，加速科技成果转化；④把握双循环发展格局，创新驱动产业转型升级；⑤强化多维协同机制，创新驱动经济高质量发展。

本篇参考文献

波特 M. 2007. 国家竞争优势[M]. 李明轩，邱如美译. 北京：华夏出版社.
蔡玲. 2009. 发展中国家技术赶超最优路径探析——基于知识产权保护和企业危机意识的视角[J]. 经济评论，（3）：108-114.
蔡宁，潘松挺. 2008. 网络关系强度与企业技术创新模式的耦合性及其协同演化——以海正药业技术创新网络为例[J]. 中国工业经济，（4）：137-144.
蔡宁，闫春. 2013. 开放式创新绩效的测度：理论模型与实证检验[J]. 科学学研究，31（3）：469-480.
曹鹏，陈迪，李健. 2009. 网络能力视角下企业创新网络机理与绩效研究——基于长三角制造业企业实证分析[J]. 科学学研究，27（11）：1742-1748.
曹霞，于娟. 2015. 创新驱动视角下中国省域研发创新效率研究[J]. 科学学与科学技术管理，36（4）：124-132.
曹勇，蒋振宇，孙合林. 2015. 创新开放度对新兴企业知识溢出效应的影响研究[J]. 科学学与科学技术管理，35（1）：151-162.
柴金艳. 2008. 基于开放式创新模式的企业知识产权管理[J]. 工业技术经济，27（9）：18-20.
陈波. 2014. 政产学研用协同创新的内涵、构成要素及其功能定位[J]. 科技创新与生产力，240（1）：1-3, 14.
陈德智. 2003. 技术跨越基本模式研究[J]. 技术经济与管理研究，（2）：96.
陈莞，谢富纪. 2007. 开放式自主创新与其支持体系互动机制研究[J]. 科学学与科学技术管理，（3）：58-61.
陈劲，梁靓，吴航. 2013. 开放式创新背景下产业集聚与创新绩效关系研究——以中国高技术产业为例[J]. 科学学研究，31（4）：623-630.
陈劲，刘振. 2011. 开放式创新模式下技术超学习对创新绩效的影响[J]. 管理工程学报，25（4）：1-7.
陈劲，邱嘉铭，沈海华. 2007. 技术学校对企业创新绩效的影响因素分析[J]. 科学学研究，25（6）：1223-1232.
陈强，余伟. 2013. 英国创新驱动发展的路径与特征分析[J]. 中国科技论坛，（12）：148-154.

陈曦, 缪小明. 2012. 开放式创新、企业技术能力和创新绩效的关系研究[J]. 科技管理研究, (14): 9-12.

陈钰芬, 陈劲. 2009. 开放式创新促进创新绩效的机理研究[J]. 科研管理, 30 (4): 1-10.

程跃, 银路, 李天柱. 2011. 不确定环境下企业创新网络演化研究[J]. 科研管理, 32 (1): 29-34.

池仁勇. 2005. 区域中小企业创新网络形成、结构属性与功能提升: 浙江省实证考察[J]. 管理世界, (10): 102-112.

池仁勇. 2007. 区域中小企业创新网络的节点联结及其效率评价研究[J]. 管理世界, (1): 105-121.

戴亦舒, 叶丽莎, 董小英. 2018. 创新生态系统的价值共创机制——基于腾讯众创空间的案例研究[J]. 研究与发展管理, 30 (4): 24-36.

党兴华, 张首魁. 2005. 模块化技术创新网络节点间耦合关系研究[J]. 中国工业经济, (12): 85-91.

杜丹丽, 付益鹏, 高琨. 2021. 创新生态系统视角下价值共创如何影响企业创新绩效——一个有调节的中介模型[J]. 科技进步与对策, 38 (10): 105-113.

方健雯, 朱学新, 张斌. 2008. 长江三角洲技术创新驱动机制的比较分析[J]. 软科学, 22 (2): 113-115.

冯之浚. 2008. 国家创新系统的理论与政策[M]. 北京: 经济科学出版社.

傅首清. 2010. 区域创新网络与科技产业生态环境互动机制研究——以中关村海淀科技园区为例[J]. 管理世界, (6): 8-27.

葛秋萍, 李梅. 2013. 我国创新驱动型产业升级政策研究[J]. 科技进步与对策, (8): 102-106.

龚刚, 魏熙晔, 杨先明, 等. 2017. 建设中国特色国家创新体系跨越中等收入陷阱[J]. 中国社会科学, (8): 61-86, 205.

辜胜阻. 2013. 创新驱动战略与经济转型[M]. 北京: 人民出版社.

辜胜阻, 曹冬梅, 杨嵋. 2018. 构建粤港澳大湾区创新生态系统的战略思考[J]. 中国软科学, (4): 1-9.

郭爱芳, 陈劲. 2017. 基于科学/经验的学习对企业创新绩效的影响: 环境动态性的调节作用[J]. 科研管理, 34 (6): 1-8.

郭克莎, 王伟光. 2004. 我国制造业的技术优势行业与技术跨越战略研究[J]. 产业经济研究, (3): 1-16.

郭龙军, 徐艳梅, 程昭力. 2005. r 选择—k 选择、生态位及企业协同进化[J]. 管理现代化, (2): 2-4.

何礼. 2014. 四川实施创新驱动发展战略的思考[J]. 宏观经济管理, (6): 79-80.

洪伟. 2010. 区域校企专利合作创新模式的变化——基于社会网络方法的分析[J]. 科学学研究, 28 (1): 40-46.

洪银兴. 2013. 关于创新驱动和协同创新的若干重要概念[J]. 经济理论与经济管理, (5): 5-12.

侯建, 陈建成, 陈恒. 2019. 处理环境效应和随机误差的创新驱动发展绩效时空异质研究——以高技术产业为例[J]. 系统管理学报, 28 (6): 1143-1152.

胡承浩, 金明浩. 2008. 论开放式创新模式下的企业知识产权战略[J]. 科技与法律, (2): 49-53.

胡婷婷, 文道贵. 2013. 发达国家创新驱动发展比较研究[J]. 科学管理研究, 31 (2): 1-4.

胡卫. 2008. 产业层面技术赶超战略及其要素主导模式研究[J]. 软科学, 22 (5): 65-68.

华为技术有限公司. 2020. 华为2019年可持续发展报告[R].

黄国群. 2014. 开放式创新中知识产权协同管理困境探究[J]. 技术经济与管理研究, (10): 22-25.

黄海霞, 陈劲. 2016. 创新生态系统的协同创新网络模式[J]. 技术经济, 35 (8): 31-37, 117.

黄少坚. 2006. 我国科技自主创新体系建设研究[J]. 山东社会科学, (8): 71-73.

简兆权, 旷珍. 2020. 协同创新网络、复合式能力与新服务开发绩效[J]. 管理学报, 17 (10): 1498-1505.

蒋国林. 2014. 苏州创新驱动发展的平台布局和功能定位[J]. 求是, (1): 128-129.

蒋旭灿, 王海花, 彭正龙. 2011. 开放式创新模式下创新资源共享对创新绩效的影响——环境动荡性的调节作用[J]. 科学管理研究, 29 (3): 5-10.

金桂荣. 2014. 提升我国中小企业节能减排效率的创新驱动研究[J]. 科学管理研究, 6 (3): 89-92.

李丹丹, 陶秋燕, 何勤, 等. 2018. 基于动态演化博弈视角的技术赶超研究[J]. 科技管理研究, 38 (3): 30-36.

李洪文. 2013. 我国创新驱动发展面临的问题与对策研究[J]. 科学管理研究, 31 (3): 26-29.

李华军. 2020. 区域创新驱动与经济高质量发展的关系及协同效应——以广东省为例[J]. 科技管理研究, 40 (15): 104-111.

李玲. 2011. 技术创新网络中企业间依赖、企业开放度对合作绩效的影响[J]. 南开管理评论, 14 (4): 16-24.

李平, 陈红花, 刘元名. 2014. 开放式创新模式下创新开放度实证研究[J]. 中国科技论坛, (1): 10-15.

李艳. 2014. 关于内蒙古中小企业创新驱动转轨的思考[J]. 科学管理研究, 32 (4): 71-73.

李艳, 赵远亮. 2014. 内蒙古实施创新驱动发展战略的思考与建议[J]. 中国科技论坛, (10): 144-148.

栗献忠. 2014. 新兴国家创新驱动模式与比较研究[J]. 科学管理研究, 32 (5): 117-120.

林淼, 苏竣, 张雅娴, 等. 2001. 技术链、产业链和技术创新链: 理论分析与政策含义[J]. 科学学研究, 19 (4): 28-32.

刘海兵. 2019. 创新情境、开放式创新与创新能力动态演化[J]. 科学学研究, 37(9): 1680-1693.

刘洪涛. 1997. 国家创新系统(NIS)与中国技术创新模式的实证研究[D]. 西安交通大学博士学位论文.

刘焕, 胡春萍, 张攀. 2015. 省级政府实施创新驱动发展战略监测评估[J]. 科技进步与对策, 32(8): 128-132.

刘晖, 刘铁芳, 乔晗, 等. 2014. 我国战略性新兴产业创新驱动发展路径研究——基于北京市生物医药行业的经验总结[J]. 管理评论, (12): 20-28.

刘建生, 玄兆辉, 吕永波, 等. 2015. 创新型国家研发经费投入模式及其启示[J]. 中国科技论坛, (3): 5-11.

刘金华, 尹庆民. 2014. 创新驱动战略的江苏实践及对政府创新管理的建议[J]. 科技管理研究, (10): 30-34.

刘静暖, 孙媛媛, 杨扬, 等. 2014. 新型农业生产能力: 理论诠释与创新驱动[J]. 税务与经济, (3): 10-16.

刘学元, 丁雯婧, 赵先德. 2016. 企业创新网络中关系强度、吸收能力与创新绩效的关系研究[J]. 南开管理评论, 19(1): 30-42.

刘英基. 2013. 我国产业高端化的协同创新驱动研究——基于产业共生网络的视角[J]. 中国地质大学学报, (11): 125-135.

刘云, 谭龙, 李正风, 等. 2015. 国家创新体系国际化的理论模型及测度实证研究[J]. 科学学研究, (9): 1324-1339.

刘战豫. 2014. 区域产业发展的创新驱动关键影响因素及路径研究[J]. 世界地理研究, 23(4): 70-76.

刘智强, 曾伏娥. 2006. 技术创新全球化趋势及其对国家创新系统边界的影响[J]. 研究与发展管理, (1): 26-32.

刘助仁. 2001. 国际竞争与中国环保产业技术跨越的战略选择[J]. 环境保护, (9): 43-45.

柳卸林, 高雨辰, 丁雪辰. 2017. 寻找创新驱动发展的新理论思维——基于新熊彼特增长理论的思考[J]. 管理世界, (12): 18-29.

卢仁山. 2011. 不同产学研合作模式的利益分配研究[J]. 科技进步与对策, (17): 96-100.

罗吉, 王代敬. 2006. 我国建设创新型国家的对策思考[J]. 经济纵横, (6): 2-5.

马瑞华, 郑玉刚. 2020. 海外技术并购对我国技术赶超的抑制与应对——理论与实践双维度探讨[J]. 科学管理研究, 38(2): 44-49.

苗文斌, 吴晓波. 2006. 影响技术赶超实现的动因分析——以中国化纤产业为例[J]. 技术经济, (4): 31, 40-41.

欧忠辉, 朱祖平, 夏敏, 等. 2017. 创新生态系统共生演化模型及仿真研究[J]. 科研管理, 38(12): 49-57.

潘松挺，郑亚莉. 2011. 网络关系强度与企业技术创新绩效——基于探索式学习和利用式学习的实证研究[J]. 科学学研究，29（11）：1736-1742.

庞长伟. 2016. 自主创新还是引进创新？——合作效率对创新模式转换的影响[J]. 科技进步与对策，33（5）：97-103.

彭正龙，王海花，蒋灿旭. 2011. 开放式创新模式下资源共享对创新绩效的影响：知识转移的中介效应[J]. 科学学与科学技术管理，32（1）：48-53.

饶扬德，梅洪常，王学军. 2008. 创新协同驱动型企业成长模式分析[J]. 中国科技论坛，（7）：64-68.

任爱莲. 2010. 创新开放度、吸收能力与创新绩效的关系研究——来自中小电子科技企业的证据[J]. 科技进步与对策，27（20）：10-14.

任培民，赵树然. 2008. 期权-博弈整体方法与产学研结合利益最优分配[J]. 科研管理，（6）：171-177.

上海社会科学院经济研究所课题组. 2014. 创新驱动发展与上海"四个中心"建设关系研究[J]. 上海经济研究，（10）：3-15.

沈伟国，陈艺春. 2007. 我国开放式自主创新体系要素模型分析[J]. 中国软科学，（11）：129-135.

生延超. 2010. 从联盟创新到自主创新后发技术赶超方式的演变[J]. 科技与经济，23（1）：20-24.

石岩，刘思峰. 2009. 不对称信息下需求创新专利授权的价格机制[J]. 预测，（3）：39-44.

石岩，刘思峰. 2010. 专利授权中的信号传递[J]. 科技与经济，（1）：79-82.

石芝玲，金生. 2011. 基于技术能力和网络能力协同的企业开放式创新研究[J]. 情报杂志，30（1）：99-103.

孙晓，张少杰. 2015. 创新驱动产业国际竞争力提升的策略研究[J]. 经济纵横，（5）：35-38.

孙志刚. 2013. 加快创新驱动 持续深化医改[J]. 宏观经济管理，（2）：19-20.

锁箭，李先军，毛剑梅. 2014. 创新驱动：我国中小企业转型的理论逻辑及路径设计[J]. 经济管理，（9）：55-66.

唐方成，仝允桓. 2007. 经济全球化背景下的开放式创新与企业的知识产权保护[J]. 中国软科学，（6）：58-62.

万继蓉. 2013. 欧美国家再工业化背景下我国制造业的创新驱动发展研究[J]. 经济纵横，（8）：112-115.

汪少华，汪佳蕾. 2007. 浙江产业集群高级化演进与区域创新网络研究[J]. 科学学研究，25（6）：1244-1248.

王安宇，司春林，骆品亮. 2006. 研发外包中的关系契约[J]. 科研管理，（6）：103-108.

王大洲. 2006. 企业创新网络的进化机制分析[J]. 科学学研究，24（5）：780-786.

王冬，孔延峰. 2012. 开放条件下能实现技术赶超吗?[J]. 世界经济研究，（2）：3-9.

王海花，谢富纪. 2012. 开放式创新模式下组织间知识转移、环境动荡性对企业创新绩效的影响研究[J]. 科学管理研究，30（3）：70-73.

王海燕，郑秀梅. 2017. 创新驱动发展的理论基础、内涵与评价[J]. 中国软科学，（1）：41-49.

王健聪. 2017. 基于国家创新体系的知识创新能力提升研究[J]. 科学管理研究，35（5）：9-12.

王金杰，郭树龙，张龙鹏. 2018. 互联网对企业创新绩效的影响及其机制研究——基于开放式创新的解释[J]. 南开经济研究，（6）：170-190.

王萍，刘思峰. 2009. 基于熵值法的高新园区自主创新能力综合评价研究[J]. 科技管理研究，（7）：161-163.

王清晓，杨忠. 2006. 跨国公司内部网络节点之间知识转移的影响因素分析[J]. 科研管理，27（2）：56，102-108.

王艳. 2008. 基于生态学的运营商移动互联网商业模式研究[D]. 北京邮电大学博士学位论文.

王永贵. 2002. 产业政策中的中长期主题：发展中技术产业[J]. 管理世界，（4）：72-77.

王振，史占中. 2005. IC 产业的商业模式创新与技术赶超[J]. 情报科学，23（4）：606-609.

王智新，赵景峰. 2019. 开放式创新、全球价值链嵌入与技术创新绩效[J]. 科学管理研究，37（1）：74-77.

魏伟，杨勇，张建清. 2011. 内资企业实现技术赶超了吗？——来自中国制造业行业数据的经验研究[J]. 数量经济技术经济研究，（9）：19-33.

吴晓波，章威，陈宗年. 2006. 高科技企业技术跨越战略研究[J]. 研究与发展管理，（2）：15-21.

吴晓丹，陈德智. 2008. 技术赶超研究进展[J]. 科技进步与对策，25（11）：236-240.

吴晓云，李辉. 2013. 内向型开放式创新战略选择与创新绩效匹配研究[J]. 科学学与科学技术管理，34（11）：94-102.

吴优，李文江，丁华，等. 2014. 创新驱动发展评价指标体系构建[J]. 开放导报，8（4）：88-92.

伍玲. 2019-07-23. 三一重工发布科创成绩单 专利申请及授权数居国内行业第一[N]. 长沙晚报.

武汉大学国发院创新驱动发展研究课题组. 2020. 创新驱动发展的国家意志与企业行为[J]. 宏观经济管理，（4）：1-6.

席酉民. 1998. 经济管理基础[M]. 北京：高等教育出版社.

夏丽娟，谢富纪，付丙海. 2017. 邻近性视角下的跨区域产学协同创新网络及影响因素分析[J]. 管理学报，14（12）：1795-1803.

夏志勇，蒲洪波. 2008. 大企业自主创新能力的测度指标体系[J]. 统计与决策，（4）：10-12.

向希尧，蔡虹. 2009. 跨国技术溢出网络结构分析与路径识别——基于专利引用的实证分析[J]. 科学学研究，27（9）：1348-1354.

向希尧，蔡虹. 2011. 组织间跨国知识流动网络结构分析[J]. 科学学研究，29（1）：97-105.

向希尧，蔡虹，裴云龙. 2010. 跨国专利合作网络中 3 种接近性的作用[J]. 管理科学，23（5）：

43-52.

肖鹏, 刘国新, 李兴文. 2006. 我国汽车产业的技术跨越战略研究[J]. 武汉理工大学学报（信息与管理工程版）,（5）：113-116.

解学梅. 2010. 中小企业协同创新网络与创新绩效的实证研究[J]. 管理科学学报, 13（8）：51-63.

谢芳. 2011. 开放式创新背景下大学知识产权交易机制初探[J]. 现代管理科学,（4）：78-70.

谢非, 刘星, 李攀艺. 2010. 基于不完全信息动态博弈的技术交易效率研究[J]. 管理工程学报,（2）：79-83.

谢富纪. 2009. 创新型国家的演化模式与我国创新型国家建设[J]. 上海管理科学, 31（5）：85-89.

谢富纪. 2020. 多维协同科技创新驱动现代化经济发展[J]. 中国科技论坛, 290（6）：9-11.

谢子远, 王佳. 2020. 开放式创新对企业研发效率的影响——基于高技术产业面板数据的实证研究[J]. 科研管理, 41（9）：2-32.

许冠南, 周源, 吴晓波. 2020. 构筑多层联动的新兴产业创新生态系统：理论框架与实证研究[J]. 科学学与科学技术管理, 41（7）：98-115.

闫春. 2014. 组织二元性对开放式创新绩效的作用机理[J]. 科学学与科学技术管理, 35（7）：59-68.

闫春, 蔡宁. 2014. 创新开放度对开放式创新绩效的作用机理[J]. 科研管理, 35（3）：18-24.

阳银娟, 陈劲. 2015. 开放式创新中市场导向对创新绩效的影响研究[J]. 科研管理, 35（3）：103-110.

杨春白雪, 曹兴, 高远. 2020. 新兴技术合作创新网络演化及特征分析[J]. 科研管理, 41（7）：20-32.

杨柳青, 梁巧转, 康华. 2016. 基于企业特征调节效应的国家创新体系与企业研发投入研究[J]. 管理学报, 13（5）：707-714.

杨武. 2006. 基于开放式创新的知识产权管理理论研究[J]. 科学学研究, 24（2）：311-314.

杨武, 申长江. 2005. 开放式创新理论及企业实践[J]. 管理现代化,（5）：4-6.

杨忠直. 2003. 企业生态学引论[M]. 北京：科学出版社.

姚西龙, 牛冲槐, 刘佳. 2015. 创新驱动绿色发展与我国工业经济的转型效率研究[J]. 中国科技论坛,（1）：57-62.

姚潇颖, 卫平. 2017. 产学研合作创新效率、影响因素及时空差异[J]. 中国科技论坛,（8）：43-51.

姚志坚, 姚婕. 2003. 赶超型国家的成长型技术跨越——浙大中控的技术跨越案例研究[J]. 科学学研究, 21（12）：120-127.

易将能, 孟卫东, 杨秀苔. 2005. 区域创新网络演化的阶段性研究[J]. 科研管理, 26（5）：24-28.

殷德生，吴虹仪，金桩. 2019. 创新网络、知识溢出与高质量一体化发展——来自长江三角洲城市群的证据[J]. 上海经济研究，（11）：30-45.

尹德志. 2013. 基于国家创新驱动发展研究[J]. 科学管理研究，31（3）：22-25.

尹新悦，谢富纪. 2020. 中国后发企业技术赶超中技术模仿强度对企业绩效的影响——创新能力的中介作用[J]. 软科学，34（1）：31-37.

雍兰利，赵朝霞. 2015. 面向创新驱动发展战略的中国创新政策重构[J]. 科技进步与对策，32（11）：98-102.

于永达，韩振国，张洋，等. 2019. 创新型国家、学创型组织与国企创新发展路径研究——以北汽集团为例[J]. 管理现代化，39（2）：30-34.

余芳珍，唐奇良. 2007. 提升自主创新能力的开放式创新源管理[J]. 科学学研究，25（S1）：134-138.

喻科. 2011. 产学研合作创新网络特性及动态创新能力培养研究[J]. 科研管理，32（2）：82-87.

曾德明，彭盾. 2009. 专利联盟的效率边界[J]. 科技进步与对策，26（17）：126-129.

张白玉. 2010. 创意产业园区组织生态研究[D]. 北京邮电大学博士学位论文.

张宝建，胡海青，张道宏. 2011. 企业创新网络的生成与进化[J]. 中国工业经济，（4）：117-126.

张海涛，唐元虎. 2005. 基于知识创新驱动的知识型企业进化度量研究[J]. 情报科学，（11）：1745-1749.

张华胜，薛澜. 2003. 数控产业技术跨越发展战略研究[J]. 科研管理，（3）：5-12.

张来武. 2011. 科技创新驱动经济发展方式转变[J]. 中国软科学，（12）：1-5.

张来武. 2013. 创新驱动"新三农"发展[J]. 经济改革与发展，（18）：37-38.

张磊，郑丕谔，李京，等. 2009. 自主创新体系的国际比较及中国国家创新体系应采取的对策[J]. 经济体制改革，（1）：164-167.

张蕾. 2013. 中国创新驱动发展路径探析[J]. 重庆大学学报（社会科学版），19（4）：107-111.

张莉，金生. 2009. 产业自主创新能力评价指标体系构建与实例分析[J]. 科技管理研究，（7）：155-157.

张琳. 2007. 解析日本的经济赶超[J]. 国际商务（对外经济贸易大学学报），（2）：8-14.

张明玉. 1999. 技术跨越战略与企业跨越式发展[J]. 中国软科学，（12）：69-71.

张明玉，邬文兵，毛荐其. 2000. 中国企业技术跨越战略与策略分析[J]. 中国软科学，（5）：26-31.

张鹏，袁富华. 2020. 新时代中国国家创新体系建设：从工业化创新体系到城市化创新体系[J]. 经济学家，（10）：96-106.

张巍，党兴华. 2011. 企业网络权力与网络能力关联性研究——基于技术创新网络的分析[J]. 科学学研究，29（7）：1094-1101.

张秀峰，陈光华，杨国梁. 2016. 基于DEA模型的产学研合作研发效率研究——以不同所有制企业主导的产学研合作研发项目为例[J]. 研究与发展管理, 28（5）: 82-90.

张振刚, 陈志明, 李云健. 2015. 开放式创新、吸收能力与创新绩效关系研究[J]. 科研管理, 36（3）: 49-56.

赵立雨. 2014. 开放式创新对企业创新绩效影响研究——内部R&D与环境波动的调节作用[J]. 科学学与科学技术管理, 35（6）: 119-127.

郑长江, 谢富纪, 崔有祥. 2017a. 国家技术赶超动力机制与赶超绩效差异的原因分析[J]. 中国科技论坛, （2）: 38-43, 57.

郑长江, 谢富纪, 崔有祥. 2017b. 技术差距、制度差异与技术赶超路径分析[J]. 软科学, 31（6）: 1-5.

郑文范, 孙家成. 2014. 论创新驱动与东北老工业基地再振兴[J]. 科技进步与对策, （12）: 41-44.

郑小平, 刘立京, 蒋美英. 2007. 企业开放式创新的产权欲望研究[J]. 科学管理研究, 25（3）: 42-45.

周灿, 曾刚, 曹贤忠. 2017. 中国城市创新网络结构与创新能力研究[J]. 地理研究, 36（7）: 1297-1308.

周济. 2012. 工程化产业化是创新驱动发展的关键[J]. 求是, （16）: 33-34.

周琳. 2015. 基于创新驱动发展战略的企业创新绩效研究[J]. 经济问题, （5）: 124-129.

朱迎春. 2018. 创新型国家基础研究经费配置模式及其启示[J]. 中国科技论坛, （2）: 15-22.

庄涛, 吴洪, 胡春. 2015. 高技术产业产学研合作创新效率及其影响因素研究——基于三螺旋视角[J]. 财贸研究, 26（1）: 55-60.

Abhishek V, Hajek B, Williams S R. 2013. Auctions with a profit sharing contract[J]. Games and Economic Behavior, 77（1）: 247-270.

Ahuja G. 2000. Collaboration networks, structural holes, and innovation: a longitudinal study[J]. Administrative Science Quarterly, 45（3）: 425-455.

Amburgey T L, Al-Laham A, Tzabbar D, et al. 2008. The structural evolution of multiplex organizational networks: research and commerce in biotechnology[J]. Advances in Strategic Management, 25: 171-209.

Amitrano C C, Tregua M, Spena T R, et al. 2018. On technology in innovation systems and innovation-ecosystem perspectives: a cross-linking analysis[J]. Sustainability, 10（10）: 3744.

Arranz N, Arroyabe M F, Schumann M. 2020. The role of NPOs and international actors in the national innovation system: a network-based approach[J]. Technological Forecasting and Social Change, 159: 120183.

Athreye S, Godley A. 2009. Internationalization and technological leapfrogging in the pharmaceutical industry[J]. Industrial and Corporate Change, 18（2）: 295-323.

Basu A J, Zyl D. 2006. Industrial ecology framework for achieving cleaner production in the mining and minerals industry[J]. Journal of Cleaner Production, 14（3/4）：299-304.

Baum J, Calabrese T, Silverman B S. 2000. Don't go it alone：alliance network composition and startups' performance in Canadian biotechnology[J]. Strategic Management Journal, 21（3）：267-294.

Boschma R A, Frenken K. 2009. The spatial evolution of innovation networks：a proximity perspective[J].Papers in Evolutionary Economic Geograpy, （6）：1-16.

Brima S, Zhao Y, Wang F. 2018. Does the national innovation system spur economic growth in Brazil, Russia, India, China and South Africa economies? Evidence from panel data[J]. South African Journal of Economic and Management Sciences, 21（1）：12.

Broekel T, Graf H. 2010. Structural properties of cooperation networks in Germany：from basic to applied research[R]. Jena Economic Research Papers.

Cabezas H, Pawlowski C W, Mayer A L, et al. 2005. Simulated experiments with complex sustainable systems：ecology and technology[J]. Resources, Conservation and Recycling, 44：279-291.

Cachon G P, Zhang F. 2006. Procuring fast delivery：sole sourcing with information asymmetry[J]. Management Science, 52（6）：881-896.

Cao X, Li C. 2020. Evolutionary game simulation of knowledge transfer in Industry-University-Research cooperative innovation network under different network scales[J]. Science Report, 10（1）：1-13.

Carlsson B. 2003. Innovation systems：a survey of the literature from a Schumpeterian perspective[J]. Paper for the Elgar Companion to Neo-Schumpeterian Economics, 35（6）：56-67.

Chen F. 2007. Auctioning supply contracts[J]. Management Science, 53（10）：1562-1576.

Chesbrough H W. 2003. Open Innovation：The New Imperative for Creating and Profiting from Technology[M]. Boston：Harvard Business School Press.

Chesbrough H W, Vanhaverbeke W, West J. 2006. Open Innovation：Researching a New Paradigm[M]. Oxford：Oxford University Press.

Cho D S, Kim D J, Rhee D K. 1998. Latecomer strategies：evidence from the semiconductor industry in Japan and Korea[J]. Organization Science, 9（4）：489-505.

Coe N M, Bunnell T G. 2010. Spatializing knowledge communities：towards a conceptualization of transnational innovation networks[J]. Global Networks, 3（4）：437-456.

Cornelli F, Felli L. 2012. How to sell a（bankrupt）company[J]. International Review of Finance, 12（2）：197-226.

Dosi G, Yu X. 2019. Technological catching-up, sales dynamics, and employment growth：evidence from China's manufacturing[J]. Industrial and Corporate Change, 28（1）：79-107.

Eisingericha B A, Bell J S, Tracey P. 2010. How can clusters sustain performance? The role of network strength, network openness, and environmental uncertainty[J]. Research Policy, 39 (2): 239-253.

Ernst D. 2009. A New Geography of Knowledge in the Electronics Industry? Asia's Role in Global Innovation Networks[M]. Honolulu: East-West Center.

Ernst D, Kim L. 2002. Global production networks, knowledge diffusion, and local capability formation[J]. Research Policy, 31 (8/9): 1417-1429.

Erutku C, Freire A P, Richelle Y. 2007. Licensing innovations with exclusive contracts[J]. Review of Industrial Organization, 31 (4): 261-273.

Freeman C. 1991. Networks of innovators: a synthesis of research issues[J]. Research Policy, 20 (5): 499-514.

Gagulina N, Samoylov A, Novikov A, et al. 2020. Innovation-driven development and quality of living under conditions of digital economy[C]. E3S Conference, 157 (3): 04037.

Gay B. 2008. Firm dynamic governance of global innovation by means of flexible networks of connections[J]. Journal of Innovation Economics, 2 (2): 63-83.

Gay B, Dousset B. 2005. Innovation and network structural dynamics: study of the alliance network of a major sector of the biotechnology industry[J]. Research Policy, 34 (10): 1457-1475.

Giebe T, Wolfstetter E. 2008. License auctions with royalty contracts for (winners and) losers[J]. Games and Economic Behavior, 63 (1): 91-106.

Glückler J. 2005. Economic geography and the evolution of networks[J]. Journal of Economic Geography, 7 (5): 619-634.

Gorbenko A, Malenko A. 2010. Competition among sellers in securities auctions[J]. American Economic Review, 101 (5): 1806-1841.

Graf H, Henning T. 2009. Public research in regional networks of innovators: a comparative study of four east German regions[J]. Regional Studies, 43 (10): 1349-1368.

Guan J, Chen Z. 2012. Patent collaboration and international knowledge flow[J]. Information Processing & Management, 48 (1): 170-181.

Gürtler O, Kräkel M. 2010. Double-sided moral hazard, efficiency wages, and litigation[J]. Journal of Law, Economics, and Organization, 26 (2): 337-364.

Hagedoorn J, Roijakkers N, Kranenburg H. 2006. Inter-firm R&D networks: the importance of strategic network capabilities for high-tech partnership formation[J]. British Journal of Management, 17 (1): 39-53.

Hanaki N, Nakajima R, Ogura Y. 2010. The dynamics of R&D network in the IT industry[J]. Research Policy, 39 (3): 386-399.

Hoppe H C, Jehiel P, Moldovanu B. 2006. License auctions and market structure[J]. Journal of

Economics & Management Strategy, 15（2）: 371-396.

Janssen M C, Karamychev V A. 2009. Auctions, aftermarket competition, and risk attitudes[J]. International Journal of Industrial Organization, 27（2）: 274-285.

Kaya M, Özer Ö. 2009. Quality risk in outsourcing: noncontractible product quality and private quality cost information[J]. Naval Research Logistics, 56（7）: 669-685.

Khanin I, Shevchenko G, Bilozubenko V, et al. 2019. A cognitive model for managing the national innovation system parameters based on international comparisons（the case of the EU countries）[J]. Problems and Perspectives in Management, 17（4）: 153-162.

Kim L. 1997. Imitation to Innovation: The Dynamics of Korea's Technological Learning[M]. Boston: Harvard Business School Press.

Korhoner J, Snakin J P. 2005. Analyzing the evolution of industrial ecosystems: concepts and application[J]. Ecological Economics, 52: 169-186.

Kratke S. 2010. Regional knowledge networks: a network analysis approach to the interlinking of knowledge resources[J]. European Urban and Regional Studies, 17（1）: 83-97.

Laursen K, Salter A. 2006. Open for innovation: the role of openness in explaining innovation performance among UK manufacturing firms[J]. Strategic Management Journal, 27（2）: 131-150.

Lee K, Lim C. 2001. Technological regimes, catching-up and leapfrogging: findings from the Korean industries[J]. Research Policy, 30（3）: 459-483.

Lewis J I. 2007. Technology acquisition and innovation in the developing world: wind turbine development in China and India[J]. Studies in Comparative International Development, 42（3/4）: 208-232.

Liu X L, White S. 2001. Comparing innovation systems: a framework and application to China's transitional context[J]. Research Policy, 30: 1091-1114.

Lundvall B-A. 1992. National System of Innovation: Towards a Theory of Innovation and Interactive Learning[M]. London: Printer Publishers.

Macho-Stadler I, Pérez-Castrillo D. 2010. Incentives in university technology transfers[J]. International Journal of Industrial Organization, 28（4）: 362-367.

Maggioni M A, Uberti T E. 2009. Knowledge networks across Europe: which distance matters? [J]. Annals of Regional Science, 43（3）: 691-720.

Martimort D, Piccolo S. 2007. Resale price maintenance under asymmetric information[J]. International Journal of Industrial Organization, 25（2）: 315-339.

Maskell P, Bathelt H, Malmberg A. 2006. Building global knowledge pipelines: the role of temporary clusters[J]. European Planning Studies, 14（8）: 997-1013.

Mcafee R P, Mcmillan J. 1987. Competition for agency contracts[J]. The Rand Journal of

Economics, (2): 296-307.

Moore G C, Benbasat I. 1991. Development of an instrument to measure the perceptions of adopting an information technology innovation[J]. Information Systems Research, (3): 192-223.

Mu Q, Lee K. 2005. Knowledge diffusion, market segmentation and technological catch-up: the case of the telecommunication industry in China[J]. Research Policy, 34 (6): 759-783.

Mubarak M F, Petraite M. 2020. Industry 4.0 technologies, digital trust and technological orientation: what matters in open innovation?[J]. Technological Forecasting and Social Change, 161 (12): 120332.

Niosi J, Bellon B. 1996. The globalization of national innovation systems[C]//de la Mothe J, Paquet G. Evolutionary Economics and the New International Political Economy. New York: Psychology Press: 138-159.

Powell W, White D, Koput K, et al. 2005. Network dynamics and field evolution: the growth of interorganizational collaboration in the life sciences[J]. American Journal of Sociology, 110 (4): 1132-1205.

Rampersad G, Quester P, Troshani I. 2010. Managing innovation networks: exploratory evidence from ICT, biotechnology and nanotechnology networks[J]. Industrial Marketing Management, 39 (5): 793-805.

Roels G, Karmarkar U S, Carr S. 2010. Contracting for collaborative services[J]. Management Science, 56 (5): 849-863.

Roijakkers N, Hagedoorn J. 2006. Inter-firm R&D partnering in pharmaceutical biotechnology since 1975: trends, patterns, and networks[J]. Research Policy, 35 (3): 431-446.

Schilling M, Phelps C. 2007. Interfirm collaboration networks: the impact of large-scale network structure on firm innovation[J]. Management Science, 53 (7): 1113-1126.

Sen D. 2005. On the coexistence of different licensing schemes[J]. International Review of Economics & Finance, 14 (4): 393-413.

Skrzypacz A. 2013. Auctions with contingent payments-an overview[J]. International Journal of Industrial Organization, 31 (9): 666-675.

Su Y S, Zheng Z X, Chen J, et al. 2018. A multi-platform collaboration innovation ecosystem: the case of China[J]. Management Decision, 56 (1): 125-142.

Sun H, Liang Y, Wang Y. 2019a. Grey clustering evaluation for the cooperation efficiency of PPP project: taking Beijing Metro Line 4 as an example[J]. Mathematical Problems in Engineering, (9): 1-13.

Sun Y, Wang T, Gu X. 2019b. A sustainable development perspective on cooperative culture, knowledge flow, and innovation network governance performance[J]. Sustainability, 21 (11): 6126.

Tsai W. 2001. Knowledge transfer in intraorganizational networks: effects of network position and absorptive capacity on business unit innovation and performance[J]. Academy of Management Journal, 44（5）: 996-1004.

Turkenburg W C. 2002. The innovation chain: policies to promote energy innovation[R]. Energy for Sustainable Development Policy Agenda.

Varma G D. 2003. Bidding for a process innovation under alternative modes of competition[J]. International Journal of Industrial Organization, 21（1）: 15-37.

Yin D, Ming X, Zhang X. 2020. Sustainable and smart product innovation ecosystem: an integrative status review and future perspectives[J]. Journal of Cleaner Production, 274: 123005.

Zobel A-K. 2017. Benefiting from open innovation: a multidimensional model of absorptive capacity[J]. Journal of Product Innovation Management, 34（3）: 269-288.

Zoltan J, Audretsch D B. 1998. Innovation in large and small firms: an empirical analysis[J]. The American Economic Review, 78（4）: 678-690.

第二篇 创新驱动发展的中国情境与国际比较研究

第三章 创新驱动发展的中国情境

工业革命以来全球社会经济面貌发生了翻天覆地的变化，为了追求经济发展和人民生活水平的提高，经济增长理论应运而生。从古典经济增长理论，到现代经济增长理论，再到新经济增长理论，经过300多年的发展，人们对决定经济增长因素的认识也逐渐加深，并逐渐形成共识。经济增长从要素决定论、投资驱动向重视知识、技术、人力资本的作用演进，通过创新推动全要素生产率的提高，最终推动经济的发展。创新驱动就是创新成为引领发展的第一动力，科技创新与制度创新、管理创新、商业模式创新、业态创新和文化创新相结合，推动发展的方式向依靠持续的知识积累、技术进步和劳动力素质提升转变，促进经济向形态更高级、分工更精细、结构更合理的阶段演进。

从近代发达国家的发展历史看，自主创新贯穿了一个国家发展的始终。18世纪的英国、19世纪的美国、第二次世界大战后的日本和德国等国家的发展经验无不证实了一点：创新是实现经济持续增长，提高国家竞争力的重要驱动力。创新驱动发展已经成为全球发展的大势所趋。经济增速下滑、经济结构不合理、生产效率低已经阻碍了众多国家的经济发展，我国经济乃至世界经济的低速发展已经常态化。许多国家为了实现经济的持续增长，将创新放到了国家发展战略的核心层，力求通过创新为经济发展提供源源不断的动力。发达国家的发展史中创新所发挥的作用已经展现得淋漓尽致。国家之间的竞争也转移到创新竞赛上来，全球化的科技竞争日趋激烈。为了实现赶超和跨越式发展，通过创新驱动发展已经成为我国乃至世界经济发展的大势。

我国改革开放历经了40多年，在这40多年中我国经济实现了跨越式发展，如今我国经济已经到了从高速发展向中低速发展转变、从高速增长向高质量发展转换的换挡阶段，同时这一阶段所暴露出来的经济发展动力不足，资源消耗过多，环境污染严重，经济结构不合理、不可持续等一系列问题也亟待解决。我国自2012年提出创新驱动发展战略以来，对创新驱动发展的探索已经10年有余。在创新驱动发展已经成为整个世界发展大势所趋的背景下，依靠创新驱动政治建设、经济建设、文化建设、社会建设和生态文明建设也成为中国特色社会主义建设的必然选择。十九大报告指出："创新是引领发展的第一动力，是建设现代化经济体系的战略支撑。"习近平总书记强调："创新是引领发展的第一动力。抓创新就是抓发展，谋创新就是谋未来。"[①]创新驱动发展战略是中共中央立足全局、面向未来做出的重大战略部署。实施创新驱动发展战略有利于转变经济发展方式，创新驱动能为经济发展方式转变提供强劲动力。实施创新驱动发展战略是建设创新型国家，完成经济赶超，实现现代化建设的保障。近年来我国的创新能力显著提高，已经成为科技创新大国。然而，我国的创新发展也暴露出了诸多问题，如技术进步贡献率与发达国家还有较大差距，技术创新仍然是以模仿为主，自主创新能力不强，创新发展的区域不平衡问题尤为突出，产业间和地区间正在形成创新鸿沟等。

我国是具有悠久历史的区域经济发展不平衡的大国，存在技术水平、研发资源禀赋极不平衡等特殊情况，致使国家的技术演化轨道和产业演化轨道存在多样性和多层次性。实施创新驱动发展战略是我国做出的重大战略决策，作为"后发大国"，为实现经济持续发展，应对国内国际形势新变局，需要利用技术赶超战略与创新驱动发展战略有机结合，逐步实现从以技术模仿为主向以自主创新为主的转变。所以必须对创新驱动发展战略实施的情境有一个深刻的认识。本部分将从制度变迁（政治）、经济发展（经济）、历史文化传承（文化）和科技发展历程（科技）四个方面的中国情境进行分析，以期加深对我国创新驱动发展战略的认知，为创新驱动发展战略的顶层设计与明晰战略重点提供依据。

一、创新驱动发展的制度情境

科学技术发展的制度演进与变迁孕育着创新驱动发展战略的形成与发展。改革开放以来，我国的科技体制改革始终与整个国家的科技整体发展目标紧密联系在一起。1978 年 3 月，全国科学大会的召开使国家迎来了"科学的春天"。从"科学技术是第一生产力"、科教兴国战略，到创新驱动发展战略把创新作为引领发展的第一动力，可以看出我国对创新的认识在不断加深，创新驱动发展的制度也在不断演进。同时，中央和地方政府财政分权改革后，地方政府间的财政、金融、外商直接投资、人才等竞争加速了地方市场的形成，促进了科学技术的流动，繁荣了创新驱动发展。下面从创新驱动发展战略制度发展与演变和地方政府竞争两个视角对创新驱动发展的制度情境进行分析。

---

① 习近平总书记 2015 年 3 月 5 日参加十二届人大三次会议上海代表团审议时的讲话。

1. 中国科技制度的发展与演变

中国是世界上历史最为悠久的文明古国之一，五千年前便出现了人类社会组织，有了组织活动便产生了早期的管理。早在商周时期，中国便产生了严密的奴隶制度，建立了封建国家制度，形成了从中央到地方高度集权、等级严明的金字塔式权力结构。秦朝统一中国之后的两千多年来，历经数百次改朝换代，分裂、统一，中国在管理国家、巩固政权、统帅军队、组织战争、治理经济、发展生产等方面积累了丰富的经验和理论，形成了独具特色的中国传统管理伦理。中国传统的管理伦理分为宏观的治国学和微观的治生学，治国学为了适应国家治理的需要，包括财政赋税、货币管理、人口田制、市场管理等国家行政方面的管理；治生学主要为了发展生产，保持经济运行，包括农副业、手工业、运输、市场经营等方面的学问（周三多，2009）。

创新驱动发展战略与中国传统管理伦理不谋而合，创新驱动发展战略是适应发展规律的选择，强调知识经济时代人才的作用，以科技创新为核心，以市场需求为依托，通过对知识成果的保护，推动创新发展，这些都体现出了中国传统的管理伦理。从国家治理角度看，创新驱动发展战略提出的伦理实质上是一种管理制度创新，这种制度创新是一个融合的过程，包含人与系统创新机制的形成，也包含了战略与政策的集成，创新机制的设计，这种制度创新目的在于通过建立市场交易活动中组织运行的各种规则，实现创新保护、创新激励和公共投资之间的平衡。政府在创新驱动发展战略中应该扮演"经纪人"的角色，应着力解决体制、机制、政策、法律法规等问题，在识别创新方向、引导创新方向、激励企业、促进信息知识交流、维护社会和市场稳定等方面需要发挥基础性作用。我国对创新驱动的认识和理解经历了一个发展的过程，与之相匹配的政府制度创新也经历了一个发展完善的过程，最终才形成了如今创新驱动发展的创新型制度。从中华人民共和国成立之初发展至今，中国创新驱动发展战略相关制度发展与演变如表3-1所示。

表3-1 中国创新驱动发展战略相关制度发展与演变

时间	方针政策	制度要求
中华人民共和国成立初	马克思、恩格斯：生产力包括科学	高度重视科技、重视创新
1956年	国家科学技术规划委员会成立，《1956—1967年科学技术发展远景规划纲要（草案）》发布	从13个方面提出了57项重大科学技术任务、616个中心问题，从中进一步综合提出了12个重点任务
1963年	毛泽东听取十年科学技术规划会议	提出"科学技术这一仗一定要打好，而且必须打好，不搞科学技术，生产力无法提高"
1963年	中共中央、国务院《1963—1972年科学技术发展规划纲要》	提出了"科学技术现代化是实现农业、工业、国防和科学技术现代化的关键"的观点，主要进行了事业发展规划，农业、工业、资源调查、医药卫生等方面的专业规划，技术科学规划，基础科学规划

续表

时间	方针政策	制度要求
1978年	全国科学大会审议通过《1978—1985年全国科学技术发展规划纲要（草案）》	确定农业、能源、工业、医药和环境保护等8个重点发展领域，加速培养科学研究队伍，构建研究机构
1978年	中国共产党第十一届中央委员会第三次全体会议公报	把工作中心转移到经济建设和技术革命上来，在自力更生的基础上采用世界先进技术和设备，加强科学技术和教育工作
1982年	中国共产党第十二次全国代表大会报告《全面开创社会主义现代化建设的新局面》	指出"四个现代化"的关键是科学技术现代化，鼓励积极引进适合我国实际情况的科学技术并消化、吸收
1985年	《中共中央关于科学技术体制改革的决定》	改革拨款制度、开拓技术市场为突破口，引导科技工作面向经济建设主战场
1986年	中共中央、国务院《1986—2000年全国科学技术发展规划纲要（草案）》	强调"科学技术必须面向经济建设，经济建设必须依靠科学技术"，相继出台了高技术研究发展（863）计划、推动高技术产业化的火炬计划、面向农村的星火计划、支持基础研究的国家自然科学基金等科技计划
1987年	中国共产党第十三次全国代表大会报告《沿着有中国特色的社会主义道路前进》	推进大规模生产的生产技术和装备现代化，加速企业技术改造，着重发展微电子、信息、生物工程和新材料领域
1988年	全国科学技术大会	邓小平提出"科学技术是第一生产力"的论断，"四个现代化"关键是科学技术现代化
1991年	国家科学技术委员会《1991—2000年科学技术发展十年规划和"八五"计划纲要》	进一步选择了带有全局性、方向性、紧迫性的27个领域（行业），继续坚持"科学技术必须面向经济建设，经济建设必须依靠科学技术"的战略方针
1995年	中共中央、国务院发布《中华人民共和国科学技术发展十年规划和"八五"计划纲要（1991—2000）》	确立了"科教兴国"战略，提出"稳住一头，放开一片"的改革方针，开展了科研院所结构调整的试点工作
1999年	中共中央、国务院发布了《中共中央、国务院关于加强技术创新，发展高科技，实现产业化的决定》	加强国家创新体系建设、加速科技成果产业化成为这一时期的主要政策走向。政策供给集中在促进科研机构转制、提高企业和产业创新能力等方面
2001年	国家计划委员会和科技部《国家计委、科技部关于印发国民经济和社会发展第十个五年计划科技教育发展专项规划（科技发展规划）的通知》	在"面向、依靠、攀高峰"的基础上对"促进产业技术升级"和"提高科技持续创新能力"两个层面进行了战略部署
2002年	中国共产党第十六次全国代表大会报告《全面建设小康社会，开创中国特色社会主义事业新局面》	江泽民指出"创新是一个民族进步的灵魂，是一个国家兴旺发达的不竭动力"，倡导：尊重劳动、尊重知识、尊重人才、尊重创造
2006年	中共中央、国务院《关于实施科技规划纲要增强自主创新能力的决定》、《国家中长期科学和技术发展规划纲要（2006—2020年）》、《全民科学素质行动计划纲要（2006—2010—2020年）》	指出在今后一段时间内，我国科技体制改革的主要任务：一是支持鼓励企业成为技术创新主体；二是深化科研机构改革，建立现代科研院所制度；三是推进科技管理体制改革；四是全面推进中国特色国家创新体系建设
2007年	中国共产党第十七次全国代表大会报告《高举中国特色社会主义伟大旗帜 为夺取全面建设小康社会新胜利而奋斗》	提高自主创新能力、建设创新型国家是国家发展的战略核心

续表

时间	方针政策	制度要求
2012年	中国共产党第十八次全国代表大会报告《坚定不移沿着中国特色社会主义道路前进 为全面建成小康社会而奋斗》	实施创新驱动发展战略,强调科技创新是提高社会生产力和综合国力的战略支撑
2012年	中共中央、国务院《关于深化科技体制改革加快国家创新体系建设的意见》	建成适应社会主义市场经济体制、符合科技发展规律的中国特色国家创新体系,在强化企业技术创新的主体地位、加强统筹部署和协同创新、提高管理科学化和资源使用效率、完善人才发展、营造良好环境等方面做出具体部署
2013年	中国共产党第十八届中央委员会第三次全体会议公报	深化科技体制改革,加快建设创新型国家
2015年	中共中央、国务院《关于深化体制机制改革加快实施创新驱动发展战略的若干意见》	提出面对经济发展新常态下的趋势变化和特点,面对实现"两个一百年"奋斗目标的历史任务和要求,必须深化体制机制改革,加快实施创新驱动发展战略
2016年	全国科技创新大会	提出以创新为核心竞争力,加快建设国家创新体系和创新型国家
2016年	中共中央、国务院《国家创新驱动发展战略纲要》	对战略背景进行了详细说明,并对战略要求、战略部署、战略任务、战略保障、组织实施进行了详尽的安排。对今后30年实施好创新驱动发展战略进行了系统谋划和全面部署,是落实战略的总体方案和路线图
2016年	国务院《"十三五"国家科技创新规划》	面向2030年重大科技创新,构筑国家先发优势,从增强原始创新能力、拓展创新发展空间、推动大众创业万众创新、深化科技体制改革、加强科普和创新文化建设等方面进行了全面规划
2017年	中国共产党第十九次全国代表大会报告《决胜全面建成小康社会 夺取新时代中国特色社会主义伟大胜利》	强调要坚定实施创新驱动发展战略,创新是引领发展的第一动力,是建设现代化经济体系的战略支撑。报告中10余次提到科技、50余次强调创新。到2035年,我国跻身创新型国家前列的目标将激励全社会积极实施创新驱动发展战略,擦亮中国创造、中国智造的闪亮名片
2020年	中国共产党第十九届中央委员会第五次全体会议《中共中央关于制定国民经济和社会发展第十四个五年规划和二〇三五年远景目标的建议》	坚持创新在我国现代化建设全局中的核心地位,把科技自立自强作为国家发展的战略支撑,面向世界科技前沿、面向经济主战场、面向国家重大需求、面向人民生命健康,深入实施科教兴国战略、人才强国战略、创新驱动发展战略,完善国家创新体系,加快建设科技强国

如表 3-1 所示,我国科技创新制度的发展形成是符合我国国情的,经历了思想认知的不断深化,行动的不断深入,从抽象到具体不断完善的过程。从思想认知上看,不同时期对科技、创新的认知不断深化:中华人民共和国成立初期,受马克思、恩格斯"生产力包括科学"论断的影响,中国便从思想上重视科技,重视创新;以毛泽东为核心的第一代领导集体,认识到"科学技术这一仗一定要打

好,而且必须打好,不搞科学技术,生产力无法提高"[1],科学技术和创新才能提高劳动生产率;以邓小平为核心的第二代领导集体,认识到"科学技术是第一生产力"[2],科学技术在提高生产率方面无可取代的作用;以江泽民为核心的第三代领导集体,认识到"创新是一个民族进步的灵魂,是一个国家兴旺发达的不竭动力"[3],倡导尊重劳动、尊重知识、尊重人才、尊重创造;以胡锦涛为总书记的领导集体,认识到创新的实现要靠协同,注重自主创新能力的提高和国家创新体系的建设;以习近平为核心的新一代领导集体,把创新放到了前所未有的高度,创新是引领发展的第一动力,是建设现代化经济体系的战略支撑,创新决定了一个国家的未来。思想认识的不断深入,创新制度也在不断完善,从国家科技规划委员会成立到科技发展远景规划,从科学技术体制改革到科教兴国战略的实施,最后到国家创新驱动发展战略的实施以及二〇三五年远景规划,在不同的历史时期制定了特定的科技发展任务并稳步实施。"十三五"规划实施以来,习近平总书记针对科技创新提出了一系列新思想、新论断、新要求,立意高远,内涵深刻,2018年5月2日在北京大学考察时提出了"重大科技创新成果是国之重器、国之利器"[4]的论断,强调了科技创新的重要性。

从科技创新发展重点来看,六次科技发展规划纲要在不断调整升级,从我国的薄弱环节发力,找到适合我国的科技发展模式:《1956—1967年科学技术发展远景规划纲要(草案)》是中华人民共和国成立以来的第一个科学技术发展规划,确定了"重点发展,迎头赶上"方针,对基本的科研工作体制、机构设置、科学发展方向、人才培养等做了基本规划;《1963—1972年科学技术发展规划纲要》提出了"科学技术现代化是实现农业现代化、工业现代化、国防现代化的关键"的观点,主要进行了事业发展规划,这一阶段的发展重点为农业、工业、资源调查、医药卫生等方面的专业规划,技术科学规划,基础科学规划;《1978—1985年全国科学技术发展规划纲要》将农业、资源和自然条件、能源、工业、医药和环境保护、新兴科学技术、自然科学理论等方面作为重点发展领域;《1986—2000年科学技术发展规划》强调了科学技术发展的实用性,"科学技术必须面向经济建设,经济建设必须依靠科学技术";《1991—2000年科学技术发展十年规划和"八五"计划纲要》进一步选择了带有全局性、方向性、紧迫性的27个领域(行业),重点发展领域更加具体,并且继续坚持"科学技术必须面向经济建设,经济建设必须依靠科学技术"的战略方针;《国家中长期科学和技术发展规划纲要(2006—2020年)》确立企业科技创新的主体地位,强化科研机构

---

[1] 中共中央文献研究室. 毛泽东文集(第八卷)[M]. 北京:人民出版社,1999:351.
[2] 中共中央文献编辑委员会. 邓小平文选(第三卷)[M]. 北京:人民出版社,1993:274.
[3] 江泽民. 江泽民同志在全国科学技术大会上的讲话[J]. 科协论坛,1995,(7):3-8.
[4] 赵银平."大国重器"习近平为何如此重视[J]. 中国军转民,2018,(5):6-7.

和科技体制的管理，推进中国特色的国家创新体系的发展。综合六次科技发展规划来看，我国科技创新发展的重点呈现出以下特点：第一，科技发展不同阶段发展的重点逐渐向具体的行业和领域落实，由全面发展向重点发展转变；第二，发展重点由农业、工业、资源、能源类行业向新兴科技领域过渡；第三，对基础学科重要性的认知逐渐加深；第四，强调科学技术发展的有用性，以服务经济发展为目的。

政策制度的变化过程实质上也是一种创新的过程，制度的不断创新为我国创新发展提供支撑，激发各类创新主体的活力，为其他一切创新提供重要保障。党的十八大确立的创新驱动发展战略是我国科学技术制度发展演化的必然结果，以往的科技制度发展和变迁为创新驱动发展战略的顺利实施提供了支撑。《国家创新驱动发展战略纲要》的发布为我国未来一段时间的科技发展指明了方向。《中共中央关于制定国民经济和社会发展第十四个五年规划和二〇三五年远景目标的建议》坚定了我国实施创新驱动发展战略的信心，未来一段时间强化国家战略科技力量、提升企业技术创新能力、激发人才创新活力、完善科技创新体制机制成为工作重点。我国现在已经初步形成了创新驱动发展的国家创新体系，但尚处在创新驱动发展的起步阶段，体制、机制、政策、法规等还需要改革完善，而且在创新驱动发展过程中对具体的体制、机制、政策、法规等的要求在不断变化，这就需要推进国家治理的创新，不断适应创新发展的要求，完善政府与市场作用的有效互补，改善法治和政策环境，促进创新驱动发展战略的顺利实施。

2. 中国地方政府的科技制度竞争

创新驱动发展战略是中央政府一项基于传统伦理自上而下的制度创新，自中国渐进式改革实行中央和地方政府财政分权以来，给地方政府发展地方经济带来了巨大刺激，地方政府投资基础设施，制定相对独立的财税政策，招商引资，吸引外商直接投资，吸引人才，助力中国将近40年的奇迹式经济增长。实质上，中国经济增长是政治集权和经济分权的集合，中央政府利用计划经济体制惯性对地方官员实行控制，通过经济绩效考核锦标赛的方式（周黎安，2007，2004），在地方官员之间建立了竞争市场，随着分权制改革和政治控制的变换，地方政府间竞争市场形成，推动地方政府进行经济建设。从我国经济发展的实践来看，要素投入对经济增长的贡献远远大于技术进步的贡献，投资的贡献一直都是经济增长的主要动力，地方政府竞争变成了财政竞争、外商直接投资竞争、金融竞争、基础设施竞争（赵会玉，2010），以及人才的竞争，变成了产权保护、制度创新、产业转型、政府效率等方面的竞争。各方面的竞争是地方政府间经济博弈和地方官员之间的晋升博弈，这影响了要素在各个地区之间流动，改革初期在地方政府间形成了"非零和博弈"，经济实现了快速增长。

如今分权效应正在逐渐减弱，临近分权效应的边界，而且绩效考核和地方政府发展观念都是以 GDP 为主线，忽略了社会福利、社会环境的提高。当前的创新驱动发展战略实质上是地方政府的制度创新和创新要素之间的竞争。地方政府财政能力、支持市场能力、公共服务能力是影响创新驱动发展的重要因素。从现有实证研究结果来看，地方政府财政能力对地区经济创新驱动发展水平促进作用最大，其次是政府支持市场的能力，最后是政府提供公共服务的能力（邵传林，2015）。

目前，我国地方创新驱动发展呈现以下六个特点：第一，大部分地区处于投资驱动向创新驱动过渡阶段，少数东部地区进入创新驱动发展阶段，个别西部处于资源驱动发展阶段；第二，东部地区形成了长三角、珠三角、环渤海创新高地，中西部形成了以关中、成渝等为核心的若干科技密集区；第三，各个地区的基础设施和创新要素差距较大，创新要素向经济发达地区聚集；第四，创新要素区域的市场化配置使得政府的作用主要集中在创新环境的改善上；第五，地区创新路径的选择与地区基础设施、产业基础和创新文化有关（吕薇，2014）；第六，地区间人才竞争愈发激烈，甚至有恶性竞争的趋势。

一般情况下，利用创新环境、创新资源、创新成果三个指标来评判一个地区或城市的创新发展情况。《中国创新发展报告（2016）》蓝皮书中，由人均 GDP、人均 ICT 投入、大专以上学历人数占就业人数比重、有 R&D 活动的规模以上工业企业占比和科技拨款占公共财政支出的比重五个指标测算的地区创新环境显示，北京创新环境位列全国第一，此外，上海、天津、浙江、江苏、辽宁、福建、广东创新环境高于一般水平，其他地区创新环境较差；由 R&D 经费支出、R&D 经费支出占 GDP 比重、人均 R&D 经费支出、R&D 人员全时当量和每千人研究与开发人员数五个指标测算的地区创新资源显示，北京创新资源远高于其他省份，另外江苏、广东、浙江、天津紧随其后，山东、湖北次之，其他地区创新资源较差；由每万人专利授权数、每万人发明专利授权数、每千人 R&D 人员发明专利授权数、每百万元研究开发支出产生的发明专利授权数和每万人国外主要检索工具收录我国科技论文数五个指标测算的地区创新成果显示，北京创新成果最高，上海、浙江、江苏紧随其后，广东、陕西、天津、贵州、广西、四川创新成果一般，其他地区创新成果较差；由高技术出口占货物出口额的比重、高技术产业产值占 GDP 比重和新产品销售收入占产品销售收入的比重三个指标测算的地区创新效益显示，广东、上海、江苏创新效益最好，重庆、天津紧随其后，北京、河南、四川、浙江、陕西、湖南、安徽和湖北创新效益一般，其他地区创新效益较差。

地方政府竞争已经逐渐向创新能力竞争发展，而创新能力的竞争归根溯源就是人才的竞争。2018 年 12 月，习近平总书记在庆祝改革开放 40 周年大会上的讲话中指出:"我们要坚持创新是第一动力、人才是第一资源的理念,实施创新驱动发展战略,完善国家创新体系,加快关键核心技术自主创新,为经济社会发展打造新引擎。"可见中国已经充分认识到创新驱动发展的重要性,以及人才在创新过程中所发挥的基础性作用。科技人才政策作为科技政策的一种(陈振明,2003),已经成为各地区政府吸引人才、留住人才的主要手段。

下面从地区人才政策的角度来看我国地区间政府创新竞争的情况。现阶段,我国各地区普遍采用大量的人才政策竞争人才,加大对人才的引进力度。随着我国区域经济差距的加大,各地区的人才流动越来越频繁,东部沿海地区尤其是长三角省市逐渐成为人才集聚的重点区域,中西部地区(除新疆外)的人才密度增长速度逐渐降低,中国人才的空间格局出现了重大变化(姜怀宇等,2005)。

从人才政策发展历程来看,人才政策的发展具有时间性、空间性和历史性的特点。时间性是指一个国家或者地区在不同时期人才政策的侧重点不同;空间性是指不同地区在资源禀赋、经济、地理、文化等方面具有一定差异性,发展过程中当地政府能逐渐摸索出选择适合本地区发展的模式及产业,并且加深对地区人才结构的认知,从而能够制定更加符合本地区情况的人才政策;历史性是指一个国家或地区随着时间的推移会加深对人才政策的理解,而且当前人才政策会受到之前人才政策的影响。根据人才政策发展的特征将人才政策分成四类:人才吸引与保障政策、人才培养与发展政策、人才管理与维护政策和人才评价与考核政策,具体如表3-2所示。

表3-2 人才政策四分类表

类别	内涵	关键词
人才吸引与保障政策	通过物质和精神奖励以及构建有吸引力的基础设施等方式直接或者间接加速人才向本地区聚集,并为人才跨国界、跨地区、跨部门、跨岗位流动提供便利的政策	吸引、引进、资金补贴和激励、落户、聘请、配套设施建设、环境构建、安置住房、子女入学等
人才培养与发展政策	为提高本地区人的意识、能力和素质,以及促进本地区人才的进一步发展提升所制定的政策	培养、选拔、队伍建设、培训、发展、项目申报、开发、计划等
人才管理与维护政策	通过调查,加强人力资源市场管理,构建数据库、平台等方式来加强对本地区人才状况的了解以及管理和维护的政策	状况调查、基金管理、需求调查、数据库建设、维护等
人才评价与考核政策	为所在地区人才的能力、绩效、贡献等进行客观公正的评价所制定的一系列标准、评价考核方法等的政策	评价、考核、审查等

本章从北大法宝数据库搜集中国31个省域2000~2018年的所有市级及以上的人才政策,经过整理,去除掉表彰通知类、授予头衔类、活动评选类、行政批复类、名单公布类、换届通知类和任免通知类政策,最终获得 2 136 条人才政策,

2000~2018年中国人才政策总数量和四种类型的人才政策发文数量的变化趋势如图3-1所示。

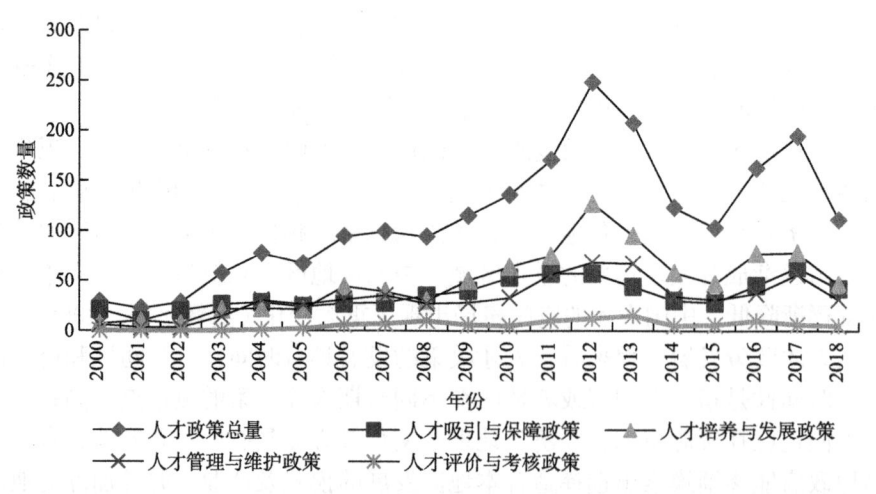

图3-1 中国人才政策发文总数及四种类型人才政策发文数量变化趋势

这一时期人才政策的发展大致可以分为三个阶段。第一阶段为2000~2006年，是中国利用人才政策进行揽才、养才的探索阶段，在这一阶段，总发文量和四种类型政策的发文量稳步增长。第二阶段为2007~2012年，是中国人才政策飞速发展阶段，由于第一阶段人才政策的收益初现，在这一阶段，总发文数量以及四种政策发文数量开始爆发式增长，2012年到达了高峰。第三阶段为2012年以后，是中国人才政策成熟稳定阶段，由于政策发文量在第二阶段暴增带来了巨大的成本，这一阶段各种人才政策的发文量开始逐渐减少，趋于稳定，人才政策质量有所提高，各类型人才政策配置更为均衡。地方人才政策的发文数量代表了地区政府为吸引人才的努力程度，而且从三个阶段来看，率先完成三个阶段发展的地区在人才竞争中处于领先。图3-2为我国31个省（区、市）人才政策发布数随时间变化情况。

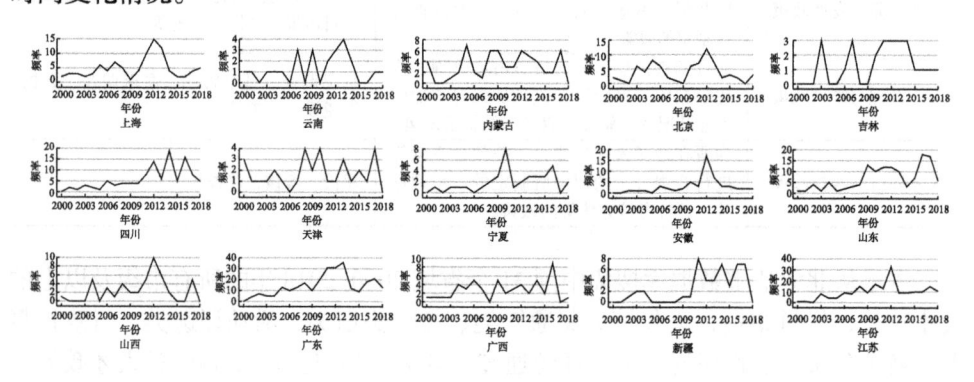

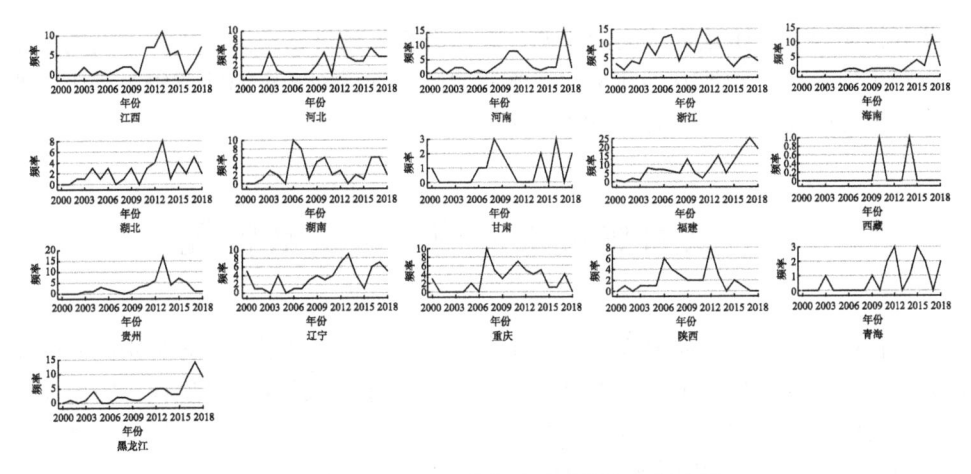

图 3-2 各省（区、市）人才政策发布频率图
资料来源：数据由北大法宝数据库管理得到

从 2000~2018 年政策的总发文量来看，上海、四川、山东、广东、江苏、浙江、福建位于领先的位置，超过了 90 项。云南、吉林、天津、宁夏、山西、新疆、河北、海南、湖北、西藏、陕西、青海人才政策发文数量均未达到 50。从地理区位来看，发文数量较为领先的省（区、市）主要集中在东部沿海地区，发文数量落后的省（区、市）主要集中在东北地区、西南地区和西部地区。在东部地区，人才的竞争更为激烈，地方政府愿意投入更多资源以为吸引人才，这也与东部地区创新能力领先于其他地区，先于其他地区进入创新驱动发展阶段的特征相吻合。从时间变化上来看，人才政策发文多的地区发文高峰多集中在2012年，浙江人才政策发展较早，在 2012 年之前就颁布了较多人才政策，上海、北京、江苏、广东均在2012年进入人才政策发文高峰。可以发现，东部沿海地区及一线城市，对人才对创新的积极作用的认识领先于其他地区。但是目前各地颁布的人才政策也暴露出一些问题：首先，人才政策发布频率不成体系；其次，人才政策科学性、针对性不足；再次，地区情境差异明显但政策同质化严重；最后，地区间人才恶性竞争显现（张波，2018）。经济发达的东部地区具备区位和资金优势，具有更多的创新资源和完善的创新环境，能够吸引大量人才，在竞争中处于相对领先地位。

从中国整个科学技术制度发展的演进来看，我国政府对创新驱动发展的认知逐渐深化，将创新驱动发展摆在了国家发展全局的核心位置，建立起了适合我国国情的科技发展体系，并制定了引领我国科技创新发展的纲领计划。从科学技术制度发展的重点来看，我国科技发展的重点由科学机构构建，农业、工业为主，转向高科技领域，逐渐注重科学技术服务经济发展，并逐步确立了企业技术创新的主体地位。从地方政府创新资源的竞争来看，东部沿海地区优于其他地区，区域差异性明显,各个地区之间的资源分配还有很大的进步空间。由于创新的发生也依赖于地方产业和地方创新文化,落后地区在进行创新资源的竞争过程中需要注意发挥地区优势,发展地区特色,吸引特色创新资源。

二、创新驱动发展的经济发展情境

"长期经济增长的动力或源泉是什么?不同国家经济增长差异悬殊的原因是什么?"是经济增长理论一直想要回答的两个问题。经济增长理论在探究影响经济发展的因素过程中发现,资本、劳动力、自然资源、技术等都是推动经济增长的原因。从现行工业化国家经济增长的阶段来看,1770年以前经济增长的驱动力是更多的自然资源投入;1770~1870年大机器代替手工劳动,资本积累驱动经济增长;1870~1970年技术进步带来的效率提高成为经济增长的主要驱动力;1970年以后,信息化成为经济增长的主要驱动力(吴敬琏,2008),科技创新带来的生产改变贯穿始终。世界进入工业经济时代以来,先后经历了以纺织产业为代表的产业革命时期、蒸汽和钢铁时代、石油重化工业时代、汽车工业时代和信息时代。其中,科技创新进程决定了不同时代的发展,抓住了创新,就抓住了经济发展的整个时代。中华人民共和国成立以来,我国经济发展完成了从计划经济向市场经济体制改革,市场经济体制建立和完善,改革开放等一系列进程。改革开放后,经济体制和经济发展方式逐渐完善,我国经济度过了高速发展期,同时经济发展过程中也暴露出了经济发展方式不可持续、动力不足等问题。为了解决发展问题,党的十八大提出了创新驱动发展战略,并将创新放到了前所未有的高度。下面通过对我国经济发展历程、经济发展方式的梳理回顾来看我国实行创新驱动发展的经济发展情境。

1. 中国经济发展历程与"新常态""新变局"

1)中国经济发展历程

1949~1978年我国发展以重工业为主,造成了重工业发展过重、轻工业发展过轻、农业发展不足的问题,与此同时,燃料动力工业落后、原材料工业与制造业不匹配等造成了产业发展的严重失调。

自十一届三中全会实行改革开放以来,我国经济发展经历飞速发展阶段和经济发展方式转型阶段。1979~1980年我国经济通过"调整、改革、整顿、提高",国民经济结构和比例趋于合理。农业经过了家庭联产承包责任制等一系列改革,增加了轻工业贷款和原材料、燃料的供给,让重工业生产面向农业和轻工业市场供应，到1980年农业总产值已经达到工农业总产值的30.8%，轻工业总产值达到工农业总产值的47.7%。1979~1984年，我国国内生产总值、社会总产值、工业总产值、国民收入的年均增长率分别达到了8.8%、9.1%、9.1%、8.3%。各项经济综合指标呈现持续稳步增长的局面，国民经济和社会发展正式起飞。1985年开始我国经济发展的重点开始转向城市，中共十三大确立现代化建设"三步走"的发展目标，把提高经济效益作为全部工作的重心。1985~1989年，出于自然原因，农业产值大幅下降，工业在此阶段飞速发展，工业总产值达到了22 017亿元。

1992年邓小平南方谈话及中共十四大后，我国开始发展社会主义市场经济，让市场发挥资源配置的基础作用，自此中国经济发展进入新的阶段。1993~1996年，我国经济发展快速推进，形成了转变经济发展方式与科教兴国战略相互促进的局面。在此期间，GDP总量快速增长，经济发展出现了"唯GDP"现象。1997~2001年，受到亚洲金融危机的影响，我国外贸出口增速大幅度下降，国内需求对经济增长的拉动开始疲软，发展速度放缓。

2001~2007年，是我国经济飞速发展的时期，特别是2003~2007年，中国经济连续5年以高于10%的速度加速发展，并在2006年突破11%，2007年达到11.9%。2001年，加入世界贸易组织，加快了中国进出口加工贸易发展，经济发展再次加速。出口由2001年的2 661.0亿美元上升到2007年的12 177.8亿美元，增长了9 516.8亿美元，我国经济增长此时开始依赖进出口。至此，我国经济发展形成了投资、进出口、消费"三驾马车"拉动的发展局面。2008~2012年，国际经济危机爆发，中国经济发展问题更加凸显：出口受阻，企业经营困难，财政减收，就业压力大，转变经济发展方式步伐延缓。2008年10月，中国出口同比增长19.2%，11月骤然下降2.2%。金融危机对实体经济造成了强烈冲击。出口受阻给劳动密集型企业带来严峻挑战，当年将近7万个中小企业破产和2 000多万人失业。过度依赖出口而内需不足已成为严重制约中国经济发展的重大障碍。经过一系列宏观调控后，2013~2017年我国经济发展逐渐放缓，国内生产总值年均增长7.2%，2016年GDP稳居世界第二位。在此期间中国工业增加值实现了年均6.7%的增长，农业得到了巩固，工业水平进一步上升，服务业成为最大产业，经济发展进入新常态。

2）经济新常态

进入21世纪，我国经济态势发生了实体经济换挡探底、虚拟经济杠杆扩张、市场态势杠杆扩张三大转变。中国经济发展进入新常态，中国经济新常态可以理解为经济发展的新常态和创新创业新常态。

经济发展新常态主要表现在经济增速放缓和经济结构调整。2014年之前中国经济经历了飞速发展，之后经济增速放缓，而且这不是周期性和外在因素决定的，而是经济发展趋势性因素决定的。人口结构也发生了巨大变化，中国劳动人口已经度过了2010年的高峰期，2014年60岁人口首次超过了15%，人口趋向老龄化。产业结构在发生调整，2013年第三产业占GDP的比重达到46.1%，而具有2.4亿农业生产者的第一产业的产出只占GDP的9.2%，劳动生产率亟须提升。需求结构在发生变化，将GDP分解，消费、投资、进出口对经济发展的贡献率在改变，净出口对经济的贡献率已经从2007年的9%降低到3%以下。

传统投资、进出口驱动的经济发展不可为继，亟须形成强大国内市场，构建新的发展格局，使创新创业驱动的经济发展常态化。从供给侧的角度看，经济增长的可以分成两类，一类是在现有技术水平下增加劳动和资本的投入，另一类是发明创新，改善技术水平，提高劳动和资本利用率。当前我国的发展阶段，劳动力资源和资本资源受到限制，通过资源驱动经济发展的方式已经到达边界，通过创新驱动经济发展是唯一的出路。2015年两会结束后，全国掀起了"大众创业、万众创新"的热潮。今后一段时间，我国要坚持扩大内需这个战略基点，加快培育完整内需体系，畅通国内大循环，促进国内国际双循环，把实施扩大内需战略同深化供给侧结构性改革有机结合起来，以创新驱动、高质量供给引领和创造新需求。

3）发展"新变局"

当今世界正经历百年未有之大变局，新一轮科技革命和产业变革深入发展，国际力量对比深刻调整，和平与发展仍然是时代主题，人类命运共同体理念深入人心，同时国际环境日趋复杂，不稳定性不确定性明显增加。经济全球化遭遇逆流，世界进入动荡变革期，单边主义、保护主义、霸权主义对世界和平与发展构成威胁。当前和今后一个时期，我国发展仍然处于重要战略机遇期，机遇和挑战也都在不断发生变化。我国已转向高质量发展阶段，制度优势显著，治理效能提升，经济长期向好，物质基础雄厚，人力资源丰富，市场空间广阔，发展韧性强劲，社会大局稳定，继续发展具有多方面优势和条件，形成了"新发展格局"。同时，我国经济也面临着结构性、体制性、周期性问题相互交织所带来的困难和挑战。疫情的出现，加速了原有问题的暴露，对经济发展规模、速度、质量、结构、效益、安全的相互统一提出了更高要求。我国发展不平衡不充分问题仍然突出，重点领域关键环节改革任务仍然艰巨，创新能力不适应高质量发展要求。以"新发展格局"应对"新变局"将是很长一段时间需要我们集中精力办好的事情。

2. 转变经济发展方式与创新驱动发展战略

1）转变经济发展方式的探索

"经济增长方式"一词首先由苏联经济学家提出，他们曾把增长方式分成两种类型：一种是通过增加自然资源、劳动力、资本的投入来实现经济的增长，此

种方式叫作粗放式增长或外延式增长；另一种是通过提高效率来实现经济增长，此种方式叫作集约式增长或内涵式增长。随后，对经济增长的概念理解加深，许多国家将注意力从促进经济增长转向促进经济发展。我国改革开放以来，从未停止对中国特色社会主义道路的探索，我国转变经济发展方式的历程如图 3-3 所示。

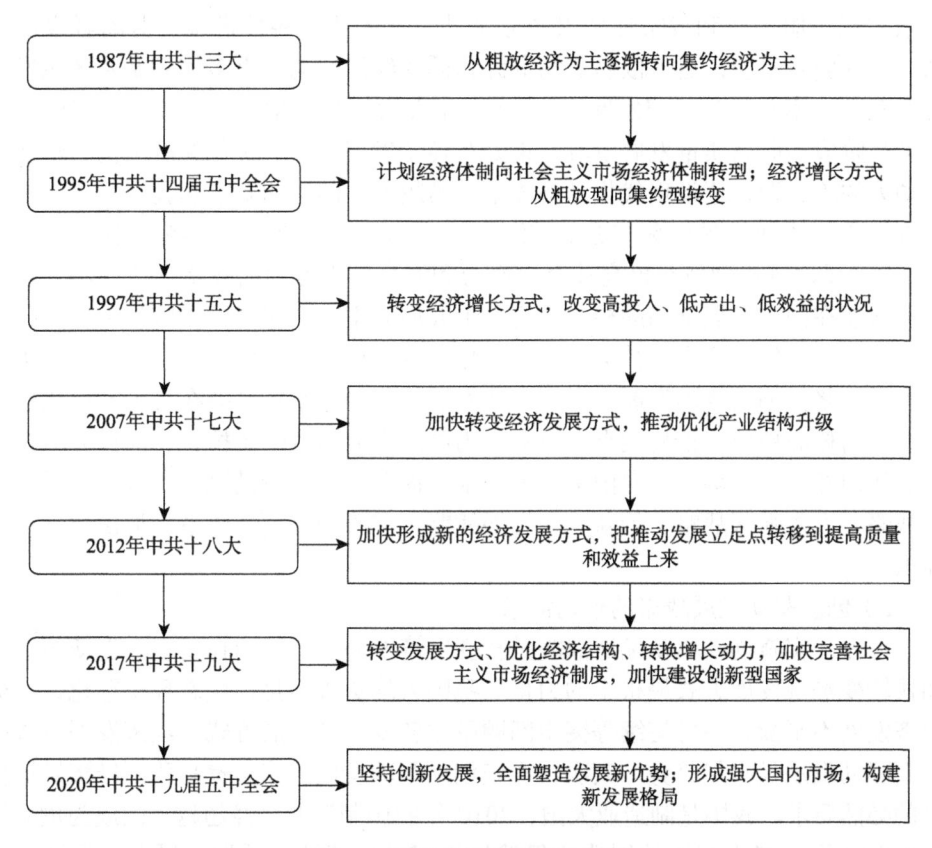

1987年中共十三大	从粗放经济为主逐渐转向集约经济为主
1995年中共十四届五中全会	计划经济体制向社会主义市场经济体制转型；经济增长方式从粗放型向集约型转变
1997年中共十五大	转变经济增长方式，改变高投入、低产出、低效益的状况
2007年中共十七大	加快转变经济发展方式，推动优化产业结构升级
2012年中共十八大	加快形成新的经济发展方式，把推动发展立足点转移到提高质量和效益上来
2017年中共十九大	转变发展方式、优化经济结构、转换增长动力，加快完善社会主义市场经济制度，加快建设创新型国家
2020年中共十九届五中全会	坚持创新发展，全面塑造发展新优势；形成强大国内市场，构建新发展格局

图 3-3 转变经济发展方式历程

经济发展方式实质上是指实现经济发展的方法、手段、路径，转变经济发展方式的核心是从主要依靠增加物质资源的消耗实现经济发展向依靠科技进步、管理创新手段的方式提高资源利用效率来实现经济发展。党的十七大报告把转变经济发展方式概括为"两个坚持"和"三个转变"，"坚持走中国特色新型工业化道路，坚持扩大国内需求特别是消费需求的方针，促进经济增长由主要依靠投资、出口拉动向依靠消费、投资、出口协调拉动转变，由主要依靠第二产业带动向依靠第一、第二、第三产业协同带动转变，由主要依靠增加物质资源消耗向主要依靠科技进步、劳动者素质提高、管理创新转变"[1]。党的十八大报告将转变经济发展方式概括为"四个着力"和"五个更多","着力激发各类市场主体发展新活力,着力增强创新驱动发展新动力,着力构建现代产业发展新体系,着力培育开放型经济发展新优势,使经济发展更多依靠内需特别是消费需求拉动,更多依靠现代服务业和战略性新兴产业带动,更多依靠科技进步、劳动者素质提高、管理创新驱动,更多依靠节约资源和循环经济推动,更多依靠城乡区域发展协调互动,不断增强长期发展后劲"[2]。十九大报告中指出:"我国经济已由高速增长阶段转向高质量发展阶段,正处在转变发展方式、优化经济结构、转换增长动力的攻关期,建设现代化经济体系是跨越关口的迫切要求和我国发展的战略目标。"[3]"创新是引领发展的第一动力,是建设现代化经济体系的战略支撑。"[4]强调科技创新在提高社会生产力和综合国力方面的战略支撑作用,将科技创新摆在国家发展全局的核心位置。十九届五中全会应对国内国际新变局,提出了二〇三五年基本实现社会主义现代化远景目标,对国内国际经济双循环进行了安排,坚持创新驱动发展,全面塑造发展新优势,坚持创新在我国现代化建设全局中的核心地位,把科技自立自强作为国家发展的战略支撑,面向世界科技前沿、面向经济主战场、面向国家重大需求、面向人民生命健康,深入实施科教兴国战略、人才强国战略、创新驱动发展战略,完善国家创新体系,加快建设科技强国。

2)创新驱动发展战略的迫切需求

首先,实施创新驱动发展战略是转变经济发展方式的内在要求。创新驱动是加快转变经济发展方式最根本的力量。我国人均资源不足,生态环境恶化,社会经济发展不平衡、不可持续等突出问题亟须转变经济发展方式,经济发展方式向创新驱动发展是必然趋势。其次,实施创新驱动发展战略是提高我国经济发展质量的必然要求。我国是制造业大国,2010年我国制造业已经超越美国成为世界第一大制造国。然而我国的制造业仍然处于产品价值链的低端,研发、设计、品牌、营销等高附加值环节仍然薄弱,当前我国制造业的发展陷入了困境,低技术发展模式已经发展到尽头,中小民营企业生存环境恶化,通过创新驱动提高产品质量,向价值链前端移动是必由之路。最后,实施创新驱动发展战略才能赢得发

---

[1] 胡锦涛:高举中国特色社会主义伟大旗帜 为夺取全面建设小康社会新胜利而奋斗——在中国共产党第十七次全国代表大会上的报告[EB/OL]. https://www.gov.cn/govweb/ldhd/2007-10/24/content_785431.htm, 2007-10-24.

[2] 胡锦涛:坚定不移沿着中国特色社会主义道路前进 为全面建成小康社会而奋斗——在中国共产党第十八次全国代表大会上的报告[EB/OL]. http://cpc.people.com.cn/n/2012/1119/c349998-19618560-4.html, 2012-11-19.

[3] 习近平:决胜全面建成小康社会 夺取新时代中国特色社会主义伟大胜利——在中国共产党第十九次全国代表大会上的报告[EB/OL]. http://cpc.people.com.cn/19th/n1/2017/1027/c414395-29613458.html?from=groupmessage&isappinstalled=0, 2017-10-27.

[4] 习近平. 习近平著作选读(第二卷)[M]. 北京:人民出版社,2023:24-26.

展机遇和主动权。当前我国对外技术依存度超过50%，发达国家的技术依存度都保持在30%以下，美国和日本保持在5%以下，我国核心技术和关键技术自给自足率低，高端技术领域严重依赖进口，受制于人。我国只有不断强化创新驱动，提高自主创新能力，才能创造出发展机遇，赢得国际竞争的主动权。

总之，创新已经成为推动经济发展的决定性动力，成为解决人口、资源、环境问题的最有效手段。改革开放40多年来，我国经济经历了长期的高速发展，人民生活水平显著改善，综合国力飞速提升，经济总量已经跃居世界第二，尤其是制造业规模已经位居世界第一。在发展过程中也付出了沉重代价，资源过度消耗和环境污染等不可持续问题逐渐暴露，以投资、消费、出口"三驾马车"驱动的经济发展方式已经难以为继。2012年以来总体经济持续下行，以及GDP增速持续放缓，我国经济已经进入中低速增长的"新常态"，把创新驱动发展战略放在加快转变经济发展方式、驱动经济持续发展的核心位置，是实现"两个一百年"奋斗目标、实现中华民族伟大复兴中国梦、实现社会主义现代化建设的迫切要求。

三、创新驱动发展的历史文化情境

从管理学的角度来看，创新驱动发展战略实质上是一种认识自然与社会的综合理念的反映，本质上说是一种先进的文化，是对文化内涵的丰富。反过来，创新驱动发展战略如果能立足于文化，并积蓄当代科技成果，先进的文化形态又会促进创新驱动发展战略实施和开展。"创新"一词本身就是一定文化的反映，在熊彼特提出创新思想后，创新的发展都映射西方的文化思想。同样，中国的创新也离不开本土文化的影响。第一，中国传统文化。"创新"一词出现在中国的6世纪，词义内涵主要是在制度方面的改革、变革、革新和改造，但并不包括科学技术的创新。"创新"思想在我国起源于商周时期，《诗经·大雅·文王》曰："周虽旧邦，其命维新"，《易》曰："富有之谓大业，日新之谓盛德，生生之谓易"，诸如此类的思想，为创新提供了深厚的文化历史底蕴。第二，近代引进的西方文化。19世纪到20世纪初，受西方民主和科学思想的影响，变革、创新理念盛行，"新文化运动"引领了当时中国思想创新，中华人民共和国成立后，"百花齐放、推陈出新、洋为中用、古为今用"的文化方针，以及"与时俱进，推陈出新"的创新思想引领了当时的理论创新、制度创新、观念创新。第三，现代科学技术催生的新文化。互联网文化、多媒体文化等，加快了创新的传播进程，促使中国从整体上和根本上转变成一个尊重知识、尊重人才、尊重创新、鼓励创新的国家（黄宁燕和王培德，2013）。中华文化的典型特征是多元性，下面将从中华文化的多元性来分析我国创新驱动发展战略的历史文化情境。

自古至今中华文化都显现出了多元性的特征，这种多元性一方面是民族的多样性，56个民族具有自身独特的传统和本民族特色的文化；另一方面是地域的多样性，中国地域辽阔，千里不同风，百里不同俗，各地区均有自己的文化特色。在多元文化的背景下中国又是一个统一的国家，实施创新驱动发展战略要顺应文化多元性的特点，这样才能找到更适合中国创新驱动的路径。文化的多元性的直接反映是创新驱动的多元性，创新驱动的多元性表现在创新层次的多元性、创新主体的多元性、创新要素的多元性（王来军，2014），只有对创新驱动发展战略本土多元性有深刻的理解，才能更好地实施创新驱动发展战略。

1）创新层次的多元性

创新层次的多元性是指创新由微观连接中观，再到宏观的不同层次相互支撑相互影响的发展过程，层次多元性强调"企业-产业-区域-国家"四个层次的有机衔接。每个层次不是独立存在的，而是相互影响，相互促进，互为依托。我国现阶段的创新层次如图3-4所示，在多元的层次结构中企业是最基本的组成单元，同质或者类似企业组成相关产业，并决定产业的发展程度。不同地区存在资源、环境禀赋的差异，文化、产业政策又有不同，这使得不同地区吸引不同行业的企业在该区域发展，发展状况不同的行业在各个区域相互交融发展构成了该区域的产业群组，决定了区域繁荣。企业是行业的基本组成部分，行业发展支撑区域的发展，各个区域的创新发展共同组成了国家创新体系。国家创新体系的发展明确了区域创新发展的方向，为产业创新发展提供产业政策支持，最终也会促进产业内企业的创新发展。在不同的创新层次中，创新发展的目的虽然不尽相同，但是内在利益又休戚相关。企业的创新发展让企业长青，行业的创新发展使行业繁荣，区域的创新发展促进区域发展壮大，国家的创新发展让国家走向繁荣富强。

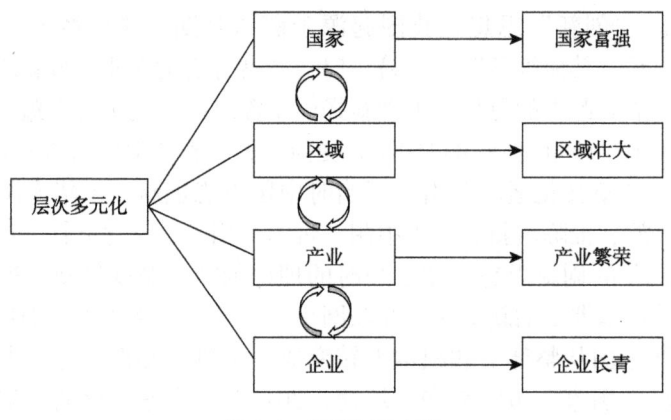

图3-4 创新层次结构

2）创新主体的多元性

创新主体的多元性是指具有创新能力并实际从事创新活动的人或社会组织的多元性，创新活动不仅仅涉及一个团队、一个部门，还可能涉及众多部门的协同，这就体现了创新主体的多元性。熊彼特的创新理论认为企业家精神是推动创新的主要动力，企业家是创新的主体，显然创新的主体范围过于狭隘。实际上，创新涉及的领域是广阔而多元的，涉及的主体也是多元的。从创新主体在创新活动中所采取的组织形式来看，可以分为个体主体、群体主体和国家主体；从创新主体所完成的任务来看，可以分为理论创新主体、制度创新主体、文化创新主体等。需要注意的是，创新主体的多元性与企业技术创新主体地位是不矛盾的，创新主体的多元性强调创新活动的不同参与者和不同参与部门之间的协同合作，企业技术创新主体地位强调的是企业在技术创新活动中应该起到主导和引领作用。

20世纪90年代以来，随着经营环境和创新环境的变化，人们对创新的关注点也逐渐聚焦到创新主体上来，各个创新主体之间如何相互作用，形成新的创新动力和创新机制成为研究的重点，三螺旋创新理论应运而生，至今三螺旋创新理论还活跃在实践中。三螺旋创新理论强调政产学研的互动协调、紧密结合，探讨高校、政府和产业等不同创新主体如何以市场为导向，围绕知识和技术转移形成一种螺旋上升的力量。基于三螺旋创新理论发展延伸出了政府主导型、市场主导型、政府-市场平衡型等多种运作模式。

在中国创新驱动发展的探索过程中，"高校-政府-产业"的协同模式成为一种常见的形态，随着创新实践的进行，基于本土化的发展，现在已经走出了一条"中国特色"三螺旋创新模式。我国的模式主要是地方与高校共建研究院作为区域创新的新模式，在北京、深圳、江苏、浙江、天津等地已经进行了积极的探索。此种类型的研究院大多是集科学研究、人才培养、科研成果于一体的实体组织，通过发挥高校的基础研究优势，转化高校科研成果，结合当地的经济发展特点，将研发与实际需求对接，将科研市场化，科研院所成为地方政府、企业、高校合作的平台。科研院所为地方政府的发展献计献策，推进了高校科技成果转移，培育了高新技术企业，推动原有企业的转型升级，为社会提供了发展所需人才。逐渐形成一种以政府为主体的体制机制创新，以高校和科研院所为主体的科学研究创新，以企业为主体的技术创新，以三大主体为支撑向外扩散式的创新驱动发展模式。

但是要认识到我国的产学研协同创新还停留在技术转让、合作开发和委托开发等较低层次的协同上，共建研发机构和技术联盟等高层次的深度协同还比较少，产学研协同过程中还存在着较大的技术、人才和资金鸿沟。总之，我国现有的创新驱动主体为政府、高校、科研院所和企业，在资源整合、成果转化、成果市场化等方面已经取得了长足进步，但是金融机构参与少，中介部门的缺乏导致的资金匮乏、科研成果市场化程度低的问题还长期存在，今后发展过程中应在发挥政府、高校、产业协同联动的基础上完善整个创新链条，让每个创新参与主体都能发挥作用。

3）创新要素的多元性

创新要素是创新的基础，创新要素的数量和质量直接决定了创新活动能否顺利进行以及创新活动所能达到的高度。基于三大创新主体的支撑，现在已经形成了多要素参与的北斗七星要素创新模式，其中包含了政、产、学、研、金、介、用七种要素。北斗七星要素创新模式如图 3-5 所示，该模式是在原有的政府、大学和产业三大主体的基础上对相关参与创新要素的扩充，在多主体协同的基础上强调多要素的协同参与，更加适合我国创新驱动的发展。

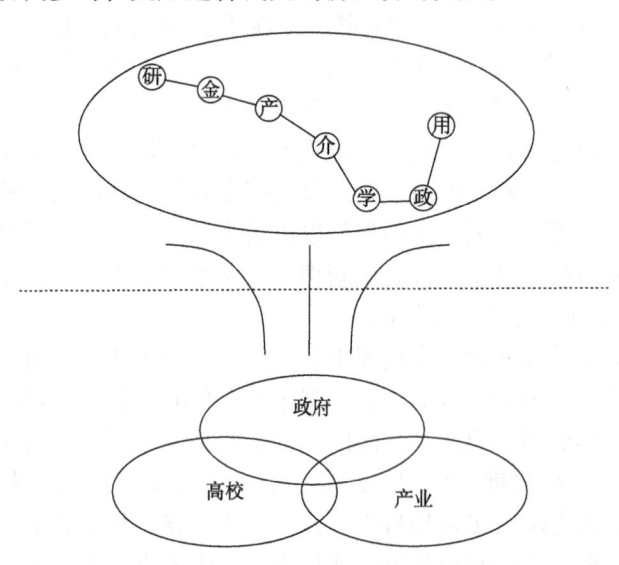

图 3-5　北斗七星要素创新模式

北斗七星要素创新模式系统了回答了创新过程中要素从哪里来到哪里去的问题，其中，"政"就是指政府所发挥的作用，既包含政府对创新驱动的鼓励引导政策以及发展过程中的优惠政策等创新制度环境，又包含政府为创新驱动发展顺利进行所颁布的知识产权保护法律和创新文化环境。"产"是指产业化，坚持将科技成果进行转化，建设孵化平台和科技成果转化基地。"学"和"研"是指高校和科研院所提供的科研人才资源、技术服务以及优质的研究成果，先进的技术手段和智力财富也是生产力。"金"是指促进创新的金融服务支持，包括开放的投融资功能，以及外界资本对科研成果转化的支撑。"介"是指发挥桥梁纽带作用的机构部门，协助技术各方的对接合作，包括知识与技术的对接、技术与市场的对接等，促进各个要素直接更加融洽地结合。"用"是指市场要素，科技成果面向的市场，利用科研成果创造的新产品、新方法、新工艺需要推向市场。七种要素处在不同的位置，功能各异，但是相辅相成、共同促进，构成了一个完整的系统，确保创新的深度融合和循环可持续。当前，我国"政""产""学""研"四种要素组合密切，在科技创新水平提升过程中发挥了巨大作用，但是在"金""介""用"三种要素上相对比较薄弱，科技项目投融资困难，资金集中在少数大企业中，社会资源共享效率低、共享平台少、成果转化效率低等问题都是这三种资源缺乏的表现。今后，政府在引导创新驱动发展时，应该更加注重创新资源的合理分配以及创新资源之间的合理搭配，这样才能提高创新效率，实现均衡驱动。

创新驱动的多元性不仅仅表现在创新层次的多元性、创新主体的多元性、创新要素的多元性上，创新领域本身也是多元的，有技术创新、制度创新、金融创新、商业模式创新等，而且每一种创新的多元性不是独立存在的，而是相互交织，形成一张创新网络，创新要素流淌在每个创新主体中，不同创新主体相互融合又构成不同的创新层次。创新驱动的多元性就要求每种创新要素、每个创新主体共同发挥作用。创新驱动的这种多元性恰巧与我国文化的多元性是不谋而合的，自古以来我国就是一个多种文化和谐相处的国家，每个地区每种文化都发挥重要作用，创新驱动的多元性也要求各个主体、要素和谐相处，有效配合，我国不同地区所具备的创新资源不同，在多元文化的影响下会促使更多创新资源融合，促进创新驱动发展。

四、创新驱动发展的科技发展情境

科技是科学和技术的简称，一般对科学的定义是以社会生产实践为基础，正确反映出自然界的客观规律，通过抽象的形式将规律展现出来的知识体系；而技术是指以科学知识为基础的，制造和扩展劳动资料以及运用劳动资料加工、扩展和制造劳动对象的手段和方法的体系。从本质上来讲，科学就是对自然界客观事物和规律的解释，技术就是在社会生产中应该如何做的问题。从历史的角度看，整个人类文明社会的发展都是与劳动相伴而产生的，从原始社会开始，原始的生产技术就已经产生了，当然在原始社会中科学并没有产生，技术确实已经开始发展。原始社会虽然占据了人类历史的很长一段时间，但是由于生产经验和技术的极度贫乏，生产力水平低下，不可能产生生产剩余，而且没有专门的文字进行记录和传播，限制了科学的发展。原始人基于长期生存经验的积累，创造了钻木取火的技术，加上制造新石器技术向青铜器技术进步，推动了人类第一次产业升级

(汪海波，2015），进入奴隶社会。然而，在奴隶社会，科学的发展仍然是基于经验主义。随着社会和自然的条件变化，人类社会发展依次经历了农业经济时代、工业经济时代和知识经济时代。我国历史悠久，科技发展相伴始终。朝代更迭、社会变迁过程中，科技发展也经历曲折的发展，形成了我国特有的科技发展情境。

1. 我国封建社会的科技发展

我国的封建社会始于公元前 3 世纪，直到 1840 年鸦片战争后沦为半殖民地半封建社会后才结束了我国的封建社会。在长达 2 100 多年的封建社会中，我国科技发展取得了领先于世界的成就，形成了灿烂的文明。在 15 世纪之前，我国所取得的科技发展成就远超同期的欧洲国家，我国在封建社会的科技发展在全球的农业经济时代的科技发展历史上也具有典型性和代表性。我国封建社会时期的科技发展几乎涵盖了农业经济时代的所有重要领域。在科学方面，我国在古代数据、农学、医药学、天文学、地理学等均取得了显著成就。在技术方面，主要有农业中的精耕细作，手工业中的铸铁技术、造纸、丝织、瓷器制造、印刷术、火药和指南针的制造、造船以及建筑技术等（李约瑟，1975）。并且每种科学技术形成了各自的发展体系，以我国的医药学为例，医药学就分成了生理病理学、治疗学、药物学、伍方药学、针灸学和众多治疗方法（杜石然等，2012）。

我国封建社会的科技发展大多数来源于生产、生活经验，一些学科也达到了理论的高度，医学领域就是一个很好的例子。我国封建社会科学技术在总体上领先于同时期的其他国家，从科学著作涉及的门类及数量就可以看出。据统计估算，我国在农学著作上就有五六百种之多。由生产、生活经验发展而来的技术更是走在同期的世界前列。在农业方面的精工细作技术，在手工业方面的铸造技术（铸铁技术），在制造业方面的造纸、瓷器制造、印刷技术、火药、丝织技术等，在建筑业方面的砖木结构、宫殿建筑技术，在交通运输方面的造船、航海指针等技术均为世界顶尖。据李约瑟估计，中国在冶金和造纸技术方面领先欧洲上千年，在印刷技术方面领先 700 年（麦迪森，2008）。

从科学技术的发展来看，我国封建社会时期不仅是科技大国，而且是科技强国。科学技术的强盛提高了农业经济时期土地的生产效率和劳动生产率，推动了当时经济的增长。在公元 1~1000 年、1000~1500 年和 1500~1820 年这三个时期，中国 GDP 年均增长率分别为 0、0.17%和 0.41%；而世界 GDP 年均增长率分别为 0.01%、0.15%和 0.32%。与此同时，科技的领先也促进了我国近代产业结构的产生。1890 年我国第一、二、三产业增加值在经济总量中的比重分别达到 68.5%、9.8%和 21.7%。公元 1~1820 年，中国人口从 5 960 万增长到 38 100 万，增长了 5.39 倍，占世界人口的比重由 25.8%上升到 36.6%；国内生产总值由 268.2 亿国际元[1]增长到 2 286 亿国际元，增长了 7.52 倍，占世界经济总量的比重由 26.1%上升到 32.9%。1~1500 年，中国人均 GDP 由 450 国际元上升到 600 国际元；世界人均 GDP 由 445 国际元上升到 566 国际元（麦迪森，2009）。科学技术推动生产发展的同时，也为政府的财政收入增长提供来源，为政府的行政职能的发挥提供了必要的条件。

我国封建社会的科学技术发展也存在很大的局限性。首先，如前文提到的那样，科学技术的发展主要来自经验科学，很少一部分科学能够反映自然客观世界的本质。其次，从发展速度上来看，当时的科学技术的发展相比于后续工业经济时代和知识经济时代发展速度非常缓慢。最后，当时的科学技术发展对社会生产力的提升作用有限，远远没有达到近代社会中所提到的科学技术就是生产力、科学技术是第一生产力的高度，只能算作促进社会生产力发展的重要动力。

2. 近代到中华人民共和国成立以来我国的科技发展

我国古代的科学技术水平一直处于世界领先地位，但是 14 世纪以后却鲜有能够影响世界的重大发现和发明创造。从"西学东渐"到有限的工业化进程，到改革探索，直到 1949 年中华人民共和国成立，我国的科学技术才逐渐制度化。

16 世纪末，我国的科学技术主要来自欧洲传教士以传教的方式传入中国，明朝礼部尚书徐光启等学者由此认识到西方天文学、几何学、地理学、力学等科学知识及火器、钟表等技术的先进性，提出由"翻译"到"会通"的"超胜"西洋的路径（张柏春，2006）。第二次鸦片战争后，洋务派掀起了"洋务运动"，开始引入西方先进技术和设备，建立了江南制造总局和福州船政局等军工企业，并且通过建立学堂和派遣留学生的方式培养技术人才。洋务运动对科技发展的重点集中在兵器的制造方面，不涉及基础工业和完整的科技事业体制的建立，陷入了"引进—落后—引进—落后"的圈子。甲午中日海战的失败标志着洋务运动的破产。19 世纪末 20 世纪初，留学欧美日成为当时科技学习的风潮，留学欧美日主要学习军事、法律、医学、理化等，留学生在接受西方新思想、新知识后成为推动中国近代社会发展的重要力量。

20 世纪初，欧美现代科学技术及科学思想全面传入中国，并在我国扎根生长。天津的中西学堂和京师大学堂建立以及学制改革和废除科举为科技教育变革开辟了道路。五四运动"科学"和"民主"思想扎根中国。一批先进的知识分子自发组建学会等民间学术组织，如在詹天佑、任鸿隽、黄炎培等的号召下，先后建立中华工程师会、中国科学社、中华职业教育社等，并创办《工程》《科学》《教育与职业》等科技与职业教育期刊；中央地质学调查所、中国科学社生物研

---

[1] 国际元是按购买力平价计算的货币单位。

究所、黄海化学工业研究社等科学研究所也相继建立；当时的国民政府也陆续建立起中央研究院、北平研究院、中央工业试验所、中央农业试验所（1931年）等科研机构。此外，当时的一些知名高校，如北京大学、中央大学、清华大学等也相继设立了数理化天地生等自然科学基础学科。"科学精神"在中国逐渐流传，"求真"成为"科学"和"科学精神"必须遵循的铁律。自此，人们对科学的本质和功能有了更深刻的认识，开始强调要用"科学"的尺度衡量世界一切事物，崇尚理性、反对迷信和愚昧。抗日战争时期到中华人民共和国成立，我国的科技发展受到了巨大冲击，知识分子颠沛流离、科研机构转移解散，研究活动受到了巨大阻碍。总结20世纪上半叶我国科学技术的发展，可以看出我国逐渐建立起现代科学技术制度，为以后科技和教育的发展打下了基础。

3. 中华人民共和国成立至今的科学技术发展

1949年10月中华人民共和国成立，科学技术事业遇到了前所未有的发展机遇。中华人民共和国成立初，便对科学技术发展进行了重新规划，建立新的科技体制。中国科学院成立，高等院校院系调整改革等一系列行动展开。科技发展远景规划和科技发展纲要等也陆续出台。到改革开放前，我国科技事业得到了迅速发展。其中，以钱学森、邓稼先、钱三强等为代表的科学家带领实现了"两弹一星"工程的重大科技突破，大大增强了国防和军事实力，并带动了相关科技领域的发展。此外，中国科学家还在其他科技领域取得令世人瞩目的成就，如中国科学院、北京大学等单位成功获得人工合成牛胰岛素结晶，屠呦呦等科学家发现青蒿素，并合成青蒿素的酯类、醚类、碳酸酯类衍生物等。同时在工业领域，逐步建立起门类齐全的工业门类，并从技术引进向自力更生发展。中国工程师在自力更生中消化、吸收先前引进的技术，研制出一些重要的装备和产品。1964年，中国在中西部地区开始进行以战备为目的的"三线建设"，进一步改变了工业布局。地质学家提出"陆相生油"理论，石油部和地质部在松辽平原发现大庆油田，自此中国甩掉"贫油落后"的帽子，实现石油基本自给（中国科学院，2018）。

改革开放后，我国科技体制进行了一些的发展和调整，科技制度的发展变化已经在前文中进行了详细介绍。随着科技体制改革的不断深入，科技事业也有了蓬勃的发展，这有力地带动了我国产业的飞速发展。自20世纪80年代以来，中国家电产业高速发展，仅用发达国家一半左右的时间即实现了从引进技术到规模化创新。轿车工业在"以市场换技术"的思路下迅速发展，由合资企业牵引，一大批本土企业和民营企业迅速崛起。高铁创造了技术引进带动技术创新的佳绩，引领了中国交通的高速发展，成为"中国制造"和"走出去"的闪亮名片。袁隆平研究与开发的杂交水稻技术和李振声研究与开发的小麦远缘杂交技术，不但解决了中国人的吃饭问题，也为世界粮食安全做出巨大贡献。1992 年，载人航天工程正式开始实施，经过十几年的努力，中国在载人航天领域取得举世瞩目的巨大成就，成为继苏联（俄罗斯）、美国之后世界第三个载人航天大国。在众多科学研究领域取得突破，北京正负电子对撞机建设运行、铁基超导、超级计算机等一批标志性重大科技成果涌现，同时还参与了世界人类基因组计划，积极参与国际科技合作，为中国成为一个有世界影响的科技大国奠定了重要基础。2007 年成功绘制完成第一个完整"中国人基因组图谱"；2008 年在国际上首次实现了具有存储和读出功能的纠缠交换；2009 年世界上首个非圆截面全超导托卡马克核聚变实验装置首轮物理放电实验取得成功；2010 年实验快堆实现首次临界；2010 年水稻基因育种技术获突破性进展；2011 年发现大脑神经网络形成新机制；2012 年空间环境监测网建成"子午工程"创世界第一等成就不胜枚举。

发展至今，我国已经形成了企业、行业、区域、国家创新体系的新格局，在不同的层次上已经成果颇丰。

1）企业创新驱动发展

从"十五"以来，在国家的鼓励引导下我国涌现出了华为、阿里巴巴、腾讯等一批创新型企业，企业 R&D 经费快速增长，企业创新能力飞速提升。企业是市场经济的主体，是整个市场的主要参与者，同时企业也是技术创新的主体，确立企业技术创新的主体地位，提高企业自主创新能力是实现创新驱动发展的根本途径。

企业创新是一个复杂的系统过程，技术发展模式也具有多样性，企业类型、规模差异等因素都会对企业的创新产生影响，《中国创新发展报告（2016）》基于国家创新体系理论、创新过程和创新的经济本质属性设计了企业创新驱动力指数[①]（index of innovation-driven of firms, IDF），基于企业宏观统计数据对中国企业创新表现进行了评价分析。

---

① 企业创新驱动力指数（IDF）由结构再造能力、学习再造能力、价值再造能力三个二级指标构成。结构再造能力中三级指标有：S1 企业 R&D 人员占全国 R&D 人员比重（%）、S2 企业 R&D 经费支出占国内 R&D 经费支出的比重（%）、S3 企业职务发明专利申请授权量占国内职务发明专利申请授权量的比重（%）、S4 企业技术市场成交合同金额占全国技术市场成交合同金额的比重（%）、S5 高校和科研院所 R&D 经费支出中来自企业 R&D 资金的比重（%）；学习再造能力中三级指标有：L1 有 R&D 活动企业占全部企业比重（%）、L2 企业 R&D 人员占从业人员比重（%）、L3 企业 R&D 经费投入强度（%）、L4 企业基础研究和应用研究经费占企业 R&D 经费的比重（%）、L5 企业引进技术消化吸收经费与技术引进经费的比值（元/百元）；价值再造能力三级指标有：V1 企业每万名 R&D 人员发明专利申请量（件/万人年）、V2 企业新产品销售收入占主营业务收入的比重（%）、V3 高技术产品出口占工业制成品出口额的比重（%）、V4 劳动生产率（万元/人）、V5 单位资产利润率（元/万元）。利用公式 $y_i = 60 + \dfrac{x_i - \bar{x}}{\sigma} \times 10$，其中 $\bar{x} = E(x_i)$，σ 为标准差，最后运用加权算术平均法计算得到 IDF。

从计算结果来看，2000~2014 年中国 IDF 从 47.83 上升到了 69.36，实现了长期、持续的增长，已经从低创新驱动能力水平迈入中等创新驱动能力水平，接近高等创新驱动能力水平。在 IDF 持续增长过程中企业职务发明专利申请授权量占国内职务发明专利申请授权量的比重贡献最大，其次是企业 R&D 人员占全国 R&D 人员比重、企业每万名 R&D 人员发明专利申请量、企业 R&D 经费投入强度，这说明企业创新能力提升主要归功于企业的 R&D 投入、研发人员数量的增加、研发人员研发效率的提高三方面。企业基础研究和应用研究经费占企业 R&D 经费的比重指标的贡献率为负，暴露了企业虽然创新能力不断提高，但是不可持续的问题，这也反映出我国企业在追赶国外企业过程中对技术的引进消化居多的现状。虽然日本和韩国的发展经验证明对先进技术的引进消化吸收是实现技术跨越式发展和赶超的捷径，但是要实现持续的创新驱动需要在技术引进消化吸收的基础上进行再创新，我国企业现在暴露出的问题就是"有引进无吸收，有产品无技术，有规模无利润"的不可持续状态。

在企业构成结构中，不同规模企业创新能力和创新资源在逐渐发生变化。从数据来看，我国创新发展很不平衡，主要集中在国企和大型企业中，而且国有企业对经济的贡献主要集中在非技术创新行为上，技术创新活动对经济增长的贡献率在下降。近年来，以国有企业为代表的大型企业创新资源的占比已经开始下降，中小企业已经开始逐渐获得越来越多的创新资源，中小企业随着创新实力的积累逐步释放活力、引领产业技术创新，整个创新结构向更加合理化的方向发展。

综上所述，中国企业创新能力近年来得到了巨大的提高，企业创新结构向合理化发展，R&D 投入逐年加大，投入产出效率也不断提高，但是，中国企业技术创新指标值与发达国家相比还处于较低水平，企业 R&D 经费投入强度（企业 R&D 经费投入强度=企业 R&D 经费内部支出/主营业务收入×100%）大约为 1%，与发达国家的 2%~5%相比还有很大差距，创新资源主要集中在大型企业和国有企业中的问题还没有解决，在今后的发展过程中还需要继续加大 R&D 投入，合理分配创新资源，促进企业创新能力结构和能力水平均衡发展。

2）产业创新驱动发展

产业创新是指产业主体通过产业制度创新、技术创新、组织创新、环境创新和组合创新等方式，对社会资源进行充分利用，培育新兴产业或者使原来产业在一定区域范围内达到领先地位。产业的创新驱动发展涉及技术、组织、环境、制度等多种要素的组合，是一个相对复杂的系统。对产业的创新的研究属于创新的中观研究，介于微观企业和宏观国家层面之间，产业创新是实现国家创新体系的重要环节，产业创新是链接企业和国家的重要纽带，也是国家创新政策的重要体现。产业创新能力决定产业的持续发展能力和竞争能力。

近年来我国各个产业①得到了巨大发展，产业创新驱动呈现出以下几个特点。第一，各个行业创新能力显著增强。政策支持、人才积累、创新要素的累积使得各个行业 R&D 活动均处于上升状态，并且各个行业都开始重视创新，意识到创新发展是保持行业繁荣的关键。第二，行业之间创新发展不平衡，存在较大差距。医药制造业，仪器仪表制造业，计算机、通信和其他电子设备制造业，铁路、船舶、航空航天和其他运输设备制造业的 R&D 活动活跃性明显高于其他行业，创新能力与其他行业相比也比较突出，而木材加工和木、竹、藤、棕、草制品业，皮革、羽毛及其制品和制鞋业，纺织服装、服饰业，家具制造业创新能力较差。第三，创新能力与所属行业性质有关，创新能力强的行业大多属于高精尖制造业，产品更新换代快，技术革新迅速，创新需求高，而且创新能力强的行业普遍具有丰富的创新资源，具有雄厚的资金实力、人力资本优势和政策支持，而创新能力弱的行业一般资金相对缺乏，创新重视程度不够，需要进行产业的转型升级。

3）区域创新驱动发展

区域创新是指一个地区将新知识转化为新产品、新工艺、新服务，促进各个创新机构之间的互动和联系，为区域的经济发展提供动力。在知识经济以及全球化的背景下，区域的创新能力已经成为获取区域竞争优势的决定性要素之一，区域创新驱动与行业创新驱动一样，同属于中观层面，是企业创新、行业创新与国家创新之间的纽带。

根据国家统计局对东中西部和东北地区的划分方法，将我国 31 个省（区、市）划分为东部地区、中部地区、西部地区和东北地区四大区域②。各个地区具有 R&D 活动的企业都在逐年增加，东部地区创新发展水平最高，中部地区次之，西部地区第三，东北地区最低。东部地区创新能力最强，创新环境、创新资源、创新成果、创新效益水平都明显高于其他三个地区，而且各方面的增长速度也高于其他地区，东部地区正在逐步扩大与其他三个区域的发展差距。东部地区之所以能够领先其他地区，是因为东部地区经济发展水平高，在创新投入、人才

---

① 根据《中国科技统计年鉴》将中国制造业产业分成了 27 个产业类别：农副食品加工业，食品制造业，酒、饮料和精制茶制造业，纺织业，纺织服装、服饰业，皮革、羽毛及其制品和制鞋业，木材加工和木、竹、藤、棕、草制品业，家具制造业，造纸和纸制品业，印刷和记录媒介复制业，文教、工美、体育和娱乐用品制造业，石油加工、焦炼和核燃料加工业，化学原料和化学制品制造业，医药制造业，化学纤维制造业，橡胶和塑料制品业，非金属矿物制品业，黑色金属冶炼和压延加工业，有色金属冶炼和压延加工业，金属制品业，通用设备制造业，专用设备制造业，汽车制造业，铁路、船舶、航空航天和其他运输设备制造业，电器机械和器材制造业，计算机、通信和其他电子设备制造业，仪器仪表制造业。

② 东部地区包括北京、天津、河北、上海、江苏、浙江、福建、山东、广东和海南；中部地区包括山西、安徽、江西、河南、湖北和湖南；西部地区包括内蒙古、广西、重庆、四川、贵州、云南、西藏、陕西、甘肃、青海、宁夏和新疆；东北地区包括辽宁、吉林和黑龙江。

培养、区域政策等方面都比其他地区具有比较优势,创新式发展又增强了区域竞争实力,带动区域的创新投入,吸引人才,为区域带来更多的创新资源,形成一种良性循环。其他地区要提高自身的创新驱动发展水平,需要各级政府引导和支持,各级政府应根据本地区经济发展水平、科技要素基础、创新文化水平等制定适合自身情况的创新发展战略,引导企业和各行业实现创新发展。

4)国家创新驱动发展

国家创新驱动发展是指一个国家在长时间内产生的创新性技术并使之商业化的发展过程,国家创新驱动发展依赖于支持创新技术产生的创新环境、科技人力资源规模水平以及维持国家创新体系正常运行的制度规范。一个国家创新能力的提升仅仅依靠企业的创新发展是不够的,还需要从国家宏观层面形成一种资源配置以及推动技术创新的制度和政策,国家创新驱动发展实质上就是要形成国家创新体系。

我国的创新发展大致经历了 1991~1999 年的起步阶段,2000~2007 年的加速发展阶段,2008 年至今的稳步发展阶段。2016 年,我国发布了《国家创新驱动发展战略纲要》,提出了我国创新驱动发展"三步走"的战略目标,即"2020 年进入创新型国家行列,2030 年跻身创新型国家前列,2050 年建成世界科技创新强国"。该纲要中还针对战略目标的实现提出了具体的战略部署、战略任务和战略保障。从《国家创新指数报告 2016-2017》来看,我国创新指数位列第 17 位,这表明我国不断增加创新支出、实施创新驱动发展战略和知识产权强国等举措取得了相当可观的成效。当前已经形成了各维度创新能力协调共进的发展局面,同时国家创新驱动发展也暴露出一系列问题。第一,2017 年我国 R&D 投入强度 2.12%,发达国家集中在 3%左右,与发达国家相比还存在一定差距,科技研发投入还有很大的提升空间;第二,我国由于人口庞大而且经济发展过程中暴露出的经济结构不合理问题日益突出,有待优化升级;第三,我国创新资源的使用效率和创新成果的转化效率呈现双低的局面,"资源—成果—效益"的链条没能够打通,需要大力改善,应促进知识的扩散和转移,让知识成果创造出更多的价值。

虽然我国科技发展已经取得了举世瞩目的成绩,也已经初步形成了创新驱动发展的新格局,但随着世界"新格局"的变化发展,还有众多关键核心技术"卡脖子"。我国的科技创新还有很长的路要走,制定科技强国行动纲要,健全社会主义市场经济条件下的新型举国体制,打好关键核心技术攻坚战势在必行。

第四章　创新驱动发展的国际比较

当前世界上公认的创新型国家有20个左右，本章将对美国、日本、韩国、英国、德国等典型创新型国家建设与发展历程进行考察分析，并对比四个金砖国家（印度、俄罗斯、巴西、南非）创新发展的做法，分析这些国家创新发展过程中的历史转折点，创新发展的历史、文化和科技背景，以及环境、政策因素的作用，总结归纳这些典型国家创新发展的成功做法与特色。

一、美国创新驱动发展的演进历程及特征

美国作为发达国家，科学技术得到高度重视和充分发展。不但科技投入的数量规模居世界第一，而且拥有世界上最庞大的科学家、工程师队伍；不但在技术研究的众多领域处于世界领先地位，还是世界上发明专利最多的国家。据世界银行统计，2019年美国GDP为21.428万亿美元，占世界GDP总量的24.42%。按照3.282 4亿人口计算，2019年美国人均GDP超过了6.5万美元，接近全球人均GDP的6倍。无论是经济总量，还是人均GDP都远超其他国家。美国作为世界头号经济强国，其具有创新性的研发和以技术创新为先导的产业发展对经济的带动起到了至关重要的作用。美国创新发展一直以来保持着全球性、多学科性、增值性、开放性和转变性的特点，形成了其独特的创新型国家建设之路。

（一）演进历程

创新始终是美国的灵魂。从建国至今，美国基本上一直致力于做出科学发现、尝试新的开始、探索新领域。美国在第二次世界大战之后逐步形成了以企业、高校、科研机构为主体的完备的国家创新体系，引领世界基础科学的前沿和技术创新的潮流，成为世界超级创新型强国。美国创新型国家的演进历程可用

图 4-1 描述。

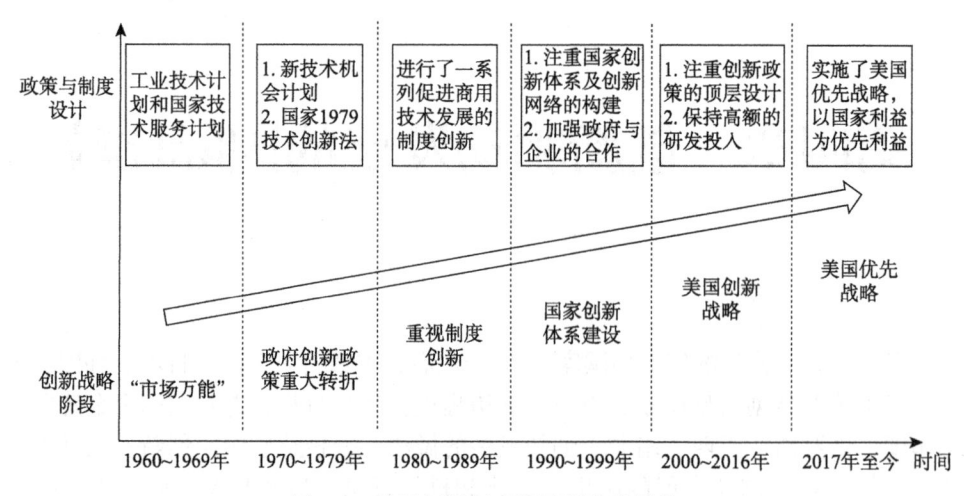

图 4-1 美国创新驱动发展的演进历程

1. 20 世纪 60 年代以前"市场万能"

20 世纪 60 年代以前，美国是一个信奉市场万能的资本主义国家，以市场竞争配置创新资源。但这种政策观念到肯尼迪政府时期有所变化，肯尼迪政府认为政府应在创新中起直接的作用，并提出了一系列促进创新的计划，如 1962 年的工业技术计划和 1965 年实施的国家技术服务计划，但这一时期政府部门对创新的认识还未形成优势。

2. 20 世纪 70 年代政府创新政策重大转折

20 世纪 70 年代，石油危机、生产率下降、贸易赤字、失业等一系列经济问题，迫使美国政府重新考虑在支持研究开发上的立场。1971 年政府提出了"新技术机会计划"，虽然该计划最终夭折，但使美国政府对创新政策的认识有了重大转折。

政府重视技术创新的标志是联邦政府对 R&D 的资助额上升，并促进了《国家 1979 年技术创新法》在国会的通过，使得联邦政府资助、推动技术的行为合法化。但在这一时期政策制定仍受新古典经济学派技术创新政策主张的影响，认为政府干预技术创新的合理性在于技术创新过程中存在着"市场失灵"，为纠正"市场失灵"，政府应出面对市场失灵的领域进行干预。这种理论主张仍局限于将技术创新过程看作一个"黑箱"，认为良好的市场机制会自动使这个黑箱的内部运行达到最优。因此，这一阶段的政策导向是，政府不必要在产业部门的技术开发、扩散及商业化过程中扮演任何角色，而只需对高校和公共部门的基础科学研究进行资助。

这一时期美国创新政策的主要特征：①科技政策是创新政策的主要内容，强调主要依靠高校和国家实验室发展基础研究、通过国防研发发展高技术，相信科学研究会自动走向创新，实现创新；②创新政策工具比较单一，直接资助是主要的政策工具。

3. 20世纪80年代重视制度创新

20世纪80年代，美国的创新政策开始从科技政策和产业政策中逐渐独立出来，成为政策大系统内一个不容忽视的领域。

这一时期，政府强调技术创新在经济增长中的核心作用，将技术创新视为一个由科学、技术和市场三者相互作用构成的复杂过程。在技术创新政策方面，强调技术创新过程中的各个环节都需要政策的支持，强调制度创新的重要性。20世纪80年代到90年代前期，美国进行了一系列促进商用技术发展的制度创新，旨在提高联邦政府资助R&D项目成果的商业化。

1980~1993年美国制定、提议了9项美国联邦技术转移法。其中较为重要的三项：①《贝赫-多尔大学及小企业专利法》，放松了对联邦资助和与政府签订合同所产生发明的专利的政策限制；②《史蒂文森-威德勒技术创新法》，为引导联邦实验室的研发活动侧重于商业目的提供了法律基础；③国家合作研究法，放松了对研究合作企业的反垄断法律效力。这些制度创新对美国技术商业化产生了积极的影响。

4. 20世纪90年代国家创新体系建设

20世纪90年代初，"冷战"结束，全球政治、经济格局发生了重大变化。美国科技领先的地位日益受到日本和西欧等国强有力的挑战。这一时期，美国政府通过正式文件，对创新政策做了系统的说明。理论界以国家创新体系政策观为代表性主张，认为创新绩效的障碍因素，除"市场失灵"之外，还存在"系统失灵"，即由于国家创新体系的系统结构存在缺陷，知识扩散及技术创新资源配置的效率低下；强调创新政策应以提高企业的创新能力为核心目标，从"系统范式"来看，要建设功能完善的组织网络，提高知识、信息和资源扩散及配置效率，增强企业创新及适应环境变化的能力。

这一时期创新政策的特征表现：注重国家创新体系及创新网络的构建，加强政府对科技活动的统一指导和参与；加强政府与企业的合作，鼓励产业界增加R&D投资；积极推动实用的基础研究计划，加速军转民项目的实施；重视教育，加大对高校R&D的投资；注重培养创新的文化。

5. 21世纪初"美国创新战略"时期

21世纪是美国创新快速发展的时期，在美国创新战略的实施下，政府出台了许多鼓励科技创新的政策，主要包含以下六方面（董艳春等，2017）。

（1）注重创新政策的顶层设计，充分发挥联邦政府的战略统筹规划。主要体现：一是成立白宫科技政策办公室和总统科学技术顾问委员会，新建美国首席技术官、首席信息官和首席数据科学家三个高级科技顾问职位；二是注重战略政策的应用，先后发布了三版《美国国家创新战略》，阐述了每个时期的总体战略布局和具体规划，综合引导美国具体创新政策的实施（袁永等，2017）。

（2）高额的研发投入。美国始终保持对高额的研发投入，采取多种方式刺激企业增加研发投入，具体体现在三个方面。一是美国联邦政府持续增加研发投入，其规定每年以占GDP3%的研发投入来推动基础研究，2017财年研发经费预算总投入为1 520亿美元，比2016财年增长4.1%，占联邦政府预算总支出的3.7%。二是采用税收政策激励企业增加研发投入，将研究与实验税收抵免比率由14%提高到18%，将有效期延伸至永久有效。三是通过组织国家重大科技专项方式，优先发展前沿领域的关键技术，主要集中在精密医疗、脑计划、医疗领域创新、先进汽车、清洁能源技术、太空探索、信息通信和计算技术领域以及人工智能等创新产业领域。

（3）大力优先发展STEM[①]教育。2009年以来持续实施STEM教育计划，如"为创新而教"和"尊重项目"，培养10万STEM精英教师，扩大STEM受教群体，鼓励学生探索科学、技术、工程和数学领域。持续增加对STEM的财政拨款，2015年，对STEM专业教育拨款2.4亿美元，其中专门为少数族裔学生、女性等群体投入9 000万美元。2016年STEM教育的预算达到30亿美元。同时，鼓励私营企业投资STEM教育，吸引了10亿美元。

（4）实施宽松的高层次人才移民政策。2013年，美国对移民法案进行了改革，免除特殊人才、杰出教授等高层次人才的绿卡配额数量限制，增加在美国高校获得STEM领域硕士学位的移民配额数量，为高科技创业人员新增了"创业签证"。2014年，放宽了对美国留学生留美工作的限制，接受过美国公司培训的STEM类的毕业生可以在美国继续工作29个月（袁永等，2017）。

（5）鼓励创业带动创新。美国重视创业在创新中的作用（袁永等，2017）。一是2011年起，美国实施了"创业美国"计划，并支持社会机构成立"创业美国伙伴关系"；二是大力支持孵化器、创客空间等各类新型孵化机构的建设和发展；三是发布了专门的中小企业创新创业政策和法规，如《小企业就业

---

① STEM是科学（Science）、技术（Technology）、工程（Engineering）、数学（Mathematics）。

法案》和《创业企业扶助法》，同时实施了小企业投资公司计划，为中小企业营造了良好的创业风险投融资环境。

（6）注重加强科技国际合作。一是通过中美创新政策对话、七国集团与OECD科学部长级会议等方式恢复并扩大美国与他国间的双边或多边合作；二是实施"美国科学特使计划"，鼓励美国顶尖科学家参与全球科技，先后将18名知名科学家派往埃及、印度尼西亚、利比亚等30多个国家。

6. "美国优先战略"实施时期

2017年起，美国的本土主义意识开始凸显。该时期的美国联邦政府实施了美国优先战略，以国家利益为优先利益，以《美国优先：让美国再次伟大的预算蓝图》《美国优先能源计划》《美国优先外交政策》等政策为代表。在科技创新政策措施方面，主要体现在以下六方面。

（1）调整科技研发投入重点。2018财政预算概要《美国优先：让美国再次伟大的预算蓝图》对科技研发投入资金进行了结构调整，大幅增加国防研发预算的比重，减少基础研究和应用研究投入；同时，重视实验开发，增加实验开发投入，对人工智能、先进制造、空间技术等关键产业技术加大投资资助。《2019年联邦政府研发预算优先领域备忘录》提出要明确联邦政府研发投资定位，将政府研发资助集中在企业不愿意投资的回报率低的基础研究、早期研究等方面，推动基础研究成果向市场转移转化。

（2）以减税激发企业科技创新能动性。2018年美国开始实行《减税与就业法案》政策，大幅降低企业所得税和个人所得税。主要内容：企业的最高税率由35%降至21%，企业海外所得汇回美国的税率由一次性征收35%改为对现金和固定资产分别征收15.5%和8%，合伙企业转缴个税由39.6%改为对企业所得收入的前31.5万美元提供20%税收减免；废除企业替代性最低税不得低于20%的条款，增加了"特定研发支出从2022年起需资本化，在5年内摊销"内容。该政策有助于激励企业加大研发投入，发挥企业的科技创新能动性，营造良好的科技创新氛围。

（3）提升STEM教育战略地位。在STEM教育战略的实行下，美国一直都注重加强STEM教育的发展。一是美国教育部建立高质量的STEM教育，每年向STEM教育至少投入2亿美元，增加K-12计算机科学教育在全国范围内的普及（徐则荣等，2019）。二是大力发展职业与技术教育，鼓励企业建立学徒伙伴制度，更好地培育"蓝领STEM"（潘教峰等，2019）。三是授权美国国家航空航天局和国家科学基金会鼓励更多女性学习并进入STEM领域。四是对STEM教育五年战略规划进行了改进。这些均是美国"美国优先"战略实施的重要举措。

（4）注重吸收高技能移民人才。美国对移民政策进行了改革。2017年1月，出台《美国人就业保障及增长法案》，限制H-1B移民。根据2017年《美国增强就业移民改革法案》和2018《保障美国未来法案》的要求，美国开始实行技术移民政策。主要包括三方面内容：一是增加高技术移民数量，将现有的每年12万限额增加到每年17.5万；二是大幅削减低技能移民数量，每年减少26万低技能移民的限额数量；三是实行基于综合素质的积分制审核制度（袁永和王子丹，2018；张鑫和田杰棠，2018），有助于美国吸引高质量的国际创新人才。

（5）多种方式加强技术保护。在"美国优先"理念的支配下，美国在科技创新领域方面，大力实施技术保护政策，实行更为严格的高新技术企业投资、并购和审查措施，其目的是限制美国研发技术外流，保护美国科技创新企业的发展。

（6）加强科研基础设施的建设。美国现代化基础设施尤其是科研基础设施相对研究人员数量的不足引起关注，2017年《能源研究基础设施资助方案》将科研基础设施纳入国家基础设施计划。2018年财政预算中对基础设施建设拟投资1万亿美元。同时，政府提出要适当引入私有部门投资，支持新技术、新材料等科技基础设施的发展，为科技创新提供基础保障，从而推动科技产业的集聚式发展（袁永和王子丹，2018）。

（二）主要特征

1. 知识创新引领世界

据OECD专家统计，20世纪80年代以来，其科技进步贡献率高达80%。美国在第二次世界大战之后逐步形成了企业、高校、科研机构为主体的完备的研发体系，研发投入大幅度增加。尽管美国研发投入占GDP的比例从未超过3%，但其GDP的巨大基数使得美国的研发经费50年来一直保持增长趋势。21世纪以来，美国研发投入占世界研发投入总量一直保持在27%左右，长期位居世界之首。巨额的科技投入使美国多年来保持着世界头号知识生产大国的地位，引领世界的科技发展。

美国的研发投入归纳起来有以下几点：①联邦政府调整研发投入比例，联邦政府研发经费投入占国内研发经费的比例总体呈下降趋势；②政府采取措施，以减税鼓励私人企业投资研发；③确定研发优先领域，进行超前部署研发计划；④先军后民和军民结合的融合体系。

2. 难以模仿的国家创新体系

美国完全以市场为主导的国家创新体系，使创新资源配置合理，创新功能完善。企业、科研机构根据市场需求推进创新产品的产业化和市场化。研究开发、中介服务、风险投资和企业以市场为纽带处于良性的互动状态。

美国致力于打造政产学研企一体发展的国家型创新生态系统。美国国家创新体系的创新主体角色明确，依据市场导向进行明确分工，在创新链的不同环节进行自主创新。国家创新体系的执行机构主要由私营企业、高校、联邦科研机构、非营利性科研机构及科技中介服务机构等组成。美国政府在创新体系中发挥辅助、协调和监管作用。

研究型高校和中小企业是美国国家创新体系中较有特色的组成部分，研究型高校肩负着优秀科技人才培养和原始性创新研究的双重任务。据统计，美国研究型高校培养的博士研究生占所有高校博士研究生总量的 75% 以上，获得的联邦科研经费占所有高校获得联邦科研经费总数的 90% 左右，发表在 *Nature* 和 *Science* 上的论文占所有高校发表论文总数的 80% 左右。

美国目前共有中小企业 2 140 多万家，占全美企业总数的 99%。中小企业是美国技术创新的核心力量，美国一半以上的创新发明是在小企业实现的，小企业的人均发明创造是大企业的两倍。据统计，美国至少有 75 000 家小型高技术企业，美国小企业提供了 55% 的创新技术，提供了 25% 的高技术领域的就业机会。

美国国家创新体系的网络性、高投入性以及高校体系的多样性使世界上任何一个国家都难以模仿，包括欧洲国家和日本等发达国家。

3. 最具创新能力的人才培养和引进资源

美国作为科技强国，同时也是科技创新人力资源大国，在本国人才培养、人才引进及人才使用方面，美国都有其独到之处。

STEM 教育战略是美国国家层面人才培养战略，目的是培养和提高教师、学生乃至全社会的科学、技术、工程和数学素养。每届政府均对教育进行了高额的资金投入与支持。目前美国就业人员平均受教育时间已超过 13 年，其中受过高等教育的人数占 55%。美国拥有世界上最发达的高等教育，在世界高校前 100 强排名当中，美国的高校占到一半以上，这是美国科技领先于世界的重要原因。从基础教育到高等教育的每个阶段，美国都非常注重培养学生的独立思考和研究的能力，专业设置与课程结构的综合化对年轻一代综合能力和创新能力的培养起到了关键的作用。

美国实行宽松的人才政策，人力资源开发及管理的社会化程度很高，为优秀科技人才在国内市场上流动和优化配置奠定了基础。尤其是中青年高级专业人才可以在院校、科研单位、企业及政府间频繁流动，以选择最适合自己和最有发展前景的职业。这种人才的自由流动机制对新思想和创新火花的产生具有重要的作用。

美国还高度重视集聚国际优秀科技人，拥有较为成熟的技术移民政策体系，在移民法基础上由限额抽签移民制度发展成为积分申请审核制度，2017年开始注重增加高技能移民数量，大幅削减低技能移民及临时工作签证移民限额数量（徐则荣等，2019），有针对性地引用具有高技能的国际人才。这也是美国成为世界创新型强国的一个重要法宝。

4. 健全的科技立法体系

美国建立起了健全的立法体系，包括完善的知识产权保护体系和企业技术创新退税政策等，为企业和个人营造了良好的创新环境，推动了美国产业的技术创新和科研成果的产业化。

美国是世界上实行知识产权制度最早的国家之一。美国的经济、科技、军事等走在世界的前面，不仅与其适应生产力发展的经济制度密切相关，知识产权制度在其中也发挥了重要作用。鼓励创新，通过专利制度自身促进发明创造和技术进步，促进了企业在市场竞争中利用技术创新和知识产权获取最大经济收益和市场份额。

美国的《国内税法》规定，一切商业性公司和机构，如果其研发活动的经费和以前相比有所增加，那么该公司或机构可以获得相当于该增加值20%的退税。不但公司或商业性机构可以获得这项退税，个人或其他机构从事的研发活动如果在研究进行过程中已经有明确的商业化目的，并且研究成果的确进行了商业化，那么此前研发过程中的投入同样可以享受20%的退税。2000年2月，国会将该退税规定的适用期限永久延长。

此外，政府还通过实施一系列政府−企业伙伴关系计划和鼓励出口贸易推动中小企业的技术创新；通过立法推动联邦技术转让，如《拜杜法案》（1980年）、《史蒂文森−威德勒技术创新法》（1980年）、《联邦技术转让法》（1996年）、《美国发明法》（2011年）、《特别301法案》，促进科研成果向产业界转化。

5. 完善的资本市场

资本市场是美国企业科技创新得以产生和发挥作用的重要条件。完善的资本市场体系催化了风险投资的形成与发展，促进了美国高新技术产业的发展；发达和完善的资本市场体系为创新企业提供了直接融资场所，促进了社会化的科技创新体系的形成和完善；股票市场的直接融资环境和其特有的财产加大的倍数效应在催生了一批创业企业的同时，也催生了大批的企业家。这种约束与激励相结合的有效机制,正是美国科技创新捷报频传的重要机制。

6. 注重合作创新

从20世纪80年代起,美国逐渐加强对合作创新的重视,制定和实施了许多鼓励合作创新的政策(谭辉,2007)。它们分为两个方面,一是以促进高校、科研机构与企业等创新主体之间的创新合作为主,如《史蒂文森-威德勒技术创新法》《贝赫-多尔大学及小企业专利法》《小企业创新发展法》等政策,主要内容有:①规定了高校或企业科研成果的知识产权的归属与许可促进技术转移;②促进技术转移相关规定和措施;③实施了一些支持合作创新的计划,如中小企业创新研究计划。二是以促进企业间的合作创新为主,如《国家合作研究法》《国家合作研究与生产法》等政策,放松对合作创新的反垄断管制。推动了高校、科研机构和企业科研成果的转移和商业化,促进了合作创新的开展。合作创新有助于企业、高校和科研机构等创新主体之间实现资源优势互补,通过分担创新成本,降低创新风险,促进知识和专利的商业化转化,提高企业的技术创新能力和竞争力。

7. 美国中小制造业创新政策体系模式(1982年至今)

美国建立并形成了较为完善的中小制造业创新政策体系,它以中小企业创新研究计划(1982~2004年)、制造业扩展伙伴计划和国家制造业创新网络计划(2012年至今)为主要内容,它们从时间、空间、产业三个维度及点-线-面三个层次对科技型中小制造业的前沿性创新点、网络型技术转移面及先进制造产业进行资助和引导,不同时期的政策实现了无缝对接和融合。具体表现为,1982~2004年,开始实施中小企业创新研究计划,它主要针对中小制造业企业分三阶段进行资助,第一阶段以小额普发为主,促进了创新萌芽的发展;第二阶段以大额集中为主,帮助具有潜力的优秀中小企业发展壮大;第三阶段通过政府采购帮助中小企业获得风险投资和扩大市场。1988~2012年,美国实行了制造业扩展伙伴计划,侧重通过技术服务平台、供应链平台、创新在线市场、地方制造业集群等平台,将高校、科研机构、实验室与中小企业和政府连接起来,为中小企业提供与科学技术相关的技术服务、培训、转化及商业化等服务。2012年至今,美国开始实施国家制造业创新网络计划,通过建立15~45家地方性制造业创新研究所,以其为节点打造国家制造业创新网络,涵盖数字制造、复合材料、智能制造、高性能燃料及3D打印技术等重点研究领域,打通了中小企业的基础研究、应用研究、商业化等重要环节(汪琦和钟昌标,2018)。

8. 科学健全的科技政策评估机制

美国重要创新政策文件如表4-1所示,美国具有较为科学健全的科技政策评估制度，主要体现在三个方面。一是政策评估政策和法律奠定了政策评估的合法地位，1976年《国家科技政策、组织与重点领域法案》是美国科技政策管理与评估的基本法，在科技政策评估方面，明确要求联邦政府和州政府要对科技政策进行技术评估管理，从而实现政策的制定与评估的一致与协调[①]。1993年，《政府绩效与结果法案》规定政府部门的绩效管理与国会的年度预算和授权拨款管理相结合，根据预算的执行情况进行授权拨款和绩效评估，它成为联邦政府机构进行科技创新政策评估的基石[②]。二是拥有多元化、多层次的政策评估组织架构，第一个层次为国会各委员会与联邦总审计署，它与联邦政府各部门无隶属关系，对科技政策进行独立的评估；第二个层次为美国联邦政府，如白宫科技政策办公室、国家科技委员会与总统科技顾问委员会，负责跨部门的科技发展战略及重大政策的综合评估；第三个层次是非营利学术机构，如国家科学院、国家工程院与医学研究院组成的国家学院体系、常设机构和国家研究理事会等，主要负责对重大科技创新计划进行独立的第三方评估（乔健，2014）。通过多层级政策评估机构，保证政策评估的有效性、及时性和公平性。三是注重政策的过程管理，密切跟踪政策的实施情况，通过对科技政策实施效果的科学评价，及时对科技政策进行修订和完善，如 SETM 教育项目、中小企业创新研究计划项目的绩效管理和《美国创新战略》就是典型案例。

表 4-1 美国重要创新政策文件目录

序号	政策名称	年份
1	国防部人工智能战略	2019
2	国家人工智能研究与发展战略计划：2019年更新版	2019
3	维持美国人工智能领导地位的行政命令	2019
4	五年 STEM 教育战略计划	2018
5	为运输的未来做准备：自动驾驶汽车 3.0	2018
6	2018 年美国行业人工智能白宫峰会摘要	2018
7	国家科学技术委员会特别委员会关于人工智能的宪章	2018
8	美国优先：让美国再次伟大的预算蓝图	2017
9	美国优先能源计划	2017
10	美国优先外交政策	2017
11	国家安全战略	2017
12	安全愿景 2.0：自动驾驶系统	2017
13	新版《美国国家创新战略》	2015
14	振兴美国制造业和创新法案 2014	2014

---

① 94th US Congress. National Science and Technology Policy, Organization and Priorities Act（PL 94-282）[S]. Washington：US Congress，1976.

② 103rd US Congress. The Government Performance and Results Act（PL 103-62）[S]. Washington：US Congress，1993.

续表

序号	政策名称	年份
15	国家与区域创新系统的最佳实践：在 21 世纪的竞争	2013
16	崛起的挑战：美国应对全球经济的创新政策	2012
17	美国创新战略：确保我们的经济增长与繁荣	2011
18	21 世纪国家知识产权战略	2010
19	美国复兴与再投资计划	2009
20	美国创新战略：推动可持续增长和高质量就业（第一版）	2009
21	美国竞争法	2007
22	创新美国	2004
23	维护国家的创新生态体系、信息技术制造和竞争力	2004
24	维护国家的创新生态系统：保持美国科学和工程能力之实力	2004
25	科学与国家利益	1994
26	政府绩效与结果法案	1993
27	国家科技政策、组织与重点领域法案	1976
28	史蒂文森-威德勒技术创新法	1980
29	贝赫-多尔大学及小企业专利法	1980
30	小企业创新发展法	1982
31	国家合作研究法	1984
32	联邦技术转移法	1986
33	综合贸易与竞争力法	1988

资料来源：http://www.nipso.cn/onews.asp?id=37355

二、日本创新驱动发展的演进历程及特征

日本作为一个曾经的东亚落后国家，在短短一百多年间发展成为世界经济科技强国。从 20 世纪 80 年代开始，日本已经逐渐意识到，综合国力的竞争已集中到创新领域，并以科技创新的成果转化以及高新技术产业化为竞争的关键。因此，日本政府连续不断地制定一系列鼓励创新的政策与对策，走出了一条有别于欧美国家的独特的创新型国家发展之路。

（一）演进历程

在第二次世界大战后的 60 年里，日本走过了从"贸易立国"到"技术立国"，再到"科技创新立国"的发展道路。从第二次世界大战后初期的"吸收型""模仿型"技术发展路径，到建成创新型国家，在每一个关键的转型时期，日本政府都分别制定了有步骤、分阶段的政策与对策，选择了适合本国国情的发

展路径。日本创新型国家的演进历程可用图 4-2 描述。

图 4-2　日本创新驱动发展的演进历程

1. 第二次世界大战后模仿追赶

第二次世界大战以后，日本推行了一系列旨在推进模仿追赶进程的特殊政策，包括政府制定科技计划完善全球技术监测系统；鼓励并帮助企业有目的地从欧美引进各种技术发明；指导企业在引进基础上进一步进行技术创新。在这种政策的指导与推动下，日本企业采取了市场紧跟战略，大量引进技术，并进行消化、吸收、模仿，推动了第二次世界大战后日本经济的快速发展。

第二次世界大战后初期，1949 年 12 月日本科技厅发表的《技术白皮书》中估计，当时日本的工业技术水平比世界先进国家落后 20~30 年，有的学者认为落后 30~40 年。因此，日本为了急起直追，绕过先进国家走过的弯路，用较快的速度和较低的代价赶上并超过欧美等发达国家，日本采取了"追赶型""倾斜式"的发展战略。政府根据经济建设不同时期的需要设立重点领域，引进世界最先进的机械设备和科学技术，如原子能发电设备，冷、热轧带钢机，大容量发电机等。最初扶植和发展资本密集型的重化工业，进入 20 世纪 50 年代后则主要集中于电力、钢铁、造船、合成纤维、石油化工和家用电器等重工业和化工部门。

这一时期，日本企业对引进的技术不是简单地模仿、吸收，而是在引进消化吸收的基础上结合日本的实际实行再创新。通过对引进技术和产品的分解、研制，求得个别改良，综合改造创新，创造出具有日本特点的新技术和新产品，并使新产品物美、价廉、耐用，从而在国际市场上的竞争中取得优势。

2. 20世纪60年代模仿创新

虽然第二次世界大战后的模仿追赶实现了技术水平的快速提升，但当时的日本认识到这种技术吸收型发展战略要真正发挥作用必须建立在国内技术创新活动的基础之上。于是，20世纪60年代初期日本技术创新活动着重加强对引进技术的消化吸收模仿；60年代中期后转向知识密集型产业，如通信设备、航天、汽车制造、电子机械等；60年代后期则重点引进技术专利、技术情报及基础性科研成果，然后对引进的新技术进行分析研究，扬长避短，进行再创新与开发。从1955年到1970年的15年间，日本几乎掌握了半个世纪世界发明的全部技术，只用了不到60亿美元的代价，争取了20年左右的时间。

这种基于"逆向工程"的模仿创新，为日本追赶先进国家带来了"后发优势"。日本基于消化吸收的模仿创新模式是与当时日本政府战后长期推行"赶超先进国家"的战略相吻合的。此后，日本企业突出的模仿创新能力开始显现，并充分发挥出来。例如，战后日本的汽车工业处于起步阶段，大大落后于美、德、英、法等国家，1961年日本东洋公司从联邦德国引进汪克尔转子发动机技术，组织科技人员研究开发了6年，终于试制出浸含铝合金碳材料，克服了被称为"魔鬼爪痕"的发动机体内振痕，进而发明了非破坏检查法。1968年生产出在质量和产量上都超过联邦德国的汽车。以后又针对世界市场的需要生产出小型、物美、价廉且质量优良的汽车，从而在世界市场上占据了优势。

3. 20世纪70年代完成技术赶超

到20世纪70年代，日本的产业与技术结构都发生了质的变化。日本在钢铁、汽车、家电等工业部门的生产技术已处于世界的领先地位，这样的效益在世界上是罕见的。

在技术贸易方面，技术出口合同的金额超过技术进口合同的金额；在工业结构上，从劳动密集、资源密集型产业过渡到资本密集和技术密集型产业；在技术水平上，43个主要技术领域接近或达到世界先进水平，基本上完成了技术上的追赶过程。

4. 20世纪80年代集成创新与二次创新

20世纪80年代，日本企业在技术创新能力上已初步具备了自行研究开发的能力，逐渐从过去大量引进、消化、改进、模仿，到强调发展企业的自主创新能力，开始了从创造性模仿创新向自主创新的演进，体现为集成创新和在引进消化基础上的二次创新。创新动力主要来自市场需求，来自企业之间激烈的竞争，从创新链的中端出发前向延伸，以我为主将国内外相关元器件和信息技术进行系集成。

日本80年代以后进入以"科技立国"方针为指导、以自主创造性的研发为主的阶段。这一时期，日本以较快的速度和最低的代价赶上了欧美先进国家。到90年代初，日本钢铁、汽车、家用电器等工业部门的生产技术已处于世界领先地位。

5. 20世纪90年代中期确立"科技创新立国"基本国策

1995年11月日本国会一致通过了《科学技术基本法》，成为日本科学技术发展历史上的一个重要转折点。《科学技术基本法》明确提出日本将以"科技创新立国"作为基本国策。此后日本确立了21世纪初将推进科技发展的三大方向：①把日本建设成为具有世界一流科技水平，能够创造知识并灵活运用知识，对世界发展能够做出重大贡献的国家；②具有强有力的国际竞争力并能够持续发展的国家；③能够让人民过上幸福、安心和高质量生活的国家。明确了在研发的不同阶段研究基金制度的建立，以及产学官合作和知识产权保护问题。强调创建世界一流的高水平的研究生院，积极促进本国科研人员参与国际研发活动和国际研究项目。提出了"科技创新立国"的五大发展战略：人才战略、基础研究战略、科技创新战略、重点技术战略、国际化战略。

为了有序地推进日本"科技创新立国"基本国策，《科学技术基本法》规定政府必须以5年为一个周期推出"科学技术基本计划"，规划未来一段时间的科学技术措施，并要为保证计划实施筹措相应资金。日本已经先后于1996年、2001年、2006年、2011年和2016年制定了5期"科学技术基本计划"。

6. 21世纪初完善科学技术创新立国战略体系

步入21世纪以后，日本在继续发展科技创新立国战略的基础上，又陆续提出了以下战略（李丹琳和马学礼，2017）：IT立国战略（2000年）、知识产权立国战略（2002年）、生物技术立国战略（2002年）、观光立国战略（2003年）、投资立国战略（2005年）。众多立国策略围绕着一个共同的主线，即高度重视新技术的研究开发。因此，以推动科技革命、科技进步和人才培养为根本宗旨的科技创新立国战略，成为日本21世纪初立国战略体系的核心，也是最根本的立国战略，是其他立国战略得以成功实施的前提和保障。科学技术是推动经济社会发展的根本动力，如何以科学技术创造为中心，加强人才培养，提高国家企业和产业的竞争力，是日本在21世纪发展的关键。

日本是世界上实施知识产权战略非常成功的国家之一，也是从知识产权战略中崛起的国家。2002年2月，日本正式提出了知识产权立国战略，将知识产权作为国家或企业、产业竞争力的源泉，推进以独创性为主的"前瞻创新型"的研发模式，标志着日本继"科技立国"后又一次重大的战略转移。具体措施包括：①加强了知识产权创新管理体制及与知识产权相关的综合体制建设；②推进高校、科研机构、企业的创新能力建设，加强以知识产权为主轴的产、学、官合作；③改善研究人员的创新环境，重视奖励知识财产创造的研究开发，鼓励企业创造高质量的知识财产；④完善知识产权立法；⑤引导、鼓励企业重视知识产权战略的构建和运用，实现企业技术和知识产权的最大价值；⑥加强知识产权人才的培养力度。

IT立国战略、观光立国战略、环境立国战略和投资立国战略是确保重点领域优先发展的战略，分别对应21世纪日本经济社会发展最为重要的信息化（IT产业）、旅游业、环境保护（包含低碳经济、循环经济）和国际投资（包含全球化生产和经营）的优先发展。信息化、旅游业、环境保护和国际投资是21世纪日本经济社会发展的重点行业，它们也从不同角度对日本的"科学技术创新立国"基本国策提出了新的要求，确立了新的战略重点和目标任务。

7. 2007年提出创新25战略

2007年6月日本政府正式审议通过创新25战略，是为科技创新立国战略制定的科学技术发展路线图（邱丹逸和袁永，2018）。该战略设想20年后日本面临三大挑战：人口老龄化，出生率急速下降；信息化社会、知识社会和全球化加速发展，知识和技术竞争成为未来国际竞争的主流；生态环境恶化、能源短缺等问题更加严重，人类可持续发展课题增加。

因此，在全球大竞争时代不可或缺的是通过科技和服务创造新价值，提高生产力，促进经济的持续增长；积极应对环保、节能和人口老龄化等挑战，不仅能够为改善本国人民生活和推动经济发展提供支撑，还可以为世界做出贡献；建设能够充分发挥个人能力的社会，利用科技和新服务消除疾病、语言和信息等障碍。因此，日本现在需要进行创新。该战略提出了日本期望通过创新实现的社会状态：终身健康、安全放心、人生丰富多彩的社会，为解决世界性难题做出贡献的社会和向世界开放的社会。创新25战略为日本创新立国制定了具体的政策路线图，主要包括"社会体制改革战略"和"技术革新战略路线图"两部分。"社会体制改革战略"包括146个短期项目和28个中长期项目，旨在改善社会环境（包括社会制度和人才等），促进创新。"技术革新战略路线图"主要包括四方面内容（王玲，2013）：①大力实施技术创新项目；②推进不同领域的战略性研发；③推进富有挑战性的基础研究；④强化进行创新的研发体制。

8. 2016年提出超智能社会5.0战略

21世纪以来，在人工智能研究领域，中国和美国的企业和科研机构走在前列，两国正在对人工智能人才展开激烈争夺。日本在企业主导的商业化应用和政府主导的研发投入这两方面都处于劣势。日本政府非常重视人工智能对经济社会的巨大潜在影响，于2016年1月颁布的《第五期科学技术基本计划》中提出了超智能社会5.0战略，指出超智能社会是继狩猎社会、农耕社会、工业社会、信息社会之后，又一新的社会形态，并将人工智能作为实现超智能社会5.0的核心。日本在经济成长战略和《第五期科学技术基本计划》等国家战略规划中要求建立由经济产业省、文部科学省等政府机构组成的促进人工智能技术发展的协同机制，以在重大方针项目上加强政府部门间的联动。

相较于追赶期国家创新体系的封闭性而言，超智能社会5.0强调协同创新的开放性，强调用户与厂商间的纵向联系和构建不断学习的社会体系，是全方位进化了的系统。日本政府将综合科学技术会议改组为综合科学技术创新会议，进一步强调创新的概念，致力于营造更有利于竞争和创新的环境。综合科学技术创新会议强化一元化管理，一元化的目的是融合科学、技术与创新政策，强调创新。日本于"冷战"时期成立的科学技术厅是第一次融合科学和技术政策的尝试，但高校的研究活动并未纳入其中，2001年与文部省合并为文部科学省才较为全面地实现了科学和技术的融合。综合科学技术创新会议的设立旨在融入创新政策，实现科学、技术与创新政策的三位一体。[①]

超智能社会5.0战略提出后，日本经团联于2016年2月发表《加强产学官合作和联合研究——对承担创新的大学和研究开发法人的期待》，继续推动以高校为中心的一系列改革，完善新型产学合作机制，主要包含三个方面：①继续加强高校校长负责制，试行总括副校长制，夯实高校改革的根基；②以开源节流、降本增收为重点，打造以高校经营改革为核心的良性资本循环圈；③以人事制度改革和评估改革为抓手，打造可持续推动官产学合作的人才培养体系和高校竞争生态圈。

9. 2019年推出综合创新战略2019

为落实第五期科技基本计划，日本政府发布综合创新战略2019，重点分析了过去一年国内外形势的变化，提出从知识源泉、知识创造、知识扩散和知识成果国际流动四大方面一体化推动创新。综合创新战略2019中主要政策举措包括从数据入手，构建面向超智能社会的数据基础，构建科研数据基础；以夯实研究能力，应对经济社会挑战和颠覆性创新为目标推动研发来进行知识创造；以推动超智能社会推广和大规模支持创业来促进知识扩散；以利用科技创新助力实现可持续发展目标，构建国际研发合作及成果推广网络来加速知识成果的国际流动（张丽娟，2020）。

---

① 日本《第五期科学技术基本计划》（2016年）。

（二）主要特征

1. 科技创新立国

随着日本经济实力和研发能力的增强，日本成功地选择了先模仿后独创、先低科技后高科技、适合国情的科技发展战略和政策导向，适时提出了"科技创新立国"的发展战略，从"模仿和追随的文明开化时代"迈向"首创和领先的文明开拓时代"。在经济发展处于"成熟经济"阶段，充分认识到了只有科学技术才能使其处于世界先进国家行列，只有创新立国，才是其唯一的选择。

2. 重点推进应用开发研究

日本技术创新的成功不在于模仿，而在于模仿基础上的创新。与美国"从基础理论研究到应用研究，再到开发研究"的全程自主型研发方式不同的是，日本研发机构在工业最新技术方面往往绕过基础理论研究这个环节，在大量引进外国先进技术的基础上，经过应用研究和开发研究逐步实现国产化。这样做的结果导致应用型研发突飞猛进，但相比之下日本基础科学的研究却相对薄弱。

3. R&D 投入强度高

日本 2017 年 R&D 方面的总投资规模达 19.05 万亿日元，研发经费投入位列全球第三，仅次于美国和中国，远大于英国、法国、德国等主要发达国家。从 R&D 总投入占 GDP 的比重（图 4-3）看，1997 年以来一直保持在 3%以上，为世界上 R&D 投入强度最高的国家之一。

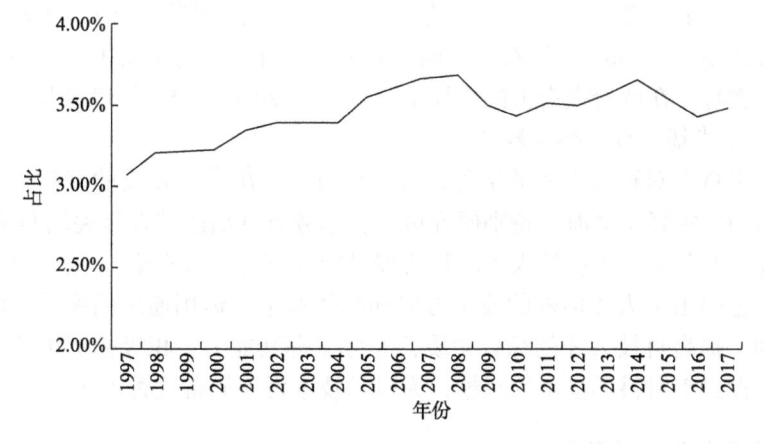

图 4-3　1997~2017 年日本 R&D 投入占 GDP 比重
资料来源：日本总务省统计局（http://www.stat.go.jp）

4. 采用"产学官"合作创新模式

为加强基础性研究、促进企业的技术进步，日本政府于1998年修改《研究交流促进法》以加强高校、企业和科研机构的交流合作（王玲，2013），并于1998年制定并实施了《促进大学等机构的技术研究成果向民间企业转移法》，设立技术转移机构与高校和科研机构合作，提高专利的转化和实施率。

为促进"官产学"合作创新模式的发展，日本政府不断加大科技体制改革力度：一是强化产业竞争力，完善"官产学"合作系统；二是振兴区域科技水平，加强基础研究；三是改革人才培养体系。政府制定科技政策，在相关科技领域选题，由官（政府科研机构）、产（企业）、学（高等院校）三方合作攻克科技难题，该模式是日本走过模仿、吸收、改进和研发创新后，进而在工业技术上赶超欧美国家的成功模式。

5. 政府强有力的协调作用

日本政府通过制定长期规划、积极投资与重视教育等措施，推动着企业创新能力的不断增强，尤其在完善国家创新体系、科研基础设施建设、组织"产学官"合作、促进国际科技交流与合作等方面，政府的主导性作用明显。

6. 高度重视人才培养

高度重视教育和人才培养是日本的优良传统。明治维新时期日本就设立了文部省，颁布教育改革法令来发展近代资产阶级的义务教育。第二次世界大战之后，日本施行"教育先行"战略，为创新奠定基础。同时，日本政府通过立法等渠道鼓励、发展教育，1955年发布的"经济自立五年计划"、1957年发布的"新长期经济计划"、1960年发布的"国民收入倍增计划"等重要国家战略中均提出大力发展教育。在政府强有力的引导下，日本于20世纪50年代普及九年制义务教育，70年代基本普及高中教育。

日本也重视对科技人才的培养，针对科技人才出台了相关的支持政策，如文部省推出的"年轻学者海外特别研究员"，总务省推出的"青年尖端IT研究者育成型研究开发"等，为科技人才的科研提供资金支持。日本第3期"科学技术基本计划"也提出了人才培养的改革方向和具体对策，运用通用的评价方法和奖金激励计划，提高科技人才的综合素质，充分发挥其能力。积极拓宽培养方法和途径，激发青少年对科学技术的兴趣，为科学技术发展储备优秀人才。

7. 逐步加强基础研究

日本早期强调对已有技术的模仿和改良，近年来逐步加强科技自主创新。在发布的"科学技术基本计划"中强调基础研究的重要性,并持续加大研发投入,日本的基础研究在整个研发投入中的占比一直维持在11%以上。2010年后日本更是将强化基础研究作为科学技术领域的长期发展战略,采取诸多改革和强化措施推进作为创新源泉的学术研究和基础研究,如改革和强化战略性和邀请性基础研究、充实跨学科和不同领域融合的研究、推进国际共同研究、打造世界最高水平研究据点等。

三、韩国创新驱动发展的演进历程及特征

韩国无论是资源、市场和劳动力,还是地缘政治中的国家地位,都不具备任何比较优势,但从20世纪60年代起连续保持了年平均9%的高速增长。韩国通过制订一系列促进科技创新的宏观政策,积极引导本国科技发展战略转型,在短短40年内实现了人均GDP从不足100美元向1万美元的跃升,由一个经济非常落后的农业国成长为亚太地区重要的科技创新中心。韩国的科技创新战略体现了以国家意志为先导、以科技立法为保障、以企业创新为主体、以市场需求为导向、以产业应用为目的的鲜明特点,其科技创新模式对于我国建设创新型国家具有重要的借鉴意义。

(一)演进历程

在过去几十年中,韩国始终坚持依靠科技创新带动本国经济发展和增长,初步建立了以企业为研发主体,国家承担基础、先导、公益研究和战略储备技术开发,高校从事基础研究,产学研结合并有健全法制保障的国家创新体系,成功走过了从复制模仿、创新模仿,到创新发展的创新型国家建设之路。韩国创新型国家的演进历程可用图4-4描述。

1. 20世纪60年代确立以科技创新推动经济社会振兴发展的基本思路

在20世纪60年代初期,韩国同中国一样,还是一个一穷二白的农业国家,人均国内生产总值不到100美元。自从1962年实施第一个经济增长五年计划以来,韩国实现了经济高速增长。60年代中期韩国开始出口纺织品、服装、玩具、假发、胶合板以及其他劳动密集型成品。

20世纪60年代是韩国科学技术发展的启动阶段,在这一时期,韩国科技政策的主要目标是,确立以科技振兴推动国家经济发展的总体思路,构建国家宏观

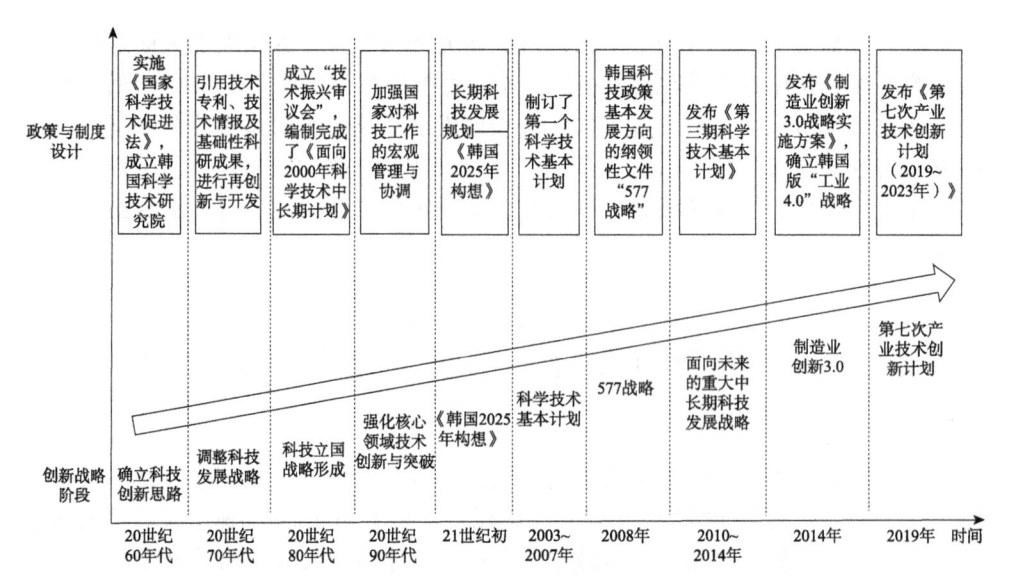

图 4-4　韩国创新驱动发展的演进历程

科技管理框架，形成韩国的科学技术基础。1961 年韩国开始推行《第一次经济开发五年计划（1962~1966 年）》，在总体计划下专门编制《第一次技术振兴五年计划专案》。1967 年韩国颁布实施《国家科学技术促进法》，正式确立了以科技创新推动国家经济社会发展的基本思路。

这一时期，韩国为加强本国的科技创新能力，开始着手构建国家宏观科学技术管理体系。1966 年韩国成立了第一个综合产业科研机构——韩国科学技术研究院，1967 年韩国政府将原隶属于经济企划院中的技术局扩展为独立的"科学技术处"，在发展相对落后的国家中较早地建立起管理科学技术事务的政府机构。这是韩国科技发展过程中一项具有划时代意义的事件。

2. 20 世纪 70 年代调整科技发展战略

20 世纪 70 年代，韩国劳动密集型轻工产业遇到挑战，原有的产业结构不能适应工业现代化的需要，韩国政府提出了如下的产业政策调整方向：强化工业基础，提高工业资本的有机构成，改善工业技术结构，提高劳动生产率和出口竞争力。之后韩国的经济结构开始从以劳动密集型工业、轻工业为中心向以重化工业为中心的产业结构转变。

为此，韩国对科技发展战略进行了调整，并颁布实施了《技术开发促进法》等一系列鼓励科技创新的政策措施，出台了一系列促进人力资源开发的法律、法规，制定并实施了"科学技术中心长期人才培养计划"，通过不断加强高等教育和人力资源开发，提升韩国自身的科技创新能力。从重技术引进到重视技术吸收与扩散，鼓励企业有选择地引进一些关键技术、设备，大力发展本国的技术力量，并不断开发自主技术，提高国家整体的技术适应能力和创新能力。

为适应科技发展战略的调整，韩国开始大量设立政府管理的科研机构。1971年成立了"韩国科学院"和"韩国开发研究院"。此后又先后建立了电子、船舶、资源、标准、机械等国立研究所。到 70 年代末，韩国设立的国立研究所多达16 家。同时，为了进一步加强科技创新管理，韩国还在这一时期进一步强化了国家对科技创新的宏观组织管理。1972 年韩国成立了由国务总理担任议长的国家"综合科学技术审议会"，担负国家科学技术政策的最高协调角色。

3. 20 世纪 80 年代"科技立国"战略逐渐形成

20 世纪 80 年代，新科技革命在世界兴起，高技术产业迅速发展。经过 70 年代的发展与积累，80 年代韩国的科学技术力量明显增强。同时，随着经济国际化程度的不断提高，韩国国内企业发展面临的国际技术竞争环境也越来越激烈。在此背景下，韩国政府、企业、科学家和全体国民在进一步推动科技创新方面取得一致共识，并对本国的科学技术法律框架及其相关制度再次进行调整，以应对日益激烈的国际科技竞争。

1982 年，韩国召开第一次"科学技术振兴扩大会议"。1984 年，韩国政府决定在此基础上成立"技术振兴审议会"，动员社会各界力量为科技振兴出谋划策，推动科技创新的持续发展，并制定有关制度，为科技发展提供支持。1986年，韩国编制完成了《面向 2000 年科学技术中长期计划》，确定韩国中长期科学技术发展的战略重点，正式提出以自主创新能力提高支撑本国科技发展的基本战略思路，逐渐将"贸易立国""重化工业立国"战略向"科技立国"战略转变，重点发展技术密集型和知识密集型高技术产业。

"科技立国"战略的初步实施，使韩国在 20 世纪 80 年代的科学技术，特别是高新技术发展迅速，改善了产业结构，促进了经济高速增长。

4. 20 世纪 90 年代强化核心领域技术创新与突破

20 世纪 90 年代，西方发达国家的技术保护主义越来越严重，韩国经济面临的国际市场环境越来越严峻，同时韩国国内的产业结构也开始从劳动密集型产业向技术密集型、知识密集型产业转变。为了支撑本国科学技术的发展，韩国开始以提升国家科学技术的国际竞争力为目标，加强对重点领域的技术创新投资，强化以需求为导向的技术开发，同时推动技术创新的全球化。

韩国通过建立适应高技术的经营管理体制、增加研发投资和提高产业的科技含量，使产业创造出更高的附加值，实现了经济增长模式的转变和经济机制的转型。科技计划的制定由以往的"自下而上"的途径，即由基层研究者监测本领域的技术进展，提出研究建议，然后采取同行评议的方法审查这些建议，转为"自上而下"和"自下而上"相结合的方式，由政府确定长远的国家发展目标，选择技术领域，并征求基层专家的意见，经过反复调整，制定科技计划。

这一时期，韩国不断改革完善科研体制，将科学技术处升为科技部，以加强国家对科技工作的宏观管理与协调，明确将"扩大科学技术投资，以促进尖端科学技术的产业化"作为韩国科技政策的主要目标。相继出台了"尖端技术发展计划""国策研发事业""大型科技研发事业"等新的科技发展计划，将《科学技术振兴法》修正为《科学技术革新特别法》，并制定了"科学技术革新 5 年计划"。所有这些措施都旨在加强韩国核心产业的国际竞争力，为国家未来高技术领域的发展奠定基础，把"科技立国"战略推向深入。

5.21 世纪面向未来的科技战略与政策

世纪之交，在经历了经济快速崛起和亚洲金融危机之后，韩国更加深切体会到科技在国家发展中的核心作用。进入 21 世纪之后，为了应对日益激烈的国际科技竞争格局，韩国对其科技创新体制和科技发展战略进行了大幅度的调整。

1)《2025 年构想：韩国科学和技术发展长期计划》

韩国科技部 2000 年公布了长期科技发展规划——《2025 年构想：韩国科学和技术发展长期计划》（表 4-2），规划中提出的重点领域有信息技术、材料科学、生命科学、机械电子学、能源与环境科学。采取"选择与集中战略"，重点培育未来将成为经济增长动力的生物技术、纳米技术、太空和平利用技术。提出 2005 年韩国科技竞争力排名要超过其他所有亚洲国家，2015 年韩国要成为亚太地区的主要研究中心，2025 年韩国的科技竞争力排名要达到世界第 7 位。明确提出了"第二次科技立国"的口号，并从国家科技发展战略、宏观科技管理体制、科技研发投资体制等方面进行一系列改革，强力推进韩国的科技振兴政策。

表 4-2 《2025 年构想：韩国科学和技术发展长期计划》确定的国家主要科技发展指标

指标	1998 年	2005 年	2015 年	2025 年
研发投资/10 亿美元	12.8	20	47	80
研发投资占 GDP 比例	2.69%	3.0%	3.5%	4.0%
研发占政府预算比重	3.9%	5.0%	5.0%	5.0%
政府与私营部门投资比例	23∶77	27∶73	30∶70	30∶70
人均政府研发预算/美元	60	110	270	450

资料来源：《2025 年构想：韩国科学和技术发展长期计划》

2004 年，韩国根据《政府组织法》把科技部部长提升为副总理级，使其成为位于财政经济副总理和教育副总理之后的第三位副总理。这进一步强化了科技部作为科技主管部门的宏观决策和计划协调职能。此外，政府还从注重增加数量的投资扩大战略转变为注重效率的投资分配计划，力求克服本国自然资源的限制，利用全球的技术、人力资源的信息，以及发展与国际社会的合作。

2）科学技术基本计划（2003~2012年）

为了实现《2025年构想：韩国科学和技术发展长期计划》，根据2001年1月颁布的《科学技术基本法》，每五年制订一个科学技术基本计划，确定各领域的科技发展计划和相关政策。韩国在2003年5月和2007年12月先后制订了《第一期科学技术基本计划（2003~2007年）》和《第二期科学技术基本计划（2008~2012年）》。该科学技术基本计划的提出明确指明了韩国未来科技发展的中长期目标和方向，在充分兼顾国内外科学技术和经济社会环境变化的基础上体现了对科学技术的新需求（表4-3）（李东华，2009）。

表4-3 韩国两个科学技术基本计划对比

计划内容	第一期科学技术基本计划（2003~2007年）	第二期科学技术基本计划（2008~2012年）
发展和目标	科技中心社会， 科技水平跻身世界前8强	科技强国、富裕的韩国， 科技水平跻身世界前5强
科技政策范围	R&D政策及相关产业、人才、地区、创新政策； 制造业技术创新政策； 国家R&D事业重点支援理工科领域	科学技术政策扩大到相关经济、社会领域：技术金融、税负、通商、知识产权标准，改善技术创新规则等； 实现制造业和服务业共同发展——提高知识型服务业生产率； 国家R&D活动支援对象包括与科技相关的人文社会科学研究
研究开发	以创新主导型经济增长为宗旨，增加R&D投资； 注重R&D投资规模扩大——基础研究、地方R&D等	R&D活动除经济增长外，还强调生活品质等社会需求的满足； 加强创新型、挑战型基础研究； 注重投资效率提高
科技人才	建立科技人才培养机制	强调优秀科技人才培养和利用——科学英才教育，数学、科学及文化艺术的通才教育，扩大理工科毕业生就业渠道等
地方的技术创新	促进中央政府主导下的地方R&D事业	加强地方自身的创新力量培养，建立地方主导型创新事业推进体系，建立中央政府和地方共同体
科学技术国际化	主要引进和利用海外资源，引进海外R&D中心	加强全球网络构筑、强调对国际社会的贡献度，积极参与国际机构、国际项目合作
科学技术大众化	引入技术影响评价等事后评价制度； 开展多元化科学文化事业	创新政策体现国民及人文社会科学思想； 推行需求者中心战略

6. 21世纪之初面向2012年的科学技术发展战略（即"577战略"）

进入21世纪，一方面，随着现代科学技术的迅速发展，国际经济环境、竞争格局正发生深刻的变化；另一方面，韩国的经济社会发展也到了一个新的历史阶段，以往行之有效的国家创新体系难以为继，选择什么样的发展战略成了已从科技追赶者成为领跑者的韩国需要考虑的重大课题。此外，韩国充分意识到科学技术发展对一国综合竞争力和国民生活质量的重要作用，因此，全力以赴地实施并推进国家科学技术发展的中长期战略。

2008年8月12日，韩国国家科学技术委员会制定了一个能够反映新一届政府执政理念和科学技术战略的新战略，该战略主要内容包括：到2012年将韩国的研发强度（R&D占GDP比重）提高到5%，通过集中培育7大技术研发领域和实施7大科研体系改革，使韩国跻身于世界7大科技强国之列，进而把韩国建设成一流发达国家。鉴于此，该战略也被称为"577战略"，作为指明韩国科技政策基本发展方向的纲领性文件，其主要框架及基本内容如表4-4所示（李东华，2009）。

表4-4 韩国"577战略"

主要框架	基本内容
投入	国家研发投入占GDP比重5%（2012年）
重点培育7大R&D领域	①主要支柱产业技术（汽车、造船、机械、制造工程等） ②新产业制造（以信息技术为基础发展新兴产业） ③知识基础服务业（软件、文化技术和设计产业等） ④国家主导技术（交通、宇宙、海洋、核能等） ⑤特定领域研发（疯牛病、禽流感等） ⑥全球性课题（能源、气候变化、环境和粮食安全等） ⑦基础和融合技术（生物芯片和检测技术等）
实施7大科研体系改革	①加快世界尖端科技人才培养和应用 ②振兴基础研究 ③支持中小风险企业的技术创新 ④促进战略性科学技术的国际化 ⑤增强区域技术创新力量 ⑥促进科学技术研发技术设施共享 ⑦推广科学技术文化
目标	致力于发展成为世界科技第7强国（2012年）

7. 21世纪面向未来的重大中长期科技发展战略

2010年10月，韩国国家科学技术委员会公布了"大韩民国的梦想与挑战：科学技术未来愿景与战略"（吴鸣等，2018）。在对国际环境、各主要发达国家科技创新政策的新动向和国内外环境变化进行分析的基础上，该战略提出了韩国面向2040年的中长期科技发展战略，指出将韩国支柱产业从当时的半导体、汽车、造船与通信领域转型为2040年的生物制药、新材料、清洁能源和机器人产业。

韩国政府于2013年7月发布的《第三期科学技术基本计划》指出，韩国未来在5个领域推进120项国家战略技术（包括30项重点技术）的开发。这五大领域具体为融合信息技术并创造新产业、扩充未来增长动力、营造清洁舒适环境、开创健康长寿时代、构建安全无忧社会。这五大领域成为韩国未来科学技术研发的重要方向和目标。

2014年4月23日，韩国国家科学技术审议会通过了由未来创造科学部牵头制定的国家重点科学技术战略路线图，规划了未来10年五大领域共30项技术的发展蓝图，其具体内容如表 4-5 所示。在确定政府研发计划年度投资方向、分配和调整政府各部委约 18 万亿韩元（约合 1 100 亿元人民币）研发预算，以及规划跨部委的联合计划时将充分利用该路线图，以战略性和系统性地保障国家重点科学技术的发展，并提高政府研发计划的投资效率。

表 4-5　韩国国家重点科学技术战略五大发展领域及内容

领域	内容
以信息技术为基础的新兴产业领域	信息安全、大数据、下一代半导体等 8 项技术
未来成长动力领域	生物能源、医疗设备、服务机器人、高附加值船舶、下一代能源存储设备等 7 项技术
环境领域	减少温室气体排放、污染控制与治理等 6 项技术
健康与长寿领域	定制型新药开发、干细胞等 5 项技术
社会保障领域	遗传应用技术、自然灾害检测、预测与应对技术等 4 项技术

8. 韩国"制造业创新 3.0"

2014 年 6 月，韩国正式提出了被誉为韩国版"工业 4.0"的"制造业创新 3.0"战略。到 2015 年 3 月，在第 7 次韩国贸易投资振兴会中，韩国政府和民间机构又共同推出了经过进一步补充和完善后的《制造业创新 3.0 战略实施方案》，标志着韩国版"工业 4.0"战略的正式确立。作为一份相对完整的制造业转型升级方案，韩国"制造业创新 3.0"明确了未来战略目标和 4 大推进方向，旨在促进制造业和信息技术相融合，以创造新产业。具体来讲，在 2020 年之前，韩国将打造 10 000 个智能生产工厂，将 20 人以上工厂总量中的 1/3 都改造为智能工厂。通过实施"制造业创新 3.0"战略，计划到 2024 年韩国制造业出口额达到 1 万亿美元，竞争力进入全球前 4 名，超越日本，仅次于中国、美国和德国。该战略提出的 4 大推进方向和 13 个细分任务如表 4-6 所示。

表 4-6　"制造业创新 3.0"战略的推进方向及具体任务

推进方向	具体任务
智能制造模式（方式）的扩散	①智能工厂的供应与扩散 ②八大智能制造技术的开发 ③强化智能制造业的软件能力 ④促进对生产设备的投资
创造出具有代表性的创新经济新产业	①尽早做出智能融合产品 ②三十个智能材料、零部件的开发及商业化 ③促进对企业 R&D 的投资
区域制造业的智能创新	①通过创新经济革新中心激励制造业创业 ②产业园的智能化 ③培养各区域特有的智能新产业

续表

推进方向	具体任务
促进企业重组及构建创新基础	①促进企业的自主重组 ②改善对融合产品的制度体系 ③培养可推动制造业创新的人才

9. 韩国政府发布《第七次产业技术创新计划（2019~2023年）》

2013年12月，韩国国家科学技术审议会公布了每五年修订一次的《第六次产业技术创新计划（2014~2018年）》，提出后5年投资17.8万亿韩元，建设"良性循环的产业技术生态系统"。

2019年3月，韩国产业通商资源部发布了《第七次产业技术创新计划（2019~2023年）》，该计划根据《产业技术创新法》，确定未来5年产业技术研发的中长期政策目标、投资计划以及系统运作方向。该计划提出了为应对第四次工业革命而进行的战略投资分配。建立以速度、挑战和积累为中心的技术开发系统，基于平台基础结构的转型以及建立新技术快速进入市场支持系统的基本方向。确定了四大发展战略：加强投资战略，提升行业全球竞争力；建立领先的产业创新技术开发体系；构建产业技术基地，提升国家创新体系；构建支持研发成果快速进入市场的体系。根据该计划进行投资分配，计划到2022年产业通商资源部研发战略投资将由73%增加至95%；主要行业全球市场占有率由8.5%增加至12%；研发投资占GDP比例由3.6%增加至4.3%；产业研发人才比例由9.4%增加至12%；技术转移比例由38%增加至43%。

（二）主要特征

1. 以政策和立法驱动创新型国家建设

从韩国近半个世纪的发展历程来看，在韩国经济发展和科技崛起的过程中，政策与立法发挥了至关重要的作用，其科技能力的每次跃升都是与政策的驱动分不开的。早在1960年，韩国就制定了《技术引进促进法》。此后，韩国政府又先后制定了《科学技术研究所培养法》《科学技术振兴法》《技术开发促进法》《基础科学研究振兴法》《科学技术框架法》等一系列法律、法规。完备的科技立法使得韩国科技创新活动始终处于一个相对稳定的法制环境之中，为韩国的科技创新战略实施提供了有效的法制保证。尤其是在复制模仿阶段、创新模仿阶段和自主创新阶段转型的过程中，韩国适时地对国家科研体制和政策进行了一系列重大改革和调整，对创新型国家的建设起到了重要的作用。

2. 构建完善的宏观科技管理体系，合理配置科技创新资源

韩国的历届政府对本国的国情都有充分的认识，即国土面积小，资源极为贫乏，能源几乎完全依赖进口。历届政府均清醒地认识到，韩国唯一的资源是人力资本，是国民的大脑。从1961年至今，韩国历届政府科技政策的核心都是为了增强韩国科技创新实力，提高韩国的全球竞争力。

为确保科技创新发展符合国家的整体战略目标，韩国建立起了一套由国家科学技术部、国家科学技术咨询会议和科学技术部长会议等机构组成的非常完整的国家宏观科技管理体系，以确保中央政府能够从全局角度协调各有关部门的创新政策和计划，形成全国一盘棋的科技政策和创新计划推进体系。

在韩国创新型国家的建设过程中，科技管理功不可没，对合理配置科技创新资源发挥了重要作用，其特点：①涉及科技的有关部门分工不分家，科技部、教育和人力资源发展部、能源部、文化观光部等部门都不同程度地参与科技工作，使有限的科技创新资源得到合理配置，形成合力；②增加研发投资总量的同时注重研发投资的高效分配；③对研发经费实行多重管理监督。这些管理措施有力地促进了"科技立国"战略的实施。

3. 研发投入增长迅速

1964年韩国R&D投入为14亿韩元，仅占GDP的0.2%，1980年也还只3.2亿美元，占GDP的0.56%。1980年以来是韩国R&D投入迅猛增长时期（图4-5），2002年为144亿美元（占GDP的2.53%）、2003年为164亿美元（占GDP的2.64%），2004年为190亿美元（占GDP的2.85%），2005年为24万亿韩元（约合208亿美元，占GDP的2.99%）。以韩国的GDP规模而言，韩国的研发费用正常应在全球第10名左右。但数据显示，高度重视科研的韩国，2018年研发费用占该国GDP比重高达4.53%，全球第一。

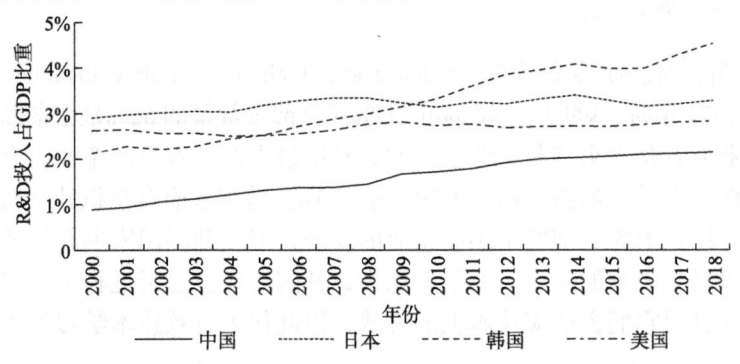

图4-5 2000~2018年部分国家R&D投入占GDP比重

资料来源：OECD Main Science and Technology Indicators

4. 选择重点领域进行战略突破，以比较技术优势带动国家科技进步

韩国在提升本国技术创新能力时并非齐头并进，而是选择若干个对本国经济社会发展和科技进步具有重要战略支撑作用的科技领域进行重点投入。支持该领域的企业进行重点科技攻关，尽可能地在局部领域形成科技创新突破，以带动相关产业技术的发展和国家整体科技实力提升。例如，韩国 1982 年实施的"核心技术开发事业"，确定了半导体、计算机、机械和化工等领域作为重点产业技术进行扶持；1990 年提出了长达 10 年的"先导技术开发事业"（即 G7 过程），确定 17 项高新科技研究项目作为国家优先发展的关键技术；1997 年制定并实施了"科技革新五年计划"，确定信息技术、生命科学、环境技术、能源技术、机电一体化、新材料等六大领域作为国家战略产业；2000 年通过的《2025 年构想：韩国科学和技术发展长期计划》中，再次将信息技术、材料科学、生命科学、机械电子学、能源与环境科学等列为韩国未来的主要科技发展方向。

韩国正是通过实施重点战略突破，通过技术转移、人才回流、企业研发，以及高校和政府科研机构等的共同努力，夯实了国家的知识基础。

5. 注重人力资源的综合开发和利用

在过去的 30 年间，韩国非常重视科技教育、培训和人力资源的综合开发和利用，研发人力资源的数量增加了 93 倍。一些大中型企业财团也纷纷独资兴办企业院校或研究生院。三星集团每年用于培养人才的经费高达 6 000 多万美元，人均投资相当于美国、西欧等大中型企业的 2 倍。韩国各地还成立了由学校、产业界、地方自治团体、民间代表参加的"产学合作教育协议会"，计划、指导和协调该地区产学合作。

6. 大企业居主导地位

据韩国科学技术政策研究院（Science and Technology Policy Institute，STEPI）统计，到 1977 年时，韩国全部商品的 93%或全部发货量的 62%是由垄断企业、双头垄断企业或者是寡头垄断企业生产的，其中最大的三家生产企业占有整个市场份额的 60%以上[①]。虽然 20 世纪 70 年代末期，韩国政府有意识地支持中小型企业，特别是以技术为基础的中小型企业的发展，但在韩国国家创新体系中，大企业仍然起着举足轻重的作用。有学者认为，韩国在科技追赶过程中促进了大财团的发展，并督促它们去适应技术上的挑战，以此作为有效技术学习的工具；政府

---

① STEPI：Review of Science and Technology Policy for Industrial Competitiveness in Korea，1995.

先制定新产业项目和极高的出口目标,然后要求大企业如期完成。这给私营部门带来了巨大的挑战(或危机),迫使它们不遗余力地加速技术学习。同时,政府通过多种激励(奖励)机制为企业提供支持,力争使企业面临的生存危机具有创造性,而不是毁灭性。

7. 政府搭台,企业成为主力军

注意引导企业在"制造业创新 3.0"战略实施中起关键性作用。韩国政府认为,推进制造业转型升级,广大企业是"主力军",而政府的作用主要体现在致力于搭建营商环境,切实消除阻碍制造业发展的政策限制。韩国将扶持和培育相对处于弱势地位的中小企业作为重点方向之一,通过对中小制造企业的智能化改造,截至 2017 年培育 10 万家中小型出口企业和 400 家出口额达 1 亿美元的中坚企业。

四、英国创新驱动发展的演进历程及特征

在过去的三百年里,正是创新使得英国从一个曾饱经他国侵扰的岛国一步步走向强国,英语也从日耳曼语系的一个小语种一跃成为世界通用语言。英国文化中的创新精神使英国今天和未来都会在世界舞台上扮演一个重要的角色。

(一)演进历程

英国作为最老牌的资本主义国家,曾以工业革命发源地而闻名于世,其丰硕的科学成果、先进的工业技术一直引导着英国在世界经济发展中处于领先地位 200 年。进入 20 世纪后,英国往日的经济辉煌一直被持续的衰退所笼罩,尽管其科学研究仍然处于世界一流的地位,但技术上的停滞不前、经济上的萎靡不振形成了名噪一时的"英国病"。20 世纪 70 年代以后,英国的创新活动与它的主要竞争对手比起来,落后了许多。但从整个世界的发展历史考察,科技创新在英国经济发展中起到了至关重要的作用。英国可以称得上是世界上最早的创新型国家,其创新型国家的演进历程在世界上形成了一道独特的风景线。英国创新型国家的演进历程可用图 4-6 描述。

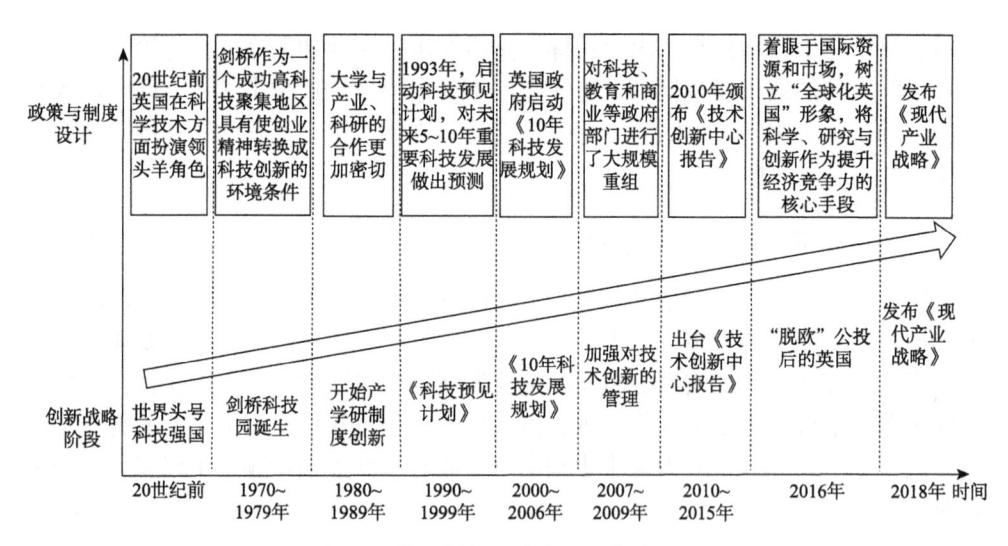

图 4-6　英国创新驱动发展的演进历程

1. 20 世纪前世界头号科技强国

英国是世界历史上最早的移民国家之一，与之相随的是不同的民族文化在英国有了立足之地。英国成为世界强国和文化大国是不同民族、不同文化融合的必然结果。20 世纪前的英国，在物理、数学、生物学、生理医学等领域都取得了杰出的成就。自从第一台蒸汽机在英国诞生以来，人类得以高效、大规模地使用动力，开始了真正意义上的现代社会。不久，世界上第一辆火车便在英国运行。随之而来的一系列技术革新更加强了人们对现代物质文明生活的向往。20 世纪前的英国在科学技术方面一直扮演着世界领头羊的角色，是名副其实的世界头号科技强国。

2. 20 世纪 70 年代剑桥科技园诞生

20 世纪 70 年代，剑桥大学在离市中心 3 英里的城市西北角规划建立剑桥科技园，利用学院传统的科学和创新优势，加速科研成果的转化，许多国际大公司都在科技园内开设了分公司，促进了整个剑桥地区高技术产业的发展。目前园区内集聚着 1 600 多家高科技公司，成为英国最重要的科技创新中心之一，GDP 占全英国的 16%。剑桥作为一个成功的高科技企业聚集地区的优势在于它有一种使创业精神转换成为科技创新的环境条件。发展高科技，资金固然重要，但更重要的是能充分发挥人的创造精神，并把它转换成企业和科技创新，倡导特殊的创业精神和独特的人文氛围。

3. 20世纪80年代开始产学研制度创新

20世纪80年代以后,英国高等教育学术发生转型,高等教育与产业界的联系进一步受到关注,高校与产业、科研的合作变得更加紧密突出。为规范学术转型,推动产学研合作的发展,英国政府制定了一系列相关的科技政策、法规和计划(表4-7为英国20世纪80年代以来所制定的部分促进产学研合作的政策与研究计划),加大科技投入,鼓励科技创新,加快科研成果的开发与转化。

表4-7 英国促进产学科研合作的政策与研究计划

年份	相关科技政策、法规与科技计划
1980	《竞争法》
1986	《联系计划》
1986	《SMART 计划》
1987	《高等教育:迎接新的挑战(白皮书)》
1992	《法拉第合作伙伴计划》
1993	《连接创新计划》
1993	《科技政策白皮书——实现我们的潜能》
1994	《技术前瞻计划》
1996	《JREI 共同研究设备方案》
1998	《大学挑战计划》
1998	《竞争的未来(白皮书)》《英国实现商业潜力(报告)》
1999	《科学企业挑战计划》
2000	《卓越与机遇:21世纪的科学与创新(白皮书)》
2001	《公共部门研究开发基金计划》
2001	《高等教育创新基金计划》
2001	《2001~2002年和2003~2004年科学预算》
2004	《10年科学与创新投入框架(2004~2014年)》

1987年《高等教育:迎接新的挑战(白皮书)》在谈到高等教育的目标时明确提出:高等教育必须更有效地为经济发展服务,同工商界建立更密切的联系,并促进各项事业发展。为改变"精于科学,却不擅于创新"的局面,英国政府一方面大幅度提高研究开发经费的投入;另一方面制定并实施了一系列重要的推动创新的计划、政策与措施,促进学术界与产业界的合作,逐步形成产学研紧密结合、协同创新的良性机制。这一时期,高校学术活动重视通过知识的杠杆作用从学术界向企业尤其是中小企业转移,一系列的政策创新改善了高校培养人、训练人和生产基础知识、运用知识之间的关系。

4. 20世纪90年代《科技预见计划》

1993年，英国启动了《科技预见计划》，对未来5~10年内重要的科技发展前景做出预测，分析和确定未来科学、技术和工程的发展可能提供的机遇和产生的不利影响，为政府制定科技政策、确定优先发展领域提供依据，也为科研机构和企业发展提供参考。1994~1999年，通过第一轮预见计划的实施，英国确定了包括信息技术、电子通信、自然与环境、新化合物、新能源等在内的16个优先发展领域。1999~2002年，为配合白皮书的实施，启动了第二轮预见计划，确定了环境与交通、国防与空间技术体系、信息、通信与现代传媒及认知系统、网络诚信和防止犯罪、电子光谱、防灾等14个重点发展领域。

5. 21世纪《10年科技发展规划》

英国前首相布莱尔曾于2002年发表了"科学至关重要"的演讲，呼吁全国为科学创新与探索研究的整个过程展开服务。于是，英国政府启动了历史上第一次由政府主持制定的英国科学技术长远发展《10年科技发展规划》，希望以此锁定全体英国人民"服务于创新全过程"的具体目标。因此，"服务于创新全过程"就成为今后英国创新文化建设的核心内容，其中，强化"科层责任"则有效地成为英国创新文化的个性化特征。

6. 2007年加强对技术创新的管理

2007年是英国科技工作调整的一年。在戈登·布朗接任英格兰总理后，他对科技、教育和商业等政府部门进行了大规模的重组，并新成立了创新、高校和技能部。政府科学部门的主要领导人相继换人，该国的主要技术创新该计划由技术战略委员会独立有机整合和管理，再加上英国政府科学与创新政策评估报告发布，这些都凸显了英国政府致力于创新的努力，旨在保持英国在世界技术方面的领先地位，并更多地利用创新来促进经济和社会发展（曹周华，2008）。

2007年，英国在组织结构、资源整合、加强管理、进度监控和国际合作方面进行了重大调整。目的是进一步整合英国科研资源，加强管理，确保英国在世界科研中的领先地位，重点是将英国的科学优势转化为创新优势，使科学技术更好地为经济和社会服务。主要有以下具体措施（李振兴，2015）。

1）重组科技管理机构，有效集成国家资源

2007年6月28日，英国在历史上第一次成立了创新、高校与技能部。目的是通过将新技术、创新和科研基地（高校）置于一个政府部门的管理之下，便于有效整合科技资源，确保英国能够源源不断地造就出具有高素质和高技能的劳动力，使科技更好地为经济社会服务。

英国技术战略理事会于 2007 年 7 月 1 日起,正式作为非政府部门独立运作,统一负责英国所有以促进技术创新为宗旨的国家级技术计划,包括企业与科研机构合作研究计划、知识转移网络、知识转移伙伴计划等。

新的科学技术设施理事会 2007 年 4 月正式运作,负责组织大型科学设施的集成研究。

2)全面评估政府科学与创新政策,旨在保持创新活力

2007 年 10 月 5 日,英国政府发布了一份关于对英国政府科技创新政策综合评估的重要报告。该报告从国际和国内两个角度全面评估了英国当前的科技政策,并提出了改进建议。该报告认为,在当前复杂的创新体系下,传统的研究活动概念不再是线性模型,因此有必要重新审视研发的定义。创新政策不仅要鼓励高科技产业,还要包括创意产业、金融服务、商业咨询等英国经济的支柱产业。

3)由技术战略理事会独立管理创新计划

技术方案主要包括企业和科研机构的合作研发计划、知识转移合作网络和知识转移合作伙伴计划。技术战略委员会对不同的计划采用不同的管理方法。企业和科研机构的合作研发计划主要是鼓励企业投资技术战略委员会确定的重点发展领域,并要求至少一家企业参与并提供配套资金。自 2004 年以来,已批准了 600 多个项目,资本额为 9 亿英镑。知识转移合作网络主要由技术战略委员会资助,建立覆盖全国的专业网络,连接企业、高校、金融机构和技术中介,实现知识共享,促进合作。目前,有 23 个专业网络和 22 000 多个会员单位。知识转移合作伙伴计划由技术战略委员会等 18 个公共机构资助。该公司提供配套资金,鼓励高校研究人员和研究生直接参与创新项目的开发,范围从 12 个月到 36 个月。2006~2007 年,共有 1 048 个合作伙伴,1 157 人前往企业工作(胡志宇,2014)。

7. 2010 年出台《技术创新中心报告》

2010 年 12 月 20 日,英国出台了《技术创新中心报告》。该报告认为,英国面临着 1930 年以来最深刻的金融危机,需要一个全新的创新体系应对。英国科学研究世界领先,但在技术转化资金方面缺乏充足资金,没有让经济享受到科技发展带来的好处。在全球气候变化和英国老龄化社会的挑战下,技术发展与创新速度加快,技术密集型产品和服务的发展面临机遇,世界市场更加丰裕、开放和充满竞争。

《技术创新中心报告》提出:在技术转移方面,英国的主要问题是没有国家战略,没有对商业需求给予充分关注,没有充分发挥相关专业人员的价值。为此,该报告提出要建立技术与创新中心的建议,以构建国家层面上的技术转移战略。

确定技术创新中心支持的重点领域应考量的主要因素如下:开发平台技术的能力,开发具备市场前景技术的能力,形成技术优势的能力,技术领先地位,以

及从研究到制造中把握价值链关键环节的能力。根据以上的因素和英国的技术优势，英国的技术与创新中应支持的重点领域有干细胞和再生医药、未来互联网技术、塑料电子、可再生能源和气候变化技术、卫星通信技术、燃料电池、先进制造技术和复合材料技术等。

8. "脱欧"公投后的英国

面对全球以科技实力为核心的综合国力竞争的日益加剧，以及"脱欧"公投给英国经济带来的持续负面影响，一方面，英国政府着眼于国际资源和市场，积极树立"全球化英国"的形象；另一方面，伴随着国际形势特别是英国公投"脱欧"所带来的一系列不确定性，英国政府除了尽力保住欧盟市场并拓展新市场外，仍然将科学、研究与创新作为保持和提高经济竞争力的核心手段，致力于将英国建设成为欧洲和世界上科研、创新与商业环境最好的国家。为此，英国政府坚持把加强科学、研究与创新促进经济增长作为政府议程的核心，在政府财政预算削减的前提下，大幅增加研发投入，尽力维持与欧盟科研计划相当的制度安排，并且制定面向未来经济、人才、合作等领域的多项政策，努力减轻"脱欧"对英国科技创新带来的负面影响。

1) 增加政府投资

在欧盟研发资金方面，英国是净收益方。据科学与工程运动组织（Campaign for Science and Engineering, CaSE）统计，在2007~2013年，英国共向欧盟支付了777亿欧元的费用，从欧盟获得了475亿欧元的回流经费，其中属于英国向欧盟支付的研发创新费用为54亿欧元，而获得欧盟的研发费用则为88亿欧元。

为弥补"脱欧"导致的科研经费的减少，英国政府在2017年1月出台的《建立英国工业战略》中将为2020/2021年的研发预算每年增加20亿英镑，这是1979年以来，公共财政对研发投入的最大一次增长，预计到2027年研发经费占GDP的比例将达到2.4%，长期目标是达到3.0%。

2) 加大人才引进力度

英国虽然明确要退出与欧盟签署的人员自由来往协议，但英国欢迎来自欧盟的高水平科技人员。因此，英国众议院科学委员会在广泛征求英国科学界和公众意见的基础上，于2018年7月出台《面向科学与创新的移民体系》报告，直接提出了一套能促进科学共同体流动的移民政策，以保护英国能继续全球一流的研发水平。该报告强调，在"脱欧"后，英国要在短期签证和长期移民政策上采取积极态度，以减少因英国不再接受欧盟的自由流动法案而对英国吸引各层次科研人员造成的负面影响。

3) 进一步加强国际合作

除了保持与欧盟国家的双边合作之外，英国将继续确保本国研究团体在国际上的地位，继续强化现有合作关系，特别要与欧盟之外的国家建立进一步的友好关系。英国在欧盟之外进行科技合作的国家主要有美国、澳大利亚、中国、加拿大和日本，英国研究理事会设在中国、印度和美国的办公室将继续探寻新的国际合作机会，加强国际科技创新合作。

9. 发布《现代产业战略》

英国政府在其2018年以来陆续发布的《现代产业战略》中非常注重支持本国新兴技术研发的措施：一是增加量子技术研发投入；二是进一步鼓励企业对早期研发的参与；三是增加对新兴技术的投资；四是改善对新兴技术的法律规章和监管体系，对新规则的设计可以消除或减少新兴技术成功发展的障碍，新技术总是会产生新的监管问题（李宏等，2020）。2019年，英国政府还发布了关于第四次工业革命的白皮书，将制订计划，改革英国的监管体系支持创新。

（二）主要特征

1. 英国文化对现代西方社会影响深远

英国文化对世界的影响遍及社会生活的方方面面。英国人在历史上创造了许多科技第一。牛顿的力学三大定律是近代物理学的基石，为自然科学的发展奠定了坚实的基础；弗朗西斯·培根积极倡导的"实证、理性"的思想开创了近代实验科学的先河；达尔文的生物进化论对人类及生物的起源提出了一个全新的诠释，他的理论对近代生物学、医学及哲学都产生了深远的影响。在哲学社会科学领域，托马斯·莫尔、大卫·李嘉图、亚当·斯密、约翰·洛克、凯恩斯、罗素等西方文化之集大成者对政治学、社会学、哲学及经济学的贡献有目共睹。这些具有开创意义的实例表明，在人类文明的进程中，英国展现了一个文化大国应有的影响。

2. 保持学术大国的地位

英国作为最老牌的资本主义国家，科技实力十分雄厚，尤其是基础研究，在世界上占有重要地位。尽管世界上最早的高校并没有诞生在英国，但日后的事实证明了英国的教育自牛津大学的创立至今任何时候都是世界一流水平。英国仍然是当今学术大国，英国出版的 *Nature*、*The Lancet* 是全世界自然科学与医学领域的权威杂志。牛津大学、剑桥大学仍是欧洲排名优秀的高等学府，是莘莘学子理想的求学之地。2016年，英国人口占世界人口的0.9%，但科技投入占世界的2.7%，科学论文产出占世界的6.3%，论文被引次数占世界的10.7%，高被引论文数占世界的 15.2%。

3. 注重创新与学术自由

虽然经过两次世界大战，英国作为世界头号强国的历史已不复存在，但英国文化仍然保持着自己的特点，而且不乏其闪光的一面。世界第一例"试管婴儿"和第一例克隆羊的诞生等一系列现象表明，英国并没有衰败，自由探索的学术氛围与不屈不挠的创新精神使英国在数百年时间内能够在自然科学、工业技术、高技术产业等方面走在世界的前沿，并保持着自己的优势。

4. 服务于创新全过程

如前所述，"服务于创新全过程"是今后英国创新文化建设的核心内容。从整体结构上看，英国的技术创新服务体系有政府、公共和私人三个基本层面之分，其职能主要集中于各类机构及其商业模式之间的融合。就组织架构而言，英国的国家创新体系主要由"知识的创新、积累和流动"和"知识的共享与转让及其效率"这两个基本方面所构成。在这两个系统中，英国将各类技术创新服务机构注册成为慈善机构、担保有限责任公司、股份有限责任公司、合伙经营和个体经营等几种基本形式，英国许多企业的创新资金来源于某些慈善机构的资助。目前，在英国现有 1 万多家慈善机构中，能够资助企业技术创新开发的约 200 多家，它们每年给企业的资助金额超过了20亿英镑，其中的绝大部分被直接用于各类高新技术的创新研发活动。

在英国创新服务体系中，将实际工作中的创新视为各个机构之间相互联系的过程，它包括了"高校、研究所和产业之间知识的再分配"、"竞争者、供应者与使用者之间知识的再分配"和"建立相互支持、合作的运作机构体系"这三方面内容。基于"服务于创新过程"这个基本的文化理念，一个遍及英国各地的"企业联系网"一直良好地运行着（姜桂兴，2018）。

5. 政府部门的引导和调节作用显著

1983 年，英国政府在《增进高等教育与工业之间的科研联系》中指出，企业和高校及科研机构要想在未来的发展道路上加强合作，必须高度重视政府在促进产学研合作中的纽带与桥梁作用。英国政府的政策支撑表现在一系列有利于英国科技创新的方针政策上。

2011 年 12 月 8 日，英国商业、创新与技能部发布了"促进增长的创新与研究战略"，目的是积极推动企业对各高校、研究院科研创新方面的投资，以确保英国在全球经济发展中获得优势。这一战略发布后，英国在之后的五年创新行业快速发展，产业增长了 34%。同时，英国政府作为产学研"合作的服务者"和"创新的管理者",通过直接投资和间接委托的方式,打造了 9 个技术研发与创新中心,并在 7 个研发中心实施了一系列专项合作计划及项目。

2012 年起,英国政府为了增强企业发展信心,开始采取长期的、政府引导的办法,制定了一系列保障和支撑产学研发展的政策和措施,发布了 11 个重点产业发展的战略规划,从而推动了产学研合作,提高了经济发展绩效。

6. 充分运用政府投资

2017 年 12 月 20 日,英国政府声明将与产业界合作加强研发能力。政府部门通过研发基金来调节研发创新行为和能力的具体表现有:第一,政府通过运用财政政策和货币政策,吸收资金,支持技术研究、产品销售、成果转化等环节;第二,制定相关政策,鼓励社会各阶层投资创办中小型企业;第三,吸收社会资本,引导风险投资和社会资本进入,拓宽资金来源,从而鼓励中小企业进行创新研究和基础研发。

从英国经验看,最大限度地调动全社会力量,形成全民积极、有序参与协同创新的社会氛围,才能充分发挥资金投入的种子效应。英国的政府投资对于民间投资有积极的带动作用。例如,英国科技园建立在高校校内,早期政府和高校辅以资金资助和其他支持,逐渐建立高校和企业之间的合作环境。随着园区内企业的成长,最终实现通过公共投入带动民营企业参与投入等。

五、德国创新驱动发展的演进历程及特征

德国是世界上高度发达的国家之一,也是世界上高度重视科学技术创新的国家之一,历史上曾有"科学技术之家"的美誉。德国科技创新有着悠久的历史,历届政府和企业界始终把技术创新视为企业得以生存和发展的根本所在。德国与美国、英国、日本等国家相比,在科技创新方面,既有共性,更有其独到之处。

(一)演进历程

德国的科技发展奉行"科学自由、科研自治、国家干预为辅、联邦与各州分权管理"的基本原则,演化出一种具有抵抗环境变化能力、不受领土和政治体系变更影响的特殊的创新型国家建设之路。德国创新型国家的演进历程可用图 4-7 描述。

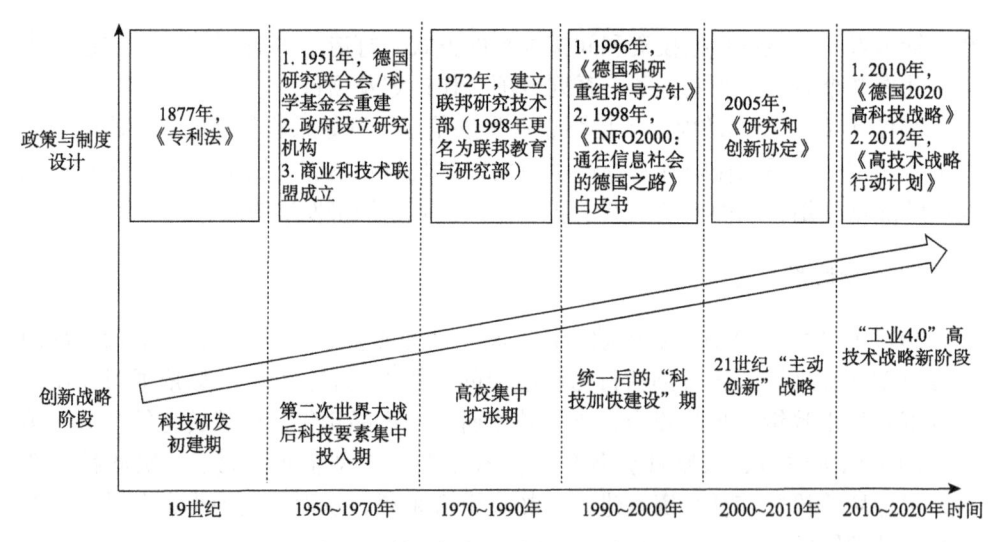

图 4-7　德国创新驱动发展的演进历程

1. 19世纪研发成为产业

19世纪20年代，在德意志的某些州就已经有了专利登记。1877年7月1日，在德意志帝国普遍有效的专利法的诞生是19世纪科学技术创新推动的结果。

德国创新体系的产生可追溯到1871年。当时的经济学家舒姆彼特就曾将经济活动划分为六大领域：发明与发现、矿山、农业、加工业、货物分配、服务业。可见，当时的科学研究就被放在首要位置。这说明，早在19世纪，德国就已经将研究开发作为一种产业来对待了。19世纪末期，德国已跻身于先进工业国家的行列，工业研发在世界范围内属于最好的，德国的研究组织成为美国等国家学习的榜样。当时的德国工业研发聘用了许多外国人，而且德国作为先进的创新型国家在年轻科学家中很具吸引力。特别是英国人纷纷来到德国，为了获得博士学位进行实际培训或者获得几年的工业研发的经验。

2. 第二次世界大战后联邦德国研发投入猛增

从研发费用占国家的科技资助费用的比例来看，德意志帝国时期，研究开发费用占20%~30%，其中大部分用到了武器装备的任务上。在魏玛共和国和第三帝国时期，在所有科技任务中，研究开发的费用占20%左右（这里都不包含工业界的研发资助）。第二次世界大战后，于1955年签署的《巴黎条约》允许当时新成立的联邦德国政府在某些领域从事研究，因此，科技费用中的研发份额迅速增加，某一段时间达到70%，只是因为后来德国重新统一才有所下降。

3. 20世纪70年代高校扩张，强调教学与科研的统一

20世纪70年代，联邦德国高校迅速扩张，高等院校达到200多所，将研究与教学相结合是高校发展的方向和目标。此外，还有100多个非高校的研究所和大量的企业研发机构。这些高校和非高校科研机构各自根据国家社会和经济发展的需求形成了较明确的研究领域定位，分工明确，相互补充，构成了国家科学技术活动的主体。政府和企业也认识到教育科研创新对于国家和企业的重大意义，采取了一系列措施来进行科研、教育和职业培训的创新，以创新振兴国家成为广泛共识。

4. 20世纪90年代德国统一后科技活动频繁

20世纪80年代末，德国科技活动的增长率和世界一样出现下滑。在德国统一后，科技活动逐渐频繁，40年的分离并没有使德国的研究体系基本的专门化模式在两个不同的国家中发展得不一样。因此，统一后，联邦德国和民主德国的创新体系迅速整合。这种独特的历史背景可以理解为一种不情愿的实验：即在大的政治体系改变的时候，科学专门化的基本模式只是很慢地改变，因为它打上了另外的烙印，即研究者的自我理解力、教育理想等，这也是"典型德意志创新文化"的特征。

5. 21世纪实施"主动创新"战略，打造"创意之国"

进入21世纪，德国在科技创新发展中投入了更多的资金与人才，并制定相应的支持政策。2000年，德国联邦政府在研发方面投入8.4亿欧元。为了激发国民的创新热情，德国将2004年定为"创新年"，政府正式启动"主动创新"战略，其核心内容是联合经济界和科学界的力量，在研发领域缔结"创新伙伴"，开发出更多的高新技术产品。

2005年6月德国联邦及各州正式批准了一个引人注目的"顶尖科研资助项目"及其配套的《研究和创新协定》，计划于2006年至2011年间投入19亿欧元，新建一批一流的高校和科研机构，其中包括10所最具有竞争力的高校和30个顶尖研究中心，并着力培养青年科学家。

德国近年来的"主动创新"产生了明显的结果。根据德国经济研究所发布的"创新指标2006"，对世界市场有重大影响的专利数德国仅次于日本，居世界第二；研究密集型产品的世界市场的份额，德国占16.2%，与美国相当，同居世界第一。自然科学、工程科学和医学科学国际权威刊物发表的论文，8.4%来自德国。德国在众多的技术领域居世界先进行列，如医疗技术、能源技术、环保技术、汽车和火车机车制造技术、航空技术、海洋技术、纳米技术等。

2006年德国联邦政府发布了一系列国家研发计划，计划2006~2009年投资近150亿欧元，提高德国的创新能力，将德国建成"创意之国"，并使德国在未来最重要的市场领域居于世界领导地位。同年，德国逐渐开始发展新型战略产业，并首次发布"德国高技术战略"，并指出：至2009年德国政府在高技术领域的投资将要达到146亿欧元。"德国高技术战略"确立了3类创新领域（刘肖肖等，2018）——首要创新领域（健康与医学产业等）、通信与移动创新领域（信息与通信产业等）和横向创新领域（生物技术与材料技术产业等）；17个技术创新产业，涉及健康与医学、安全研究、信息与通信、航空航天技术、光学技术、生物技术与材料技术与纳米技术等。德国通过高技术战略在创新研发领域投入了前所未有的人力、物力和财力，促进德国在全球竞争中优势地位的巩固与提高。

2007年德国在科技创新中有了进一步发展，主要体现在以下五个方面：创新能力仍居世界前列，创新环境进一步完善，科技与经济结合更为紧密，科研单位与中小企业合作更为密切，科研资助更快捷简便（张卫平，2008）。

在创新能力方面主要体现在：一是根据2007年德国联邦政府委托权威研究机构完成的研究报告——《2007年德国技术能力报告》，在专利产出、创新型企业数量、研究密集型工业产品出口额等方面都表现出了绝对优势。德国企业的过程创新和组织创新为经济的增长创造了条件。二是高技术战略确定的17个重点创新领域，加强了德国在欧洲的优势。在环境技术领域表现尤为明显，在世界各国中处于领先地位：欧洲专利局几乎1/4的环境技术专利来自德国；世界市场销售的环境技术几乎1/5来自德国。并指出，到2020年，环境技术产业将成为德国的主导产业。

在创新环境方面主要体现在：一是企业投资研究和开发的积极性不断上升。2005年，企业的研发投入为387亿欧元，2006年为405亿欧元，而2007年预计为418亿欧元。二是政府的研发投入继续增加。联邦教研部2007年的预算比2006年增加5亿欧元，达85亿欧元。研发项目资助增加14.4%，达26.2亿欧元。三是企业税改革将扩大企业财政上活动的余地，更低的税率将增强资本公司的投资积极性，中小企业也会受益于折旧规定的改革。联邦议院2007年7月6日通过的《继续加强担保活动法》，改善了向基金会捐助财产免税的可能性，按私法组成的资助科学和研究的基金会将从中受益。四是企业研发人员的数目在增长，2005年为30.45万人，2006年为30.8万人，2007年达到31万人。

在科技与经济结合方面主要体现在：贯彻高技术战略的重要伙伴就是来自政界、经济界和科学界的专家组成的研究联盟。该联盟伴随着高技术战略的整个实施过程提供咨询意见。这个联盟的成员在确定高技术战略17个创新领域的过程中发挥了"催化剂"的作用。

在科研单位与中小企业合作和科研资助方面主要体现在：KMU-innovative计

划（中小企业创新计划）于2007年提出，是由德国联邦教育研究部在德国高技术战略框架内实施的专门针对中小企业设立的研究计划，通过尽量简化的申请与评估审批过程，吸引中小企业开展关键高技术领域的研究创新，其选择的技术领域涉及：公共安全、生物、医疗、信息与通信、纳米、光学、先进生产制造及资源与能源高效利用等。2007年2月，研究奖金制开始实行，将激励公立科研机构加强与中小企业的研发合作，使得公立科研机构对于那些经济上重要的课题更重视而且更提早研究。联邦政府参照针对公立科研机构的研究奖金，于2007年10月1日开始对非营利性科研机构实行研究奖金制。

此外，2007年还出台了多个其他方面的重大科技政策，包括：①能源和气候综合纲要：第25项能源研究与技术创新；第26项开发电动汽车。在能源研究与技术创新政策实施中，支持建立公立机构和私营机构能源研发合作伙伴关系，并继续促进能源领域的基础研究和应用研究，一方面为挖掘中短期的节能减排的潜力提供技术，另一方面为2020年以后的技术创新提供技术储备。德国政府为此自2008年起继续增加对能源研究和技术创新的投入。开发电动汽车政策实施中促进与汽车工业界的研发合作。②气候保护高技术战略。德国联邦政府提出了"气候保护高技术战略"，其核心是研发一系列关键技术，这些关键技术具有大幅提高能效、帮助德国企业在未来气候保护国际市场能迅速立足且增强其竞争地位的前景。

2007年新出台的国家主要研发计划：①健康研究领域新出台的主要研发计划，包括制药研发计划、医疗技术行动计划和分子成像研发计划。②气候和资源保护的研发计划，包括"气候-气候保护研究和预防气候变化后果"研究计划、有机太阳能光伏电池研发计划、COORETEC计划（二氧化碳减排技术）和E-Energy计划。③交通出行领域的研发计划，2007年已经出台了SIM-TD计划（安全智能移动-德国测试计划），该计划能够有效改善交通安全，推动德国汽车制造商、配件制造商和电信企业之间的合作。④安全研究国家计划，德国联邦政府首次提出了安全研究国家计划。目标是防范国际恐怖主义危险、自然灾害和大规模传染病的防治。⑤其他重大研发计划，包括KT2020计划，优先资助那些占德国国内生产总值大部分的行业的研发，以及THESEUS（忒修斯）计划，对地观测卫星TerraSAR-X。

2008年后，德国经历了严重的经济和金融危机，探索新的经济发展之路对经济实力的增长尤为重要。在政府政策导向和全球竞争形势的双重影响下，德国政府对"德国高科技战略"进行了完善，推动科技创新的发展与进步。与此同时，德国更加重视产业技术创新联盟的发展，截至2008年初，德国共建立了116个重要的产业技术创新联盟，形成了生物技术、交通与移动、能源与环境、现代制造、微纳光技术（微系统、纳米和光学）、健康与医学、新材料与化学、航空与航天、信息与通信九大创新领域,在地域分布上形成了各具特色的 8 大创新区域。有 460 家大企业和 6 000 多家中小企业和 1 600 家科研机构加入了创新联盟。政府出台了相应政策和计划对产业技术创新联盟予以引导、支持与资助,主要体现在以下几个方面。

落实"精英团体计划"。2006 年,德国联邦政府和各州提出了加强科研的倡议,措施之一是"精英团体计划"。2008 年 9 月最终评选出 5 个精英团体,德国教研部在 5 年内提供 2 亿欧元的资金支持,重点资助这 5 个精英团体的发展。在精英团体的评选中注重具备高发展潜力和市场前景的产业,如光伏技术产业德国中部萨克森州、图林根州和安哈特州的 25 家太阳能电池生产企业和 12 个科研机构组成产业联盟,确定共同的从原料硅到发电系统的研发计划。德国的精英团体计划以更加创新、更快发展、更多就业为目标,把经济界和科技界的优势有机结合起来,支持德国一些领域和地区走向世界顶尖道路,并成为世界上最吸引人才和投资的领域和地区(孙国旺,2009)。

支持"中小企业产业技术创新联盟计划"。中小企业是德国创新体系的重要支柱之一。德国有 10 多万家创新型企业,其中约 95%的企业是员工数少于 500 人的中小企业。中小企业在德国工业产值创造中发挥着不可忽视的作用,不仅向市场提供创新产品,还提供面向未来的服务并研发新的工艺,他们也是创造新的就业的重要动力。在促进中小企业组成创新联盟计划中,德国工业研究协会工作联合会起到积极的促进作用。作为德国经济界自主管理的机构,工作联合会中心任务是资助中小企业面向应用的研究与开发(孙国旺,2009)。"中小企业中心创新计划"是德国联邦经济技术部自 2008 年开始实施的促进中小企业与应用型科研机构合作开展研究创新的主要计划,该计划的特点是:单个项目资助强度相对较小,但受益的企业数量大;批准手续相对简单快捷,因而对中小企业需求的支持更加及时;计划对产业和技术领域不设限制,因而具有更大的灵活性。该计划支持的项目可分为三大类别:①中小企业独立研发项目;②中小企业合作研发项目;③中小企业技术创新合作网络。

2009 年,为了进一步提升中小企业创新能力,德国联邦政府提出,应加强技术规范与标准化工作,为研究创新提供加速器,德国联邦政府出台了"标准化政策纲要"指导性文件,强调要实现标准化工作与政府的研发创新促进措施的系统化的密切结合,使研发创新成果能更加迅速地进入市场,特别要加强对针对中小企业的技术规范与标准的重视程度,加强他们应用技术规范与标准作为创新工具的能力,并积极吸引其参与技术规范与标准的制定工作(张快和王志强,2013)。德国特别加强了对新兴高技术领域(如微系统、纳米技术等)的标准化工作,如联邦经济与技术部推出的"创新与技术规范及标准化"专项计划,主要支持德国标准化协会牵头对关键新兴高技术领域的技术规范与标准化工作的需求进行前期研究，以便尽早部署相关工作，为德国在这些领域的先进技术进入世界市场扫清道路；再如，"技术规范与标准促进研发成果转化"专项计划，主要支持科研机构和企业应用技术规范与标准化手段实现最新研发成果的价值提升，尽快占领技术制高点。

6. 强化自主创新，完善高技术战略的"工业 4.0"时期

自主创新战略，在 2006 年"德国高技术战略"的基础上，2010 年 7 月，出台了"思想·创新·增长——德国 2020 高技术战略"（王珍珍和甘雨娇，2017；刘肖肖等，2018），基于德国高科技战略的成功模式，强调聚焦于全球挑战、着眼未来和面向欧洲等战略新重点，提出了气候与能源、健康与营养、物流、安全和通信等国家需求领域的思路和建议（张明妍，2017）。

在经历了 2008 年金融危机的创伤后，德国认为工程和制造业必须做出改变，以提升运作效率，才能顺利渡过。2011 年 4 月，"工业 4.0"概念问世，此时主要关注于定制化和提高效率两个方面。但是，随着全球经济的不断发展、竞争越加激烈，仅关注这两点已不足以维持全球综合竞争力。因此，德国各界对"工业 4.0"采取了后续调整举措[①]。

为了促进德国经济发展，集中各方创新力量，并重点支持中小企业的发展。其中，生物经济战略促进了以不可替代能源为基础的产业向以可再生资源为基础的产业转变。中小企业是创新增长的主要动力，为了使生物经济方法在更加广泛的工业领域应用，德国联邦政府采取了一系列支持中小企业的针对性措施。2011 年，联邦政府发起了"工业生物技术创新举措"促进科学界与经济界建立价值创造战略联盟共同探索可再生原料和资源节约的途径和方法（王敬华和赵清华，2015）。

2012 年 3 月 28 日，德国公布"高技术战略行动计划"，该计划预计从 2012-2015 年投入约 84 亿欧元，来推进"德国 2020 高科技战略"项目的顺利开展（于慎澄，2016）。

在教育科技人才总体政策方面，德国政府也出台了一系列举措，如提高德国高校科研国际竞争力的"精英大学计划"，促进企业（特别是中小企业）积极参与产学研合作；围绕新兴关键技术领域产业链，开展研发创新与产业化的"尖端集群计划"；2012 年 8 月开始实施的吸引高素质专业人才的"蓝卡计划"等（张快和王志强，2013）。这些计划为德国中小企业开展研究创新，创造了良好的外部环境和基础条件。

2012 年，德国政府发布《勇于创新、加速增长、塑造未来》的策略性文件，特别强调加强和集成联邦政府支持中小企业提升创新能力的主要政策和措施。提

---

① 2018 年 9 月 12 日兰克·雷门斯伯格在埃森哲企业数字化转型论坛演讲。

出的目标：至2020年，德国研究型企业数量达到4万家，有创新活动的企业数量达到14万家，保持德国位居世界技术和创新环境最优国家行列，确保并不断提升德国作为世界最大技术输出国的地位。具体支持政策措施可分为三大类：①提高企业获得和应用新技术的能力。支持企业吸引优秀人才的政策，如对国外技术移民的年收入下限降低为每年4.5万欧元，对紧缺技术人才降低为每年3.5万欧元；为中小企业提供人才咨询与中介服务，有利于吸引国内外高素质专业人才；支持经济界与高校开展研发合作（如校企联合实验室、专业性对话机制、技术对接与交流活动等）；设立针对企业的创新奖；搭建新技术发展及应用信息交流平台。②大力营造有利企业创新的外部环境。联邦政府采购向新技术、新产品、新型服务倾斜；加速智能化能源网络等基础设施建设；促进全球技术标准与技术规范的整合与统一进程；大力促进加速企业技术创新成果申请欧洲专利的过程，打击各种技术侵权行为，切实保护企业通过技术创新获得的权益；与经济界共同制订覆盖面更广、信息安全性更高的经济和企业数据保护策略。③加强中小企业创新能力建设建立创新投资补贴机制，为向初创的创新型企业投资的私人投资者提供补贴；设立"欧洲天使基金"，支持处于创业初期的创新型企业；充分发挥已有的"高技术创业基金"的作用，向初创的高技术企业直接投入，加速其成长；继续实施"中央中小企业创新计划"，减少限制条件，扩大该计划向企业开放的范围；支持技术创新集群建设，不断提升其品质，加强其国际化并积极参与国际竞争（张快和王志强，2013）。

2013年4月，德国"工业4.0协会平台"正式成立，并发表了《保障德国制造业的未来：关于实施"工业4.0"战略的建议》报告，目的在于推动工业发展、提高生产标准、开发新的商业模式和运营模式并付诸实践，"工业4.0"也正式成型（丁纯和李君扬，2014；王敬华，2015）。随着"工业4.0"战略的实施，形成了官、产、学、研及社会各界共同参与科技创新的局面，其组织管理体系也大体形成政府牵头组织与推动、科研机构提供咨询服务与技术支撑、协会参与创建平台、各行业各类企业积极参与的新局面。

生物科技创新作为德国"高技术战略"的重要发展领域之一，在社会发展中起着重要作用。因此，德国建立高水平的个体化医学合作网络和研究体系，为个体化医学奠定了知识和技术基础，促使德国在国际重大项目中成为重要的合作伙伴。德国联邦教研部于2013年4月实施"个体化医学行动计划"，支持整个生物科技创新链中的研发活动，以促进企业、高校和科研机构建立新的合作关系，开拓促进健康经济进一步发展的新途径。德国联邦教研部支持科研机构、医院与企业建立伙伴关系，促进新产品的研发与应用，提升个体化医学的经济潜力。由于个体化医学中的一些重大项目只能通过与国际合作才能实现，因此，德国联邦教研部鼓励并支持科学家与全球范围的科研人员、科研机构进行合作，促进国际科研网络的形成，在学术思维、研究领域和组织运作的协同创新中获益（赵清华，2014）。

2014年8月，德国联邦政府新一轮"高技术战略——创新德国"提出一系列新的促进创新创业的举措，推进德国成为全球创新的领头羊。经过多年努力，德国已经形成了联邦和州、县镇共同推动，经济、教研、劳动等部门齐抓共管，政产学研社会各方面聚财聚力的创新创业扶植促进体系。促进现有企业和创新型初创企业对接是面向未来的重要创新和增长政策。为此，德国联邦政府举办了一系列活动，以提高现有企业与年轻企业合作的意愿，2014年在汉堡举办的"年轻IT初创企业峰会"是其活动之一（王敬华和赵清华，2016）。

2015年，德国的研发投资大幅度提高，德国研究与创新专家委员会发布的EFI2016报告指出2015年德国的研发支出占GDP的3%，成为全球研发投入最多的五个国家之一[①]，其中，在新能源、环境等未来潜力较大的领域投资。德国研发投资的一大特点是联邦政府和16个州政府都有立法权和资助研发活动的权利，约50%的公共研发支出都来自州政府。此外，德国创新体系最显著的特征是，企业的创新能力起到了重要作用，企业的研发部门处于核心地位，80%的大型企业拥有独立的研发机构（于慎澄，2016）。

2015年4月14日，德国政府经济部和联邦教研部相关负责人在汉诺威工业博览会上共同宣布，启动升级版"工业4.0"平台，并成立领导小组。目的在于通过此平台促进德国官、产、学、研等相关创新主体间的研发合作，助力第四次工业革命的顺利发展，而且升级后的"工业4.0"平台促使分工合作关系变得更加紧密。升级版"工业4.0"平台的领导小组组成与职责如表4-8所示。

表4-8 升级版"工业4.0"

机构	组成	职责
领导组	德国经济能源部部长加布里尔，教育部部长万卡；德国信息经济、电信和新媒体协会（BITKOM）、德国机械设备制造业联合会（VDMA）、德国电气电子行业总会协（ZVEI）、德国工业联合会（BDI）、德国汽车工业联合会（VDA）、德国能源水力经济联盟（BDEW）、德国冶金工业工会（IGMetall）、弗劳恩霍夫应用研究促进会	
战略层	德国经济能源部、德国教育研究部：德国电信、阿西布朗勃法瑞集团、德国莱布尼兹新材料研究所、费斯托集团、西门子、蒂森克虏伯等大企业	政策协调，发挥社会动员与"倍增"作用
操控层	企业家牵头	技术能力和应用决策
工作组	德国经济能源部、德国教育研究部、德国内政部、德国司法部、德国劳动和社会事务部	技术能力和应用决策
产业联盟和行动组	负责进入市场的有关活动	
科学技术咨询委员会和办事处	高校及专业机构的近20名制造、自动化、信息技术和劳动社会学领域的教授及专家	负责技术咨询和落实日常工作

资料来源：张海娜等（2019）；王敬华（2015）。

[①] 2017年中国科技部《经合组织和德国发布有关创新调研报告》。

作为科技强国，德国不仅重视科技创新的发展，还建立了较为完善的科研经费管理与监督机制，来促进科技创新目标的实现。科学、规范的经费管理对于提高科技经费使用效率、促进科技财力资源优化配置具有重要意义。因此，建立符合科研规律、人才发展规律和创新规律并与自身科技体系相适应的科研经费管理和监督机制，凸显科技主管部门的统筹地位，既能保障主体科研体系的有序运行和不断壮大，也能有效调动各方科技力量协同完成国家重点科研创新任务。《2016年欧盟创新记分牌》报告中，德国位列创新领导型国家行列。统计数据显示，2014年德国研发领域从业人员数量首次超过60万人，较2000年增长22%，2004~2015年德国劳动力市场产生了12.6万个与科研有关的新岗位。联邦教研部是支配科研经费的主体。从研发经费预算执行部门看，联邦教研部支配联邦层面近60%的研发经费，2016年达到94.5亿欧元。其他10余个联邦部门的支配比例约40%，其中联邦经济与能源部负责创新政策和产业相关研究，管理能源和航空领域的科学研究以及面向中小企业的科技计划，约占总经费的20%；联邦农业部、交通部、环境部等管理与本部门职能相关的科技计划，约占总经费的8%（赵清华和王敬华，2018）。

近年来，欧盟重点支持的区域从早期主要支持结构薄弱的欠发达地区，转变为重点支持从英国伦敦经德国南部到意大利北部的"香蕉区"。在此背景下，德国政府支持的创新项目主要聚焦于产学研一体化合作项目，重点支持由6家以上中小企业组成的创新合作网络项目，其占支持项目总数的比重从2013年的68%上升到2016年的75%。2012~2017年，无论是从参与项目的高等学校数量，还是从创新产业集群数量来看，德国南部两州都占有绝对优先地位，这也是德国现代生产技术的主要来源地。这也体现出德国区域创新发展并不平衡，德国联邦政府也在积极采取各项措施实现区域的均衡发展（Kroll et al.，2016；张海娜等，2019）。

随着经济的不断发展，数字化的信息和知识成为关键的生产要素，数字经济成为打破传统经济的新经济形态。德国政府对数字经济转型的重视程度越来越高。2016年3月14日，在德国汉诺威消费电子、信息及通信博览会的开幕式上，德联邦经济部长加布里尔发布了"数字战略2025"，来推进数字经济发展战略的实施（刘淑春，2019），持续推动数字经济转型。该战略提出了10个实施步骤，包括光纤网络构建、支持创业发展、构建创新监管框架、推进智能互联发展、加强数据安全、促进商业模式向数字化转型、推进"工业4.0"、推进科研创新向顶尖水平发展、加强数字化教育培训与建立联邦数字机构。

为使德国跻身全球创新领先行列，德国联邦经济部2017年发布《创新政策重点》文件，提出到2025年研发强度达3.5%、企业创新比例达50%、创业投资占GDP比重达0.06%的目标。将大力推进中小企业创新和数字化，并使德国在关键技术领域未来处于领先地位。一方面，对不同技术方向持开放态度，由企业自主决定技术投资方向，通过促进各类创新、刺激创业、加快数字化、加大公共创新采购、开展创新友好型监管，使更多创新潜力成为可能；另一方面，为占领未来世界科技领先地位，将加强产学研合作，发展"工业4.0"，完善质量保证基础设施，考虑部分借鉴美国国防部高级研究计划局新设德国战略性创新中心，并着重发展微电子、人工智能、生物技术、量子技术四大关键技术（刘润生，2017）。

为充分利用全球知识社会的潜力，德国联邦内阁于2017年2月1日通过了《教育和研究国际化战略》。该战略由德国联邦教研部牵头制定，阐述了未来如何确立德国教育、研究与创新系统的国际发展方向，涉及数字化、不断增加的全球知识和市场竞争、环境变化以及引发移民和难民的原因及其后果等，并提出相应的应对措施。德国希望通过全世界的开放和合作加固其作为研究和创新之地的地位，战略首次将更加广泛地开展国际化职业教育和普通教育作为能够取得卓越科研成效的基础来考虑，并更加重视在欧洲范围内开展研究。《教育和研究国际化战略》围绕"国际合作：网络化和创新"主题，确立了五个行动导向目标：一是保持和提升德国科研体系卓越性的高水平；二是在国际上更大限度施展德国创新力；三是更加国际化地开展职业培训和资质培训；四是将新兴国家和发展中国家作为合作伙伴与构建全球知识社会更紧密地联系起来；五是加强欧洲和国际合作，共同应对全球危机。

为应对未来的新挑战，提高德国航空航天中心的核心竞争能力，充分利用其协同创新的潜力，巩固和扩大其在面向经济和社会的研究中的领先地位，德国经济部和德国航空航天中心2017年10月发布了《德国航空航天2030战略》。该战略将通过10个新的横向项目和一个新的横向领域——数字化来实施。在战略框架下，重点研究和横向研究将达到如下的战略目标：航空研究将与国家的航空战略相一致，提高系统水平。从基础研究到应用研究都瞄准航空运输的需要，关键是自动化、数字化和虚拟化。通过卫星通信和导航技术的进一步开发，如通过光学系统和光子加密系统，该战略的航天研究将为未来的数字化和交通做出重要贡献。结合机器人技术使卫星更加长寿和价廉物美。新的传感器、信号传递技术和高效的地面设施将使服务行业和科研能永久地拥有地面观测和勘探数据，进而产生新的信息和知识。该战略的能源研究将为未来的能源转型和非碳能源系统做出重要贡献。该战略交通研究致力于应对未来地面交通的挑战，充分利用数字化，提高自动化，有针对性地开发和利用新的数字源。该战略安全研究将服务于广泛的课题，因为未来社会大多数的挑战，如数字化、信息安全、交通和关键基础设施的保护均与安全课题紧密相联。因此，创新方案和行动战略都必须与政界、经济界和社会的需求方紧密协调，多学科和跨学科紧密联结该战略各领域的项目将居于重要地位。

2018年10月，德国政府《高技术战略2025》在联邦内阁通过并发布。作为德国未来高技术发展的指导方针和德国政府为继续促进研究和创新而确定的战略框架，新一轮高技术战略明确了德国未来7年研究和创新政策的跨部门任务、标志性目标和重点领域，以"为人研究和创新"为主题，将研究和创新更多地与国家繁荣发展目标，即可持续发展和持续提升生活质量相结合。为此，联邦政府在2018年将投入150多亿欧元。新战略提出与癌症抗争（国家10年抗癌计划）、发展智能医学、将研究与护理数字化互联（到2025年，所有德国高校附属医院都将提供能用于研究的电子病历）、大幅减少环境中的塑料垃圾（生产易于销售的生物塑料并完善塑料循环经济）等12项具体任务以及相应的行动计划和标志性里程碑。新战略将把支持微电子、材料研究与生物技术、人工智能等领域的未来技术发展、培训和继续教育紧密衔接。新技术是知识密集型技术，成功的关键在于顶尖的专业人才和开放的创新友好型社会。因此，德国需要积极发展数字教育和新的继续教育文化。新战略将支持发展开放的创新与冒险文化，为创造性思想提供空间，吸引新的参与者积极投身德国创新。为更多地应用研究成果，政府将通过实施新战略，促进转化、增强中小企业的企业家精神和创新力，并密切欧洲与国际的互联和创新伙伴关系。新的重点措施包括创建创新机构（跨越创新署），并通过税收优惠支持研发，特别是针对中小企业。通过实施新一轮高技术战略，德国政府的新目标是到2025年全社会研发投入占国内生产总值的3.5%，以进一步稳固德国研究和创新世界强国地位。

2020年8月，德国推出数字化战略新计划——"值得信赖的电子设备"。为促进德国本土电子制造业发展，联邦教研部推出旗舰计划"值得信赖的电子设备"。德国希望保持自己创新国家的地位，在关键技术上保持国际竞争力和技术独立自主，特别是承担了关键安全功能的电子设备，如医疗技术、"工业4.0"中的自动化工厂、自动驾驶和移动通信。在这些领域打造值得信赖的电子设备。该旗舰计划是德国数字战略的组成部分，德国希望通过该计划确切了解电子设备如何工作、它们的制造过程并能够对其功能进行检查。对于全球用户来说，则是值得信任的"德国制造"产品。该计划的背景是日常生活中对电子设备的信赖需求不断上升，如自动驾驶等，德国认为需要在这些领域树立德国和欧洲的数字化价值观和目标，这要求技术上的能力和独立性（也称为技术主权），其中的重点领域是作为数字系统核心和数字化关键技术的微电子。这是德国数字化战略中值得信赖电子产品旗舰计划的源头，该计划将支持从设计、制造到测试各阶段的研发。

综上所述，德国作为科技强国，从19世纪至今经历了复杂演化过程，创新政策不断完善，创新实力不断增强。德国主要的创新战略法规、政策文件与相关计划总结如表4-9所示。

表 4-9　德国主要创新战略法规、政策文件与相关计划

20 世纪		21 世纪
德国专利法（1936 年）	研究和创新协定（2005 年）	研究奖励计划（2007 年）
德意志联邦共和国基本法（1949 年）	精英团体计划（2006 年）	中小企业中心创新计划（2008 年）
核研究核技术发展规划（1956 年）	高技术战略（2006 年）	准化政策纲要（2009 年）
促进创建新技术企业计划（1982 年）	能源和气候综合纲要（2007 年）	思想·创新·增长——德国 2020 高技术战略（2010 年）
东部工业研究特别促进计划（1990 年）	气候保护高技术战略（2007 年）	工业 4.0（2013 年）
产品更新计划（1994 年）	制药研发计划（2007 年）	工业生物技术创新举措（2011 年）
东西部研究任务计划（1995 年）	医疗技术行动计划（2007 年）	高技术战略行动计划（2012 年）
德国科研重组指导方针（1996 年）	分子成像研发计划（2007 年）	精英大学计划（2012 年）
循环经济与垃圾法（1996 年）	"气候-气候保护研究和预防气候变化后果"研究计划（2007 年）	尖端集群计划（2012 年）
德国科研重组指导方针（1996 年）	有机太阳能光伏电池（OPV）研发计划（2007 年）	蓝卡计划（2012 年）
《INFO2000：通往信息社会的德国之路》白皮书（1998 年）	COORETEC 计划（2007 年）	"勇于创新、加速增长、塑造未来"的策略性文件（2012 年）
德国东部州创新行动计划（1998 年）	E-Energy 计划（2007 年）	保障德国制造业的未来：关于实施"工业 4.0"战略的建议（2013 年）
在新联邦州和柏林促进和支持建立技术性企业的计划（1998 年）	SIM-TD 计划（2007 年）	个体化医学行动计划（2013 年）
东部创新区主导项目（1999 年）	安全研究国家计划（2007 年）	高技术战略——创新德国（2013 年）
创新网络计划（InnoNet）（1999 年）	IKT2020 计划（2007 年）	"升级版"工业 4.0（2015 年）
修订《高校建设促进法》（1999 年）	THESEUS（忒修斯）计划（2007 年）	数字战略 2025（2016 年）
21 世纪信息社会创新和就业行动计划（1999 年）	KMU-innovative 计划（2007 年）	《创新政策重点》文件（2017 年）
	教育和研究国际化战略（2017 年）	德国航空航天 2030 战略（2017 年）
	高技术战略 2025（2018 年）	数字化战略新计划——"值得信赖的电子设备"（2020 年）

资料来源：由陈强和霍丹（2013）、贾佳等（2015）论文及中华人民共和国科技部网站资料整理得到

（二）主要特征

1. 崇尚科技创新，强化抵御环境变化的创新能力

对德国创新型国家发展历程的分析不难得出这样的结论：德国已经培育出一种不受领土和政治体系变更影响的特殊的创新文化，它显示出一定的抵抗环境变化的能力。从这点出发，我们就不难理解在历史条件下重新统一的德国如何能够

取得今天的国际科技竞争地位。

德意志民族具有深厚的创新文化底蕴，他们崇尚科学和创新、思维严谨、办事认真、尊重个性，这为当今科技和经济的发展奠定了长久的基础。德国人不仅一直以"思想家的国度"激励自己，而且坚信传统的创新文化就是德国摆脱自然资源贫乏劣势、持续富强的一种基本力量，其核心就是德国人对"德国是世界的思想大工厂"的这种自信，这也是德国创新文化的核心。

2. 合理的科研基础设施建设与创新资源的有效配置

在德国，科研基础设施方面没有城乡差别，知识和信息可以同时传播到城市和乡村的任何角落。政府通过各种制度实行资源共享，让现有设备得到充分利用，让信息和知识快速流动，让研究成果迅速得到应用。国家有专门从事科学普及的机构和公司，每年在全国范围内开展主题科学普及活动，如2005年的主题是"爱因斯坦年"。通过最广泛和多层次的教育以及持久的科学普及，德国社会拥有了极丰富的智力资源，为国家的科学研究和技术创新储备了取之不尽的人力资本。

除了公共财政和企业的投资外，还有私人机构及国外的投资。德国有各种基金会，有私人出资的，也有官方出资的，以各种形式资助教育和研究；还有各种类型的研究资助组织，如德意志研究联合会、德意志学术交流中心等，承担着不同的资助任务。

德国历来重视对教育的投资，德国教育支出近年来保持在国内生产总值的6%以上，对教育、研究和科学的总投入占国内生产总值的9%以上。德国还确定了到2010年将研发方面的费用占国内生产总值的比重由2005年的2.49%增加到3%的水平。

3. 倡导学术自由与机构自由

德国基本法规定，学术自由，高校、科研机构的管理实行自治，科研工作不受外部干扰。各种制度保证了占德国基础研究力量60%的高校科研机构以及占20%力量的政府部门和学会科研机构能够实现资源共享、设备共用、信息知识互动、研究成果及时转化应用。2005年，在其他部门经费削减的形势下，德国联邦政府财政预算中反而加大了对教育和研究的投资。与2004年相比，联邦教育与研究部2005年的经费总额增加了2 196亿欧元，达99 199亿欧元。

长期以来，德国的科研体制在管理和调控方面形成了自己的传统和特色。虽然没有制定科技法，但是通过相关法规为科研机构创造了良好的生存和发展环境。由于德国是联邦制国家，法律规定了联邦政府和各州政府资助科学研究的责任和义务。政府通过政策、财政和计划等手段进行宏观调控和引导，各类科研机构在成长过程中形成了各自的明确定位和研究方向,机构设置可以灵活地随着新学科的形成、高技术的发展以及实施国家科技发展战略的需要适时进行调整。

为加强联邦与各州之间、联邦各部之间科研资助的协调,德国设立了联邦、州教育规划与科学研究促进委员会和科学理事会。联邦、州教育规划与科学研究促进委员会的任务是协调联邦和各州科研政策的规划和决策,制定科研中期规划,就重点资助计划的制定以及联邦与各州就科研资助事务加强情况通报提出建议,就科研机构和科研计划的共同资助提出建议。科学理事会的任务是就高校发展、科研及高等学校基本建设为联邦和各州政府提供咨询,就科研机构体制、效能、发展、资助、科研体制等重大问题,以及研究和教学体制结构典型问题、学科规划、评价、调控提供咨询。

4. 完善的科技创新管理协调机制

德国在这方面的成功做法包括:加强科技立法;政策的协调、连贯、一致;加强和放松并举的管制环境;行政简化、优化和创新;推动支持创新的政府结构和服务。德国过分严格的法律曾影响了其新兴产业的发展,如生物技术。因此,建设有利于创新的法制环境是政策的重点。此外,为了给企业技术创新提供一个良好的外部环境,德国制定了《反不正当竞争法》,对于保护企业的技术创新积极性起到重要的作用。

5. 注重企业,特别是中小企业在科技创新中的作用

技术创新是一项与市场密切相关的活动,企业会在市场机制的激励下积极进行技术创新,德国企业在 R&D 的投入和执行上都占了最大的比例,而且它是技术知识生产和应用的主要承担者。在德国,企业加入是成立产业技术创新联盟的前提。科技成果要转化为商品,还需要大量的工程化的知识和市场知识。这些知识通常不是显性知识,而是积累在科技人员大脑里的隐性知识。此外,技术知识还需要不断的实践、时间和资金的投入才能完成整个转化过程。因此,要形成以企业为主体的应用知识生产体系,企业应成为技术创新的主体。

中小企业是德国重要的经济支柱,是制造业的竞争力基础(张快和王志强,2013),在技术创新中也起到了尤为重要的作用。德国政府在支持中小企业的发展中采取了多方面的举措,涉及创新创业资金与政策支持、创新人才政策支持、促进中小企业与科研机构甚至与国际的研发合作等。德国政府早在 1999 年就提出了"创新网络计划",要求每个企业必须与四个企业和两个科研机构合作,构建创新网络。目的就是鼓励和支持高校和科研院所与中小企业建立联盟、加强合作,以及中小企业之间、企业与科研机构之间的资源共享,进而提高中小企业的综合竞争力。2008 年的"中小企业中心创新计划"的实施进一步促进了中小企业

与应用型科研机构的合作,并且对产业和领域没有限制,更加灵活。此外,联邦政府还实施了专门针对中小企业的计划,如"中小企业创新促进计划""企业创意保护倡议计划"等。

6. 强调政府在创新管理中的作用

在促进企业与科研机构合作方面,政府推动企业科研机构和高校联合进行科研攻关。由于技术创新联盟的松散性,要使信息在研究实体间能够有效地流动,离不开政府(联邦和各州)的帮助。因而,作为技术创新联盟的组织者,政府的作用就是克服信息传播的障碍,促进技术的转移与扩散。例如,2008年,为了促进科研机构和中小企业间的合作,联邦政府建立跨部门的研究与创新资助咨询服务处,统一负责收集与研究和创新资助相关的信息和提供相关咨询的一站式服务。

7. 优先考虑社会发展急需的创新领域

从"德国高技术战略"可以看出,该战略以社会需求为出发点,从环境与能源、健康、交通、安全、通信五大需求领域着手,旨在解决世界人民面临的全球性挑战,从而提高世界人民的生活水平和质量。德国并不追求在创新领域"遍地开花",而是有自己明确的主攻领域,重点关注未来社会可能面临的挑战。

六、印度创新发展的演进历程及特征

(一)演进历程

印度科技政策框架的历史变迁,有着非常清晰的脉络。自建国以来,印度共制定了四套国家科学政策框架。

一是1958年的《科学政策决议》(Scientific Policy Resolution,SPR),主要用于搭建国家科研体系的总体框架。二是1983年的《技术政策声明》(Technology Policy Statement,TPS),明确了科技与经济社会发展的关系,指出科技是发展经济的基础,同时提出实现技术的本土化,最大限度创造就业机会,改善生活质量,推动科技与经济社会发展相结合。三是2003年的《科学技术政策》(Science and Technology Policy,STP),强调要充分利用现有科研体系,加强国际交流与合作,进一步提升科研能力,实现科技强国目标。四是2013年的《科学、技术和创新政策》(Science, Technology and Innovation Policy,

STI），STI 政策框架的提出体现了印度国家科技战略的重大调整——从单纯关注科研能力走向注重创新的多元价值实现。它提出了"包容性创新"的概念，即科研不光要抢占科学高峰，同时还要助力经济增长和社会民生，努力解决印度面对的紧迫挑战，包括能源和粮食安全、全民医保、环境和卫生设施、就业等，实现快速、可持续和包容性增长。其中的实现路径即是创新，通过架起知识与一、二、三产业等领域之间的桥梁，营造科技与创新的协同效应，开创充满活力的国家创新体系。

总体来看，印度的国家创新体系建设先后经历了现代科学体系建设初期、现代科学体系引进及提高期、科技研发与社会协同发展期与包容性创新发展期。印度政府在制度建设上先后颁布 SPR、TPS、STP、STI 等科技政策，每个阶段的重点投入领域基本揭示了印度科技发展走向。从建国初期的国防、核能建设，到 TPS 以来的软件外包科技和生物制药技术，奠定了印度的科技投入重点与第三产业的发展优势。近年来，印度逐渐从第三产业向第二产业的自主化进军，提出建设"印度制造""数字印度计划"等。

然而，印度在重大领域的政府主导模式亦有其弊端，其一，过度的政府集中化会抑制中小企业的创新行为和创新积极性，导致大企业的寡头垄断。其二，尖端科技发展与基础实践的脱离。例如，印度对国防科技的重视导致民用技术的缺口，部分与经济结合紧密的科学技术发展滞后，技术能力与工业需求脱钩，影响技术的落地与应用。

印度创新发展的过程如图 4-8 所示。

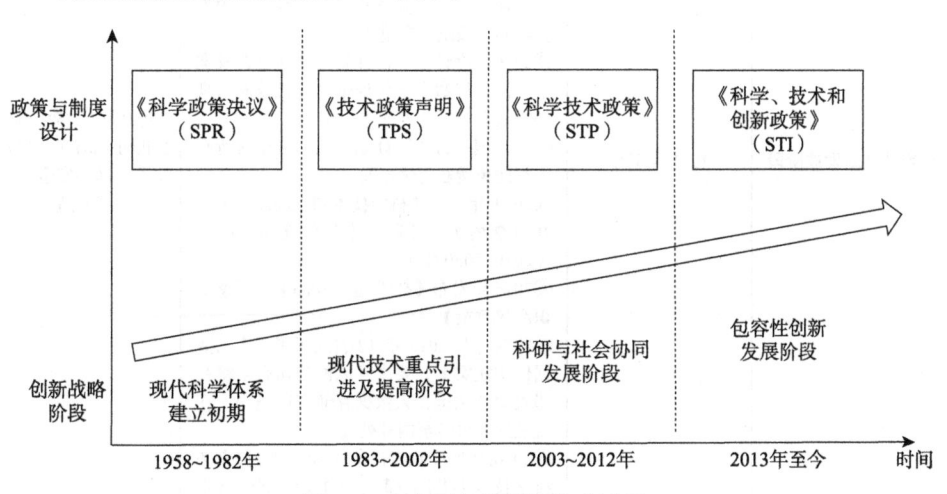

图 4-8 印度创新发展的演进历程

印度创新发展政策的推进见表 4-10。

表 4-10　印度创新发展政策

创新战略阶段	时期	科技发展特征	行业集中领域
现代科学体系建立初期	1958~1982 年	①重视部门建制：印度初步建立起完整的科技部门 ②重点领域布局：完成了国防、核能、空间和海洋等国防领域的科学布局	国防、核能、空间和海洋等国防领域
现代技术重点引进及提高阶段	1983~2002 年	①要素供给端：政府应该利用财政资金资助技术发展。"七五"期间印度政府设置了减税等措施，设立了由科技部科学与产业研究署管理的产业研发促进计划 ②开放的技术竞争策略：产业政策基调已不再是计划经济而是鼓励外来投资、放松管制和提倡竞争，并在此后越来越重视研发和技术发展对产业的促进作用 ③技术路径：促进技术转让、强化技术引进及技术的跟踪模仿	高科技外包服务：软件外包，制药，国防和信息通信
科研与社会协同发展阶段	2003~2012 年	①国家创新生态系统战略提出，重视协同发展 ②中小企业创新扶持：通过减税等措施，重视印度制造业的 45%份额并且占据了制造业出口产品 40%的中小企业的创新潜力	ICT 及离岸外包、航天、制药、材料、信息技术、生物学、地球探测、能源
包容性创新发展阶段	2013 年至今	①推进制造业快速发展：重点扶持汽车、电器、通信、电力等 25 个产业，以电子信息制造业为突破口，目标在 2020 年实现电子信息产品自主生产 ②技术包容性：改变进口替代战略，实行制造业和出口导向战略，加大对外资和技术的引进力度，放开了国防、铁路、航天、保险、电子商务和房地产等领域的投资限制，鼓励外资进入 ③数字印度计划。该计划主要通过普及宽带上网、以数字身份证带动手机政府治理和大数据等三个方面进行实现 ④"一国一订阅"计划，让印度全国所有人都能免费获得学术文献 ⑤2013 年发布《科学技术和创新政策》，并将继续实施《印度十年创新路线图》（2010~2020 年） ⑥2016 年发布《技术远景 2035》《国家知识产权政策》 ⑦印度内阁 2019 年 12 月通过了《个人数据保护法案》，要求互联网公司必须将在印收集的关键个人数据存储在印境内，在脱敏后才可转至国外处理 ⑧2020 年印度政府首席科学顾问办公室和科学技术部共同发起了新的国家科学技术和创新政策的制定	数据挖掘（大数据）、物联网（IoT）、生物技术、网络安全、智能制造

1. 第一阶段（1958~1982年）：现代科学体系建立初期

印度开国总理尼赫鲁认为"科学和技术是带来社会平等和经济发展，把印度带入世界主流发展轨道的工具"。在尼赫鲁的指示下，1958年印度发布了第一套中长期科技政策《科学政策决议》，其内容是初步建立起现代科学体系，其实质是科学政策的制定，规定了印度发展技术的四个基本要素：①发明新技术的能力，或吸收进口技术的能力；②传播技术的能力，将技术吸收到一切经济部门的能力；③选择技术以促进国家发展的能力；④不断改进技术的能力。实践证明，这一决议促进了印度的发展。在这一阶段，印度初步建立由印度总理为负责代表的科技部、原子能部和空间技术部。在工业化布局方面，尼赫鲁政府认为工业化是改善人民生活质量的基础，因此政府牵头建立科学和工业研究委员会，致力于应用性科技发展，第一套中长期科技政策颁布后运行了25年，在此期间印度初步建立起了完整的科技部门，并且发布了一系列科技计划，完成了国防、核能、空间和海洋领域的科学布局。

2. 第二阶段（1983~2002年）：现代技术重点引进及提高阶段

印度第二套中长期科技政策《技术政策声明》于1983年在英迪拉·甘地总理任上推出，强调利用现代技术加强国家竞争力，其实质是技术政策的自给。在拉吉夫总理领导下，着重推动了计算机、通信、生物、制药等高技术产业的发展。尤其值得称道的是，20世纪90年代以来印度抓住了信息高速公路、千年虫换代等几次机遇，大量承接国际IT服务业外包并以集群方式推动了IT业的飞速发展，一跃成为"世界后勤办公室"。

3. 第三阶段（2003~2012年）：科研与社会协同发展阶段

印度第三套科技政策《科学技术政策》于2003年在瓦杰帕伊总理任内推出，强调研发投入，强调科技产出，提出建立科技、研发与经济社会协同发展政策，其实质是研发政策。政府开始加大研发投入；强调科技成果转化，强调创新创业是印度发展能量所在，支持5家印度企业跻身全球最有创新性企业50强；推动设立印度海外公民卡（即双重国籍）以吸引顶级科技人才，总理亲自把第一张印度海外公民卡颁给了印裔美籍女科学家NivrutiRai（封颖等，2014）。在软件外包行业，印度软件外包行业规模持续增长，2008年行业规模为600多亿美元，2012年，印度软件外包行业规模已突破1000亿美元，其中离岸外包收入达691亿美元，比上一年增长16%；在岸外包收入达317亿美元，增长10%。离岸外包和在岸外包的收入比例基本在2:1左右波动，说明印度的软件服务外包市场发展较为均衡，另外，印度软件产业的收入主要是由出口贡献，软件外包成为印度经济发展的重要驱动。

4. 第四阶段（2013年至今）：包容性创新发展阶段

（1）加强研发投入。印度科技研发投入水平较低，占全球比重不足2.5%，占本国GDP比重低于1%。为此，STI政策框架提出，计划在五年内将研发投入占GDP比重提高到2%，科学出版物的数量翻番。其中的关键是调动私营部门的积极性，将通过设立国家科创基金、支持私营部门建设研发中心、公共研发项目向私营部门倾斜、吸引私营部门参与基础设施建设等方式，引导私营部门增加科研投入，期望在五年内将公共部门和私营部门的投入结构比从3∶1提升至1∶1。

（2）培育创新人才。鉴于印度巨大的人口红利，STI政策框架提出了未来五年将全国研发人员全时当量提升66%的目标。主要从培育和引进四类人才着手：青年人才、女性人才、理工科人才以及海外印度裔人才。在教学阶段，加强教育改革，注重科学和工程学科建设，设立跨高校研究中心；在研究阶段，积极参与全球研发基础设施建设和大科学工程，实施结果导向的人员激励政策，不断吸引更多的人才从事科研事业。

（3）关注重点领域。STI政策框架分析了当前印度一、二、三产业存在的问题和不足，提出将优先关注农业、通信、能源、水管理、健康、制药、材料、环境、气候多样和变化等领域，依靠重大战略任务，提升研发强度，刺激高科技产品出口和创新产业发展。其中，对重点领域的支持和投资，将覆盖基础研究、技术开发、成果转化、产业化等创新链各环节。在IT信息产业，随着云计算、大数据等数字服务和数字经济的发展，印度IT产业也在经历从劳动密集型向技术密集型的结构性转型，同时，IT产业的低端解决方案开始转向高端数字服务，技术平台正在从低端支持和维护转向高端云计算、大数据服务等（张毅菁和杨荣斌，2013）。

（4）支持创新创业。STI政策框架表示，将在全社会范围内大力支持创新创业活动，手段包括设立"风险创意基金"、探索"小创意、小资金"机制、加强创业孵化服务、鼓励商业模式创新等。对于创新创业的风险，设计由公共部门牵头、私营部门参与的防范机制，不断探索新的金融投资补偿方法，推行创新产品首购首用政策，实施发明者和投资者共享知识产权的法律框架，从供给和需求两端来抵御创新创业的失败风险。

（二）主要特征

1. 创新领域布局："由点带面、重点突破"的技术创新驱动

印度在每一期政策出台都会有相应的重点发展领域突破。梳理印度过去的四

套中长期科技规划，显示出印度政府在科技重大部署行业方面呈现明显的阶段性特征。在第一个中长期科技政策颁布之后，印度在核能、空间和海洋勘探技术方面完成了国防布局。20世纪80年代，随着发达国家的经济活动越来越转向高附加值和技术密集型产品的生产，印度第二套中长期科技政策把初步建立本国高技术及产业作为基本任务，在软件外包、信息通信和国防科技方面打造了基本实力，印度在这段时间内成为新兴经济体中为数不多的高技术产品出口国。面对21世纪知识经济的兴起，第三个中长期科技政策的颁布有效地促进了新技术在传统产业领域的推广应用，在ICT及服务外包、空间、生物制药、新材料等高科技领域居于世界前列。正如印度籍华人谭中教授所指出的那样，21世纪印度经济产值的一半出自高科技软件服务业，它等于印度工农业产值（各占全国经济实力的1/4）的总和。印度跨越了工业化阶段，打造了较为发达的IT服务业，这是现代经济教科书上所找不到的发展模式。

2. 创新计划的落地效率高

以创业计划为例，2016年1月，印度启动了"创业印度，崛起印度"计划（简称"创业印度"），以激励全民族的创业精神，以优惠的政策推动印度技术创新、民众创业，助力经济快速发展。该政策为民众创业提供便利措施，授予创业公司3年免受劳工法律和环境法律审查的豁免权，缩短专利申请批复的时间，将申请费用降低80%；提供资金支持，设立14.7亿美元的基金，支持制造业、农业、卫生和教育等领域的创新项目；设立3亿美元的信用保证基金，协助创业公司从金融机构获得信贷；成立"创业印度中心"提供体制机制保障等。"创业印度"实施以来成效显著（封颖等，2014）。一是创业投资规模和企业数量显著增加。平均每天诞生3~4家初创公司，创业投资额从2014年的22亿美元增长到2015年的70亿美元。二是创业领域广泛，主要集中在电子商务、数字广告、大数据、数据分析、云计算、硬件、教育和健康产业等领域。三是吸引一批高学历年轻创业人员，2015年创业刺激就业达8万~8.5万人，72%的创业者年龄低于35岁，女性创业者比例已占到50%。四是促进形成了德里经济圈、孟买和班加罗尔等创业集中区。

七、俄罗斯创新发展的演进历程及特征

（一）演进历程

俄罗斯的创新演进历史很悠久，但是创新体系的形成却比较晚（图4-9）。

图 4-9 俄罗斯创新发展的演进进程

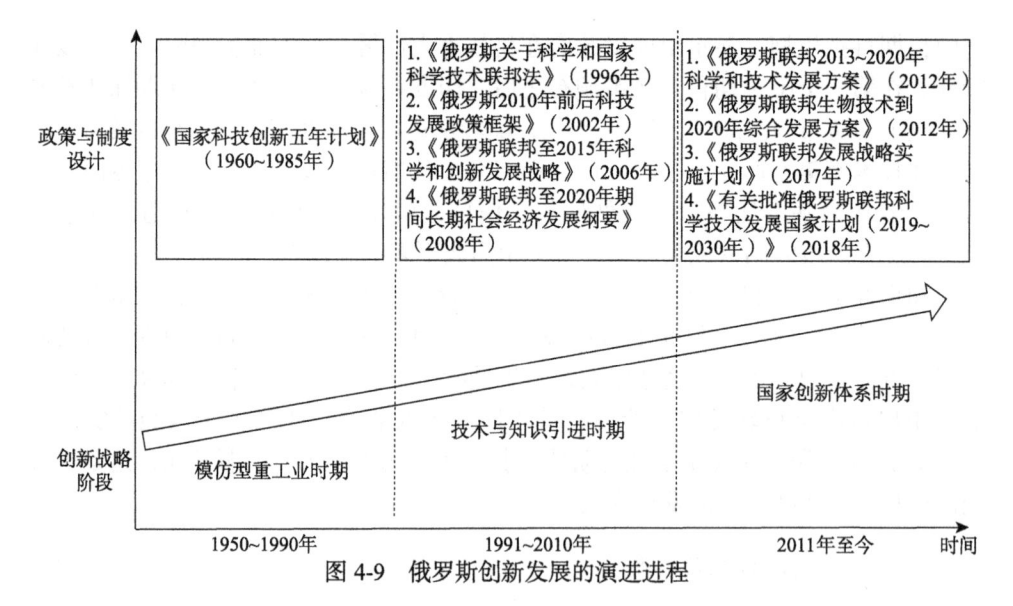

1. 第一阶段（1950~1990 年）：模仿型重工业时期

此阶段的技术创新制度主要是苏联领导下的研究所制。其中，研究所隶属于工业部及苏联科学院，杰出科学家和技术专家均是研究所成员。在创新领域方面，重点从事军事、核方面的基础研究，轻工业研究薄弱。

2. 第二阶段（1991~2010 年）：技术与知识引进时期

此阶段主要是转轨初期的创新环境改善和基础设施搭建期。2008 年，俄罗斯颁布《2020 年社会经济发展长期发展战略》（表 4-11），该发展战略"国家创新体系与技术的发展"部分确定了建立国家创新体系的目标：在各经济部门中开展和宣传创新，基于先进科学技术发展的大规模生产技术改造，以及在俄罗斯建立有竞争力的研发部门。俄罗斯在创新发展方面必须同时解决两个问题，一个是目前技术水平的差距，另一个是为决定其在全球经济中独特位置的领域的突破性发展创造条件。

表 4-11 俄罗斯《2020 年社会经济发展长期发展战略》重点

政策类别	关键战略
创新商务	（1）大幅增加公共部门（特别是在有国家参与的公营机构公司）的创新活动－其中包括采取及执行创新发展计划 （2）建立关键技术发展的路径图，定义支持措施及必要程度的国际合作（例如，国外购买／与外国伙伴联合发展／自我发展） （3）对于环境、技术、卫生和流行病学相关规定以及能源／资源需求密集型产品或服务与其使用的技术，采取一致及可预测的长期紧缩政策，定义适当的奖励和制裁以鼓励促进俄罗斯经济成长的关键技术发展领域之执行与发展 （4）确保业界充分参与定义和供给资金于高优先次序的科学及技术发展，包括技术平台的启动。针对工程及信息技术的发展，导入额外的福利（包含租税诱因）

续表

政策类别	关键战略
人才创新	（1）显著地改进工程教育的质量和声望，包括通过特别奖学金计划，以使工程学生与领先的工业企业建立更密切的合作及研究关系，并且采取措施协助工程师住屋问题（例如，提供出租房舍或购屋贷款），以及在其专精之技术领域安排合适的工作职务 （2）调整教育标准以及在基础教育（包括学龄前儿童课程及学校）导入新的学习技术，以便能将重点放在创新经济所需技能的发展上 （3）有系统地寻觅和提携天才儿童（主要是在自然科学和技术领域） （4）大幅提升科学、工程及商业的声望，包括通过媒体、电视及电影来倡导创新主题
国家与政府	（1）组建必要的政策工具及机制，以支持公共部门采购创新产品以及有效购置供公共使用的研发成果，以作为联邦采购契约系统的一部分 （2）在所有技术上可行的情况下，转移至以电子表单提供公共服务，亦即完全无纸化的工作流程，不只是在联邦当局之间并且与各区域进行合作
全球化	（1）加强对俄罗斯的高科技公司的外部市场准入的支持，包括增加对出口的财政支持及购买高科技的外国资产的支持 （2）促进俄罗斯公司寻求与技术最先进国家的外国技术合作伙伴建立及实施联合项目，以开发新技术与制造高科技产品
基础建设	完成并全面启动"创新升降机"，包括振兴俄罗斯科技发展基金会，以激励中大型企业的创新活动
科研机构建设	（1）建构一流高校的网络。发展具研究技能的高校，扩大其为实质经济部门利益而从事的基础研发的表现。以不同的模式及不同的样态，在技术发展的关键领域形成国家研究中心（实验室）的网络 （2）为活跃的研究团队重新分配资金，强化科学资金分配的竞争机制，以及提升研究人员在研究单位及高等教育机构间的流动性

资料来源：俄罗斯经济发展部，作者整理

该战略提出的国家创新体系基本要素有：根据经济发展需要实现科研开发与高等教育一体化，促进工程技术服务，强化创新基础设施、知识产权市场、创新激励机制的建设；建立实力雄厚的科技综合体，争取并保持俄罗斯在前沿性科学研究和技术领域内的领先地位；形成具有全球竞争力的加工工业中心；提高公司合作经营部门的竞争力，为俄罗斯公司拓展长期融资渠道，为经济各部门培育高素质的管理人才、工程技术人员和一般劳动者；支持高科技产品和高附加值产品的出口，并参照该领域的国际通行规则合理保护国内市场（李芳和徐明，2013）。

3. 第三阶段（2011年至今）：国家创新体系时期

此阶段科技立法逐渐完善，创新领域日趋全面。2016年俄罗斯颁布了《俄罗斯联邦科学技术发展战略》，该战略规定，俄罗斯计划在未来10~15年实现科技发展重点领域的一系列转变。一是采用先进的数字和智能制造技术、机器人制造系统、新型材料和新型结构设计方法、大数据处理技术、机器人学习和人工智能技术。二是发展节能环保型经济，提高碳氢原料的开采和深加工效率，开发新能源并探索输送和储存方法。三是实现个性化医疗与精准医疗，合理利用包括抗生素在内的各类药物。四是大力发展高效环保农产品和水产品加工，研究推广化学与生物制剂平衡使用的动植物保护方法。五是防范和消除可对社会、经济和国家造成威胁的各类危险源。六是建立智能交通通信系统，在开发领空、太空、大洋、南极、北极等方面占据世界领先地位。七是采用人文科学与社会科学方法推动人与自然、人与技术以及社会组织之间的良性互动[①]。

2017 年 6 月，俄罗斯政府发布《俄联邦科技发展战略实施计划》，在五大领域重点部署落实 2017~2019 年科技发展规划（贾中正和李燕，2018）。一是建立现代管理制度，提升研发领域吸引投资的能力。成立专门委员会，为科技发展优先方向提供专家咨询和分析，保证优先项目资金，推出新型金融产品，吸引包括非国有企业加入前景好、商业吸引力高的科技项目中。二是整合科技、创新和产业政策规划，使其符合国家科技发展与安全战略及国家技术创新目标。三是开发新型数字平台，建设现代科技网络体系，制定联邦"大科学"发展计划，为知识密集型高科技企业发展创造条件。四是发掘人才智力资源，扩展科学家、工程师和科创企业队伍，完善科学评价标准，形成专业评审制度。此外，还通过网络在线培训、提供住房、完善学术学位制度、简化国外专家入境许可，来引导青年从事科技创新，吸引国内外顶级科技工作者承担国家科技项目。五是加强与国际科技评估预测体系的协作交流，对科研组织和高科技企业开放多边平台，及时掌握全球知识和技术活动。

2017 年 7 月，俄罗斯政府发布《数字经济计划》，推广利用现代数字技术，保证国家信息安全（贾中正和李燕，2018）。主要包括大数据、神经技术和人工智能、分布式注册系统、量子技术、新型制造技术、工业互联网、机器人和传感器、无线技术、虚拟和增强现实技术等。该计划明确了到 2024 年俄联邦发展数字经济的五大优先方向。第一，发展数字平台。计划到 2024 年创建 10 家以上具备国际竞争力的领军企业，设立 10 个以上工业数字平台，至少发展 500 家数字平台和数字服务中小企业。第二，完善教育体系，培养数字经济优秀人才。计划 2024 年后中高等教育每年培养 12 万名信息通信技术毕业生，使其专业能力达到世界平均水平，全国掌握数字技能的人口比例达到 40%。第三，在基础设施上保证数字技术具备全球竞争力和独立性，保障国家安全。第四，构建用于数据收集和传输的通信网络体系，建设全国数据处理中心，为政府、企业和公民提供便捷、稳定、安全、经济的数据存储和处理服务，并允许技术出口。第五，确保个人、社会和国家信息安全，确保公民权和自由，在数字经济领域保证国家主权和经济社会可持续发展。计划到 2024 年将使用外国服务器的网络流量占比降到 5%，并成为信息安全领域的世界领导者之一。

2018 年 2 月，俄罗斯政府出台了《2018~2020 年发展生物技术和基因工程发展措施计划》（即《路线图》），旨在扩大国内需求，推动生物技术产品开发和

---

① 2017 年《俄罗斯科技创新发展报告》黄皮书。

出口，并构建制度条件，通过大规模应用新型生物技术解决方案和产品实现工业技术基础现代化。《路线图》确定了9大优先领域的具体措施，涉及发展生产潜力和生产合作、发展基础设施、生物医学和生物制药、农业生物技术、工业生物技术、生物能源、林业生物技术、生态生物技术和基因工程。2018~2020年，俄罗斯将从参与国际合作、完善相关法律法规及国家标准、进一步支持私营企业发展等方面，推动生物技术及基因工程的发展。《路线图》提出，到2020年，俄罗斯工业生物技术产品产值可达到148亿卢布；拥有生产生物医学细胞产品许可的大规模应用生物医学产品开发和临床前研究的生产中心可达到2家；大规模应用生物医学细胞产品开发和临床前研究的生产中心可达到2家；获准进行生物医学细胞产品临床试验的医疗机构可达到50家；用于农产品加工的生物技术可增加至13种；用于监测和分析森林资源遗传多样性、森林病理和森林繁殖情况的DNA数量可达到7万个。

2018年5月7日，普京再发布总统令——"俄联邦2024年以前国家发展目标和战略任务"（贾中正和李燕，2018）。要求在2024年前在经济和社会领域加速引入数字技术，保证俄联邦经济实力，确保经济增长率高于世界平均经济增长率，以出口导向创建新型制造业和农工综合体，发展现代技术，培养高素质人才。该总统令还规定，俄罗斯在住房、建筑、城市供水、道路交通基础设施建设等领域都要采用世界先进科技，保障城市生态和居民安全。联邦政府保证每年在制定下一财政年度规划联邦预算草案时，优先考虑科技发展项目。

2018年12月21日，俄罗斯科学与高等教育部官网公布《有关批准俄罗斯联邦科学技术发展国家计划（2019~2030年）》的政府决议草案。计划目的是发展国家智力潜力，为经济结构转型提供技术和智力支持，有效组织和更新国家科学、技术和创新活动。计划分为两个阶段，第一阶段为2019~2024年，第二阶段为2025~2030年。包括5个分计划：发展国家智力资本；保障俄罗斯高等教育在全球的竞争力；开展能够保障国家长期发展和竞争力的基础科学研究；制定和实施俄罗斯联邦科技发展战略优先领域的科技项目；促进各领域的科学、技术和创新发展，发展科学、技术和创新基础设施。

俄罗斯的主要科技发展策略总结见表4-12。

表4-12 俄罗斯主要科技发展策略

创新战略阶段	时期	科技发展特征	战略局限	经济引擎
模仿型重工业时期	1950~1990年	①国家领导下的研究所制：研究所隶属于工业部及苏联科学院，杰出科学家和技术专家均为研究所成员 ②创新领域：重点从事基础研究	①研究效率低下：科学院、高校、工业部门各自为政，使部分研究处于空白，部分跨部门的综合研究无人关注，部分研究大量重复，信息沟通不顺畅 ②创新行业范围局限：局限于重工业、航空航天等行业	计划经济体制：轻工业严重匮乏

续表

创新战略阶段	时期	科技发展特征	战略局限	经济引擎
技术与知识引进时期	1991~2010年	①创新主体：国家型企业为创新主体，加快与西方国家合作创新；技术引进速度加快 ②科技立法完善：《商标法》《专利法》《科技成果支配法》等	①技术追赶依赖性强：以技术引进和技术吸收为主 ②技术创新主体单一：以政府领导下的国有企业为主，市场化率低	转轨期经济： ①能源出口。以石油、天然气出口为支柱 ②低附加值经济为主
国家创新体系时期	2011年至今	①国家创新体系的提出：确定优先领域、政策工具，并提出要改革俄罗斯的科技与教育，发展人力资源，鼓励企业创新，以保障俄罗斯经济的竞争力 ②技术追赶加速	①跨界技术交流匮乏：产学研体系不完善，财政赤字，高校创新动力弱 ②中小企业创新动力弱。受宏观经济环境影响，中小企业财力匮乏，创新资源投入较少	多元化经济过渡期：以能源出口为主，其他行业加速追赶，技术及行业呈分散化态势

（二）主要特征

1. 技术平台被认为是俄罗斯创新政策的关键工具之一

国家研究型高校是为技术平台提供方法论及组织支持的俄罗斯著名智库之一。同时，在俄罗斯与欧盟的技术平台间建立联系是促进这方面的进一步发展的重要方法。

俄罗斯以技术平台作为创新的公私伙伴关系机制，在最有前途的技术领域中搭起科学与产业间的桥梁。俄罗斯政府高科技和创新委员会在2011年4月由超过180个建议提案中选定并批准了28个技术平台，总计有2 000多个机构组织涉及参与这些被核准推动的技术平台。

2. 公共创新资金的使用效果有待提高

与人均 GDP 水平相当的其他国家和大多数新兴经济体相比，俄罗斯对科技研究和应用的投入要高得多。但从创新绩效指标来看，俄罗斯的科技产出水平却相当有限，如俄罗斯新技术产品或改进的产品占工业销售额的份额仅为5.6%，即使是开展创新活动的公司该份额也不超过10%，高附加值产品在出口到 OECD 的制造产品中占比不足1%，高、中附加值产品的占比仅为10%。造成这一局面的主要原因在于：科研部门和商业部门之间缺乏联系，商业部门的技术创新因与研发部门严重脱离而受阻。研究成果商业化应用率低是俄罗斯创新体系中多年来一直存在的问题，这一问题至今仍然没有得到很好的解决（程如烟，2007）。

八、巴西创新发展的演进历程及特征

（一）演进历程

巴西作为拉丁美洲最大的国家，其创新制度演进过程在拉丁美洲国家中代表性较强。总结来看，其创新发展战略主要分为四个阶段（图 4-10）："闭塞型"科技体系初建阶段、重视知识向技术溢出阶段、集中科技创新政策与产业政策融合阶段、完善科技创新管理体系阶段。

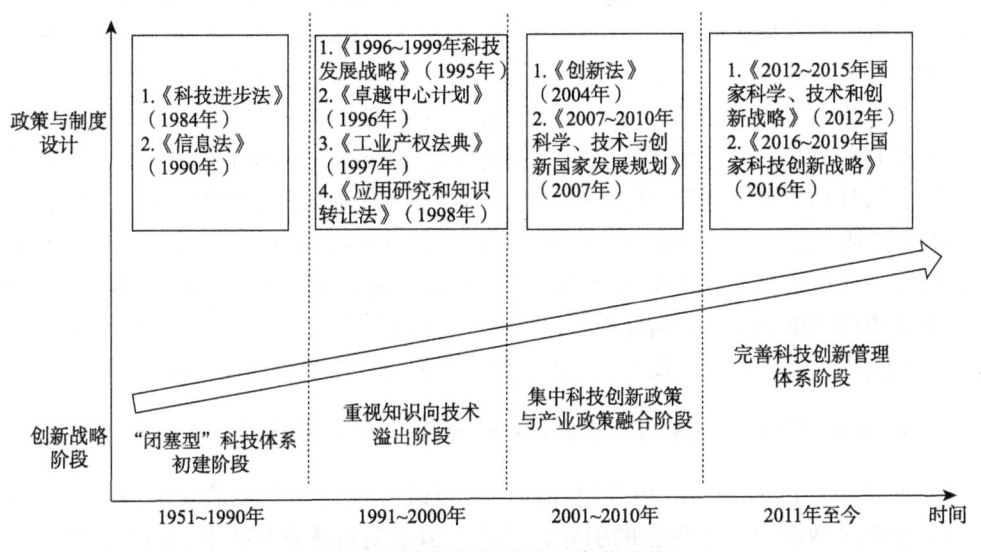

图 4-10 巴西创新发展的演进历程

1. "闭塞型"科技体系初建阶段（1951~1990 年）

1980 年巴西制定了 1980~1985 年全国科技发展基础计划，提出要增加研发投入，扩大经费来源；加强企业的研发中心建设、公共基础设施建设和科研队伍建设；政府优先购买国内创新产品，鼓励发展高新技术；推动国际科技交流与合作。1988 年成立科学技术部及两家资助科技创新的机构，即巴西创新资助署和国家科技基金会。1984 年巴西政府颁布了《科技进步法》。该法要求全国对科技的投入必须保持每年 5%的增长率；企业如果将 5%的产值用于科技投资，可减免 50%的所得税。为加强政府与产学研的联系，巴西在 1984 年成立了创新技术研究协会。1985 年又成立了科学技术部，该部门负责制定全国的科技政策和发展规划，协调各级科研部门，促进科技界和工业界的结合。1989年巴西又合并成立工商科技发展部，加强对技术创新的管理。

该阶段巴西的创新体系有了很大发展，技术创新政策逐步进入制度化和法治化轨道。增加科技投入和促进研究开发是该时期的主要目标，但是由于债务危机，政府和企业减少了研发投入，许多技术创新政策没有落实。

2. 重视知识向技术溢出阶段（1991~2000年）

从1990年起，巴西先后出台了一系列鼓励企业技术创新的法令。1991年颁布了8248号法规定公司研发开支的40%必须用于资助高校、研究协会和其他类似科研机构。同年，巴西建立了"技术型企业的资本计划"，在巴西首次引入风险投资。1992年，"产业技术能力支持计划"首次从科技政策与产业政策融合的视角用财政经费支持产业科技。1993年出台8661法令提出要增加财政支持，发展工业基础技术，鼓励产学研结合以及企业间的合作，对企业技术创新从所得税、工业产品税、设备和专利折旧等方面予以优惠。1995年巴西成立了创新管理机构"研究与项目信贷局"，为技术创新项目提供贷款。1996年巴西出台了"卓越中心计划"，该计划规定，对于科研机构牵头且至少两家企业参加的研发项目，国家提供50%的经费支持。为了激励和保护知识创新，1997年巴西引入了专利法，并颁布了新《工业产权法典》，1998年又制定了《应用研究和知识转让法》。2000年，巴西创新资助署推出了"创新计划"，建立了一系列部门基金，遴选了一系列关键领域增大投入，促进知识向技术转让的速度，将社会资本引入产业科技。

3. 集中科技创新政策与产业政策融合阶段（2001~2010年）

该时期，巴西创新政策导向加强，通过改革确立了企业的技术创新主体地位，加强了政府对技术创新的引导，完善了国家创新体系和技术创新政策体系。2001年科技部发布了科技创新绿皮书，同年召开了全国科技创新大会，确定了未来10年巴西科技发展指导方针和战略规划。2003年，卢拉总统上任，建立第一套巴西国家创新政策。推进自上而下的部门建制：建立促进科技创新与产业融合发展的政府机构。2004年在发展、工业和外贸部下设立了巴西产业发展机构，使命是通过增强竞争力和创新来促进巴西产业和技术发展；2005年，在巴西科学技术部下成立了管理和战略研究中心，致力于促进和实施科技领域内与产业部门相关的研究。以州为单位的区域创新政策开始兴起。以圣保罗州为首建立本州科学资助机构，通过与巴西创新资助署联合实现资助某些特定科技领域。巴西国家经济和社会发展银行通过转移支付的资金，操作南部地区发展银行、东北银行和亚马逊银行，资助科研领域。同年，巴西召开了全国第三次科技大会，制订了巴西科技创新10年战略计划以及全国科技创新总体计划，旨在巩固和扩大全国科技创新体系,以技术创新促进社会协调发展。2007 年巴西政府公布了"2007~2010 年科学技术和创新行动计划",提出要巩固和扩大全国科技创新体系,促进能源、生物、航天、国防、公共安全等战略领域的创新。

4. 完善科技创新管理体系阶段(2011 年至今)

创新战略地位提升。2011 年,巴西政府将"科学技术部"更名为"科学技术与创新部",进一步突出了创新在巴西国家战略中的重要意义。同年启动"国家科技创新战略",目的是重新调整科技政策,实现"大巴西计划"中的产业政策新目标。实行基础研究与应用研究并行制:①基础研究要素投入管理机构有巴西创新资助署和国家科技发展理事会;②产业研究要素投入管理机构有核能管理署和空间管理署以及科学技术与创新部下属专业领域管理机构。

2012 年 6 月,巴西科技部发布"监督和评价政策",并宣布成立了新的评价机构"国家评价常设委员会"进行科技创新方面的宏观评价工作。该政策要求政府所投资项目的执行者要定期向"评价常委会"提交必要的数据,供监督和评价,提交形式可以是机构和资金的执行报告、研究或调查报告等。2012 年 3 月,巴西科技与创新部(图 4-11)正式出台了《2012~2015 年国家科学、技术和创新战略》,提出了 2012~2015 年国家和区域行动的指导方针。国家科技创新战略的目标是:有效降低国家经济的外部脆弱性和财政脆弱性,加强国内市场对经济的带动作用,资助未来的支柱产业,使巴西为知识经济和信息经济的发展做好充分准备,协助巴西过渡到绿色经济和创新经济。2016 年颁布《2016~2019 年国家科技创新战略》,科技创新研究重点领域包括航空航天和国防、饮用水、食品、生物群落和生物经济、社会科学技术、气候、数字经济和数字社会、能源、核能、卫生。

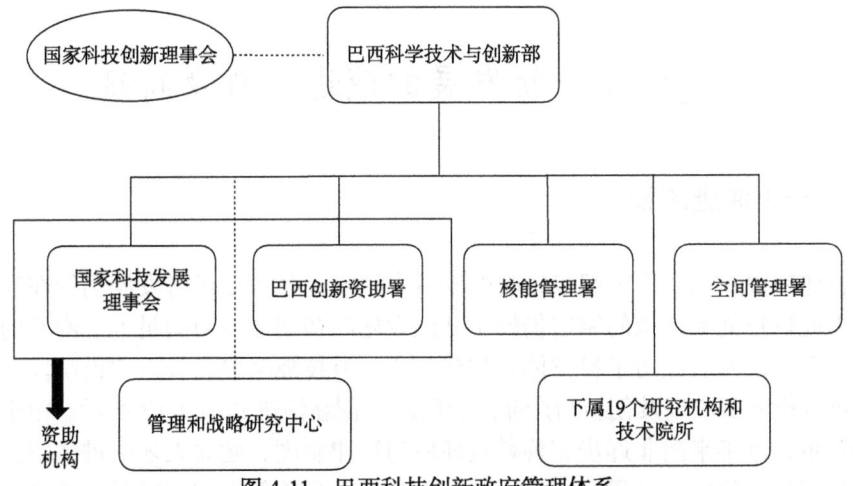

图 4-11 巴西科技创新政府管理体系

资料来源:拉丁美洲和加勒比经济委员会《巴西科技创新体系评价与思考》,https://www.cepal.org/es

（二）主要特征

1. 创新效率有待提高

巴西在创新投入（创新政策、创新基础设施建设力度、资金投入）与所产生的创新绩效之间存在着明显的差距。除了一些战略产业外，科技扩散能力、科技要素（科技人员的配备、基础设施建设与改进）的建设整体速度较为缓慢。

2. 私营企业的创新活力正在下降

研发投资的强度和技术采用率（包括硬技术和软技术）低于其他新兴经济体。这种情况反过来又阻碍了生产力增长的机会，特别是在制造业和服务业，因为这些行业的前沿生产力差距更加突出。例如，农业和采掘工业的重要部分受益于由公共行动和机构领导的健全的部门创新系统的发展，然而如何在其他行业复制这样的成功，更广泛地说，如何巩固更具竞争力的国家创新体系，从而促进企业创新和生产率增长，仍缺乏动力。

3. 政府的资源分配一定程度抑制了创新效率的提升

对科技的公共投资（主要包括公立高校在内的公共部门实体）至少是用于私营企业创新的资源的 8 倍。然而，公共研究对产业创新和技术发展的影响有限，因为公共科技机构和私营企业之间的联系不足，知识供应和商业需求之间的匹配不足。总体而言，尽管市场很大，科技能力和基础设施得到改善，但创新机会仍然很薄弱。

九、南非创新发展的演进历程及特征

（一）演进历程

整体来说，南非作为起步较晚的发展中国家，其各项经济发展仍处在起步阶段，因此科技创新政策的制定仍处于基础设施的初期建设与满足上。南非的国家创新体系建设先后经历了科技体系初建阶段、科技战略要素投入建设阶段、科技要素重点投入阶段以及创新与产业融合阶段，创新演进如图 4-12 所示。由于独立时间较短，近年来南非逐步完善科技环境与法律制度，建立人才引进体制，以政府为代表领头建立基础研究中心，借助平方千米列阵射电望远镜科学项目发展相关科技产业。然而出于历史原因，贫富差距过大、基础设施落后，南非整体仍在技术追赶初期（林跃勤，2012）。

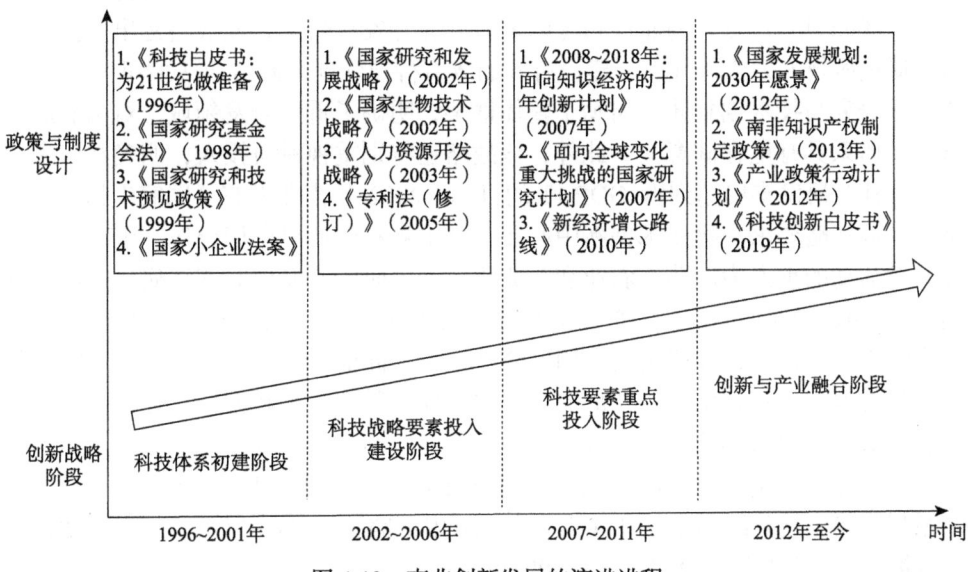

图 4-12 南非创新发展的演进进程

1. 科技体系初建阶段（1996~2001 年）

1996年，南非在《科技白皮书：为21世纪做准备》中提出了建设国家创新体系的目标，确立了新南非的科学技术框架和国家科技政策体系。此后一系列配套法案、政策得以公布，如《教育白皮书3：高等教育转型计划》（1997 年 7 月）、《高等教育法案》（1997 年）、《国家研究基金会法》（1998 年）、《国家研究和技术预见政策》（1999 年）。其中，《国家研究基金会法》直接促成了1999 年 4 月 1 日南非国家研究基金会的成立，该基金隶属于科技部，有效地整合了此前的研究发展基金会和科学发展中心，主要负责促进和支持南非的基础研究、应用研究及创新研究，塑造一个知识驱动型的社会。国家研究基金资助知识、人力资源、产品和研究设施等方面的研究工作，经费直接用于学术研究、培养高级人才、支持国家的研究设施，以促进人文科学、社会科学、自然科学、工程技术及本土知识等领域的研究工作。2000 年南非成立了国家创新咨询委员会，该委员会为南非政府提供关于创新政策和制度相关的咨询和建议。此外，南非在科技体系初创时期还特别侧重中小企业的扶持发展，专门颁布了《国家小企业法案》。

2. 科技战略要素投入建设阶段（2002~2006年）

在此阶段，南非通过立法改善人才、法律及政策环境，不断完善科技环境与制度。2002年7月，南非颁布《国家研究和开发战略》，该战略提出了推动创新、促进科技人力资源开发、建设有效的政府科技管理体制3项战略重点，为南非科学研究与技术创新体系勾勒了整体框架，明确了重点研发领域，对南非的国家创新体系具有里程碑意义。此外，该战略还特别重视科研投入，明确在未来3年里全社会研发支出达到占GDP 1%的目标。2002年南非颁布《国家生物技术战略》，该战略要求生物技术创新中心要与学术界和产业界密切合作。生物技术研究开发活动的重点为医药、农业和产业化，着力研究开发应对艾滋病、疟疾、肺结核等疾病的药物和疫苗。2002年8月，南非科技部成立，创立了该国历史上第一个独立的科技部，专门负责全国的科技工作。此前，科技工作由原艺术、文化和科学技术部负责；南非科技部完全专注于促进科学技术和创新，并提高了其人力资源能力；随后，新部门被分配了跨政府部门的科学技术监督职能。此外，围绕创新南非还分别设立了国家创新咨询委员会、国家研究基金和创新基金。此后一系列法律法规陆续颁布，如《人力资源开发战略》（2003年）、《本土知识体系政策》、《专利法（修订）》（2005年）。

3. 科技要素重点投入阶段（2007~2011年）

该阶段，南非重视基础研究，表现在以政府为引导的大型科研机构基础研究支出提升以及建立了卓越中心。该阶段，南非加大了对重大科技项目的扶持：2012年成功角逐作为国家大科学项目（平方千米阵列射电望远镜项目）的双址之一后，在部门建制、经费投入方面对该项目建设给予高度重视。从政策文件来看，2007年南非科技部提出了《2008~2018年：面向知识经济的十年创新计划》，以期帮助南非在2008~2018年成为知识型经济体。该计划表明，只要关注人力资本发展、研究与开发、知识探索和产生相关的基础设施、解决研究结果与其社会经济成果之间差距的"推动者"，南非就可以实现经济增长。同年南非还颁布了《面向全球变化重大挑战的国家研究计划》《南非国家航天战略》等战略规划及相关配套政策。2010年11月南非政府公布了《新经济增长路线》，提出要不断增加对科技研发的公共和私人资本投入，使全社会研发投资占GDP比重从2007、2008年度的0.93%，增加到2014年的1.5%，到2018年达到2%。

4. 创新与产业融合阶段（2012年至今）

在该阶段，南非注重科技成果转化，强调科技发展与产业成果的融合，促进科技成果转化，解决南非贫富差距过大、失业率居高不下、基础设施落后的问题。2012年南非颁布《国家发展规划：2030年愿景》，旨在解决在1994年民主过渡之前由压迫性种族隔离政府体系继承而来的根深蒂固的社会经济不平等和贫困现象。同年，南非颁布了《产业政策行动计划》，2013年颁布《南非知识产权制定政策》，2014年颁布《南非基础设施建设法案》。

2019年以后，南非科技创新的政策步伐明显加快。2019年3月15日，南非科技部宣布新版《科技创新白皮书》已获内阁正式批准。这是自1996年首份科技白皮书发布后，南非政府制定的第二份有关科技发展的纲领性文件。新版白皮书确定以迎接第四次工业革命为核心重点，将科技创新置于南非发展议程的中心地位，以协调并推动实现国家发展规划目标。该白皮书提出了"在变化的世界中以科技创新实现南非的可持续和包容性发展"的总体目标，确定了未来5~15年科技创新的高层次政策方向。重点包括五个方面：一是通过弘扬创新文化、将科技创新纳入政府最高层次的跨领域规划中，提升南非科技创新的总体地位；二是加强企业、政府、学术界和民间团体之间的伙伴关系，为科技创新创造更有利的环境；三是聚焦于创新对造福社会和根本性经济转型的促进作用；四是扩大和转变国家创新体系的人力资源基础；五是增加科技创新的公共和私营投资。

《科技创新白皮书》呈现出三个特点，值得关注。第一，将科技创新与国家发展紧密结合，并摆在更重要的位置。为确保科技创新纳入相关政府部门的规划，并确保相关计划获得足够资金，提出将成立由科技部部长担任主席的科技创新部际委员会。第二，特别突出发挥民间团体在科技创新中的作用。拟推动民间团体参与规划制定，为其提供培训和资助，使其发挥技术优势服务社区，帮助发现并支持基层创新等。第三，加大科技创新的开放程度。表现在为实现十年内将R&D投资强度提高到1.5%，将重点通过改善企业研发激励措施、省级政府对公共科技创新的投入以及扩大吸引外国资金等方式实现。在加强人力资源基础方面，提出通过扩大国外的实习和培训机会等途径实现。在未来15年，新的科技创新政策将开辟新的道路，释放南非科技创新的全部潜能，以增强其在社会繁荣和包容性发展中的作用。为落实《科技创新白皮书》，南非科技部正在积极制定2019~2029年的十年科技创新发展规划。

2019年8月13日，南非总统拉马福萨正式签署《本土知识保护、推广、发展和管理法案》，该法案为发展南非本土知识体系、知识产权铺平了道路，有助于保护、管理、利用非洲本土文化瑰宝。南非科学创新部称将进一步加强与有关各方合作，出台该法案实施细则，在国家资格框架内完善本土知识学科体系，建立认证与绩效评价制度。2020年南非国家创新咨询委员会发布《南非科技创新展望预见报告2030》。该研究最终遴选出9个重点领域，分析预测南非有望通过科技创新以包容性和可持续的方式改善人民生活质量，应对社会经济挑战。该研究报告成为南非正在编制《南非科技创新十年规划》的重要参考。

（二）主要特征

南非科技创新发展处于基础设施的初期建设方面，主要特色是"以点带面"特征显著。2016 年 10 月 4 日，南非科技部发布"南非国家研究基础设施路线图"，对2014年发布的《基础设施规划》做出进一步修订和细化。新的路线图充分考虑南非参与的平方千米镜阵以及欧洲粒子中心的大型强子对撞机项目，政府借此机会进一步促进研究基础设施的投资。这些研究基础设施主要是为国内外的科研群体开放和服务，其战略目标是全面系统打造世界一流的研究基础设施，为提高科研竞争力、吸引世界一流人才奠定基础。重点资助的项目还有数字语言资源国家中心、陆地和淡水环境观测网络、核医学研究设施、健康与人口监测点、自然科学采集收藏实验室、浅海及沿海研究设施、基因组学研究分布式平台（包括基因等相关研究）、生物银行、海洋和南极研究基础设施、纳微制造设施、太阳能研究设施、材料特征研究设施、生物地球化学研究基础设施平台。

第五章　国际启示与新科技革命对中国创新驱动发展的挑战

一、国际启示

（一）主要国家创新驱动发展的经验

国际主要创新型国家虽然在建设的初期经济发展程度相差很大，而且在自然资源禀赋、经济规模和政治结构上都存在着巨大的差异，但是，在第二次世界大战后创新驱动发展的经验方面，具有以下共同的特点。

1. 科技创新作为国家发展的基本战略

建设创新型国家，只有把创新上升到国家战略层面，形成国家意志，才能真正驱动和引领经济起飞，提升国际竞争力。建设创新型国家是一个系统推进的过程，政府在国家创新历程中，必须审时度势、高瞻远瞩，正确选择重点产业领域，选择与经济发展阶段相适应的创新战略。

目前国际上主要创新型国家都把科技创新作为国家经济发展的基本战略。这些国家的创新投入高、科技进步贡献率高、自主创新能力强、创新产出高。在具体指标方面基本达到：①科学技术对经济的贡献率在70%以上；②R&D投入占GDP的比重达到2%；③对外技术依存度在30%以下。但这并不意味着创新型国家可以简单地按照这些数量指标加以解释，因为科技创新只有靠国家制度、组织和文化的创新才能实现。因此，作为创新型国家，这些国家更重要的是把科技创新作为国家经济社会发展的核心驱动力，通过制度和组织的创新不断地把国民经济推向从事高技术经济活动。

2. 完善的制度框架、强烈的创新意识、良好的创新氛围

纵观国际上主要创新型国家的演进历程，可以看出它们有一个共同的特征：在这些国家，创新以系统的、动态演化的观点将制度、文化、创新组织等要素结合起来，逐步建立起国家学习、创新环境和经济增长之间的有机联系，为创新活动的开展构建起完善的制度框架。创新活动建立在广泛的创新网络和产业一体化的基础上，创新活动充分体现出网络战略、技术战略、一体化的产品与制造战略、灵活性（组织的、管理的、产品制造的）等特点，形成了多元主体参与的、多种创新资源流动的、开放的创新体系。

这些国家都建立起了比较完善的创新环境。创新不仅包括技术创新，还有知识创新、制度创新和服务创新。企业、高校、科研机构和政府有一种强烈的创新意识，这种创新意识已经融入人们的日常生活和企业文化中，形成了一种良好的创新氛围。这些创新型国家为国家创新体系营造了比较完备的、有效的激励机制和运行机制：①竞争制度；②金融制度；③产学研合作体制。

3. 优化的国家创新体系结构

国际典型创新型国家的形成与发展与其国家创新体系建设密切相关。这些国家有一个共同的特征就是其国家创新体系结构的优化，具体包括：重视科技创新设施的建设，包括高校、科研机构、企业实验室或技术开发中心，也包括科技园区和其他创新支持服务机构的建设。其特色主要表现在如下方面：①优化的 R&D 投入结构，工业 R&D 投入占国家总投入的 50%左右，有的国家达到 70%以上；②产业结构集中度高，主要集中在高科技领域；③研发效率高；④国家对创新的支持贯穿整个创新链；⑤有效整合各种资源，加强体系内创新主体的互动。

4. 知识是经济发展的最重要资源

无论是自然资源丰富的国家如美国，还是自然资源匮乏的国家如日本和韩国，它们都把知识作为经济发展最重要的战略性资源，把 R&D 投入作为知识创造的基础性和战略性工作。

美国采取行动最早，第二次世界大战导致了欧洲的大批科学家和技术人才移居美国，科学技术在赢得战争中所扮演的重要角色使美国对之心存敬畏。因此，美国坚定了用科学技术开辟未来经济发展新道路的信念，在 20 世纪 50 年代就掀起了 R&D 投资的高潮，从而创造了知识经济的领先地位。

日本和韩国都是自然资源匮乏的国家，对于它们来说，只有凭借智力资源，通过技术含量不断提高制成品出口才能赢得国际竞争力。因此，技术创新的极端重要性使它们把出口盈余又大量投资于 R&D，这种路径选择使日本、韩国走上了

创新型国家的发展道路。

5. 以知识产权保护鼓励创新

专利权和贸易保护是一对孪生的制度，它们都是为了知识的增长和传播而专门创造出来的。各国在建设创新型国家时都使用了专利权或贸易保护等制度获取新知识的收益并鼓励创新。但不同国家在具体做法上还是有区别的。第二次世界大战后的日本和韩国在建设创新型国家的过程中都使用了贸易保护的政策工具，而西方发达国家则利用知识产权等保护新知识的国家利益。实际上，由于国家利益的存在，无论贸易保护还是专利权都是建设或保护创新型国家的工具。

6. 政府积极作为

国际主要创新型国家的发展离不开各国政府的积极推动。美国对科学技术研究进行了直接的巨额投资（或补贴），通过政府采购诱导新技术创新并实施极其严格的知识产权保护，对新知识的生产和创新进行广泛的政策干预。

在日本和韩国，国家的作用不仅表现在构建学习与知识创造的制度演化框架，而且在早期通过贸易保护、出口推动、对特定企业的补贴和"确保经济系统的安定性"等措施进行直接干预，东亚金融危机后主要是通过各种政策工具和大量的R&D投资推动国家确定研发目标。

7. 完善的创新评估体系

尽管对创新成果的评估比较困难，因为有的创新成果很难在短期内实现其经济利益，有的创新则具有较强的溢出效应，难以全面评估其成果，但这些国家基本上都建立起了比较成熟、可行的创新评估体系。其评估工作加强了政府、高校、科研机构和产业界的多向、连续性的沟通与交流，促进了国家的持续创新。

（二）对中国创新型国家建设的启示

与美国、日本、韩国、英国、德国为代表的典型创新型国家相比，我国技术赶超和科技创新强国建设之路还有很长的路要走。鉴于我国创新驱动发展的历史与现实情境，以及国际创新型国家发展的经验借鉴，我国建设创新型国家的过程实际上是一个学习、追赶和超越的过程。我们不能单纯地强调采取模仿创新战略，还是采取自主创新，而应该在不同的阶段，根据自身的经济、技术现状，以及发展特点，采取适合于自身发展的创新战略。我们可以借鉴日本当初的"赶超"方法，加快吸收创新的步伐，减少技术创新成本，并强化吸收后创新和后续开发研究，实现"吸收型"创新与"自主型"创新的有机结合，走多元化创新的道路。同时还要充分认识我国建设创新型国家的特殊困难，借鉴国际上创新型国家建设的经验，遵循规律，循序渐进，探索中国特色的创新型国家建设道路和模式。

因此，我国创新型国家的建设应该采取"全面创新，协调推进"的模式：①在培育民族创新精神和学习借鉴的基础上，倡导多元化创新与协同创新，逐渐走向自主创新；②国家创新体系与区域创新体系协调发展并逐步形成布局合理、有利于创新资源整合与集聚的国家创新空间网络体系；③通过构建以政府为主导、以企业为主体、以市场为纽带联结形成的"政府-企业-高校-科研机构-个人"多重力量相互交融、交叉影响、协同作用、螺旋推进的创新主体网络体系；④创新空间网络体系与创新主体网络体系共同推动整个国家的全面创新。

二、新科技革命发展趋势

科技革命是一个科技哲学的概念，是科学革命和技术革命的统称，一般是指引发科学技术范式、思想观念、生产生活方式革命性变化的科技变迁（陈套，2020）。回望过去，自16世纪近现代科技诞生、发展以来，人类社会大致先后经历了两次科学革命和三次技术革命（图5-1）。这五次重大科技革命催生了浪潮迭起的产业革命，促进生产力的跨越式提升，不仅极大地丰富了社会物质财富，也引发了经济、社会、军事等领域的广泛变革（潘教峰，2017；陈套，2020）。当前，全球科技正发生着深刻的变化，创新活动进入新的密集期，新一轮科技革命和产业变革正在加速演进，将推动社会的重大变革（丁明磊和王革，2020）。

对于供给侧，技术革命是一种产业模式由新代旧的过程，大幅提高生产效率，从而引起生产方式和经济结构的巨大变化；对于需求侧，科技革命所产生的新技术给人类的生产与生活等方面带来重大变革（周清杰，2020）。新一轮的全球科技革命与产业变革是科技创新驱动的必然结果，也是各国发展与价值观转型的客观要求（丁明磊和王革，2020）。新科技革命以智能化、数字化和网络化为方向，以大数据与云计算、物联网、机器智能、区块链为核心技术，以数字经济、平台经济为次生经济样态，以信息物理系统为基础工业应用系统，形成了社会生产的新动力（张源，2020）。与前几次科技革命不同，新一轮科技革命是在多领域先进技术集中爆发基础上，物理空间、网络空间和生物空间三者的全面融合（原磊，2020）。从科技革命爆发的供需驱动因素来看，新科技革命或将在新

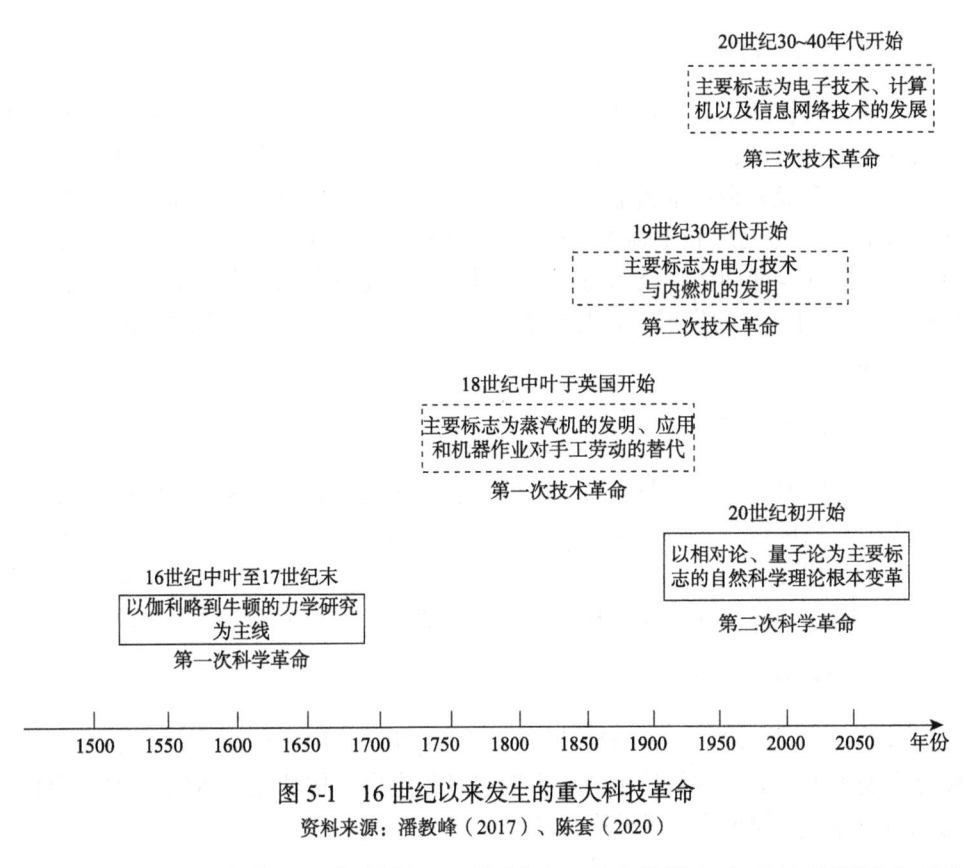

第二篇 创新驱动发展的中国情境与国际比较研究

```
                                    20世纪30~40年代开始
                                    ┌─────────────────────┐
                                    ┊ 主要标志为电子技术、计算 ┊
                                    ┊ 机以及信息网络技术的发展 ┊
                                    └─────────────────────┘
                                         第三次技术革命

                        19世纪30年代开始
                        ┌─────────────────┐
                        ┊ 主要标志为电力技术 ┊
                        ┊  与内燃机的发明   ┊
                        └─────────────────┘
                           第二次技术革命

              18世纪中叶于英国开始
              ┌───────────────────────┐
              ┊ 主要标志为蒸汽机的发明、应用 ┊
              ┊ 和机器作业对手工劳动的替代   ┊
              └───────────────────────┘
                   第一次技术革命
                                          20世纪初开始
                                          ┌─────────────────┐
                                          │以相对论、量子论为主要标│
                                          │志的自然科学理论根本变革│
                                          └─────────────────┘
                                             第二次科学革命
  16世纪中叶至17世纪末
  ┌───────────────────┐
  │以伽利略到牛顿的力学研究│
  │       为主线        │
  └───────────────────┘
       第一次科学革命
```

图 5-1 16 世纪以来发生的重大科技革命
资料来源：潘教峰（2017）、陈套（2020）

一代信息、生物、新能源、新材料、智能制造、重大前沿与交叉技术领域实现突破（易信，2018）。

1. 信息技术领域

当前，以信息技术的深度和全面应用为基础的技术革命迅猛发展，进而带动应用领域的创新突破和新业态的涌现，数字化、网络化、智能化得以加速推进。可预期未来，在新一轮技术革命的进程中，信息技术的深入发展将促进数字技术创新，源自数字技术的颠覆性新兴技术将不断地出现。目前，数字技术在新一轮技术革命相关领域中的深度运用催生了海量数据资源，其与新材料、先进制造等领域技术的融合应用使数据这一无形因素成为新的关键生产要素。以大数据、云计算、物联网、移动互联网及第五代移动通信技术（5G技术）等为主要代表的新一代信息技术将会在生产、消费等领域引起深刻的变革，从而重塑信息科技与产业的发展格局。例如，5G技术可能会成为将来数字经济乃至数字社会的"大脑"和"神经系统"，并且带来一系列产业创新、巨大经济及战略利益（袁小慧等，2015；潘教峰，2017）。

2. 生物技术领域

当前，生物技术分别在基因、干细胞组织工程及快速测量等基础性技术领域已实现突破性进展，同时在生物育种、生物医药和生命健康等领域逐渐地得到应用。此外，合成病毒、基因筛查、胚胎干细胞等新兴生物技术加速得以应用，引起了人们对生物伦理和生物安全的关注（潘教峰，2017）。由于新冠疫情的影响，科技创新全面向生物技术与产业倾斜，需要充分调动社会力量，共同推动生物技术与生物经济的发展，以尽快补上生命、生物、经济安全的短板（王宏广等，2020）。

3. 新能源技术领域

随着新能源技术的不断升级，可再生能源和清洁能源将逐步取代化石能源，成为人类社会可持续发展的基石（白春礼，2014）。具体来讲，能源科技日趋向绿色低碳、智能、高效、多元方向发展，因此多能互补、分布利用已成为大势所趋；据预测，2050年可再生能源将约占全球能源的一半（潘教峰，2017）。

4. 新材料技术领域

目前，材料技术在开发新型功能材料、高性能结构材料及先进复合材料等领域已实现重大进展。材料技术的未来发展日趋走向结构功能一体化、材料器件智能化和制备过程绿色化（潘教峰，2017）。

5. 智能制造技术领域

在人机共融的智能制造模式、智能材料和4D打印技术的推动下，传统的大批量集中式生产将转向于高度灵活、个性化、数字化的新型生产模式。此外，智能机器人的研发应用将成为前沿和热点，基于信息物理系统的智能装备、智能工厂等智能制造将引领制造方式的变革（潘教峰，2017）。

6. 重大前沿与交叉技术领域

随着新科技革命的深入发展，各学科门类间横向交叉融合日益紧密，学科边界日趋模糊，越来越多的突破性科研成果产生于交叉学科领域。例如，信息、生物、能源、先进材料与制造等前沿技术领域呈现多技术交叉融合和群体性跃升态势（丁明磊和王革，2020）。21世纪过去18年的诺贝尔自然科学奖中，学科交叉成果的比例已经从20世纪的20%上升到40%以上（李静海，2019）。

三、中国创新驱动发展面临的挑战

以信息技术和数字技术为主要代表的新一轮科技革命为中国赶超提供历史机遇的同时,也给中国创新驱动发展带来各种新的挑战。

(1)信息技术和数字经济的快速发展带来一系列深刻的变革,重塑全球产业竞争格局,中国将面临各国或地区之间对前沿科技,尤其是在数字化、网络化、智能化技术发展与高新技术领域的激烈竞争。为迎接新科技革命的挑战并抓住先机,抢占其制高点,许多国家已纷纷推出振兴制造业的战略计划,如美国的"先进制造业国家战略计划"、德国的"工业4.0"、法国的"新工业法国"、日本的"机器人新战略"、韩国的"制造业创新3.0"等,这会加剧在高新科技前沿领域的竞争。当今世界已进入 VUCA(volatility,uncertainty,complexity,ambiguity)[①]时代,近些年贸易保护主义的兴起、新冠疫情的暴发等进一步加剧了这一局面。在此情境下,科技创新要素在各国或地区之间的自由流动受到限制,或者有可能出现被"争夺""挤出"等现象,后发"跟跑者"甚至面临先发"领跑者"在关键核心创新要素上的封锁,从而使在"无人区"的探索之路或"追赶者"的自主创新之路变得更加艰难,付出比以往更昂贵的成本和代价。

(2)随着世界新科技革命浪潮的兴起,由于在前沿"无人区"的新科技探索充满不确定性,失败率也极高,我国现有的传统技术预测和发展模式将面临严峻的挑战。一流的创新型企业作为科技中心的基础支撑,它们不只是新技术、新产品及新业态的发源地,更是一个国家整体科技水平提升与产业转型升级的风向标(潘教峰等,2019)。一方面,我国主要是通过以市场换技术并对新引进的技术进行消化吸收来完成在技术上的追赶,然而,这种技术追赶的思维并非真正的创新思维,其与在"无人区"探索未知、创造新知的先发型思维之间存在差异;在过去长期的技术追赶过程中,我国创新主体已形成对技术引进、吸收与模仿的路径依赖,通常倾向于基于已有科学技术的试验发展和应用研究,在新科技革命的前沿领域起关键作用的基础研究比重却很低。例如,作为创新主体的企业用于基础研究的投入仅占其总研发投入的 0.1%(柳卸林等,2017);此外,缺乏鼓励冒险、拥抱风险、宽容失败的容错激励机制和创新氛围。另一方面,在技术创新领域,中国企业长期处于技术模仿与跟随的状态,在改革开放之后成立的企业中多数为以加工贸易起家的企业,甚至一些技术型企业也奉行"拿来主义"(王砚羽和谢伟,2016)。这种长期积淀下来的模仿性组织印记(或惯性)和较高的

---

① 即"乌卡时代",四个单词的意思分别是易变性、不确定性、复杂性、模糊性,综合意指变幻莫测。

对外技术依存度（包括关键基础材料和核心基础零部件）使我国企业很难实现具有挑战性与突破性的原创技术创新，因而在新科技革命的前沿领域缺乏竞争力，难以准确把握新科技发展趋势及技术轨道，正确预测新科技革命的方向和重点。

（3）新科技革命的进一步深入对我国知识产权保护工作提出了更高的要求。创新驱动发展战略的顺利实施，离不开完善的知识产权保护制度，这不但影响微观市场主体的技术创新意愿，而且直接决定科技成果转化的质量和效益。由于新产品一旦进入数字化阶段，仿制就会变得易如反掌，意味着与其他已数字化的产业一样，捍卫知识产权难上加难。新科技革命使得制造工艺及其流程成为富含知识产权的生产过程非常重要的组成部分（王庭东，2013）。目前，中国知识产权保护制度仍不完善，但以所需投资大、不确定性强、失败率高为特点的新科技探索对产权制度的要求却极高，这对未来的知识产权保护法治化、体制机制改革提出了更高的要求。

（4）现有科研管理体制有悖创新，难以适应，甚至阻碍新科技革命背景下的创新驱动发展。在高不确定性、难以预测的新科技革命前沿领域的创新探索需要高度灵活，创新要素在不同创新主体之间自由、充分流动的畅通有效体制机制，以及促创新、鼓励探索的制度环境与氛围。然而，我国基于学科边界的传统学术组织、研究项目、研究理念以及高校和科研院所的学科壁垒与制度惰性短时内仍无法适应当下创新驱动发展的新要求。有悖于科技创新的体制机制障碍主要表现在：①鼓励科技创新的政策体系与制度不完善，政府、高校、科研院所等层面支撑跨学科研究的政策制度缺失；缺少促进科技与人文互动融合，培育和营造创新文化的氛围和制度环境；没有形成带动创新资源集聚，打造开拓创新、宽容失败、竞争合作、注重长远的创新生态系统。现行高校的运行模式难以将不同学科人员聚集在一起推进跨学科研究，而这正是当前新科技革命背景下大科学研究的必然要求。②行政主导和干预过多，科研人员难以发挥创造性和积极性，行政部门更多发挥的是管理职能，缺少了服务功能，使科研人员难以把更多的时间和精力放在科研创新工作上。③科学研究是一项艰辛的工作，重大科技原创成果的产生往往是几十年如一日持之以恒坚持不懈的结果，但现行的科研项目立项都有明确的研究年限要求。重大科技成果同时又是多学科交叉协同创新的结果，但现行的立项科研项目管理与评价体制要求科研项目的边界明晰，并不鼓励不同领域、不同学科科研项目之间的联合与跨界研究。在资源配置机制上，缺乏跨领域、跨部门统筹机制以及多元融资机制；在新科技革命的前沿领域亟须好奇心驱动的科学探索，但在我国现行的科技发展体系中缺乏鼓励好奇心驱动基础研究的激励机制。

（5）与创新型国家相比，我国科技实力差距依然巨大，企业自主创新能力不强，尚未成为创新主体，科技创新能力不足使许多企业陷于受制于人的被动境地，特别是在一些关键核心技术领域"卡脖子"问题突出。新一轮科技革命将加剧这一局面，使突破"瓶颈"更为艰难。长期而言，我国科技取得了长足的进步和发展，在各领域实现了举世瞩目的成就。但是，当前，我国科技发展正面临着复杂严峻的国际外部环境，特别是在核心芯片、基础软件、发动机、数控机床、基础材料及核心装备等战略性科技领域，依然面临着众多"卡脖子"短板的严重制约，并且在近期的国际经贸摩擦中愈演愈烈（陈凤等，2019）。2018年，《科技日报》系列报道先后介绍了包括高端芯片制造所需要的顶级光刻机、芯片、操作系统在内的35项亟待攻克的关键核心技术，让我们正视了我国科学技术与国际先进水平之间的客观差距。例如，目前中国最好的光刻机加工精度为90纳米，相当于2004年上市的奔腾四CPU的水准，国外却已经做到了十几纳米[1]。就攻破难度极高、研发成本昂贵的芯片制造技术而言，虽然广泛用于通信领域的光芯片和点芯片已实现国产，但仍处于低速水平（≤10Gbps），高速的（≥25Gbps）光芯片和电芯片全部依赖进口。当前，芯片量产精度国际先进水平可达到10纳米，中国可做到的精度仅为28纳米，尚差两代，而且关键原材料及设备都靠进口[2]。目前，我国的核心工业软件领域基本上是"无人区"，工业软件的缺位给先进智能制造带来了"成长的烦恼"，如芯片设计生产"必备神器"EDA工业软件。一国EDA软件水平代表其电子产品设计能力的强弱，我国自主EDA软件性能与国外主流EDA工具存在不小差距，即存在"代差"：仅国外EDA三大巨头公司Cadence、Synopsys和Mentor，就占据了全球该行业每年总收入的70%[3]。

（6）从历次科技革命的历史看，西方多数创新型国家是通过资源掠夺缓解国内发展压力，通过不合理的国际经济体系占领国际经济与科技发展链条的高端等特定手段为创新型国家奠定基础的，几乎所有的创新型国家都是在市场化、工业化已经完成的历史前提下开始建设创新型国家的，这些为它们及时抓住新科技革命机遇创造了条件。相比之下，我国创新的制度基础和社会文化基础还比较薄弱，尚处在国际经济技术发展链条的中低端。

---

[1] 资料来源：《科技日报》"亟待攻克的核心技术"栏目（高博，2018年4月19日）。
[2] 资料来源：《科技日报》"亟待攻克的核心技术"栏目（张盖伦和付丽丽，2018年4月20日）。
[3] 资料来源：《科技日报》"亟待攻克的核心技术"栏目（俞慧友，2018年5月17日）。

本篇参考文献

白春礼. 2014. 世界科技创新趋势与启示[J]. 科学发展, （3）: 5-12.
曹周华. 2008. 2007 年英国科技发展综述[J]. 全球科技经济瞭望, 23（12）: 58-62.
陈凤, 余江, 甘泉, 等. 2019. 国立科研机构如何牵引核心技术攻坚体系: 国际经验与启示[J]. 中国科学院院刊, 34（8）: 920-925.
陈强, 霍丹. 2013. 德国创新驱动发展的路径及特征分析[J]. 德国研究, 28（4）: 86-100.
陈套. 2020. 迎接新一轮科技革命和产业革命[J]. 决策咨询, 57（3）: 66-69.
陈振明. 2003. 政策科学: 公共政策分析导论[M]. 北京: 中国人民大学出版社.
程如烟. 2007. 推进制度和政策改革提高俄罗斯创新绩效[J]. 全球科技经济瞭望, 22（8）: 9-11.
丁纯, 李君扬. 2014. 德国"工业 4.0": 内容、动因与前景及其启示[J]. 德国研究, 29（4）: 49-66, 126.
丁明磊, 王革. 2020. 中国的全球科创中心建设: 战略与路径[J]. 人民论坛·学术前沿, （6）: 32-37, 53.
董艳春, 徐治立, 霍宇同. 2017. 从奥巴马到特朗普: 美国科技创新政策特点和趋势分析[J]. 中国科技论坛, （8）: 168-174.
杜石然, 范楚玉, 陈美东, 等. 2012. 中国科学技术史稿[M]. 北京: 北京大学出版社.
封颖, 徐峰, 许端阳, 等. 2014. 新兴经济体中长期科技创新政策研究——以印度为例[J]. 中国软科学, （9）: 182-192.
国务院发展研究中心"国际经济格局变化和中国战略选择"课题组. 2018. 未来 15 年国际经济格局变化和中国战略选择[J]. 管理世界, 34（12）: 7-18.
胡志宇. 2014. 英国从科技创新的视角评价战略性产业的做法及启示[J]. 全球科技经济瞭望, 29（7）: 80-84.
黄宁燕, 王培德. 2013. 实施创新驱动发展战略的制度设计思考[J]. 中国软科学, 268（4）: 60-68.
贾佳, 赵兰香, 万劲波. 2015. 职务发明制度促进科技成果转化中外比较研究[J]. 科学学与科学技术管理, （7）: 3-10.

贾中正，李燕. 2018. 俄罗斯科技发展战略述评[J]. 红旗文稿，（24）：33-35.
姜桂兴. 2018. 英国面向2030年的科技创新政策研究[J]. 全球科技经济瞭望，33（1）：1-6.
姜怀宇，徐效坡，李铁立. 2005. 1990年代以来中国人才分布的空间变动分析[J]. 经济地理，25（5）：702-706.
李丹琳，马学礼. 2017. 日本IT立国战略的推进与成效分析[J]. 日本问题研究，31（2）：1-9.
李东华. 2009. 韩国科技发展模式与经验——从引进到创新的跨越[M]. 北京：社会科学文献出版社.
李芳，徐明. 2013. 俄罗斯高等教育创新政策：定位与特点[J]. 黑龙江高教研究，31（11）：52-56.
李宏，惠仲阳，陈晓怡，等. 2020. 美国、英国等国家科技创新政策要点分析[J]. 北京教育（高教），（9）：60-65.
李静海. 2019. 中国科学技术发展应重视的几个问题[J]. 中国科学院院刊，34（10）：1119-1120.
李约瑟. 1975. 中国科学技术史：第1卷第1分册[M]. 北京：科学出版社.
李振兴. 2015. 创新驱动发展——英国创新政策五大着力点及具体举措剖析[J]. 全球科技经济瞭望，30（4）：17-21, 60.
林跃勤. 2012. 新兴大国新兴产业发展与合作研究——基于金砖国家的一个比较分析[J]. 社会科学研究，（5）：52-59.
刘润生. 2017-12-06. 未来创新政策引领德国发展航向[N]. 光明日报，（14）.
刘淑春. 2019. 中国数字经济高质量发展的靶向路径与政策供给[J]. 经济学家，（6）：52-61.
刘肖肖，宋瑶瑶，张富娟，等. 2018. 德国高科技战略对我国科技发展规划的启示[J]. 科技管理研究，38（12）：40-45.
柳卸林，高雨辰，丁雪辰. 2017. 寻找创新驱动发展的新理论思维——基于新熊彼特增长理论的思考[J]. 管理世界，（12）：18-29.
吕薇. 2014. 区域创新驱动发展战略——制度与政策[M]. 北京：中国发展出版社.
麦迪森. 2008. 中国经济的长期表现——公元960-2030年[M]. 上海：上海人民出版社.
麦迪森. 2009. 世界经济千年统计[M]. 北京：北京大学出版社.
潘教峰. 2017. 新科技革命与三元融合社会——关于雄安新区建设的宏观思考[J]. 中国科学院院刊，（11）：9-16.
潘教峰. 2019. 中国创新战略与政策研究2019[M]. 北京：科学出版社.
潘教峰，刘益东，陈光华，等. 2019. 世界科技中心转移的钻石模型——基于经济繁荣、思想解放、教育兴盛、政府支持、科技革命的历史分析与前瞻[J]. 中国科学院院刊，（1）：10-21.
乔健. 2014. 美国对重大科技创新政策的评估实践[J]. 全球科技经济瞭望，29（12）：57-62.
邱丹逸，袁永. 2018. 日本科技创新战略与政策分析及其对我国的启示[J]. 科技管理研究，

（12）：59-66.

邵传林. 2015. 政府能力与创新驱动发展——理论机制与中国实证[J]. 社会科学，（8）：52-62.

孙国旺. 2009. 德国支持产业技术创新联盟的做法和经验[J]. 全球科技经济瞭望，24（2）：22-26.

谭辉. 2007. 美国合作创新政策研究[J]. 商场现代化，（5）：182-184.

汪海波. 2015. 论科学技术的历史发展[J]. 中国浦东干部学院学报，9（6）：75-94，104.

汪琦, 钟昌标. 2018. 美国中小制造业创新政策体系构建、运作机制及其启示[J]. 经济社会体制比较，（1）：160-169.

王宏广, 朱姝, 尹志欣, 等. 2020. 加速抢占新科技革命制高点、保障国家安全的建议[J]. 科技中国，（4）：1-3.

王敬华. 2015. 德国工业4.0经济潜力预测与组织管理体系[J]. 全球科技经济瞭望，30（4）：61-65，76.

王敬华, 赵清华. 2015. 德国生物经济战略及实施进展[J]. 全球科技经济瞭望，30（2）：1-5，34.

王敬华, 赵清华. 2016. 德国政府促进创新创业的主要政策和举措[J]. 全球科技经济瞭望，31（7）：15-21.

王来军. 2014. 基于创新驱动的产业集群升级研究[D]. 中共中央党校博士学位论文.

王玲. 2013. 日本产学官合作现状及成功要素分析[J]. 全球科技经济瞭望，28（3）：34-37.

王庭东. 2013. 新科技革命、美欧"再工业化"与中国要素集聚模式嬗变[J]. 世界经济研究，（6）：3-8.

王砚羽, 谢伟. 2016. 历史的延续：组织印记研究述评与展望[J]. 外国经济与管理，38（12）：91-102.

王珍珍, 甘雨娇. 2017. 创新驱动发展的模式及路径选择：美、德、日的比较与借鉴[J]. 中国科技论坛，（7）：153-160.

吴敬琏. 2008. 中国增长模式抉择[M]. 上海：上海远东出版社.

吴鸣, 刘细文, 王辉, 等. 2018. 世界主要国家科技重点领域遴选识别分析[J]. 图书情报工作，62（16）：132-134.

徐则荣, 郑炫圻, 陈江滢. 2019. 特朗普科技创新政策对美国的影响及对中国的启示[J]. 福建论坛（人文社会科学版），（2）：18-26.

易信. 2018. 新一轮科技革命和产业变革对经济增长的影响研究——基于多部门熊彼特内生增长理论的定量分析[J]. 宏观经济研究，240（11）：81-95.

于慎澄. 2016. 德国创新驱动战略的发展路径[J]. 政策瞭望，（10）：49-50.

原磊. 2020. 新一轮科技革命和产业变革背景下我国产业政策转型研究[J]. 中国社会科学院研究生院学报，（1）：84-94.

袁小慧, 范金, 王凯, 等. 2015. 新一轮科技革命背景下居民消费升级对中国产业转型影响研究[J]. 新疆社会科学, (6): 12-18.
袁永, 王子丹. 2018. 特朗普政府有关科技创新政策研究[J]. 科学管理研究, 36 (4): 97-100.
袁永, 张宏丽, 李妃养. 2017. 奥巴马政府科技创新政策研究[J]. 中国科技论坛, (4): 178-185.
张柏春. 2006. 近现代中国的科学技术发展战略选择[J]. 中国科学院院刊, 21 (6): 454-459.
张波. 2018. 国内高端人才研究：理论视角与最新进展[J]. 科学学研究, 36 (8): 1414-1420.
张海娜, 曾刚, 朱贻文. 2019. 德国创新政策及其对区域发展的影响研究[J]. 世界地理研究, 28 (3): 106-114.
张快, 王志强. 2013. 德国促进中小企业提升研究与创新能力的举措[J]. 全球科技经济瞭望, 28 (10): 65-69.
张丽娟. 2020. 日本《综合创新战略2019》的政策重点[J]. 科技中国, (2): 102-104.
张明妍. 2017. 德国科技发展轨迹及创新战略[J]. 今日科苑, (12): 1-14.
张卫平. 2008. 2007年德国科技发展综述[J]. 全球科技经济瞭望, 23 (5): 60-64.
张鑫, 田杰棠. 2018. 特朗普科技创新政策走向、影响与对策[J]. 发展研究, (6): 12-17.
张毅菁, 杨荣斌. 2013. 印度《2013科学、技术和创新政策》解读及启示[J]. 华东科技, (10): 72-73.
张源. 2020. 新一轮科技革命如何影响社会生产力——基于马克思主义的视角[J]. 中央社会主义学院学报, (1): 72-83.
赵会玉. 2010. 地方政府竞争与经济增长：基于市级面板数据的实证检验[J]. 制度经济学研究, (1): 25-43.
赵清华. 2014. 德国实施个体化医学研究行动计划[J]. 全球科技经济瞭望, 29 (4): 36-39, 76.
赵清华, 王敬华. 2018. 德国联邦政府科研经费配置和管理的特点[J]. 全球科技经济瞭望, 33 (4): 40-45.
中国科学院. 2018. 科技强国建设之路：中国与世界[M]. 北京：科学出版社.
周黎安. 2004. 晋升博弈中政府官员的激励与合作——兼论我国地方保护主义和重复建设问题长期存在的原因[J]. 经济研究, (6): 33-40.
周黎安. 2007. 中国地方官员的晋升锦标赛模式研究[J]. 经济研究, (7): 36-50.
周清杰. 2020. 资源禀赋、技术革命、产业政策与产业发展[J]. 产业创新研究, (4): 66-68.
周三多. 2009. 管理学——原理与方法（第五版）[M]. 上海：复旦大学出版社.
Kroll H, Böke I, Schiller D, et al. 2016. Bringing owls to Athens? The transformative potential of RIS3 for innovation policy in Germany's Federal States[J]. European Planning Studies, 24 (8): 1459-1477.

第三篇 创新驱动发展的理论研究

第六章 创新驱动发展的技术赶超理论研究

工业革命爆发以来，出现了德国、日本、韩国等成功实现技术赶超的案例，同时也存在中国、印度、巴西等技术赶超进程相对滞后的客观事实。尽管进入 21 世纪之后，中国的综合国力迅速提升，取得的技术赶超绩效令世界瞩目，但是距离发达国家仍然有较大差距。从本质上看，国家技术赶超的外部环境非常缺乏稳定性，同时各国在技术赶超上具有不可忽视的竞争关系，赶超过程必然会相互影响，分析特定国家的技术赶超战略选择问题的基本思维应当是理性应对而非重复他国曾经采用过的做法。各国技术赶超历史和经验各异，很难用复制他国经验的思维来评价中国技术赶超历史和思考当前的对策。将国家层次技术赶超路径和战略选择作为研究的核心问题，是探讨中国当前实施创新驱动发展战略，实现技术赶超的基础。创新驱动发展的技术赶超理论部分将构建国家技术赶超路径和战略选择理论分析框架，将技术赶超情境界定因素（即技术差距和制度差异）、技术赶超情境状态、技术赶超路径、技术赶超路径选择、技术赶超战略类型这几个概念内在联系在一起，构建技术赶超路径和战略类型的描述性分析框架。将赶超机会窗口和制度变革两个因素纳入分析框架中，分析技术赶超路径的方向选择和方向选定之后路径如何实现。工业革命以来主要国家和地区技术赶超成功案例以及尚在赶超中途的国家均可纳入本章构建的技术赶超路径和战略选择分析框架之中。通过中国近代以来的制度变革历史情况和模型描述分析，结合中国的制度演化路径特征预判中国未来的技术赶超路径选择及其与中国的国家发展战略的相符性，对思考中国的技术赶超路径和创新驱动发展战略问题，为在复杂多变的国际环境之下探讨中国的技术大国复兴战略提供了新的视角。

一、技术赶超研究的理论溯源

（一）国家技术赶超概念

发展经济学最早关注国家经济赶超问题，认为后发国家可以凭借后发优势通过快速工业化实现经济赶超。几乎在相同时期，新古典增长理论也对验证后发优势假设是否成立产生了浓厚兴趣。新古典增长理论认为，长期看世界各国在理论上存在经济收敛的趋势，但是这一结论却无法得到实证研究的有效支持，不过主流经济增长理论并没有完全放弃经济收敛概念，而是进一步对收敛的条件和情境进行细致化，在此思路下新增长理论从经济收敛概念中进一步发展出技术收敛概念，此后技术收敛概念在创新内生化增长模型中的地位越来越重要。20 世纪 80 年代后结合了演化经济学思维的国家创新体系理论将技术赶超从经济赶超中分离出来，标志着国家层次的技术赶超发展成为一个相对独立的问题并开始得到越来越多的关注。

1. 国家技术水平的界定

国家技术水平是指一个国家范围内企业从事生产经营活动的过程中所展现出的技术创新和技术应用能力的平均水平。国家技术水平区别于企业或个人生产者的技术水平，是创新活动的总和与平均数。国家技术水平是经济增长的原动力，因此本章将使用经济增长理论对其进行间接衡量。现代经济增长理论又称新古典增长理论，起源于索洛-斯旺模型，主要研究对象是资本、劳动力、政策等对经济增长的影响，根据影响因素的差异分为不同流派。本章在进行国家技术水平核算的过程中，主要沿用其中两个主要线索，分别是增长核算线索和熊彼特线索（图6-1）。

增长核算线索主张经济增长受到要素禀赋和生产效率的影响，如资本、人力资本的累积和溢出效应等。拉姆齐-卡斯模型指出资本积累是短期经济增长的影响因素，长期资本平均收益率将收敛。Romer 1986年提出内生增长理论，指出资本的溢出效应将会导致生产函数收益递增。Malthus 在 18 世纪就认为人口增长得越快，经济增长得越快。Becker 和 Barro（1988）将生育率引入增长模型，认为当人力资本富足时，人力资本作为生产要素的收益率会更高。

增长核算线索有两种主要的测量方法，一种是将要素禀赋结构视为国家技术

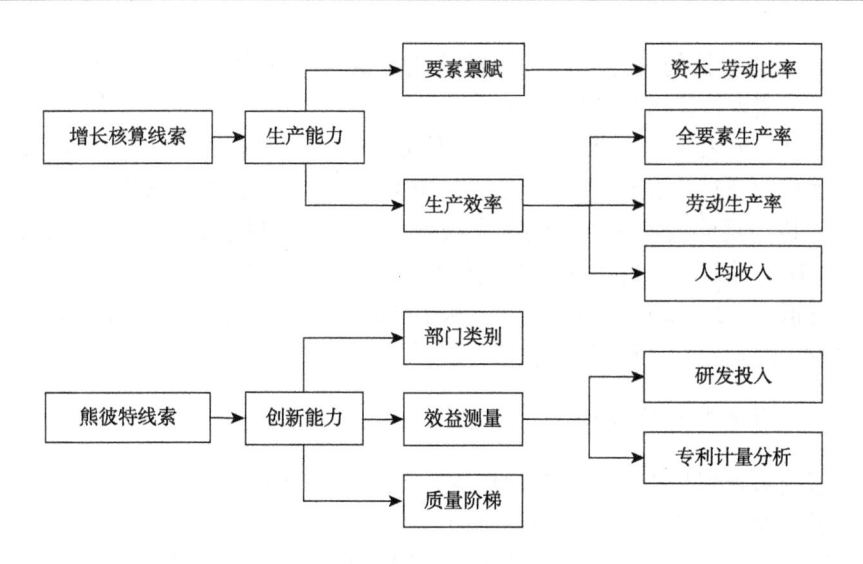

图 6-1 界定国家技术水平的两条主线

水平的表现,如资本要素与劳动要素的比率等;另一种是将生产效率视为国家技术水平,常用指标有全要素生产率、劳动生产率、人均收入等。增长核算线索有以下不足之处。首先,增长核算线索满足新古典增长模型中对于国家同质化假设,未必能够有效体现出国家治理结构和制度特征,从而对技术水平能力水平高低的产生原因和解决方案进行分析(Akcigit et al., 2017)。其次,Basu 和 Femald (2002)指出,非市场条件经济的生产率变化不能等同于技术变革,此时生产率指标主要是提供福利方面的启示。此外,增长核算为线索界定技术方法对增长的历史数据依赖性很强,难以反映第二次世界大战前的技术能力变化情况。尽管如此,仍有不少文献直接将发展中国家和发达国家生产率增长作为衡量国家技术能力差异的重要指标。

增长核算线索定义国家技术水平的局限性在于技术进步贡献与索洛剩余不能等同,有两种基本方法被用来提高以增长核算为基础界定技术进步贡献的准确程度:①发展更精确的索洛剩余"解剖"技术,从索洛剩余中剥离出其他对增长也有影响的因素(如制度、文化、地理)的影响;②重新定义增长核算方法的界定规则,将全要素生产率进一步分解为技术进步和技术效率两部分,生产率变动是技术变革的一种形式。

熊彼特线索是以创新为基础的经济增长理论,该理论认为企业或个人生产者的研发投入是新技术产生和应用的主要原因。熊彼特线索将创新分为两种类别,新技术产生新产品使得产品种类增加,或者新技术取代旧的生产方法,正如熊彼特的创新性破坏(innovative destruction)理论所描述的那样。与增长核算线索主张的内因驱动增长的观点不同，熊彼特线索认为外部竞争环境造成企业创新行为，是经济实现快速增长的原动力。

近年来研究者结合企业异质性和个体差异性，对原有的经济增长理论进行扩展，扩展后的新理论允许宏观增长理论与微观数据结合起来，这为国家技术水平的核算，特别是熊彼特线索下的国家技术水平核算提供了新的思路。Akcigit 和 Kerr（2018）对新熊彼特增长模型进行延伸，并使用美国商务部和美国专利局的数据进行拟合。Jones 和 Kim（2018）从个体差异的角度出发，使用新熊彼特理论对上层收入的差异性进行了研究。

2. 国家技术赶超的内涵

国家技术赶超是指在工业革命形成世界经济大分流格局并造成各国分化为技术领先者、模仿者和落后者这样不平衡的国家技术能力等级体系的背景下，技术相对落后国家根据国际赶超环境特点，运用制度供给或变革作为主要制度工具，追求缩小或者反超与技术（相对）领先国家之间技术差距的过程。从内容构成上看，技术赶超包含了效率收敛和技术收敛。效率收敛是指以增长核算线索为基础的生产效率意义上的收敛，技术收敛是熊彼特线索意义上的创新能力的收敛。国家技术赶超概念的内涵有以下三个方面。

（1）赶超国家指拥有一定自然条件（如地理空间范围），同时拥有完整的制度供给或制度变革权力和能力的现代意义上的国家。这里的制度主要是指文化体制、政治体制、经济体制和技术体制。这四种制度体制发生变革的难易程度不同，一般而言由难到易排序：文化体制>政治体制>经济体制>技术体制。经济赶超包含了技术赶超、技术收敛和效率收敛，技术赶超又包含技术收敛和效率收敛（图 6-2）。经济赶超的边界用虚线表示经济赶超概念边界相对模糊的特点。效率收敛是指新古典增长理论上生产效率的趋同，技术收敛是指熊彼特创新意义上的技术创新能力趋同。

（2）技术差距是衡量技术赶超的重要基础，反映了技术领先国家和落后国家技术水平或技术能力的差异程度。有三种主要的界定技术差距的方法：①将生产效率差异定义为技术差距，即特定国家生产率水平与国际生产率前沿或者本国潜在生产率之间的差异作为技术差距；②以对知识创造的贡献程度来定义技术差距；③将技术差距理解为不同国家采用新技术的先后和普及程度差异。技术差距与技术赶超概念的关系如图 6-3 所示。

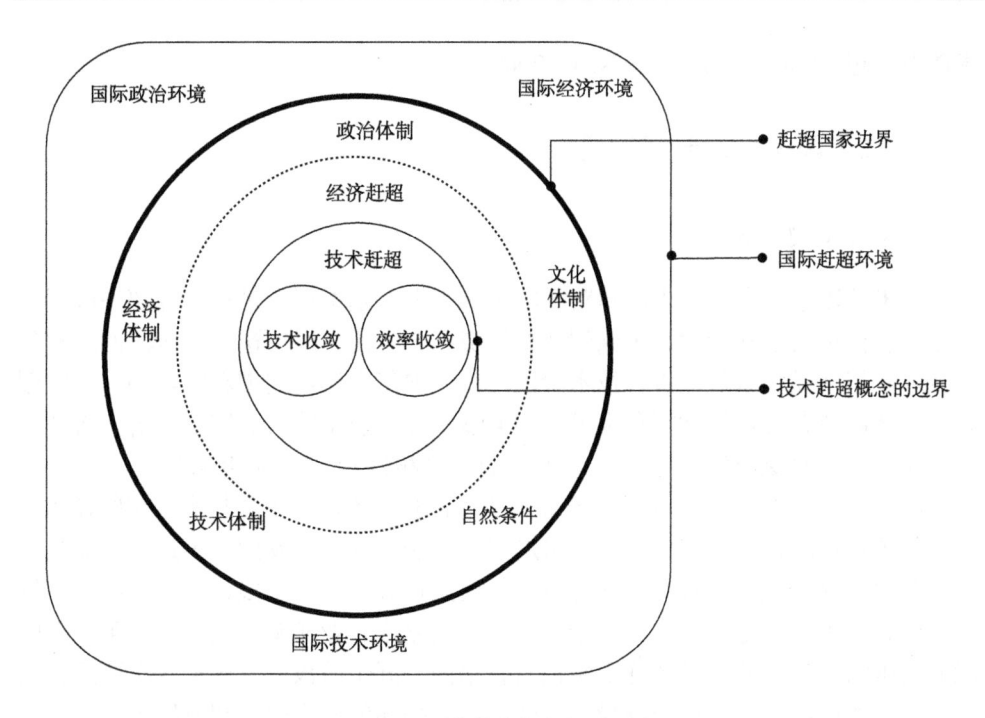

图 6-2 国家技术赶超概念界定

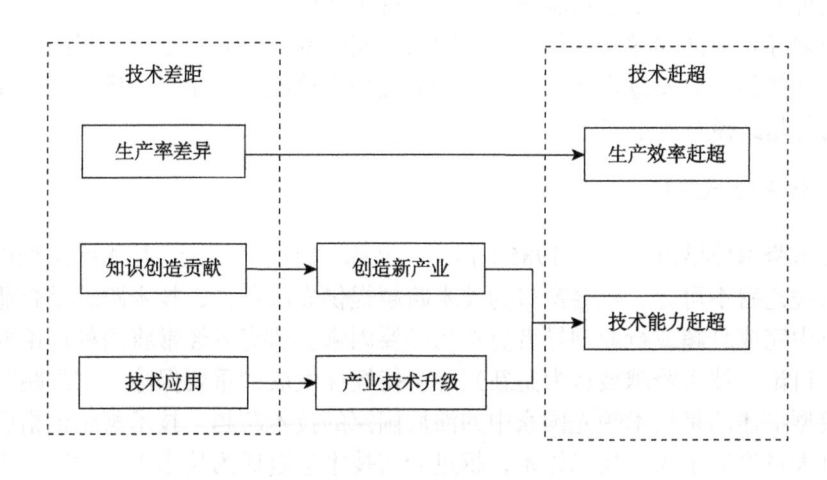

图 6-3 技术差距与技术赶超概念的关系

（3）技术赶超的根本含义是指技术落后者缩小乃至反转与领先者之间的技术差距，一般将达到领先国家水平的百分之八十视为实现了收敛，超过领先国家意味着实现了赶超。由技术差距的三种定义方法延伸得到三种不同技术赶超测量方法，这三种方法实际上可以归结为两种类型的技术赶超，即生产效率赶超和技术能力赶超（Mazzoleni and Nelson，2007）。

（二）国家技术赶超路径

1. 技术赶超路径

技术阶段论对定义技术赶超路径的影响很大，基本观点是技术赶超一般要经过模仿、模仿向创新转型，再到创新型经济三个阶段，经历这三个阶段的过程就是技术赶超路径。微观上讲，技术阶段论关注如何由模仿到创新的转型，二次创新理论从赶超者技术活动视角来思考如何逐步提升技术能力。宏观上讲，将技术变革与经济制度变迁联系在一起，用不同赶超战略来定义技术赶超路径。

Lee 和 Malerba（2017）结合产业组织理论将技术阶段论和技术赶超路径的概念进行了扩展。技术赶超的内涵不再局限于由制度变革引发的技术追赶，而是变为产业内领导者地位的转移。新理论将赶超路径分为五个阶段，第一个阶段后发国家或企业进入特定产业，第二个阶段后发国家或企业实施赶超行动，第三个阶段后发国家成为行业领导者并引领创新，第四、五个阶段后发国家再次落后，被新进入市场的国家取代产业领导者地位。以上描述的标准化赶超阶段可能延伸出以下四种变式，分别是赶超流产、领导者持续在位、新领导者与旧领导者同时在位、旧领导者返回领导者地位。由于国家之间的制度差异和企业之间的组织形态差异，新产品的研发过程和新技术的创造过程不可能呈现相同的模式，因此不同国家的赶超路径有所不同。

2. 技术跨越路径

技术跨越最早由 Soete（1985）提出，又称"蛙跳"理论，技术跨越理论与机会窗口理论密不可分，机会窗口为技术跨越提供先决条件，技术跨越是企业在机会窗口中完成赶超或行业领导者更迭的必要因素。研究者经常将两种理论放在一起进行讨论。技术跨越被认为是新兴经济持续性发展的重要保障。"蛙跳"技术跨越模型描述的是技术领先国家中的滞后国家的技术跨越。技术跨越也指后发国家通过大量投资于先进技术体系，越过老式技术追赶成为技术先进国家，也指采用先进或最先进的技术应用领域，而不采用此前阶段的技术。20 世纪后半期信息技术迅速发展背景下，韩国、新加坡、中国台湾地区等后发经济体在电子产品和信息产业领域展现出明显的跳跃性技术进步，迅速成为高收入经济体。中国也有不少关于技术跨越概念和界定标志、演化规律、模式和实现路径，以及如何克服技术跨越中的模仿陷阱等方面的研究。有的学者强调技术跨越为发展中国家提供发展机遇，有的学者则强调单纯的技术主义不能确保实现技术跨越，发展中国家面临更多制度、文化方面的因素需要考虑，因而发展中国家不适合将过多精力放在追求技术跨越上，更应重视建设吸收能力、掌握和运用新技术。例如，新能源技术在中国汽车行业的应用的主要障碍主要源自自身的内在结构性问题。也有学者出于对全球共同利益（如气候变暖、环境保护等）的关注以及主张让发展中国家承担更多社会责任，呼吁后发国家应努力实现技术跨越式发展。

技术跨越在产业层次的技术赶超的分析框架中比较完善，且越是具体细化的技术领域，技术跨越战略的现实意义越好，如关于动态随机存储器产业（Kim and Lee，2003）和数字电视产业（Lee et al.，2005）的分析。

技术跨越领域最新理论研究在产业领域展开，研究者认为原有的影响因素，如技术先进性、产品质量、产品成本优势、新旧产品之间资本流动性和国际溢出效应等因素，不足以解释行业内企业实现技术跨越的原因。最新的研究表明，消费者对产品的需求同样可以推动技术跨越效应。特别值得一提的是，这里提到的需求对技术跨越影响的理论以及前文中提到的技术差距测度中的市场份额理论，与后文中由机会窗口理论延伸出的需求窗口理论遥相呼应。Diodato等（2018）构造两阶段模型用于"原产国"理论的测度，指出新兴经济体在掌握高质量、低成本生产技术的同时，需要关注消费者对其产品的认可程度。特别地，该理论指出在动态情境和多部门情境，尽管后发国家已经拥有超越在位企业的技术水平，却仍旧有大部分优质的后发国家集中在低质量、高替代性产品的生产领域当中，在位国家则广泛从事产品附加值高、替代性弱的垄断领域。这正是我国当下面对的核心问题，"十四五"规划指出以推动高质量发展为主，推进产业基础高级化、产业链现代化，提高经济质量效益和核心竞争力。经过改革开放四十年来的发展，我国逐步掌握部分领域先进的生产技术和生产经验，如何从需求的角度出发解决产品口碑和竞争力的问题，是新问题也是需要通过长期努力解决的问题。

3. 技术赶超路径和赶超动力之间的匹配关系

技术赶超路径与赶超动力之间存在对应关系（图 6-4）。第一，落后国家在技术模仿阶段的主要赶超动力是后发优势。政府在激发出后发优势方面具有积极作用，格申克龙（2012）认为工业革命后发国家中法国、德国、俄国对工业化进程干预程度是依次递增的。模仿到创新转型理论认为，在模仿阶段政府主导产业投资政策具有一定的积极意义，在发展早期阶段理性的选择是实施投资为基础的发展战略，强有力的政府资源对赶超具有积极作用。第二，在接近技术前沿阶段，需要更多依赖市场力量激励创新绩效提升。Acemoglu等（2006）认为，在发展到接近世界技术前沿的时候，需要实行以创新为基础的市场导向的战略。第三，转型阶段技术赶超动力需要转换，进行制度变革以便为企业参与国际技术竞争创造更加有利的制度和市场环境。

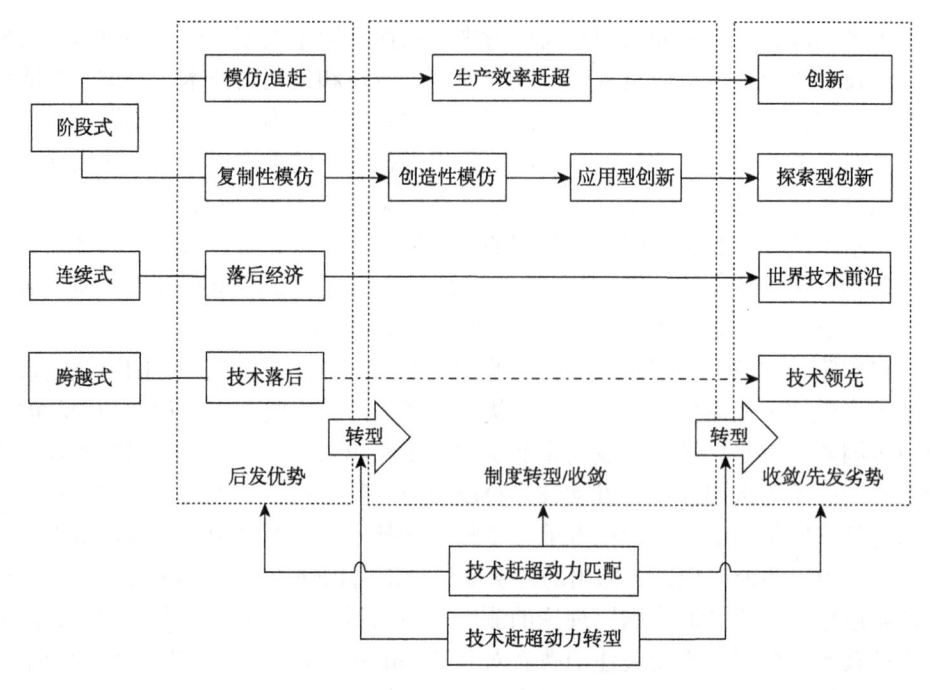

图 6-4 技术赶超路径与赶超动力的关系

（三）国家技术赶超战略

1. 雁行模式

雁行模式最早由日本学者 Akamatsu（1962）提出，有三个基本假设，即生命周期理论、比较优势和后发国家技术能力提升源自外部动力。之后有学者用雁行模式解释亚洲、东亚经济发展情况。

雁行模式的技术赶超战略存在较多局限性，国家学习系统理论、技术撬动理论和区域生产网络理论都认为，雁行模式仅仅能够解释日本在第二次世界大战之前的经济成功和技术快速进步，不能解释韩国等东亚经济的技术赶超成功。雁行模式预设了一个主观设定的技术等级序列关系，即美国—日本—东亚—东南亚这样一个由高到低的技术等级序列。以雁行模式提升后发国家技术能力本质上是一种静态思维，后发国家技术能力可以得到提升，但是技术能力排序却不容改变。雁行模式主张在亚洲构建经济上的区域等级结构，甚至把中国视为雁行机制在亚洲正常发挥作用的一个不稳定因素。1990 年之后日本经济增长停滞，有些日本学者开始反思雁行模式存在的内在不足，对雁行模式的负面影响进行了分析。

2. 工业化理论

工业化理论的基本目标是推动农业生产为主的落后国家转变为工业生产为主的社会来快速成为富裕国家。Murphy 等（1989）认为，富裕国家的生产率和生活水平增长是通过工业化来达到的，停留在非工业化的国家则处于贫困状态。如何实现工业化，有两种主流理论：①自由经济理论源自早期的平衡工业化发展思想，工业化的驱动力源自规模经济和经济外部性；②国家力量理论则源自非平衡增长思想，加强政府干预能加速经济实现工业化。

20 世纪 80 年代开始出现解释工业化演化路径的理论模型，主要目的是解释为何不同国家的工业化程度存在差异，甚至有些国家长期处于低水平附近的现象。演化路径存在差异，历史因素论强调演化路径存在历史依赖性（David，1985）。Krugman（1987）进一步认为学习效应会将特定经济锁定在由于历史事件形成的专业化生产模式上，因而内生地决定国家是走向富裕还是贫穷。其后 Krugman（1991）对历史决定论进行了修正，认为历史期望和自我实现预言分别提供了后向和前向两种动力机制，在二者共同作用下形成螺旋形状发展路径，调整成本会影响演化路径的形状。

3. 国家创新体系理论

Freeman 于 1987 年正式提出国家创新体系概念的主要目的是解释日本为何在第二次世界大战之后能够迅速回归到发达国家行列。创新国家体系是以技术变革为核心、解释长期国家经济增长绩效差异为目标、重视制度和历史因素作用的国家层次技术变革分析框架，超出发达国家范围应用于中低收入国家是创新国家体系一个重要发展领域。

以创新国家体系为基础发展出自主创新赶超战略，"自主"包含两重含义，分别是内生性和独立性。内生性一般是指创新者在本地信息搜索基础上投资于内部研发，形成具有高度技术关联性的创新波来驱动经济增长。独立性是强调技术创新活动自给自足特征，认为提高技术自主性对发展中国家缩小与发达国家之间的技术差距具有战略意义，技术独立性对属于巨型经济的国家意义更加重大。对于发展中国家而言，技术转移和自主技术创新在很多领域具有互补性，在某些领域可能具有一定的替代性，需要以能力构建为导向在二者之间进行平衡。有学者认为在技术突变下后发大国实施自主技术创新战略是实现跨越式发展的必然选择（马尚平和梁小红，2009），并提出了自主创新环境优化的对策。也有学者认为即使在后发优势发挥作用的情况下，也要加强自主创新并选择适宜技术进步模式才能破解后发优势悖论和实现技术赶超。即使不考虑技术突变或者后发优势是否能有效发挥作用这两个因素，由技术引进为主向自主创新为主转变的战略也是后发国家实现技术赶超的关键。由国家创新体系延伸发展出国家学习系统分析框架，以国家学习系统对支持和帮助产业部门更高效地抓住赶超机遇的同时避免领先国家企业设置的赶超障碍，被认为是韩国等新兴工业经济实现跨越式技术赶超的关键（Xie and Li，2013），以国家学习系统为基础构建的技术撬动战略也十分重视技术活动自主性的作用。

4. 赶超周期理论

Lee 和 Malerba（2017）提出赶超周期理论，将赶超定义为在特定产业下在位国家和后发国家之间市场份额不断缩小，最终后发国家取代在位国家成为产业领导者的动态过程。赶超周期理论是原有赶超理论结合产业视角和动态视角，对国家和企业进入新产业并取代原有产业领导者给出新的解释。Landini 等（2017）根据赶超周期的理论框架，给出领导权转移以及后发国家赶超模型，进一步阐释了技术条件对领导权转移的影响。

赶超周期理论起源于产品生命周期理论，生命周期理论研究产品从研发到成熟，再到标准化生产的过程。该理论将生产成本作为产品竞争优势的唯一因素，解释了产品的生产从发达国家转移到发展中国家的过程。然而该理论存在两种明显劣势，生命周期理论研究对象是单一产品，无法解释多种技术革新，同时该理论只考虑到进入和模仿，忽略其他阶段和形式的技术赶超。

后来的研究者对赶超周期理论进行革新，结合国家或企业初始要素禀赋条件、宏观经济变量、企业创新能力和国家创新体系等理论进行研究，赶超周期理论内涵得到扩展。初始条件研究者往往把新兴经济体的赶超活动和要素禀赋、自然资源、文化、法律制度、产业结构和企业治理结构联系起来。宏观因素研究者往往将进入和初始增长和宏观因素联系起来，如人力成本等。

最新的赶超周期理论结合不同行业的特殊性，分析赶超国家和赶超企业的行为。Mowery 和 Nelson（2000）将行业领导者定义为产品、生产过程、市场营销、战略上优于同类竞争者的那部分企业。根据行业的特性，如行业的规模等确定具有行业领导者的范围。存在两个研究难题，一个是产业内市场规模难以衡量，另一个是动态情境下由产业结构调整引起的衡量困难。

赶超周期理论将国家或企业的赶超行为分为以下几个阶段：进入阶段、赶超阶段、前进阶段和落后阶段。由于后两个阶段描述赶超成功后，赶超国家作为行业领导者带领技术进步和行业领导者被新后发企业赶超的过程，我们将研究重点放在对前两个阶段的研究和描述。第一阶段是进入阶段，后发企业在刚进入市场时往往采用低成本、低价值战略（Lee and Ki，2017），国家政策和金融制度对此有很大帮助。新进入市场者往往需要通过干中学的方式掌握已有的技术和生产方式，技术的积累需要资本的投入，新进入者缺乏资本等初始要素，因此新进入者往往从事市场中最底端的产品生产，政治制度和金融制度往往是新进入者进入的推动力。

第二阶段是赶超阶段，赶超的完成需要长期积累先进生产能力，先进生产能力包括高质量的人力资本、公共科研机构、相关企业的网络化联系、跟上下游企业的纵向联系，这就是国家创新体系理论。Malerba 和 Nelson（2011）结合产业差异对国家创新体系进行进一步的研究。在赶超过程中新兴国家依托自身成本优势、政策优势，通过干中学，选择不同的路径依赖战略（Lee et al., 2005），最终实现产品质量提升和企业在价值链向上转移。

二、技术赶超路径和赶超战略

（一）技术赶超情境

1. 技术差距

本章关注的是国家层次技术赶超问题，选择技术差距和制度差异作为两个基本的赶超情境状态界定因素。技术差距是指赶超国家技术水平与技术领先国家或者世界技术前沿水平之间的缺口大小，技术领先国家一般选取美国、日本等发达国家作为参照。有三种常用衡量技术差距的方法：①将总体生产效率差异定义为技术差距，如人均 GDP 产出水平、全要素生产率；②以对知识创造的贡献程度来定义技术差距，如比较赶超国家和生产前沿的专利数量；③将技术差距理解为不同国家采用新技术的先后和普及程度差异，如日本 1972 年率先在汽车生产线上使用机器人。然而，技术差距并非决定赶超速度的唯一因素，它只揭示了技术差距越大则潜在赶超速度越快，将潜在赶超速度转化为现实的赶超速度还受到其他因素的影响。例如，Fagerberg（1995）认为有足够的"社会能力"是后发优势的前提条件。即使没有足够的社会能力，利用政策手段也能实现后发优势。

2. 制度差异

由于不同制度难以比较优劣但是存在差异大小的客观事实，本章选取制度差异作为第二个国家技术赶超状态的界定因素。广义的制度，包括政府制定的法律制度，也包括社会规范、文化、价值观念等（张维迎，2013）。制度本质是契约关系，契约关系可以分为正式规则和非正式规则，在正式规则缺位的地方，非正式规则起着约束人们之间关系的作用。本章界定制度差异为不同国家文化、政治、经济和技术体制方面的区别。制度差异影响国家治理能力，进而影响国家赶超资源动员、配置方式，进而影响技术赶超实现情况。这四种制度的变革成本高低、速度大小是不同的，一般而言，文化体制变革最缓慢和最困难，其次是政治体制，再次是经济体制和技术体制，二者也是制度差异的根本来源。现实是一个多文明竞争的世界，文化体制差异根植于文明差异之中，对政治体制差异产生了深远影响。政治体制影响经济体制演化过程，技术体制从属于经济体制。无论文化、政治体制如何选择，均可以根据自身的需要选择政府主导或者市场力量为主来实施国家技术赶超战略。

3. 情境状态

技术差距和制度差异相互影响，形成四种情境状态。四种情境状态对应形成四种技术活动，分别是技术模仿、技术移植、技术竞赛、技术跟随（图6-5）。

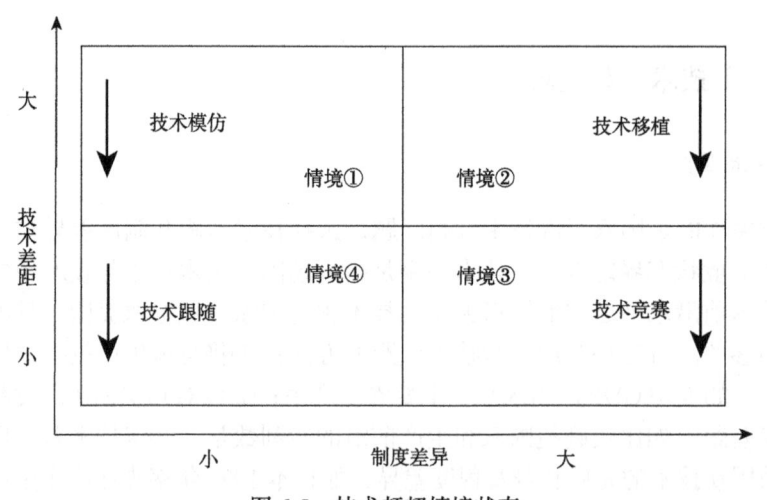

图 6-5　技术赶超情境状态

技术赶超情境状态①对应技术差距大、制度差异小的情况。如果赶超国家没有试图去扩大与领先国家制度差异，则最直接和见效快的赶超活动就是进行技术模仿。技术差距大意味着赶超国家创新能力不足，依赖从领先国家获取已经实现商业化的先进技术，大量和系统性地进行技术模仿是提升赶超国家技术能力的主要手段。同时，制度差异较小意味着先进技术向赶超国家转移障碍少，技术模仿成本低。单纯进行技术模仿的赶超的特点：①模仿的技术来自赶超国家之外的领先国家，所模仿的先进技术需要与赶超国家的技术能力水平相适应；②赶超国家中的微观主体需要处理的是风险性，技术模仿的效率越高则赶超风险越低；③技术模仿为基础的生产活动具有规模报酬递增和成本递减特征，外商直接投资对短期内快速提高技术赶超效果的作用十分明显。

技术赶超情境状态②对应技术差距大、制度差异大的情况。在情境状态②中，在赶超国家在与领先国家之间的制度差异程度保持不变前提下进行的技术引进，称为技术移植。技术移植的特点：①以赶超国家原有制度体系为基础应用源自领先国家的先进技术，技术进步所带来的新增经济收益分配机制没有发生根本性变革；②新技术在赶超国家可能会寻找到新的应用领域，与赶超国家经济社会出现新的结合方式；③赶超国家维持其与领先国家制度差异的能力会影响技术移植效率。

技术赶超情境状态③对应技术差距小、制度差异大的情况。如果赶超国家进入了情境状态③，实现技术赶超，与原来的领先国家交替处于技术领先位置，称为技术竞赛。技术竞赛的特点：①竞赛结果取决于国家创新投入资源数量以及创新系统运行效率；②技术竞赛取得的技术进步会提出内生性质的制度变革的要求，该要求源自内部力量而非由于外部压力；③技术竞赛结果受路径依赖效应和科学技术发展具有偶然性共同影响。

技术赶超情境状态④对应技术差距小、制度差异小的情况。赶超国家与领先国家之间制度差异小，先进技术扩散快；赶超国家技术能力较高，技术学习能力也很强，与领先国家共同处于领先国家行列，称为技术跟随。技术跟随的特点：①技术跟随对赶超国家创新体系开放性有很高要求；②技术跟随需要友好的国际技术环境支持；③制度变革动力源于外生力量，要求跟随国家的制度变革及时与领先国家同步调整。

（二）技术赶超路径

以技术赶超情境状态识别框架为基础，可以对国家技术赶超路径进行分析。一方面，赶超国家总是会处于某种初始情境状态，可能是情境状态①，也可能是情境状态②；另一方面，赶超国家可以将情境状态③作为赶超目标，也可以将情境状态④作为赶超目标。由初始情境状态到目标情境状态在理论上就存在多种情境状态转移可能性，不同的情境状态转移过程就可以认为对应着不同的技术赶超路径。因此，研究将国家技术赶超路径定义为，后发国家由初始情境状态到达目标状态所经历的一定顺序的情境状态变化过程。实现技术赶超目标的路径并不是唯一的，有六种典型的技术赶超路径比较具有现实意义，将这六种技术赶超路径表示为路径①到路径⑥（图 6-6）。具体选择哪一条路径，还需要结合赶超国家的制度变革特征、国际政治环境、技术环境等因素进行更深入的分析。不同技术赶超情境状态面临的制约条件具有很大差异，相应地需要不同的技术活动和制度变革来推动情境状态顺利进行转移，不同的技术赶超路径具有不同的政策含义和启示。

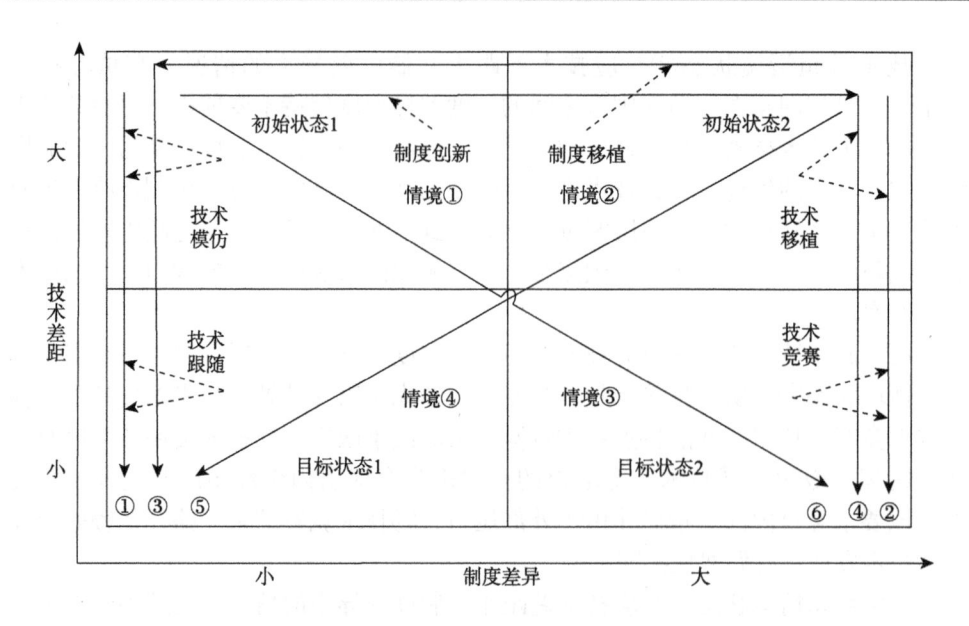

图 6-6 六种典型技术赶超路径

本章的国家技术赶超路径分析有四个基本假设，具体包括：①技术领先国家不会因为自身原因而导致技术进步放缓，从而导致后发国家的技术差距缩小；②赶超国家的控制变量有两个方面，一是技术活动，二是制度供给或制度变革；③技术环境处于相对静态环境下，没有新的技术革命出现；④假定处于情境④的技术领先国家具有成熟市场经济体制和以代议制作为国家治理能力的基础。另外，给出三个初始条件：①领先国家唯一且处于情境状态④，其位置保持不变；②赶超国家初始状态有两种可能，分别是处于情境状态①或情境状态②；③赶超国家目标状态有两种可能，分别是情境状态③或情境状态④。

根据技术差距和制度差异两个因素界定出四种技术赶超情境状态，以及四个基本假设和三个初始条件设定，可以识别出六种典型的具有现实意义的技术赶超路径，六条路径对应不同的技术活动及制度变革策略（表6-1）。

表6-1 六种典型赶超路径状态转移与主导力量

路径	情境转移	模式变化	主导力量
①	①→④	技术模仿→技术跟随	市场
②	②→③	技术移植→技术竞赛	政府
③	②→①→④	制度移植→技术模仿→技术跟随	市场
④	①→②→③	制度创新→技术移植→技术竞赛	政府
⑤	②→④	制度移植+技术移植→技术跟随	市场
⑥	①→③	制度创新+技术模仿→技术竞赛	政府

1. 技术赶超路径①

该路径初始状态是情境①，目标状态是情境④。该路径先采取技术模仿，然后在由情境状态①变化到情境状态④的时候经历模仿向创新转型，最后发展到技术跟随模式。沿着该路径的不同阶段，赶超国家与领先国家之间的制度差异都处于较小情况，二者的制度变革具有一定同步性，领先技术向赶超国家转移和扩散存在天然的便利条件，同时赶超国家无须投入额外资源进行制度变革，可以将更多资源配置到技术赶超活动上，这是一条极为快速的赶超路径。路径①与以技术能力变化为基础定义的技术赶超三个阶段区分吻合，也可以看作与增长文献中所说的技术收敛路径相同。

2. 技术赶超路径②

该路径初始状态为情境②，目标状态是情境③。该路径与以技术阶段论描述的三个阶段有本质性区别。路径②是在保持与领先国家始终具有较大制度差异背景下进行技术追赶，需要投入大量资源维持制度差异性。在赶超第一个阶段主要是利用技术移植将外部领先技术与赶超国家经济体系进行融合，也包括为领先技术寻找到新的应用领域，通过技术移植来提高技术能力，在技术能力提升到较高水平时转入技术竞赛模式。这意味着要求赶超国家创新体系与领先国家相比具有较大差异性，对赶超国家创新体系和制度体系自主性均有较高要求。

3. 技术赶超路径③

该路径初始状态是情境②，经过情境状态①再到达目标情境状态④。路径③与路径②初始状态和目标状态正好相反，具有完全不同的赶超理念。在情境状态②和情境状态①阶段，赶超国家通过进行制度移植方法缩小与领先国家的制度差异，然后进行技术模仿缩小与领先国家的技术差距，此后经过模仿向创新转型，随后进入技术跟随模式。路径③与路径①相比，多出的制度移植阶段对成功实现技术赶超是必不可少的。对于赶超国家而言，制度移植是一种效率较高的制度创新方法。该路径首先经历一个缩小制度差异的变革时期，然后才与技术阶段论为基础所描述的模仿、模仿向创新转型、再到创新的路径吻合。

4. 技术赶超路径④

该路径初始状态为情境①，目标状态为情境③，其间经历情境状态②。该路径分两个阶段：第一阶段从情境状态①发展到情境状态②，第二阶段从情境状态②发展到情境状态③。第一阶段的特点是采取制度差异扩大策略，实现与领先国家的制度差异由小变大，然后在制度差异大的背景下采取技术移植提高技术能力,在技术能力提高到一定程度之后再转化为技术竞赛。该路径需要在制度变革上投入很多资源,早期的制度变革要脱离原来的制度传统,后期的制度变革要开创新的制度体系。技术能力提高主要在制度差异大的背景下实现,技术能力较低时期采用技术移植的主要作用是保持赶超国家的制度自主性,技术能力较高时期采用技术竞赛的主要功能是增强赶超国家的制度竞争能力。

5. 技术赶超路径⑤

该路径初始状态是情境②,目标状态是情境④。路径⑤的特点是从情境状态②直接向情境状态④转移,状态转移过程中技术变革和制度变革同步进行。在情境状态②阶段,同步进行技术移植和制度移植,在情境状态④阶段同步进行技术跟随。虽然整个赶超过程中制度差异始终朝着缩小方向变化,但是不同时期制度变革性质不同。在情境状态②阶段时期,赶超国家技术能力较低,制度变革的主要形式是制度移植,制度移植引领技术移植。在情境状态④时期,赶超国家技术能力水平较高,制度变革体现为制度转型形式,技术跟随引领制度转型。路径⑤对赶超国家创新体系和制度体系的灵活性都要求较高。

6. 技术赶超路径⑥

该路径初始状态是情境①,目标状态是情境③。路径⑥与路径④不同,路径⑥是由情境状态①直接向情境状态③转移,状态转移过程中同步进行制度变革和技术变革。路径⑥与路径⑤也不同,路径⑥进行制度变革的目的不是缩小制度差异而是扩大制度差异。在情境状态①阶段的技术变革采取的是技术模仿,发展到情境状态③时期采取的是技术竞赛。该路径对赶超国家制度变革能力要求很高。

六种路径可以分为市场主导型和政府主导型。其中路径①、③和⑤属于市场主导型技术赶超路径,路径②、④和⑥属于政府主导型技术赶超路径。不同的技术赶超路径类型有不同的赶超治理理念,差异主要表现在:①技术赶超目标选择不同。市场主导型选择情境状态④作为赶超目标,政府主导型选择情境状态③作为赶超目标。情境状态④代表成熟市场经济国家所处状态,该状态与情境状态③存在很大制度差异,制度差异意味着二者有不同的经济发展和社会治理理念。赶超目标状态不同意味着赶超过程中资源配置方向和规则不同,前者强调市场力量作为主导,后者强调政府积极干预的重要性。②对友好赶超环境依赖程度不同。市场主导型路径比政府主导型赶超路径对友好赶超环境的依赖性更强。国际政治格局变动会影响友好赶超环境变动,处于友好赶超环境能够加速领先技术向赶超国家转移和扩散,从而有利于提高技术赶超速度,而在缺乏友好赶超环境条件下,市场主导型赶超路径难以有良好的赶超绩效。③技术活动自主性程度不同。市场主导型赶超路径的技术活动以技术模仿和技术跟随为主，政府主导型赶超路径的技术活动以技术移植和技术竞赛为主。制度差异小对技术模仿和技术跟随活动具有促进作用，而技术移植和技术竞赛都带有较强的维护赶超国家制度差异性的要求，后两种技术活动更加具有自主性质。④制度变革性质不同。市场主导型路径的制度变革受外部技术冲击影响较大，技术变革引领制度变革方向，赶超国家制度变革积极地对技术变革做出响应。政府主导型路径的制度变革受自身制度演化历史影响较大，自主性质的制度变革有助于赶超国家经济社会平稳发展，也是保障技术赶超成功的重要影响因素。

（三）技术赶超战略

基于技术赶超情境与路径的分析，可以形成以下技术赶超战略。

1. 跟随型技术赶超战略

跟随型技术赶超战略的特点是尽量避免与技术领先国家发生经济利益冲突，以领先国家为标准对自身的制度和技术体系进行重构和完善，促进领先技术快速向本国转移和扩散，为最终发展为创新型经济创造有利条件。跟随型技术赶超战略选择领先国家的文明集团作为融入目标，旨在促使赶超国家最终成为在文化、政治体制、经济结构、技术能力水平上与技术领先国家所在文明集团都非常相似的富裕国家。跟随型技术赶超战略的动力机制主要是经济收敛和技术收敛，技术活动主要是技术模仿，以及此后的模仿创新转型。赶超国家的技术能力提高过程追求经济结构发生系统性和实质性的全面变化，以实现具有相对完整的国家创新体系为目标。从国际政治角度看，赶超国家与领先国家在形成联盟关系的同时，在所在区域的经济、技术发展中具有较强的主导能力。跟随型技术赶超战略可以是路径①、③、⑤，然而沿着这三条路径进行技术赶超，有的国家能够构建起相对独立的创新体系，有的国家的创新体系对领先国家具有较强依赖性，前者属于跟随型技术赶超战略，后者属于嵌入型技术赶超战略。

2. 嵌入型技术赶超战略

嵌入型技术赶超战略的特点是赶超国家的创新体系对领先国家具有很强的依赖性，需要持续和快速的外部技术输入才能确保赶超产业具有国际竞争力；同时也需要赶超国家技术体系与领先国家具有一定的互补性，促进技术转移、技术扩散和承接产业转移。嵌入型技术赶超战略对友好技术环境依赖性也很强，在技术变革速度较快和出口导向性的产业部门（如信息技术产业）容易成功，对赶超国家的产业政策弹性有较高的要求。由于这些特点，嵌入型技术赶超战略能够在短时间内带来明显的技术赶超效果，有助于快速追赶成为高收入国家或者形成高收入产业部门。该战略的局限性主要包括：①赶超国家创新体系是非均衡式发展的，这意味着赶超国家形成的技术竞争优势是短期和局部性质的而非长期和全面的。这容易导致经济增长缺乏内生动力，赶超国家需要频繁地进行产业技术升级。②采用该战略的国家面临较大的赶超竞争压力。由于技术变革速度提高和国际产业布局变动等原因，采用嵌入型技术赶超战略的国家的地位容易被国家创新体系更加均衡的其他赶超国家超过或者替代。嵌入型技术赶超战略对应的路径与跟随型技术赶超战略相同，都是路径①、③、⑤，二者的区别主要在于嵌入型技术赶超战略进行赶超取得成功的时间具有偶然性和不确定性，也就是虽然沿着相同路径，但是在什么时候赶超国家能够顺利地转移到情境状态④是不确定的。

3. 对抗型技术赶超战略

对抗型技术赶超战略是指赶超国家与领先国家争夺在文明集团中的核心国家地位和尽力扩大本国影响，通过制度创新为主的制度变革扩大或维持与领先国家之间的制度差异，追求构建具有高度独立性的国家创新体系的战略。对抗型技术赶超战略将军事技术系统作为国家创新体系的核心，以便于支持与领先国家全面进行技术竞争，其赶超目标是替代既有的技术领先国家成为新的技术领先国家。以军事技术系统为核心构建的国家创新体系具有较高的封闭性和对抗性，与技术领先国家以及其他赶超国家之间的技术联系不稳定，不利于国内经济平衡和持续发展，容易将国内经济结构导向不协调的发展道路上。一旦赶超国家选择和实施对抗型技术赶超战略，就很难存在赶超终止的时间。对抗型技术赶超战略需要赶超国家具有高度资源动员能力作为重要保障，长期对制度和经济资源的大量消耗和占用容易给经济社会发展所带来不稳定性，引发经济增长巨大波动，甚至会出现经济倒退现象。理论上讲，只要赶超国家以替代领先国家成为新的领导者作为赶超目标，那么沿着技术赶超路径②、④、⑥都有可能是对抗型技术赶超战略。如果不是以替代领先国家位置作为目标而是谋求成为世界领先技术中心之一，那所选的就不是对抗型技术赶超战略而是下文所说的竞争型技术赶超战略。

4. 竞争型技术赶超战略

竞争型技术赶超战略是指赶超国家致力于巩固和提高在文明集团中的地位的

同时主张世界应该是多文明竞争并存发展，以成为世界领先技术中心国家之一为赶超目标。赶超国家的制度变革具有显著的延续性和独立性，与领先国家保持一定的制度差异是由文化体制演化路径不同决定的。赶超国家构建自主性的国家创新体系以满足自身经济、社会发展中出现的技术需求，对外部技术冲击具有较强的抵抗和化解能力。竞争型技术赶超战略对友好技术赶超环境的依赖程度比对抗型技术赶超战略高，比跟随型和嵌入型技术赶超战略低。竞争关系决定了当领先国家出现新的技术进展的时候，赶超国家无法在"第一时间"通过技术转移获得技术能力提升，赶超国家技术能力提高的根本途径是进行自主技术创新。这意味着，领先技术向采取竞争型战略的赶超国家转移的时候往往需要付出一定的利益交换作为代价，技术转移的深度和广度是与领先国家进行"交易"的结果。竞争型技术赶超战略重视对不平等赶超规则体系的重塑，赶超国家技术能力的逐步提升有助于国际政治、经济规则体系朝着更加公平和合理的方向发展。技术赶超路径②、④、⑥均有可能是竞争型技术赶超战略，前提是赶超国家是以成为多世界领先技术中心之一作为赶超目标。现实中，中国所选择的就是竞争型技术赶超战略，无论是在情境状态②还是在期望到达的情境状态③，坚持制度创新的同时提高自主技术创新能力是实现技术赶超主要方法。

5. 中国需要采用的战略

中国是中华文明的核心国家，然而工业革命以来在国际上的影响力严重下降，而且由于连续战争错失了工业革命以及此后历次技术革命带来的机会窗口，直到20世纪80年代赶超才开始提速，中国的赶超进程对国际政治、经济格局有重大影响。中国的技术赶超一直处于情境状态②中，目标是向情境状态③发展。这条路径看起来简单，但是中国走过的道路却极为复杂。中国的路径可分为五个阶段。第一，单纯的技术移植时期。1840~1911年是清朝晚期，该时期的技术追赶属于单纯的技术移植阶段。第二，制度体制冲突和重构时期。1912~1949年的中华民国时期是中国制度体制内部存在激烈冲突和进行制度重构的阶段，中国在这个时期战乱不断，无暇顾及技术赶超。第三，构建自主技术体系基础时期。1950~1978年，世界范围内第四次技术革命在扩展和延伸，发达国家工业化已经走向成熟，中国参照苏联模式构建制度体系，加强技术引进和致力于技术模仿进行技术赶超。第四，重返技术大国复兴道路时期。1979年至今的改革开放时期，中国的技术追赶开始加速。这一时期第五次技术革命刚刚兴起，中国所进行的由高度计划经济逐步向市场经济转轨的政策为中国抓住这次技术革命带来的范式间机会窗口创造了良好的制度条件。第五，在复杂产品系统领域开始进入创新型国家行列时期。进入20世纪后，中国开始逐渐在复杂产品系统领域展现出国际竞争力，以复杂技术领域为主导带动着中国其他产业部门的技术赶超开始加速推进。该时期，中国的竞争型技术赶超战略特征开始凸显出来。尽管中国仍处于情境状态②，但是已经距离情境状态③更近了。

本节构建的技术赶超路径分析框架，可为中国技术赶超路径选择提供以下启示。第一，不同国家的技术赶超之间可能存在不可忽视潜在的抑制效用，这意味着面对其他国技术赶超经验，我们首先需要思考的是如何应对，其次才是如何借鉴。第二，国家能力是技术赶超绩效的重要决定因素之一。格申克龙（2012）在其《经济落后的历史透视》中指出，英国、法国、德国、奥地利、俄国等国家工业化进程中，越是工业化水平低的国家，政府力量越是突出，国家作用大小是区别这几个国家工业化类型的重要因素。国家技术赶超是一项复杂的社会变革工程，需要面临复杂的群体决策问题，提高国家治理能力是确保技术赶超成功的重要决定性因素之一。第三，多中心的技术领先格局才能确保中国的长远和核心利益，成为世界科技创新中心之一是中国的必然选择。多中心格局背后的决定力量是不同文明有着不同的演化方向，中华文明与西方文明存在很大差异，各自沿着不同的路径演化，制度差异化和技术多样化是文明多元化的主要构成部分。在借鉴他国技术赶超经验的时候必须要考虑到我国文化和制度演化的连续性和独特性，不能盲目采用他国经验，要在坚持我国技术赶超路径方向基础上有选择地借鉴他国的技术赶超经验。

由情境状态②到情境状态③意味着中国技术赶超必须坚持自主创新战略。自主创新有两方面含义。第一，技术体系自主性。选择朝着成为世界科技创新中心之一的方向发展，才能实现赶超目标。中国是巨型经济，在技术模仿阶段与领先国家之间的利益冲突就不能忽视，领先国家会有针对性地采取反制措施，中国只有建立自主技术体系才能避免技术赶超空间被封死的局面。第二，制度体系自主性。中国具有自己的文化传承，所秉承的世界观与西方世界有巨大差异。中国政治体制发展有自己的演化轨迹，脱离原有的轨迹另辟蹊径的社会成本巨大，制度创新必须根据自身经济社会发展需要进行。

三、机会窗口对技术赶超路径选择的影响

（一）机会窗口的内涵和类型

1. 机会窗口的内涵

机会窗口是指由于领先国家技术变革的规律性，从而带来赶超国家缩小与领先国家之间技术差距的可能性提高的特殊时期，机会窗口出现意味着赶超国家有

可能以更快的速度缩小技术差距。Perez（2010）将机会窗口定义为在技术-经济范式下，后发国家通过蛙跳式技术赶超，抓住新范式机遇取代在位国家的过程，机会窗口约每隔五十年出现一次。随着产业组织理论的发展和动态经济学的兴起，机会窗口理论的内涵有所延伸，新机会窗口理论可以分为产业视角下的机会窗口和动态视角下的机会窗口。

从技术-经济范式出发研究历次科技革命，机会窗口可以分为导入期和展开期，导入期又分为爆发阶段和狂热阶段，展开期又分为协同阶段和成熟阶段。Perez（2016）以五次工业革命为例重新梳理机会窗口理论，将狂热阶段定义为镀金时代泡沫，将协同阶段定义为黄金时代，将导入期和展开期之间的转折点定义为大萧条。该理论认为我们处在信息技术革命中全球化、可持续发展的黄金时代。工业革命的导入期和展开期带来的机会窗口有不同特点，导入期蕴含的机会窗口比展开期的更加珍贵，本章将导入期蕴含的机会称为范式间机会窗口，将展开期蕴含的机会称为范式内机会窗口（图 6-7）。范式间机会窗口和范式内机会窗口有不同的特征，赶超国家选择适当的技术赶超路径和战略能够显著地提高赶超速度；相反，如果赶超国家没有采取有效对策抓住机会窗口，就会陷入赶超陷阱，技术差距可能会进一步扩大。Yap 和 Truffer（2019）的最新研究成果表明，机会窗口的内生化是新时代政府政策需要关注的重点，该研究以中国城市污水治理为例，指出由政策引导的城市污水治理科技进步是清洁科技领域的全新机会窗口，也是机会窗口内生化的鲜明案例。将该研究与 Perez（2016）结合起来，可持续发展是新机会窗口，运用政策手段可以将新机会窗口内生化，从经济理论角度出发验证了新发展理念——创新、协调、绿色、开放、共享的先进性与高瞻远瞩。

从新机会窗口理论出发，机会窗口按照其产生原因可以分为以下三类，分别是技术窗口、需求窗口和制度窗口。技术窗口是指知识或科技进步产生的机会窗口，特别是当激进式创新出现的时期。技术窗口出现时，在位国家或企业如果采取渐进式创新就会落入在位者陷阱理论（Chandy and Tellis, 2000）。与此同时，国家或企业采用新的技术将带来很强的不确定性。在位者忽视新技术使用旧技术蒙受损失，就像破坏性创新所描述的那样，后发企业比在位企业更需要破坏性创新。需求窗口是指经济周期或市场需求的突然性变动时产生的机会窗口。以中国为例，国内市场需求的迅速增加会推动后发企业进行赶超。制度窗口是指制度变革或政府政策变化时产生的机会窗口。制度窗口包括科研项目、补贴、税收、出口、规则等，促进后发国家内企业科技创新和成果转化能力的积累，为后发企业提供与在位企业不同的外部环境（Kim and Lee, 2008）。

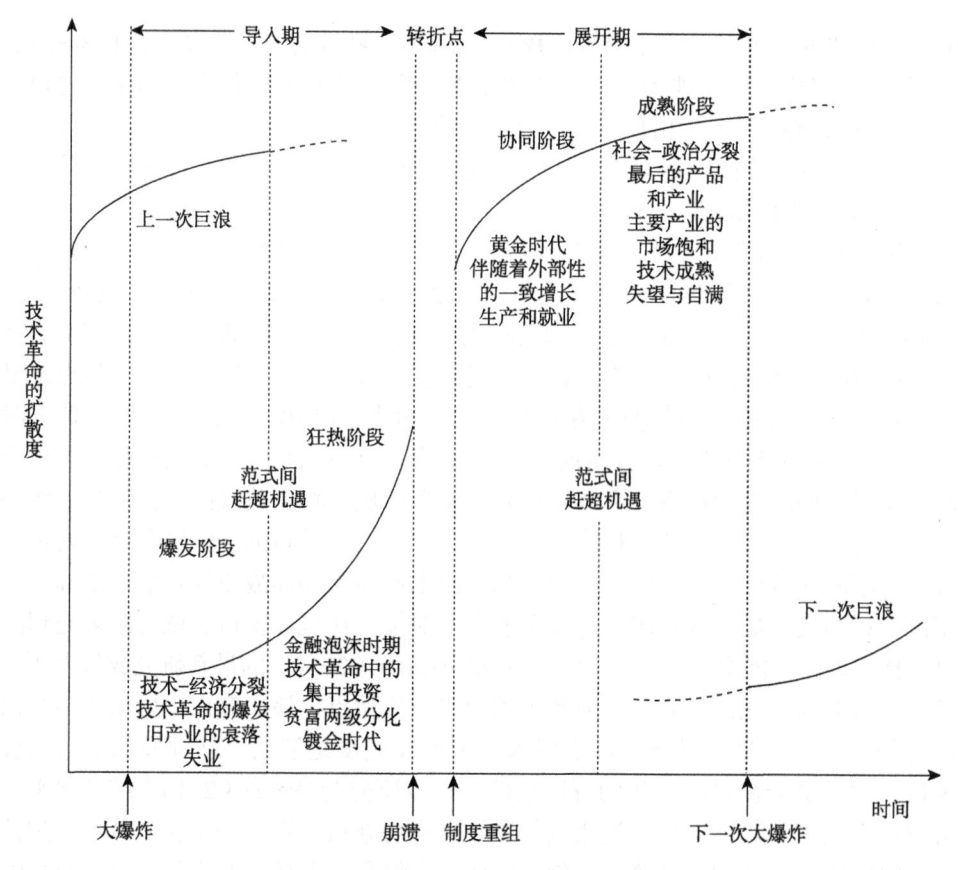

图 6-7 技术-经济范式与机会窗口

注：在技术-经济范式变化基础上增加赶超机遇类型区分

资料来源：佩蕾丝 C. 技术革命与金融资本. 田芳萌译. 北京：中国人民大学出版社，2007：55

机会窗口概念有三层含义。第一，机会窗口是动态变化的，其变化过程兼具风险性和不确定性。机会窗口动态变化对赶超国家的路径选择和实现有影响，赶超国家要根据技术革命在不同阶段的特点及时调整赶超路径和战略。Shin（2017）使用动态赶超战略理论对芯片领域进行分析，记忆芯片机会窗口的动态变化性使得后发企业难以形成成功的赶超战略，是韩国公司在该领域维持领先地位的重要原因。第二，机会窗口对技术赶超的影响具有双重性。技术革命导致的范式变化对赶超国家既有障碍也有机会。赶超国家在抓住范式内机会窗口上取得成绩的时候，领先国家却有可能正在孕育更高技术水平的新范式，如果赶超国家没有能够及时地注意到这些变化，在新范式展开之后技术差距就会更大。第三，抓住机会窗口需要足够的知识基础和社会能力。Landini 等（2017）认为在位企业创新能力越低，在机会窗口产生的赶超过程中，会被后发企业分走越多的市场份额。社会变革能力不足就难以突破赶超障碍，容易错失机会窗口。

2. 范式间机会窗口

出现新技术革命意味着在未来会出现新的技术-经济范式，当新范式处于导入期时能够为赶超国家带来范式间机会窗口。范式间机会窗口对技术赶超绩效影响巨大，抓住该机会有助于大幅和快速缩小与领先国家之间的技术差距，错过该机会则会使赶超国家在赶超竞争中处于更加不利的位置。在新技术革命处于爆发阶段时，赶超国家与领先国家之间在新技术领域的技术差距相对较小，这等同于使赶超国家的赶超初始状态突然间发生了重大变化。因此，就新技术领域而言，赶超国家与领先国家处于相对较为平等的条件下进行竞争，赶超国家在此时面临珍贵的快速缩小技术差距和获得跨越式技术能力提升的宝贵机会，抓住范式间机会窗口对赶超国家成功实现赶超目标有重大战略意义。

范式间机会窗口的特点可以归纳为以下三个方面。第一，范式间机会窗口属于利益增量型机会，赶超国家与领先国家在分享新技术带来的新增利益冲突相对较少。在新技术导入期，新技术在领先国家的生产系统中尚未达到最佳规模，领先国家难以通过设立赶超障碍的方式阻碍赶超国家对新技术的引入和应用，采取与赶超国家进行技术合作战略对领先国家尽可能获取更多新增经济利益更加有利。第二，范式间机会窗口是高收益、高风险型机会。赶超资源投入首先是成为金融资本，金融资本直接与新技术结合进入生产系统，这在加快新技术扩散的同时也带来更多风险。范式间机会窗口的风险性有两个方面：一是新技术在赶超国家的应用面临很多方向选择性问题，二是新技术在赶超国家的引入和扩散是不均衡的。第三，范式间机会对赶超国家制度创新能力要求较高。制度创新有助于赶超国家避免模仿陷阱、路径依赖等不利于赶超的难题。制度刚性过强则不利于进行制度创新，从而不利于为应用新技术提供良好的制度环境，容易错失范式间机会窗口。

范式间机会窗口也存在局限性。第一，范式间机会窗口概念提供的是技术赶超决策思路而非具体的赶超对策。由于无法准确知道范式间机会窗口出现的时间和地点以及技术突破方向，赶超国家抓住范式间机会窗口必须有足够的机会意识和必要的知识基础，其创新系统要有足够开放性并密切关注领先国家技术发展趋势，在范式间机会窗口明确之后要迅速地动员赶超资源向新技术领域增加配置。第二，文化历史悠久、政治体制成熟过早、制度变革成本较高的赶超国家更难把握住范式间机会窗口。范式间机会窗口对赶超国家的制度、文化体系的适应能力和包容性均有很高的要求，然而赶超国家迅速地引入和发展新技术与自身的制度、文化体系是否兼容是很难预料的，存在很多不确定性因素。第三，抓住范式间机会窗口与赶超国家经济、人口规模有关。对于属于大国经济（尤其是巨型经济）的赶超国家而言，技术革命很难在短期内完成经济结构转变，技术变革导致的国内收入差距扩大也会阻碍制度创新进程，抓住范式间机会窗口比较困难。然而，经济规模大的赶超国家如果错失了范式间机会窗口，技术差距可能会被进一步拉大，实现赶超目标会更加不易。

3. 范式内机会窗口

范式内机会窗口是指领先国家当前的技术-经济范式处于展开期时能够为赶超国家带来的缩小技术差距的机会。在范式展开期，领先国家的产出效率边界仍然在向当前范式的极限位置继续推进，但是移动速度比在范式导入期时慢了很多，领先国家的一些产业部门会由于劳动力成本过高等原因将一些生产转移到劳动力成本较低的赶超国家，赶超国家由此会获得缩小与领先国家技术差距的机会。范式内机会窗口的原因主要有两个方面：一是领先国家当前范式内的技术进步速度放缓，二是赶超国家在利用已经成熟的技术成果上具有后发优势。范式内机会窗口本质上是经济和技术收敛趋势的体现，抓住范式内机会窗口对赶超国家具有非常重要的现实意义。

范式内机会窗口的特点可以归纳为如下三个方面。第一，范式内机会窗口是存量型机会，赶超国家与领先国家以及其他赶超国家之间利益冲突较多。当前范式发展到成熟期的时候，其创造新增财富的空间继续扩大的趋势已经明显放缓，同时由于劳动成本过高，技术成熟的产业部门会逐步地向劳动力成本更低的国家转移。领先国家的产业部门在向外转移时面临选择向哪个后发国家转移的问题，因而赶超国家之间在抓住范式内机会窗口上存在竞争关系。第二，领先国家会出于自身利益最大化考虑而有选择性地设置赶超障碍，因而抓住范式内机会窗口对友好技术转移环境依赖性强。领先国家出于维护在世界经济、政治秩序中主导地位的考虑，会选择性地为不同赶超国家设置不同程度的赶超障碍，这导致领先国家的技术向赶超国家溢出并非均匀的，拥有友好国际技术转移环境的赶超国家更容易抓住和利用好范式内机会窗口。第三，范式内机会窗口是风险型机会，对制度稳定性要求较高。范式内机会窗口对赶超国家制度稳定性要求较高，具有较好连续性的制度转型有助于提高赶超效果，如果制度体系出现重大波动反而可能会延缓赶超国家抓住范式内机会窗口。

范式内机会窗口存在的局限性如下。第一，范式内机会窗口的作用主要是帮助赶超国家实现技术收敛，而非实现技术能力反超。在赶超国家利用范式内机会窗口提升技术能力的同时，领先国家可能正在孕育新的技术革命，过于依赖范式内机会窗口可能陷入模仿陷阱，不能摆脱对领先国家的技术依赖。第二，范式内机会窗口容易强化路径依赖效应。范式内机会窗口本质上是让赶超国家技术能力遍历式提升，然而随着技术全球化和技术变革加速，经常需要赶超国家在技术变革快速的产业部门大胆采取跨越式技术赶超，对赶超国家的赶超路径创新能力也越来越高。第三，并非所有赶超国家都具有及时进行制度转型的能力和条件，这降低了利用范式内机会窗口实现技术赶超的可能性。如果处理不好复杂的制度变革问题，把握范式内机会窗口进行的技术赶超可能会效率十分低下甚至存在突然中断的风险。

（二）机会窗口和赶超路径选择

1. 机会窗口对制度变革的需求

制度变革可分为自主制度创新、制度移植和制度转型三种类型。制度变革与机会窗口相互影响，制度创新为范式间机会窗口提供空间，范式内机会窗口引导制度变革。制度创新能够激励技术创新，而制度转型对技术扩散和技术转移具有较强的促进作用。当出现范式间机会窗口的时候进行制度创新更加有利于把握机会窗口，随着范式间机会窗口转化为范式内机会窗口，进行制度转型更加有利于抓住机会窗口。鉴于此，可以提出以下三个假设。第一，迅速和有效地进行制度创新有助于抓住范式间机会窗口。范式间机会窗口具有高收益、高不确定性，当出现范式间机会窗口的时候，赶超国家需要加强制度创新，制度创新能力强有助于抓住范式间机会窗口。第二，具有连续性、可预期性特点的制度转型有助于抓住范式内机会窗口。范式内机会窗口具有低收益、低不确定性和低风险特征，范式内机会窗口需要具有可预期的制度变革的支持。如果赶超国家在面临范式内机会窗口时期出现剧烈的制度变革，反而可能会对把握范式内机会窗口带来不利影响。第三，文化体制变革成本影响制度变革工具选择。文化体制变革成本低有助于进行制度创新或制度移植；相反，文化体制变革成本高不利于进行制度创新或制度移植。

2. 初始面临范式间机会窗口的路径选择

制度创新对把握范式间机会窗口意义重大，有两层含义。第一，制度创新是帮助赶超国家把握范式间机会窗口的重要因素，它为下一阶段的赶超路径快速缩小技术差距奠定了基础。制度创新完成之后，就会加速缩小赶超国家与领先国家之间的技术差距。第二，不同赶超国家可以选择不同的制度创新方法来提高抓住范式间机会窗口的概率。自主制度创新和制度移植都为赶超国家带来了全新的技术-经济范式并促进新范式逐步展开，为抓住范式间机会窗口提供更加广阔的空间。

3. 初始面临范式内机会窗口的路径选择

面临范式内机会窗口时，领先国家技术进步速度放缓，其发展成熟产业逐步向劳动力成本更低的赶超国家转移，这为赶超国家发挥后发优势缩小技术差距带来机会。在该时期尚未出现新的技术革命，赶超国家缩小技术差距主要是源自对成熟技术进行模仿或者移植。制度稳定和连续有助于抓住范式内机会窗口有两层含义：①确保制度具有稳定性和连续性的同时进行技术移植是最优选择，也就是说发达国家成熟的技术与不同文化、政治体制结合形成与领先国家不同类型的技术-经济范式同样能够带来技术进步；②制度变革是需要消耗赶超资源的，范式内机会窗口本质上是风险型机会，用于技术模仿或技术移植的资源投入越多，越容易提高技术赶超效果。

4. 机会窗口转化对赶超路径选择的影响

机会窗口的类型会随着技术革命的进展而发生转化，随着机会窗口性质发生转变，赶超路径也会有进行调整的需求。机会窗口性质转化与制度变革是否协调是赶超路径持续最终实现赶超目标的关键。机会窗口随着时间延续发生转化引起赶超国家制度变革需求发生变化进而驱动赶超路径发展到下一个阶段。机会窗口转化提出制度变革需求有两种情况（图6-8）。一是范式间机会窗口出现后逐步转化为范式内机会窗口。随着技术革命在领先国家带来的新技术-经济范式由狂热阶段逐步演化到协同阶段，机会窗口会由不确定性机会逐渐转化为风险性机会，该机会转化过程对赶超国家制度变革的稳定性和连续性要求也会逐步提高。二是范式内机会窗口通过孕育下一次技术革命带来新的范式间机会窗口。领先国家原有技术-经济范式在成熟阶段会孕育出下一次巨浪时期，然而领先国家何时会爆发下一次技术革命存在不确定性，该机会转化过程对赶超国家而言同时意味着原有的技术红利空间逐渐耗尽，需要增强制度创新能力和制度灵活性来确保在新技术革命出现的时候能够及时地抓住下一次难得的范式间机会窗口。

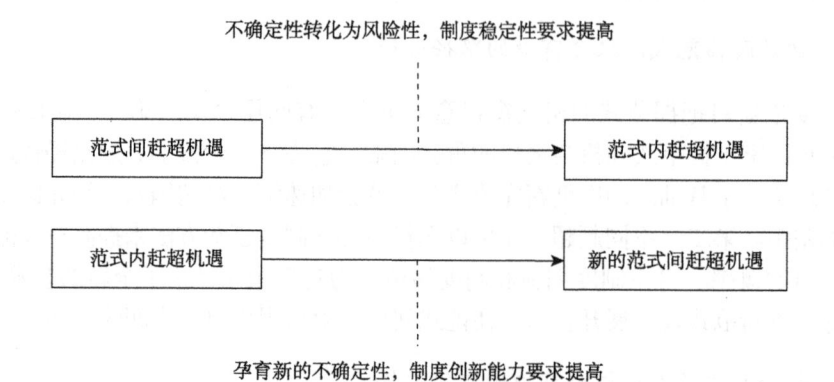

图6-8 机会窗口转化与制度变革需求

（三）中国抓住机会窗口的启示

范式间机会的时间窗口非常短暂但是对技术赶超影响巨大。出现新技术革命的时候，不仅赶超国家与领先国家处于较为接近的起点上，同时也是领先国家集团中各国位置可能会重新排序的重要时期。出于各种复杂原因，直到20世纪80年代进行经济体制改革后，中国技术赶超才明显提速，在抓住第五次技术革命（即信息和远程通信时代）带来的范式间机会窗口上取得了较好成绩。根据估算，现在距离第五次技术革命爆发的1971年已经有50多年，信息技术仍然在快速发展并且与工业、服务部门紧密融合推动了人工智能快速发展。21世纪初期以来西方领先国家经济增长放缓，西方学者认为增长停滞状态是当前的新常态。尽管近年来中国经济增长速度也有所放缓，也提出中国经济增长进入"新常态"的说法，但与西方媒体所说的"新常态"有不同含义。中国的技术赶超路径选择是路径②，当前仍然处于情境状态②之中，目标是朝情境状态③发展。中国正面临范式间机会与范式内机会窗口并存的特殊时期，实现赶超目标主要是依靠自身努力，同时也要尽量利用政策工具抓住两种类型的机会窗口以加速追赶，争取早日复兴为科技强国。中国抓住机会窗口的政策启示主要有以下三个方面。

（1）提高自上而下的制度创新能力对中国抓住范式间机会窗口意义重大。酝酿于领先国家的新技术革命爆发后会内生地引导领先国家进行制度变革，推动新的技术-经济范式逐步经历导入期再到展开期。这一过程对赶超而言正好相反，新技术革命出现后处于爆发阶段时对赶超国家带来的技术冲击还不够明显，赶超国家内部缺乏自上而下进行制度创新的激励是很正常的，这就需要迅速进行自上而下的制度创新才能抓住新技术革命带来的范式间机会窗口。自主制度创新和制度移植是制度创新的两种基本方法，都可为抓住范式间机会窗口提供有力保障。目前正面临智能化技术革命方兴未艾的难得机会窗口，中国需要综合利用自主制度创新和制度移植进行自上而下的制度变革，为抓住该机会提供保障。

（2）中国是巨型赶超经济，需要在把握范式间机会和范式内机会之间合理分配制度资源才能确保赶超过程持续向前推进和最终实现科技强国复兴的目标。中国需要在两种机会之间配置不同的制度资源，用不同的制度供给引导同时把握两种机会窗口。范式间机会窗口具有时间窗口短暂的特点，不及时把握会对以后的赶超进程产生重大不利影响。抓住范式间机会窗口更多需要宏观方面的顶层设计层次的制度供给，以便于确保能够及时投入足够的赶超资源。范式内机会窗口更加需要微观层次的制度供给，微观层次制度供给的作用主要是对以企业为主的微观主体形成有效激励，促使它们投入更多研发资源用于技术能力构建和提升。

（3）中国需要将把握机会窗口与中华文化复兴有效结合，才能有效解决制度性和技术性赶超障碍问题。中国与美国等发达国家相比有不同的文化传承，文化传承不同决定了经济、社会治理理念存在很大差异性。例如，技术与不平等之间有关系（Freeman，2011）这一观点已经较为流行，然而中国与西方国家关于如何对待技术引发的不平等却有重大区别。西方的道德伦理推崇的是不惜代价的成功伦理，而中国的社会文化则重视集体利益的维护和平衡。坚持文化和政治体制独立性，尽量消除经济体制、技术体制领域的制度性赶超障碍，把握范式间机会的同时充分利用范式内机会窗口，以及促进现有各产业部门技术能力升级和努力消除各种技术赶超障碍，是中国实现把握机会窗口与文化复兴融合的基本思路。

四、制度变革对技术赶超路径选择的影响

（一）赶超国家的制度变革

1. 赶超国家的制度转型

制度转型旨在研究制度转型的原因和制度转型对赶超国家经济活动的影响，近些年研究主要集中在制度转型理论的动态过程方面（Karltorp and Sanden，2012）。制度转型理论假设制度具有差异性和内生性，这两种特征决定了技术赶超的路径依赖性。制度是指社会-科技制度的逻辑和结构，制度具有合理性、合法性和可信性三个特征。制度转型是赶超国家从一种社会-科技制度变动到另一种社会-科技制度的过程，制度转型涉及多层次的变动和宏观微观层面上的变动。

本书对赶超国家制度转型的定义是指将领先国家的某种制度体制设定为标准，并将之确定为本国相应制度体制变革的目标，主动或者被动地对赶超国家的制度体制进行重构的过程。国家层次的制度转型包括文化、政治、经济和技术四种制度体制转型。制度转型的内涵包括：①制度转型存在既定的转型目标。赶超国家以领先国家的某种制度体制作为标准并将之确定为自身制度变革方向，目的是重构自身的行为规则体系使之与领先国家的规则体系具有高度相似性，减少技术转移和扩散的内部制度障碍因素和改善技术追赶的外部国际环境，快速拓展国家技术能力提升潜在空间。②赶超国家内部不同制度体制的转型成本不同，制度转型难易程度也不同。一般四种制度体制转型成本由高到低是文化体制转型成本>政治体制转型成本>经济体制转型成本>技术体制转型成本。③不同赶超国家相同的制度体制转型成本不同。不同国家之间相比，由于各自的制度演化路径、阶段等存在很大差异，制度转型成本也不同。不同国家制度转型成本比较需要重

视用历史眼光进行评价和判断。④制度转型解决的是技术赶超中的风险性而非不确定性问题。风险与不确定是两个不同的概念，风险是指对未来可能出现事件发生的可能性或概率有一定预知，不确定性是无法预知未来会发生何种事件。制度转型本质上是通过采用或者选择性采用领先国家制度的方法防范使用领先国家先进技术可能存在的风险，其基本假设是具有与领先国家相同制度的时候，技术转移（扩散）、技术模仿、技术学习等活动面临的制度性障碍会较小以及试错成本会显著减低。赶超国家大多并非进行全面意义上的制度转型，而是有选择性地利用制度转型实现一定程度上的制度变革。"转型"这一术语用来表示赶超国家制度变革的方向，由于客观上存在技术差距，赶超国家是很难完全照搬领先国家的制度的。制度转型可以是主动也可以是被动的，但大多发生于出现外部冲击或内部压力的时候。

2. 赶超国家的制度创新

赶超国家的制度创新是根据自身经济社会发展需要，而非以领先国家的制度作为标准，对文化、政治、经济、技术体制进行变革的过程。制度是人与人之间关系的某种"契约关系"或"契约形式"，可以分为正式规则和非正式规则，一般正式规则的变迁需要有关各方的明确认可，而正式规则的演化和变革通常是从非正式规则开始的。正是制度在边际上的连续演化造成了制度中正式的也是可见的规则的变迁（汪丁丁，1992）。

赶超国家的制度创新理论起源于制度经济学理论，现代制度经济学发展呈现出两个流派，一个流派以研究经济学的方式研究政治学，探讨理性人决策问题，另一个流派研究政治制度如何影响企业在经济市场中的表现，探讨契约理论和产权理论（Myerson，2017）。契约理论和产权理论讨论的都是交易成本对企业绩效的影响，制度创新降低交易成本，推动企业绩效提升、经济发展，从而实现赶超路径的调整。

技术创新的报酬直接体现为熊彼特的利润，制度创新的报酬本质上也具有熊彼特利润的性质。企业层次制度创新的报酬表现为利润，而涉及社会集团之间关系调整的制度创新的报酬的表现形式可能是采取"租"的形式（汪丁丁，1992）。赶超国家的制度创新是与国内以及国际范围内新增部分财富的创造和分配紧密联系在一起的。赶超国家制度创新的内涵包括：①赶超国家的制度创新具有内生性。制度创新的根本驱动力是内生性技术进步，技术进步带来新的制度需求，制度创新对技术进步有推动作用。赶超国家的技术进步未必都是源自技术引进，也可能是来自自主技术创新，自主技术创新是赶超国家制度创新的内生驱动力量。②赶超国家的制度创新具有后发优势。在某种情况下，发达国家在制度创新上具有先行劣势，发展中国家具有选择性模仿甚至不模仿发达国家制度的后发优势，并反过来为追赶对象提供可供模仿的新型制度组织（贾根良，2003）。③赶超国家的制度创新与自身的制度演化历史有密切关联性。制度演化具有路径依赖特征，赶超国家的制度创新是根植于自身文化传承之中的，在既有文化、政治体制制约条件下，赶超国家根据特定的情境特征和脉络给出在纵向和横向两方面都具有新意的制度供给，能创造出独特的国家竞争优势。④赶超国家制度创新的主要功能是解决技术变革对经济社会发展带来的不确定性问题。制度演变的动力来源于熊彼特利润，而利润的产生导源于不确定性，不确定的存在是大自然的本性之一（汪丁丁，1992）。方向未定的技术变革存在诸多不确定性，引进领先国家的先进技术对赶超国家既有技术-经济范式可能带来何种程度和深度的冲击，也存在很多未知，创新本质上是这些对不确定性的响应，制度创新的作用就是将技术创新创造的新增财富由不确定性收益转化为风险性质的收益。

赶超国家的制度创新又可以分为自主制度创新和制度移植。德国在18世纪中后期的赶超过程中进行的制度变革属于自主制度创新，而日本在明治维新时期进行的制度变革是以制度移植为主的。日本在明治维新时期建构起具有高度内部认同且与西方平行的文化体制（姚国华，2006），这在本质上属于用制度移植方法进行文化体制创新，其结果是构建起与西方文明和中华文明均有差异的文化体制，亨廷顿将其称为日本文明。

（二）制度变革驱动技术赶超的理论基础

1. 制度赶超论

制度变革能够为技术赶超提供驱动力的第一种理论依据是建立在对制度进行单一维度评价基础之上的"制度赶超论"，该理论假设不同制度存在"好"与"坏"之别，"好"的制度能促进技术进步，"坏"的制度不利于甚至会抑制技术进步。制度质量提高能够促进技术进步是以制度可以进行"好"或"坏"评价的观点为基础发展起来的。

制度赶超论本质上是将技术赶超转化为制度赶超问题。关于制度是"好"还是"坏"有两种基本解释，一种是从制度本身性质视角进行评价，另一种是从制度的内容构成视角进行评价。从制度本身性质视角进行评价有三种常见方法：①能让市场正常发挥作用的是"好"的制度，反之，不能让市场量正常发挥作用的制度是"坏"的制度（Rodrik，2000）。②对掌权者具有有力约束的政治制度能带来好的经济制度。Acemoglu（2005）认为，当掌权者受政治制度有力约束、掌权者寻租的可能性较小时，这种条件下的经济制度能够带来长期增长。③政治稳定能够带来"好"的经济制度。政治不稳定的政府由于难以提供良好的产权从而会导致私人投资减少，进而不利于经济增长。从制度的内容构成视角评价制度"好"或"坏"认为正确的制度就是好的制度。例如，Mokyr（2009）认为知识产权制度是导致西方国家尤其是英国率先完成工业革命的重要原因，尽管单纯考虑知识产权制度尚不足以引发工业革命，但是其为创新者提供的激励不仅仅是经济利益方面，同时也包括社会地位等，这对促进创新意义重大。不论采用何种方法来评价制度的"好"或"坏"，这些方法都可以归为制度赶超论，它们都主张让制度变好或者正确是实现持续增长的关键（Rodrik，2004）。

评价制度"好"或"坏"是一种二元思维，研究者和政策制定者的价值观差异很容易导致各种争议，因而出现了另一种评价制度的方法，即认为制度有质量高、低之别。这种方法是认为制度可以区分"好"或"坏"的延伸，区别是认为制度虽然不能简单地进行二元式评价，但是其质量具有连续变化特性，制度质量差异决定了经济增长绩效差异，进而技术赶超是以连续性提高制度质量为基础的。制度环境可以用一系列指标综合评价，出现了一些知名衡量制度质量的指数，如知识产权保护指数以及世界银行编制的全球治理指数（worldwide governance indicators）等。值得注意的是，制度质量评价方法也未能解决制度评价中存在较强主观性的问题，它只是在一定程度上减少了争议。

2. 关系协调论

关系协调论的基本逻辑是认为制度变革与技术变革是协同演化的，二者关系协调是技术赶超路径顺利推进的重要保障。适时进行制度变革会促进技术进步，否则会抑制技术进步；技术能力水平提升对制度变革提出需求，技术能力水平低下则可能会限制制度变革实现。在此逻辑基础上发展出制度变革驱动技术赶超的第二种理论依据，可以称之为"关系协调论"，即赶超国家的制度变革与技术变革之间的关系协调才能够促进技术赶超；也就是说，能让二者关系协调的制度即"好"的制度，否则就是"坏"的制度。二者关系是否协调有两种不同的理解方法：一种是强调赶超国家技术能力较低的现实，主张制度变革不能脱离当前技术能力水平的制约，赶超国家应该选择适宜技术和采取与适宜技术相适应的渐进式制度变革；另一种是认为当技术能力有了较多提高时，主张制度变革应该及时为技术能力进一步提高创造更多空间，主张以制度创新或者制度转型为技术进步提供更多激励。在关系协调论基础上发展出两种主要的国家技术赶超学说：一种是基于自主创新的技术赶超理论，另一种基于制度转型的技术赶超理论。

制度赶超论与关系协调论有一定联系，区别是后者改变了前者只从制度因素本身选择评价标准的做法，将制度变革与技术变革的相对关系作为技术赶超路径持续推进的核心影响因素，这与大多数赶超国家的现实情况更加接近，因而更具现实意义。制度变革与技术变革关系是否协调的标准具有历史性和主观性特点，历史性是指制度变革与技术变革协调的标准是演化的而非静止的，主观性是指二者的关系如何才算协调受学者或者政策决策者所持有的价值观、历史观影响。

评价制度变革与技术变革是否协调有两种基本方法。一是以制度是否能够支持充分利用前沿水平的技术或知识为标准。Romer（2010）提出"好规则"（good rules）和"本地规则"（local rules）两个概念，采用"好规则"能够迅速追赶到国际前沿技术水平（即有效利用国际知识存量），而采用"本地规则"只能以较低效率利用国际知识存量，从而赶超绩效较差。根据 Romer 的观点，提高技术赶超绩效的对策就是要逐步地将"本地规则"改变为能充分利用前沿技术和知识的"好规则"。然而，不同国家多久才能由"本地规则"转到"好规则"是存在很大差异性的，这意味着制度弹性对获取由技术进步带来的潜在收益是有影响的。制度如何整合信息技术是制度弹性的一个关键影响因素，信息技术取得惊人进步带来了巨大的潜在收益，然而获得这些收益却受到制度弹性的影响。20 世纪 90 年代信息技术带来的新范式下，日本由于缺乏制度弹性而导致在信息技术领域没有获取到最佳收益。制度变革要为技术能力提高提供更多超前空间是基于制度转型的各种技术赶超学说的共同主张。二是强调技术能力提升是一个渐进过程，制度变革不能过多脱离技术水平制约，以及不同国家制度演化具有多样性特征，因而赶超国家的制度变革需要综合考虑技术赶超所处阶段和结合自身制度演化的具体需要两方面因素。这种观点对发展中国家，尤其是大国或巨型经济的技术赶超意义重大。林毅夫和张鹏飞（2006）认为，发展中国家选择与其要素禀赋结构一致的技术结构（即选择最适宜技术），则发展中国家的技术变迁成本比发达国家的低，这样才能最终赶上发达国家。林毅夫（2011）以此逻辑为核心构建起对发展中国家具有较好现实意义的新结构经济学。制度变革要与技术发展阶段适应的逻辑也为自主创新的技术赶超战略提供了理论基础。自主创新的技术赶超战略不仅强调制度变革要与技术发展阶段适应，也要考虑赶超国家制度演化的多样性进行制度变革以支持赶超国家的内生技术进步。

（三）技术赶超路径实现制度变革的工具

赶超国家的制度变革可以分为制度创新和制度转型，其中制度创新又进一步分为自主制度创新和制度移植，这意味着制度变革驱动技术变革有三种制度变革工具可以被用来促进技术赶超进程（图 6-9）。赶超国家的制度演化路径、经济规模、技术能力发展阶段、外部技术环境等因素会影响制度变革工具的选择和实施，进而通过影响自主技术创新、技术移植、技术模仿、技术学习、模仿-创新转型等技术活动来影响技术赶超路径的实现。不同制度变革工具有不同的技术赶超理念，赶超国家在实践中一般是混合使用三种不同的制度变革工具。

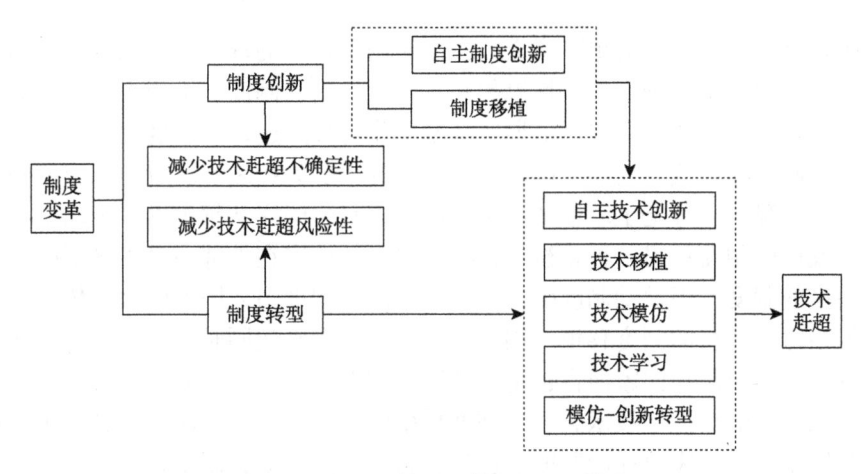

图 6-9　制度变革驱动技术赶超的模式

1. 自主制度创新

赶超国家以自主制度创新驱动技术赶超是根据自身经济、社会发展提出的制度需求，以自身文化和政治体制演化为基础创造性地供给出与领先国家不同，但也能够促进技术能力提升的新制度。尽管大分流之后领先国家引领的技术快速进步对赶超国家原有制度体系的演化产生了巨大冲击，不同赶超国家之间也存在激烈的赶超竞争，但这并没有改变分别属于不同文明集团的赶超国家的文化、政治体制演化多样化发展趋势，自主创新仍然是重要的驱动技术赶超的制度变革工具之一。自主制度创驱动技术赶超有两层内涵：①制度的"创新"是指与赶超国家原有制度相比意义上的向前推进，并非抛弃自身文化传承意义上的"另起炉灶"。赶超国家的制度演化是根植于自身文化传承的，自主制度创新不能脱离历史上形成的文化体制的制约。赶超国家的制度演化受历史因素影响作用具有路径依赖性，自主制度创新是在继承自身制度演化历史的基础之上创造性地进行制度变革，推动自身的制度演化路径继续向前推进。②自主制度创新是对技术赶超具有竞争性的理性反应，创造出与领先国家以及其他赶超国家相比具有差异性的新制度供给是增强技术赶超竞争力的一种应对策略。提高自主技术创新能力对把握范式间机会窗口意义重大，在技术革命爆发的初期阶段，技术发展仍然存在很多不确定性因素，需要用自主制度创新来为赶超国家的技术创新活动提供强激励。

2. 制度移植

关于制度移植的一般描述是制度（或规则）从一个国家或地区向另一个国家或地区的推广或引入（卢现祥和朱巧玲，2004）。这种描述有些过于简单，仅仅强调制度移植涉及制度来源国家和制度移入国家两个不同主体，并没有凸显出制度移植在制度创新方面的重要意义。我们对制度移植的理解是,制度移入国家参照制度来源国家某种制度的设计思想在本国提供新的制度供给或者对原有制度进行变革的过程。工业革命以后世界经济全球化进程加速,在制度竞争和示范效应影响下,制度移植成为发展中国家制度变迁的重要途径之一。赶超国家的制度移植有两种情况:一种是主动移植,主要出现于赶超国家从领先国家主动学习有利于经济发展的制度;另一种是被动移植,是赶超国家在外部力量主导下引入制度来源国家的制度,但被动制度引入大多很难改变制度引入国家的文化传承,如在殖民统治之下进行的制度移植。制度移植驱动技术赶超同时存在不确定性和风险性,制度移植对赶超国家而言也是一种制度创新,制度移植成功能够促进技术赶超,否则有可能会抑制技术赶超。制度移植驱动技术赶超有两层含义:①移植的制度与制度移入国家以往的制度相比具有新的制度功能,制度移植将制度移入国家从原有的制度均衡状态转移到新的制度均衡状态,为技术赶超提供新的潜在技术进步空间。制度移植利用已有的制度设计思想资源能够加快赶超国家的制度演化速度,同时也能减少制度创新的试错次数和成本,有助于加快技术引进速度和提高技术吸收能力。②移植的制度与制度来源国家相比演化出新的制度功能。制度移入国家根据自身经济发展需要,将制度来源国家的制度设计思想用于本国制度体系构建,被移植的制度在制度移入国特有的制度环境中演化出与制度来源国家相比具有差异性的制度功能,这种意义上的制度创新能为引进的技术找到新的应用领域,有助于提高赶超国家的技术竞争力。

虽然制度移植能够降低制度变革成本,但是成功实现制度移植却并非易事。一般赶超国家越是靠近所在文明集团的核心位置,制度移植越是难以改变原有的制度传统。国家层次制度构成分为文化、政治、经济、技术体制四个方面,四个领域的制度移植难度是递减的。文化和政治两个领域制度移植成功的案例很少,成功的制度移植大多在经济或技术体制两个领域。中华人民共和国成立后构建起中国特色的政治制度体系为中国的经济稳定增长提供了坚实基础,1978年改革开放后在经济制度领域借鉴西方市场经济制度进行的改革有力促进了技术追赶。日本"明治维新"时期进行的制度变革被认为是成功进行制度移植的典型案例。孙景宇(2012)用Roland(2004)提出的慢动制度和快动制度概念为基础解释日本制度移植成功的原因,认为日本的明治维新始于快动制度,但是却采取大量措施来诱导慢动制度同时发生变迁。日本进行制度移植成功得益于日本政府采取思想灌输、利益诱导、示范效应等方式对慢动制度的引领,从而使慢动制度跟上了快动制度的步伐。

3. 制度转型

广义理解的转型是从一个社会成熟状态向另一个社会成熟状态的转变(孙景

宇，2012）。制度转型驱动技术赶超是指赶超国家将领先国家的某种制度设定为标准，对赶超国家原有的制度体系进行重构，使赶超国家在该领域的行为规则与领先国家的具有一致性或者高度相似性，以此来促进技术赶超。制度转型驱动技术赶超有两层内涵：①制度转型通过减少与领先国家之间的直接利益冲突来促进技术赶超。制度转型与技术转型紧密联系在一起，一般在技术模仿向创新转型时期制度转型的需求最为强烈。制度转型具有主动发送减少与领先国家直接利益冲突信号的作用，通过制度转型进一步增强与领先国家之间经济、技术联系的紧密程度，形成更加一致的利益共同体。②制度转型包括文化、政治、经济、技术体制转型四种，同一国家内部看，这四种体制转型的成本是不同的，一般文化体制转型成本最高，技术体制转型成本最低；不同国家这四种体制转型的成本也不同，如中国的文化转型成本就远比日本的文化转型成本高出很多。

技术体制转型是以知识产权制度变革为核心进行的，赶超国家选择何种类型的知识产权制度以及如何通过知识产权制度变革促进技术能力提升是关系到技术赶超进程的重要因素。领先和赶超国家二者的技术活动特征不同，领先国家以创新为主，赶超国家以模仿为主，知识产权对这两种技术活动作用的方向不同。一般认为更强的知识产权保护能够促使企业从追求质量提升转向到开发新产品，强知识产权保护制度对主要集中于产品质量提升的技术模仿活动为主的赶超国家的技术能力提升不利。研究表明，在发达国家，知识产权保护力度与技术创新之间存在 U 形变化关系，在发展中国家知识产权保护不利于企业的技术创新。也有学者认为发展中国家实施"国际统一知识产权保护制度"是不符合发展中国家实际利益的。现实中不乏成功地利用知识产权制度转型促进技术赶超的经验，如印度制药产业的技术追赶。Chittoor 等（2008）认为印度的制药产业发展面临着双重制度变革，即印度经济的自由化和由宽松的知识产权保护转到世界贸易组织的强制性知识产权体制，在这些制度变革背景下，印度制药产业同时采取加强研发投入和产品市场国际化战略，大幅提升了印度制药产业的技术能力和产品的国际竞争力。中国和印度在 20 世纪 90 年代后均对知识产权出现了强烈需求，都开始将建立知识产权制度作为国家创新体系建设的重要制度工具。

制度转型理论在新时代有了新发展，新制度转型理论将研究重点放在两个方面，分别是对制度转型过程的研究和对制度转型空间异质性的研究（Fuenfschilling and Binz，2018），两类研究试图用制度转型理论解释技术赶超路径的相似性或差异性。制度转型过程理论为更好地研究制度结构和制度变化过程，引入社会学、组织学和政治学理论丰富原有制度转型理论的内涵，指出制度转型的原因。制度转型空间差异理论强调制度转型过程的展开在空间上呈现不均衡性，该理论试图找到部分地区在转型过程中落后于其他地区的原因。制度转型空间差异理论可以结合全球价值链进行研究，由全球价值链引发的生产与创新碎片化会加剧制度转型的空间差异性，并进一步导致技术赶超路径的不同（Yeung and Coe，2015）。

4. 制度转型对中国技术赶超路径选择的启示

近年来世界全球化格局发生了很大的变化，越来越多的国家和政府选择"逆全球化""贸易保护主义"作为参与国际竞争的战略和政策制定标准，如中美贸易摩擦、英国"脱欧"等。与此同时，国内人口老龄化程度加剧，对商品需求存在后续消费动力不足的问题。针对这两方面的问题，2020年5月14日召开的中共中央政治局常务委员会会议提出了"深化供给侧结构性改革，充分发挥我国超大规模市场优势和内需潜力，构建国内国际双循环相互促进的新发展格局"的双循环理念。

制度决定一个国家进行全球化竞争时遵循的规则，制度的影响力取决于制度在实践中的执行程度，制度涉及规定、法律、文化等多个方面。全球化竞争中，一个国家的制度往往通过跨国公司和国际组织传递到其他国家。部分研究者提出趋同论的主张，认为世界政治制度越来越趋向统一（Beckert，2010）。全球价值链和生产碎片化加剧了这种趋同化的趋势，制度通过跨国公司和国际组织在国家之间进行传播。跨国公司凭借其超强组织能力和跨区域经营的特性，将母公司所在国的生产、分配和销售制度传递到世界的其他国家。在跨国从事生产经营活动的过程中，全球价值链不仅可以传递跨国公司的先进生产经验、形成知识溢出效应，还可以传递其文化、规则和组织架构。除跨国公司之外，国际组织也可以传递领先国家的技术水平，推进赶超国家实现技术转型。世界贸易组织等国际组织通过界定知识产权、公共采购、规范技术管理原则、促进贸易公平化、制定统一环境政策等传递国际统一标准、领先国家的规范完善管理标准（Manning and Reinecke，2016）。

在"逆全球化"和"双循环"的复杂国际竞争大背景下，领先国家为了维持原有由发达国家主导的经济政治体系，与以我国为代表的赶超国家发生全方位摩擦冲突。前文提到的制度趋同论显然不再适用，全球价值链上的不同产业、产业内部不同档次的生产厂商，以及这类厂商所对应的赶超国家，应该根据自身所面临国际竞争中的不同情况，进行有区别、有选择、有价值的制度转型。与此同时，以我国为代表的赶超国家与领先国家在技术水平、管理规范、交易流程等许多方面仍存在很大差距，制度转型可以通过缩小这类差距促进我国实现技术赶超。赶超国家在新形势下制度转型的过程中，需要遵循以下几个原则。一是维持原有开放政策不变，通过政策手段推进进一步开放，由"引进来"到"走出去"，加大对外投资、鼓励跨国公司参与国际竞争、提升国内产业在全球价值链中的位置。二是针对不同产业的发展情况和该产业内的国际竞争局势区分制定政策，具体问题具体对待，鼓励特殊产业发展，通过确定不同的制度转型模式，形成在该产业内我国产业对先进国家产业的赶超。三是从自身原有的历史社会条件出发，根据生产经营过程中遇到的问题提出解决方案，实现从实践经验中总结出的制度转型，杜绝趋同论，维持我国原有先进的收入分配与社会保障制度，进一步探索两种制度促进社会公平，实现健康和平稳的制度转型，进而保证赶超活动的顺利进行。四是在国际市场形势不确定的情况下，需要扩大内需促进国内市场的稳定健康发展，通过手段探索新的需求推动力，实现由我国引导的技术赶超和技术跨越活动。

五、中国技术赶超路径分析

（一）中国技术赶超路径和战略选择的特点

中国的技术赶超路径和战略选择实现主要有三个特点：①中国的技术赶超与中华文明复兴紧密联系在一起，技术赶超承载着中华文明复兴重任；②作为巨型赶超经济，中国的技术赶超进程对国际赶超环境影响重大；③中国的技术赶超存在全面竞争性。这三个特点具有长期性，不能用短期或局部眼光看待中国技术赶超历史上遇到过的挫折和困难，也不能脱离中国独特的文化和政治体制发展历史思考中国技术赶超路径选择和实现的战略对策。

1. 技术赶超承载中华文明复兴重任

传承和发展中华文明是确保和维护中国的国家核心利益的基本前提和重要基础，作为中华文明集团的核心国家，中国的技术赶超承载着中华文明复兴的历史重任。从世界范围看，过去和现在都是多文明的世界。工业革命之前，经济全球化程度还不足以将各文明紧密连接起来。工业革命在西方世界率先启动和完成造成西方文明兴起和中华文明以及其他文明相对落后的大分流格局。过去两百多年中的富裕国家大多是西方世界的国家，然而这并不意味着西方世界认同的价值观就是世界唯一和共同的价值基础。西方文明的兴起并不必然意味着其他文明都将会趋于消亡，未来发展趋势是多文明并存的世界。中华文明与西方文明存在巨大差异，中国作为巨型赶超经济的文化、政治体制变革成本巨大，在受到外部技术冲击的时候不可能像属于中、小型经济的赶超国家那样进行文化或政治体制重构，或者通过脱离原有的文明集团向西方文明集团靠近的方式在短期内消除主要的制度性赶超障碍，为快速进行技术追赶创造条件。中华文明的复兴一方面需要国内政治稳定，另一方面也需要技术持续进步，二者缺一不可。总而言之，中国的技术赶超目标是从情境状态②最终进入情境状态③和成为世界科技创新中心国家之一，即复兴为科技大国，这一路径方向选择是实现中华文明复兴的必然要求。

2. 技术赶超进程影响国际赶超环境

作为人口大国和同时是中华文明集团的核心国家共同决定了中国的技术赶超路径无论处于哪个阶段都会对国际技术赶超环境和规则产生不可忽视的影响。首先，中国是人口数量庞大的巨型赶超经济，总量赶超对技术赶超进程极为敏感，即使是处于技术落后阶段也会明显地影响赶超环境和规则。中国在1700年时人口总数为1.38亿，到1820年时为3.81亿，1820年时中国人口总数占全世界人口比例为36.6%，2001年时中国人口总数占全世界人口总数比例为20.7%，近三百年期间，中国一直都是人口总数最多的国家。18世纪的总人口断崖式增长将中国农业经济推向顶峰，但是也为人均生活水平提高带来巨大负担。20世纪60年代，中国又出现一次总人口增长加速，解决"吃饭"问题始终是一个艰巨任务。中国近代以来的人口总数断崖式和此后的持续增长致使技术进步带来的红利被人口增加抵消，人力资本积累增长极为缓慢和困难。相比之下，巴西、日本的人口总数都没有出现断崖式增长，美国作为移民国家，在18~19世纪时的国土面积扩张抵消了人口增长对技术红利的不利影响。其次，中华文明是在农业文明的基础上发展起来的，中华文明与在海洋文明基础上发展起来具有很强扩张性的西方文明有很大差异。工业革命之后，非扩张性的农业文明与扩张性的海洋文明出现了激烈碰撞，中国的技术赶超取得进展即意味着两种文明的竞争态势发生变化。传统的国际竞争环境下主要采用直接方法防范巨型经济进行赶超，如发动战争、实施经济制裁、切断技术扩散、转移通路等方式。第二次世界大战后，发展中国家的政治独立性有了明显提高，国际赶超环境发生了重大变化，以美国为首的领先国家更多地转而采取隐蔽方法防范巨型经济进行技术赶超。美国当前面临的一个重要任务是消除"去工业化"的冲击，中国等巨型经济的技术赶超对美国解决该任务有一定影响。随着中国的经济发展取得越来越多成就，美国关于近年来推动全球增长的、基于规则的国际贸易和投资体系的内部矛盾会日益增多，中国在未来面临的国际技术赶超环境也会越来越复杂和多变。

3. 技术赶超始终面临全面竞争

中国的技术赶超过程始终面临全面竞争。中国的技术赶超是从情境状态②发展到情境状态③，目标是成为世界科技领先中心之一的国家，该路径对应的是竞争型技术赶超战略。始终面临全面竞争有三层含义：①从时间角度看，中国在不同技术赶超路径阶段均面临激烈的赶超竞争。中国在不同技术赶超路径阶段都会影响国际赶超环境，即使中国在处于技术落后阶段时领先国家也会密切关注中国的技术赶超进程。随着中国综合实力逐步提高和技术追赶取得进展，领先国家的技术领先战略也会根据中国的技术能力状况有针对性地进行动态调整。②从竞争的主体看，中国的技术赶超具有双重竞争性，即中国在赶超过程中与领先国家和其他赶超国家都有竞争关系。随着新兴经济的发展，中国与其他新兴国家在技术赶超方面的竞争关系会越来越复杂。③从产业发展角度看，中国不同产业的技术进步需要以较为平衡的模式发展，在经济全球化背景下，不同产业部门都会面临激烈的国际竞争。在出现范式间赶超机遇的时候，一方面要避免已有技术成熟产业部门遭受巨大技术冲击而出现衰退，另一方面要把握范式间赶超机遇，引导新技术革命蕴含的潜在经济收益能够有序释放，带动不同产业部门技术有序升级，以避免出现严重的社会不稳定情况。

中国的技术赶超战略是竞争型而非对抗型，如果选择对抗型技术赶超战略，国内民生方面难免会需要付出巨大代价，庞大的人口总数以及中华文明演化历史决定了中国的技术赶超总体上是竞争型而非对抗型。20世纪80年代末苏联解体之后形成了以美国为核心的更加一元化的国际经济规则体系，保持科技领先位置是美国基本的科技发展战略目标。领先国家对中国的技术赶超有两种态度：一种观点认为中国作为巨型经济与美国之间总体上是对抗性的，认为美国的衰落是不可避免的，中国的崛起是难以避免的；另一种是较为温和的观点，认为中国与美国之间的关系是可以进行平衡的，只要中国的崛起不威胁到美国的主导地位，中国作为美国的"离岸平衡手"在一定程度上有利于国际经济发展。未来如何在竞争性范畴中协调各种赶超竞争关系是一项极具挑战性的任务，解决好该问题对中国实现技术赶超影响重大。

（二）中国技术赶超策略思考

从1840年至今，中国近代以来的技术赶超路径选择和实现具有高度内在连续性，其间经历的各种波折并非毫无价值，每个特殊的赶超路径阶段都有一定的历史意义。大国的技术复兴之路必然是艰难的，很难复制其他国家或地区已有的经验，中国需要在不同的赶超阶段根据自身内部条件和所处赶超环境选择自己的技术赶超路径和战略，并以适当的制度变革工具来促进技术赶超路径顺利推进。中国的技术赶超承担着中华文明复兴的历史重任，复兴为世界科技中心之一是中国必然的目标选择。中国很难像中、小型赶超经济那样在特殊历史条件下有机会搭上充分分享技术革命带来的技术红利的便车，中国实现技术赶超目标并非轻而易举的事情，中国距离复兴为科技大国和强国仍有很多任务需要完成，同时也面临着很多新的挑战。在中国共产党领导下，中国与美国的人均 GDP 相对差距变化方向在 20 世纪 80 年代初出现了历史性扭转，在进入 21 世纪的时候，中国对美国人均 GDP 相对差距缩小速度进一步提高，这表明中国已经踏上了科技大国复兴之路。根据理论构建的一般性国家技术赶超路径和战略分析框架，结合当前的国内条件和国际赶超环境状况，中国促进技术赶超的策略主要有五个方面：①坚定维护国家的政治独立性；②加大对中华文明复兴的支持力度；③塑造友好国际技术赶超规则体系；④坚持自主创新，增强技术赶超动力；⑤提高把握范式间赶超机遇能力。

纵观中国清朝末期至今的技术赶超历史，这五个策略在不同时期均有不同程度的体现，不过在不同阶段这五个策略在国家总体技术赶超战略中的地位不同。不同技术赶超阶段需要完成的主要任务不同，并不意味着在前期阶段要将以往的主要策略放置在一边，而是对战略重点的转移。

1. 坚定维护国家的政治独立性

坚定不移地维护国家的政治独立性和提高国家的国际地位是保障技术赶超路径顺利推进和提高技术赶超速度的基本前提。中国自 1840 年以来的技术赶超历程大致经历了国家政治独立性逐渐被削弱、争取政治独立性与政治独立性逐步恢复三个阶段。中国为争取国家政治自主性付出了技术赶超速度放缓的代价。坚持国家政治独立性对实现技术赶超的作用主要包括：①政治独立性不但是捍卫国家核心利益的基本前提，也是根据技术赶超进展阶段选择合适的制度变革工具的重要保障，拥有完整的政治独立性是与中国复兴成为世界科技中心国家之一的目标紧密联系在一起的。缺乏政治独立性，制度变革动力来自外部而不是内部，是很难让制度变革与技术变革关系协调的。制度变革一方面是对中国文化、政治、经济体制演化历史的传承，另一方面要适应技术变革提出的制度需求，拥有政治独立性才能够灵活选择和运用自主制度创新、制度移植和制度转型三种制度变革工具为中国的技术赶超提供保障。②增强政治独立性是提高赶超资源动员和配置能力，坚持技术赶超长期目标和消除技术赶超面临的重大瓶颈制约的重要保障。中国在 20 世纪 50~60 年代克服外部阻力和内部困难采取优先发展重工业的战略，这一战略为中国建立起完整工业体系和自主技术系统奠定了重要基础，为进入 21 世纪后的自主创新能力显著提升和技术赶超明显加速做出了巨大贡献。中国的科技大国复兴之路还有很多任务需要完成，只有拥有足够的政治独立性才能从顶层思考和解决技术赶超面临的跨期最优决策问题，优先消除技术赶超面临的重要瓶颈约束。③拥有足够的政治独立性才能在技术赶超国际竞争中占据有利位置。技术赶超的外部环境是动态变化的，赶超规则也会随着国际政治、经济竞争格局变化而变动。不断提高国家政治独立性一方面能够确保更加高效率地与其他赶超国家进行竞争，同时才能具有实力与技术领先国家进行技术交流和合作，从而提高技术转移效率和促进技术进步加速。中国的技术赶超历史表明，只有不断提高国家的政治独立性才能让中国提高对赶超规则的影响力，逐步由被赶超环境影响转变为影响赶超环境，由被动接受赶超规则转变为主动塑造对自己有利的赶超规则。

2. 加大对中华文明复兴的支持力度

加大中华文明复兴和文化赶超意识培育和支持力度，能够为中国实现科技大国复兴的历史使命提供强大凝聚力和信心。中华文明历史悠久，是当今世界主要文明之一。中国的文化、政治、经济、技术体制是在中华文明基础上不断演化发展的，它们的演化和发展过程具有高度连续性和路径依赖特征。西方国家在进入索洛生产技术时代后率先完成工业革命，中国的技术追赶与德国和日本相比亦出现了巨大的反差。德国和日本的技术赶超均是以文化体制建设作为先导，二者在技术赶超的初始阶段都曾经投入大量资源进行文化体制建设。德国和日本进行文化体制建设面临的内部条件和外部环境有很大区别进而有着不同的文化体制变革方法，德国选择的是优先培育德意志意识以凝聚和强化国家能力，日本采取的是自上而下推动"脱亚入欧"以系统性改变原有的行为规则体系。中国与德国和日本均不同，从清朝末期开始，中华文明在与西方文明的碰撞中处于劣势位置，技术差距扩大直接影响文化竞争力衰落，文化竞争力衰落反过来削弱了中国的赶超资源动员和配置能力，这是中国技术赶超进程缓慢的重要原因之一。中华文明在马尔萨斯生产技术时代的长期演化形成了高度的制度成熟性，进而导致中国进行制度变革的成本巨大。中国无法像德国那样采取差异化导向的资本主义制度创新策略，通过实施国家资本主义迅速聚集赶超资源并将之用于支持快速工业化，也很难像日本那样进行彻底的文化体制重构，以制度移植为主要方法消除采用西方技术面临的制度性赶超障碍。中国为促进技术赶超曾经有过文化体制重构的尝试，但这些尝试不仅没有产生效果，反而严重消耗了宝贵的赶超资源，致使中国在技术赶超竞争中长期处于劣势位置。中国的技术赶超路径是从情境状态②发展到情境状态③以及采取竞争型技术赶超战略，以最终实现科技大国复兴作为赶超目标。实现该目标必须在不断缩小与领先国家技术差距的同时与领先国家保持较大的制度差异。文化、政治、经济、技术体制四者相比，其中文化体制差异对制度差异程度的影响最大。随着科技大国复兴进程推进，中国的文化体制演化趋势不是会出现转向而是继续向前发展，政治体制则是在现有基础上不断优化和完善。文化的生命根植于整个社会生活的体系中，经济发展和技术进步的内在动力要在制度与文化里寻找。科学是意识层面的东西，是一种文化，旨在以理论思维和实证方法，揭示客观现象背后的内在必然性。文化战略是国家的最高战略，中国的国家战略重点应该从赶超别人的经济战略转向自身崛起的文化战略（姚国华，2006）。

3. 塑造友好国际技术赶超规则体系

国际技术赶超规则本质上是指由有影响力的国家主导的在不同国家之间分享技术红利的正式或非正式协议，其内容和形式是技术赶超环境的主要影响因素。从狭义看，国际技术赶超规则主要是与国际技术转移、技术交易有关的国际协定。从广义看，国际技术赶超规则包括多种形式，如国际或区域贸易协定，各种类型的国际组织、国家之间达成的战略合作或联盟关系等。知识和技术具有外部性特征，然而知识和技术的转移或扩散是有成本的，领先国家重视主导技术赶超规则的根本目的是通过直接或者间接方法改变不同赶超国家面临的技术转移或扩散成本来影响赶超国家的技术赶超进程，最终达到确保自身领先位置的目的。国际政治、经济竞争格局是复杂多变的，即使在相同时期和相同技术赶超规则体系下，领先国家对不同赶超国家的态度也是有区别的，不同赶超国家由此可能会处于不同的技术赶超环境之中。一般中、小型开放赶超经济即使实现了赶超目标也不会威胁到领先国家的优势位置；巨型赶超经济的技术赶超进程则始终会受领先国家密切关注，以防止其威胁领先国家的领先地位。在特殊国际政治环境下，领先国家甚至可能会主动地向特定的中、小型赶超经济输送先进技术，这是巨型赶超经济所无法期待的。中国作为巨型赶超经济必须积极主动地影响国际技术赶超环境，在条件具备的时候要重视由赶超环境影响者转变为友好国际技术赶超规则体系的塑造者。

塑造友好国际技术赶超规则体系的基本任务是将该规则体系维护在竞争而非对抗范畴之内。中国的战略目标则是塑造友好和竞争性的技术赶超规则体系，这种规则体系更具平衡性和可持续性，更有利于全球经济可持续发展。尽管中国的技术赶超目标是从情境状态②发展到情境状态③，但这一目标设定本质上是竞争性而非对抗性的，中国需要向世界明确传达认同未来是多文明共存发展趋势，主张世界经济多元化和各国平衡发展；以及中国的技术赶超本质上是科技大国复兴，发展目标并非替代其他国家。未来是在多文明竞争趋势下向"多极世界"格局发展，发展中国家能够更公平地享受技术红利和更均匀地提升人民福利水平，世界价值分配更加趋于合理、稳定和具有可持续性，处于不同发展阶段的国家都能够为促进世界经济增长做出贡献并得到合理的利益回报。这一战略思维与美国学者提出的中国可作为美国的"海外平衡手角色"一说有诸多共同之处。随着中国技术能力提升和综合国力增强，中国在力所能及范围内承担更多国际责任有利于塑造友好国际技术赶超规则体系。例如，由中国倡议成立的亚洲基础设施投资银行于2015年12月25日正式成立，这对由美国、日本通过控制亚洲开发银行进而主导亚洲经济秩序是一种平衡，表明中国已经能够在国际区域性经济发展重大事务决策中拥有重要主导能力，这对亚洲经济平衡和持续增长乃至中国的科技大国复兴均具有重要意义。

4. 坚持自主创新，增强技术赶超动力

坚持自主创新战略对中国实现科技大国复兴目标意义重大，自主创新不仅是技术赶超动力的主要力量来源，同时也是把握赶超机遇窗口的重要条件。作为巨型赶超经济，中国技术赶超的直接动力只能是自主创新，自主创新包括自主技术创新和自主制度创新两个方面。根据前述技术赶超路径分析框架，在处于情境状态②时的技术活动以技术移植为主，在情境状态③时以技术竞争为主，中国面临的技术赶超动力转型任务并非由技术模仿到创新转型，而是由技术移植到技术竞争转型。该转型有两方面含义：一是要增强自主技术创新能力，二是要坚持自主制度创新以确保由情境状态②发展到情境状态③。技术赶超动力是推动技术差距持续地以较快速度缩小从而驱动经济快速发展的力量，缺乏持续性技术赶超动力是很难实现赶超目标的，技术赶超动力管理要综合考虑赶超动力组合和赶超动力动态转换两方面问题。改革开放后，在人口红利、制度红利、全球化红利、环境红利、技术红利等多种动力因素共同驱动下，中国的总量赶超取得了快速发展，然而有些红利因素终究会耗尽，无法持续地驱动中国的技术赶超，如人口红利、环境红利已经基本耗尽。2015年12月27日全国人大常委会表决通过了《人口与计划生育法修正案》，全面"二孩"政策于2016年1月1日起正式实施。人口政策的重大变化意味着经过30多年后，人口红利对中国经济增长的驱动效应已经基本耗尽。此外，关于1987年至2007年期间经济发展方式变化对中国GDP碳排放强度的实证研究表明，该时期经济发展方式变化使中国的GDP碳排放强度下降了66.02%，大力发展第三产业和扶持高新技术产业、限制高耗能产业发展的政策、投资政策、贸易政策有利于优化产业结构并降低碳排放强度（张友国，2013）。这意味着中国由数量型增长转型到创新驱动的可持续增长最终要依靠技术进步。1978年后，中国与美国技术差距的变化方向有了本质性转变，2000年前后时与美国人均GDP相对差距缩小的速度有了明显的进一步提高。经过30多年总量赶超之后，中国的经济赶超已经在转型到以自主创新为根本驱动力的技术赶超方面有了较大进展，以后要坚定地实施创新驱动发展战略，促进技术赶超绩效持续提高。自主创新战略需要在坚持政治体制和文化体制具有自主性的基础上，在技术赶超前期阶段实行技术移植模式，在技术能力具有一定国际竞争力时采取技术竞争模式。在科技政策方面，需要重视以国家力量重点支持基础研究体系进一步发展和完善，以及加大鼓励各种类企业进行自主技术创新的财政支持力度。

5. 提高把握范式间赶超机遇能力

提高把握范式间赶超机遇能力需要密切关注当前的世界技术变革趋势和动态，根据出现的赶超机遇窗口性质以及机遇变化情况动态配置赶超资源，增强把握赶超机遇的能力。范式间赶超机遇的出现具有较强不确定性且存续的时间窗口很短暂，范式间赶超机遇出现后很快就会转变为范式内赶超机遇，如果错失了抓住范式间赶超机遇的时间窗口，就会在其后把握已经转为范式内赶超机遇出现后发劣势效应，进而在赶超竞争中处于不利位置。中国由于缺乏政治独立性和国内政治、经济秩序不稳定而错失了爆发于1908年的由技术革命带来的范式间赶超机遇，这对中国此后的技术追赶产生了重大不利影响。例如，中国在20世纪80年代后对汽车产业不得不采取"市场换技术"这一次优战略进行技术追赶。形成鲜明对比的是，在1971年第五次技术革命爆发的时候，中国的国内政治、经济秩序稳定性有了大幅提升，虽然没有在第一时间把握住这次技术革命带来的范式间赶超机遇，但是相比前一次技术革命，对信息技术革命的响应及时了很多，把握由信息技术革命带来的范式内赶超机遇的效果也提升不少。例如，在互联网技术兴起的时候，中国采取较为开放的产业政策鼓励民营资本在新技术领域充分发展，把握信息经济时代的赶超机遇就展现出了很好的效果。

提高把握范式间赶超机遇能力的对策，一是密切关注技术领先国家在各领域技术前沿进展趋势和动态。范式间赶超机遇在何时、何地出现具有很多不确定性，各类文献确定历次技术革命爆发的时间点和标志性事件都是建立在事后评价基础之上，未来新的技术革命出现的时间和标志性事件都是无法确定的。范式间赶超机遇对应的技术、知识具有较强的公共物品属性，国家投入足够的财政资源构建和维护跟踪世界技术前沿的信息管理和分析系统，能够为增强把握范式间赶超机遇窗口能力提供强大支持。二是提高技术赶超动力组合和转换能力。中国的技术赶超路径是从情境状态②向情境状态③发展，对应的是竞争型技术赶超战略。在处于情境状态②时主要的技术活动是技术移植，然而在1949年之前中国的政治独立性和政治、经济秩序稳定性均不够，严重地削弱了技术移植对提高赶超绩效的作用。相对而言，中、小型赶超经济采用技术模仿的技术赶超绩效更加突出，然而技术模仿并非与中国的制度环境最适合的技术赶超模式。随着1949年中华人民共和国成立以及1978年进行的改革开放逐渐深入，中国改技术模仿为技术移植后，技术赶超绩效有了显著提升，同时提高自主技术创新能力也受到高度重视，技术赶超进展进入新阶段。当出现新技术革命的时候，中国不能本着由技术模仿到从模仿向创新转型，最后到创新这一思维进行技术追赶，而是要采取由技术移植发展到技术竞争这种基本策略，这样更有利于把握范式间赶超机遇。三是利用新技术革命出现前后领先国家短暂的增长放缓和经济-政治混乱时期，加大新技术领域的自主创新（包括自主技术创新和自主制度创新）投入，实现跨越式技术追赶。根据佩蕾丝提出的技术-经济范式分析框架，在新技术出现之前，领先国家会经历经济增长放缓和国内矛盾加深的短暂时期，在新技术革命出现之后的爆发阶段，领先国家会经历短暂的新产业投资泡沫急速扩大和旧产业衰落的较为无序的特殊时期。领先国家处于旧范式成熟阶段和新范式的爆发阶段，恰恰能够为中国实现跨越式技术赶超提供良好机会，中国在面临这种短暂的机遇窗口时期要高度重视赶超中的长期利益和短期利益平衡，充分重视把握技术革命带来的范式间赶超机遇。目前发达工业国家的经济增长放缓，被称为进入新常态阶段。发达国家的新常态与中国语境中的"新常态"还是有本质性区别的。新常态在国外主要是指技术进步在近十几年有所放缓，从而经济增长速度有所下降。领先国家处于新常态反而意味着中国面临着难得的进行"弯道超车"的巨大赶超机遇，在这样的特殊时期进一步增加赶超资源和加强自主创新对加快技术赶超速度意义重大。

第七章 创新驱动发展的产学研协同创新机制研究

产学研协同创新（合作创新）一直是各项科技政策文件的高频词汇，一直以来备受政府、学界、业界关注，但在理论和实践中，协同创新的机制问题一直没有得到好的解决，致使产学研协同创新的效果不理想，与国家创新驱动发展的战略思路不相符。本章针对企业方与学研方协同创新过程中协同双方努力程度的演进机制、激励机制、收益分配机制等关键问题展开研究，将随机演化博弈、量子博弈应用在产学研协同创新的情境，能够较为准确地对企业方、学研方协同双方努力程度的演进机制、激励机制、收益分配机制进行分析，科学合理地分配合作创新带来的价值增值，以期为政策制定者和相关管理人员提供政策启发和管理启示，促进产学研协同创新战略的高效落地实施。

一、产学研协同创新研究的理论溯源

（一）产学研协同创新的概念与内涵

1. 产学研协同创新的概念

"协同"一词最早源自希腊语，是指各要素之间的有机结合，主要强调要素之间的协作性、交互性与一致性。20世纪80年代后，协同理论逐渐被应用到创新系统理论中。协同创新是协同学思想应用于创新领域的结果，最早由美国麻省理工学院斯隆中心研究员Gloor提出，即"由自我激励的人员所组成的网络小组形成集体愿景，借助网络交流思路、信息及工作状况，协同实现共同的目标"（Gloor，2006）。以协同理论为基础，Gloor给出了协同创新的概念：协同创新即由不同人员组成小组，这些人都具有自我激励的特性，他们设定共同愿景，并通过互动的方式来实现这一目标和愿景的过程。自 Gloor 提出了协同创新这一概念之后，各国学者都进行了进一步的阐述。

在迅速变化和竞争逐渐激烈的全球化市场中，能够不断创造新产品和新技术且对许多国家经济有着重要影响力的中小企业已经成为全球经济增长和技术进步的发动机。全球化进程使得中小企业越来越感受到创新的重要性。但是，中小企业的创新活动正变得越来越复杂和困难。实际上，企业创新经历了封闭式创新—开放式创新—协同创新的变革（张利飞等，2014）。

20 世纪 80 年代以前，企业新技术、新产品的开发，往往完全依靠自身的技术、人才及资金等资源实现技术创新或者产品升级换代，依托内部研发的优势地位形成其他竞争对手进入的技术壁垒（易高峰和邹晓东，2015）。封闭式创新的本质是单个企业为达到保护技术秘密、独享和垄断利润的目的，采用自身资金与有限的科研实力从事的创新活动。但是，随着经济全球化和人类步入知识经济时代，单个企业仅仅依靠自身资源开展技术创新的活动，已经难以适应发展迅速的市场需求和日趋激烈的市场竞争。在这样的背景下，开放式创新逐渐成为企业创新的主导模式。因此，中小企业有必要加强同不同国家的企业、科研机构、高等学校、供应商与客户之间的网络建设和联系，使得它们可以共享优势资源互补产生的知识和利润（Xie et al.，2016）。

Gloor（2006）用协同创新网络来描述创新团队。Danowski（2010）以个体为节点定义协同创新网络。Bishop 等（2010）则以 Visteon 公司的数字传播面板为研究对象，对协同创新网络中信息传播与管理的作用进行了研究。

协同创新活动通过以国家意志为引导和机制安排，整合高等院校、科研院所及企业资源，实现各方优势资源互补，达到加快推进技术应用及产业化的目的（陈波，2014）。当前，协同创新模式已经成为全球创新型国家以及地区为提高自主创新能力而广泛采用的一种全新组织模式，这种创新模式已突破传统线性与链式模式的限制，呈现出非线性、多角色及网络化等特征，明显特征为多元主体协同互动（徐立岗等，2012）。

我国政府和社会各界大力推动协同创新的根本目的在于促进政产学研用的紧密结合，以整合优势资源和技术力量联合攻关，进而取得一批全球领先的原创性科技成果，突破一批发达国家封锁或尚未攻克的核心技术，推动一批重大技术创新成果的示范与产业化，实现国民经济和国防重点领域的跨越式发展。协同创新模式的发展，特别需要政府管理部门政策匹配以及科技界与产业界的紧密融合。创新活动是一个复杂的链条，而不是一个简单的动作。从新知识、新技能的提出，到新产品、新流程的开发，再配合以营销和组织行为，创新活动中的各个环节在实现价值的复杂链条上，都发挥着不可缺失及相互补充的作用（杨泽寰，

2014）。

2. 产学研协同创新的内涵

在产学研协同创新的本质内涵方面，国内外诸多学者从委托代理理论、产业组织模块化、微分对策理论、创新生态系统、公共管理视角、动态协同模式、社会网络理论等多种视角给予了详细的阐释。蒋军锋和王茜（2016）基于委托代理理论，引入了行业熊彼特竞争强度、技术原创性及市场原创性等创新概念，指出创新激励合约的时长是有限的，研究了行业熊彼特竞争强度、创新原创性与激励合约的时长三者之间的关系。曹虹剑等（2016）运用了广义矩动态面板模型，提出了产业组织模块化的概念，考察了战略性新兴产业中模块化程度对全要素生产率的影响。赵黎明等（2017）基于微分对策理论，运用 Hamilton-Jacobi-Bellman 方程，构建了政府、传统产业与战略性新兴产业三方的博弈模型，考察了在非合作、政府扶持及协同三种情形下三方的最优策略选择及成本分担状况。

学者们对涉及产学研协同创新的相关概念以及它们之间的关系做了相应的实证分析，并得出了一系列相关结论。蒋军锋和王茜（2016）认为，技术和市场专员的努力程度交叉效应与创新原创性之间的关系决定了整个创新团队剩余分配权的相对大小，且行业熊彼特竞争强度、激励合约的时长与创新原创性之间存在负相关关系。曹虹剑等（2016）指出，模块化程度的提升不利于当期全要素生产率的提高，但对滞后期的全要素生产率的提升有显著的积极影响。文章还指出，移动通信技术的提高对战略性新兴产业全要素生产率有着促进作用，这对战略性新兴产业的培育有较好的借鉴意义。赵黎明等（2017）指出，政府在战略性新兴产业的成长过程中起着重要的作用这一结论，对政企协同及政策的制定和着力点有较好的指导意义。

部分学者通过产学研协同创新的案例对产学研协同创新的本质内涵做了阐释。Su 等（2018）结合中国的本土案例，运用新的三层中心-外围框架，较为详细地给出了多平台的协同创新生态系统的含义，并具体阐述了创意阶段、创业阶段、投融资阶段及创新阶段这四个平台的构成及运作机制，还探究了创新生态系统的架构和异质性功能，以及多平台结构是如何朝向创新生态系统的整体目标运作和协同的，较好地整合了创新生态系统所涉及的运作框架。Sørensen 和 Torfing（2017）从公共管理的视角，阐释了公共部门和私人部门之间的协同创新，指出20 世纪 80 年代开始的新公共管理改革将战略企业家精神、企业家领导力及公共部门与私人部门之间的竞争视为公共创新的关键驱动因素，但最近兴起的新公共治理改革将公共部门和私人部门之间的协同视为公共创新的源泉。以丹麦养老保险为例的实证研究结果显示，应将相关部门视作协同治理网络，提出了一项不同于传统策略的新的元治理策略。

也有学者从动态视角、社会网络视角对产学研协同创新的本质内涵做了进一步的阐释。Wang 等（2014）指出企业的创新活动既嵌入在与科研机构的协同网络中，也嵌入在各知识要素形成的知识网络中，并且它们对企业探索式创新的影响程度有所不同。结合社会网络理论，对协同网络和知识网络中的结构性特征（结构洞、中心度）做了深入的研究，指出知识网络中的结构洞不利于研究人员的探索式创新，但协同网络中的结构洞对探索式创新有显著的正向影响。文章对协同创新微观视角的相关研究做了较好的补充。Belderbos 等（2015）指出既有的文献大多研究的是协同研发对创新绩效的影响，忽略了协同过程中的动态模式。对西班牙各行业的创新企业做了实证分析，对刚形成、持续的以及终止不久的协同活动的研究表明，持续的协同活动对企业的创新绩效有系统的正向影响。除了与高校和科研院所的刚形成的协同活动外，其他的动态模式对创新绩效均没有显著的影响。文章对动态协同模式的研究做了较好的补充。

此外，Scandura（2016）研究了产学研协同对企业研发投入的影响，通过对英国工程研究委员会资助的产学研协同项目的实证研究，得出了参与产学研协同项目对公司的人均研发支出及研发人员占比均起到促进作用这一结论，这对国家政策研究院及相关政策制定人员都起到了较好的启示作用。Ouyang 等（2017）以国际商业机器公司的协同创新中心为例，介绍了三螺旋智慧服务体系的内涵。程强和石琳娜（2016）运用自组织理论、耗散结构理论，指出产学研协同创新中协同创新的动力是各主体间非线性的相互作用，随机涨落是其重要的诱因，演化形式是高级的超循环系统。Ankrah 和 Al-Tabbaa（2015）对产学研协同创新做了较为系统的文献综述，对产学研协同的组织形式、激励、运作模式、有利因素及不利因素、结果等几个方面分别做了详细的阐述，列出了个人非正式关系、个人正式关系、第三方、正式契约、集中式结构等几种组织形式，分别对学研方、企业方论述协同激励、有利及不利因素，以及协同过程的运作机制。对整个产学研协同创新领域做了较为完整的、系统的归纳与总结，对整个研究领域的既有研究成果及未来的研究方向都做了细致的探讨。

总的来看，众多学者大多从定性的角度阐释和总结产学研协同创新的本质内涵，融合了经济学、管理学、生态学、社会学等多学科的研究领域及研究方法，结合中国、丹麦、美国等各个国家的实际案例，多角度具体地展示了协同创新的内涵。

（二）协同创新机制的相关研究

协同创新与产品开发项目可以看作创新管理中需要面对的新兴挑战。Hacklin 等（2006）为了帮助制造系统协同创新联盟挑选战略风险合作者，基于协同创新成功要素领域前人的研究成果，开发了可提供操作性决策支持的软件工具。通过运用经验模式寻找合适的协同创新伙伴，解决给定的竞争限制条件。该系统工具为决策者提供潜在风险合作者的多视角和交互式概览。Zhou 等（2016）使用稳健最优化模型分析风险约束情况下企业协同创新投资组合，通过数学模型演绎和仿真分析，研究结果表明企业对协同创新的投资具有相当明显的稳健效果；对于协同创新，投资收益和风险并存。风险约束情况下，稳健最优化方法可以解决最小的风险和投资组合中每个投资计划的比例问题。该研究结果可以为企业实现投资回报与风险平衡，且帮助企业做出最优化的投资决定。

在"开放式创新"范式下，研究者开始考虑将协同创新网络看作一个有利于企业知识转移的有效体制。Xie 等（2016）基于对中国高新技术企业的调查，采用模糊集定性比较分析方法，对协同创新网络中网络规模、网络异质性、网络关系强度及网络向心性等四种可能影响企业知识转移绩效的因素进行研究，研究结果表明网络规模、网络关系强度和网络向心性决定知识转移绩效水平。针对"开放性的悖论"提出的专利许可和开放式创新、溢出阻止与组织开放性这两种相互冲突的观点，Arora 等（2016）使用英国创新和专利应用以及社区创新调查数据评估上述理论预测结果，认为专利许可与外部来源是企业做出的共同决定，它们之间的关系取决于企业技术是否领先以及产品是否在市场中处于领先地位。在协同创新网络中，由于意料之外的知识溢出，领先企业相对于追随者更加脆弱，因此领先者的专利许可程度较高。该架构证明专利许可与协同合作之间组织关系减弱对领先者的影响大于追随者。

对于商品和服务应用以及促进研究与创新来说，利益相关者参与新产品开发过程是一个重要议题。虽然近年来参与新产品开发已成为一个研究热点，但是大多数研究关注于用户作为独立实体客户参与，忽略了生产-消费循环这一利益相关者网络。由于不断制定和调整政策以说服其他个人参与协同创新，故而根据角色不同组织和调整股份是一个复杂且模糊的问题。社会大众传媒带来了大量的参与者，在电子平台上组成虚拟社区，为其参与组织和配合新产品开发活动提供了机遇。Yenicioglu 和 Suerdem（2015）讨论了在 Web 2.0 变革的基本原则基础上构建一体化在线平台的可行性，在此过程中概述了平台概念化过程中涉及的一些重要挑战。这一概念框架可以为未来协同创新研发活动中实现将相关概念转换成产品的目的提供指导。Vick 等（2015）为辨别信息行为与价值，描述知识创新产生时项目团队工作情境下的信息文化产生技术创新，且为了找到信息文化的拓扑结构与知识转化模型之间的最终关系，挑选 12 所高校的项目团队进行调查研究。研究结果表明存在两种主要的文化情境模式，且风险承担文化与知识外部化之间存在合理关系。Peschl 和 Fundneider（2014）认为创新是一个需要外部支撑机构启动和促进的过程，是一个具有高度挑战性的社会和知识论过程，必须考虑各种层级以及综合与交叉学科方式的域。

作为一项团队工作，协同创新需要各参与单位或个人充分信任，信任是团队协同创新能力的核心。如果各参与单位或者个人之间没有信任基础，协同创新联盟不可能建立或者保持。Fawcett 等（2012）使用两步定量分析方法研究协同创新联盟各组成单位之间的信任关系，并基于联盟管理人对信任的本质和信任建立的动态过程均不了解的情况，清晰定义了协同信任的概念，描述了一种成熟的信任架构，并且讨论了信任的竞争力，最后提出了可以详尽阐述信任构建过程以提高协同创新和竞争绩效的动态系统模型。Zeng 等（2010）基于对中国制造业 137 家中小企业的问卷调查结果，使用结构方程模型技术，探索中小企业不同合作网络与创新绩效之间的关系；指出中小企业间合作、中小企业与中介机构合作、中小企业与研究组织合作等合作形式和中小企业创新绩效之间存在正相关关系，其中企业间合作的影响最明显，而与政府部门之间的联系和合作对中小企业创新绩效的影响不明显。另外，中小企业与客户、供应商以及其他公司之间的横向和纵向合作承担的角色与科研机构、高校和政府部门之间的横向合作承担的角色不尽相同。

Hansen（2014）基于对 50 家丹麦清洁科技公司代表的访谈结果，探索协同创新动机对合作伙伴期望特征的影响。分析结果指出，企业挑选协同创新合作伙伴时更加偏好地理位置邻近的单位。地理临近协同有利于产品开发和知识创造，而远距离协同主要考虑市场开发和成本因素。Dell'Era 和 Verganti（2010）则指出企业制定协同创新战略时不能只集中于外部合作伙伴单个特征上，而应仔细考虑协同创新合作伙伴之间的特征平衡。Hartwich 和 Negro（2010）以新西兰奶制品部门的协同创新项目为例，探讨了协同创新联盟中合作伙伴的作用，指出协同创新主要依靠企业和科研机构，来自政府和产业团体各种资助计划的支持促进作用不大。此外，Burg 等（2014）以航空产业的协同创新为案例，对协同创新过程中知识转移进行研究。Estrada 等（2016）对产学联盟中合作伙伴异同点的作用进行深入研究，对常规异同（合作伙伴的行为方式）与定位异同（合作伙伴的目标和期望）概念进行区分，揭示出合作伙伴异同点不会在产学联盟起始和和谐阶段给产学合作造成困难。

目前大部分学者认为，协同创新可以按照涉及范围大小分为微观和宏观两个层次。微观层次主要是针对企业内部不同部门、不同产品线条、不同流程而进行的协作与创新；而宏观层次的协同创新则跳出了企业的范围，针对社会上更多的创新主体，如高校、科研机构、政府等的协作与创新。宏观层次的协同创新不仅仅是针对企业内部，而是扩展到了产学研层面，各个创新主体具有共同的目标——通过创新促进企业发展、经济发展、区域整体发展，因而各方达成资源共享、成果交换等协议，促进各自创新发展与创新产出。

近几十年来，产学研协同创新一直是国内外学术界研究的热点，用于研究产学研协同创新的理论也非常多，主要有国家创新体系理论、区域创新体系理论、三螺旋理论、四维螺旋理论、协同理论、交易成本理论、资源依赖理论、博弈论等。目前学者对产学研协同创新的研究主要集中在产学研协同创新的本质内涵、影响因素、效率评估、演进机制、激励机制、收益分配机制等方面。

1. 产学研协同创新的演进机制

在产学研协同创新的演进机制方面，国内外各领域学者从学习行为理论、知识管理理论、创新能力理论、社会网络理论、社会资本理论等多种视角，运用演化博弈、负二项回归、二次指派、动态演化博弈等多种方法探究了产学研协同创新的演进机制。盛光华和张志远（2015）将政府补贴划分成创新产品补贴和创新投入补贴两种，运用演化博弈分析方法，研究了政府的补贴方式对企业创新模式选择的影响。顾琴轩和王莉红（2015）基于心理安全和学习行为理论，以研发团队及其内部的研发成员为样本，探究了研发团队的社会资本对其创新绩效的作用机理。其格其等（2016）基于十年间国家知识产权局发布的 ICT 行业专利数据，运用负二项回归模型，使用大样本面板数据研究了产学研协同创新的网络结构对整体创新绩效的影响。

学者们进一步阐述了创新系统的演进模式以及各因素对创新绩效在演进过程中的影响机制。盛光华和张志远（2015）指出，当政府创新补贴处在较低水平时，创新补贴方式对整个系统的演化速度有显著的影响；当政府创新补贴水平较高时，两类政府补贴方式对整个系统演进的模式有不同的影响。顾琴轩和王莉红（2015）的实证研究结果表明，研发团队的三个社会资本要素（结构、认知和关系）对创新绩效均有显著的促进作用，团队心理安全及团队学习行为均为团队社会资本到团队创新绩效的部分中介变量，反映出了创新绩效在演进过程中所受到社会资本要素的影响程度。其格其等（2016）指出，聚簇系数、可达性均对创新绩效有显著的正向影响，而聚簇系数和可达性的交互项对滞后一期的创新绩效值也有正向的影响。

此外，Wang 和 Hu（2020）基于知识管理和创新能力理论，运用分层回归的方法，分析了供应链网络下的协同创新演进机制。蔡启明和赵建（2017）将协同创新划分成联盟建立、协同创新运行、运行过程风险监控三个模块，以流程图的方式清晰地表达出了三个模块的构成环节和运作过程。吴慧和顾晓敏（2017）运用社会网络分析的二次指派程序方法，对上海市张江的医药行业做了深入的研究，研究结论认为产学研协同创新网络中存在的小世界特性对协同绩效有不利的影响，并认为在产学研协同创新过程中高校所处的位置是最重要的。Bigliardi 和 Galati（2018）研究了家族企业协同创新演进机制的特点，李玲娟等（2017）研究了产学研协同中知识转移的多维度演进机制，从微观和宏观两个视角将影响知识转移的各因素融合进知识转移机制模型中，最终给出了完善知识转移过程的相关建议。

总的来看，各学者有的从宏观视角阐释产学研协同过程中网络结构、供应链网络、政府补贴等作用机理，也有的从微观视角探究了产学研协同创新过程中小世界网络、团队社会资本、知识转移等知识或资本要素的演进机制。虽然有些研究也运用了演化博弈的方法探讨协同过程的演进机制，但大多数文献将"协同-不协同"或"协同-简单协作-不协作"作为协同双方的策略选择集，很难囊括协同双方道德风险下的连续型的努力程度。因此，本章以连续策略集型的模型假定为基础，进一步构建的随机演化博弈模型能够较为客观地展现产学研协同创新的演进情形。

2. *产学研协同创新的激励机制*

在产学研协同创新的激励机制方面，众多学者从委托代理理论、组织控制等视角对协同创新的激励机制类型、条件、影响因素、作用机理等做了相应的阐述。唐国锋等（2013）基于委托代理理论，研究了应用服务外包的激励机制，把对应用服务提供商的激励合同分为正式契约和关系契约，将道德风险应用在多任务的服务外包情境中，分析了多个因素（贴现率、成本替代强度）对契约激励效果的影响。曹柬等（2013）考察了制造商延伸责任制度，将制造商的再制造率及其努力程度视为隐形变量，研究了政府推动制造商回收再制造的激励机制，并分别给出了制造商风险率单调化以及政府能够实施正向激励的条件，进一步讨论了在制造商延伸责任制度实施期间的不同阶段政府收益情况。陈卫东和李晓晓（2017）考虑了协同成本和研发成本后，构建了产学研协同过程中企业和科研机构协同过程中努力水平对创新产出的影响模型。Huang和Chen（2017）基于组织控制的视角，研究了产学研协同的各因素（正式协同管理机制、协同规章制度、协同创新氛围）是如何提升产学研协同创新过程中的创新绩效的。

众多学者在不同的情境下对激励契约的激励效果做了比较分析，并得出了相应的结论及启示。曹柬等（2013）认为，政府对制造商回收再制造的激励契约能够较好地激励制造商，提升其努力水平，同时也能在一定程度上提升政府的收益。唐国锋等（2013）指出，贴现率不同会造成契约激励效果的差异，随着贴现率的提高，关系契约的激励效果在逐渐增强，且各个任务间的激励效果有所互补。陈卫东和李晓晓（2017）指出，在一定范围内提升科研机构在协同创新过程中的地位和收益水平能够在一定程度上提升努力程度较低一方的协同创新努力水平，提升产品的市场化程度能够有效地提升企业方在协同过程中的努力水平。Huang和Chen（2017）运用偏最小二乘法，对台湾141所高校做了相应的实证研究，结果表明，产学研协同过程中被资助高校的学术创新绩效要明显高于未被资助的高校，且在创新氛围的培育方面也优于未被资助的高校。其中，对于未被资助的高校，正式的协同管理机制是提升其学术创新绩效的最为重要的因素，创新氛围调节了管理机制对创新绩效的影响。

总而言之，虽然部分学者探讨了正式契约和关系契约对协同双方的激励效果，但对协同双方的约束力仍然不强，协同过程中的搭便车情形仍然存在，仍然需要对协同双方实施约束力更强的合同。因而，本章基于量子博弈的分析范式，分析了使协同双方收益关联程度更高的"纠缠合同"，不仅发挥了事前信号传递的作用，也在一定程度上缓解了"囚徒困境"难题。

3. 产学研协同创新的收益分配机制

在产学研协同创新的收益分配机制方面，国内外学者运用委托代理理论、机制设计理论、博弈论等方法研究如何解决产学研协同创新过程中的双边道德风险问题，也即如何设计收益分配契约来激励协同创新双方努力。其中最著名的便是2016年诺贝尔经济学奖的获得者哈佛大学经济学教授Oliver Hart和麻省理工学院经济学教授Bengt Holmström，两名获奖者创建的新契约理论工具对理解现实生活中的契约与制度，以及契约设计中的潜在缺陷具有十分重要的价值。宋寒等（2010）运用Holmström和Milgrom的参数化扩张模型，详细地分析了研发过程发包方和接包方的知识技术投入，并且分析了使得利益分配达到最优的合同的参数，但是没有考虑到双方风险厌恶的情形。

此外，郝一峰和肖洒（2017）对产学研协同过程中知识转移激励契约的设计方面做了深入的讨论，从影响知识转移绩效的内外部多个因素出发，给出了价格、利益分配、人才培养三个着眼点。黄波等（2011）对比分析了固定支付方式、产出分享方式、混合方式及改进混合方式等分配方式的契约激励效率，在此基础上找出了不同外部条件下的最优收益分配方式。宋寒等（2010）在分析服务外包中解决双边道德风险的正式契约的基础上，分析了与声誉有关的重复博弈的关系契约。结论表明，当折现率足够大时，关系契约能有效激励双方共同努力，实现系统最优。

总的来看，大多数学者都是基于委托代理理论，考虑了收益分配合同的诸多参数（贴现率、合同类型、成本替代强度），比较分析了多种不同类型的分配方式，也比较了正式契约和关系契约，进一步得出了不同条件下更能激励协同双方的较优的收益分配合同类型。然而，大部分文献没能考虑到双方的风险偏好程度，尤其是当产学研协同工程风险较大时，协同双方对风险的态度对合同的激励效果有很大的影响。其次，大多数文献以静态视角分析收益分配方式，未能较好地展现协同双方策略调整的过程，也未能考虑到合同本身对协同双方策略选择的引导作用。因而，本章将协同双方的风险偏好程度考虑在内，使用改进后的Cobb-Douglas模型，考虑了协同项目的成功概率，以随机演化博弈、量子博弈的视角对收益分配方式进行深入研究，从动态的角度探究收益分配合同中可改进之处。

（三）过往研究的理论启发

目前国内外关于产学研协同创新的相关研究文献较为丰富，不论是协同创新的本质内涵、影响因素、效率评估，还是协同的演进机制、激励机制、收益分配机制，诸多学者均给出了细致的阐述与分析。但在演进机制、激励机制、收益分配机制这三类机制方面，大多数文献仅仅是针对协同创新进行了文字性的描述和概念性框架的整理，没能更准确、细致地展现协同的演进过程与激励过程。

在产学研协同创新的演进机制方面，虽然有些研究也运用了演化博弈的方法从动态的视角探究了协同过程的演进机制，但大多数文献没能考察随机因素对协同创新过程的影响，且仅仅将二元"协同-不协同"集合或三元"协同-简单协作-不协作"集合作为协同双方的策略选择集，很难客观地展现协同双方在随机因素及道德风险情形下的协同情形。在双方协同过程中，企业方与学研方的努力程度往往并不是"努力-不努力""协同-不协同"这种非黑即白的二元关系，会涉及不可观测的连续型努力程度。因此，本章以连续策略集作为主要的模型假定，将双方努力程度看成是一个从完全不努力过渡到完全努力的连续变量，进一步构建随机演化博弈模型，较为客观地展现产学研协同创新过程中协同双方努力程度的渐变情形。

在产学研协同创新的激励机制方面，虽然部分研究分析了正式契约和关系契约对协同双方的激励效果，但对协同双方的约束力依然不强，协同过程中的搭便车情形依然存在，仍然需要对协同双方实施约束力更强的合同。因而，本章借助量子博弈的分析范式，探讨了使协同双方收益关联程度更高的"纠缠合同"，不仅起到了事前信号传递的作用，也在一定程度上解决了"囚徒困境"难题。

在产学研协同创新的收益分配机制方面，大多数学者虽然考虑到了收益分配合同的诸多参数（贴现率、合同类型、成本替代强度），也比较分析了多种不同类型的分配方式，但没能考虑到双方的风险偏好程度，尤其是当产学研协同工程风险较大时，协同双方对风险的态度对合同的激励效果有很大的影响。除此之外，大多数文献在分析收益分配方式时从静态的视角出发，未能充分揭示协同双方策略调整的过程，也未能充分反映合同本身对协同双方策略选择的引导作用。因而，本章纳入了协同双方的风险偏好程度，运用改进后的Cobb-Douglas模型，考虑了协同项目的成功概率，进一步将对收益分配方式的研究放到随机演化博弈、量子博弈的视角下，从动态的角度探究收益分配合同中可供改进之处。

此外，现有文献的研究范式大多是确定演化博弈模型，忽略了随机因素对整个系统的持续性影响。经典的演化博弈模型虽然在研究稳定性时引入了随机扰动，但是没能考察给系统带来持续不确定性的各种随机因素。部分文献虽然在研究战略联盟稳定性时引入了随机演化博弈，但仅仅是分析了简单的 2×2 对称囚徒博弈，仍需要对其他较复杂情形进行进一步探讨。因此，本章在经典演化博弈模型的基础上，引入了高斯白噪声随机扰动项，来反映随机动力系统所受到的持续随机因素的影响，并在此基础上研究了连续型的努力变量，拓展了现有的理论模型。

经济管理领域鲜少有文献引入量子化策略的博弈模型，而在产学研协同创新情境下应用量子博弈应用的文献更是缺乏。量子博弈能够妥善解决经典博弈下多纳什均衡并非总能达到帕累托最优的"囚徒困境"难题，而策略集的量子化可以更为有效地降低协同过程中搭便车行为发生的概率。

综上所述，从对产学研协同创新领域文献的研究中可以看出，既有文献在产学研协同创新机制中的演进机制、激励机制、收益分配机制这三个方面的研究还存在不足之处。因而，本章重点聚焦产学研协同创新机制中的演进机制、激励机制、收益分配机制，基于现有文献从三个方面做了拓展：①运用随机演化博弈的分析方法研究了产学研协同创新的演进机制，进而构建了产学研协同创新情境下的随机演化博弈模型，较好地涵盖了随机扰动因素对动力系统的持续性影响；②运用量子博弈的分析范式研究了产学研协同创新的激励机制，构建了连续策略集型的产学研协同创新量子博弈模型，在一定程度上解决了双方协同过程中的搭便车行为；③研究了产学研协同创新的收益分配机制，较为系统地对比分析了四种常见的收益分配方式，并将之应用在随机演化博弈、量子博弈的视角下，进一步得出相应的结论及启示。

二、产学研协同创新演进机制研究

本章将企业方和学研方的努力程度看成是一个从完全不努力过渡到完全努力的连续变量，这种假定与现实中的情形更为吻合。进一步设计了产学研协同的随机演化博弈模型，在原有演化博弈模型的基础上，考虑了高斯随机扰动，在此基础上考察整个演化过程的演进机制，以及演化均衡点的稳定性，并对模型中所涉及的相关参数做敏感性分析。此外，还将随机演化博弈模型应用在产学研协同创新的背景下，通过模拟现实中产学研协同演进机制，来分析协同效率不高的可能的因素，并有针对性地提出了相关改进措施。通过仿真模型的算例分析来检验改进措施的实施效果。

（一）问题描述及模型假设

本章研究的是有限理性博弈方 1（即企业方）和博弈方 2（即学研方）在存在随机扰动情形下的演化博弈均衡问题。双方最初未必能够采取均衡策略，而是在整个行为过程中不断地进行反复学习，观察成员的得益状况，进一步修正自身行动和策略，最终达到均衡状态。

假设企业方和学研方的努力程度介于 0 和 1 之间，0 表示完全没有努力，1 表示非常努力，越靠近 1 表示努力程度越大。记企业方的努力程度为 e_1，学研方的努力程度为 e_2，e_1，$e_2 \in [0,1]$，企业方选择 e_1 的概率密度函数为 $p_1(e_1)$，且满足归一化条件：

$$\int_0^1 p_1(e_1)de_1 = 1$$

学研方选择 e_2 的概率密度函数为 $p_2(e_2)$，且满足归一化条件：

$$\int_0^1 p_2(e_2)de_2 = 1$$

企业方、学研方的成本具有边际递增的特征，即随着投入的增加，边际投入收益递减。记企业方、学研方的成本函数分别为 $C_1(e_1)$、$C_2(e_2)$，则 $C_1'(e_1)>0$，$C_1''(e_1)>0$，$C_2'(e_2)>0$，$C_2''(e_2)>0$。

假定产出函数取如下含随机扰动项的 Cobb-Douglas 形式：

$$\pi = Ae_1^\alpha e_2^{1-\alpha} + \theta$$

其中，$0 < \alpha < 1$，代表企业贡献的权重；A 为全要素生产率系数；e_1 为企业方的努力程度；e_2 为学研方的努力程度；θ 为外界环境不确定性对总产出的影响，服从均值为 0、方差为 σ^2 的正态分布。

$$E\pi = Ae_1^\alpha e_2^{1-\alpha}$$

其中，$S(\pi)$ 表示在产出为 π 时，企业对学研方的支付。

整个演化博弈的机理是，每一个博弈方均是有限理性的，在博弈的初始阶段未必能选择到能够使自身利润最大化的策略，而是在博弈过程中，通过观察博弈方其他成员的收益情形，进而调整自身的策略选择使得收益朝向利润较大的方向演进。以产学研协同为例，将企业方、学研方分别看成是一个博弈群体，每一方均拥有众多成员，双方成员的策略选择分别为 e_1，$e_2 \in [0,1]$，双方各成员策略选择的分布情况分别为 $p_1(e_1)$，$p_2(e_2)$，博弈方某一类成员占比增长的速率与该类

成员的占比、该类成员收益高出均值的程度成正比，即

$$\frac{\mathrm{d}p_i(e_i,t)}{\mathrm{d}t}=p_i(e_i,t)\left[\mathrm{E}R_i(e_i)-\mathrm{E}\overline{R_i}\right]\quad i=1,2$$

当所有各类成员的占比增长速率均为 0 时，整个博弈达到均衡状态，博弈双方此时的策略选择为均衡策略。如果某一成员即便犯错误偏离了均衡策略，最终也能演化至均衡状态，就认为该均衡状态为演化稳定的。演化稳定策略对于微小的扰动具有很强的自我纠正特性，是整个博弈过程的一个演化后常态。

（二）模型设计

由于现实中人们的有限理性，博弈方往往很难在博弈一开始就选择到使自身收益最大化的策略，而是不断地向着使收益增加的方向演进，这也是演化博弈模型的基础。然而，由于外界客观世界的复杂性和高度不确定性，博弈方各成员未必能够总是理性地向着使自身收益较大的方向演进，即复制动态方程本身也应存在随机扰动，这便引出了随机演化博弈模型。所以随机演化博弈模型更贴近客观世界，得出的结论也更具有一般性。

先考察不含随机扰动的确定型演化博弈模型，在对模型进行演化过程分析之后，再考察更为复杂的含有持续随机扰动项的随机演化博弈模型。

1. 确定型演化博弈模型

模型的设定及各参数的含义如前文所述，记企业方成员的策略选择为 e_1，学研方成员的策略选择为 e_2，假定分配合同 $S(\pi)$ 取线性形式，即

$$S(\pi)=\beta\pi=\beta\left(Ae_1^{\alpha}e_2^{1-\alpha}+\theta\right)\tag{7-1}$$

成本取努力程度的二次形式，即

$$C_1(e_1)=\frac{\gamma}{2}e_1^2\quad C_2(e_2)=\frac{\gamma}{2}e_2^2$$

企业方成员选择 e_1 后的期望净得益为

$$\mathrm{E}R_1(e_1)=\int_0^1\left(Ae_1^{\alpha}e_2^{1-\alpha}-\mathrm{E}S(\pi)-C_1(e_1)\right)p_2(e_2,t)\mathrm{d}e_2$$

由于企业方成员选择 e_1 的概率密度函数为 $p_1(e_1,t)$，故整个企业方的平均期望得益为

$$\mathrm{E}\overline{R_1}=\int_0^1\int_0^1\left(Ae_1^{\alpha}e_2^{1-\alpha}-\mathrm{E}S(\pi)-C_1(e_1)\right)p_1(e_1,t)p_2(e_2,t)\mathrm{d}e_1\mathrm{d}e_2$$

策略选择的动态变化速率可用如下的微分方程来表示：

$$\frac{\mathrm{d}p_1(e_1,t)}{\mathrm{d}t} = p_1(e_1,t)\left(\mathrm{E}R_1(e_1) - \mathrm{E}\overline{R_1}\right)$$

$$= p_1(e_1,t)\left(\begin{array}{l} \int_0^1 \left(Ae_1^\alpha e_2^{1-\alpha} - \mathrm{E}S(\pi) - C_1(e_1)\right)p_2(e_2,t)\mathrm{d}e_2 \\ - \int_0^1\int_0^1 \left(Ae_1^\alpha e_2^{1-\alpha} - \mathrm{E}S(\pi) - C_1(e_1)\right)p_1(e_1,t)p_2(e_2,t)\mathrm{d}e_1\mathrm{d}e_2 \end{array}\right)$$

$$= p_1(e_1,\ t)\left(\begin{array}{l} \int_0^1 \left((1-\beta)Ae_1^\alpha e_2^{1-\alpha} - \frac{\gamma}{2}e_1^2\right)p_2(e_2,t)\mathrm{d}e_2 \\ - \int_0^1\int_0^1 \left((1-\beta)Ae_1^\alpha e_2^{1-\alpha} - \frac{\gamma}{2}e_1^2\right)p_1(e_1,t)p_2(e_2,t)\mathrm{d}e_1\mathrm{d}e_2 \end{array}\right)$$

$$(7\text{-}2)$$

式（7-2）即企业方的复制动态方程。

同样地，学研方成员选择e_2后的期望净得益为

$$\mathrm{E}R_2(e_2) = \int_0^1 \left(\mathrm{E}S(\pi) - C_2(e_2)\right)p_1(e_1,t)\mathrm{d}e_1$$

由于学研方成员选择e_2的概率密度函数为$p_2(e_2,t)$，故整个学研方的平均期望得益为

$$\mathrm{E}\overline{R_2} = \int_0^1\int_0^1 \left(\mathrm{E}S(\pi) - C_2(e_2)\right)p_1(e_1,t)p_2(e_2,t)\mathrm{d}e_1\mathrm{d}e_2$$

策略选择的动态变化速率亦可用如下的微分方程来表示：

$$\frac{\mathrm{d}p_2(e_2,t)}{\mathrm{d}t} = p_2(e_2,t)\left(\mathrm{E}R_2(e_2) - \mathrm{E}\overline{R_2}\right)$$

$$= p_2(e_2,t)\left(\begin{array}{l} \int_0^1 \left(\mathrm{E}S(\pi) - C_2(e_2)\right)p_2(e_2,t)\mathrm{d}e_2 \\ - \int_0^1\int_0^1 \left(\mathrm{E}S(\pi) - C_2(e_2)\right)p_1(e_1,t)p_2(e_2,t)\mathrm{d}e_1\mathrm{d}e_2 \end{array}\right) \quad (7\text{-}3)$$

$$= p_2(e_2,t)\left(\begin{array}{l} \int_0^1 \left(\beta Ae_1^\alpha e_2^{1-\alpha} - \frac{\gamma}{2}e_2^2\right)p_2(e_2,t)\mathrm{d}e_2 \\ - \int_0^1\int_0^1 \left(\beta Ae_1^\alpha e_2^{1-\alpha} - \frac{\gamma}{2}e_2^2\right)p_1(e_1,t)p_2(e_2,t)\mathrm{d}e_1\mathrm{d}e_2 \end{array}\right)$$

该方程即学研方的复制动态方程。

命题 7-1：在确定型演化博弈模型中，企业方、学研方均朝最大努力方向演进的条件为

$$\begin{cases} p_i(1,t) = 1 \\ p_i(e_i,t) = 0 \quad e_i \in [0,1) \end{cases} \qquad \begin{cases} Ee_1^\alpha \geqslant \dfrac{\gamma}{(1-\alpha)\beta A} \\ Ee_2^{1-\alpha} \geqslant \dfrac{\gamma}{\alpha(1-\beta)A} \end{cases}$$

证明：

易知，$\begin{cases} p_1(e_1,t) = 0 \\ p_2(e_2,t) = 0 \end{cases}$ 为复制动态方程的一显然解。为考察其他的稳定解，以企业方为例，先研究 $ER_1(e_1)$ 的增减性。由 $\dfrac{\partial ER_1}{\partial e_1} = \alpha e_1^{\alpha-1} \int_0^1 (1-\beta) A e_2^{1-\alpha} p_2(e_2,t) de_2 - \gamma e_1$，$\dfrac{\partial^2 ER_1}{\partial e_1^2} = \alpha(\alpha-1) e_1^{\alpha-2} \int_0^1 (1-\beta) A e_2^{1-\alpha} p_2(e_2,t) de_2 - \gamma < 0$ 知 $\dfrac{\partial ER_1}{\partial e_1}$ 为减函数，最大值在 $e_1 \to 0$ 处取得，为 $+\infty$；最小值在 $e_1 = 1$ 处取得，为

$$\dfrac{\partial ER_1}{\partial e_1}\bigg|_{\min} = \alpha \int_0^1 (1-\beta) A e_2^{1-\alpha} p_2(e_2,t) de_2 - \gamma$$

当 $\dfrac{\partial ER_1}{\partial e_1}\bigg|_{\min} \geqslant 0$ 时，即 $Ee_2^{1-\alpha} \geqslant \dfrac{\gamma}{\alpha(1-\beta)A}$ 时，ER_1 随 e_1 递增，最终系统状态趋向于最大努力程度状态：

$$\begin{cases} p_1(1,t) = 1 \\ p_1(e_1,t) = 0 \quad e_1 \in [0,1) \end{cases}$$

同样地，对学研方也是如此。最终给出了系统向最大努力程度状态演进的条件：

$$\begin{cases} Ee_1^\alpha \geqslant \dfrac{\gamma}{(1-\alpha)\beta A} \\ Ee_2^{1-\alpha} \geqslant \dfrac{\gamma}{\alpha(1-\beta)A} \end{cases}$$

本命题得证。

由以上命题可以看出，在博弈双方初始努力程度分布给定的情况下，成本系数 γ 越小，全要素生产率系数 A 越大，直到满足上述条件，系统才会向最大努力程度状态演进。此时，企业方、学研方协同努力程度均会趋向最大。

2. 随机演化博弈模型

然而，如前文所述，确定性演化博弈模型很难展现外界客观世界的复杂性和高度不确定性，博弈方各成员未必能够总是理性地向着使自身收益较大的方向演进，即复制动态方程本身也应存在随机扰动，现实中企业方群体和学研方群体演化过程也远比确定性演化博弈模型复杂，因此上述模型无法处理不确定因素的影响。

鉴于此，本章引出随机演化博弈模型来阐释产学研协同的演化机制。随机分析已在生物学、金融学等多个领域有了非常广泛的应用，由于客观世界的不确定性以及各种复杂因素的存在，随机分析的必要性日益凸显。然而，这一分析范式在管理学领域的应用并不多见，仅在系统科学领域有少量文献。

随机演化博弈与确定性演化博弈最大的不同在于，后者只是假定了每种决策分布概率随时间的变化服从一个确定的规律。然而，现实世界非常复杂，仅仅将概率随时间的变化规律写成确定性公式过于理想化，因而有必要引出随机扰动项，于是将前一部分的复制动态方程改写成如下式子：

$$\mathrm{d}p_i(e_i,t) = p_i(e_i,t)\left(\mathrm{E}R_i(e_i) - \mathrm{E}\overline{R_i}\right)\mathrm{d}t + (1-p_i(e_i,t))p_i(e_i,t)\mathrm{d}B_t \quad i=1,2 \quad (7\text{-}4)$$

现在对随机扰动项部分做如下解释：

B_t 是一维标准 Brown 运动，即随机过程 $\{B_t\}$ 是独立增量过程，且 $\forall s$，$t>0$，$B_{s+t} - B_t \sim N(0,t)$。复制动态方程中随机扰动项部分表明，概率密度 $p_i(e_i,t) = 0.5$ 时，该处的随机扰动程度影响程度最大。

于是，企业方的复制动态方程可化为

$$\mathrm{d}p_1(e_1,t) = p_1(e_1,t)\left(\begin{array}{l}\int_0^1\left((1-\beta)Ae_1^\alpha e_2^{1-\alpha} - \dfrac{\gamma}{2}e_1^2\right)p_2(e_2,t)\mathrm{d}e_2 \\ -\int_0^1\int_0^1\left((1-\beta)Ae_1^\alpha e_2^{1-\alpha} - \dfrac{\gamma}{2}e_1^2\right)p_1(e_1,t)p_2(e_2,t)\mathrm{d}e_1\mathrm{d}e_2\end{array}\right)\mathrm{d}t$$
$$+ (1-p_1(e_1,t))p_1(e_1,t)\mathrm{d}B_t$$

$$(7\text{-}5)$$

学研方的复制动态方程为

$$\mathrm{d}p_2(e_2,t) = p_2(e_2,t)\left(\begin{array}{l}\int_0^1\left(\beta Ae_1^\alpha e_2^{1-\alpha} - \dfrac{\gamma}{2}e_2^2\right)p_1(e_1,t)\mathrm{d}e_1 \\ -\int_0^1\int_0^1\left(\beta Ae_1^\alpha e_2^{1-\alpha} - \dfrac{\gamma}{2}e_2^2\right)p_1(e_1,t)p_2(e_2,t)\mathrm{d}e_1\mathrm{d}e_2\end{array}\right)\mathrm{d}t \quad (7\text{-}6)$$
$$+ (1-p_2(e_2,t))p_2(e_2,t)\mathrm{d}B_t$$

可以看出，复制动态方程不再是一个单变量常微分方程，而是一个含有高斯随机扰动项的随机微分方程。对于大部分非线性Itô随机微分方程，寻找其显式解是非常困难的。然而，在满足某些条件的前提下，方程解的存在性和唯一性是可以得到保证的，进一步地，解的基本特性也可以被研究。除了零解是其显然解外，还需要考察均衡状态下的非零稳定解，这对研究整个系统的演进过程是非常重要的。

3. 随机演化博弈模型的稳定性

在对随机演化博弈模型的均衡解进行稳定性分析之前，需要先保证解的存在性与唯一性。如下引理给出了随机微分方程解的存在唯一性判定的充分条件：

引理 7-1：设随机过程 $X = \{X(t), t \geq 0\}$ 满足 Itô 微分方程

$$dX(t) = b(t, X(t))dt + \sigma(t, X(t))dB_t \quad \forall 0 \leq t \leq T$$

若 $b(t,x)$，$\sigma(t,x)$：$[0,T] \times R \to R$ 满足以下假设条件：

（1）可测性：$b(t,x)$，$\sigma(t,x)$ 二元可测，$|b(t,x)|^{\frac{1}{2}}, \sigma(t,x) \in L^2_{[T \times R]}$，

（2）Lipschitz 条件：存在常数 K，使得 $|b(t,x) - b(t,y)| + |\sigma(t,x) - \sigma(t,y)| \leq K|x-y|$，其中 $\forall t \in [0,T]$，$x, y \in R$，

（3）线性增长有界条件：存在常数 $C > 0$，使得 $|b(t,x)| + |\sigma(t,x)| \leq C(1+|x|)$，其中 $\forall t \in [0,T]$，$x \in R$，

（4）初始条件：$X(t_0)$ 关于 F_{t_0} 可测，且 $EX^2(t_0) < \infty$，

则存在唯一的过程 $\{X(t), t \geq 0\}$ 满足该 Itô 微分方程，且 $X(t)$ 是自适应的，关于 F_{t_0} 可测，

$$\forall 0 \leq t \leq T, \quad EX^2(t) < \infty$$

引理 7-1 证明详见《随机微分方程》（胡适耕等，2008）。

易看出，本章中，记 $b(t, p_1(e_1, t)) \overset{\text{def}}{=} p_1(e_1, t)(ER_1(e_1) - E\overline{R_1})$，$\sigma(t, p_1(e_1, t)) \overset{\text{def}}{=} (1 - p_1(e_1, t))p_1(e_1, t)$，该随机演化博弈模型满足可测性、Lipschitz 条件、线性增长有界条件和初始条件，于是，该随机演化博弈模型存在唯一的过程 $\{X(t), t \geq 0\}$ 满足 Itô 微分方程。在保证了解的存在唯一性之后，需进一步关注该随机演化博弈的均衡解的稳定性，即 $t \to \infty$ 时解是否能以预定速度收敛于均衡解。广义的稳定性有随机稳定、随机渐近稳定、全局随机渐近稳定、几乎处处指数稳定和 p 阶矩指数稳定等不同的定义，各定义间有细微的差别。除非特别说明，本章所指的稳定性指的是 p 阶矩指数稳定，其严格的定义如下所示：

定义 7-1：该 Itô 微分方程初值问题 $\begin{cases} \mathrm{d}X(t) = b(t,X(t))\mathrm{d}t + \sigma(t,X(t))\mathrm{d}B_t \\ X(t_0) = x_0 \end{cases}$ 的解有负的 p 阶矩 Liapunov 指数，即 $\varlimsup\limits_{t\to\infty} t^{-1}\ln E|X(t)|^p < 0$，则称方程的解 p 阶矩指数稳定；若 $\lim\limits_{t\to\infty} t^{-1}\ln E|X(t)|^p > 0$，则称方程的解 p 阶矩指数不稳定。

为此，需要如下引理来求得解的稳定性的判据。

引理 7-2：设随机过程 $X = \{X(t), t \geq 0\}$ 是如下 Itô 微分方程初值问题的解：

$$\begin{cases} \mathrm{d}X(t) = b(t,X(t))\mathrm{d}t + \sigma(t,X(t))\mathrm{d}B_t & \forall t \geq 0 \\ X(t_0) = x_0 \end{cases}$$

存在连续可微函数 $V(t,x)$ 与正常数 c_1，c_2 使得 $c_1|x|^p \leq V(t,x) \leq c_2|x|^p$。

（1）若存在正的常数 γ，使得 $LV(t,x) \leq -\gamma V(t,x)$，则该 Itô 微分方程初值问题的解的 p 阶期望矩指数稳定，即 $\varlimsup\limits_{t\to\infty} t^{-1}\ln E|X(t)|^p < 0$。

（2）若存在正的常数 γ，使得 $LV(t,x) \geq \gamma V(t,x)$，则该 Itô 微分方程初值问题的解的 p 阶期望矩指数不稳定，即 $\lim\limits_{t\to\infty} t^{-1}\ln E|X(t)|^p > 0$。

其中，$LV(t,x) = V_t(t,x) + V_x(t,x)b(t,x) + \dfrac{1}{2}\sigma^2(t,x)V_{xx}(t,x)$。

证明：对于（1），若存在正的常数 γ，由题意有

$$c_1 e^{\gamma t}|x(t)|^p \leq e^{\gamma t}V(t,x(t)) = V(0,x_0) + \int_0^t \mathrm{d}\left[e^{\gamma s}V(s,x(s))\right]$$

$$\leq c_2|x_0|^p + \int_0^t e^{\gamma s}\left[LV(s,x(s)) + \gamma V(s,x(s))\right]\mathrm{d}s + M(t)$$

$$\leq c_2|x_0|^p + M(t)$$

其中，$M(t)$ 为零均值离散鞅，

$$\varlimsup\limits_{t\to\infty} e^{\gamma t}E|x(t)|^p \leq \dfrac{c_2}{c_1}E|x_0|^p$$

即存在正的常数 γ 使上式成立，那么 $t \to \infty$ 时，有

$$E|x(t)|^p \leq \dfrac{c_2}{c_1}E|x_0|^p \times e^{-\gamma t}$$

便有 $\varlimsup\limits_{t\to\infty} t^{-1}\ln E|X(t)|^p \leq -\gamma < 0$。

对于（2）也是类似，本引理得证。

命题 7-2：在随机演化博弈模型中，有

（1）均衡解是矩指数稳定的充分条件为

$$\mathrm{E}R_1 - \mathrm{E}\overline{R_1} \leqslant -\frac{1}{2}$$

即当博弈方成员的收益比该博弈方整个群体的平均收益低半个单位时。

（2）均衡解是矩指数不稳定的充分条件为

$$\mathrm{E}R_1 - \mathrm{E}\overline{R_1} \geqslant \frac{1}{2}$$

即当博弈方成员的收益比该博弈方整个群体的平均收益高半个单位时。

证明： 取 $V(t,x) = x^2$，$LV(t,x) = V_t(t,x) + V_x(t,x)b(t,x) + \frac{1}{2}\sigma^2(t,x)V_{xx}(t,x)$

$$\frac{LV(t,x)}{V} = \frac{V_t + V_x b(t,x) + \frac{1}{2}V_{xx}\sigma(t,x)}{V} = \frac{2xb(t,x) + \sigma^2(t,x)}{x^2} = 2(\mathrm{E}R_1 - \mathrm{E}\overline{R_1}) + (1-p_1)^2$$

因此，当 $\mathrm{E}R_1 - \mathrm{E}\overline{R_1} \leqslant -\frac{1}{2}$ 时，便有 $\sup \frac{LV}{V} < 0$，即 $LV(t,x) \leqslant -\gamma V(t,x)$，由引理 7-2 知，该 Itô 微分方程初值问题的解的 p 阶期望矩指数稳定，即 $\overline{\lim\limits_{t \to \infty}} t^{-1}\ln \mathrm{E}|X(t)|^p < 0$；当 $\mathrm{E}R_1 - \mathrm{E}\overline{R_1} \geqslant \frac{1}{2}$ 时，便有 $LV(t,x) \geqslant \gamma V(t,x)$，于是解的 p 阶期望矩指数不稳定，即 $\lim\limits_{t \to \infty} t^{-1}\ln \mathrm{E}|X(t)|^p > 0$，证毕。

以上给出了解的稳定性的判别方法，即比总群体平均收益至少高出半个单位的群体随着时间的推移会变得越来越不稳定，相反，比平均总体至少低半个单位的群体从长期来看是相对稳定的。在下一部分的算例和图示中，能够清晰地看出右侧随着采样次数的增加，波动幅度会越来越大。

（三）随机演化博弈模型的稳定性分析

1. 数值模拟

为了进一步更加形象地说明系统的随机演化情形，下面给出数值算例，取 $\Delta e_1 = \Delta e_2 = 0.01$，不妨以博弈方 1（企业方）为例，以图 7-1 中横轴表示企业方的努力程度 e_1，纵轴表示相应的概率密度 $p_1(e_1)$。由于整个系统处在随机演化的动态之中，通过一系列图象直观表现系统演化情形。

假定企业方的初始策略选择状况服从正态分布，正态分布的均值为 0.5，方差为 0.1。模型中 $A=1\,000$，$\beta = 0.5$，$\alpha = 0.5$，$\gamma = 1$。

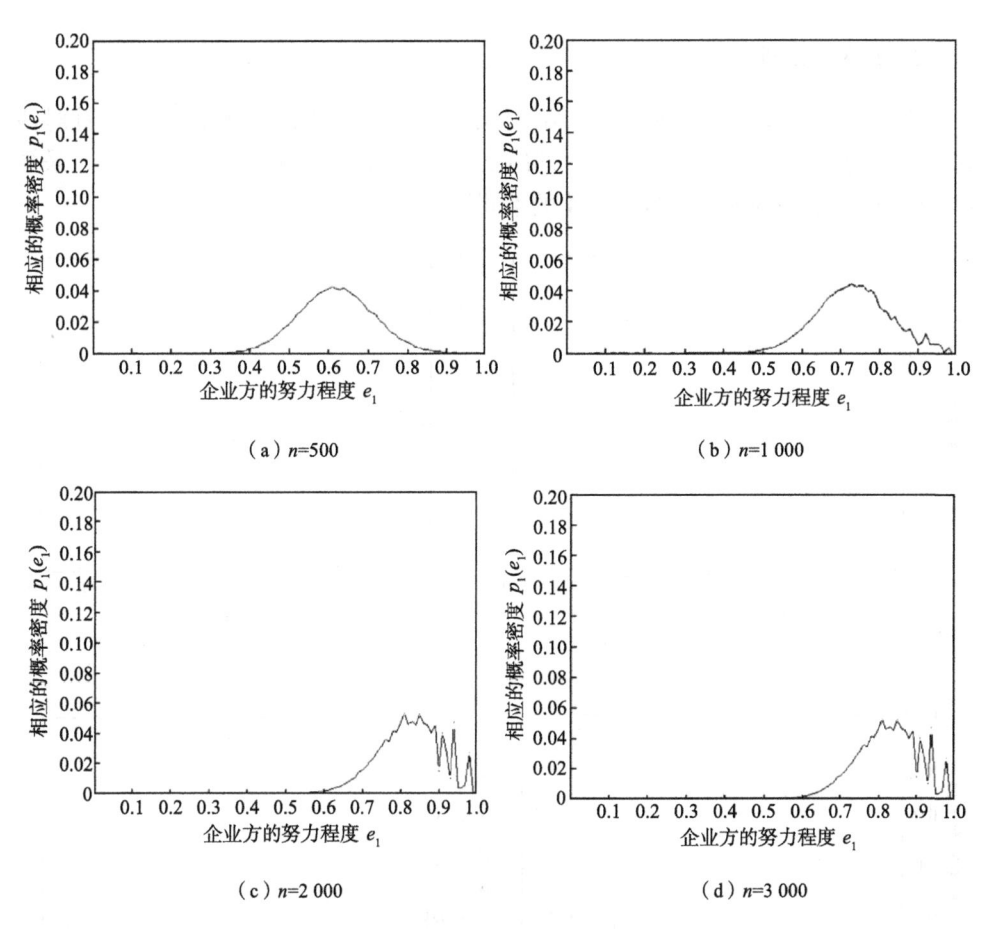

图 7-1　随机演化博弈的模拟仿真（$\beta=0.5$，$\alpha=0.5$，$\gamma=100$）

图 7-1 所示的是在 $\beta=0.5$，$\alpha=0.5$，$\gamma=100$ 的情形下，采样次数 $n=500$，$n=1\,000$，$n=2\,000$，$n=3\,000$ 所对应的情形。结果表明，随着采样次数的增加，概率密度分布图样由均值为 0.5 的正态分布渐渐右移，且右侧边缘的波动也越来越大，最终采样 3 000 次时，概率密度分布图样靠近 1 的部分上升很快。可以看出，在 $\beta=0.5$，$\alpha=0.5$，$\gamma=100$ 的情形下，企业方的努力程度随着博弈次数的增加会逐渐趋近于高努力程度，这是因为，在该参数设定下，努力程度高的群体收益远远高于总群体平均收益，因此对整个群体的演化有向努力程度高的方向演化的激励，才会出现如图 7-1 所示的情形。此外，正态分布两侧随着时间的推移会呈现出截然不同的波动状况，即左侧几乎一直没有波动，而右侧的波动愈发剧烈。这正与之前的模型分析部分相吻合，即比总群体平均收益至少高出半个单位的群体随着时间的推移会越来越不稳定，而与此相反的是，比平均总体至少低半个单位的群体从长期来看是较为稳定的。

2. 敏感性分析

考察成本系数 γ 的变动对均衡结果的影响。下列敏感性分析图示均是针对博弈方 1（企业方）而言的。图 7-2 列出了 $\gamma=1\,000$，$\gamma=100$，$\gamma=10$，$\gamma=1$，采样 1 500 次后，不同的成本系数所得出的不同结果。

（a）$\gamma=1\,000$

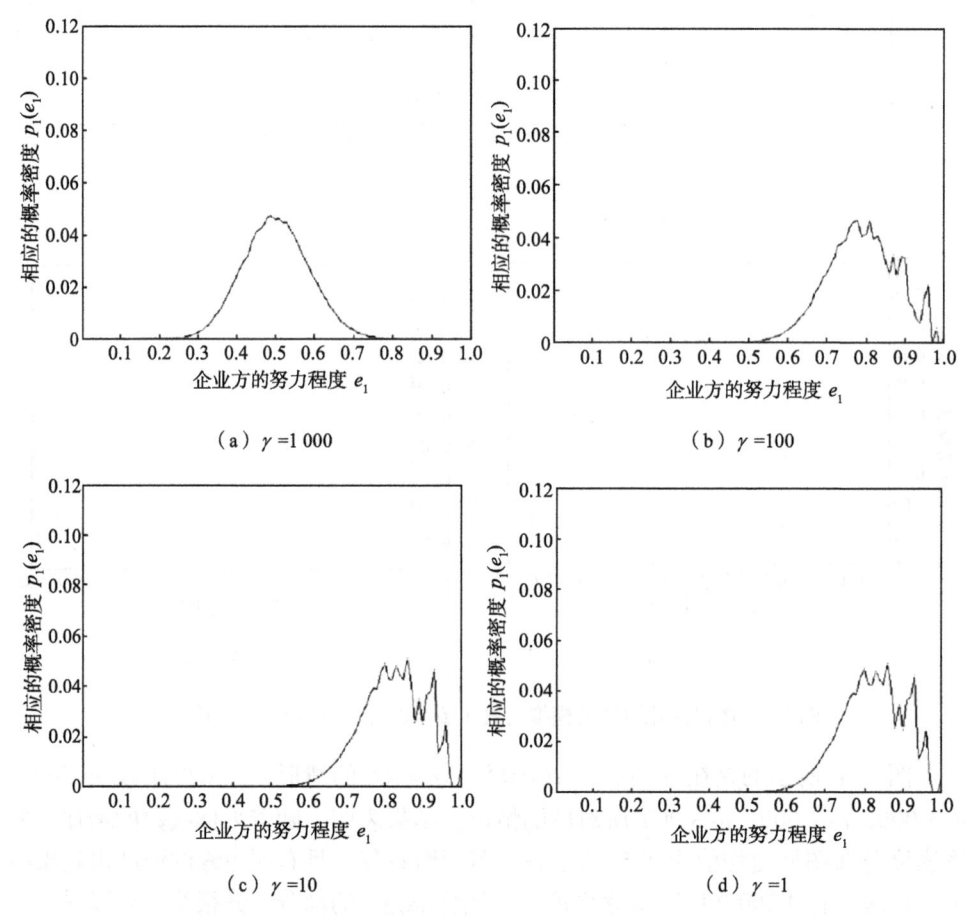

（b）$\gamma=100$

（c）$\gamma=10$

（d）$\gamma=1$

图 7-2 γ 的稳定性分析（$\beta=0.5$，$\alpha=0.5$，$n=1\,500$）

可以看出，成本系数非常大的时候，采样 1 500 次后的结果较初始分布并无太大变化；当成本系数下降到 100 时，最终的概率分布图样集中在 0.78 左右；当成本系数下降到 10 时，最终的概率分布图样集中在 0.84 左右；当成本系数下降到 1 时，最终的概率分布图样中靠近 1 的概率密度有了显著的上升。换言之，成本相对较小的情形下，由于努力程度高的群体收益比总群体平均收益高，故而激励整个群体的演化有较明显的向努力程度高的方向演化的激励，才会出现如图 7-2

所示的情形。此外,不同的成本系数值对分布的波动状况的影响也是不同的。具体而言,当成本系数较小时,正态分布两侧随着时间推移呈现出不同的波动状况,即左侧波动不大,而右侧的波动越来越剧烈;当成本系数较大时,正态分布两侧随着时间的推移均未能出现太大波动。

这是因为,成本系数较小时,努力程度高的群体收益远远大于总群体平均收益,所以对整个群体的演化有较明显的向努力程度高的方向演化的激励,而且,随机扰动项对收益的影响程度会相对明显,因而左右两侧的波动状况能够较快地呈现出截然不同的状态。相反,成本系数较大时,努力程度高的群体收益受成本影响并未能明显大于总群体平均收益,因而对整个群体的演化没有明显向努力程度高方向演化的激励,而且,随机扰动项也不会有明显的影响,因而左右两侧几乎未能出现波动。

再考察分配系数 β 的变动对均衡结果的影响。图 7-3 列出了采样 1 500 次,$\beta=0.2$,$\beta=0.4$,$\beta=0.6$,$\beta=0.8$ 后所得出的不同结果。

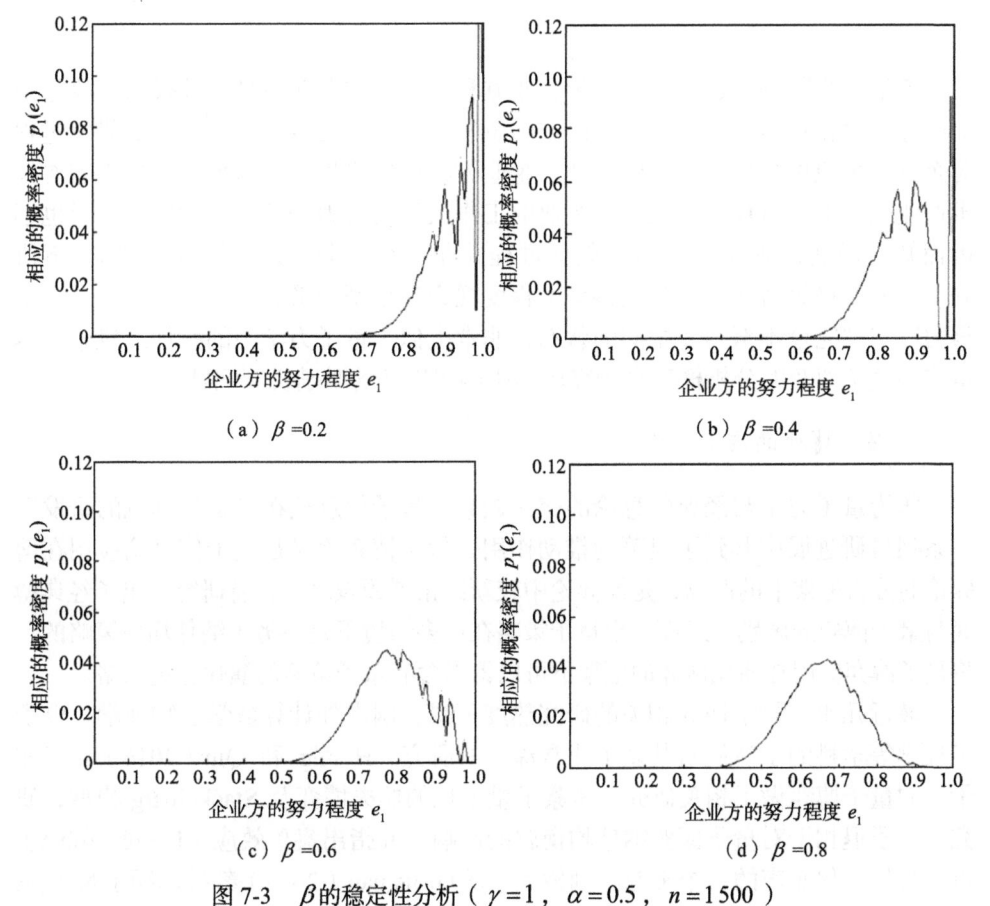

(a) $\beta=0.2$

(b) $\beta=0.4$

(c) $\beta=0.6$

(d) $\beta=0.8$

图 7-3 β 的稳定性分析($\gamma=1$,$\alpha=0.5$,$n=1500$)

可以看出，分配系数为 0.8 的时候，采样 1 500 次后的结果较初始分布并无太大变化，最终的概率分布图样集中在 0.66 左右；分配系数为 0.6 的时候，最终的概率分布图样集中在 0.78 左右；分配系数为 0.4 的时候，最终的概率分布图样集中在 0.88 左右；当分配系数下降到 0.2 时，最终的概率分布图样几乎大部分都集中靠近 1。在分配系数相对较小的情形下，由于努力程度高的群体收益远远大于总群体收益，故而对整个群体的演化有向努力程度高的方向演化的激励，才会出现如图 7-3 所示的情形。此外，不同的分配系数值对分布的波动状况的影响也是不同的。具体来说，分配系数较小的时候，正态分布两侧随着时间的推移会较快地呈现出截然不同的波动状况，即左侧几乎一直没有波动，而右侧的波动越来越剧烈；分配系数较大的时候，正态分布两侧随着时间的推移相对稳定。

三、产学研协同创新激励机制研究

产学研协同创新过程中，由于企业方和学研方均存在诸多隐性投入，故整个协同过程存在双边道德风险。学研方的研发投入很难度量，科研人员的研发过程对企业方来说也难以观测。同样地，企业方将科研成果投放市场的过程也需要技术产业化成本及市场推广成本，企业的工作人员的努力程度对于学研方来说也不得而知。因此，现实中的协同创新过程并非一个"非黑即白"的"协同-不协同"二元策略集博弈，而是应将努力程度视为连续型变量。由于存在介于"完全努力"与"完全不努力"中间的状态，非常类似于量子力学中的叠加态概念，本章应用量子博弈的分析框架来研究产学研协同创新的激励机制问题。

1. 量子博弈的应用思路

作为量子力学与经典信息论的交叉领域，量子信息论在量子计算机的研发等一系列科研进展中起到了显著的推动作用。量子博弈论又是量子信息论应用在博弈论的分析框架下的产物，是博弈论中较新的拓展领域之一，有研究指出了经典博弈与量子博弈的区别，进而指出量子策略在许多情境下是不劣于纳什均衡策略的，将量子博弈应用在演化博弈的框架下可以得出含有量子策略的演化稳定策略。

最近几年，量子博弈相关的研究热度不减，国内外计算数学、物理学、电子工程学等学科的学者们对其做了非常深入的研究。Huang 和 Qiu（2016）对退相干下的量子博弈做了相关研究，考察了量子化的懦夫博弈及 Stackelberg 模型，研究了量子退相干对量子博弈纳什均衡解的影响，并指出盎鲁效应（Unruh effect）可作为量子化噪声的一个来源。剑桥大学的 Groisman（2018）教授回顾了 N. Vyas

和 C. Benjamin 的论文，针对量子化的鹰鸽博弈及囚徒困境再一次分析了 van Enk-Pike 论断，提出量子博弈在某些情境下可以被看作经典的拓展式博弈。Iqbal 等（2015）指出帕累托最优是纳什均衡解的精练，并分析了量子化的贝叶斯博弈的全局最优解。

国内相关领域的学者也做了一系列的研究，丰富了量子博弈的相关文献。郑君君等（2015）考察了风险投资情境下，风险投资家和风险企业家因对异质性的竞买者观点不一致而造成竞买者退出的困境，进一步运用考虑量子纠缠的量子博弈的方法，成功解决了投资困境的难题。黄德才和汤胜龙（2014）研究了量子博弈视角下的聚类算法，并进一步做了数值仿真实验，结果表明该算法优于传统的 K-means 聚类算法。鞠治安等（2017）从思维形式的角度，指出了量子博弈所具有的经典博弈无法达到的优越性，认为经典博弈的思维是以拉普拉斯的非此即彼的机械式决定论为基础，而量子博弈突破了这一局限，是一种非线性的、概率的非决定论思维方式。丁卫平等（2015）提出了一种量子博弈约减算法，基于种群混合联盟，得出了全局最优的纳什均衡约减集，研究结果还表明该约减集具有较高的稳定性、实用性和精度。Sun 等（2012）将传统的 Bertrand 博弈模型拓展到多人的量子化情形，研究结果表明，博弈的纠缠程度越大，整体的最大化收益越高。模型的量子化不仅成功地解决了 Bertrand 悖论，还给出了相应的实践指导意义。兰立山（2016）从本体论、伦理学及方法论的视角，重新审视了量子博弈的研究过程及范式，对量子博弈的理性选择理论做了科学哲学上的反思。郑辉等（2014）也指出量子博弈提供了一种新的信息思维范式，关键在于量子纠缠这一全新的特性。程培和王先甲（2017）基于产量博弈的量子化模型，考虑了博弈三方形成联盟的特征函数，并进一步分析了联盟中量子策略与经典策略相比的优势是否存在。

然而，现有的量子博弈相关文献大多数并没能很好地应用在经济管理的背景下。鲜有管理领域文献引入量子化策略的博弈模型，乃至将量子博弈应用到产学研协同情境下。本章将量子博弈应用在产学研协同创新的情境下，通过引入量子策略集，能够进一步得出较经典博弈更优的策略组合，从而较好地解决了囚徒困境难题和搭便车问题。量子博弈为解决经典博弈下多纳什均衡并非总能达到帕累托最优的囚徒困境难题提供了一个有效方案，而策略集的量子化为有效地降低协同过程中搭便车行为发生的概率提供了一个新的思路。

综上所述，本章基于现有文献从两个方面做了拓展：一是运用连续策略集型的量子博弈模型来探究产学研协同创新的激励机制，在一定程度上解决了双方在协同过程中的搭便车行为；二是构建了产学研协同创新过程中的"纠缠合同"，在一定程度上弥补了传统协同合同的不足，能较好地激励协同双方尽最大可能努力。

2. 问题描述和模型假设

在产学研协同创新过程中，假定企业方为博弈方1，学研方为博弈方2，他们的投入（即努力程度）分别记为 e_1、e_2，收益分别记为 R_1、R_2，成本分别记为 C_1、C_2，成本系数分别为 γ_1、γ_2，假定最终的产出为含随机扰动项的 Cobb-Douglas 型，即

$$\pi = A e_1^\alpha e_2^{1-\alpha} + \varepsilon \tag{7-7}$$

其中，A 为产出系数；ε 为随机扰动项，不妨假定 $\varepsilon \sim N(0, \sigma^2)$，$\sigma^2$ 为随机扰动项的方差，代表总产出的不确定性的程度。成本函数取努力程度的二次形式，即

$$C_1(e_1) = \frac{\gamma_1}{2} e_1^2 \quad C_2(e_2) = \frac{\gamma_2}{2} e_2^2$$

收益分配合同暂且先考虑普通的线性形式，即 $S(\pi) = \beta\pi$，β 为收益分配系数。可以将 θ_1、θ_2 看成是企业方、学研方的努力程度，$\theta_i = 0$ 代表完全努力，$\theta_i = 1$ 代表完全不努力，这便与 e_i 有了如下对应关系：

$$\theta_i = 1 - e_i \quad i = 1, 2$$

企业方的收益函数为

$$ER_1(\theta_1) = (1-\beta) A e_1^\alpha e_2^{1-\alpha} - C_1 = (1-\beta) A (1-\theta_1)^\alpha (1-\theta_2)^{1-\alpha} - \frac{\gamma_1}{2}(1-\theta_1)^2 \tag{7-8}$$

学研方的收益函数为

$$ER_2(\theta_2) = \beta A e_1^\alpha e_2^{1-\alpha} - C_2 = \beta A (1-\theta_1)^\alpha (1-\theta_2)^{1-\alpha} - \frac{\gamma_2}{2}(1-\theta_2)^2 \tag{7-9}$$

在量子博弈视角下，两个极化状态"完全努力"和"完全不努力"分别对应 $\theta_i = 0$ 和 $\theta_i = 1$，对应量子信息论中的两个极化量子态 $|0\rangle$ 和 $|1\rangle$，相应的收益矩阵如表7-1所示。

表 7-1　量子博弈视角下的收益矩阵

		学研方 完全努力 $|0\rangle$	学研方 完全不努力 $|1\rangle$
企业方	完全努力 $|0\rangle$	$(1-\beta)A - \frac{\gamma_1}{2}$，$\beta A - \frac{\gamma_2}{2}$	$-\frac{\gamma_1}{2}$，0
	完全不努力 $|1\rangle$	0，$-\frac{\gamma_2}{2}$	0，0

收益矩阵显示，只有当企业方、学研方均选择完全努力的行动时，收益才能达到帕累托最优的状态。如果有一方完全努力，另一方完全不努力，则完全努力的一方不仅要承担自身努力的成本，还要面对由于对方不努力而导致的利润全无

的局面,这对努力方是个极大的风险,尤其是当项目需要巨大投入的时候(即 C_1、C_2 较大)。这个简单 2×2 得益矩阵有唯一的帕累托最优策略点(双方均"完全努力"),但却有两个纯策略纳什均衡点,即双方均"完全努力"或双方均"完全不努力"。如何引导双方实现帕累托最优策略点而不让努力的一方承担对方可能"背叛"的风险,便成了该博弈需要解决的问题。

将该博弈问题量子化,假设两个极化状态 $|0\rangle$、$|1\rangle$ 分别对应"完全努力"与"完全不努力"两个极端状态,双方初始量子态为 $|00\rangle$(第一位数字代表企业方,第二位数字代表学研方,$|00\rangle = |0\rangle \otimes |0\rangle$),假定纠缠矩阵为

$$\hat{J} = \exp\left(i\frac{\omega}{2}\sigma_x \otimes \sigma_x\right) = \cos\frac{\omega}{2} \times I + i\sin\frac{\omega}{2} \times \begin{pmatrix} 0 & 0 & 0 & 1 \\ 0 & 0 & -1 & 0 \\ 0 & -1 & 0 & 0 \\ 1 & 0 & 0 & 0 \end{pmatrix}$$

其中,σ_x 为 Pauli-x 矩阵的变型 $\begin{pmatrix} 0 & 1 \\ -1 & 0 \end{pmatrix}$;$I$ 为 4×4 单位矩阵;ω 为纠缠度,当 $\omega = \frac{\pi}{2}$ 时,纠缠程度最大。反纠缠矩阵为

$$\hat{J}^\dagger = \cos\frac{\omega}{2} \times I - i\sin\frac{\omega}{2} \times \begin{pmatrix} 0 & 0 & 0 & 1 \\ 0 & 0 & -1 & 0 \\ 0 & -1 & 0 & 0 \\ 1 & 0 & 0 & 0 \end{pmatrix}$$

企业方的策略矩阵设为

$$U_1(\theta_1, \varphi_1) = \begin{pmatrix} e^{i\varphi_1}\cos\frac{\theta_1}{2} & \sin\frac{\theta_1}{2} \\ -\sin\frac{\theta_1}{2} & e^{-i\varphi_1}\cos\frac{\theta_1}{2} \end{pmatrix}$$

学研方的策略矩阵设为

$$U_2(\theta_2, \varphi_2) = \begin{pmatrix} e^{i\varphi_2}\cos\frac{\theta_2}{2} & \sin\frac{\theta_2}{2} \\ -\sin\frac{\theta_2}{2} & e^{-i\varphi_2}\cos\frac{\theta_2}{2} \end{pmatrix}$$

其中,θ_1、$\theta_2 \in [0, \pi]$,φ_1、$\varphi_2 \in \left[0, \frac{\pi}{2}\right]$。注意到,$U_1(0, 0) = \begin{pmatrix} 1 & 0 \\ 0 & 1 \end{pmatrix}$,$U_1(\pi, 0) = \begin{pmatrix} 0 & 1 \\ -1 & 0 \end{pmatrix}$,分别对应企业方完全努力、完全不努力的情形。当 $\theta_1 \in (0, \pi)$ 时,对应企业的努力程度介于两者之间。因此,可将 θ_1 看作代表企业方

努力程度的参数。学研方策略矩阵 $U_2(\theta_2,\varphi_2)$ 也是类似的情况。例如，当 $\theta_1=\pi$，$\theta_2=0$ 时，即企业方完全不努力，学研方完全努力，此时 $U_1(\pi,0)=\begin{pmatrix}0&1\\-1&0\end{pmatrix}$，$U_2(0,0)=\begin{pmatrix}1&0\\0&1\end{pmatrix}$。量子博弈的一般过程如图7-4所示。

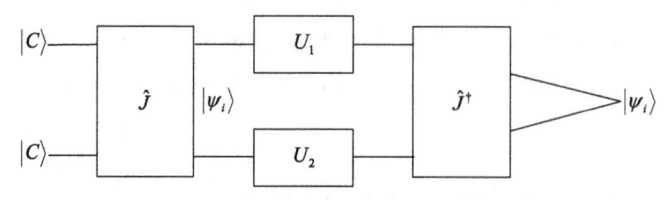

图7-4 量子博弈一般过程示意图

当考虑了态的纠缠后，即 $\hat{J}=\exp\left(i\dfrac{\omega}{2}\sigma_x\otimes\sigma_x\right)$ 时，可得

$$|\psi_f\rangle=\hat{J}^\dagger\times[U_1(\theta_1,\varphi_1)\otimes U_2(\theta_2,\varphi_2)]\times\hat{J}|00\rangle$$

$$=\left[\cos(\varphi_1+\varphi_2)-i\times\cos\omega\times\sin(\varphi_1+\varphi_2)\right]\cos\dfrac{\theta_1}{2}\cos\dfrac{\theta_2}{2}|00\rangle$$

$$+[\cos\varphi_1-i\times\sin\varphi_1\times\cos\omega]\cos\dfrac{\theta_1}{2}\sin\dfrac{\theta_2}{2}|01\rangle+[\sin\omega\times\sin\varphi_2]\sin\dfrac{\theta_1}{2}\cos\dfrac{\theta_2}{2}|01\rangle$$

$$+[\cos\varphi_2-i\times\sin\varphi_2\times\cos\omega]\sin\dfrac{\theta_1}{2}\cos\dfrac{\theta_2}{2}|10\rangle+[\sin\omega\times\sin\varphi_1]\cos\dfrac{\theta_1}{2}\sin\dfrac{\theta_2}{2}|10\rangle$$

$$+\left[\sin\omega\times\sin(\varphi_1+\varphi_2)\right]\cos\dfrac{\theta_1}{2}\cos\dfrac{\theta_2}{2}|11\rangle+\sin\dfrac{\theta_1}{2}\sin\dfrac{\theta_2}{2}|11\rangle$$

于是，各量子态的概率为

$$\begin{cases}P_{00}=\left[\cos^2(\varphi_1+\varphi_2)+\sin^2(\varphi_1+\varphi_2)\times\cos^2\omega\right]\cos^2\dfrac{\theta_1}{2}\cos^2\dfrac{\theta_2}{2}\\[4pt]P_{01}=\left[\cos^2\varphi_1+\sin^2\varphi_1\times\cos^2\omega\right]\cos^2\dfrac{\theta_1}{2}\sin^2\dfrac{\theta_2}{2}+\left[\sin^2\varphi_2\times\sin^2\omega\right]\sin^2\dfrac{\theta_1}{2}\cos^2\dfrac{\theta_2}{2}\\[4pt]P_{10}=\left[\sin^2\varphi_1\times\sin^2\omega\right]\cos^2\dfrac{\theta_1}{2}\sin^2\dfrac{\theta_2}{2}+\left[\cos^2\varphi_2+\sin^2\varphi_2\times\cos^2\omega\right]\sin^2\dfrac{\theta_1}{2}\cos^2\dfrac{\theta_2}{2}\\[4pt]P_{11}=\left[\sin^2(\varphi_1+\varphi_2)\times\sin^2\omega\right]\cos^2\dfrac{\theta_1}{2}\cos^2\dfrac{\theta_2}{2}+\sin^2\dfrac{\theta_1}{2}\sin^2\dfrac{\theta_2}{2}\end{cases}$$

经验证，$P_{00}+P_{01}+P_{10}+P_{11}=1$。

因此，可求得博弈方1的期望收益为

$$ER_1 = A_1 P_{00} - C_1 P_{01} + 0 \times P_{10} + 0 \times P_{11}$$
$$= A_1 \left[1 - \sin^2(\varphi_1 + \varphi_2) \times \sin^2 \omega \right] \cos^2 \frac{\theta_1}{2} \cos^2 \frac{\theta_2}{2}$$
$$- C_1 \left[\cos^2 \varphi_1 + \sin^2 \varphi_1 \times \cos^2 \omega \right] \cos^2 \frac{\theta_1}{2} \sin^2 \frac{\theta_2}{2} \quad (7\text{-}10)$$
$$- C_1 \left[\sin^2 \varphi_2 \times \sin^2 \omega \right] \sin^2 \frac{\theta_1}{2} \cos^2 \frac{\theta_2}{2}$$

博弈方 2 的期望收益为

$$ER_2 = A_2 P_{00} + 0 \times P_{01} - C_2 P_{10} + 0 \times P_{11}$$
$$= A_2 \left[1 - \sin^2(\varphi_1 + \varphi_2) \times \sin^2 \omega \right] \cos^2 \frac{\theta_1}{2} \cos^2 \frac{\theta_2}{2}$$
$$- C_2 \left[\sin^2 \varphi_1 \times \sin^2 \omega \right] \cos^2 \frac{\theta_1}{2} \sin^2 \frac{\theta_2}{2} \quad (7\text{-}11)$$
$$- C_2 \left[\cos^2 \varphi_2 + \sin^2 \varphi_2 \times \cos^2 \omega \right] \sin^2 \frac{\theta_1}{2} \cos^2 \frac{\theta_2}{2}$$

其中，θ_1、θ_2、φ_1、φ_2 为博弈双方策略选择的参数；ω 为纠缠度的大小。由于整个博弈过程受纠缠度 ω 的影响非常显著，本章进一步根据是否考虑态的纠缠分为两种情形讨论。

3. 情形一：不考虑态的纠缠

本小节考察无态的纠缠这一情形，具体地，当不考虑态的纠缠时，即 $\omega = 0$，$\hat{J}^\dagger = \hat{J} = I$，于是有

$$\left| \psi_f \right\rangle = \hat{J}^\dagger \times \left[U_1(\theta_1, \varphi_1) \otimes U_2(\theta_2, \varphi_2) \right] \times \hat{J} \left| 00 \right\rangle$$
$$= e^{i(\varphi_1 + \varphi_2)} \cos \frac{\theta_1}{2} \cos \frac{\theta_2}{2} \left| 00 \right\rangle - e^{i\varphi_1} \cos \frac{\theta_1}{2} \sin \frac{\theta_2}{2} \left| 01 \right\rangle \quad (7\text{-}12)$$
$$- e^{i\varphi_2} \sin \frac{\theta_1}{2} \cos \frac{\theta_2}{2} \left| 10 \right\rangle + \sin \frac{\theta_1}{2} \sin \frac{\theta_2}{2} \left| 11 \right\rangle$$

企业方的收益为

$$ER_1 = A_1 P_{00} - C_1 P_{01} + 0 \times P_{10} + 0 \times P_{11}$$
$$= A_1 \cos^2 \frac{\theta_1}{2} \cos^2 \frac{\theta_2}{2} - C_1 \cos^2 \frac{\theta_1}{2} \sin^2 \frac{\theta_2}{2} \quad (7\text{-}13)$$

学研方的收益为

$$ER_2 = A_2 P_{00} + 0 \times P_{01} - C_2 P_{10} + 0 \times P_{11}$$
$$= A_2 \cos^2 \frac{\theta_1}{2} \cos^2 \frac{\theta_2}{2} - C_2 \sin^2 \frac{\theta_1}{2} \cos^2 \frac{\theta_2}{2} \quad (7\text{-}14)$$

定理 7-1：不考虑态的纠缠时，企业方收益 ER_1 随努力程度 e_1 的增大而增大的

充要条件为 $A_1\cos^2\dfrac{\theta_2}{2}-C_1\sin^2\dfrac{\theta_2}{2}>0$，此时企业方的最优策略是完全努力，即 $\theta_1=0$；同样地，学研方收益 ER_2 随努力程度 e_2 的增大而增大的充要条件为 $A_2\cos^2\dfrac{\theta_1}{2}-C_2\sin^2\dfrac{\theta_1}{2}>0$，此时学研方的最优策略是完全努力，即 $\theta_2=0$。

证明：不妨先以企业方为例，考察 θ_1、θ_2 变动时，企业方收益的变动情况：

$$ER_1=A_1\cos^2\dfrac{\theta_1}{2}\cos^2\dfrac{\theta_2}{2}-C_1\cos^2\dfrac{\theta_1}{2}\sin^2\dfrac{\theta_2}{2}=\cos^2\dfrac{\theta_1}{2}\left(A_1\cos^2\dfrac{\theta_2}{2}-C_1\sin^2\dfrac{\theta_2}{2}\right)$$

当 $A_1\cos^2\dfrac{\theta_2}{2}-C_1\sin^2\dfrac{\theta_2}{2}>0$ 时，企业方的收益 ER_1 为正值，且随着 θ_1 的增大而减小，也即随着企业方努力程度 e_1 的增大而增大。

当 $A_1\cos^2\dfrac{\theta_2}{2}-C_1\sin^2\dfrac{\theta_2}{2}<0$ 时，企业方的收益 ER_1 为负值，且随着 θ_1 的增大而增大，也即随着企业方努力程度 e_1 的增大而减小。对于学研方也是类似，于是定理 7-1 得证。

举例来说，不妨取 $A_1=100$，$C_1=20$，此时企业方的收益 ER_1 如图 7-5 所示。

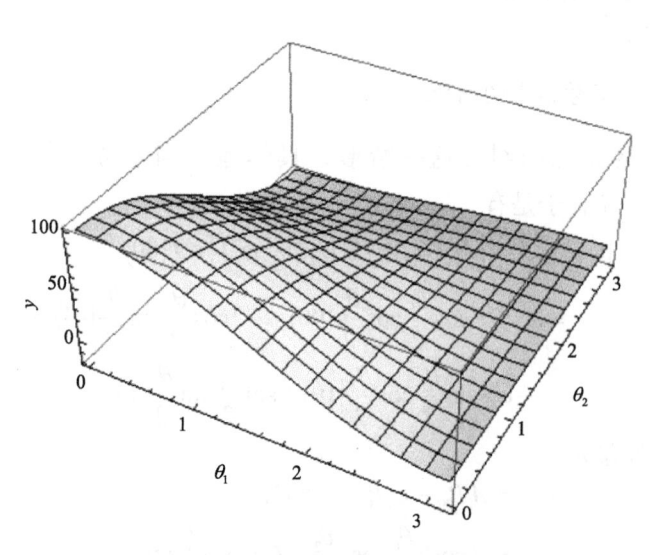

图 7-5 不考虑纠缠时企业方收益对双方努力程度的三维函数图象

从图 7-5 中可以看出，θ_2 越靠近 0，企业方的收益 ER_1 随着 θ_1 的增大而减小的趋势越明显；当 θ_2 靠近 π 时，企业方的收益 ER_1 随着 θ_1 的增减性较难判断。不妨将图 7-5 中的曲面分别沿 $\theta_2=\dfrac{\pi}{4}$ 和 $\theta_2=\dfrac{3\pi}{4}$ 切开，所得的企业方的收益 ER_1 随着 θ_1

的函数图象如图 7-6 所示。

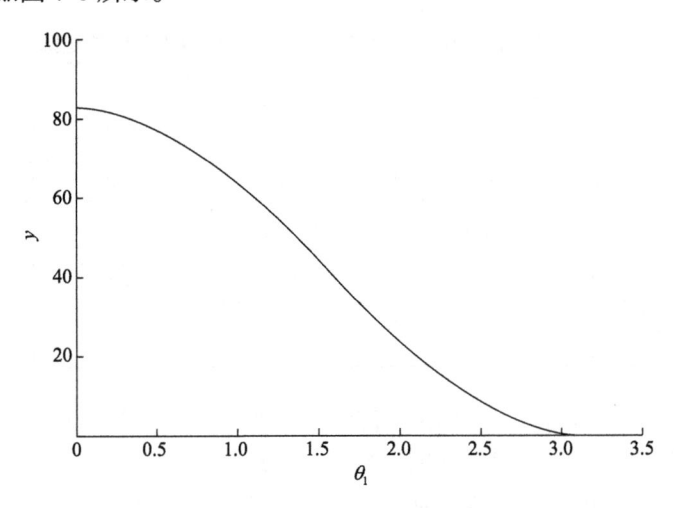

(a) $\theta_2 = \dfrac{\pi}{4}$ 时企业方收益对企业方努力程度的函数图象

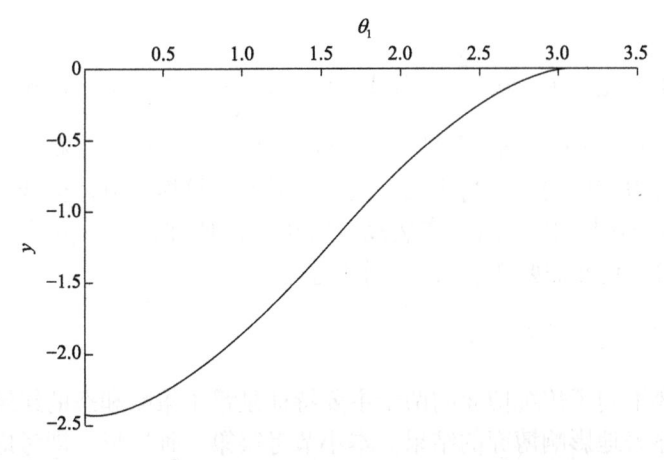

(b) $\theta_2 = \dfrac{3\pi}{4}$ 时企业方收益对企业方努力程度的函数图象

图 7-6　企业方收益对企业方努力程度的函数图象

从图 7-6 中易看出，$\theta_2 = \dfrac{\pi}{4}$ 时，企业方的收益 ER_1 随着 θ_1 的增大而减小，这是因为在此数值算例下，$A_1\cos^2\dfrac{\theta_2}{2} - C_1\sin^2\dfrac{\theta_2}{2} > 0$；而当 $\theta_2 = \dfrac{3\pi}{4}$ 时，企业方的收益 ER_1 随着 θ_1 的增大而增大，这是因为在此数值算例下，$A_1\cos^2\dfrac{\theta_2}{2} - C_1\sin^2\dfrac{\theta_2}{2} < 0$。

以四种较为特殊的策略为例，企业方、学研方的收益矩阵如表 7-2 所示。

表 7-2　不考虑纠缠时四种特殊策略下协同双方的收益矩阵

		学研方			
		$\theta_2=0, \varphi_2=0$	$\theta_2=0, \varphi_2=\frac{\pi}{2}$	$\theta_2=\pi, \varphi_2=0$	$\theta_2=\pi, \varphi_2=\frac{\pi}{2}$
企业方	$\theta_1=0, \varphi_1=0$	A_1, A_2	A_1, A_2	$-C_1, 0$	$-C_1, 0$
	$\theta_1=0, \varphi_1=\frac{\pi}{2}$	A_1, A_2	A_1, A_2	$-C_1, 0$	$-C_1, 0$
	$\theta_1=\pi, \varphi_1=0$	$0, -C_2$	$0, -C_2$	$0, 0$	$0, 0$
	$\theta_1=\pi, \varphi_1=\frac{\pi}{2}$	$0, -C_2$	$0, -C_2$	$0, 0$	$0, 0$

从表 7-2 中可以看出，由于不考虑态的纠缠，模型中参数 φ_1、φ_2 的取值不影响最终的收益情况，整个博弈坍缩为参数 θ_1、θ_2 的博弈。还可以看出，企业方完全努力时，即 $\theta_1=0$，不论是采取经典策略还是量子策略，只要学研方选择不努力，企业方的收益就降至 $-C_1$，即学研方"背叛"的代价还是由努力的一方——企业方来承担。

此外，不妨记 $q \stackrel{\text{def}}{=} \cos^2\frac{\theta_2}{2}$，则 $1-q=\sin^2\frac{\theta_2}{2}$，注意到企业方选择完全努力策略的充要条件可化为 $A_1 q - C_1(1-q) > 0$，由此看出，在不考虑态的纠缠时，只有当对对方努力程度的预期高于某一阈值的时候，该博弈方才会选择完全努力策略。不考虑纠缠时，囚徒困境依然没有解决，即使守信的一方采用量子策略，"背叛的代价"仍然需要守信的一方承担。

4. 情形二：考虑态的纠缠

量子博弈不同于传统博弈的两个主要特征是量子策略和态的纠缠，其中态的纠缠度能很显著地影响博弈的结果。本小节考察第二种情形，即考虑态的纠缠。具体地，当考虑了态的纠缠后，即 $0 < \omega \leqslant \frac{\pi}{2}$，各量子态的概率以及企业方、学研方的期望收益如前面第 2 小节所述。

为了简便起见，仅考察 $\omega=\frac{\pi}{2}$ 的情形，$0 < \omega < \frac{\pi}{2}$ 的情形会稍有不同，但相应的性质没有很大差别，在无特别说明时，下文所说的"考虑态的纠缠"均指的是 $\omega=\frac{\pi}{2}$。

定理 7-2：考虑态的纠缠（即 $\omega=\frac{\pi}{2}$）后，如果企业方采取完全量子策略，

即 $\varphi_1 = \dfrac{\pi}{2}$，则企业方收益 ER_1 随努力程度 e_1 的增大而增大的充要条件为 $\sin^2\varphi_2\cos^2\dfrac{\theta_2}{2} > 0$，此时企业方的最优策略是完全努力，即 $\theta_1 = 0$；同样地，如果学研方采取完全量子策略 $\varphi_2 = \dfrac{\pi}{2}$，则学研方收益 ER_2 随努力程度 e_2 的增大而增大的充要条件为 $\sin^2\varphi_1\cos^2\dfrac{\theta_1}{2} > 0$，此时学研方的最优策略也是完全努力，即 $\theta_2 = 0$。

证明：不妨先以企业方为例，考察 θ_1、θ_2 变动时，企业方收益 ER_1 的变动情况：

$$ER_1 = \left[A_1\cos^2(\varphi_1+\varphi_2)\cos^2\dfrac{\theta_2}{2} - C_1\cos^2\varphi_2\sin^2\dfrac{\theta_2}{2} \right] \times \cos^2\dfrac{\theta_1}{2} - C_1\sin^2\varphi_2\sin^2\dfrac{\theta_1}{2}\cos^2\dfrac{\theta_2}{2}$$

当 $\varphi_1 = \dfrac{\pi}{2}$ 时，可化简为

$$\begin{aligned}ER_1 &= A_1\sin^2\varphi_2\cos^2\dfrac{\theta_2}{2}\cos^2\dfrac{\theta_1}{2} - C_1\sin^2\varphi_2\sin^2\dfrac{\theta_1}{2}\cos^2\dfrac{\theta_2}{2} \\ &= \left(A_1\cos^2\dfrac{\theta_1}{2} - C_1\sin^2\dfrac{\theta_1}{2} \right)\sin^2\varphi_2\cos^2\dfrac{\theta_2}{2}\end{aligned} \quad (7\text{-}15)$$

注意到，式（7-15）第二个等号右边的 $A_1\cos^2\dfrac{\theta_1}{2} - C_1\sin^2\dfrac{\theta_1}{2}$ 随 θ_1 的增大而减小，于是只需 $\sin^2\varphi_2\cos^2\dfrac{\theta_2}{2} > 0$ 即可保证企业方收益 ER_1 随 θ_1 的增大而减小，也即随努力程度 e_1 的增大而增大。

对于学研方来说，

$$ER_2 = \left[A_2\sin^2\varphi_1\cos^2\dfrac{\theta_1}{2} - C_2\cos^2\varphi_2\sin^2\dfrac{\theta_1}{2} \right] \times \cos^2\dfrac{\theta_2}{2} - C_2\sin^2\varphi_1\cos^2\dfrac{\theta_1}{2}\sin^2\dfrac{\theta_2}{2}$$

当 $\varphi_2 = \dfrac{\pi}{2}$ 时，可化简为

$$ER_2 = \left(A_2\cos^2\dfrac{\theta_2}{2} - C_2\sin^2\dfrac{\theta_2}{2} \right)\sin^2\varphi_1\cos^2\dfrac{\theta_1}{2} \quad (7\text{-}16)$$

注意到，式（7-16）等号右边的 $A_2\cos^2\dfrac{\theta_2}{2} - C_2\sin^2\dfrac{\theta_2}{2}$ 随 θ_2 的增大而减小，于是只需 $\sin^2\varphi_1\cos^2\dfrac{\theta_1}{2} > 0$ 即可保证学研方收益 ER_2 随 θ_2 的增大而减小，也即随努力程度 e_2 的增大而增大，定理 7-2 得证。

从定理 7-2 中可以看出，对于企业方来说，只要学研方也采取量子策略，即 $0 < \varphi_2 \leqslant \dfrac{\pi}{2}$，并且学研方没有完全不努力，即 $\theta_2 \neq \pi$，那么企业方收益 ER_1 随 θ_1 的增大而减小，也即随努力程度 e_1 的增大而增大，这对企业方是非常好的激励。因此，双方在协同开始前就需商榷并委托第三方来确定可被观测到的、可量化的相关绩效指标，并签订"纠缠合同"，确保协同双方均没有动机去采取非量子策略，这时自身采用最大努力程度的完全量子策略是最优的。

定理 7-3：考虑态的纠缠（即 $\omega = \dfrac{\pi}{2}$）后，如果企业方采取非量子策略，即 $\varphi_1 = 0$，则企业方收益 ER_1 随努力程度 e_1 的增大而增大的充分条件为

$$A_1 \cos^2 \varphi_2 \cos^2 \dfrac{\theta_2}{2} - C_1 \sin^2 \dfrac{\theta_2}{2} \geqslant 0 \qquad (7\text{-}17)$$

式（7-17）与 $\sin^2 \varphi_2 \cos^2 \dfrac{\theta_2}{2} \geqslant 0$ 同时成立，且不同时取到"="。此时企业方的最优策略是完全努力，即 $\theta_1 = 0$；同样地，如果学研方采取非量子策略 $\varphi_2 = 0$，则学研方收益 ER_2 随努力程度 e_2 的增大而增大的充分条件为

$$A_2 \sin^2 \varphi_1 \cos^2 \dfrac{\theta_1}{2} - C_2 \sin^2 \dfrac{\theta_1}{2} > 0 \qquad (7\text{-}18)$$

式（7-18）与 $\sin^2 \varphi_1 \cos^2 \dfrac{\theta_1}{2} \geqslant 0$ 同时成立，且不同时取到"="。此时学研方的最优策略也是完全努力，即 $\theta_2 = 0$。

证明：不妨先以企业方为例，考察 θ_1、θ_2 变动时，企业方收益 ER_1 的变动情况：

$$\begin{aligned} ER_1 = & \left[A_1 \cos^2(\varphi_1 + \varphi_2) \cos^2 \dfrac{\theta_2}{2} - C_1 \cos^2 \varphi_1 \sin^2 \dfrac{\theta_2}{2} \right] \times \cos^2 \dfrac{\theta_1}{2} \\ & - C_1 \sin^2 \varphi_2 \sin^2 \dfrac{\theta_1}{2} \cos^2 \dfrac{\theta_2}{2} \end{aligned} \qquad (7\text{-}19)$$

当 $\varphi_1 = 0$ 时，式（7-19）可化简为

$$ER_1 = \left[A_1 \cos^2 \varphi_2 \cos^2 \dfrac{\theta_2}{2} - C_1 \sin^2 \dfrac{\theta_2}{2} \right] \times \cos^2 \dfrac{\theta_1}{2} - C_1 \sin^2 \varphi_2 \sin^2 \dfrac{\theta_1}{2} \cos^2 \dfrac{\theta_2}{2}$$

$$(7\text{-}20)$$

注意到，当 $A_1 \cos^2 \varphi_2 \cos^2 \dfrac{\theta_2}{2} - C_1 \sin^2 \dfrac{\theta_2}{2} > 0$ 时，式（7-20）等号右边第一项随 θ_1 的增大而减小；当 $\sin^2 \varphi_2 \cos^2 \dfrac{\theta_2}{2} > 0$ 时，式（7-20）等号右边第二项随 θ_1 的增大

而减小。于是，便有式（7-17）与 $\sin^2\varphi_2\cos^2\frac{\theta_2}{2} \geq 0$ 同时成立，且不同时取到 "=" 时，ER_1 随 θ_1 的增大而减小，也即随努力程度 e_1 的增大而增大。

同样地，对于学研方也是类似，定理7-3得证。

定理7-3考察了采用非量子策略的情形，容易看出，对企业方来说，要使"企业方收益 ER_1 随努力程度 e_1 的增大而增大"成立的条件要复杂得多，不仅需要学研方也采取量子策略，并且学研方没有完全不努力，即 $\theta_2 \neq \pi$，$0 < \varphi_2 \leq \frac{\pi}{2}$，还需要满足条件 $A_1\cos^2\varphi_2\cos^2\frac{\theta_2}{2} - C_1\sin^2\frac{\theta_2}{2} \geq 0$，也即 $\cos^2\frac{\theta_2}{2} \geq \frac{C_1}{C_1 + A_1\cos^2\varphi_2}$，这便要求学研方的努力程度不得低于临界值。一旦学研方努力程度过低，"企业方收益 ER_1 随努力程度 e_1 的增大而增大"就不能成立。

定理 7-4：考虑态的纠缠（即 $\omega = \frac{\pi}{2}$）后，如果企业方采取一般量子策略，即 $0 < \varphi_1 < \frac{\pi}{2}$，则企业方收益 ER_1 随努力程度 e_1 的增大而增大的充分条件为

$$A_1\cos^2(\varphi_1+\varphi_2)\cos^2\frac{\theta_2}{2} - C_1\cos^2\varphi_1\sin^2\frac{\theta_2}{2} \geq 0 \qquad (7-21)$$

式（7-21）与 $\sin^2\varphi_2\cos^2\frac{\theta_2}{2} \geq 0$ 同时成立，且不同时取到 "="。此时企业方的最优策略是完全努力，即 $\theta_1 = 0$；同样地，如果学研方采取非量子策略 $\varphi_2 = 0$，则学研方收益 ER_2 随努力程度 e_2 的增大而增大的充分条件为

$$A_2\cos^2(\varphi_1+\varphi_2)\cos^2\frac{\theta_1}{2} - C_2\cos^2\varphi_2\sin^2\frac{\theta_1}{2} > 0 \qquad (7-22)$$

式（7-22）与 $\sin^2\varphi_1\cos^2\frac{\theta_1}{2} \geq 0$ 同时成立，且不同时取到 "="。此时学研方的最优策略也是完全努力，即 $\theta_2 = 0$。

证明：不妨先以企业方为例，考察 θ_1、θ_2 变动时，企业方收益 ER_1 的变动情况：

$$\begin{aligned}ER_1 = &\left[A_1\cos^2(\varphi_1+\varphi_2)\cos^2\frac{\theta_2}{2} - C_1\cos^2\varphi_1\sin^2\frac{\theta_2}{2}\right] \times \cos^2\frac{\theta_1}{2} \\ &- C_1\sin^2\varphi_2\sin^2\frac{\theta_1}{2}\cos^2\frac{\theta_2}{2}\end{aligned} \qquad (7-23)$$

注意到，当 $A_1\cos^2(\varphi_1+\varphi_2)\cos^2\frac{\theta_2}{2} - C_1\cos^2\varphi_1\sin^2\frac{\theta_2}{2} > 0$ 时，式（7-23）等号右

边第一项随 θ_1 的增大而减小；当 $\sin^2\varphi_2\cos^2\dfrac{\theta_2}{2}>0$ 时，式（7-23）等号右边第二项随 θ_1 的增大而减小。于是，便有式（7-21）与 $\sin^2\varphi_2\cos^2\dfrac{\theta_2}{2}\geqslant 0$ 同时成立，且不同时取到"="时，ER_1 随 θ_1 的增大而减小，也即随努力程度 e_1 的增大而增大。

同样地，对于学研方也是类似，定理 7-4 得证。

定理 7-4 考察了采用一般非完全量子策略的情形，容易看出，对企业方来说，要使"企业方收益 ER_1 随努力程度 e_1 的增大而增大"成立的条件也比采用完全量子策略情形下要复杂得多，不仅需要学研方也采取量子策略，并且学研方没有完全不努力，即 $\theta_2\neq \pi$，$0<\varphi_2\leqslant \dfrac{\pi}{2}$，还需要满足条件 $A_1\cos^2(\varphi_1+\varphi_2)\cos^2\dfrac{\theta_2}{2}-C_1\cos^2\varphi_1\sin^2\dfrac{\theta_2}{2}\geqslant 0$，也即 $\cos^2\dfrac{\theta_2}{2}\geqslant \dfrac{C_1\cos^2\varphi_1}{C_1\cos^2\varphi_1+A_1\cos^2(\varphi_1+\varphi_2)}$，这也要求学研方的努力程度不得低于临界值。一旦学研方努力程度过低，"企业方收益 ER_1 随努力程度 e_1 的增大而增大"也就不能成立。

从定理 2、定理 3、定理 4 可以看出，采取完全量子策略更容易实现"企业方收益 ER_1 随努力程度 e_1 的增大而增大"这一完全的激励情形。举例来说，不妨取 $A_1=100$，$C_1=20$，企业方采取完全量子策略，即 $\varphi_1=\dfrac{\pi}{2}$，此时企业方的收益 ER_1 对 θ_1、θ_2 的三维函数图象如图 7-7 所示。

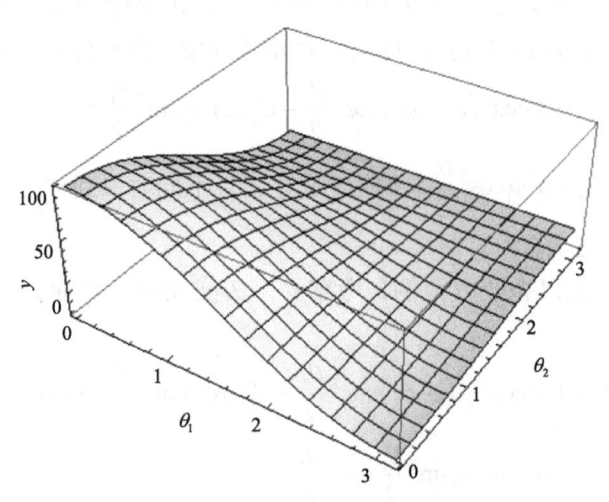

图 7-7 考虑纠缠时企业方收益对双方努力程度的三维函数图象

从图 7-7 中可以看出，θ_2 越靠近 0，企业方的收益 ER_1 随着 θ_1 的增大而减小的趋势越明显；但当 θ_2 靠近 π 时，企业方的收益 ER_1 随着 θ_1 的增减性较难判断。不妨将图 7-7 中的曲面分别沿 $\theta_2 = \dfrac{\pi}{4}$ 和 $\theta_2 = \dfrac{3\pi}{4}$ 切开，所得的企业方的收益 ER_1 随着 θ_1 的函数图象如图 7-8 所示。

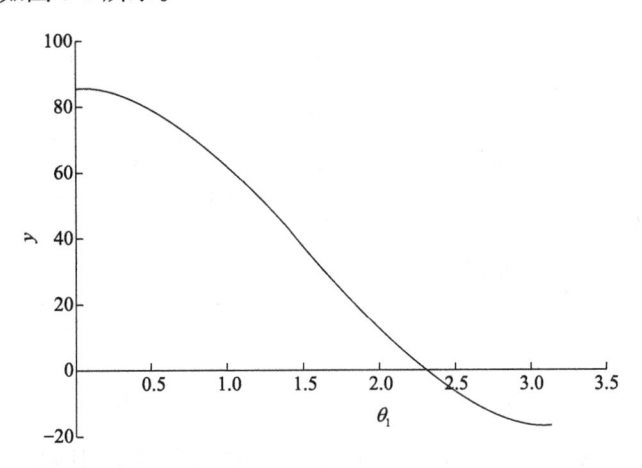

（a）$\theta_2 = \dfrac{\pi}{4}$ 时企业方收益对企业方努力程度的函数图象

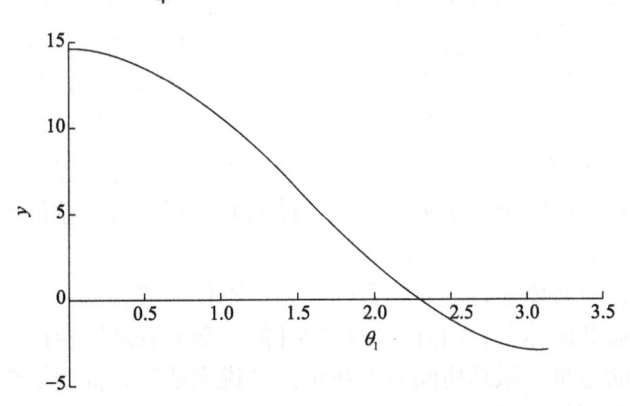

（b）$\theta_2 = \dfrac{3\pi}{4}$ 时企业方收益对企业方努力程度的函数图象

图 7-8　考虑纠缠后企业方收益对企业方努力程度的函数图象

从图 7-8 中易看出，不同于情形一，当考虑了纠缠后，不论 $\theta_2 = \dfrac{\pi}{4}$ 还是 $\theta_2 = \dfrac{3\pi}{4}$，企业方的收益 ER_1 均随着 θ_1 的增大而减小，只是在 $\theta_2 = \dfrac{\pi}{4}$ 时 ER_1 的减小幅度较大。这也说明，虽然学研方努力程度的下降会使得企业方的收益相应地下降，但对于企业方来说，努力仍然有所回报，企业方依然有激励趋向于最大努力程度，"背叛"的代价也不再需要努力的一方承担。

以四种较为特殊的策略为例，企业方、学研方的收益矩阵如表 7-3 所示。

表 7-3 考虑纠缠时四种特殊策略下协同双方的收益矩阵

<table>
<tr><td colspan="2" rowspan="2"></td><td colspan="4">学研方</td></tr>
<tr><td>$\theta_2=0, \varphi_2=0$</td><td>$\theta_2=0, \varphi_2=\frac{\pi}{2}$</td><td>$\theta_2=\pi, \varphi_2=0$</td><td>$\theta_2=\pi, \varphi_2=\frac{\pi}{2}$</td></tr>
<tr><td rowspan="4">企业方</td><td>$\theta_1=0, \varphi_1=0$</td><td>A_1, A_2</td><td>0, 0</td><td>$-C_1, 0$</td><td>$-C_1, 0$</td></tr>
<tr><td>$\theta_1=0, \varphi_1=\frac{\pi}{2}$</td><td>0, 0</td><td>$A_1, A_2$</td><td>$0, -C_2$</td><td>$0, -C_2$</td></tr>
<tr><td>$\theta_1=\pi, \varphi_1=0$</td><td>$0, -C_2$</td><td>$-C_1, 0$</td><td>0, 0</td><td>0, 0</td></tr>
<tr><td>$\theta_1=\pi, \varphi_1=\frac{\pi}{2}$</td><td>$0, -C_2$</td><td>$-C_1, 0$</td><td>0, 0</td><td>0, 0</td></tr>
</table>

从表 7-3 中可以看出，矩阵中协同双方均采取"最大努力程度的完全量子策略"（即 $\theta_i=0$，$\varphi_i=\frac{\pi}{2}$，$i=1,2$）的情形，既实现了帕累托最优，又规避了对方"背叛"的风险。不妨以企业方为例，一旦企业方选择了"最大努力程度的完全量子策略"，学研方的"背叛"将导致其收益受损。如果学研方没有采取量子策略，其收益将降至 0；如果学研方采取完全不努力的策略，其收益将降至 $-C_2$，也即"背叛"的代价由其自身承担。三种"背叛"情形中，企业方的收益只是降至 0，而无须为"背叛"者"买单"。因此，考虑了态的纠缠后，只需采用"最大努力程度的完全量子策略"，便能同时实现自身收益最大化和帕累托最优，还无须承担对方"背叛"的风险。

由此看来，有必要签订"纠缠合同"，这不仅能够将双方的收益紧密联系起来，形成"收益共同体"，而且可以由隐性的"努力程度"转向对显性的、可量化的绩效指标的考量，激励协同双方在事前"说实话"，抑制了夸大绩效指标的行为，使得信息更加公开化、透明化，这在一定程度上有助于提高产学研协同创新项目成功实施的概率。

四、产学研协同创新利益分配机制研究

从事科研活动的科研院所所研发出的新的科研成果，基本上要通过企业来实现成果的产业化。企业由于其自身的研发能力有限，又离不开高校和科研院所的

研发和创新。因而，只有实现双方的最大限度的合作，才有可能实现高效率的研发成果。然而，科研机构（学研方）的研发活动需要耗费大量的研发资金投入及其他的研发成本，并且对企业来说，成功地将科研成果产业化生产也需要大量的市场投入。不仅如此，研发过程、市场化过程有着很大的风险和不确定性，因而科研过程、市场化过程的进行都是有很大风险的。这就在一定程度上使企业、科研机构双方的合作变得更加困难。这可能造成的一个结果是，企业、科研机构都不愿意耗费太大的成本去努力实现新成果的市场化过程。本章运用委托代理理论具体分析各种可能情况下不同分配方式对企业、科研机构的激励机制问题。

（一）问题描述与模型

本章用信息经济学中的委托代理理论探讨产学研协同创新中的双边道德风险问题。把企业看作委托方，把科研机构看作代理方，企业委托科研机构去从事研发活动，然后企业会将研发出来的不成熟的科研成果试着投入生产并市场化，最终如果成功的话，双方均可以享受到研发新成果所带来的丰厚利润。

整个合作过程可以分为以下几个阶段。

（1）合同的设计与签订。委托方（即企业）先设计出研发外包合同，代理方（即科研机构）根据合同的具体内容，决定是否同意接受委托方的委托。具体地说，如果代理方根据合同计算出来的期望效用大于代理方的保留效用的话，代理方接受此合同；否则，代理方拒绝接受，合作无法实现。

（2）研发阶段。科研机构开始研发的投入，研发成果在很大程度上取决于科研机构的知识技术投入，还存在着一定的不确定性。

（3）市场投放阶段。企业开始将科研机构研发出的科研成果投入生产，产出的收益不仅仅取决于科研机构研发成果本身的质量，还取决于企业在市场投放过程中的市场投入，此外也存在着一定的不确定性。

（4）利益分配阶段。当科研成果投放市场之后，产生的收益将按照合同约定进行利益分配。整个产学研合作过程结束。

然而，产学研合作的实际过程远比以上所述的复杂。为了分析简便，先给出合理的假设。

（1）其他条件不变的情况下，企业的市场投入 e_1 越大，该项科研成果越会有较大的概率获得相对较高的收益。即满足一阶随机占优条件 $P_1'(e_1)>0$。

（2）其他条件不变的情况下，科研机构的研发投入 e_2 越大，该项科研成果越会有较大的概率获得相对较高的收益。即也满足一阶随机占优条件 $P_2'(e_2)>0$。

（3）企业、科研机构的成本具有边际递增的特征，即随着投入的增加，边际投入收益递减。记企业、科研机构的成本函数分别为 $C_1(e_1)$、$C_2(e_2)$，则 $C_1'(e_1)>0$，$C_1''(e_1)>0$，$C_2'(e_2)>0$，$C_2''(e_2)>0$。

（4）企业、科研机构都具有严格风险规避的特征，不妨假设它们均具有不变的绝对风险规避度，即它们的效用函数分别设为

$$v(w_1) = -e^{-\rho_1 w_1} \quad u(w_2) = -e^{-\rho_2 w_2}$$

整个产学研合作过程是一个不完全信息动态博弈，也可以看成是一个机制设计问题。总的来看，可以简化为两个主要的过程。第一个过程是合同的设计，这也是最关键的部分。第二个是双方各自选择知识技术投入、市场投入的量，最终依据合同来确定利益分配。

假定 e_1 为企业的市场投入；e_2 为科研机构的研发投入；$P_1(e_1)$ 为企业将研发成果投放市场成功的概率，与企业的市场投入有关；$P_2(e_2)$ 为科研机构研发成功的概率，与科研机构的研发投入有关。一个理想化的假定是，投入越大，获得成功的概率越大，即 $P_1'(e_1)>0$，$P_2'(e_2)>0$。如果研发成功且投放市场成功，产出函数取如下形式：

$$\pi = A e_1^\alpha e_2^{1-\alpha}$$

其中，$0<\alpha<1$，代表企业贡献的权重。如果有一方不成功（研发失败或投放市场失败），最终产出为 0。假定企业、科研机构都具有严格风险规避的特征，不妨假设它们均具有不变的 Arrow-Pratt 绝对风险规避度（张维迎，2012），即它们的效用函数分别设为

$$v(R_1) = -e^{-\rho_1 R_1} \quad u(R_2) = -e^{-\rho_2 R_2}$$

其中，ρ_1、ρ_2 分别为企业、科研机构的 Arrow-Pratt 绝对风险规避度。考虑如下四种分配方式：固定支付方式、产出分享方式、固定预付方式、混合方式。

1. 固定支付方式

固定支付方式下，如果最终成功并获得收益，企业按约定支付固定费用。但如果最终失败，企业不支付任何费用[即假定合同设定为 $s(\pi) = I_\pi \mu$，$\mu>0$，I 为示性函数，即如果 $\pi>0$，那么 $I_\pi = 1$；否则，$I_\pi = 0$]。科研机构是否能拿到这笔费用取决于最终该项研发成果是否能够成功，因此，科研机构会尽最大努力来增加项目成功的概率，但是，由于支付费用固定，并且科研机构还要承担失败的风险，故而其在尽最大可能增加研发成功概率的同时，又缺乏足够的激励去投入更多的、超额的研发成本。具体地看，如果最终成功，科研机构获得的净收益为

$$R_2(e_2) = \mu - C_2(e_2) > 0$$

所以，科研机构获得的期望净收益为

$$ER_2(e_2) = P_1(e_1) P_2(e_2) \mu - C_2(e_2)$$

期望效用为

$$Eu(R_2) = -P_1(e_1)P_2(e_2)e^{-\rho_2(\mu - C_2(e_2))} - [1 - P_1(e_1)P_2(e_2)]e^{\rho_2 C_2(e_2)}$$

同样地,企业获得的期望产出为

$$E\pi = P_1(e_1)P_2(e_2)Ae_1^\alpha e_2^{1-\alpha}$$

付给科研机构固定费用之后,企业的期望净收益为

$$ER_1(e_1) = P_1(e_1)P_2(e_2)(Ae_1^\alpha e_2^{1-\alpha} - \mu) - C_1(e_1)$$

期望效用为

$$Ev(R_1) = -P_1(e_1)P_2(e_2)e^{-\rho_1[Ae_1^\alpha e_2^{1-\alpha} - \mu - C_1(e_1)]} - [1 - P_1(e_1)P_2(e_2)]e^{\rho_1 C_1(e_1)}$$

2. 产出分享方式

产出分享方式下,如果最终成功并获得收益,企业按约定支付比例支付费用。但如果项目最终失败,企业无须支付任何费用[即假定合同设定为 $s(\pi) = I_\pi \beta \pi$,$0 < \beta < 1$,I 为 π 的示性函数,即如果 $\pi > 0$,那么 $I_\pi = 1$;否则,$I_\pi = 0$。这也即合同统一设定为 $s(\pi) = \beta \pi$,$0 < \beta < 1$]。科研机构是否能拿到这笔费用取决于最终该项研发成果是否成功,所以,科研机构会尽可能地增加项目成功的概率,而且,由于支付的费用与最终的总的收益有关,所以在尽最大可能研发成功(这是因为一旦最终失败,就没有任何的收益)的同时,比起上一种固定支付方式,科研机构有着更大的激励去投入更多的、超额的研发成本。具体来看,科研机构获得的期望净收益为

$$ER_2(e_2) = P_1(e_1)P_2(e_2)\beta Ae_1^\alpha e_2^{1-\alpha} - C_2(e_2)$$

期望效用为

$$Eu(R_2) = -P_1(e_1)P_2(e_2)e^{-\rho_2(\beta Ae_1^\alpha e_2^{1-\alpha} - C_2(e_2))} - [1 - P_1(e_1)P_2(e_2)]e^{\rho_2 C_2(e_2)}$$

同样地,企业获得的期望产出为

$$E\pi = P_1(e_1)P_2(e_2)Ae_1^\alpha e_2^{1-\alpha}$$

付给科研机构费用之后,企业的期望净收益为

$$ER_1(e_1) = P_1(e_1)P_2(e_2)(1-\beta)Ae_1^\alpha e_2^{1-\alpha} - C_1(e_1)$$

期望效用为

$$Ev(R_1) = -P_1(e_1)P_2(e_2)e^{-\rho_1[(1-\beta)Ae_1^\alpha e_2^{1-\alpha} - C_1(e_1)]} - [1 - P_1(e_1)P_2(e_2)]e^{\rho_1 C_1(e_1)}$$

3. 固定预付方式

固定预付方式,是指企业在科研机构研发活动开始前预付一定的费用,待研发并投入生产最终完成后确认是否支付剩余费用。如果成功,再支付剩余的费

用；如果失败，则不再支付剩余的费用（之前预付的费用无法收回）。由于这种支付方式在一定程度上能激励科研机构，还能保证科研机构在整个研发活动中至少获得一定数额的报酬，而不至于因为研发失败而血本无归。于是，这种分配方式能很好地促使与风险厌恶型的科研机构的合作。然而，因为预付费用、最终支付的后续费用都是固定的，所以这种支付方式对科研机构的激励微乎其微。而且，有了预付费用，如果科研机构能拿到的后续费用不太多的话，科研机构很可能会磨洋工。具体地说，假定预付费用为 $\mu_1(\mu_1 > 0)$，待最终完成后，如果成功，企业再支付剩余的费用为 $\mu - \mu_1 (0 < \mu_1 < \mu)$；如果失败，不再支付后续费用。所以，科研机构获得的期望净收益为

$$ER_2(e_2) = P_1(e_1)P_2(e_2)\mu + [1 - P_1(e_1)P_2(e_2)]\mu_1 - C_2(e_2)$$

期望效用为

$$Eu(R_2) = -P_1(e_1)P_2(e_2)e^{-\rho_2(\mu - C_2(e_2))} - [1 - P_1(e_1)P_2(e_2)]e^{-\rho_2(\mu_1 - C_2(e_2))}$$

同样地，企业获得的期望产出为

$$E\pi = P_1(e_1)P_2(e_2)Ae_1^\alpha e_2^{1-\alpha}$$

付给科研机构费用之后，企业的期望净收益为

$$ER_1(e_1) = P_1(e_1)P_2(e_2)\left(Ae_1^\alpha e_2^{1-\alpha} - \mu\right) - [1 - P_1(e_1)P_2(e_2)]\mu_1 - C_1(e_1)$$

期望效用为

$$Ev(R_1) = -P_1(e_1)P_2(e_2)e^{-\rho_1\left[Ae_1^\alpha e_2^{1-\alpha} - \mu - C_1(e_1)\right]} - [1 - P_1(e_1)P_2(e_2)]e^{-\rho_1(-\mu_1 - C_1(e_1))}$$

4. 混合方式

混合方式，指的是综合固定预付方式和产出分享方式。企业在科研机构研发活动开始前预付一定的费用，待研发并投入生产最终完成后，如果成功，再根据最后的产出总量支付剩余的费用；如果失败，不再支付后续的费用（之前预付的费用不收回）。这种分配方式兼具预付方式和产出分享方式的优点，不仅能在一定程度上提高对科研机构的激励程度，还能有效地避免科研机构承担过多的风险。具体来说，假定预付费用 $\mu_1(\mu_1 > 0)$ 固定，并且与最终该项研发成果获得的收益无关，待研发并投入生产最终完成后，如果成功，再根据最后的产出总量支付剩余的费用，即再支付 $\beta\pi - \mu_1$，$0 < \beta < 1, \mu_1 > 0$。如果失败，不再支付后续费用。所以，科研机构获得的期望净收益为

$$ER_2(e_2) = P_1(e_1)P_2(e_2)\beta Ae_1^\alpha e_2^{1-\alpha} + [1 - P_1(e_1)P_2(e_2)]\mu_1 - C_2(e_2)$$

期望效用为

$$Eu(R_2) = -P_1(e_1)P_2(e_2)e^{-\rho_2\left(\beta Ae_1^\alpha e_2^{1-\alpha} - C_2(e_2)\right)} - [1 - P_1(e_1)P_2(e_2)]e^{-\rho_2(\mu_1 - C_2(e_2))}$$

同样地，企业获得的期望产出为
$$E\pi = P_1(e_1)P_2(e_2)Ae_1^\alpha e_2^{1-\alpha}$$
付给科研机构费用之后，企业的期望净收益为
$$ER_1(e_1) = P_1(e_1)P_2(e_2)(1-\beta)Ae_1^\alpha e_2^{1-\alpha} - [1-P_1(e_1)P_2(e_2)]\mu_1 - C_1(e_1)$$
期望效用为
$$Ev(R_1) = -P_1(e_1)P_2(e_2)e^{-\rho_1\left[(1-\beta)Ae_1^\alpha e_2^{1-\alpha} - C_1(e_1)\right]} - [1-P_1(e_1)P_2(e_2)]e^{-\rho_1(-\mu_1 - C_1(e_1))}$$

（二）产学研合作分配方式分析

1. 期望收益分析

通过合同的设计（即双方利益分配），来激励双方努力投入（即尽可能使 e_1、e_2 最大），以达到最大化总产出的目的（即最大化 $E\pi$）。

（1）固定支付方式下，科研机构获得的期望净收益为
$$ER_2(e_2) = P_1(e_1)P_2(e_2)\mu - C_2(e_2)$$
企业的期望净收益为
$$ER_1(e_1) = P_1(e_1)P_2(e_2)\left(Ae_1^\alpha e_2^{1-\alpha} - \mu\right) - C_1(e_1)$$
总的期望收益为
$$E\pi = P_1(e_1)P_2(e_2)Ae_1^\alpha e_2^{1-\alpha} - C_1(e_1) - C_2(e_2)$$
（2）产出分享方式下，科研机构获得的期望净收益为
$$ER_2(e_2) = P_1(e_1)P_2(e_2)\beta Ae_1^\alpha e_2^{1-\alpha} - C_2(e_2)$$
企业的期望净收益为
$$ER_1(e_1) = P_1(e_1)P_2(e_2)(1-\beta)Ae_1^\alpha e_2^{1-\alpha} - C_1(e_1)$$
总的期望收益为
$$E\pi = P_1(e_1)P_2(e_2)Ae_1^\alpha e_2^{1-\alpha} - C_1(e_1) - C_2(e_2)$$
（3）固定预付方式下，科研机构获得的期望净收益为
$$ER_2(e_2) = P_1(e_1)P_2(e_2)\mu + [1-P_1(e_1)P_2(e_2)]\mu_1 - C_2(e_2)$$
企业的期望净收益为
$$ER_1(e_1) = P_1(e_1)P_2(e_2)\left(Ae_1^\alpha e_2^{1-\alpha} - \mu\right) - [1-P_1(e_1)P_2(e_2)]\mu_1 - C_1(e_1)$$
总的期望收益为
$$E\pi = P_1(e_1)P_2(e_2)Ae_1^\alpha e_2^{1-\alpha} - C_1(e_1) - C_2(e_2)$$

（4）混合方式下，科研机构获得的期望净收益为
$$ER_2(e_2) = P_1(e_1)P_2(e_2)\beta A e_1^\alpha e_2^{1-\alpha} + [1 - P_1(e_1)P_2(e_2)]\mu_1 - C_2(e_2)$$
企业的期望净收益为
$$ER_1(e_1) = P_1(e_1)P_2(e_2)(1-\beta) A e_1^\alpha e_2^{1-\alpha} - [1 - P_1(e_1)P_2(e_2)]\mu_1 - C_1(e_1)$$
总的期望收益为
$$E\pi = P_1(e_1)P_2(e_2) A e_1^\alpha e_2^{1-\alpha} - C_1(e_1) - C_2(e_2)$$

其实，不论采取何种分配方式，总的期望收益都为上式，只与 e_1、e_2 有关，与分配方式没有直接关系。这也即平时大家说的"做大蛋糕"（"蛋糕"指总的社会财富，"做大蛋糕"指尽可能地让总的社会财富期望值最大）。然而，虽然分配方式并不直接影响最终的总的期望收益，但是不同的分配方式对双方的激励程度（即 e_1、e_2）是不同的，进一步仍会间接影响最终的"蛋糕"大小。因此，考虑使用何种分配方式依然是非常有必要的。

2. 期望效用分析

除了要考虑分配方式，还需要考虑双方的风险偏好，与此对应的即双方的期望效用。

（1）固定支付方式下，科研机构的期望效用为
$$Eu(R_2) = -P_1(e_1)P_2(e_2) e^{-\rho_2(\mu - C_2(e_2))} - [1 - P_1(e_1)P_2(e_2)] e^{\rho_2 C_2(e_2)}$$
企业的期望效用为
$$Ev(R_1) = -P_1(e_1)P_2(e_2) e^{-\rho_1 \left[A e_1^\alpha e_2^{1-\alpha} - \mu - C_1(e_1)\right]} - [1 - P_1(e_1)P_2(e_2)] e^{\rho_1 C_1(e_1)}$$
总的期望效用为
$$Ew = -P_1(e_1)P_2(e_2)\left[e^{-\rho_1\left[A e_1^\alpha e_2^{1-\alpha} - \mu - C_1(e_1)\right]} + e^{-\rho_2(\mu - C_2(e_2))}\right]$$
$$- [1 - P_1(e_1)P_2(e_2)]\left(e^{\rho_1 C_1(e_1)} + e^{\rho_2 C_2(e_2)}\right)$$

（2）产出分享方式下，科研机构的期望效用为
$$Eu(R_2) = -P_1(e_1)P_2(e_2) e^{-\rho_2\left(\beta A e_1^\alpha e_2^{1-\alpha} - C_2(e_2)\right)} - [1 - P_1(e_1)P_2(e_2)] e^{\rho_2 C_2(e_2)}$$
企业的期望效用为
$$Ev(R_1) = -P_1(e_1)P_2(e_2) e^{-\rho_1\left[(1-\beta) A e_1^\alpha e_2^{1-\alpha} - C_1(e_1)\right]} - [1 - P_1(e_1)P_2(e_2)] e^{\rho_1 C_1(e_1)}$$
总的期望效用为
$$Ew = -P_1(e_1)P_2(e_2)\left[e^{-\rho_1\left[(1-\beta) A e_1^\alpha e_2^{1-\alpha} - C_1(e_1)\right]} + e^{-\rho_2\left(\beta A e_1^\alpha e_2^{1-\alpha} - C_2(e_2)\right)}\right]$$
$$- [1 - P_1(e_1)P_2(e_2)]\left(e^{\rho_1 C_1(e_1)} + e^{\rho_2 C_2(e_2)}\right)$$

(3) 固定预付方式下，科研机构的期望效用为

$$\mathrm{E}u(R_2) = -P_1(e_1)P_2(e_2)e^{-\rho_2(\mu - C_2(e_2))} - [1 - P_1(e_1)P_2(e_2)]e^{\rho_2(\mu_1 - C_2(e_2))}$$

企业的期望效用为

$$\mathrm{E}v(R_1) = -P_1(e_1)P_2(e_2)e^{-\rho_1[Ae_1^\alpha e_2^{1-\alpha} - \mu - C_1(e_1)]} - [1 - P_1(e_1)P_2(e_2)]e^{\rho_1(-\mu_1 - C_1(e_1))}$$

总的期望效用为

$$\mathrm{E}w = -P_1(e_1)P_2(e_2)\left[e^{-\rho_1[Ae_1^\alpha e_2^{1-\alpha} - \mu - C_1(e_1)]} + e^{-\rho_2(\mu - C_2(e_2))}\right]$$
$$- [1 - P_1(e_1)P_2(e_2)]\left(e^{\rho_1(-\mu_1 - C_1(e_1))} + e^{\rho_2(\mu_1 - C_2(e_2))}\right)$$

(4) 混合方式下，科研机构的期望效用为

$$\mathrm{E}u(R_2) = -P_1(e_1)P_2(e_2)e^{-\rho_2(\beta Ae_1^\alpha e_2^{1-\alpha} - C_2(e_2))} - [1 - P_1(e_1)P_2(e_2)]e^{\rho_2(\mu_1 - C_2(e_2))}$$

企业的期望效用为

$$\mathrm{E}v(R_1) = -P_1(e_1)P_2(e_2)e^{-\rho_1[(1-\beta)Ae_1^\alpha e_2^{1-\alpha} - C_1(e_1)]} - [1 - P_1(e_1)P_2(e_2)]e^{\rho_1(-\mu_1 - C_1(e_1))}$$

总的期望效用为

$$\mathrm{E}w = -P_1(e_1)P_2(e_2)\left[e^{-\rho_1[(1-\beta)Ae_1^\alpha e_2^{1-\alpha} - C_1(e_1)]} + e^{-\rho_2(\beta Ae_1^\alpha e_2^{1-\alpha} - C_2(e_2))}\right]$$
$$- [1 - P_1(e_1)P_2(e_2)]\left(e^{\rho_1(-\mu_1 - C_1(e_1))} + e^{\rho_2(\mu_1 - C_2(e_2))}\right)$$

与前面提到的总的期望收益不同，在考虑了风险偏好之后，总的期望效用既与 e_1、e_2 有关，也与分配方式有关。这是因为，不同的分配方式使得双方对风险承担的程度也不同，让风险厌恶程度较轻的一方承担较大的风险，可以有效地提升双方总的期望效用。

（三）算例

在大部分情形下，很难写出最优解的解析表达式，即便能写出也很不直观。因此，用 Matlab R2013a 算得几种具体的情形下的最终激励结果，可以直观、形象地显示不同分配方式下的差异。

本模型有很多参数，既包括与产出函数相关的参数 A、α，也包括与合同相关的参数 μ、μ_1、β，以及代表双方风险厌恶程度的参数 ρ_1、ρ_2。本部分着重考察与合同相关的参数 μ、μ_1、β，以及代表双方风险厌恶程度的参数 ρ_1、ρ_2。假定生产函数中的参数 $A=1$，$\alpha=0.5$，可以求得在给定参数及对方的努力程度 e_1（或 e_2）情形下，相应地，使得效用最大化的自身的努力程度 e_2^*（或 e_1^*）。

假定企业、科研机构的努力程度（e_1、e_2）介于 0 和 1 之间（0 表示不努力，

1 表示非常努力），它们的努力成本随着努力程度的上升而上升，并且有边际递增的特点，即

$$0 \leqslant e_1 \leqslant 1 \quad 0 \leqslant e_2 \leqslant 1$$

$$C_1(e_1) = \frac{1}{8}e_1^2 \quad C_2(e_2) = \frac{1}{8}e_2^2$$

满足 $C_1'(e_1)>0$，$C_1''(e_1)>0$，$C_2'(e_2)>0$，$C_2''(e_2)>0$。

并且企业投放市场的成功概率 $P_1(e_1)$ 随着企业努力程度 e_1 的增加而增加，科研机构的研发成功概率 $P_2(e_2)$ 随着科研机构努力程度 e_2 的增加而增加，即

$$P_1(e_1) = \frac{2}{1+\frac{1}{e_1}} \quad P_2(e_2) = \frac{2}{1+\frac{1}{e_2}}$$

满足 $P_1'(e_1)>0$，$P_2'(e_2)>0$，$0<P_1(e_1)<1$，$0<P_2(e_2)<1$。

先考虑双方风险厌恶程度相同的情形，即

$$\rho_1 = \rho_2 = \frac{1}{2}$$

1. 契约参数对分配结果的影响（主要考察参数 β、μ、μ_1）

表 7-4 从科研机构的角度进行考察，表的前三列为企业的努力程度（即 e_1，这里只涉及了三种情形，即 0.2、0.5、0.8，分别代表低、中、高的努力程度）以及各契约参数（β、μ_1）的设定情况，表的后四列为四种不同的分配方式下相应的科研机构为了使自身的效用最大化而做出的努力程度（即 e_2^*）。这里只考察了 $\mu=0.25$ 的情形。

表 7-4　各契约参数（β、μ_1）下分配方式对科研机构的激励程度的比较分析

e_1	β	μ_1	e_2^*（固定支付）	e_2^*（产出分享）	e_2^*（固定预付）	e_2^*（混合方式）
0.2（低）	0.2	0.15	1	0.093 6	0.185 9	0
		0.1	1	0.093 6	0.249 3	0
	0.5	0.15	1	0.309 5	0.185 9	0
		0.1	1	0.309 5	0.249 3	0
	0.8	0.15	1	0.493 1	0.185 9	0
		0.1	1	0.493 1	0.249 3	0.364 1
0.5（中）	0.2	0.15	0.810 4	0.408 1	0.308 5	0
		0.1	0.810 4	0.408 1	0.402 8	0
	0.5	0.15	0.810 4	0.939 1	0.308 5	0.721 3
		0.1	0.810 4	0.939 1	0.402 8	0.806 1

续表

e_1	β	μ_1	e_2^*（固定支付）	e_2^*（产出分享）	e_2^*（固定预付）	e_2^*（混合方式）
0.5（中）	0.8	0.15	0.8104	1	0.3085	1
		0.1	0.8104	1	0.4028	1
0.8（高）	0.2	0.15	0.7043	0.6830	0.3755	0
		0.1	0.7043	0.6830	0.4859	0
	0.5	0.15	0.7043	1	0.3755	1
		0.1	0.7043	1	0.4859	1
	0.8	0.15	0.7043	1	0.3755	1
		0.1	0.7043	1	0.4859	1

表 7-4 显示，对于科研机构而言，固定支付方式、产出分享方式的激励效果优于混合方式，而固定预付方式的激励效果最差。固定支付方式在企业努力水平较低的情况下更能激励科研机构，产出分享方式在企业努力水平较高、分享比例（即 β）较高的情况下更能激励科研机构。预付的分配方式（固定预付方式、混合方式）的激励效果并不理想，这是由于在研发风险较为明显的情况下，科研机构只满足于拿到固定的预付金，没有足够的动力去研发。这也能从表 7-4 中的预付金额与努力程度存在负向的关系（预付金越高，科研机构的努力程度越低）中体现出来。

表 7-5 从企业的角度考察，表的前三列为科研机构的努力程度（即 e_2，这里只涉及了三种情形，即 0.2、0.5、0.8，分别代表低、中、高的努力程度）以及各契约参数（β、μ_1）的设定情况，表的后四列为四种不同的分配方式下相应的企业为了使自身的效用最大化而做出的努力程度（即 e_1^*）。这里只考察了 $\mu=0.25$ 的情形。

表 7-5　各契约参数（β、μ_1）下分配方式对企业的激励程度的比较分析

e_2	β	μ_1	e_1^*（固定支付）	e_1^*（产出分享）	e_1^*（固定预付）	e_1^*（混合方式）
0.2（低）	0.2	0.15	1	1	1	1
		0.1	1	1	1	1
	0.5	0.15	1	1	1	1
		0.1	1	1	1	1
	0.8	0.15	1	1	1	0
		0.1	1	1	1	0

续表

e_2	β	μ	e_1^*（固定支付）	e_1^*（产出分享）	e_1^*（固定预付）	e_1^*（混合方式）
0.5（中）	0.2	0.15	1	1	1	1
		0.1	1	1	1	1
	0.5	0.15	1	1	1	0
		0.1	1	1	1	0.9976
	0.8	0.15	1	1	1	0
		0.1	1	1	1	0
0.8（高）	0.2	0.15	1	1	1	1
		0.1	1	1	1	1
	0.5	0.15	1	1	1	0.9119
		0.1	1	1	1	1
	0.8	0.15	1	1	1	0
		0.1	1	1	1	0

表 7-5 显示，对企业而言，四种分配方式中除了混合方式的激励效果较差以外，其他三种分配方式均能很好地激励企业。这是因为，企业只有在获得最终的市场收益（即科研机构和企业均成功）后才会有净收益，所以企业会尽最大全力争取成功。

综上所述，在这种算例情形下，选择不含预付金的分配方式（即固定支付方式、产出分享方式）能够更好地激励双方努力。

2. 风险偏好参数对分配结果的影响（主要考察参数 ρ_1、ρ_2）

表 7-6 从科研机构的角度考察，前四列为给定的企业的努力程度（即 e_1，这里只涉及了三种情形，即 0.2、0.5、0.8，分别代表低、中、高的努力程度）以及契约参数 β、风险厌恶程度参数（ρ_1、ρ_2）的设定情况，后四列为四种不同的分配方式下相应的科研机构为了使自身的效用最大化而做出的努力程度（即 e_2^*）。这里考察了 μ=0.25、μ_1=0.1 的情形。

表 7-6 风险偏好变动后四种分配方式对科研机构的激励程度分析

e_1	β	ρ_1	ρ_2	e_2^*（固定支付）	e_2^*（产出分享）	e_2^*（固定预付）	e_2^*（混合方式）
0.2（低）	0.2	0.5	0.33	1	0.0940	0.2510	0
		0.5	0.5	1	0.0936	0.2493	0
		0.33	0.5	1	0.0936	0.2493	0

续表

e_1	β	ρ_1	ρ_2	e_2^*（固定支付）	e_2^*（产出分享）	e_2^*（固定预付）	e_2^*（混合方式）
0.2（低）	0.5	0.5	0.33	1	0.313 5	0.251 0	0
		0.5	0.5	1	0.309 5	0.249 3	0
		0.33	0.5	1	0.309 5	0.249 3	0
	0.8	0.5	0.33	1	0.503 2	0.251 0	0.370 1
		0.5	0.5	1	0.493 1	0.249 3	0.364 1
		0.33	0.5	1	0.493 1	0.249 3	0.364 1
0.5（中）	0.2	0.5	0.33	0.807 0	0.410 2	0.403 6	0
		0.5	0.5	0.810 4	0.408 1	0.402 8	0
		0.33	0.5	0.810 4	0.408 1	0.402 8	0
	0.5	0.5	0.33	0.807 0	0.944 4	0.403 6	0.812 5
		0.5	0.5	0.810 4	0.939 1	0.402 8	0.806 7
		0.33	0.5	0.810 4	0.939 1	0.402 8	0.806 7
	0.8	0.5	0.33	0.807 0	1	0.403 6	1
		0.5	0.5	0.810 4	1	0.402 8	1
		0.33	0.5	0.810 4	1	0.402 8	1
0.8（高）	0.2	0.5	0.33	0.701 4	0.683 1	0.485 3	0
		0.5	0.5	0.704 3	0.683 0	0.485 9	0
		0.33	0.5	0.704 3	0.683 0	0.485 9	0
	0.5	0.5	0.33	0.701 4	1	0.485 3	1
		0.5	0.5	0.704 3	1	0.485 9	1
		0.33	0.5	0.704 3	1	0.485 9	1
	0.8	0.5	0.33	0.701 4	1	0.485 3	1
		0.5	0.5	0.704 3	1	0.485 9	1
		0.33	0.5	0.704 3	1	0.485 9	1

表 7-6 显示，对科研机构而言，固定支付方式、产出分享方式的激励效果优于混合方式，而固定预付方式最差。固定支付方式在企业努力水平较低的情况下更能激励科研机构，产出分享方式在企业努力水平较高、分享比例（即 β）较高的情况下更能激励科研机构。与上一部分的结论类似，预付的分配方式（固定预付方式、混合方式）的激励效果并不理想。此外，风险厌恶程度参数（ρ_1、ρ_2）的影响并不明显。

表 7-7 从企业的角度考察，前四列为科研机构的努力程度（即 e_2，这里只涉及了三种情形，即 0.2、0.5、0.8，分别代表低、中、高的努力程度）以及契约参数 β、风险厌恶程度参数（ρ_1、ρ_2）的设定情况，后四列为四种不同的分配方

式下相应的企业为了使自身的效用最大化而做出的努力程度（即 e_1^*）。这里只考察了 $\mu=0.25$、$\mu_1=0.1$ 的情形。

表 7-7 风险偏好变动后四种分配方式对企业的激励程度分析

e_2	β	ρ_1	ρ_2	e_1^*（固定支付）	e_1^*（产出分享）	e_1^*（固定预付）	e_1^*（混合方式）
0.2（低）	0.2	0.5	0.33	1	1	1	1
		0.5	0.5	1	1	1	1
		0.33	0.5	1	1	1	1
	0.5	0.5	0.33	1	1	1	1
		0.5	0.5	1	1	1	1
		0.33	0.5	1	1	1	1
	0.8	0.5	0.33	1	1	1	0
		0.5	0.5	1	1	1	0
		0.33	0.5	1	1	1	0
0.5（中）	0.2	0.5	0.33	1	1	1	1
		0.5	0.5	1	1	1	1
		0.33	0.5	1	1	1	1
	0.5	0.5	0.33	1	1	1	0.997 6
		0.5	0.5	1	1	1	0.997 6
		0.33	0.5	1	1	1	0
	0.8	0.5	0.33	1	1	1	0
		0.5	0.5	1	1	1	0
		0.33	0.5	1	0.785 4	1	0
0.8（高）	0.2	0.5	0.33	1	1	1	1
		0.5	0.5	1	1	1	1
		0.33	0.5	1	1	1	1
	0.5	0.5	0.33	1	1	1	1
		0.5	0.5	1	1	1	1
		0.33	0.5	1	1	1	0.912 3
	0.8	0.5	0.33	1	1	1	0
		0.5	0.5	1	1	1	0
		0.33	0.5	1	0.728 4	1	0

表 7-7 显示，除了混合方式的激励效果不好以外，前三种分配方式能够很好地激励企业。此外，风险厌恶程度越高，越能激发努力水平。综上所述，与前一部分类似，选择不含预付金的分配方式（即固定支付方式、产出分享方式）能够更好地激励双方努力。而且，风险厌恶程度参数（ρ_1、ρ_2）的影响并不明显。

五、研究结论与启示

(一)主要理论成果

(1)运用随机动力系统分析的方法,通过引入随机扰动项分析了随机演化博弈下产学研协同创新的均衡状态,给出了判断解的稳定性的判据,并进行了模型中参数的敏感性分析。第一,将博弈方的努力程度不再简单地视为"努力-不努力"的二元策略集,而是一个从完全不努力过渡到完全努力的连续变量,这种假定与现实中的情形更为吻合。第二,不同于大多数文献中的确定型演化博弈模型,本章设计了产学研协同的随机演化博弈模型,在原有演化博弈模型的基础上,考虑了高斯随机扰动,在此基础上考察整个演化过程的演进机制,以及演化均衡点的稳定性,这些修正能更好地反映现实客观世界的高度不确定性、博弈方的有限理性以及演化过程本身的不确定性。第三,数值实例的结果显示,在随机动力系统下,产学研协同的双方努力程度会出现收益较高的那部分成员在随机演化过程中呈现出不稳定性,而收益较低的那部分成员在随机演化过程中稳定的状况。从数值仿真图象中也可以看出,概率密度分布的右侧随着时间的推移会呈现出剧烈的震荡,而左侧则相对平稳。敏感性分析的结果表明,成本系数或分配系数较小时,均值两侧随着时间的推移会较快地呈现出截然不同的波动状况,即左侧几乎一直没有波动,而右侧的波动越来越剧烈;而成本系数或分配系数较大时,均值两侧波动状况并未出现较大差别。

(2)应用量子博弈的分析范式,构建了产学研协同创新的量子博弈模型,分别在不考虑态的纠缠、考虑态的纠缠两种情形下对产学研协同创新过程进行了细致的阐述与分析。在产学研协同创新的情境下,"纠缠合同"的签订使得企业方和学研方的收益紧密地关联起来,还能用信号传递的方式将自身的显性努力程度传递给对方,在一定程度上提升了产学研协同成功实施的概率。第一,可观测、可量化的相关绩效指标较为重要,合作双方应做到相关信息的公开透明化。协同创新过程中双方均存在隐性的努力程度,显性、可观测、可量化的相关绩效指标能够从某种程度上反映出隐性的努力程度,这些指标的设立能够加深协同创新双方对彼此的充分了解,可以将学研方的研发实力、科研团队规模、历史业绩等信息传递给企业方,同时也将企业方的管理团队运营能力、企业规模、营利能力等信息传递给学研方。协同创新双方对彼此的深入了解也能进一步增进对彼此的信任程度,在一定程度上促进产学研协同创新项目的顺利实施。第二,"纠缠合同"的签订在一定程度上提升了协同创新双方的收益关联程度,进而能够较好地激励协同创新双方。考虑了态的纠缠后,采取完全量子策略更容易实现"收益随自身努力程度的增大而增大"这一完全激励情形,对方"背叛"的代价不再由努力的一方来承担,从而在一定程度上解决了经典博弈中的囚徒困境问题。为了达到"态的纠缠"这一情形,双方在协同开始前就需商榷并委托第三方来确定可观测、可量化的绩效指标,并签订"纠缠合同",使得协同双方均没有动机去采取非量子策略,此时自身采用最大努力程度的完全量子策略是最优的。第三,将产学研协同创新放在量子博弈视角下是合理的,量子博弈中"态的叠加""态的纠缠"等概念能较好地反映现实中的协同情形。量子博弈所引入的量子策略集,大大拓展了经典博弈中的策略集合,如果将经典博弈中的混合策略看作概率空间为实数域的策略组合,那么量子博弈中的量子策略及量子态的叠加可以看作将概率空间拓展到了复数域上。现实中产学研协同双方的策略并非"协同-不协同"这种"非黑即白"的二元策略集,而是由于诸多隐性投入的存在而引发的潜在道德风险,协同双方努力程度更应看作连续策略集,非常类似量子博弈中态的叠加这一概念。

（3）综合运用了合同理论、博弈论中的机制设计、信息经济学中的委托代理理论的思想,应用考虑成功概率的 Cobb-Douglas 产出情形作为模型的基础,考虑了固定支付方式、产出分享方式、固定预付方式、混合方式四种方式,在考虑了风险偏好之后,分别得出了四种分配方式下企业、科研机构（学研方）的期望收益和期望效用,以及总的期望效用。之前关于契约设计的文献没能较详细地考虑双方的风险偏好,本章在考虑了双方风险偏好后,进一步使用改进的 Cobb-Douglas 函数（以一定概率成功的 Cobb-Douglas 函数）作为最终产出函数,这与实际情形更为接近,也非常契合现今科研技术投放市场却有失败可能的情形。此外,通过算例得出了较以往有显著不同的结论,即含有预付金的分配方式并不一定能够有效地激励科研机构努力研发,这是因为,预付金的设立在很大程度上诱发了科研机构的机会主义行为,尤其是在研发可能失败的情形下。因而,研究结论对当今产学研协同创新的契约设定有较好的指导意义。从数值算例可以看出,固定支付方式、产出分享方式更能激励双方努力。虽然含预付金的分配方式设立的初衷是不让科研机构因为承担研发失败风险而将面临血本无归的结果,进而激励科研机构努力研发,但是从结果上能够看到,一旦设有预付金（即固定预付方式、混合方式）,对科研机构的激励程度反而会降低,这个结论不同于直观感觉,这也是本章得出的一个重要结论。造成这种结果的原因是,预付金虽然避免了科研机构研发失败进而血本无归的情形,但是却诱发了科研机构的机会主义行为,即只想着赚取预付金却不积极努力研发的行为。

（二）对创新驱动下产学研合作的启示

（1）应用随机演化博弈方法对产学研协同创新演进机制的研究，启示有：①扩大产学研协同创新的规模，增强各方的协同与交流，增大各方协同活动的频繁程度，进而能够促使整个系统不断向最优努力程度演进；②增强产学研协同各方的冒险意识，倡导"大众创业、万众创新"形势下的敢闯敢干的企业家精神，鼓励学研方勇于探索的钻研精神，把客观世界的高度不确定性视为潜在的机遇，以此提升产学研协同演进过程中随机效应的影响；③加大对成功产学研协同案例的宣传，通过营造全社会产学协同的良好氛围，鼓励、引导和激励企业方、学研方更快地向最优努力程度演进。

（2）应用量子博弈分析方法对产学研协同创新激励机制的研究，有如下启示：①委托第三方机构设立与产学研协同项目相关联的各项绩效考核指标。独立于协同双方的第三方专业机构通过其设立的相关绩效考核指标，能够较为客观地对协同双方的实力做出评价，也能够公平、公正、公开地将相关信息透明化，最大限度地降低信息的不对称性，引导协同双方客观理性地做出相应的决策。②"纠缠合同"的签订是必要的。在量子博弈的视角下，"纠缠合同"不仅能够将双方的收益紧密关联起来，形成一个收益共同体，而且可以从隐性的努力程度更多地转向对显性的、可量化的重要绩效指标的考量，激励协同双方在事前说实话，抑制了夸大绩效指标的行为，对彼此都是一个很好的信号传递，信息也更加公开化、透明化，这能在一定程度上提升产学研协同创新项目成功实施的概率。③在整个产学研协同创新过程中，充分的交流和沟通是有必要的。对于企业方来说，跟踪学研方的科研进展，走访一线的研发人员，关注学研方的资金运作状况等措施能帮助企业方跟进对学研方的了解；对学研方来说，定期调研企业生产经营状况，了解技术产业化的最新进展，这些举措均能够在一定程度上增进学研方对企业方的充分了解和信任。

（3）产学研合作创新利益分配机制研究的启示：①为了激励科研机构努力研发，尽量不要使用附有相对较高预付金的合同（即固定预付方式、混合方式）；②分配方式虽然不直接影响总产出，但却通过影响对企业、科研机构的激励程度间接影响总产出，因此需要制定较为合理的分配方式（固定支付方式、产出分享方式较为合理）；③在科研机构有较大风险厌恶程度的情形下，企业设立的合同要尽可能地接近固定支付方式，即尽量减少科研机构对研发或投放市场失败风险的承担。

本篇参考文献

蔡启明, 赵建. 2017. 基于流程的产学研协同创新机制研究[J]. 科技进步与对策, 34（3）: 7-13.

曹虹剑, 贺正楚, 熊勇清. 2016. 模块化、产业标准与创新驱动发展——基于战略性新兴产业的研究[J]. 管理科学学报, 19（10）: 16-33.

曹柬, 胡强, 吴晓波, 等. 2013. 基于EPR制度的政府与制造商激励契约设计[J]. 系统工程理论与实践, 33（3）: 610-621.

陈波. 2014. 政产学研用协同创新的内涵、构成要素及其功能定位[J]. 科技创新与生产力, 240（1）: 1-3, 14.

陈卫东, 李晓晓. 2017. 企业与科研单位协同创新产出水平提升机制[J]. 系统工程理论与实践, 37（8）: 2141-2151.

程培, 王先甲. 2017. 产量竞争下量子博弈刻划的结盟特征函数及特性[J]. 统计与决策, （5）: 41-45.

程强, 石琳娜. 2016. 基于自组织理论的产学研协同创新的协同演化机理研究[J]. 软科学, 30（4）: 22-26.

丁卫平, 王建东, 施全, 等. 2015. 基于种群混合协同联盟的属性量子博弈均衡约简[J]. 电子学报, （1）: 45-53.

格申克龙 A. 2012. 经济落后的历史透视[M]. 北京: 商务印书馆.

顾琴轩, 王莉红. 2015. 研发团队社会资本对创新绩效作用路径——心理安全和学习行为整合视角[J]. 管理科学学报, 18（5）: 68-78.

郝一峰, 肖洒. 2017. 高校产学研合作中知识转移的激励契约问题研究[J]. 科技管理研究, 37（20）: 103-108.

胡适耕, 黄乘明, 吴付科. 2008. 随机微分方程[M]. 北京: 科学出版社.

黄波, 孟卫东, 李宇雨. 2011. 基于双边激励的产学研合作最优利益分配方式[J]. 管理科学学报, 14（7）: 31-42.

黄德才, 汤胜龙. 2014. 基于网格的量子博弈聚类算法[J]. 计算机科学, （10）: 261-265.

贾根良. 2003. 后发工业化国家制度创新的三种境界——演化经济学假说并与杨小凯教授商榷[J].

南开经济研究，（5）：3-8.

蒋军锋，王茜. 2016. 熊彼特竞争、交叉效应与创新激励[J]. 管理科学学报，19（9）：79-93.

鞠治安，潘平，周惠玲. 2017. 超越经典博弈思维形式之量子博弈的思维形式[J]. 重庆理工大学学报（社会科学版），（4）：14-19.

兰立山. 2016. 量子博弈的理性选择研究[D]. 贵州大学硕士学位论文.

李玲娟，徐辉，曾明彬. 2017. 产学研合作中的知识转移机制[J]. 科技管理研究，37（22）：164-169.

林毅夫. 2011. 新结构经济学——重构发展经济学的框架[J]. 经济学（季刊），（1）：1-32.

林毅夫，张鹏飞. 2006. 适宜技术、技术选择和发展中国家的经济增长[J]. 经济学（季刊），5（4）：985-1006.

卢现祥，朱巧玲. 2004. 论发展中国家的制度移植及其绩效问题[J]. 福建论坛·人文社会科学版，（4）：18-22.

马尚平，梁小红. 2009. 技术突变下后发大国自主技术创新战略研究[J]. 科技进步与对策，26（22）：1-5.

其格其，高霞，曹洁琼. 2016. 我国ICT产业产学研合作创新网络结构对企业创新绩效的影响[J]. 科研管理，37（S1）：110-115.

盛光华，张志远. 2015. 补贴方式对创新模式选择影响的演化博弈研究[J]. 管理科学学报，18（9）：34-45.

宋寒，但斌，张旭梅. 2010. 服务外包中双边道德风险的关系契约激励机制[J]. 系统工程理论与实践，30（11）：1944-1953.

孙景宇. 2012. 广义转型视角下的制度移植——日本明治维新与俄罗斯休克疗法的比较研究[J]. 经济社会体制比较，（2）：84-92.

唐国锋，但斌，宋寒. 2013. 多任务道德风险下应用服务外包激励机制研究[J]. 系统工程理论与实践，33（5）：1175-1184.

汪丁丁. 1992. 制度创新的一般理论[J]. 经济研究，（5）：69-80.

吴慧，顾晓敏. 2017. 产学研合作创新绩效的社会网络分析[J]. 科学学研究，35（10）：1578-1586.

徐立岗，田家林，陈月梅. 2012. 区域产业协同创新研究——以江苏为例[J]. 中外企业家，（15）：110-111.

杨泽寰. 2014. 科技协同创新平台运行绩效评价指标体系与方法研究[D]. 湖南大学硕士学位论文.

姚国华. 2006. "赶超"战略的基点：制度创新[J]. 学习月刊，（9）：20-22.

易高峰，邹晓东. 2015. 面向战略性新兴产业的产学研用协同创新平台研究[J]. 高等工程教育研究，（2）：39-43.

张利飞，吕晓思，张运生. 2014. 创新生态系统技术依存结构对企业集成创新竞争优势的影响研究[J]. 管理学报，11（2）：229-237.

张维迎. 2012. 博弈论与信息经济学[M]. 上海：格致出版社.

张维迎. 2013. 制度企业家与中国的未来[J]. 杭州（周刊），（1）：58-59.

张友国. 2013. 碳强度与总量约束的绩效比较：基于 CGE 模型的分析[J]. 世界经济，36（7）：138-160.

赵黎明，宋瑶，殷建立. 2017. 战略性新兴产业、传统产业与政府合作策略研究[J]. 系统工程理论与实践，37（3）：642-663.

郑辉，潘平，杨明. 2014. 量子博弈中的信息思维研究[J]. 贵州大学学报（自然科学版），（6）：137-140.

郑君君，张平，蒋伟良. 2015. 面对异质竞买者风投退出困境与量子博弈均衡[J]. 管理科学学报，（4）：62-72.

Acemoglu D. 2005. [Handbook of Economic Growth] Volume 1 ‖ Chapter 6 Institutions as a Fundamental Cause of Long-Run Growth[M]. Amsterdam：Elsevier B. V.

Acemoglu D, Aghion P, Zilibotti F. 2006. Distance to frontier, selection, and economic growth[J]. Journal of the European Economic Association，4（1）：37-74.

Akamatsu K. 1962. A historical pattern of economic growth in developing countries[J]. The Developing Economies，1（Supplement 1）：3-25.

Akcigit U, Grigsby J, Nicholas T. 2017. Immigration and the rise of American ingenuity[J]. American Economic Review，107（5）：327-331.

Akcigit U, Kerr W R. 2018. Growth through heterogeneous innovations[J]. Journal of Political Economy，126（4）：1374-1443.

Ankrah S, Al-Tabbaa O. 2015. Universities-industry collaboration：a systematic review[J]. Scandinavian Journal of Management，31（3）：387-408.

Arora A, Athreye S, Huang C. 2016. The paradox of openness revisited：collaborative innovation and patenting by UK innovators[J]. Research Policy，45（7）：1352-1361.

Basu S, Fernald J G. 2002. Aggregate productivity and aggregate technology[J]. European Economic Review，46（6）：963-991.

Becker G S, Barro R J. 1988. A reformulation of the economic theory of fertility[J]. The Quarterly Journal of Economics，103（1）：1-25.

Beckert J. 2010. How do fields change? The interrelations of institutions, networks, and cognition in the dynamics of markets[J]. Organization Studies，31（5）：605-627.

Belderbos R, Carree M, Lokshin B, et al. 2015. Inter-temporal patterns of R&D collaboration and innovative performance[J]. The Journal of Technology Transfer，40（1）：123-137.

Bigliardi B, Galati F. 2018. Family firms and collaborative innovation：present debates and future research[J]. European Journal of Innovation Management，21（2）：334-358.

Bishop A, Riopelle K, Gluesing J, et al. 2010. Managing global compliance through collaborative innovation networks[J]. Procedia-Social and Behavioral Sciences, 2（4）: 6466-6474.

Burg E V, Berends H, Raaij E M V. 2014. Framing and interorganizational knowledge transfer: a process study of collaborative innovation in the aircraft industry[J]. Journal of Management Studies, 51（3）: 349-378.

Chandy R, Tellis G. 2000. The incumbent's curse? Incumbency, size, and radical product innovation[J]. Journal of Marketing, 64（3）: 1-17.

Chittoor R, Ray S, Aulakh P S, et al. 2008. Strategic responses to institutional changes: Indigenous growth model of the Indian pharmaceutical industry[J]. Journal of International Management, 14（3）: 252-269.

Danowski J A. 2010. Identifying collaborative innovation networks: at the inter-departmental level[J]. Procedia-Social and Behavioral Sciences, 2（4）: 6404-6417.

David P A. 1985. Clio and the economics of qwerty[J]. The American Economic Review, 75（2）: 332-337.

Dell'Era C, Verganti R. 2010. Collaborative strategies in design-intensive industries: knowledge diversity and innovation[J]. Long Range Planning, 43（1）: 123-141.

Diodato D, Malerba F, Morrison A. 2018. The Made-in effect and leapfrogging: a model of leadership change for products with country-of-origin bias[J]. European Economic Review, 101: 297-329.

Estrada I, Faems D, Cruz N M, et al. 2016. The role of interpartner dissimilarities in industry-university alliances: insights from a comparative case study[J]. Research Policy, 45（10）: 2008-2022.

Fagerberg J. 1995. Convergence or divergence? The impact of technology on "why growth rates differ" [J]. Journal of Evolutionary Economics, 5（3）: 269-284.

Fawcett S E, Jones S L, Fawcett A M. 2012. Supply chain trust: the catalyst for collaborative innovation[J]. Business Horizons, 55（2）: 163-178.

Freeman C. 2011. Technology, inequality and economic growth[J]. Innovation and Development, 1（1）: 11-24.

Fuenfschilling L, Binz C. 2018. Global socio-technical regimes[J]. Research Policy, 41（4）: 735-749.

Glass A J, Saggi K. 1998. International technology transfer and the technology gap[J]. Journal of Development Economics, 55（2）: 369-398.

Gloor P A. 2006. Swarm Creativity: Competitive Advantage Through Collaborative Innovation Networks[M]. Oxford: Oxford University Press.

Groisman B. 2018. When quantum games can be played classically: in support of van Enk-Pike's assertion[J]. arXiv. org, 83（1）: 1-3.

Hacklin F, Marxt C, Fahrni F. 2006. Strategic venture partner selection for collaborative innovation in production systems: a decision support system-based approach[J]. International Journal of Production Economics, 104（1）: 100-112.

Hansen T. 2014. Juggling with proximity and distance: collaborative innovation projects in the Danish cleantech industry[J]. Economic Geography, 90（4）: 375-402.

Hartwich F, Negro C. 2010. The role of collaborative partnerships in industry innovation: lessons from New Zealand's dairy sector[J]. Agribusiness, 26（3）: 425-449.

Huang M H, Chen D Z. 2017. How can academic innovation performance in university-industry collaboration be improved? [J]. Technological Forecasting and Social Change, 123: 210-215.

Huang Z, Qiu D. 2016. Quantum games under decoherence[J]. International Journal of Theoretical Physics, 55（2）: 965-992.

Iqbal A, Chappell J M, Abbott D. 2015. Social optimality in quantum Bayesian games[J]. Physica A: Statistical Mechanics and its Applications, 436: 798-805.

Jones C I, Kim J. 2018. A schumpeterian model of top income inequality[J]. Journal of Political Economy, 126（5）: 1785-1826.

Karltorp K, Sanden B. 2012. Explaining regime destabilisation in the pulp and paper industry[J]. Environmental Innovation and Societal Transitions, 2: 66-81.

Kim C W, Lee K. 2003. Innovation, technological regimes and organizational selection in industry evolution: a "history friendly model" of the DRAM industry[J]. Industrial and Corporate Change, 12（6）: 1195-1221.

Kim Y, Lee K. 2008. Sectoral innovation system and a technological catch-up: the case of the capital goods industry in Korea[J]. Global Economy Review, 37: 135-155.

Krugman P. 1987. The narrow moving band, the Dutch disease, and the competitive consequences of Mrs. Thatcher: notes on trade in the presence of dynamic scale economies[J]. Journal of Development Economics, 27（1）: 41-55.

Krugman P. 1991. History versus expectations[J]. The Quarterly Journal of Economics, 106（2）: 651-667.

Landini F, Lee K, Malerba F. 2017. A History-friendly model of the successive changes in industrial leadership and the catch-up by latecomers[J]. Research Policy, 46（2）: 431-446.

Lee K, Ki J H. 2017. Rise of latecomers and catch-up cycles in the world steel industry[J]. Research Policy, 46（2）: 365-375.

Lee K, Lim C, Song W. 2005. Emerging digital technology as a window of opportunity and technological leapfrogging: catch-up in digital TV by the Korean firms[J]. International Journal of Technology Management, 29（1）: 40-63.

Lee K, Malerba F. 2017. Catch-up cycles and changes in industrial leadership: windows of opportunity and responses of firms and countries in the evolution of sectoral systems[J]. Research Policy, 46（2）: 338-351.

Malerba F, Nelson R. 2011. Learning and catching up in different sectoral systems: evidence from six industries[J]. Industrial and Corporate Change, 20（6）: 1645-1675.

Manning S, Reinecke J. 2016. A modular governance architecture in-the-making: how transitional standard-setters govern sustainability transitions[J]. Research Policy, 45（3）: 618-633.

Mazzoleni R, Nelson R R. 2007. Public research institutions and economic catch-up[J]. Research Policy, 36（10）: 1512-1528.

Mokyr J. 2009. Intellectual property rights, the industrial revolution, and the beginnings of modern economic growth[J]. The American Economic Review, 99（2）: 349-355.

Mowery D, Nelson R. 2000. Sources of Industrial Leadership: Studies of Seven Industries[M]. Cambridge: Cambridge University Press.

Murphy K M, Shleifer A, Vishny R W. 1989. Industrialization and the big push[J]. The Journal of Political Economy, 97（5）: 1003-1026.

Myerson R. 2017. Political economics in the journal of political economy: six landmark papers[J]. Journal of Political Economy, 125（6）: 1752-1756.

Ouyang Q C, Spohrer J, Caraballo J, et al. 2017. Collaborative innovation centers（CICs）: toward smart service system design[C]//Lee S, Uda R, Akai K, et al. Serviceology for Smart Service System. Tokyo: Springer.

Perez C. 2010. Technological revolutions and techno-economic paradigms[J]. Cambridge Journal of Economics, 34（1）: 185-202.

Perez C. 2016. Capitalism, technology and a green global golden age: the role of history in helping to shape the future[J]. Political Quarterly, 86: 191-217.

Peschl M F, Fundneider T. 2014. Designing and enabling spaces for collaborative knowledge creation and innovation: from managing to enabling innovation as socio-epistemological technology[J]. Computers in Human Behavior, 37: 346-359.

Rodrik D. 2000. Institutions for high-quality growth: what they are and how to acquire them[J]. Studies in Comparative International Development, 35（3）: 3-31.

Rodrik D. 2004. Getting institutions right[R]. CESifo DICE Report.

Roland G. 2004. Understanding institutional change: fast-moving and slow-moving institutions[J]. Studies in Comparative International Development, 38（4）: 109-131.

Romer P. 2010. What parts of globalization matter for catch-up growth?[J]. The American Economic Review, 100（2）: 94-98.

Scandura A. 2016. University-industry collaboration and firms' R&D effort[J]. Research Policy, 45（9）: 1907-1922.

Shin J S. 2017. Dynamic catch-up strategy, capability expansion and changing windows of opportunity in the memory industry[J]. Research Policy, 46（2）: 404-416.

Soete L. 1985. International diffusion of technology, industrial development and technological leapfrogging[J]. World Development, 13（3）: 409-422.

Su Y S, Zheng Z X, Chen J. 2018. A multi-platform collaboration innovation ecosystem: the case of China[J]. Management Decision, 56（1）: 125-142.

Sun M, Lu D, Ju C, et al. 2012. An applicable multiple-player's quantum market game[J]. Journal of University of Science and Technology of China, 42（4）: 259.

Sørensen E, Torfing J. 2017. Metagoverning collaborative innovation in governance networks[J]. The American Review of Public Administration, 47（7）: 826-839.

Vick T E, Nagano M S, Popadiuk S. 2015. Information culture and its influences in knowledge creation: evidence from university teams engaged in collaborative innovation projects[J]. International Journal of Information Management, 35（3）: 292-298.

Wang C, Hu Q. 2020. Knowledge sharing in supply chain networks: effects of collaborative innovation activities and capability on innovation performance[J]. Technovation, 94: 102010.

Wang C, Rodan S, Fruin M, et al. 2014. Knowledge networks, collaboration networks, and exploratory innovation[J]. Academy of Management Journal, 57（2）: 484-514.

Xie X, Fang L, Zeng S. 2016. Collaborative innovation network and knowledge transfer performance: a fsQCA approach[J]. Journal of Business Research, 69（11）: 5210-5215.

Xie Z, Li J. 2013. Internationalization and indigenous technological efforts of emerging economy firms: the effect of multiple knowledge sources[J]. Journal of International Management, 19（3）: 247-259.

Yap X-S, Truffer B. 2019. Shaping selection environments for industrial catch-up and sustainability transitions: a systemic perspective on endogenizing windows of opportunity[J]. Research Policy, 48（4）: 1030-1047.

Yenicioglu B, Suerdem A. 2015. Participatory new product development-a framework for deliberately collaborative and continuous innovation design[J]. Procedia-Social and Behavioral Sciences, 195: 1443-1452.

Yeung W C, Coe N M. 2015. Toward a dynamic theory of global production networks[J]. Economic Geography, 91（1）: 29-58.

Zeng S X, Xie X M, Tam C M. 2010. Relationship between cooperation networks and innovation performance of SMEs[J]. Technovation, 30（3）: 181-194.

Zhou Q, Fang G, Wang D, et al. 2016. Research on the robust optimization of the enterprise's decision on the investment to the collaborative innovation: under the risk constraints[J]. Chaos, Solitons & Fractals, 89: 284-289.

第四篇 创新驱动发展的政策研究

第八章 政策评估的理论与方法溯源

一、政策评估的相关理论

（一）政策分析理论

本章将政策分析界定为在公共政策系统中，对政策要素即政策目标、政策工具和政策主体以及要素之间的协调关系进行批判性检索和分析。公共政策系统是由政策的主体、政策客体与政策环境相互作用而构成的社会政策系统（陈振明，1998）。公共政策是公共政策系统的输出，政策目标是政策要素的核心，体现了政策主体预期要达到的目标，具有双重性、伦理性和可达性。政策工具是政策主体为实现政策目标采取的操作性措施方法，是实现目标的保证。政策工具分析的前提是了解各种政策手段工具的分析，政策手段是对实现政策目标的各种措施方法的大类的划分方法。每一种政策手段是由各种具体的政策工具组成的。政策主体是政策制定者和执行者，具体是指国家、地区各级政府主体。政策主体的组织、机构职能状况直接影响政策效应。为了实现政策目标和政策工具的协调，政策主体需要形成协作关系；政策工具是实现政策目标的手段，政策工具的选择与公共政策的主体、客体和环境有着密切的关系。

通过对政策进行分析，可以及时发现：针对政策主体之间的政策矛盾，运用集权与分权政策原理予以协调；针对政策目标存在的不相容或矛盾，根据目标重要性进行协调；针对政策工具及其与政策目标的矛盾，运用政策手段搭配效应和政策目标与工具组合原理，使政策搭配效应向均衡状态发展（陈庆云，2011）。

（二）政策工具理论

1. 政策工具理论概述

政策工具是伴随政策科学的兴起而展开的，作为政策研究中的焦点问题，政策工具相关研究始于20世纪50年代中期，兴起于80年代，90年代得到了快速的发展。

Rothwell（1986）认为政策是可以通过一系列基本的单元工具的合理组合而建构出来的，并认为政策工具反映了政策主体的公共政策价值和理念。顾建光（2006）认为政策工具是政策主体选择并具体加以运用以执行公共政策达成相关目标，继而解决政策问题的途径和手段。

从广义角度看，政策本身就是政策工具，政策是由一系列政策工具的设计、搭配、整合运用而形成的（张永安和周怡园，2017）。其中政策工具是政策的核心，基于政策工具的视角建立政策分析框架，可以更深入地把握政策建设的特点和规律（赵筱媛和苏竣，2007）。不同的政策工具塑造了政府不同的政策行为过程，每一种政策工具的性质决定了其核心功能，不同的政策工具有着不同的实施问题及实施效果。政策工具效果的评估，是政策工具的经典研究的主题之一（顾建光，2006）。

总之，政策工具的识别和分类、工具的特性及适用情景、工具选择及其绩效评估构成了政策工具的理论脉络（陈振明，2005）。政策工具的研究是一个理论与实践相结合，两者相互促进的研究领域，政策工具的研究是为了更好地指导实践，实现预期的高绩效。

2. 政策工具分类

工具分类是政策工具研究中最基本的问题。每一种政策手段是由各种具体的政策工具组成的。政策手段是在政府干预范围逐渐扩大的同时逐步发展起来的。政策工具的分类反映了对政府过程不同角度的看法。一种分类视角几乎就是一种工具研究模型。政策工具分类可以更清楚地认识各种工具的不同属性，帮助政策利益相关者认识公共行政和公共政策的综合性过程，结合不同的情景，各有侧重（陈振明，2005）。国内外学者从不同的视角对政策工具进行分类，如表8-1所示。

表8-1　政策工具的主要分类

作者	分类标准	政策工具分类
Howlett等（2009）	强制性	强制性工具、混合型、自愿工具

续表

作者	分类标准	政策工具分类
Jordan 等（2000）	作用机理	强制性工具、市场工具、信息装置、自愿协议
陈振明（2005）	政策工具来源	市场化工具、工商管理技术、社会化手段
吴明华和顾建光（2011）	政策特点	激励类工具、管制类工具、信息传递类工具
Rothwell 和 Zegveld（1981）	影响层次	供给面工具、需求面工具和环境面工具
赵筱媛和苏竣（2007）	政策结构层次	战略层、综合层及基本层

资料来源：陈振明（2005）；钱再见（2010）；作者整理

自 Kirschen 识别出 60 种常用工具后，学者们开始从不同角度对政策工具进行分类研究，van der Dolen 将政策工具分为法律工具、经济工具和交流工具。MmcDonell 和 Elmore 将政策工具分为命令性工具、激励性工具、能力建设工具和系统变化工具。Howlett 和 Ramesh 将政策工具分为自愿性工具、强制性工具和混合性工具（陈庆云，2011；陈振明，1998）。豪利特和拉米什依据政府权力直接介入的程度将政策工具分为自愿性政策工具、混合性政策工具和强制性政策工具。政策工具具有多样性和动态性，随着社会经济的发展需求而发展。政策工具不是单一的，而是多元化的"工具家族"（families of instruments）。

国内对政策工具的研究起步较晚，目前较具代表性的分类有三种，第一种是张成福根据政府介入程度将政策工具分为政府部门直接提供公共产品与服务、政府部门委托其他主体提供、签约外包、补助或补贴、经营特许、政府贩售特定服务、志愿服务和市场运作；第二种是陈振民的市场化工具、工商管理技术和社会化手段的分类方式；第三种是陶学荣的分类，将政策工具分为经济性工具、行政性工具、管理性工具、政治性工具和社会性工具（葛建平，2013）。政策工具是政府治理的手段和途径，是政策目标与结果之间的桥梁。传统政策工具倾向于财政性和管制性，强调政府的强制性和权威性。随着现代治理精神的逐渐引入，政府的角色正在悄然改变，更多地强调公平、理性、放权和互动的新型政策工具对传统政策工具产生了巨大的冲击（方卫华和周华，2007）。

国内外学者对创新领域中的政策工具进行了比较深入的研究，其中 Rothwell 和 Zegveld（1981）、Rothwell（1986）的研究是最为经典的创新政策工具分类方法。他们认为技术创新政策工具是一套复合的政策体系，是政府干预技术创新活动的有效手段，在技术创新全过程发挥作用。根据政策工具对技术创新产生影响的层面不同，技术创新政策工具可分为供给面政策工具、环境面政策工具与需求面政策工具。Hoppmann 等（2013）在光伏产业研究中将政策工具分为战略层、综合层及基本层。Huang 等（2007）提出，引导产业创新的政策工具通过作用于供给端的研发活动和需求端的国内外市场从而促进产业创新。这些政策工具主要有研发投入、财政政策、税收政策、公共服务、法律法规、政府采购、国际代理等。Borrás 和 Edquist（2013）将创新政策工具分为规范政策工具、经济和金融政策工具及软工具三类，通常被认为是公共政策工具的"棍棒"、"胡萝卜"和"洋葱"。它们讨论了不同类型的创新政策工具的特点，认为政策工具是以组合的方式进行运用，而以问题为导向的政策组合设计有助于创新政策工具"系统化"。Bergek 和 Berggren（2014）提出将环境政策工具分为四类：经济政策工具、规范政策工具、具体技术政策工具、一般政策工具，同时指出政策在环境产业的创新发展和扩散中起着关键作用。

（三）政策组合评估理论

政策问题具有日益复杂性的特点，通常需要用一种或几种政策工具来解决，因此，政策工具的组合是必要的，政策组合是现代政策的特征。政策组合正逐渐成为当前政策科学中的前沿和热点研究课题，它是政策工具理论和府际关系理论的融合发展。它不仅强调政策工具在政策科学中的重要性，而且强调了政策主体之间的府际关系在政策科学中的作用。随着时间推移，它在政策制定过程、政策工具运用选择和政策效果评估等演变方面提出了许多重大问题。其中最重要的是如何评估多个政策工具的潜力，以有效的方式实现政策目标。创新政策以政策组合为主要运用形式，它为政策组合理论的发展提供了最适宜的土壤，因此，政策组合理论研究在创新领域发展较快并得到了广泛应用。

政策组合的概念最早由经济学家提出，是指不同经济政策工具的搭配使用。仅靠单个政策无法实现市场的内外部均衡，需要政府运用至少两个不同类型的政策工具。政策组合由经济政策引入创新政策领域，并发展成为创新政策文献中的热门概念（Edurne and Wilson，2019）。相比于以单一政策为核心的政策理论，以政策组合为核心的政策理论更符合政府实践，"政策组合"概念的出现使我们有机会重新考虑一些基本的和通常隐藏的政策假设，以便更好地处理复杂的、多层次的、多行动者的现实问题（Flanagan et al.，2011），它缩小了政策理论研究与实践的差距，能更好地指导政府实践。

政策组合也称为政策包，政策组合是若干政策领域、政策工具和实施水平并行存在。Howlett 等（2006）根据不同政策组合的复杂性将其分为简单的政策空间和复杂的政策空间，前者只涉及一个政府机构一次实施一个政策方案，后者涉及多个机构实施多个方案。大多数国家的政策组合属于复杂的政策空间类别，因为通常有多个政府机构参与，也有多个方案。Kern 和 Howlett（2009）认为政策组合是多个目标和工具的复杂安排，在许多情况下，这些目标和工具在多年中逐步发展。它们在政策分层、政策转换、政策漂移和政策替换的重复过程中发展，其中新的工具和目标已经堆积在旧的工具和目标之上，最后形成了政策组合。政策组合的定义蕴含了两个基本特征：①政策组合是多个政策工具的组合，它们之间的互动是政策组合定义的核心特征；②政策组合是动态变化的，它是随着政策的逐渐发展或演化而形成的。这表示政策工具可能会随着时间而变化，从而导致它们之间的相互作用发生变化，故而政策效果的有效性也可能发生变化。表 8-2 是政策组合的一些代表性定义。

表 8-2　政策组合的代表性定义

作者	定义
Nauwelaers 等（2009）	研发与创新政策组合可以定义为一系列政府政策，这些政策对研发和创新体系的发展能产生直接或间接的影响
Kern 和 Howlett（2009）；Schmid 和 Sewerin（2019）	政策组合是多个目标和工具的联合运用，在许多情况下，这些目标和工具随着时间和实际变化在逐步发展
Nauwelaers 等（2009）；Boekholt（2010）	政策组合是各类政策工具的组合，它们之间相互作用，共同影响公共和私营部门研发投资的数量和质量
Ring 和 Schröter-Schlaack（2011）	政策组合是政策工具的组合，已经演变为影响公共和私营部门提供政策多样性和政策生态系统服务的数量和质量
Borrás 和 Edquist（2013）	政策组合是政策工具的组合，它是指政府以创新系统理论为指导，有目的性地进行政策工具的组合运用，以解决创新过程中的复杂问题
Flanagan 等（2011）；Rogge 和 Reichardt（2016）	政策组合涉及多个政策元素，如多层级政府、政策目标、政策工具等，其中政策工具是核心要素，它们之间相互影响，共同作用于目标群体
张宏伟（2017）	政策工具组合是指为实现政策目标而采用两个或两个以上政策工具构成的组合

资料来源：Rogge 和 Reichardt（2016）；作者整理

本章提出，广义的政策组合由多层级政策主体模块、政策元素模块、政策过程模块、政策评价模块以及时间、空间、政策领域等维度模块构成。它是一个整合的概念框架，各个模块之间及模块内部存在相互联系，相互作用。狭义的政策组合是指政策主体运用两个及以上的政策工具。

政策组合理论主要包含政策组合概念框架与政策分析、政策组合与政策效果评估、政策组合的特征与政策效果评估、政策组合与政策设计四个方面。

政策组合概念框架是对政策组合的定性研究，它主要通过识别政策组合元素构建政策分析框架对具体领域政策及效果进行案例分析。目前，政策组合概念框架由政策构成元素、政策过程元素、政策评估等多个模块构成，政策构成元素包括政策问题、政策目标、政策工具、目标群体等，政策过程元素包括政策制定、政策执行、政策评估等，而政策评估包括以政策组合的特征为主要内容的政策评价原则和政策实施效果两部分。维度元素包含政策领域、多层级政府、地理空间和时间。政策构成元素和政策过程元素发生在维度元素中。其中政策工具组合和政策评价是政策组合框架的核心，政策工具连接着政策目标和政策客体，政策组合的特征是在政策工具的组合运用过程中形成的，影响着政策的实施效果。

政策组合必须关注"组合"政策的构成、在政策组合中各自的作用以及如何相互作用以塑造彼此的有效性。政策组合强调不同政策工具的搭配使用，以及政策之间的相互作用。Edler 等（2013）认为政策组合相互作用存在三种类型：一是政策组合中一种政策工具的存在会增加另一种政策工具的有效性；二是一种政策工具会削弱另一种政策工具的有效性；三是当两者都存在政策组合时，也可能是一种政策工具对另一种政策工具没有影响。政策组合存在互动、互相不相容、互补或者按特定方式排序则互补。del Rio（2014）将政策工具组合相互作用的类型分为四种，即强冲突、弱冲突、完全互补和协同，他认为如果一种政策工具 A 加入另一种政策工具 B，会导致政策工具 B 在政策组合中的效果降低，即两者强冲突。其中一种政策工具 A 加入另一种政策工具 B，会对政策工具 B 在政策组合的效果产生积极的影响，但政策组合的影响小于单独使用两种政策工具的效果之和，即两者弱冲突。如果政策工具 A 加入政策工具 B，完全增加了政策工具 B 在组合中的效果，即两者完全互补。如果政策工具 A 加入政策工具 B，将放大政策组合的影响，即两者协同。另外，他按照政策组合发生方式将政策组合分为横向的相互作用和垂直的相互作用，前者主要发生在政策工具和政策目标之间。后者主要发生在不同的政府层级之间。它们有时是同时存在的。当不同等级的政府利益一致时，垂直和横向的政策组合可能产生积极的相互作用，否则，不同等级的政府政策目标可能不一致，从而导致政策组合产生的冲突主要发生在垂直方向。政策组合之间的相互作用，一方面取决于行为者或目标群体，一方面与政策所针对的过程以及不同政策之间的相互依赖性有关。Flanagan 等（2011）针对创新政策复杂性问题和"政策组合"的思想，重新概念化创新政策组合的基本组成部分，尤其是对"政策组合"相互作用的维度、类型和紧张冲突的来源进行了框架定义，对它与政策产生、过程、多参与者、多层次的动态交互作用进行了分析研究，如表 8-3 所示。

表 8-3　政策组合中相互作用的概念框架

可能发生相互作用的维度	相互作用的类型	冲突可能的来源
1. 领域存在的抽象"空间" 2. 多层级政府之间的相互作用 3. 地理空间维度，政策组合交互发生 4. 时间维度	1. 不同的政策工具 （1）针对同一行动者/群组的"不同"工具（在维度内/跨维度） （2）针对参与同一过程的不同参与者/群体的"不同"工具（在维度内/跨维度） （3）针对更广泛系统中不同流程的"不同"工具（在维度内/跨维度） 2. 相同的政策工具：在不同维度的相互作用	1. 政策理由 2. 政策目标 3. 执行方式

资料来源：Flanagan 等（2011）；作者整理

政策组合特征是政策组合框架研究的重要部分，是政策组合科学评估的重要原则，它主要是对政策本身和政策实施效果进行评估。Kern 和 Howlett（2009）

提出政策组合是多个目标和工具的联合运用，在许多情况下，这些目标和工具随着时间和实际变化在逐步发展，而政策组合特征随之动态变化。Rogge 和 Reichardt 等（2016）在政策组合概念框架中提出政策组合特征有四个：一致性、连贯性、可信度、全面性。Mavrot 等（2019）在此基础上，将政策组合特征拓展为六个，新增稳定性、充分性。他们对政策组合特征进行了概念和内涵定义，提出其是政策效果评估的重要原则，运用政策组合特征对具体领域的政策及政策效果进行了定性评估或定量评估。

政策设计是指政策主体在政策制定过程中选择适当的政策工具及组合以实现经审慎确定的政策目标，它涉及政策理念、政策内容和政策过程等方面。政策设计会影响政策执行和政策效果，科学的政策设计能有效提升政府行动。政策设计早期聚焦于单一政策工具设计，20 世纪末，随着政策组合运用的实践，学者们开始关注政策组合在政策设计中的运用。因此，新的政策设计理论强调从系统整合的角度如何更好地设计政策工具组合或政策组合中的工具簇，同时，强调对政策设计者及情境的关注。设计者面对复杂的政策问题，开始研究政策设计中如何运用政策工具组合或工具箱，从而减少政策工具之间的冲突，发挥其互补作用。Howlett 和 Rayner（2007）讨论了政策设计中的政策组合特征问题，认为现有的政策设计中政策组合特征一致性、连贯性存在问题，提出新的政策组合设计应具有"最大化互补性"和"最佳匹配性"，这样才能有效提高政策工具组合的潜力从而实现政策目标。

（四）成本收益理论

成本收益理论是经济管理学中常用的基本理论之一，而且是企业决策和政府决策寻求利益最大化过程中使用的决策方法。即当收益大于成本时，交易者才可能进行交易。成本收益理论多用于公司管理层决策，公司本身以追求利润最大化为目的，在利益驱动下管理者会选择成本和收益之间的平衡点，以最小的成本获取最大收益，从而使企业收益最大化。同样，对于政府来说，政策虽然为公共产品，但是政策的制定实施也存在成本与收益的问题。政府制定和实施人才政策仍需考虑区域成本收益问题。当政策的制定实施收益大于成本时，更会促进政策繁荣。因此，课题组基于成本收益理论对人才政策发展演化进行了分析研究。

（五）知识基础理论

知识基础理论起源于资源基础理论。资源基础理论解释了企业获得竞争优势的一般框架，企业是资源的集合体，企业获得长期竞争优势实质是获得"有价值、独特、难以模仿和不可替代的"资源。Teece（1993）将资源基础理论扩展到动态过程。"企业集成、构造和再构造内部和外部竞争力，从而适应变化的环境"这一动态的过程被称为知识基础理论。知识基础理论涉及的范围十分广泛，涉及资源基础理论、核心竞争力理论、组织学习理论、知识管理理论等。对这些理论进行总结可知：第一，知识基础理论将知识看作企业最大的资源，企业运作的目的也是创造并利用知识，知识是具有附加值和战略意义的；第二，知识基础理论关注的焦点是如何获取知识并扩散知识，且知识的异质性和多样性对创新具有重要的作用。人才是知识的载体，是创造、扩散的基础，因此课题组基于知识基础理论将人才的流动看作知识的流动，对人才政策与区域创新发展进行了研究。

二、政策组合评估相关研究

（一）政策组合概念框架及应用研究

1. 政策组合概念框架

21世纪国外学者推动了政策组合概念框架的发展。Howlett 和 Rayner（2007）从政府资源使用（节点、权威、资金、组织）和政策实质性（工具使用、政策过程）两个维度构建了政策工具组合元素框架，从政策工具目标和政策组合两方面来评估成功实施新政府治理中政策组合的可能性，这种政策制度化是可变的，其实施取决于许多被充分理解的过程，如增加回报和其他类型的积极反馈、沉没成本和持续的政策学习。

OECD（2010a，2010b）提供了一个互动的政策组合概念框架，强调它由四个相互关联的因素构成，即政策领域、为支持政策干预而提供的理由、所追求的战略任务和部署的政策工具。Flanagan 等（2011）提出政策组合概念框架由政策子系统中国家和非国家行为者和机构的网络、在特定时间形成针对特定管辖区特定问题领域的政策、政策理由、政策目标、政策目标（行动者或过程）和相互作用的政策工具构成。Borrás 和 Edquist（2013）提供了一个针对已确定的系统性问题，强调政策目标、创新体系中的活动（以政策干预为目标）和工具选择的政策组合概念框架。Magro 和 Wilson（2013）将创新政策体系简化定义为给定空间的政策组合（政策目标、领域、工具组合）与多层级政府（跨国家、国家、区域、本地）的结合，并提出了针对特定空间政策体系评估的实现步骤。Magro 等（2014）在此基础上，进一步从多层级政府、多政策领域、多政治层、时间四个维度拓展了政策组合复杂性概念框架；Rogge 和 Reichardt（2016）对政策组合概念框架进行了进一步拓展，认为它由政策过程（政策制定和政策执行）、政策元素（政策策略、政策工具组合）和政策特征（一致性、连贯性、可信性、综合性）三个模块和政策领域、政府层级、空间地理、时间四个维度构成，在此基础上，运用该框架对德国能源系统向可再生能源发电技术过渡的政策进行了分析。同时，提出该概念框架可作为实证研究的指导。Mavrot 等（2019）提出了一个扩展的政策组合概念框架，新增加了政策客体中政策实施背景设置和目标群体、政策组合特征足够性等因素，并运用该概念框架对瑞士烟草控制政策进行了政策组合复杂性分析。

综上可知，国外学者关于政策组合的基本概念框架是一个逐渐发展的过程，由原先的零散的元素到逐渐以模块为维度进行分析，政策组合的概念框架更加清晰，包含元素进一步丰富，并初步取得了一些共识。政策组合由政策构成元素、政策过程元素和维度构成，政策构成元素包括政策问题、政策目标、政策工具、目标群体等，政策过程元素包括政策制定、政策执行、政策评估等。其中政策工具组合和政策评估准则是政策组合的核心因素。维度元素包括政策领域、多层级政府、地理空间和时间。政策构成元素和政策过程元素发生在维度元素中。

2. 政策组合概念框架在政策研究中的应用

案例分析是政策研究中一种重要的探索性分析方法，国外学者运用政策组合概念框架进行了政策单案例或多案例分析。

Howlett 和 Rayner（2007）从政府资源使用和政策实质性两个维度构建了政策分析框架。Kern 和 Howlett（2009）对现有政策"组合"的特定要素政策目标和手段如何替换以避免产生反效果或次优的政策结果进行研究，发展了一个政策制度变化过程及结果的模型，认为复杂的政策组合通常通过"漂移""转换""分层""替代"这四个过程中的一个或多个实现这些预期结果，以荷兰的能源转型管理政策为对象进行了案例应用分析。Magro 和 Wilson（2013）分别构建了多层次的政策组合概念框架和区域创新政策概念框架，对西班牙巴斯克地区的科技创新政策体系和区域创新政策体系在政策组合要素的政府层级、政策工具、政策执行等维度分别进行了研究。Magro 等（2014）进一步研究了区域创新层面的政府治理过程与政策组合评估之间的相互作用，构建了三个基于政策组合评估的政府治理模型，以西班牙巴斯克国家智能专业化战略政策为对象进行了详细的案例分析。

部分学者侧重对政策组合之间可能的相互作用进行案例研究，如 Flanagan 等（2011）分析了政策组合中多参与者、多层次的动态交互作用。Edler 等（2013）阐述了政策组合相互作用的相关概念和理论，通过国家创新体系 R&D 政策领域、环境技术政策领域和供需政策组合这三个方面的具体案例分析论证了政策组合是如何相互作用的。Vitola（2015）认为创新政策不仅是国家一级政府的责任，因为区域和超国家组织也实施这些政策，他以波罗的海六个国家实施的创新政策为对象，详细分析了政策组合的概念，研究了在不同政府层面下政策组合相互作用的特点和协调机制。

部分学者通过对典型案例的分析得出政策组合比单个政策更能解决复杂的新兴产业技术发展问题。Kaufmann（2013）使用新加坡和以色列的两个案例研究来检验实施有针对性的生物技术政策的因果关系和影响逻辑，通过对新加坡和以色列在实施十多年生物技术支持政策后，都未能成功创建成熟的生物技术集群的案例进行深入分析，发现在面对高不确定性技术发展时，两国需要将两种政策进行组合运用。Wu 和 Ramesh（2014）提出基于市场优势的政策工具可以与基于政府优势的政策工具相结合，以新加坡陆路运输和医疗保健方面的创新政策为对象进行了分析，研发发现政策组合相比单个政策工具更有效。

部分学者研究了政策组合与技术创新系统之间的互动关系，如 Reichardt 等（2016）通过政策组合对技术创新系统功能和绩效的作用以及技术创新系统的发展如何影响政策组合演变的研究，以德国离岸为案例，分析了政策组合与技术创新系统之间的动态相互依存关系，发现政策组合在政策策略、政策工具组合、政策组合特征、政策过程、相关行动者等要素方面与技术创新系统功能与绩效的协同演变存在高度动态的相互依存关系。Edmondson 等（2019）提出了一个关于政策组合（政策策略、政策工具组合）和社会技术系统的共同演化的概念框架，从政策过程视角研究政策组合如何影响社会技术的变化，以及社会技术系统的变化如何影响政策组合的演变，以英国零碳家庭住房政策组合为对象进行了分析。Söderholm（2019）以瑞典先进生物炼油技术为案例研究了供给面、需求面和系统面构成的政策组合如何与网络战略相结合，作用于技术创新发展的不同阶段，通过加强网络行动者之间的协作，从而促进可持续技术开发；同时也提出创新政策组合中忽视约束低效行为者角色的措施工具会带来一些负面后果。

3. 政策组合概念框架中政策组合特征与政策效果评估的定性研究

Rogge 和 Reichardt（2016）首次将政策组合特征指标加入政策组合概念框架，对一致性、连贯性、可信性、综合性四个政策组合特征进行了概念界定，运用政策组合概念框架，以德国可再生能源发电技术政策为对象分析了政策组合及其特征对发电技术创新的影响。同时，他们提出该概念框架可作为实证研究的指导。Mavrot 等（2019）在此基础上构建了一个扩展的政策组合概念框架，增加了足够性这一特征。

Schaffrin 等（2014，2015）提出一种新的政策产出衡量方法——气候政策活动指数，揭示政策创新在复杂政策组合中的相对重要性，以奥地利、德国和英国的能源生产政策为对象，分析了政策组合特征对能源创新活动的影响。之后，他们进一步提出以政策强度的函数进行深化气候政策活动指数的测量，其中政策强度指标运用政策编码对六个政策元素即目标、范围、整合、预算、执行和监测进行测量。Uyarra 等（2016）从政策组合特征视角研究了英国企业对低碳产业创新政策的看法，对其进行了批判性评估，发现英国低碳创新政策多指标设计和实施缺乏连贯性和一致性，政策组合存在紧张关系，这造成了不确定性，阻碍了私营部门的投资等。张宏伟（2017）年以德国海上风电技术政策为研究对象，定性分析其政策工具及组合特征一致性、平衡性、综合性等特征表现，重点分析了政策组合的特征对德国海上风电技术创新和扩散的影响，并结合我国风电技术发展实际，提出了对应的政策建议。

（二）政策组合与创新活动相关研究

国内外对单个创新政策与创新活动影响关系的研究较多，尤其是供给面的研发政策、需求面的政府采购等政策对创新绩效影响研究文献较多，但是目前国内外关于政策组合对创新活动影响的实证研究还较少。

国外学者多数是从供给面和需求面探讨创新政策及组合对培育创新发展的影响，他们认为无论是供给面的技术推动还是需求面的补贴、采购等政策均促进了创新产出的提高。Guerzoni 和 Raiteri（2015）研究了政策组合中各种政策对企业创新行为的影响，侧重研究了创新活动政策相互作用方面，发现在控制与其他政策的互动时，创新公共采购似乎比其他工具更有效；当不同的政策相互作用时，技术政策的影响最大。Dumont（2017）以比利时企业为样本对象，研究了政府不同的财政支持方案与企业研发有效性的关系，发现当企业同时受益于不同的方案时，特别是当企业将补贴与若干税收优惠结合起来时，研发支持的有效性降低。Kalcheva 等（2018）研究了供给面和需求面的相互作用及其对创新活动的影响，发现当公司面临更有利的供应市场环境时，即风险投资、高校和国立卫生研究院等供应因素集中在一个地方时，有助于创新活动的增多。这些研究结果表明供需双方因素之间的积极互动促进了创新，产业、学术界和政府之间的三边交叉有利于最高水平创新的产生。

近年来，学者们也开始研究供给面、需求面和系统面（包含环境面）政策及其组合对创新活动的影响。Veugelers（2012）增加考虑了环境面政策对创新技术的影响，从清洁创新动机出发分析企业对生态政策需求干预的反应，研究了研发补贴、税收政策、现在和期待的规范性政策、自愿行为准则政策及政策组合等政策与不同类型环境收益之间的关系，发现政策干预在政策组合和时间上持续设计时，可以更有力地诱导企业采用和开发新的清洁技术，促进清洁能源创新。当涉及创新网络时，国外学者在供需政策基础上，增加了系统性政策或环境政策，研究了多类型政策对创新网络的影响。Cantner 等（2016）以德国风电和光伏两个产业政策为对象，研究了技术推动型、需求拉动型、系统性政策工具及其政策组合对共同发明者网络（规模和网络内合作）的影响，发现政策工具对创新网络合作具有积极的作用，政策工具之间具有相互补充作用。Fabrizi 等（2018）研究了行政规范性政策和研究网络政策对环境创新的单一及联合影响，发现两类政策工具都对环境创新产生积极影响，它们之间具有互补作用，联合使用可以提高环境规制政策的有效性。Graf 和 Kalthaus（2018）从社会网络和政策工具视角，以主要国家的光伏知识网络为对象，研究了国家网络的国际嵌入性的影响因素，发现除了网络特征集中度、连通性等因素外，三类政策对国家网络的国际嵌入性有积极的影响，需求面政策相比其他两类政策更加有效。

目前多层级政府维度的政策组合与创新活动之间的关系实证研究仍然较少。Lanahan 和 Feldman（2015）从多层级政府维度研究了政策组合中国家政府与联邦州政府之间的政策反应关系，以美国联邦和州政府的小企业创新研究计划为对象，发现国家政策行动与多层次因素相关，它不仅受联邦自上而下行动的驱动，而且还受由下而上内部州政治、经济因素以及同级政府横向压力的驱动。Frank 等（2018）从政策组合视角研究了当地政府政策组合如何作用于当地区域位置、区域内合作和当地知识等创新政策标准，运用问卷调查实证研究了德国 727 个城市的创新政策标准与可持续能源项目表现及其区域内创新活动的关系，发现区域内合作和当地知识对其创新表现具有积极的影响，而区域位置与创新活动没有直接的显著影响，当地政府应侧重于为当地企业建立相关的当地知识，加强其公私合作活动。

国内从 2008 年开始出现了政策组合量化及效果评估相关研究。彭纪生等（2008）从政策协同角度研究了政策的量化、政策协同之间的演变，政策协同也是政策组合的一种具体表现，以我国创新政策为对象，从政策协同视角研究了政策目标、政策措施等的协同对创新绩效的影响。郭本海等（2018）研究了光伏产业的政策协同对产业绩效的影响。李冬琴（2018）从政策组合视角研究了市场激励政策与命令控制型政策均对企业环境绩效和经济绩效发挥了积极的影响，两者的交互项对企业技术创新具有正向的影响。郭元源等（2019）从政策组合视角运用定性比较分析方法研究了税收、人才、金融、知识产权等多类型科技创新政策政策组合供给对创新产出提高具有积极的影响。

（三）政策组合的特征与创新活动相关研究

现有国内外关于政策组合特征及其效果评估的量化实证研究主要分为两个方面：一是运用政策量化、调查问卷或二手数据对政策组合特征指标进行科学测量；二是运用计量经济学方法研究政策组合特征对政策效果的影响。

1. 政策组合特征指标测量

国内外学者主要运用政策量化、调查问卷或二手数据对政策组合特征指标进行测量。本章通过对相关文献进行回顾与总结，发现现有研究已识别出11个政策组合特征，它们分别为一致性、连贯性、可信性、全面性、稳定性、平衡性、政策密度、政策强度、充分性、技术特异性和相似性。其中，它们的相关测量方法如表8-4所示，具体定义如下。

表 8-4　政策组合的特征与测量方法总结表

政策组合特征	文献来源	测量
一致性	Rogge 和 Reichardt（2016）；Mavrot 等（2019）	问卷调查
连贯性	Rogge 和 Reichardt（2016）；Mavrot 等（2019）	问卷调查
可信性	Rogge 和 Reichardt（2016）；Mavrot 等（2019）	问卷调查
全面性	Rogge 和 Reichardt（2016）；Mavrot 等（2019）；Costantini 等（2017）	问卷调查、计数和公式计算
稳定性	Reichardt 和 Rogge（2016）；程华和钱芬芬（2013）	方差
平衡性	Costantini 等（2017）；Schmidt 和 Sewerin（2019）	指标代替、公式计算
政策密度	Knill 等（2012）；Schaffrin 等（2014，2015）	计数法
政策强度	Schaffrin 等（2014，2015）；Schmidt 和 Sewerin（2019）；程华和钱芬芬（2013）	内容分析法+政策元素分解打分，公式计算
充分性	Mavrot 等（2019）	
技术特异性	Schmidt 和 Sewerin（2019）	内容分析法+政策元素分解打分
相似性	Costantini 等（2017）	指标代替、公式计算

资料来源：作者整理

（1）一致性：它是政策组合中的元素自身和各要素之间的一致性，即从没有矛盾到存在协同作用，较高的一致性有助于实现政策目标（Rogge and Schleich，2018）。它有三种表现形式：①政策目标之间的一致性，即多个政策以逻辑方式彼此共存，而不能相互矛盾；②政策工具之间的一致性，政策工具之间的作用是相互加强而不是相互破坏各自的能力；③政策目标和政策工具之间的一致性，或者多个目标和工具以单向或相互支持的方式一起工作的能力。

（2）连贯性：政策过程中政策制定、实施和调整等方面的协同性和系统性，它直接或间接地有助于实现政策目标（Rogge and Reichardt, 2016）。政策制定者要持续地与利益相关者进行交流沟通，监督政策实施，及时发现存在的问题，改进政策。

（3）可信性：它是指政策组合在总体上以及关于其要素和过程的可信和可靠程度。它受到一系列因素的影响，如来自政治领导层的承诺、明确的政治信号、政党或上下层级政府之间的共识或将职权下放给地方政府等（Rogge and Reichardt, 2016; Rogge and Schleich, 2018）。

（4）全面性：它是指政策工具运用的广度，即同时应用多种政策手段。它反映了政策组合要素的广泛性和详尽性，以及基于广泛决策的程度。它取决于工具组合解决所有市场、制度和制度失效（包括障碍和瓶颈）的程度。政策组合的综合性是通过计算不同政策指标得分累积值之和得到的（Rogge and Reichardt, 2016; Mavrot et al., 2019; Costantini et al., 2017）。

（5）稳定性：它是指政策组合运用的稳定程度，可以通过方差来衡量，方差越小，意味着政策波动越小，稳定性越高（Reichardt and Rogge, 2016; 程华和钱芬芬, 2013）。

（6）平衡性：它是政策组合中政策工具类型之间运用的平衡性，通过政策工具在不同政策工具类型间的分散度来衡量。不是考虑最佳工具类型，而是在复杂的组合中平衡不同工具类型的优势。均衡性强调政策组合内不同政策的强度及发展应该是均衡的，否则会对创新产生阻碍作用（Costantini et al., 2017; Schmidt and Sewerin, 2019）。

（7）政策密度：它是指单位时间内（通常是一年）政策出台的数目（Knill et al., 2012; Schaffrin et al., 2014, 2015）。

（8）政策强度：Knill 等（2012）引入"政策密度"和"政策强度"，认为政策密度是一个政策领域的政策工具的数量，政策强度与政策工具的具体内容相关。政策强度是政策主体投入或分配给特定政策的资源、努力和政治活动的数量。考虑政策过程的不同阶段，通过政策的六个基本要素进行测量，即目标、范围、整合、预算、实施和监测。具有较高强度的政策组合在实现其目标方面更有效。在测量方面，这些指标为基于内容的编码程序提供了信息，该程序允许系统地评估强度随时间、空间及政策领域的变化而变化。

（9）充分性：旨在确定是否有效实施的政策交付对应于最初计划的政策交付（Mavrot et al., 2019）。

（10）技术特异性：技术特异性包含经济、部门、技术领域和具体技术四个层次，政策是有目的地针对不同水平的技术层次，通过直接记录政策的目标是具体针对哪个层次的技术特异性来衡量（Schmidt and Sewerin, 2019）。

（11）相似性：本国政策参照某国家（地区）政策，它是政策创新扩散的结果（Costantini et al., 2017）。

2. 政策组合的特征与创新活动的实证研究

关于政策组合特征与政策效果之间的量化研究正处于探索期，以国外学者研究为主，国内相关研究刚起步（表8-5）。国外学者Costantini等（2017）以23个OECD国家为对象，研究了政策组合的特征与能源效率技术创新之间的关系，发现需求拉动和技术推动政策工具之间的平衡性与生态创新呈正向积极影响；政策组合的综合性对创新产出具有倒U形的影响，更全面的政策组合能够加强创新活动，但要适度；政策相似性具有不确定性。

表8-5 政策组合的特征对创新活动影响研究总结表

作者	样本数据	政策组合特征（自变量）	政策效果（因变量）	结论	变量测量方法
Costantini等（2017）	23个OECD国家（1990~2010年）	平衡性	国家能源技术创新绩效	支持	负二项回归模型
		综合性		支持	
		平衡性×相似性		支持	
		综合性×相似性		不支持	
Schmidt和Sewerin（2019）	9个OECD国家522个可再生能源政策	平衡性	非水电可再生能源的装机容量百分比	不支持	普通最小二乘法面板回归
		政策强度		支持	
		政策技术专业性		支持	
		政策强度×技术特异性		支持	
Rogge和Schleich（2018）	德国390家可再生发电技术制造商（2013~2015年）	一致性	创新支出	支持	问卷调查打分法测量托宾模型
		可信性		支持	
		一致性×可信性		支持	
		综合性		不支持	
		连贯性		不支持	
程华和钱芬芬（2013）	2000~2009年国家层面454条产业技术创新政策	政策力度	发明专利申请、发明专利拥有量	支持	固定效应模型
		政策稳定性		支持	
徐喆和李春艳（2017）	国家层面科技创新政策，8大综合经济区	综合性	专利申请数量	支持	负二项回归模型
		一致性		支持	
		均衡性		支持	
		政策稳定性		支持	
郭雯等（2018）	中国国家层面新能源汽车政策	综合性	新能源汽车销售量	支持	线性回归
		一致性		支持	
		均衡性		不支持	

资料来源：作者整理

Schmidt 和 Sewerin（2019）以9个OECD国家522个可再生能源政策为对象，研究政策组合特征的时间动态变化，以及其与产品销售市场之间的关系，发现各国政策组合特征动态在政策技术特异性方面变化很大，而平衡性则较少；政策强度和技术特性对市场销售量具有积极的影响，平衡性对市场销售量的积极影响没有得到验证。Rogge 和 Schleich（2018）以德国电力系统向可再生能源转变为对象，研究了政策组合特征对企业低碳创新支出的影响，发现政策组合的一致性和可信性能增加企业的创新支出，而政策组合的综合性和连贯性则对创新支出影响不显著。

　　国内学者程华和钱芬芬（2013）以国家层面的产业技术创新政策为对象，研究了政策力度、政策稳定性对技术创新绩效和经济绩效的影响，该研究是我国政策组合特征研究初步探索。之后，徐喆和李春艳（2017）首次明确地对由供给面、需求面和环境面三类政策构成的政策组合特征与高技术产业创新之间的关系进行了研究，发现政策组合的综合性和一致性对创新产出具有积极的影响，而平衡性对其影响效果不稳定。

　　综上，国内外关于政策组合特征对创新活动尤其是创新产出影响的研究仍然相对较少，与多层级政府视角相结合的实证研究更少。关于政策组合特征指标测量的方法也存在一定的差异，国内学者对一致性、平衡性和综合性等指标采用了相同的测量方法，国外学者对政策组合特征相关指标采用的方法相对多样化，问卷调查、案例分析均有所涉及。我国关于政策组合特征与政策效果评估的相关研究仍然较少。我国政府正逐渐加强政策组合在创新政策、战略性新兴产业创新政策中的运用，因此，我们需要加强中国情境下的政策组合特性与政策效果评估量化实证研究，为我国政策实践提供理论指导。

第九章　新能源汽车产业创新政策体系评估理论框架

2015年3月,《中共中央 国务院关于深化体制机制改革加快实施创新驱动发展战略的若干意见》明确指出:"到2020年,基本形成适应创新驱动发展要求的制度环境和政策法律体系,为进入创新型国家行列提供有力保障。" 我国新能源汽车作为战略性新兴产业之一,其创新发展是多层级政府多类型政策构成的政策组合共同作用的结果。我国新能源汽车专利增长速度较快,但同时也出现了部分企业"骗补"事件。因此,需要对政策组合中各类型政策进行科学评估,识别出有效政策。不同类型的政策发挥着不同的作用,而新政策工具的加入,不仅对新能源汽车创新活动产生影响,而且也会对现有政策工具的实施效果产生影响。政策组合中不同类型政策工具之间可能存在增强或抵消的作用。因此,仅对单个或供需两侧的新能源汽车政策进行评估已不能较好地反映我国政策的真实效果,更不符合我国新能源汽车政策实际运用情况。需要从新的视角对政策效果进行科学评估研究,从而为政府政策的制定、调整和终止等决策提供科学依据。而且,我国新能源汽车政策既涉及同层级跨部门横向协作,又涉及中央政府和地方政府之间的垂直协作。多层级政府根据自身的利益,在政策目标和措施选择运用时可能出现政策截留、附加及滞后等问题(佟健,2015),他们是否有效地执行多类型政策,将直接影响政策的实施效果。正确梳理多层级政府关系以及多层级政府各自的多类型政策在新能源汽车创新发展中的作用,对我国新能源汽车政策的科学制定、执行和评估具有重要的影响。因此,评估多层级政府运用的多类型新能源汽车政策在创新活动中发挥的作用,已逐渐成为一个紧迫的政策科学管理和治理问题。尤其是,政策组合逐渐成为多层级政府政策运用的主要形式,基于政策组合视角科学评估新能源汽车政策及其对创新产出的影响适应我国政策评估的现实迫切需要。学者们认为不应仅仅关注政策组合,同时也应该关注政策组合的特征,因为政策组合特征是随着政策工具组合的发展而变化的,政策组合的特征对创新活动发展也具有重要的影响。但现在几乎没有直接的经验证据支持这种说法，相关实证研究较少，正处于探索阶段。

本章在三类政策工具基础上，结合我国政府在新能源汽车创新活动中的影响和政策工具应用实践，提出了五类创新驱动发展的政策工具，即"战略面、供给面、需求面、环境面和评估面"，并阐述了其作用机理，并将其与政策组合理论相结合，从多层级政策主体模块、政策元素模块和政策评价模块三个方面构建了产业政策体系评估理论框架，该框架不仅可以从多个维度对产业政策体系的内容进行全面而详细的系统性分析，而且可以为产业政策体系评估实证研究提供理论指导，并拓展了现有政策评估框架和理论。

一、相关产业创新政策研究回顾

产业创新政策是指以促进产业的关键技术创新活动为对象，以促进产业的整体创新能力提高为目的，为多层级政策主体规范产业市场主体行为而制定并运用的各种直接或间接政策和措施的总和。它是包含科技、产业、经济、财政、税收、金融和教育等多方面政策领域的政策体系。

产业创新政策具有五个特征：①政策主体由中央政府和地方政府组成的多层级政府构成，具体包含国务院及其直属部门、省级（直辖市）或地方政府及其直属部门和基层地方政府（区级或市级）；②政策内容是促进某具体战略性新兴产业创新发展和扩散的各种政策措施的总和，包含科技、产业、经济、财政、税收、金融和教育等多方面；③政策作用的对象是某战略性新兴产业市场主体，主要分为生产者种群和消费者种群；④政策目的是促进某战略性新兴产业整体创新能力的提高，同时通过促进创新产品的技术创新和推广运用，实现创新产品的创新发展和扩散；⑤政策效果包括政策总目标以及技术创新、推广应用及基础设施建设等分目标，其中，技术创新目标是核心目标，其他两个分目标都是为技术创新目标服务，它是政策总目标得以完成的基础。其中政策效果评价既包括产业创新政策目标的描述性分析，也包括量化实证分析。

后续实证研究将侧重政策体系对创新产出的影响，并以新能源汽车产业政策为研究对象。

（一）新能源汽车政策释义

现有文献中关于新能源汽车政策的用语不统一，国内文献研究中主要运用了新能源汽车政策、新能源汽车产业政策以及"新能源汽车+某具体政策领域"（如新能源汽车补贴政策、新能源汽车财政政策、新能源汽车税收政策）等词语，在进行政策内容分析和实证研究时，认为新能源汽车是广义的创新政策，侧重政策对新能源汽车创新发展的影响。一些学者已明确将新能源汽车政策与创新政策相联系，直接运用了新能源汽车技术创新政策、新能源汽车需求侧创新政策、新能源汽车产业创新政策、新能源汽车创新政策等词语。多数文献直接使用了这些词语，但对其定义和内涵进行界定的研究较少。虽然新能源汽车政策的用语和定义还没有达成共识，但人们不约而同地将新能源汽车政策归入创新政策或产业创新政策，它与新能源汽车技术创新活动明显密切相关。新能源汽车政策概念界定是在创新政策和产业创新政策的相关定义基础上，对其在具体新兴产业领域的应用与发展。

孔欣欣（2008）认为，产业创新政策是为了解决部门创新系统中的问题而产生的，并且深受部门创新系统的影响。她提出我国产业创新政策包含鼓励企业的创新政策和鼓励技术相关的产业政策两部分。李春艳等（2014）对产业创新政策进行了概念界定，认为产业创新政策由科技政策演变而来，符合产业技术创新发展规律，能有效解决市场失灵和创新成果产业化问题。产业创新政策是在产业政策引导下，推动创新政策适应于特定的产业技术和产业结构环境而形成的，目的是促进整个产业创新能力的提高。朱明皓等（2017）提出产业技术创新政策包括科技政策、税收政策、人才政策等多个政策领域政策，它们之间存在相互关联、相互作用。

借鉴创新政策和产业创新政策的定义，本章认为新能源汽车政策是具体的产业创新政策，它以绿色技术创新活动为对象，以促进新能源汽车产业的整体创新能力提高为目的，多层级政策主体规范创新主体行为而制定并运用各种直接或间接的政策和措施的总和，它是包含科技、产业、经济、财政、税收、金融和教育政策等多方面的政策体系。定性研究中政策效果将对政策目标的完成情况进行全面分析，后续实证研究中政策效果侧重政策对创新产出的影响，它用新能源汽车专利指标表示。

（二）新能源汽车政策分析相关研究

在新能源汽车产业化和商业化的早期阶段，政府政策对新能源汽车技术创新及产业发展起着至关重要的作用。目前国内外学者主要从两个方面对新能源汽车政策进行定性评估研究，一是从政策工具视角研究分析各国新能源汽车政策中政策工具运用情况和效果分析；二是从政策分析框架视角通过构建多维政策分析框架，对新能源汽车政策进行评估。

1. 政策工具视角下新能源汽车政策分析

我国学者主要从政策工具视角对国家层面新能源汽车政策的整体演化过程以及政策工具的具体运用等进行了研究。Gong 等（2013）对我国电动汽车政策在研发、示范、公用化方面的发展进行了分析，评价了电动汽车试点示范项目的进展。李苏秀等（2016）、李肆和战建华（2017）均对我国新能源汽车政策从时间维度进行了演进分析，其中后者将我国新能源汽车产业政策分为三个阶段：政府主导的宏观战略（2001~2005 年）、汽车厂商主导的行业规范（2006~2008 年）和消费者主导的市场推广（2009~2017 年）。魏淑艳和郭随磊（2014）将政策工具分为技术进步工具和产业化工具，从政策工具和政府与内外部关系视角出发，对我国新能源汽车产业发展中政策工具的运用、效果影响因素进行了分析，最后提出了对应的政策工具完善建议。Li 等（2016）将新能源汽车政策分为宏观、示范、补贴、优惠、技术支持、行业管理和基础设施七大类。Xu 和 Su（2016）归纳总结了我国国家层面政府运用的 22 种政策工具，从政策工具视角提出了二分的新能源汽车政策分析框架：政府选择与市场选择、生产者导向与消费者导向，旨在解释我国新能源汽车产业快速发展的原因。

我国部分学者从政策工具视角对国家和某地区的新能源汽车政策进行了研究，Zhang 和 Bai（2017）以国家层面及京津冀地区的 175 项新能源汽车产业政策为对象，分析了多层级政府政策工具的具体运用情况，发现国家政策指导地方政策，依靠地方政策实施和完成被分解的目标，而区域政策水平协调省级政府，解决跨省边界的问题。地方政策在实施国家和区域政策中起着关键性的作用。张永安和周怡园（2017）从供给面、需求面、环境面三类政策工具角度分析中央和北京的新能源汽车补贴政策。葛建平（2013）运用豪利特（Howlett）与拉米什（Ramesh）的政策工具分类法，仅对北京市新能源汽车充电设施政策进行了研究。张长令等（2016）从政策工具视角对上海市新能源汽车产业政策及其市场培育效果等内容进行了分析。

部分学者从政策工具视角研究了新能源汽车政策国际比较，如刘兰剑和宋发苗（2013）从供给面、需求面、环境面三个方面梳理分析了我国三个五年计划时期的新能源汽车技术创新政策，并与美国、日本和欧盟进行了对比分析，研究发现中外各地在新能源汽车技术研发、消费、政府采购和基础设施投入等方面存在政策共同点，在发展路径、消费者引导方式和扶持思路方面存在不同。Melton 等（2017）从供给面和需求面将加拿大的插电式电动汽车政策分为金融刺激、车辆通道使用、公共充电、建筑规范、二氧化碳价格、零排放车辆规定、燃油经济性标准、低碳燃料标准八类，基于政策评分卡构建了政策分析框架，评估了不同插电式电动汽车政策对实现 2040 年乘用车 40%市场份额目标的有效性。

部分学者将政策工具视角和文本挖掘相结合，对新能源汽车政策进行研究，李辉等（2018）根据科技政策数据内容的特点，设计了一种基于词频、标题相似度、技术强度三个权重维度的数据分析方法，并构建了科技政策数据内容分析实验系统，以新能源汽车产业政策为案例，验证了该方法的有效性。熊勇清和陈曼琳（2017）运用文本挖掘的方法从网络媒体采集新能源汽车产业政策文本及热点信息资料，从供给侧和需求侧对新能源汽车产业政策实施过程中的政策意愿进行研究。

2. 政策分析框架视角下新能源汽车政策分析

运用政策分析框架是目前政策分析研究中较为常用的方法，多从新兴产业创新价值链和政策工具两个维度构建政策分析框架，其中新兴产业创新（价值）链包含研发、产业化、市场化三个阶段，政策工具分供给面、需求面、环境面三类。卢超等（2014）、张国强和徐艳梅（2017）分别以九个典型国家和九个典型国际城市的新能源汽车产业政策为对象进行国际比较研究，发现各个国家（或城市）在政策工具运用上不同，发现我国的限行限购政策的正向影响比较显著。其他学者分别以我国不同时期的国家层面新能源汽车政策为对象，样本范围在逐步扩大，运用该政策框架分析，发现我国以环境面政策工具的运用为主，政策工具兼顾研发和市场推广发展阶段，而产业化发展阶段不足。

我国部分学者将政策工具维度与其他维度相结合构建政策分析框架，如陈衍泰等（2013）从新兴产业企业需求和政策工具两个维度构建政策分析框架，结合新能源汽车产业发展的两个阶段，以中央和地方的新能源汽车产业政策为对象进行了描述性统计分析，并分别评价了其政策实施效果。最后提出要增加对技术资源的政策支持力度，平衡环境面和需求面的政策工具运用。刘兆国和韩昊辰（2018）以中日两国中央政府层面的新能源汽车产业政策为对象，运用内容分析法，首先从时间维度对两国的新能源汽车产业政策的取向、战略规划、政策工具运用三方面进行了演进分析，在此基础上，从政策工具和产业生态系统两个维度构建了产业政策分析框架，对两国新能源汽车产业政策进行了对比研究，发现两国的政策取向基本一致，其中，战略规划、购买补贴与税收减免等均是主要运用的政策工具；另外，日本地方政府没有对补贴车型进行排他性设置，避免了地方保护问题。王静等（2018）从政策工具和产业创新需求要素两个维度构建政策分析框架，以2004~2017年国家层面的新能源汽车产业政策为对象进行分析。研究发现，环境面政策工具运用最多，其次是供给面，需求面最少；政策工具主要作用于市场情势、市场环境和技术知识等产业创新需求要素；另外，政策工具由政府主导向政府与市场并重转移。

我国部分学者不考虑政策工具维度，从其他维度构建了政策分析框架，王洛忠和张艺君（2017）从政策内容、结构、执行过程三个维度构建政策分析框架，从政策协同视角，以 1991~2015 年国家层面的产业政策为对象，运用该框架分析了我国新能源汽车产业政策协同失灵的具体表现，根据存在问题从政策目标、政策工具和政策过程三方面提出了政策协同优化路径。白雪洁和孟辉（2018）首先构建了基于方面、手段和内容三个维度的政策类型分析框架，从政策类型、模式和效果三方面对美国、日本、德国、中国四国的新能源汽车政策进行比较研究。

新能源汽车政策分析框架研究总结见表 9-1。

表 9-1 现有新能源汽车政策分析框架研究总结表

文献	政策分析框架维度构成	政策研究对象 具体对象	政策研究对象 时间
陈军和张韵君（2013）	1. 政策工具：供给面、需求面、环境面 2. 产业价值链：研发、投资、生产、消费	国家层面（23）	2001~2012 年
卢超等（2014）	1. 政策工具：供给面、需求面、环境面 2. 产业创新链：公共研发与示范、商业化、市场化	美国、日本、德国、法国、英国（84） 金砖四国（42）	
谢青和田志龙（2015）	1. 政策工具：供给面、需求面、环境面 2. 创新价值链：研发、产业化、公共和私人领域推广	国家层面（37）	2004~2014 年
张国强和徐艳梅（2017）	1. 政策工具：供给面、需求面、环境面 2. 产业价值链：研发与示范、产业化、商业化	北京、深圳、杭州、旧金山、柏林、伦敦、巴黎、阿姆斯特丹、奥斯陆	
王薇和刘云（2017）	1. 政策工具：供给面、需求面、环境面 2. 产业创新链：研发、产业化、市场化	国家层面（47）	2008~2017 年
陈衍泰等（2013）	1. 政策工具：供给面、需求面、环境面 2. 新兴企业需求：技术资源、正规化、市场	国家层面（33）、地方（45）	1991~2013 年
李苏秀等（2016）	1. 政策工具：战略与投资政策、市场激励政策、法规与标准 2. 市场表现：技术专利、产销量、商业模式	国家层面	2001~2015 年
李珣和战建华（2017）	1. 政策工具：组织性政策工具、管制性政策工具、经济诱因性政策工具、信息性政策工具和资源性政策工具 2. 政策变迁主导力量：政府主导、汽车厂商主导和消费者主导	国家层面	2001~2016 年
王洛忠和张艺君（2017）	1. 结构：（政策工具）片面单一、匹配失衡、匹配协同 2. 过程：（政策主体）各自执政、被动联合、联合协同 3. 内容：（政策目标）笼统模糊、分散过度、适度协同	国家层面（70）	1991~2015 年 1 月
王静等（2018）	1. 政策工具：供给面、需求面、环境面 2. 产业创新需求要素：技术、资本、市场	国家层面（105）	2004~2017 年
刘兆国和韩昊辰（2018）	1. 政策工具：供给面、需求面、环境面 2. 产业生态系统：创新生态系统、生产生态系统、应用生态系统	国家层面 中国、日本	2001~2017 年

续表

文献	政策分析框架维度构成	政策研究对象	
		具体对象	时间
白雪洁和孟辉（2018）	1. 作用方向：供给端、需求端 2. 政策内容：产业结构政策、产业组织政策、产业技术政策、产业区域政策 3. 实施手段：补贴政策、税收政策、信贷支持、管制政策、服务政策 4. 新兴产业生命周期：产业萌芽期、产业导入期、产业成长期	美国、日本、德国、中国	

注：政策研究对象括号里的数字表示政策文件数量
资料来源：作者整理

综上可知，相比政策工具视角，运用政策分析框架进行政策评估是一种更加有效的定性研究方法，它包含了更多政策信息，不仅可以通过创新政策工具维度正确理解其在政策分析框架中的作用机理，而且可以根据不同的政策目标选择适合的政策工具。但现有的政策工具以供给面、需求面和环境面三类政策工具为主，涉及战略面和评估面的政策工具相对较少。另外，国内基于政策组合视角构建政策分析框架的相关研究刚起步，相关文献还较少。因此，以供给面、需求面和环境面为主导的政策工具分类和政策分析框架已不能完全体现我国新能源汽车政策实际运用情况，需要对传统的三类政策工具分类和政策分析框架进行重新思考和构建。

（三）新能源汽车政策与创新活动相关研究

国内外学者对新能源汽车政策与创新活动影响的研究主要分为三个方面：一是政策及政策组合对新能源汽车创新绩效的影响；二是政策及政策组合对新能源汽车市场销售的影响；三是政策组合的特征对新能源汽车销售效果的影响。其主要运用了计量经济学、博弈论、多智能体仿真等研究方法对新能源汽车政策效果评估进行了研究。政策组合理论研究多采用案例和计量经济学实证研究方法，因此，本章侧重对新能源汽车政策实证相关研究进行文献回顾，其他均有涉及，但不详细。

1. 政策及政策组合对新能源汽车创新绩效的影响

目前我国学者主要从供给面研究了研发财政补贴和税收等政策对新能源汽车研发的影响。李泉和王小雪（2012）认为政府在新能源汽车技术创新中发挥了重要的作用，政府的财政补贴有助于降低企业成本，增加企业净利润，激励企业投入更多资本进行新能源汽车的研发。邵慰等（2018a）研究发现政府补贴对新能源汽车研发具有积极的促进作用，随后，邵慰等（2018b）进一步将政府补贴政策分为研发补贴和生产补贴两个阶段，研究了两种类型的政府补贴对新能源汽车企业研发的激励作用，发现强度较低的研发补贴相比强度较高的生产补贴对企业的研发激励效果更佳。李兆友和齐晓东（2017）研究了政府财政政策中税收优惠和政府补贴对企业 R&D 投入、专利产出之间的复杂关系，研究发现：政府补贴对企业 R&D 投入和企业专利产出呈倒 U 形，税收优惠则对其在特定的区间内呈正向影响。两种政策工具的调节作用存在差异，政府补贴对企业 R&D 投入更明显，税收优惠则对企业专利产出更显著。熊勇清等（2018）引入制造商战略决策层面的三个异质性属性，研究了新能源汽车财政补贴与企业研发投入强度的影响，发现针对实施不同战略的制造商，应实施差异化的财政补贴政策。秦宇兴（2016）从边际成本定价角度，建立了新能源汽车政府研发补贴与企业研发投入动态博弈模型，探析政府与企业的最优策略，发现企业的研发投入比例是最为重要的影响因素。郭燕青等（2016）和马亮等（2018a）将研发补贴和消费补贴引入新能源汽车产业链中，郭燕青等（2016）研究了在创新生态系统情境下，新能源汽车整车企业与零部件企业的合作与竞争两种条件下的政府补贴策略问题，发现在合作均衡状态下，政府的最优策略是不提供补贴；在竞争均衡状态下，政府应对零部件企业进行补贴。马亮等（2018b）基于续航能力需求，从产业链的角度建立新能源汽车生产企业和电池生产企业的生产决策模型，研究发现将补贴机制引入产业链内有利于实现产业链协调。

　　有些学者通过仿真和实验的方法得出了相似的结论，认为政策鼓励技术研发政策对新能汽车相关主体的创新决策具有重要的影响。Mau 等（2008）将政策设置为鼓励采用清洁技术，通过离散选择研究捕捉消费者偏好的动态变化。以混合电动汽车和氢燃料电池汽车为对象，在不同的市场假设下，估计加拿大居民对新汽车技术的偏好，发现超越购买价格的汽车属性与塑造消费者对清洁汽车技术的偏好方面具有较强的相关性。Ewing 和 Sarigollu（2000）采用离散选择实验方法研究了政策对消费者在清洁燃料车辆与传统车辆选择偏好的影响，发现消费者对车辆的性能特征非常敏感，但政策因素会对消费者新能源汽车偏好产生积极的影响，其中经济工具和车辆技术政策会促进新能源汽车车辆性能的提升和价格的下降。

　　目前学者对需求面政策和环境面政策对新能源汽车创新活动的影响研究较少，何文韬和肖兴志（2017）以新能源汽车推广目录为对象，研究了新能源汽车产业推广政策对企业专利申请与转化的影响，发现该政策积极促进了企业研发，但同时容易滋生伪造销售量骗取补贴的问题。Maia 等（2015）分析了基础设施环境面政策与新能源汽车创新绩效之间的关系，认为基础设施政策工具推动了市场主体加快对基础设施的建设，促进了快充技术的发展，从而成为促进新能源汽车技术创新发展的一大驱动力。新能源汽车基础设施政策工具提高了市场主体对充电桩等基础设施建设的重视，不仅促进了该领域专利产出的增加，还促进了充电基础设施商业模式和运营平台的创新（岳为众等，2019）。

随着新能源汽车产业的创新发展，学者们开始逐渐考虑政策组合对新能源汽车创新产出效果的影响，现有文献多从供给面和需求面研究研发补贴政策和推广政策对新能源汽车创新产出的影响，但相关研究不多。王俊和刘丹（2015）发现需求面政策对企业新能源创新产出具有正向影响，研发补贴政策则不显著，但对传统汽车技术具有抑制作用。Aghion 等（2016）研究了供给面的研发政策和环境规制碳税政策对新能源汽车企业清洁技术产出的影响，发现碳税政策的作用是正向显著的，而研发资助的影响不显著。Raven 和 Walrave（2020）探索了政策组合与电动汽车技术创新系统之间的关系，发现政府的多类型政策之间的巧妙组合可能会导致新兴技术系统的充分性改进，增强其与旧系统之间的竞争优势。马亮等（2017a）将新能源汽车生产企业分为产业内原有企业和新进新能源汽车企业，考虑政府补贴从需求侧向供给侧转变，在政策补贴中新增设计了产业内补贴，研究了不同政策情境下，产业政策对新能源汽车企业的影响，发现两种政策同时使用更能促进新能源汽车产业的发展。Fan 和 Dong（2018）通过建立企业和消费者关于新能源汽车行为策略选择的演化博弈模型，分析企业研发补贴政策和消费者补贴政策对博弈双方在新能源汽车扩散行为选择上的影响，发现政府对企业研发补贴比消费者补贴在促进新能源汽车扩散方面更有效。马亮等（2018a）通过建立新能源汽车企业生产决策模型，研究了补贴政策、限制性政策和补贴"退坡"政策对新能源汽车企业生产的影响，发现研发补贴政策能够促进新能源汽车的生产，合理的限制性政策与补贴政策联合运用时会降低补贴政策效果，有效的限制性政策可以作为补贴"退坡"的替代政策。

2. 政策及政策组合对新能源汽车市场销售的影响

新能源汽车作为一项绿色环保创新产品，促进其在消费者间的扩散是政策的一项重要目标。国内外一些研究表明政府财政补贴在大规模推广电动汽车中发挥了重要作用。

部分学者以城市为基本单位，研究了供给面、需求面、环境面及战略面等相关政策对新能源汽车采纳的影响。Egner 和 Trosvik（2018）以 2010 年至 2016 年期间瑞典 290 个城市为对象，研究了地方需求面和环境面政策工具对瑞典新注册电动汽车份额的影响，发现地方政策工具以停车福利、提供公共收费点和公共采购的形式，对纯电动汽车的采用产生积极影响。Tan 等（2018）对"十城千辆"新能源汽车推广政策与城市空气质量的关系进行了研究，发现在整个推广期内，推广新能源汽车可以降低城市空气中二氧化氮的浓度，但每年新能源汽车的推广效果并不显著。Zambrano-Gutierrez 等（2018）评估了 2008~2014 年 13 个国家插电式电动汽车政策，研究了供给面、需求面和环境面对应的研发补贴、基础设施投资和销售激励多类型政策对插电式电动汽车采纳的差异，发现各国的插电式电动汽车政策在强度和方向上都有很大差异，从关注供给面创新政策到关注需求面政策。Heidrich 等（2017）对城市气候变化战略的有效性进行了研究，以电动汽车作为城市气候变化缓解战略为条件，将 28 个英国城市分为两组，对比研究了城市气候变化战略政策中电动汽车政策工具与电动汽车数量及基础设施的关系，发现实施电动汽车战略的城市与没有实施电动汽车战略的城市在电动汽车普及率和公共充电站数量方面没有统计差异。

有学者以试点城市为基本样本单位，对其新能源汽车政策对新能源汽车销售扩散效果进行了评估。李礼和杨楚婧（2017）以 2014 年的试点城市为对象，研究了财政、货币政策对试点城市新能源汽车扩散的影响，发现财政、货币政策是促进我国新能源汽车消费的重要因素。熊勇清和陈曼琳（2017）运用基尼系数分解法将新能源汽车试点区域分解为中、低、高三种类型，以 25 个试点城市为样本，研究了不同收入水平下，供给侧和需求侧的政策实施效果，发现中高收入水平试点城市的供需两侧政策实施效果均较好，低收入水平试点城市供给侧比需求侧政策效果较好。Ma 等（2017）通过多元时间协整模型研究了国家层面的新能源汽车购置补贴，免税、限制内燃机车购买政策以及取消新能源汽车交通限制等政策对试点城市的新能源汽车市场份额的短期和长期影响，发现这些政策积极地推动了新能源汽车的扩散，但新能源汽车技术仍然是新能源汽车行业的瓶颈因素。Wang 等（2017）将新能源汽车产业政策分为产品、购买、使用和充电设施四类，共 27 个具体的政策工具，分别对每个变量进行线性回归，研究了这些政策对 41 个试点城市新能源汽车扩散的影响，发现充电人员密度、牌照、限行和优先充电基础设施建设用地是最重要的四个因素。

一些学者以企业为基本样本单位，研究表明政府政策对新能源汽车销售扩散的影响。廖家勤和孙小爽（2017）梳理了我国 2015 年以前的新能源汽车产业财税政策，运用经济学理论分析其政策效应，发现政策在一定程度上降低了消费者对价格的敏感度，但价格、续航和配套设施仍然是制约新能源汽车产业发展的重要因素。李泉和王小雪（2012）以 9 家新能源汽车上市公司为对象，研究了企业所得税、政府补贴政策对新能源汽车企业净利润的影响，发现政府补贴与其正相关，而企业所得税率与其负相关。高秀平和彭月兰（2018）以 A 股新能源汽车产业上市公司为对象，研究了财政补贴和税收优惠政策对企业盈利、偿债、运营、成长和技术五方面的影响，并检验了政策的时间断点作用，发现税收优惠相比财政补贴更能促进新能源汽车企业整体经营绩效的提高。熊勇清等（2018）以 72 家新能源汽车制造商为对象，利用倾向匹配法研究了新能源汽车消费政策中政府采购政策和消费补贴政策对制造商的激励作用及差异，发现政府采购相对消费补贴对新能源汽车企业的促进作用更明显。马少超和范英（2018）以国家层面的经济政策（购置补贴、税收减免）和行政管制政策（限行和限购）为对象，评估其对新能源汽车的推广作用，发现这两类政策的推广效果均是显著而积极的。Li 等（2018）、Ou 等（2018）以双积分政策为主要研究对象，运用博弈论研究了新能源汽车在不同政策情景下的扩散情况，发现双积分政策能够有效促进新能源汽车的发展，与绿色汽车补贴相比，双积分政策可以显著增加新能源汽车的数量。

部分学者从企业视角分析了政策对政府和企业决策的影响，张国兴等（2013）通过建立政府与企业关于补贴政策的信号博弈模型，研究了双方对节能减排产品的策略选择机制和影响因素，发现新能源汽车企业的发展水平和信息的获取性是影响两者关于补贴问题的策略博弈的重要因素。马亮等（2017b）从消费者绿色偏好、绿色支付意愿等因素角度构建了新能源汽车绿色度、政府补贴和准入限制的三阶段博弈模型，分析了补贴和准入限制双重影响下的新能源汽车生产问题。胡祖平等（2017）将政府与新能源汽车企业在财政补贴实施过程中的行为选择抽象为信号博弈，构建了信号博弈模型，从博弈均衡中得出影响均衡效率的主要因素是企业造假成本、期望风险成本和政府误判损失。孙红霞和吕慧荣（2018）研究了后补贴时代情景下的政府和企业的演化博弈稳定策略选择，发现在补贴退坡和政府监管等不同情境下，企业都会选择生产新能源汽车，而政府的补贴最优策略由其监管力度决定。

部分学者从消费者视角分析了政策对其低碳消费行为的影响，主要运用博弈论方法分析了消费补贴政策对政府和消费者决策的影响，其中曹国华和杨俊杰（2016）研究了消费补贴退坡政策下，政府和消费者行为策略选择演化博弈模型，研究分析了消费者的新能源汽车购买和政府消费财政补贴的策略选择互动机制，得出在两种情况下两者存在演化稳定策略，并对其关键影响因素进行了分析。Kwon 等（2018）通过消费者陈述偏好实验，研究了各种激励措施对电动汽车购买行为的影响，实验表明电动汽车车主对不同的激励措施表现出不同的偏好，尤其是拥有期内对如电价折扣补贴的偏好远大于对购买时的补贴偏好。

3. 政策组合的特征对新能源汽车销售效果的影响

近几年，政策组合开始引起国内学者的关注，主要集中在科技创新政策领域。从政策组合特征进行政策效果评估的研究较少，以新能源汽车政策为对象进行政策效果评估的研究相对更少，但其已引起相关学者的重视。郭雯等（2018）

从政策组合的综合性、一致性和均衡性三个指标研究政策组合的特征对新能源汽车领先市场形成的影响，发现推动新能源汽车产业发展的供给、需求与环境面政策组合的综合性和一致性对领先市场的形成产生了显著正向影响。但各类型政策内部组合的一致性对领先市场的影响并不显著。该研究推进了政策组合在我国政策研究领域的发展，但是该研究仅以国家层面新能源汽车政策为对象，未涉及地方政府层面的政策。

二、政策工具分类和相互作用机制

1. 五类政策工具的提出

政策工具是政府为实现一定的政策目标而采取的具体措施，它是政策执行的现实需要，是政策功能的体现，是理论和实践相结合的产物。Rothwell 和 Zegveld（1981）提出了供给面、需求面、环境面三类政策工具，赵筱媛和苏竣（2007）"战略-综合-基本层"的公共科技政策工具结构层次概念框架首次明确地指出了战略面政策工具的存在，认为战略面政策是与国家的科学技术长远发展相关的，具有前瞻性、系统指导性的宏观政策、理念及目标。Schaffrin 等（2014）将政策工具分为九类：教育与推广、激励与补贴、金融、框架政策、公共投资、研发、行政规范性工具、可交易许可证、自愿协议。其中框架政策与战略面政策工具内涵一致。政策评估是政策过程的一个重要环节，对政策决策科学化具有重要的作用，以财政部办公厅、科技部办公厅等部门《关于开展新能源汽车推广应用城市考核工作的通知》为代表的评估政策已在实践中开始运用。因此，政策评估制度化具有重要的理论和实践意义。在此基础上，结合我国政府在新能源汽车创新发展中政策工具的应用实践，本章提出将政策工具分为五类，即战略面、供给面、需求面、环境面和评估面，具体的政策工具名称详见表9-2。

表 9-2 政策工具分类表

政策工具分类	政策工具名称	解释
1 战略面	1.1 战略 1.2 规划 1.3 组织机构	政府顶层设计和实施的关于国家、产业、区域等方面的创新发展战略、中长期相关规划及战略规划，以及设立的专门组织机构（领导机构、执行机构），通过战略统筹，综合引导各级政府具体政策工具的制定、实施和监督
2 供给面	2.1 人力资源	政府根据新能源汽车战略发展目标，建立长期的和全盘性的人力资源发展规划及具体实施措施
	2.2 资金支持	政府从财政资金、税收优惠等方面直接对创新主体的创新行为提供引导和支持

续表

政策工具分类	政策工具名称	解释
2 供给面	2.3 技术研发支持	政府对创新主体在技术研发项目、研发团队、研发设备、基础设施等方面的引导和支持，如科研机构、重点实验室、研发项目指南等
	2.4 信息支持	政府引导并提供信息技术、资料库、公共信息平台等信息服务
	2.5 公共服务	政府为保障创新的发展和扩散提供的如基地、平台及园区等建设和服务
3 需求面	3.1 机构采购	政府鼓励政府机关、事业单位、国企等主体购买创新产品，通过提供部分的公共需求市场，增强创新市场稳定，减少企业创新初期的不确定性，激发企业创新产品或服务
	3.2 推广示范	政府通过在试点地区、公共领域、私人领域及物流等领域进行逐步推广，为创新产品提供市场试行
	3.3 消费补贴	政府对创新市场主体行为或产品关于市场需求的各项引导性管制措施
	3.4 税收优惠	政府采用车辆购置税、车船税等税收优惠措施，引导和刺激消费者对创新产品的购买
	3.5 商业模式创新	政府鼓励企业通过实施新的商业模式扩大创新产品的运用，实现双价值（客户和企业）创造
	3.6 海外机构	政府直接或间接协助企业在海外设立研发和销售的分支机构
4 环境面	4.1 基础设施建设	政府采用补贴、管理等方式引导企业提供创新发展需要的配套基础设施建设
	4.2 金融政策	政府通过融资、风险投资、贷款担保等措施鼓励企业创新融资和创业等
	4.3 行政规范	政府通过对创新有关的企业准入、产品目录、交通管制、安全管理等方面采用行政法规措施规范市场秩序和实施市场监管
	4.4 技术标准体系	政府对创新产品在基础技术、工艺、建设等与技术标准方面采取的核准、实施和管理等措施
	4.5 政务服务	政府针对创新主体如企业、高校、科研机构、个人等提供的高效政府办公服务
	4.6 宣传	政府引导采用新闻媒体或举办展会等形式，加强创新产品在社会公众中的宣传，从而影响市场主体对创新产品的认识和行为
5 评估面	5.1 评估性措施	政府通过对创新驱动发展政策实施效果的评估，及时获得监督反馈信息，从而促进政策改进或制定新政策
	5.2 评估结果报告	政府通过政策实施效果的核查、总结等评估，向公众公开发布的评估结果报告

资料来源：参考 Rothwell 和 Zegveld（1981）、赵筱媛和苏竣（2007）、Schaffrin 等（2014），作者整理和提出

（1）战略面政策工具，是指中央政府顶层设计的关于国家、产业、区域等方面的创新发展战略、中长期相关规划以及设立的专门组织机构（领导机构、执行机构），通过战略统筹，综合引导各级政府具体政策工具的制定、实施和监督。它主要包含战略、规划、组织机构三类具体政策工具。

（2）供给面政策工具，是指政府部分提供或引导市场提供人才、资金、信息、技术、公共服务等要素组成的创新驱动发展供给市场，改善创新活动相关要素的供给状况，从而促进创新产品或创新服务开发，最终推动经济的创新驱动发

展。它主要包含人力资源、资金支持、技术研发支持、信息支持、公共服务五类具体政策工具。

（3）需求面政策工具，是指政府通过政策导向从生产供给需求和消费需求同时着手，一方面引导企业开发市场需求的创新产品或服务，限制非创新产品生产；另一方面引导和刺激终端消费者对创新产品的购买积极性，从而降低创新产品需求市场的供需不确定性，最终通过影响市场需求拉动创新产品的有效扩散。它主要包含机构采购（政府、企事业等单位）、推广示范、消费补贴、税收优惠、商业模式创新、海外机构六类具体政策工具。

（4）环境面政策工具，是指政府通过采用行政规范、政府服务以及鼓励提供基础设施建设、金融和宣传支持等多种措施，为创新产业（或创新产品）培育和营造良好的市场环境，通过环境全面影响创新的发展和扩散。它主要包含基础设施建设、金融政策、行政规范、技术标准体系、政务服务、宣传六类具体政策工具，其中行政规范包含企业准入、产品目录、交通管制和安全管理四方面内容。

（5）评估面政策工具，是指政府针对具体政策的实施效果进行监督评估，以便及时反馈信息，为政策的调整和完善提供决策依据，主要运用了评估性措施和评估结果报告政策工具，以评估报告、汇报、审核监督等为表现形式。

2. 政策工具作用机制

1）政策工具之间的关系

从政策工具与新能源汽车创新活动的关系角度，战略面政策工具不仅对供给面政策工具、需求面政策工具、环境面政策工具和评估面政策工具具有自上而下的战略引领作用，而且从战略层面对新能源汽车创新发展进行定位，对其创新活动发挥着引导作用；供给面政策工具对新能源汽车技术创新活动起推动作用；需求面政策工具从市场需求方面对新能源汽车创新活动起拉动作用；环境面政策工具对新能源汽车使用环节的创新活动和环境起影响作用；评估面政策工具对供给面政策工具、需求面政策工具和环境面政策工具三类工具的实际实施效果进行监督评估，并将总结果反馈给战略面政策工具。前四类政策工具以创新主体为目标对象，直接作用于新能源汽车创新活动。评估面政策工具以具体政策为对象，独立于创新活动，通过对供给面、需求面和环境面三类政策的监督反馈间接地影响创新活动[①]，如图9-1所示。

[①] 评估面政策的评估对象是具体的政策，它不直接作用于新能源汽车创新活动。因此，后续实证研究中暂不考虑评估面政策对新能源汽车创新产出的影响。

第四篇　创新驱动发展的政策研究

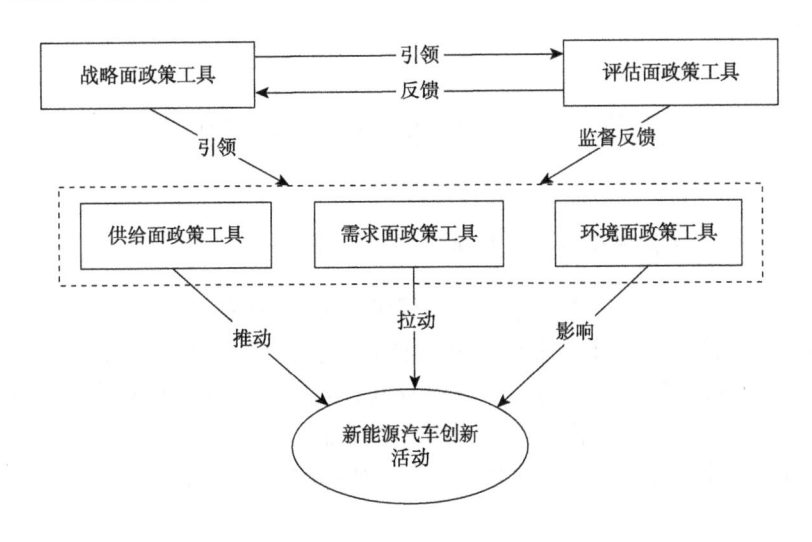

图 9-1　政策工具关系图

2）政策工具作用机理

战略面创新政策工具围绕国家对新能源汽车发展的战略目标定位，从整体上对地区新能源汽车产业进行宏观及中长期规划，战略统筹新能源汽车创新发展政策需求，综合引导供给面、需求面、环境面、评估面四类政策面政策工具的应用方向。供给面创新政策工具通过人力资源、R&D 资金、信息、技术、公共服务等工具，直接影响新能源汽车创新要素供给市场的供给状况，推动其创新活动的发展；需求面创新政策工具通过机构采购、市场管制、服务外包、海外机构等工具，帮助创造新能源汽车市场需求，直接拉动其创新活动的发展。供给面政策工具和需求面政策工具共同作用于新能源汽车创新经济市场，促进均衡市场的形成。环境面创新政策工具通过基础设施建设、金融服务、策略性服务、法规管制、政府服务等工具培育新能源汽车创新活动市场环境和政务环境，无形中影响创新主体和创新经济供需市场，间接影响其创新活动的发展，同时也间接影响了供给面和需求面政策工具；评估面政策工具通过对政策及政策工具实施效果的监督反馈，为政府对供给面、需求面、环境面等政策的未来调整方向提供决策依据。因此，五种不同类型的创新发展政策工具通过发挥"引领→推动—拉动—影响←监督反馈"作用，形成了一个政策工具循环闭合系统，从而有利于从整体上最大限度地发挥政策工具体系的作用，促进新能源汽车经济创新驱动发展的实现。

三、政策体系评估理论框架的构建

1. 政策体系评估理论框架的提出

基于政策组合概念框架，本章从多层级政策主体模块、政策元素模块和政策评价模块三个维度构建了产业创新政策体系评估理论框架，如图 9-2 所示。其中，多层级政策主体模块包含中央政府及其直属机构、省级政府及其直属机构、基层政府。政策元素模块由政策目标组合、政策工具组合和政策客体组合三个政策元素构成。政策评价模块包含政策组合特征和政策实施效果两个维度。

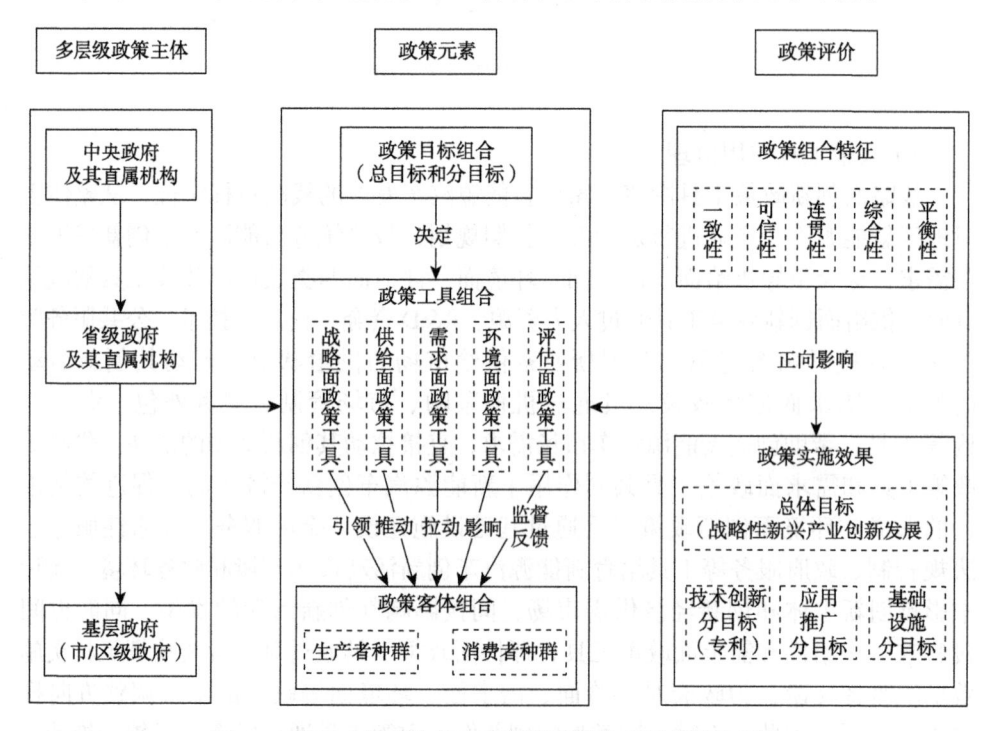

图 9-2 基于政策组合的产业创新政策体系评估理论框架

2. 多层级政策主体模块

政策主体是负责公共政策的制定、执行、评估和监控的政府组织机构。根据府际关系理论，府际关系分为纵向关系和横向关系。结合中国府际关系的实践，纵向府际关系是指各级政策主体之间的层级关系，它分为中央政府和地方政府两个层次,中央政府层次是指中央人民政府一级,地方行政组织的层次分三种:直辖市-区的两级制、省(自治区)-地级市-区(乡镇)的三级制、省(自治区)-地级市-县-乡镇的四级制。中央政府在府际关系中起着引导性、决定性和支配性的作用,具有最高层次决策,地方政府必须执行中央政府的计划、决定和命令等,其中省级地方政府进行高层管理和执行,省级以下各级地方政府为中低层,主要任务是执行。横向府际关系是指同层级政策主体之间的关系,横向关系中的各部门都有明确的工作范围和相应的权责划分,反映了同层级部门之间分工协作关系。横向和纵向的政府关系不是相互脱离的,而是相互交织形成行政组织的结构网,横向关系结构服从于纵向关系结构。

本章的政策主体是指包含中央政府和地方政府的多层级政府组织机构,自上而下依次具体为中央政府及其直属机构、省级政府及其直属机构和基层政府(市/区级政府),同时涉及纵向和横向的府际关系。

3. 政策元素模块

新能源汽车政策由政策目标组合、政策工具组合和政策客体组合三个政策元素构成,它们在新能源汽车政策中的具体体现如下。

1)政策目标组合

政策目标是政策预期想要达到的效果。新能源汽车政策的总目标是实现战略性新兴产业之一新能源汽车产业的创新发展,它由技术创新目标、推广应用目标和充电基础设施目标三个分目标构成,其中技术创新目标是指新能源汽车技术的创新发展,以专利为表现形式,它是总目标的核心表现;推广应用目标是指创新产品新能源汽车的市场销售量;充电基础设施目标是新能源汽车的充电桩的建设情况。总目标通过三个具体分目标的完成而实现。

2)政策工具组合

由政策工具的分类和作用机制可知,根据政策工具的不同作用,可将政策工具分为五类:战略面、供给面、需求面、环境面和评估面。战略面政策工具包含战略、规划、组织机构三类具体的政策工具。供给面政策工具主要包含人力资源、资金支持、技术研发支持、信息支持及公共服务五类具体政策工具。需求面政策工具主要包含机构采购、推广示范、消费补贴、税收优惠、商业模式创新、海外机构六类具体政策工具。环境面政策工具主要包含基础设施建设、金融政策、行政规范、技术标准体系、政务服务、宣传六类具体政策工具。评估面政策工具包含以评估报告、汇报、审核监督等为表现形式的评估性措施和评估结果报告。政策工具组合是一套相互作用的政策工具的组合。政策工具组合是政府为了达到预期的政策目标而采取的组合措施,即战略面、供给面、需求面、环境面、评估面五类政策工具的组合运用。根据政策工具组合包含政策工具的不同类型,政策工具组合分为同类型政策工具的组合和不同类型政策工具的组合，因为政策工具的政策主体具有层级性，政策工具也具有多层级性。根据政策工具不同的层次，分为同层级政策工具组合和不同层级政策工具组合。政策主体综合运用五类政策工具组合作用于政策客体，通过发挥"引领→推动—拉动—影响←监督反馈"的相互作用，共同促进政策目标的完成。

3）政策客体组合

政策客体是公共政策工具所发生作用的对象，即目标群体。目标群体是受公共政策规范、管制、调节和制约的社会成员。政策主体根据政策问题及解决问题的目标规定了目标群体的范围和性质，通过政策客体的行动来实现政策预期目标。郭燕青等（2016）将新能源汽车产业生态系统主体分为生产者种群、消费者种群和分解者种群。他们均是新能源汽车政策的目标群体。本章借鉴郭燕青等（2016）的新能源汽车产业生态系统主体分类，从供需角度出发，将新能源汽车政策客体分为生产者种群和消费者种群，其中生产者种群是新能源汽车整个产业链上技术研发、生产、销售、配套服务、回收等相关企业，涵盖郭燕青等（2016）的新能源汽车主体分类中的生产者种群和分解者种群，它们均是新能源汽车市场上的技术、商品和服务提供者。消费者种群是指新能源汽车产品的购买者，包含两类：一是私人购买者，二是政府机关、企事业单位等机构购买者。

4. 政策评价模块

1）政策组合特征

政策组合的特征是政策评估的重要原则，政策组合的特征有一致性、可信性、连贯性、综合性、平衡性。其中，一致性指政策组合中的元素内部和各要素之间的一致性，即由没有矛盾到存在协同作用，高度的一致性有利于实现政策目标。可信性指政策组合在总体上及其要素和过程的可信和可靠程度。它受到一系列因素的影响，如来自政治领导层的承诺、政党或上下层级政府之间的共识、明确的政治信号等。综合性指政策工具运用的广度，即同时应用多种政策手段，反映了政策组合要素的详尽性和广泛性。它取决于政策工具组合解决市场、制度和制度失效的程度。但是，当政策组合内的政策工具多样性过高时，政策组合的全面性的积极作用可能会有所减弱，甚至可能成为创新的障碍。因此，政策组合的综合性要注意保持适宜的程度。平衡性指政策组合中政策工具类型之间运用的平衡性，用政策组合中不同政策工具之间的分散程度来表示，包含不同类型政策工具之间的平衡性和同类型中不同政策工具之间的平衡性。政策组合特征随着政策组合的动态变化而变化，较好的政策组合特征有助于更好地促进政策目标的完成。

2）政策实施效果

新能源汽车政策的实施效果是指新能源汽车政策目标的实际完成情况，它由总目标和三个分目标组成，其中总目标是新能源汽车产业创新发展总体情况，通过新能源汽车产业的发展来表示；技术创新分目标，通过新能源汽车技术创新专利指标表示；推广应用分目标，通过新能源汽车的销售量指标表示；充电基础设施分目标，通过充电桩的建设数量指标表示。

5. 政策分析框架各模块之间的关系

新能源汽车政策分析框架由多层级政策主体、政策元素和政策评价三个模块构成。其中，多层级政策主体模块包含中央政府及其直属机构、省级政府及其直属机构、基层政府三个层级。政策元素模块是由政策目标组合、政策工具组合和政策客体组合三个政策元素构成的政策集合。政策目标组合是政策想要解决的问题和预期要达到的所有目标的组合，政策工具组合是政策目标完成的重要手段和途径，政策客体组合是政策工具作用的目标群体。政策评价模块包含政策组合特征和政策实施效果两方面。政策组合特征是政策内容的重要评价原则，政策实施效果是政策目标的完成情况，通过政策目标的市场表现指标来衡量。政策主体是新能源汽车政策制定、执行、监督和反馈的主体，同时也是政策评估的主体之一。政策元素模块和政策评价模块是政策分析框架的核心，政策目标组合决定了政策工具组合的具体应用，通过政策工具对政策客体行为的引导和约束来完成预期的政策目标。最后通过政策组合特征来评价现有政策建设和运用的科学性和系统性，通过政策目标市场表现值与预期目标值的差距来评价政策的实施效果。

第十章 政策组合视角下新能源汽车产业创新政策体系分析
——以上海市为例

应用产业创新政策体系评估理论框架（图9-2），以上海市新能源汽车产业创新政策体系为对象，运用内容分析法进行量化分析。分析结果能够更好地从整体上把握多层级政府产业创新政策体系结构，发现优势表现，查漏补缺短板部分，为建立更加完善的多层级政府新能源汽车产业创新政策体系提供参考。

一、样本选择

1. 样本背景介绍

以新能源汽车试点城市为样本单位，以上海市新能源汽车政策为对象，运用基于政策组合的新能源汽车政策分析框架对其进行详细分析。分析结果可为后续以20个试点城市为样本数据的实证分析提供单个样本关于多层级政府的政策组合的构成及形成过程、政策组合的特征及实施效果等方面较为齐全的信息。

上海市是我国试点城市新能源汽车政策建设较为齐全及新能源汽车创新发展较为突出的典型城市之一。上海市较早地参与我国新能源汽车重点研发项目，于2009年和2010年成为我国第一批公共领域和私人领域同时推广应用的试点城市之一；其产业基地建设布局完善，注重发挥上海交通大学、同济大学与企业之间的产学研协同效应；注重充电基础设施与新能源汽车的同步发展，建立了全市统一的充电基础设施公共信息服务平台和公共数据采集与检测中心。2016年，上海市新能源汽车制造产值首次突破100亿元，达到132.6亿元，推广数量累计首次突破 10 万辆，跃居成为全球最大的推广应用城市[①]。

2. 研究样本选择

1）政策文本样本来源和选择

政策文件获取途径有两种：一是来自北大法宝数据库，二是来自多层级政府官方网站，即国务院及其直属机构、上海市及其直属部门和上海市各区级政府[②]。政策文件通过三次检索确定，检索时间分别为 2018 年 3 月 25 日至 31 日、2018 年 10 月 1 日至 8 日和 2019 年 1 月 10 日至 25 日；运用标题关键字搜索法，以"新能源车、新能源汽车、电动汽车、清洁汽车、动力电池、锂电子、燃料电池汽车"为关键词，共检索获得 287 项。运用筛选原则进行目标文件的选择确认，筛选原则：一是政策文件具有可获得性和不重复性；二是国家和省部委层面的新能源汽车政策适用范围包含上海；三是对《节能与新能源汽车年鉴》[③]和《中国新能源汽车产业发展报告》[④]中涉及的中央政府和上海市的新能源汽车创新政策进行核对查漏补充；四是通过全文阅览，确定政策文件与新能源汽车创新发展紧密相关。最终确定目标文件为 245[⑤]项，具体分布详见表 10-1。

表 10-1　上海市新能源汽车政策文件分布表　　　　　单位：项

国务院	直属机构	上海市	嘉定区	浦东新区	闵行区	崇明区	金山区	虹口区	宝山区	长宁区
8	121	39	21	28	6	12	5	2	2	1

2）评价指标数据来源和选择

政策效果实施评价指标数据来源主要有两个。一是新能源汽车制造业总值、新能源汽车的推广数量和充电桩数量三个指标主要来自 2010~2018 年《节能与新能源汽车年鉴》，2018 年数据以上海市新能源汽车公共信息平台及上海市政府官方网站为补充。二是新能源汽车专利指标数据来自国家知识产权局专利检索及分析网（https://pss-system.cponline.cnipa.gov.cn），借鉴以往学者的关键词搜索法，结合新能源汽车的六个重要关键技术领域[⑥]，关键词主要包含"电动汽车、混合

[①] 资料来源：上海市经济和信息化委员会《上海市新能源汽车产业大数据研究报告 2017》。
[②] 上海市各区级新能源汽车政策文件经过官方网站搜索、政务公开、电话、邮箱等方式确定。
[③] 2010~2017 年《节能与新能源汽车年鉴》。
[④] 2017~2018 年《中国新能源汽车产业发展报告》。
[⑤] 对同年份的关于同类型的标准体系文件、车型目录和消费者补贴名单政策分别进行合并，同年份按一项政策文件计算，如将 2017 年关于免征车辆购置税的新能源汽车车型目录（第十至十五批）五个文件合并，按一个政策文件计算。
[⑥] 新能源汽车技术主要分为六大技术领域，包括三个整车技术领域和三个关键部件技术领域，即插电式混合动力汽车、纯电动汽车、燃料电池汽车和动力电池系统、驱动电机系统、整车控制及附件。其中，锂离子动力电池是新能源汽车的关键组成部分。

动力汽车、燃料电池汽车、新能源汽车、锂离子电池、动力电池系统、驱动电机系统、整车控制"等新能源汽车相关的词语，新能源汽车专利数据运用"申请地+关键词"搜索法，上海市新能源汽车专利数据共搜索了6 439数据，其中公开3 343条，授权专利数据3 096条，采用爬虫方法进行下载。数据处理原则主要遵循两条：一是删除申请和授权重复数据，分别为26条和28条；二是根据专利标题，结合专利标题主题与申请单位排除与新能源汽车不相关的专利51条，其中申请24条，授权27条。最后新能源汽车专利目标样本数据为6 339条，其中申请专利3 296条，授权专利3 043条。

二、样本编码

1. 政策文本分析维度编码

借鉴过往学者的政策编码方式"政策序号-章节号-具体条款"（陈衍泰等，2013；王静等，2018），本章的政策编码方式按照"政府层级（1，2，3，4）-政策序号编码（1，2，3，…）-章节号（1，2，3，4，…）-具体条款（1，2，3，4，…）"进行编码，根据产业创新政策体系评估理论框架（图9-2）和政策分析维度关键字，建立新能源汽车创新政策文本的内容分析单元编码原则表，如表10-2所示，对254项目标政策文件逐个进行编码记录[①]和归类统计，编码示例如表10-3所示。如果政策分析维度含有对应编码关键字，则为1，否则为0，从而将政策文本信息转化为半结构化数据。

表10-2 政策文件分析维度编码原则表

政策分析维度	编码关键字	政策分析维度	编码关键字
1 政策主体	各层级政府组织机构名称	4 政策工具	
2 政府等级		4.1 战略面	
2.1 中央	国务院、国务院办公厅	①战略	纲要、战略
2.2 部委级	国务院直属机构，如科技部等	②规划	产业规划、产业布局、五年、中长期规划等
2.3 省级地方政府	省市级政府，如上海市	③组织机构	领导小组、领导机构等
2.4 基层地方政策	当地政府，如嘉定区等	4.2 供给面	
3 政策目标	目标	①人才支持	人才、团队、学科、专业等

[①] 若同一政策中多个政策条款涉及了同一种政策文件，仅记录一次；若同一政策条款中涉及了不止一种政策工具，则都予以记录。

续表

政策分析维度	编码关键字	政策分析维度	编码关键字
②资金支持	与企业研发生产相关的财政、奖励、补贴等资金	4.4 环境面	
③技术研发支持	技术指南、技术路线、技术等	①金融环境	投资、金融、融资等
④信息支持	信息技术、信息收集、信息管理等	②基础设施	充电桩、配套服务基础设施标准等
⑤公共服务	平台、检测服务、协同创新中心、产业基地等	③标准体系 ④行政规范措施	限行限购、车牌等交通管制措施、市场准入、产品目录等
4.3 需求面		⑤政务服务	审批、流程、申报等
①机构采购	政府采购、单位购买	⑥宣传	舆论、宣传、体验、示范等
②推广应用	试点城市、推广、示范	4.5 评估面	审查、检查、督查、评估等
③消费补贴	双购买补贴、示范推广补贴等	5 政策客体	
		5.1 生产者种群	企业、研发机构等
④税收优惠	税	5.2 消费者种群	个人消费者、企事业单位
⑤商业模式	商业模式	6 时间	
		6.1 发布时间	1999~2018年
		6.2 有效期限	有效期、执行年限等
⑥海外机构	海外机构、国际合作		

表10-3 政策文本内容分析单元编码示例

序号	政策文件名称	编码内容单元	编码	政策主体	政府等级	政策目标组合	政策工具组合 战略面 供给面 需求面 环境面 评估面	政策客体	发布时间	有效期限
1	汽车产业调整和振兴规划	（五）实施新能源汽车战略	1-1-3-5	国务院办公厅	中央	推动新能源汽车的产业化	战略 … … … …	生产者种群、消费者种群	2009.03.20	2009年至今
		（十）推广使用节能和新能源汽车	1-1-3-10	国务院办公厅	中央		规划	生产者种群、消费者种群	2009.03.20	2009~2011年
2	关于加快培育和发展战略性新兴产业的决定	（七）新能源汽车产业。着力突破动力电池、驱动电机等领域关键核心技术…开展燃料电池汽车相关前沿技术研发	1-2-3	国务院	中央		技术研发	生产者种群	2010.10.18	2010年至今
…	…	…	…	…	…	…	…	…	…	…

续表

序号	政策文件名称	编码内容单元	编码	政策主体	政府等级	政策目标组合	政策工具组合 战略面 供给面 需求面 环境面 评估面	政策客体	发布时间	有效期限
1	关于"空气净化工程——清洁汽车行动"试点示范城市实施方案的批复	由科技部会同国家环保总局、国家经贸委…成立了全国清洁汽车行动协调领导小组及办公室…	2-1	科学技术部	直属机构	推广应用	组织机构	…	1999.06.24	1999年至今
…	…	…	…	…	…	…	…	…	…	…
1	关于发布《2006-2008年上海市新能源汽车推进项目指南》的公告	全文	3-1	上海市新能源汽车推进办公室、市经济委员会	省级地方政府	技术创新	技术研发支持	生产者种群	2006.04.29	2006~2008年
…	…	…	…	…	…	…	…	…	…	…
1	《长宁区关于落实〈上海市电动汽车充电设施建设管理暂行规定〉的实施方案》的通知	全文	4-1	长宁区人民政府	基层地方政府		基础设施	消费者种群	2015.10.29	2015年至今
…	…	…	…	…	…	…	…	…	…	…
77	华依新能源汽车动力总成及整车测试中心项目	全文	4-77	浦东新区人民政府	基层地方政府		公共服务	生产者种群	2017.02.21	2017年至今

2. 编码可靠性

为保证政策文件编码分析的可信度，政策文本编码原则表（表10-2）通过了2位多年从事新能源汽车创新政策研究领域学者的审核，研究小组内部由3位研究人员按照编码原则独立地对所有政策文本进行编码，内容分析法规定一致性系数在[0.8，0.9]区间内被认为可接受，超过0.9则被认为具有非常高的信度（郭俊华和徐倪妮，2017）。根据编码一致性系数［式（10-1）］，计算得出3人的编码一致性系数，分别为93.6%、89.7%、90.5%。这说明编码原则比较清晰明了，编码一致性较高。

$$一致性系数 = \frac{两位编码者完全一致的编码数（M）}{每人编码总数量（N）} \quad (10\text{-}1)$$

三、上海市新能源汽车政策效果分析

根据产业创新政策体系评估理论框架(图 9-2)和政策文本维度编码原则表(表 10-2),结合内容分析法和政策量化分析法,本章从多层级政策主体模块、政策元素模块和政策评价模块对上海市新能源汽车政策进行了量化统计分析,得到多层级政策主体年度政策制定统计表、政策工具编码结果统计表。它们是本节统计分析的基础。

(一)多层级政策主体模块分析

政策主体是指负责中国新能源汽车政策的制定、执行、监控和评价的政府组织机构。根据府际关系理论将政策主体之间的关系主要分为纵向关系和横向关系。从纵向关系看,政策主体是中央政府和地方政府,其中地方政府分为直辖市(省级)和基层地方政府(区政府);从横向关系看,政策主体是同层级各职能部门。根据政策主体的参与数量,政策主体可分为单一主体和联合主体,联合主体在横向关系中共同合作参与一项政策的制定和实施。

1. 多层级政策主体分析

上海市新能源汽车政策的政策主体由中央和地方的多层级政府构成。由表 10-4 可知,中央政府由国务院及其 11 个直属机构组成,占比 52.65%,工业和信息化部是主要负责部门,财政部、国家发展和改革委员会、科学技术部、国家市场监督管理总局、国家税务总局是主要参与部门,其他 5 个部门起辅助配合作用;地方政府占比 47.35%,其中上海市及其 10 个直属机构占比 15.92%,上海市经济和信息化委员会是主要负责部门,上海市发展和改革委员会、上海市交通委员会、上海市科学技术委员会、上海市财政局、上海市公安局是主要参与部门,其他 4 个部门起着辅助配合作用;基层地方政府主要包含 8 个区级政府,占比 31.43%,以嘉定区、浦东新区和崇明区三个区政府为主,如图 10-1 所示。

表 10-4 新能源汽车政策多层级政策主体政策制定统计表

政策主体	参与制定	占比	总占比	单一制定	占比	总占比	联合制定	占比	总占比
1 中央政府层面									
国务院	9	6.98%	3.67%	8	6.20%	3.27%	1	0.78%	0.41%

续表

政策主体	参与制定	占比	总占比	单一制定	占比	总占比	联合制定	占比	总占比
工业和信息化部	82	63.57%	33.47%	30	23.26%	12.24%	52	40.31%	21.22%
财政部	39	30.23%	15.92%	2	1.55%	0.82%	37	28.68%	15.10%
国家发展和改革委员会	34	26.36%	13.88%	8	6.20%	3.27%	26	20.16%	10.61%
科学技术部	32	24.81%	13.06%	6	4.65%	2.45%	26	20.16%	10.61%
国家市场监督管理总局	22	17.05%	8.98%	11	8.53%	4.49%	11	8.53%	4.49%
国家税务总局	18	13.95%	7.35%	1	0.78%	0.41%	17	13.18%	6.94%
商务部	12	9.30%	4.90%	2	1.55%	0.82%	10	7.75%	4.08%
交通运输部	9	6.98%	3.67%	3	2.33%	1.22%	6	4.65%	2.45%
住房和城乡建设部	6	4.65%	2.45%	4	3.10%	1.63%	2	1.55%	0.82%
海关总署	6	4.65%	2.45%	1	0.78%	0.41%	5	3.88%	2.04%
生态环境部	5	3.88%	2.04%	0	0	0	5	3.88%	2.04%
2 地方政府（直辖市）									
上海市人民政府及新能源汽车推进领导小组	7	17.95%	2.86%	3	7.69%	1.22%	4	10.26%	1.63%
上海市经济和信息化委员会	24	61.54%	9.80%	7	17.95%	2.86%	17	43.59%	6.94%
上海市发展和改革委员会	15	38.46%	6.12%	0	0	0	15	38.46%	6.12%
上海市交通委员会	15	38.46%	6.12%	3	7.69%	1.22%	12	30.77%	4.90%
上海市科学技术委员会	12	30.77%	4.90%	1	2.56%	0.41%	11	28.21%	4.49%
上海市财政局	9	23.08%	3.67%	0	0	0	9	23.08%	3.67%
上海市公安局	6	15.38%	2.45%	0	0	0	6	15.38%	2.45%
上海市规划与国土资源管理局	3	7.69%	1.22%	0	0	0	3	7.69%	1.22%
上海市城乡建设和管理委员会	3	7.69%	1.22%	0	0	0	3	7.69%	1.22%
上海市商务委员会	3	7.69%	1.22%	0	0	0	3	7.69%	1.22%
上海市质量技术监督局	2	5.13%	0.82%	2	5.13%	0.82%	0	0	0
上海市消防局	1	2.56%	0.41%	0	0	0	1	2.56%	0.41%
3 基层地方政府（区政府）	单一制定	占比	总占比				单一制定	占比	总占比
嘉定区	21	27.27%	8.27%	金山区			5	6.49%	1.97%
浦东新区	28	36.36%	11.02%	虹口区			2	2.60%	0.79%
闵行区	6	7.79%	2.36%	宝山区			2	2.60%	0.79%
崇明区	12	15.58%	4.72%	长宁区			1	1.30%	0.39%

资料来源：作者统计，表中数字表示政策文件数量

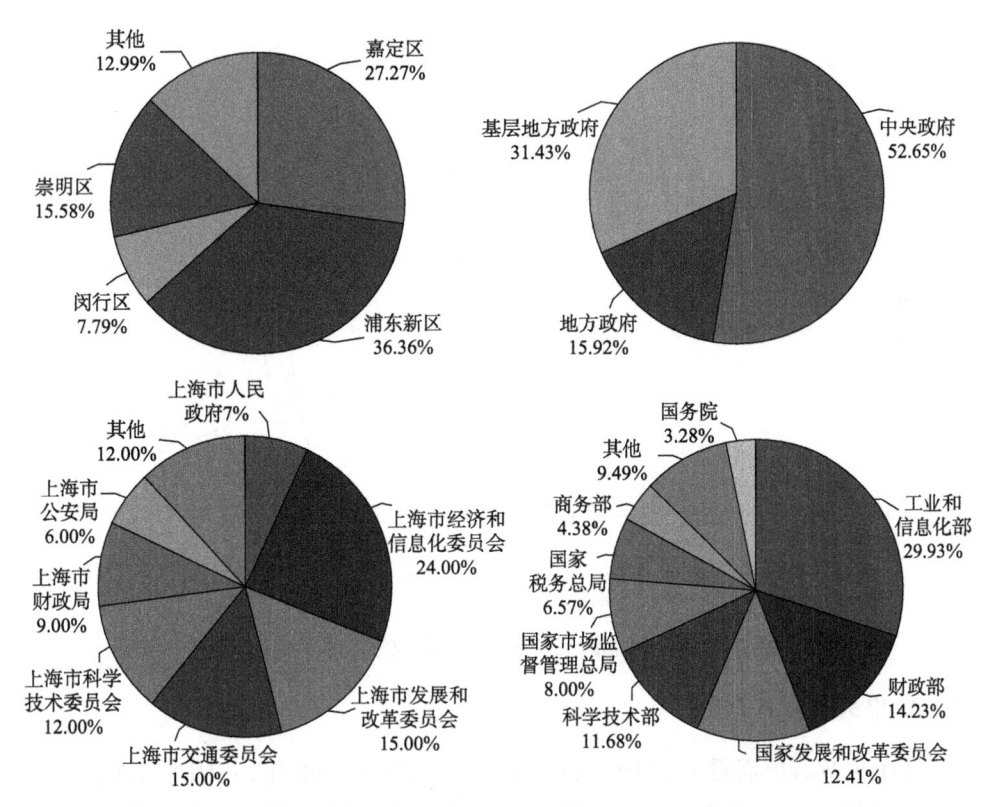

图 10-1　多层级政策主体政策制定占比分布图

由于舍入修约，数据有偏差

上海市新能源汽车政策发展可分为三个阶段（图 10-2）：1999~2008 年、2009~2012 年和 2013~2018 年，呈现三个特征。第一，1999~2008 年，政策发布从中央政府直属机构科学技术部开始，逐渐向多层级政策主体间（即中央同层级部门、直辖市地方政府和区级基层地方政府）缓慢扩散；上海市及区级等地方政策主体 2006 年才开始制定本级管辖区的新能源汽车相关政策。第二，随着国内外新兴产业的发展，结合新能源汽车在我国战略性新兴产业发展中的定位，2009 年，我国中央政府提出了新能源汽车战略，在其统筹领导下，新能源汽车政策自上而下开始在纵向各级政府中快速扩散，中央直属机构响应较快，在第二阶段和第三阶段经历了两次快速增长，两次增长幅度都最大，而地方政府在第三阶段才开始快速增长。其中上海市及其直属机构从 2012 年开始平稳增长，上海市区级政府从 2013 年开始快速增长。第三，第一阶段以政策主体单一制定为主，从 2009 年开始上海市以多层级政府政策同时实施为主，在中央直属机构和上海市直属机构两个同层级政策主体中，新能源汽车政策以联合制定为主，横向合作政策主体逐年增多。

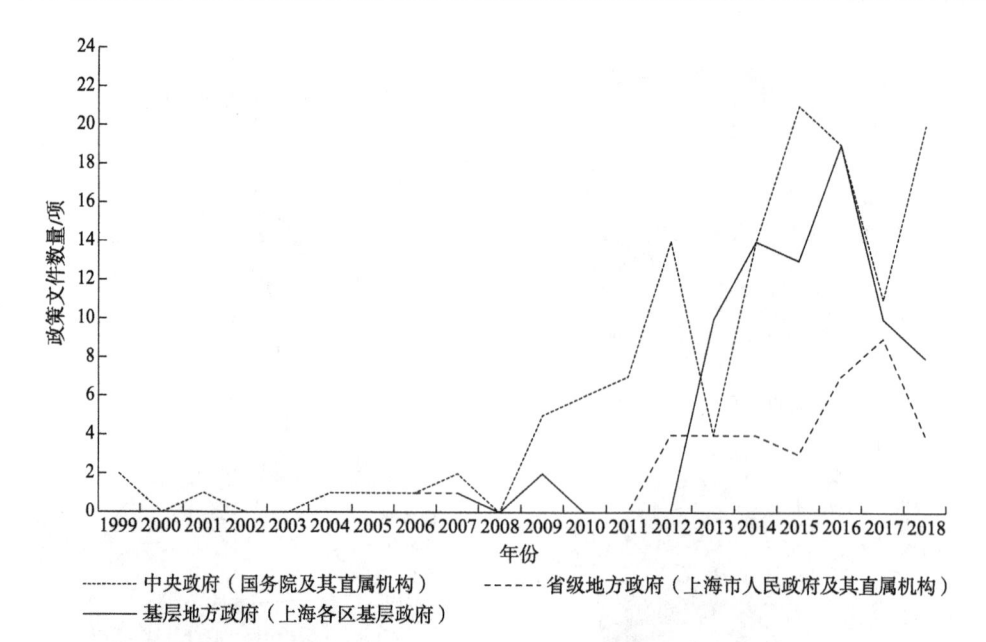

图 10-2　上海市新能源汽车政策多层级政策主体年度制定情况

2. 中央政府层面分析

从中央政府层面看（表 10-4 和图 10-3），1999~2008 年，以中央政府层面的单一主体制定的政策为主，其中科学技术部是主要负责部门；2009~2018 年，2009 年我国中央政府在《汽车产业调整和振兴规划》明确提出大力实施新能源汽车战略，中央政府发挥统筹规划和领导作用，工业和信息化部成为主要负责部门，总占比 63.57%，其单一制定和联合制定分别占比 23.26%和 40.31%，财政部、国家发展和改革委员会、科学技术部是主要参与部门，以同级多政府部门联合制定为主，联合制定分别占比 28.68%、20.16%、20.16%。

3. 省级地方政府层面分析

从省级地方政府层面看（表 10-4 和图 10-4），上海市新能源汽车政策在省级地方政府层面发挥领导作用的政策主体是上海市人民政府，以上海市新能源汽车推进领导小组办公室为具体表现形式，占比 15.38%，上海市经济和信息化委员会是其主要负责部门，参与制定占比 61.54%，其单一制定和联合制定分别占比 17.95%和 43.59%；上海市发展和改革委员会、上海市交通委员会、上海市科学技术委员会、上海市财政局、上海市公安局是主要参与部门，以同级多部门政府部门联合制定为主，联合制定分别占比 38.46%、30.77%、28.21%、23.08%和 15.38%。

第四篇　创新驱动发展的政策研究

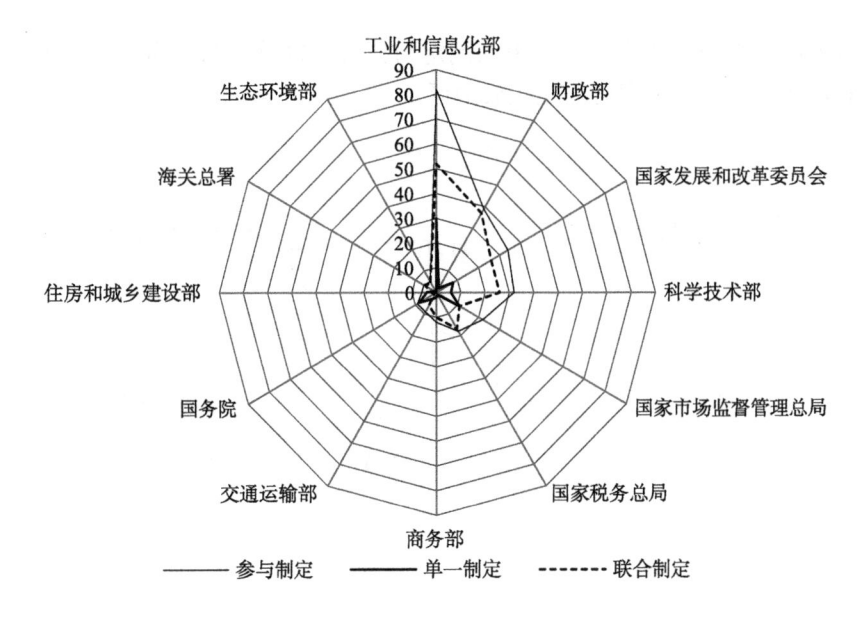

图 10-3　中央政府层面政策主体政策制定统计分布

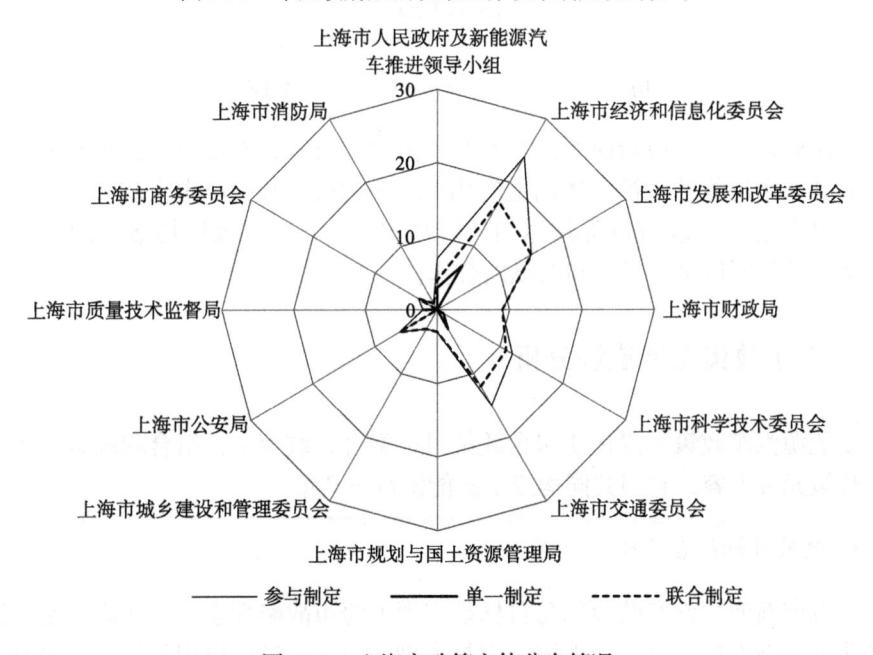

图 10-4　上海市政策主体分布情况

4. 基层地方政府层面分析

从基层地方政府层面看（表 10-4 和图 10-5），2013 年起，上海市各区基层地方政府才广泛参与新能源汽车政策的制定与执行，以单一制定为主。其中浦东新区、嘉定区、崇明区和闵行区是主要地区。

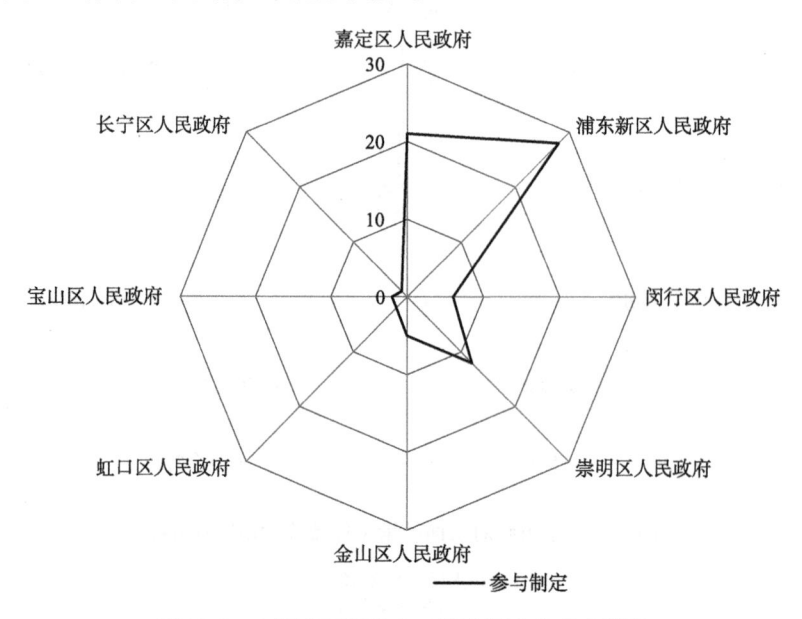

图 10-5　上海市区级地方政府政策主体分布情况

总体而言，上海市新能源汽车政策是由中央政府、省市级地方政府和区级地方政府这多个层级的政策主体制定的相关政策构成。其中以中央政府为主导，地方政府和基层地方政府负责具体的执行和实施，它既涉及同层级部门的横向合作，又涉及不同层级部门之间的纵向合作。

（二）政策元素模块分析

新能源汽车政策元素模块包含政策目标组合、政策工具组合和政策客体组合三个政策元素内容，它们共同构成了新能源汽车政策。

1. 政策目标组合分析

上海市新能源汽车政策的总目标是实现上海市战略性新兴产业之一新能源汽车产业的创新发展，它由新能源汽车技术创新目标、推广应用目标和充电基础设施目标三个分目标构成，总目标通过三个具体分目标的完成而实现。它是在国家对应的新能源汽车总目标和三个分目标的指导下，结合上海市自身新能源汽车发展基础和条件，制定的上海市新能源汽车总目标、技术创新目标、推广应用目标和充电基础设施目标，同时它也是对国家新能源创新政策总目标和分目标的分解和执行。

上海市的新能源汽车政策总目标是"新能源汽车实现产业化",具体体现在形成国内领先、具有国际竞争能力的自主产业体系和产业集群,以嘉定区新能源汽车发展为典型代表。其分目标具体体现为,技术创新目标以混合动力汽车、纯电动汽车为主攻方向,以"电池、电机、电控"关键零部件为突破口,同步支持燃料电池汽车研发;推广应用目标以年度推广目标量为主,主要在公交、公务、环卫、物流车辆等公共领域和私人领域同时进行推广,比例逐渐增加,其中2022年公共领域的公交、出租、环卫、邮政、市内货运等行业新增车辆全面实现电动化;充电基础设施基本形成覆盖广泛、互联互通的充电设施网络。上海市各区对技术创新目标、推广应用目标和充电基础设施目标三个分目标再进一步分解和执行。

2. 政策工具组合分析

政策工具组合是一套相互作用的政策工具的组合(Borrás and Edquist, 2013)。政策工具组合是政府为了达到预期的政策目标而采用的组合措施,由战略面、供给面、需求面、环境面和评估面五类政策工具的组合构成,具体包含22种具体的政策工具。它们分工合作,相互影响,通过发挥"引领→推动—拉动—影响←监督反馈"的作用,共同促进政策目标的完成。

根据多层级政策工具年度运用编码结果表和年度统计表,得出编码结果统计表10-5。它们是该模块统计分析的基础。

表10-5 政策工具编码结果统计表

政策工具类型	政策工具名称	政策层级	编码内容	小计	总计
战略面	1.1 战略	中央	1-1-3-5	1	2
		上海	3-7-5-1	1	
		区级		0	
	1.2 规划	中央	1-1-4-10;1-4;1-5-7;2-25;1-8-5-1;2-93	6	9
		上海	3-3-2-2;3-6;3-32	3	
		区级		0	
	1.3 组织机构	中央	2-1;2-2-2-1;2-6-4;2-16;2-2-1-1;1-4-6;2-26;1-7-5-25;2-13	9	14
		上海	3-11;3-15-4-1	2	
		区级	4-7;4-12-4-1;4-55-3-1	3	
供给面	2.1 人力资源	中央	2-54-15;2-91-4-4	2	6
		上海	3-4-5-20;3-7-6-4;3-12	3	
		区级	4-39	1	

续表

政策工具类型	政策工具名称	政策层级	编码内容	小计	总计
供给面	2.2 资金支持	中央	2-2-3-2-5；2-5-1-5；2-29-2；1-6-4-18	4	7
		上海	3-4-2-4；3-15-4-2；3-17	3	
		区级		0	
	2.3 技术研发支持	中央	2-2-2-2；2-3-3；2-6-3；1-2-3；2-15；2-18；1-6-7-25；1-7-4-20；2-53；2-54-14；2-73；2-91-3-1	12	20
		上海	3-1；3-2-2；3-3-3-2；3-7-4-1；3-12；3-34	6	
		区级	4-2；4-11；	2	
	2.4 信息支持	中央	2-20-1-8；2-36；1-6-3-12；2-54-11；2-65-7-10；2-67-4-2；2-105-2	7	16
		上海	3-7-7；3-15-7；3-21-9；3-36-9	4	
		区级	4-8-4-2；4-40-3-5；4-5；4-21；4-76	5	
	2.5 公共服务	中央	2-3-2-1；2-6-2；2-27；1-6-7-27；1-7-3-11	5	39
		上海	3-4-4-15；3-7-6-5；3-12	3	
		区级	4-6；4-30；4-31；4-33；4-34；4-50；4-51；4-52；4-53；4-54；4-56；4-57；4-59；4-62；4-64；4-65；4-67；4-68；4-44；4-45；4-46；4-69；4-70；4-71；4-72；4-74；4-75；4-47；4-48；4-49；4-77	31	
需求面	3.1 机构采购	中央	2-20-1-4；1-6-4-14；2-44-4-1	3	13
		上海	3-4-3-11	1	
		区级	4-35-2；4-36；4-3；4-41；4-24；4-25；4-26；4-27；4-28	9	
	3.2 推广示范	中央	2-1；2-2-3-1-4；2-3-2-2；2-9-4；2-13-1；2-14；1-6-4-13；2-41-1	8	12
		上海	3-7-6-6；3-22-1	2	
		区级	4-66；4-40-3-1	2	
	3.3 消费补贴	中央	2-9-4-5；2-13-4-9；2-20-1-4；2-30-1；2-38-2；1-6-4-15；2-59-3；2-57-1；2-86-1；2-105-1	10	34
		上海	3-4-3-12；3-8-2-8；3-14-4；3-15-4-2；3-21-4；3-22-3；3-27-1；3-36-2；3-39-2-1	9	
		区级	4-29-3；4-8-4-1；4-12-4-6；4-13；4-14；4-55-3-3；4-58-1；4-35-3；4-61；4-15；4-17-5；4-43；4-73；4-20；4-22	15	
	3.4 海外机构	中央	1-6-4-17；2-91-4-5	2	2
		上海		0	
		区级		0	
	3.5 税收优惠	中央	1-3-10；2-24-1；2-28；1-6-3-11；2-47-1；2-58；2-79；2-99；2-114	9	11
		上海	3-4-2-9；3-8-3	2	
		区级		0	
	3.6 商业模式创新	中央	1-2-5-2；1-7-3-14；2-54-10	3	10
		上海	3-7-4-7；3-15-4-2；3-20-3；3-21-19	4	
		区级	4-29-2；4-12-4-5；4-40-3-3	3	

续表

政策工具类型	政策工具名称	政策层级	编码内容	小计	总计
环境面	4.1 基础设施建设	中央	2-2-3-2；1-2-5-2；2-13-2-6；2-2-1-4；2-38-3；1-6-2-5；2-42；2-43-1-5；2-44-4-2；2-46；2-49；1-7-2；2-54-7；2-65-7-1；2-67-3；2-74-3；2-80-1；2-106-3-2；2-115-3；2-117	20	39
		上海	3-4-3-13；3-7-4-7；3-9-2；3-15-4-2；3-18；3-24-1；3-25；3-31	8	
		区级	4-12-4-3；4-35-6；4-55-3-4；4-1；4-4；4-60；4-63；4-40-3-2；4-42；4-9；4-19	11	
	4.2 金融政策	中央	1-6-4-19；1-7-4-17；2-65-7-8	3	6
		上海	3-4-5-18；3-7-6-4；3-15-4-2	3	
		区级		0	
	4.3 行政规范				70
	（1）市场管理规范	中央	2-8；2-11；2-12；1-2-5-3；2-17；2-21；2-22；2-24-2；2-33；2-34；2-35；2-39；1-6-5-20；1-6-6-23；2-41-2；2-50；2-52；2-55；2-60；2-64；2-68；2-69；2-70；2-77；2-87；2-90；2-92；2-94；2-100；2-101；2-102；2-104；2-108；2-109；2-111；2-113；2-116；2-118；2-119；2-120；2-121；2-105-3-1	42	48
		上海	3-10；3-16；3-26；3-28；3-29；3-36-12	6	
		区级		0	
	（2）交通管制	中央	2-20-1-4；1-6-5-22；2-43-1-4；2-44-4-3	4	10
		上海	3-8-2-7；3-14-5；3-15-4-2；3-21-5；3-22-2；3-36-5	6	
		区级		0	
	（3）双积分	中央	2-37；1-6-5-21；2-97；2-98；2-107；2-110；2-112	7	7
		上海		0	
		区级		0	
	（4）安全管理	中央	2-19；2-54-11；2-63；2-78；2-83	5	5
		上海		0	
		区级		0	
	4.4 技术标准体系	中央	2-2-3-2-1；2-4；2-10；1-2-5-3；2-20-1-6；2-23；2-32；1-6-6-23；2-40；2-43-1-6；2-48；1-7-3-10；2-51；2-54-13；5-61；2-71；2-72；2-81；2-88；2-89；2-91-3-6；2-95；2-96	23	29
		上海	3-4-4-17；3-5；3-7-6-5；3-15-5；3-19；3-33	6	
		区级		0	
	4.5 政务服务	中央	2-9-5-12；2-13-5；2-29-3；2-30-2；1-7-5-22；2-47-3；2-57-3；2-59-4；5-62；2-74-5；2-82；2-85	12	28
		上海	3-8-3；3-13-5；3-14-10；3-21-20；3-23；3-24-5；3-27-2；3-36-14；3-37；3-38；3-39-2-3	11	
		区级	4-32；4-55-3-2；4-58-4；4-18；4-43	5	
	4.6 宣传	中央	2-2-3-1-3；2-7；1-6-8-30；2-44-5-5；2-45；1-7-5-24；2-54-17；2-59-5-3；2-65-7-11；2-67-4-4；2-80-10；2-106-3-4；2-115-11	13	19
		上海	3-15-6；3-20-5-3	2	
		区级	4-12-4-2；4-37；4-38；4-55-3-5	4	

续表

政策工具类型	政策工具名称	政策层级	编码内容	小计	总计
评估面	5.1 评估性措施	中央	2-3-3；2-6-4；2-9-6-14；2-13-6；2-20-3；2-24-4；2-29-4；2-31；2-43-3；2-44-5-1；2-54-16；2-56；2-57-4；2-59-5-2；2-66；2-74-6；2-75；2-76；2-84；2-86-2；2-106-3-6；2-115-12	22	33
		上海	3-8-1-4 ；3-9-6；3-13-4-3；3-14-16；3-20-5-1；3-21-21；3-24-6-5；3-36-20	8	
		区级	4-8-4-3；4-58-6；4-17-8	3	
	5.2 评估结果报告	中央		0	5
		上海	3-30；3-35	2	
		区级	4-10；4-16；4-23	3	

1) 政策工具组合运用发展过程

上海市新能源汽车政策体系不是预先规划的，而是伴随着多层级政策主体对不同政策工具的运用、调整而逐步完善，最终形成了含战略面、供给面、需求面、环境面和评估面的五类政策工具组合应用体系，如图10-6和图10-7所示。

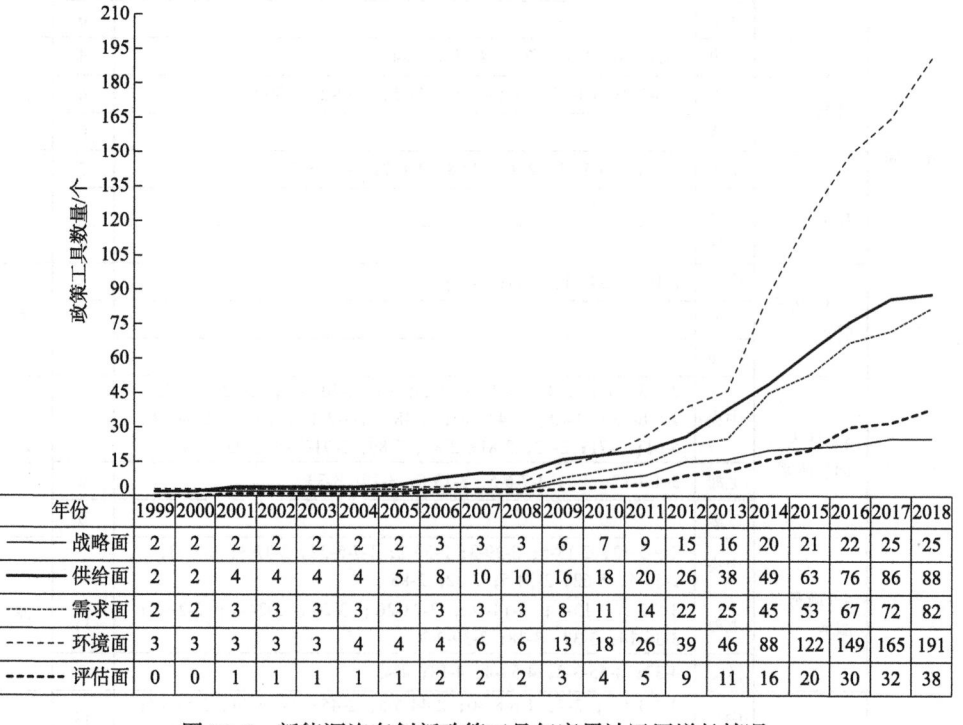

年份	1999	2000	2001	2002	2003	2004	2005	2006	2007	2008	2009	2010	2011	2012	2013	2014	2015	2016	2017	2018
战略面	2	2	2	2	2	2	2	3	3	3	6	7	9	15	16	20	21	22	25	25
供给面	2	2	4	4	4	4	5	8	10	10	16	18	20	26	38	49	63	76	86	88
需求面	2	3	3	3	3	3	3	3	3	8	11	14	22	35	45	53	67	72	82	
环境面	3	3	3	4	4	4	4	6	6	13	18	26	39	46	88	122	149	165	191	
评估面	0	0	1	1	1	1	1	2	2	2	3	4	5	9	11	16	20	30	32	38

图10-6 新能源汽车创新政策工具年度累计运用增长情况

第四篇 创新驱动发展的政策研究

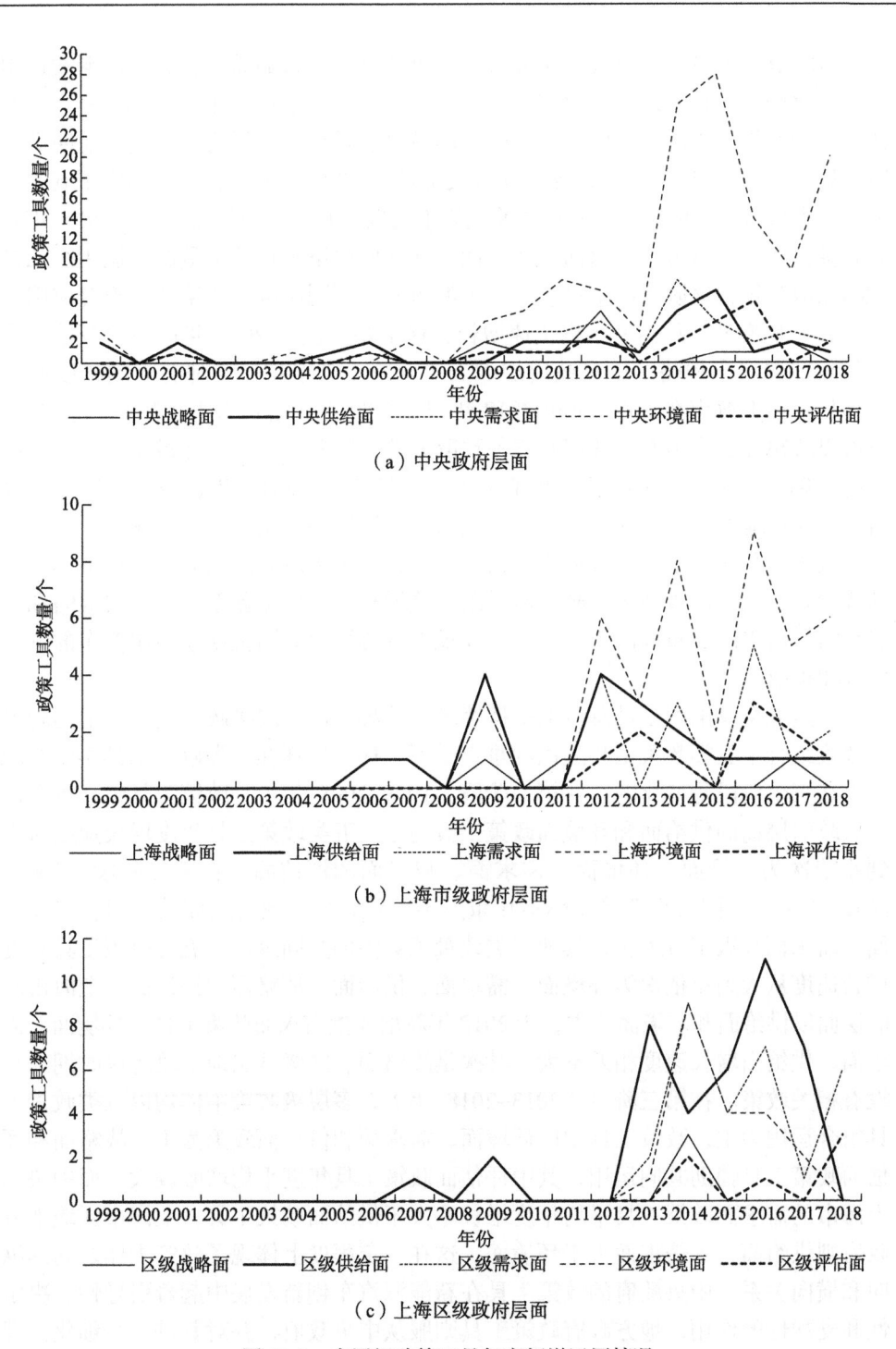

（a）中央政府层面

（b）上海市级政府层面

（c）上海区级政府层面

图 10-7 多层级政策工具年度新增运用情况

由图10-6和图10-7可知，新能源汽车政策工具是以政策工具组合的形式运用为主，而不是单一政策工具的运用为主。它经历了三个发展阶段。一是1999~2008年，该阶段以中央政府层面的政策工具组合应用为主，其中前四类政策工具于1999年同时出现，评估面政策工具于2001年出现，至此形成了五类政策工具类型组合。但是2005年之前政策工具数量几乎呈现停滞状态，2005年才开始缓慢增长，得力于供给面、环境面和评估面政策工具的少量新增运用。二是2009~2012年，该阶段以中央政府和上海市两个不同层级的政策工具组合应用为主，五类政策工具总体呈小幅快速增长，这主要得益于2009年国务院开始大力实施新能源汽车战略。中央政府层面五类政策工具平均每年都有不同幅度的小幅增长；而上海市在2009年和2012年以2次断点式增长为主，2009年上海市政府以战略面、供给面、环境面三种政策工具组合为主，2012年政策工具组合在原有基础上，又新增了需求面政策工具。三是2013~2018年，该阶段以中央政府、上海市地方政府和区级基层地方政府三个层次的政策工具组合应用为主，五类政策工具总体呈不同幅度的指数式快速增长，中央政府层面五类政策工具呈波动式增长，上海市级和区级则依然呈断点式增长。受国家创新驱动发展战略和发展战略性新兴产业布局的影响，中央及地方齐心协力共同推动新能源汽车的创新发展和扩散。

虽然五类政策面工具总体上呈持续增长趋势，但多层级政策主体在不同阶段对政策组合中五类政策工具运用的重点是不一样。体现在五类政策工具年度新增速度在三个阶段是变化的。在第一阶段（1999~2008年），政策工具组合重点以中央政府层面的供给面和环境面政策工具为主，五类政策工具年度增长速度从大到小依次为供给面、环境面、需求面、战略面和评估面。在第二阶段（2009~2012年），不同层级政策主体运用重点不一致，中央政府层面政策组合以环境面、需求面政策工具为主，其他三类政策工具辅助共同运用，五类政策工具年度增长速度从大到小依次为环境面、需求面、供给面、战略面和评估面。上海市政府层面以供给面和环境面为主，于2012年新增大量需求面政策工具，环境面、需求面、供给面增长速度相差不大，其次是战略面。区级基层地方政府该时期几乎没有相关政策。在第三阶段（2013~2018年），多层级政策主体均以五类政策工具组合运用为主，政策工具中以环境面、需求面和供给面政策为主，战略面和评估面政策工具辅助共同运用，其中评估面政策工具年度平均增幅较大，而中央和上海市的需求面政策工具平均年度增长略大于供给面政策工具；上海市区级地方政府则供给面大于需求面大于环境面。这在一定程度上体现了政策主体之间的纵向和横向关系。中央政府的政策工具在新能源汽车创新发展中起着引导性、决定性和支配性的作用，地方政府政策工具则服从中央政府，并对其进一步细化，即上海市政府层面政策工具在上海区域内进行中央政策工具的执行和管理，区级基层地方主要任务是进一步细化上海市的政策工具并进行执行。

2）政策工具组合应用现状分析

上海市新能源汽车政策体系包含 245 项政策文件，综合运用了多层级的五类政策工具构成的政策工具组合，涵盖 22 种具体政策工具，累计运用了 424 项政策工具，详见表 10-5。其中战略面政策工具占比 5.90%，供给面政策工具占比 20.75%，需求面政策工具占比 19.34%，环境面政策工具占比 45.05%，评估面政策工具占比 8.96%。在多层级方面，战略面、环境面和评估面三类政策以中央政府层面（3.77%、30.42%、5.19%）和上海市（1.42%、9.91%、2.36%）为主；供给面和需求面均以中央（7.08%、8.25%）和上海区级政府（9.20%、6.84%）为主，如图 10-8 所示。

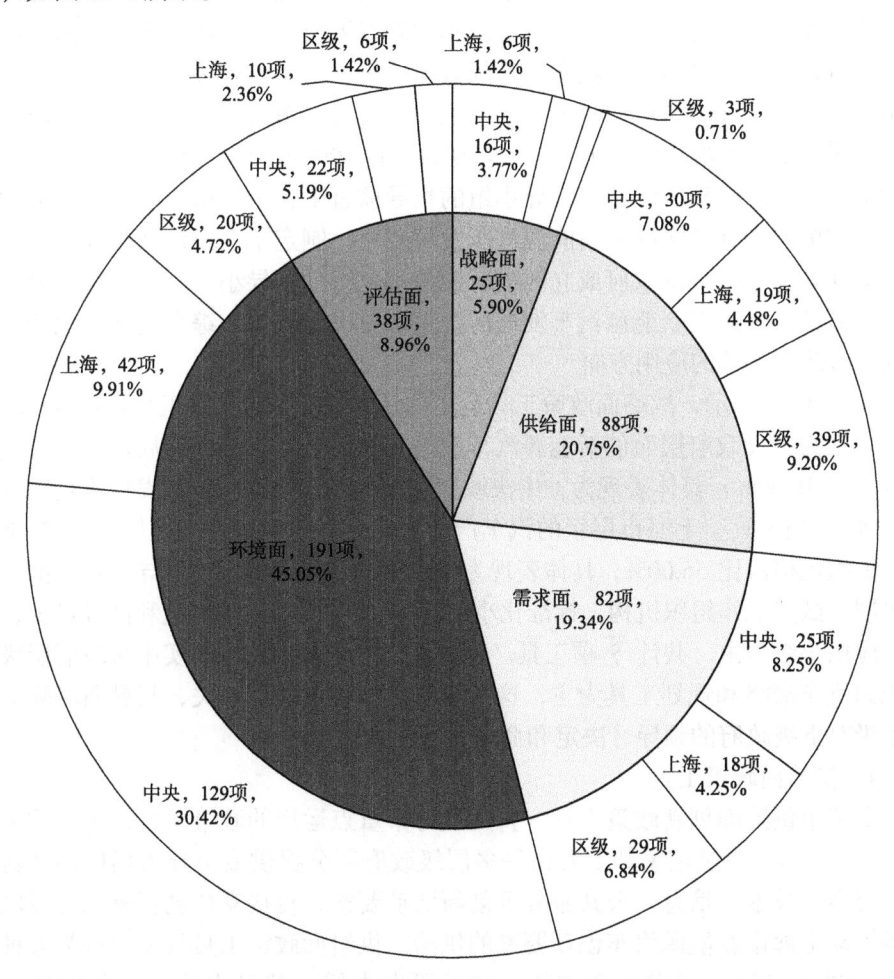

图 10-8 多层级政府五类政策工具运用占比分布

上海市新能源汽车政策体系以政策工具组合为运用方式，具体表现为它以战略面政策工具为引导，以环境面、供给面和需求面三类政策工具为主，以评估面两类政策工具为辅，围绕上海市新能源汽车创新发展目标，通过政策工具循环闭合系统对政策客体发挥"引领→推动—拉动—影响←监督反馈"的作用，共同促进政策目标的完成。

3）战略面政策工具

上海市战略面工具以中央层级政策工具（3.77%）为主，虽然其在五类政策工具中占比最少（5.90%），但具有"少而精"的特性，它主要包含战略、规划和组织机构三种具体的政策工具，战略面工具"国家新能源汽车战略"决定了新能源汽车发展的优先性和重要性，上海市新能源汽车发展定位规定了新能源汽车发展的具体地位；规划工具为新能源汽车创新发展指明了方向，多层级的组织机构工具负责不同层级新能源汽车事务的具体执行、协调和管理。战略面工具通过运用战略、规划和组织机构构成的政策工具组合对上海市新能源汽车的创新发展起着统筹、引导和决定性作用。具体表现为，在2009年新能源汽车战略开始实施的背景下，在国家新能源汽车领导小组的指导监督下，上海市新能源汽车推动领导小组积极响应并落实国家新能源汽车发展战略，制定了上海市新能源汽车发展中长期规划，引导区级政府成立区级新能源汽车行动领导小组，在中长期内从整体上发挥其对上海市新能源汽车发展的统筹引导决策作用，综合引导其他四类政策面具体政策工具的应用方向。

如图10-9所示，战略面政策工具运用的具体情况为，战略工具占比8.00%，具体表现为中央政府层面的新能源汽车战略和上海市级的产业布局定位；规划类工具占比36.00%，具体表现为，中央政府层面的产业规划、科技发展规划、五年规划等9项工具，上海市层级的汽车产业规划、五年规划、布局规划等3项工具；组织机构占比56.00%，具体表现为，中央政府层面的行动领导小组、部际协调机制、试点工作组织机构、标准化小组等9项工具；上海层级和区级较少，以推广应用小组为主，共计5项工具。说明战略面工具以执行落实中央政府层级的新能源汽车战略和规划工具为主，这与战略面工具的性质有关，与纵向府际关系中上级对下级政府的领导、决定和命令关系一致。

4）供给面政策工具

上海市供给面创新政策工具一直是上海市重点运用的政策工具，占总政策工具的27.97%。通过国家和上海市等多层级政府部分提供或引导市场提供创新人才、资金、技术、信息、公共服务等创新活动要素，直接支持创新驱动发展供给市场推动上海市新能源汽车创新要素的供给。供给面政策工具具体表现为五种：人力引进与培训、研发资金支持、技术研发支持、信息支持和公共服务，如图10-10所示。其中人力资源引进与培养政策主要包括高等院新能源汽车学科

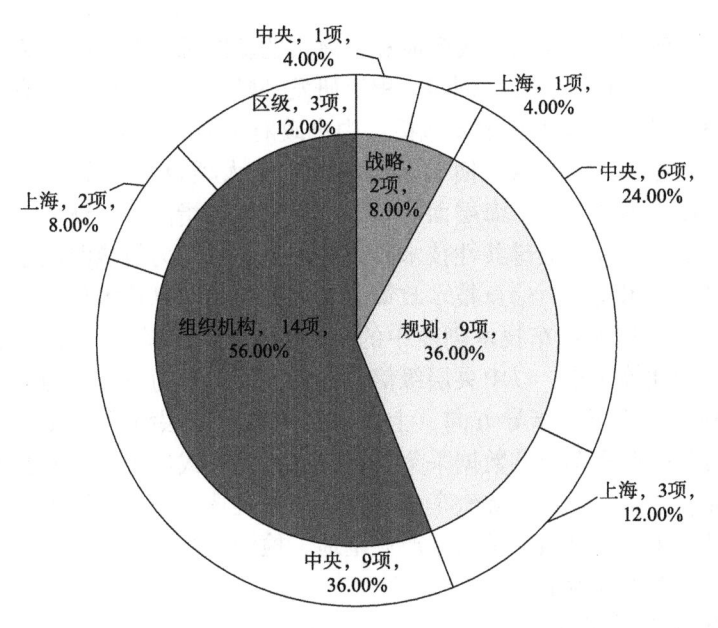

第四篇　创新驱动发展的政策研究　　　　　　　　　　　　　　　　·333·

图 10-9　战略面政策工具分类统计分布情况

和专业设置等人才培养、从业人员职业教育和岗位技能培训以及国内外高层次人才引进等措施，以中央政府和上海市层级为主。

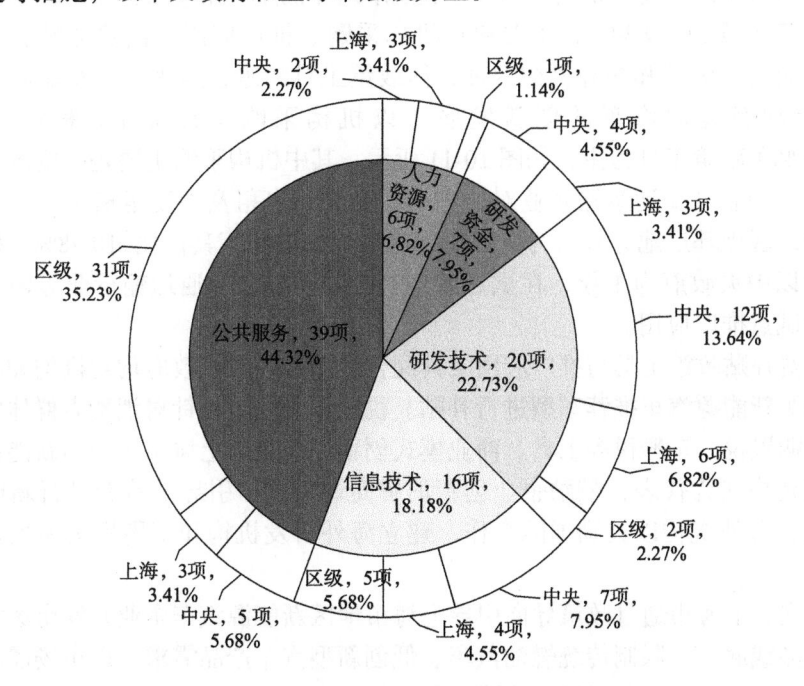

图 10-10　供给面政策工具分类统计分布情况

资金支持政策主要包括中央政府和上海市的新能源汽车科技攻关、重大创新研发项目以及关键技术、技术创新工程等研发补贴资金，以中央政府和上海市层级为主。研发技术政策工具主要包括：中央政府层面的新能源汽车五年"865""863"专项项目、"三纵三横"新能源汽车重大项目、汽车动力系统科技体系、蓄电池技术等项目，上海层面的新能源汽车推进指南、"新能源汽车与汽车电子"专项工程、高校关键共性技术研究等项目，它们为新能源汽车技术发展提供方向指导和技术支持。信息技术政策工具主要包括信息技术如大数据、互联网等信息技术在新能源汽车技术创新中的应用，新能源汽车运营、安全等信息收集、监控和管理等措施；以中央层级信息技术政策工具为主，它为上海市的信息技术应用和管理提供了指导方向，上海市和区级两个层级的工具多为执行性工具，上海市新能源汽车公共数据采集与检测中心已正式启用。公共服务政策主要包括两方面：一是建设新能源汽车公共技术、关键技术平台，以中央和上海市层级政策工具为主；二是新能源汽车产业基地、检测中心、平台等建设，以区级基层地方政府层面工具为主。

5）需求面政策工具

伴随着新能源汽车技术创新要素供给市场的快速发展，上海市需求面政策工具从 2009 年开始加大运用力度，自此，它和供给面政策工具共同作用于新能源汽车创新经济市场，推动上海市新能源汽车创新活动的发展。2018 年底，它占总政策工具的 19.34%，主要通过机构采购、推广应用、消费补贴、税收优惠、商业模式创新和海外机构六种具体政策工具的组合运用，从新能源汽车需求端拉动新能源汽车的创新发展，以机构采购（15.85%）和消费补贴（41.46%）政策工具为主，如图 10-11 所示。其中机构采购主要是鼓励政府、事业单位、国企和交通运输企业对公务车、公交、出租及物流运输车辆进行购买和替换，区级基层地方政府为具体执行机构，其政策工具占比 10.98%。推广应用主要以中央政府为主导，在试点城市、公共领域、交通运输行业等领域和城市进行试点推广应用。

消费补贴政策工具与推广应用工具配合使用，多层级政府均对机构和私人消费者购买新能源汽车推荐车型进行补贴。税收优惠主要是针对消费者群体的新能源汽车购置税、车船税等工具。商业模式创新主要是以上海市层面的新能源汽车分时租赁模式为代表，鼓励企业创新消费商业模式，引导消费者进行新能源汽车消费。海外机构以鼓励国际合作、建立海外研发机构和销售机构为主要运用工具。

总之，上海市通过政策导向引导上海市地区新能源汽车企业开发市场需求创新型产品或服务，限制传统燃油汽车、低创新型汽车产品需求，以市场需求导向拉动新能源汽车经济向创新驱动转型发展。

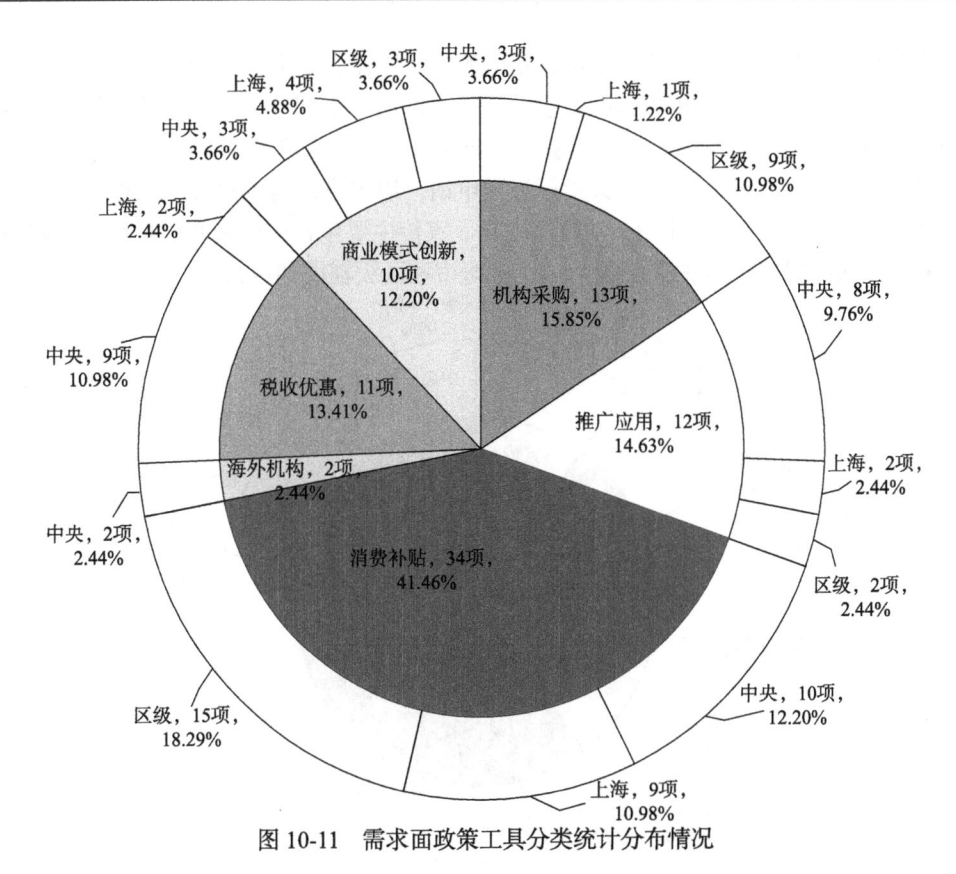

图 10-11 需求面政策工具分类统计分布情况

6）环境面政策工具

环境面政策工具一直是上海市新能源汽车发展重点使用的政策工具，占总政策工具的 45.05%。环境面政策工具组合具体表现为基础设施建设、金融政策、行政规范、技术标准体系、政府服务和宣传六种工具的组合，以基础设施建设（20.42%）和行政规范工具（36.65%）为主，如图 10-12 所示。其中，基础设施工具主要包括各类充电基础设施建设及补贴资金、基础设施建设用地、充电电价优惠等与新能源汽车配套使用有关的工具，其中以中央政府层面运用的 20 项政策工具为主，上海市级和区级分别运用了 8 项和 11 项。行政规范主要包括市场管理规范（68.57%）、交通管制（14.29%）、双积分（能源消耗积分和绿色积分）和安全管理四个方面具体的政策工具，市场管理规范包括企业准入、创新产品目录、各类税收优惠车型目录、新能源汽车行业规范、地方保护等措施，以中央层级为主，运用了 42 项相关政策工具；交通管制政策工具主要包括传统燃油车限购及限行、新能源汽车绿色车牌赠送、停车、额度发放等交通管制措施组合，以上海市级地方层级政策工具为主；上海市新能源汽车的双积分和安全管理遵循中央政府统筹管理，执行中央层级政策工具。金融政策主要包含中央和上海市对新能源产业进行投融资等措施，但其运用数量仍较少。技术标准体系主要包含新能源汽车国家、地方和行业关于新能源汽车研发技术、工艺、检测和配套设施建设等标准，上海市配合中央政府统筹管理，并按照其标准执行。政府服务主要包括各级研发资金、推广消费补贴资金、基础设施建设资金、绿色车牌、二手车买卖等流程申请，以中央政府上海市级层面政策工具为主，分别运用了 12 项和 11 项政策工具。宣传主要包含运用新闻、报纸等新媒体和相关展会等措施，以中央层级为主，上海市和区级辅助和执行。

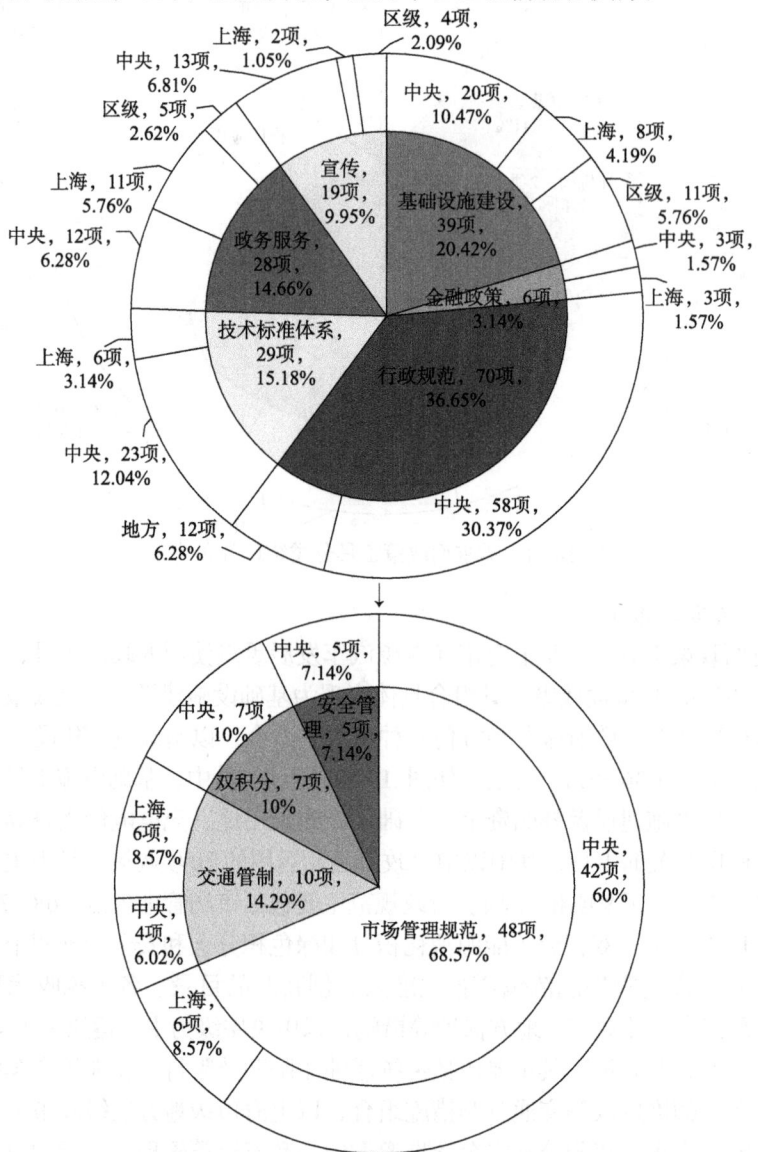

图 10-12 环境面政策工具分类统计分布情况

总之，环境面政策工具通过基础设施建设、金融政策、行政规范、技术标准体系、政府服务和宣传等多层级多类型措施组合，为上海市培育和营造良好的新能源汽车创新驱动发展市场环境、使用环境和政务环境，充分发挥环境对地区内新能源汽车创新主体和消费主体的重要影响作用，促进上海市新能源汽车创新活动效率的提高。

7）评估面政策工具

评估面政策工具累计运用了 38 项，占总政策工具的 8.96%。它多数以政策工具组合的形式与其他类政策工具嵌入同一个政策文件中，主要包括两种具体的政策工具、33 项评估性措施和 5 项评估结果报告。其中评估性措施具体表现为，中央政府层面主要对科技项目及其研发补贴资金、推广应用项目及其消费补贴资金、充电基础设施补贴资金、动力蓄电池回收利用试点项目等政策进行实施效果评估；上海市政府层面主要是对上海市新能源汽车购买和使用方案、分时租赁实施方案、充电基础设施补助资金、公交车等政策进行实施效果评估；上海市区级层面主要是对推广应用及消费补助等政策实施效果进行评估。政策评估结果报告具体表现为上海对国家推广应用补贴资金的清算公示、上海市推广应用结果上报以及各区级推广应用绩效评估报告，如图 10-13 所示。

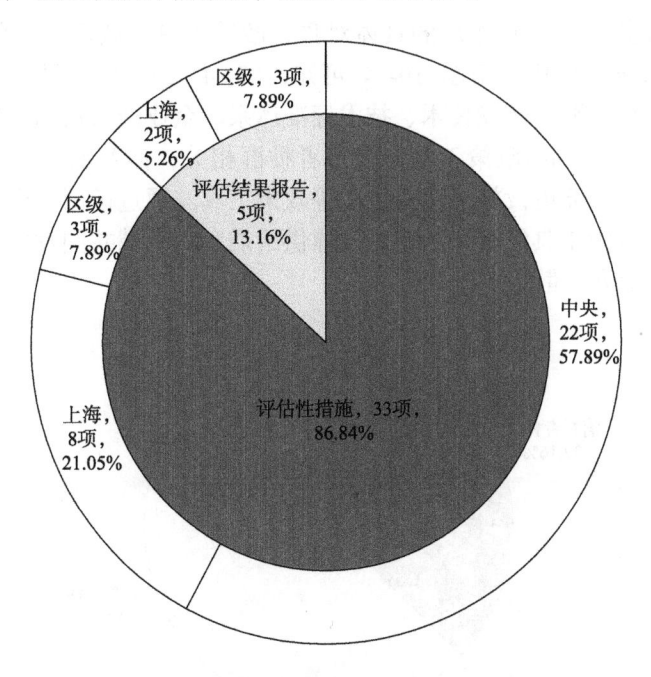

图 10-13 评估面政策工具分类统计分布情况

总之，上海市评估面政策工具主要通过对科技创新政策工具、研发补贴、推广应用及补贴等多层级的政策方案或具体政策工具的实施效果进行定期的评估监督和管理，根据评估结果对政策目标和政策工具进行有效的整改和调整，从而促进新能源汽车政策的优化和完善。但是目前我国评估面政策运用力度相对不大，早期发展缓慢，近期才加快了发展速度，2012年才开始对2009年的新能源汽车推广实施效果进行评估，评估面政策中关于评估对象的标准、评估指标、评估队伍等内容相对不规范，评估报告的发布和运用仍然不充分，需要进一步规范和完善评估面政策的建设。

3. 政策客体组合分析

上海市新能源汽车政策中的政策客体包含上海市的新能源汽车生产者种群和消费者种群两个群体。其中生产者种群是上海市新能源汽车整个产业链上关于技术研发、生产、销售、零部件、充电配套服务及动力电池回收等相关企业，如同济大学能源汽车研发中心、上汽集团及上海特来电等。消费者种群是指上海市的新能源汽车购买者，主要包含两类，一是具有上海户籍或居住证的私人消费者；二是政府、企事业单位等机构消费者，企业以国企、货运及客运等交通运输企业为主。

政策客体是政策工具作用的具体对象，政策工具对政策客体的行为具有约束、引导和鼓励等作用。由图10-14可知，62.84%的政策工具与生产者种群相关，如研发资金补贴、研发技术、技术标准体系、企业准入及创新推荐车型目录等政策工具。37.16%的政策工具与消费者种群相关，涉及消费者的购买资金补贴、购置税、个人充电设施、交通管制等政策工具。通过运用生产者导向和消费者导向构成的政策工具组合，从市场主体供给端和需求端共同发力，推动新能源汽车的创新发展和扩散。

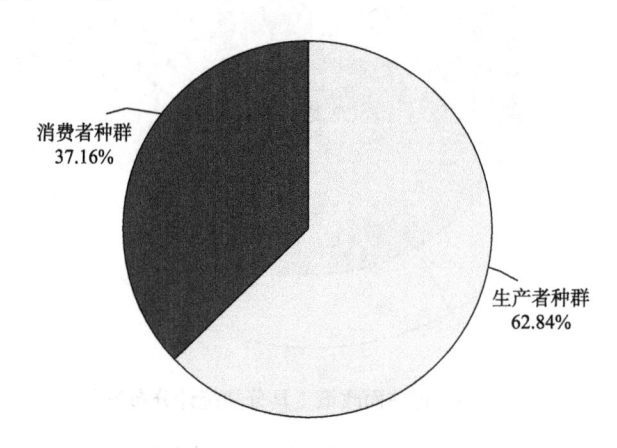

图 10-14　政策客体分类占比图

(三)政策评价模块分析

根据政策分析框架中的政策评价模块,本章将从政策组合的特征和政策实施效果两个方面对上海市新能源汽车政策进行分析。政策组合的特征评估主要是评估由政策目标、政策工具和政策客体等元素所构成的政策组合在一致性、可信性、连贯性、综合性和平衡性五个方面的特征。政策实施效果评估主要是对政策总目标以及技术创新、推广应用和充电基础设施三个分目标的完成情况进行评估。

1. 政策组合的特征分析

1)政策组合的一致性

新能源汽车政策是由多层级政府制定的多类型政策构成的政策组合,其一致性体现在政策组合的一致性,较高的一致性有助于实现政策目标。具体体现在三方面。一是政策目标之间的一致性,上海市新能源汽车政策目标组合中总目标和各具体分标是一致的,新能源技术创新目标、推广应用目标和充电基础设施目标从新能源汽车技术创新供给、产品需求和应用环境三个方面共同推动新能源汽车创新发展总目标的完成。二是政策工具之间的一致性,由多层级政府整体层面的战略面、供给面、需求面、环境面和评估面政策构成的政策工具组合在新能源汽车创新发展中相互配合,通过充分发挥各自的功能优势,形成战略引领、供给推动、需求拉动、环境影响和效果监督反馈的循环作用圈,共同促进新能源汽车活动的创新发展。三是政策目标和政策工具之间的一致性。新能源汽车政策目标组合是在现有国家、上海市以及区级构成的多层级多类型的政策工具组合的执行下实现的,战略面工具"新能源汽车战略和上海市新能源汽车产业布局"与新能源汽车政策总目标是一致的;供给面的技术研发支持、研发补贴、公共服务等政策工具均是大力鼓励新能源汽车技术创新,与技术创新目标是一致的;需求面的机构采购、推广应用、消费补贴、商业模式创新等政策工具与新能源汽车推广应用目标直接对应,积极地促进新能源汽车在消费者之间的推广扩散;环境面的基础设施建设政策工具组合与充电基础设施目标直接对应,它直接促进了充电基础设施目标的顺利完成;评估面政策工具对各政策工具实施起到了积极的监督反馈作用。

2)政策组合的可信性

政策组合的可信性代表了政策客体对政策组合中各政策要素、过程及整体上的可信和可靠程度。它受到一系列因素的影响,如政府的承诺、明确的政治信号、上下层级政府之间的共识或放权等(Rogge and Reichardt, 2016; Rogge and Schleich, 2018)。上海市新能源汽车政策组合的可信性较高，主要体现在中央政府、上海市和区级基层地方政府构成的多层级政策主体就新能源汽车创新发展定位具有清晰的政治视野，坚定的政治意志，达成了广泛共识，并向各相关利益主体（企业、消费者等）传达了明确的政策支持信号。从整体上看，上海市新能源汽车创新发展得到了多层级政府的大力支持。

3）政策组合的连贯性

上海市新能源汽车政策总体上在政策制定和实施方面具有较好的连贯性，它体现在：一是新能源汽车政策主体即各层级相关职能部门的职责有明确规定和分工，并由专门的领导小组负责总体协调和管理，确保了各级政府职责的连贯性；二是中央政府和上海市政府对上海市新能源汽车创新发展的定位和方向一致，从而确保了上海市与国家保持政策的连贯性；三是新能源汽车的制定和修订是在一个相对透明的程序中进行的，确保了政策制定程序的连贯性；四是政策制定者通过政策宣传、政策调研、新能源汽车发展调研及专题会议等形式定期或持续地与利益相关者进行交流沟通，并对政策实施过程和结果进行监督，及时发现存在的问题，或根据政策实施结果调整，针对性地调整和改进政策，如对推广应用、消费补贴等政策的评估和调整，从而确保政策调整前后的连贯性。

4）政策组合的综合性

政策组合的综合性是指同时应用多种类型政策工具或者多种具体政策工具。它包含不同类型政策组合的综合性和同类型政策组合中具体政策工具的综合性，反映了政策组合要素的广泛性和详尽性。它通过用不同政策工具类型的涵盖数量或同类型中不同具体政策工具的涵盖数量来表示。总体上，上海市新能源汽车政策组合的综合性较好，政策组合多以两种及以上不同类型政策工具组合运用，每类政策工具中包含多种具体的政策工具。由图 10-15 可知，上海市新能源汽车政策的综合性总体呈上升趋势，以 2008 年为分界点，2008 年前年度综合性呈波动增长，不同类型政策组合的综合性较高，大于同类型具体政策工具的综合性，同类型政策组合的综合性呈缓慢增长趋势，说明多层级政府运用的政策工具在逐步增加。2008~2018 年，不同类型政策组合的综合性在 2009 年达到最大，并一直持续至 2018 年。在此期间，同类型政策组合的综合性总体呈持续增加，战略面综合性于 2009 年达到最大值，供给面政策组合的综合性于 2012 年达到最大值，需求面和环境面政策组合的综合性均于 2014 年达到最大值，评估面政策组合的综合性于 2018 年达到最大值。

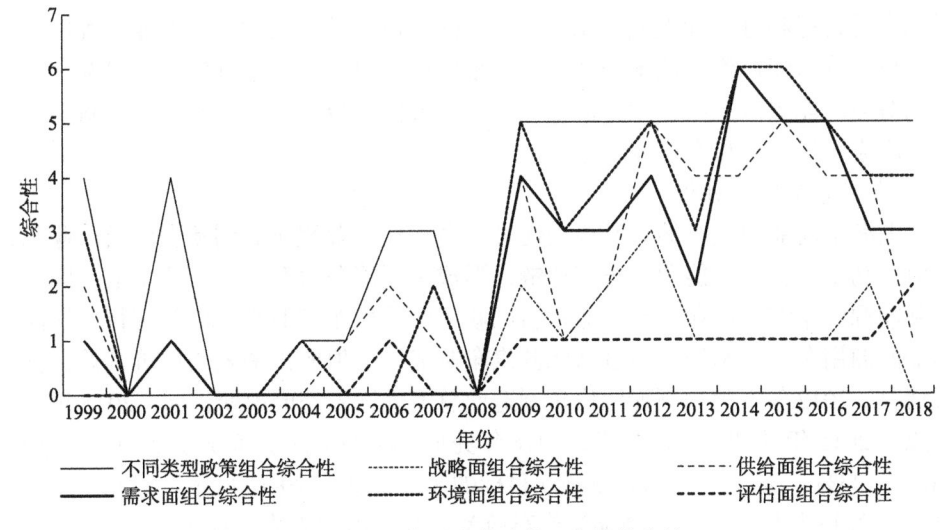

图 10-15 新能源汽车政策组合的综合性

5) 政策组合的平衡性

政策组合的平衡性通过不同政策工具运用的分散度来衡量，即两种政策工具运用的数量越接近，平衡性越好，反之平衡性越差。它具体体现在两个方面：不同类型组合中政策工具之间的平衡性和同类型组合中具体政策工具之间的平衡性。从不同类型的政策工具组合看，由图 10-8 可知，供给面和需求面两类政策工具总体上运用平衡，战略面和评估面政策工具运用相对平衡，环境面政策工具因其运用力度偏大，与其他四类政策工具相比，平衡性较低。

从同类政策工具组合看，由图 10-9 至图 10-13 可知，战略面中因战略工具具有特殊性，贵精不贵多，而规划和组织机构两类政策工具相对平衡。供给面政策工具中人力资源和研发资金、研发技术和信息技术、研发技术与公共服务运用平衡度较高；而信息技术和研发技术、公共服务相对较低。需求面政策中机构采购、推广示范、税收优惠和商业模式创新这四种政策工具之间运用平衡度较高，而消费补贴工具因运用密度偏大，海外机构工具又偏少，两者分别与其他政策工具之间运用显著不平衡。环境面政策中基础设施与技术标准体系、政务服务之间运用平衡度较高，而其他环境面政策工具之间运用的平衡度较低，其中金融工具因为运用密度较小，与其他五类工具之间呈显著不平衡。评估面政策中评估性措施和评估结果报告两种工具运用呈现显著不平衡。

2. 政策实施效果的分析

上海市新能源汽车政策的实施效果是指政策目标的实际完成情况，它通过政策目标的实际完成值与预期目标值的比较来进行评估。上海市新能源汽车政策的目标由总目标和分目标组成，总目标为新能源汽车的创新发展及产业化程度，三个分目标为新能源汽车技术创新目标、推广应用目标和充电基础设施目标，它们分别对应新能源汽车制造业总值指标、新能源汽车技术创新专利指标、新能源汽车推广应用量指标和充电桩保有量指标。

1）总目标完成评价

上海市新能源汽车的总目标是促进上海市新能源汽车的创新发展及产业化，上海市初步完善了新能源汽车产业链，形成了新能源汽车三个产业基地，即嘉定区新能源汽车综合产业基地、浦东新区新能源乘用车产业基地以及闵行、松江等新能源商用车产业基地。通过新能源汽车制造业总值的市场表现评价其总目标完成情况。2012年上海市新能源汽车制造业总值远远未完成预期目标，2015年仅约完成了2015年预期目标的一半，2018年完成244.93亿元，完成了2020年预期目标的61.23%，至2020年约完成预期目标的80%，如图10-16所示。因此，总体而言，至2018年底，上海市新能源汽车政策目标总体完成情况较好。

图10-16 上海市新能源汽车制造业总值完成情况

从不同阶段上海市新能源汽车政策目标完成情况来看，由图10-16可知，第一，上海市新能源汽车生产总值完成值2012年之前较低，远远低于政策预期目标，造成该情况的主要原因是，2009年上海市新能源汽车战略实施刚起步，根据上海市新能源汽车产业总体布局，2009~2012年上海市主要着力于新能源产业基地建设，其中嘉定区累计完成投资100亿元，基地规划面积19平方千米，至2013年，嘉定区新能源汽车基地完成建设并投产，浦东新区上汽临港基地完成新能源汽车生产线改造。第二，从2013年开始快速增长，年平均增长率达39.79%，虽与政策预期目标值仍有一定差距，但差距在不断缩小。

由此可知，上海市新能源汽车政策目标的设定虽一直偏高，但实际完成率在不断提高，与预期目标值的差距在不断缩小。这说明了政策目标制定的科学性在不断提高。

2）技术创新目标完成情况

上海市新能源汽车政策的核心目标是提高上海市新能源汽车技术创新水平，而新能源汽车授权专利的数量是衡量新能源汽车技术水平和创新发展的重要标志[①]。2018 年，上海市新能源汽车授权专利累计达 3 048 个，年平均增长率达 39.59%，授权实用新型占比 61.95%，授权发明占比 34.70%，授权外观设计 3.35%，如图 10-17 所示。总体而言，上海市新能源汽车创新专利目标完成情况良好。

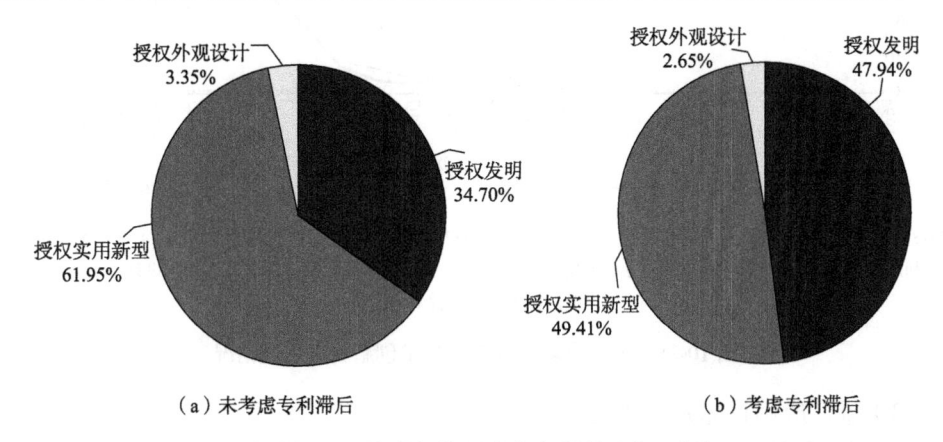

（a）未考虑专利滞后　　　　　　（b）考虑专利滞后

图 10-17　上海市新能源汽车专利类型占比分布

由图 10-18 可知，上海市新能源汽车专利发展情况具有三个特点。一是发展阶段呈现三个阶段：1994~2000 年、2001~2009 年、2010~2018 年。第一阶段处于新能源汽车专利发展的萌芽期，新能源汽车技术刚刚萌芽，专利发展特别缓慢，几乎停滞。第二阶段，在以中央政府和上海市的研发技术政策和研发补贴等供给面政策组合为主的支持下，如"十五""十一五"新能源汽车研发专项项目，新能源汽车专利进入低速发展期。第三阶段，在多层级多类别的政策组合作用下，新能源汽车专利进入了快速发展期，上海在电动汽车技术、混合电动汽车技术领域处于国内先进水平。二是上海市新能源汽车专利质量较高，表现为：①发明、实用新型和外观设计三种类型全面发展；②2001~2014 年，授权发明和授权实用新型年度申请量几近相同；③2001~2016 年授权发明年平均达到授权专利总数的一半。这说明上海市比较注重专利质量高的发明类型专利。三是外观设计专利 2009 年开始缓慢发展，主要原因是随着新能源汽车在上海市的推广应用发展，市场消费者需求促进了上海市新能源汽车外观设计专利的发展。

---

① 资料来源：《中国汽车产业知识产权发展报告（2016）——新能源汽车》。

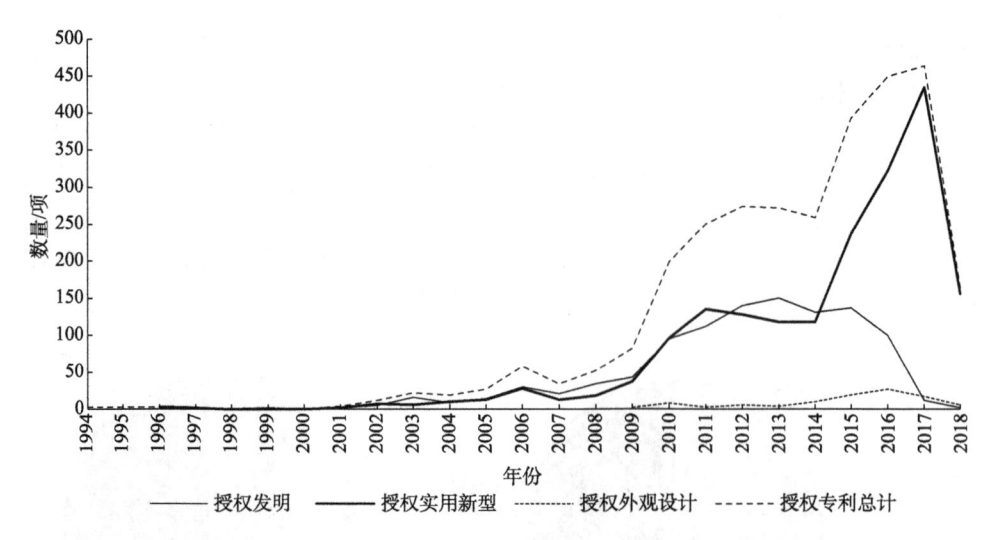

2018年不代表新能源汽车专利的趋势，因为上海市新能源汽车发明专利授权日平均滞后申请日1.41年。滞后时长=专利的授权日−专利的申请日；发明专利平均滞后2.88年，实用新型平均滞后0.64年，外观设计平均滞后0.55年，总体平均滞后1.41年

图 10-18　上海市新能源汽车技术创新目标完成情况

3）推广应用目标完成情况

上海市新能源创新政策的推广应用目标是促进消费者购买和使用新能源汽车。2018年上海市新能源汽车年度推广量完成73 724辆，远大于政策预期目标推广量43 000辆，实际目标完成率达到171.45%；2018年上海新能源汽车累计推广了239 784辆，年平均增长率达到约700%，成为我国首个推广数量最多的城市。因此，上海市超额完成了新能源汽车政策的推广应用目标。

由图 10-19 所示，上海市新能源汽车推广应用总体上呈显著的两阶段性，以2013年为分界线，2013年之前，上海市新能源汽车推广应用较为缓慢，主要在公交、公务、环卫等公共领域推广，以政府、国企、事业单位等公共机构为主要消费群体，这时期政策主体没有设置明确的政策推广目标数量。2013年后，新能源汽车在公共领域和私人领域的推广数量都获得了快速增长，其中私人购买年平均增长率远大于公共领域。主要原因：一是政府新增鼓励物流交通领域使用新能源汽车，并且明确规定了公交、公务、环卫等公共领域的新增置换比例，要求逐年不断提高，30%（2015年）、60%（2017年）、80%（2020年），直至2020年达到100%；二是2010年中央政府和2012年上海市政府分别发布了鼓励私人购买新能源汽车的政策，通过运用多层级消费补贴、免费车票、限购等政策工具措施，极大地提高了个人消费者购买的积极性。

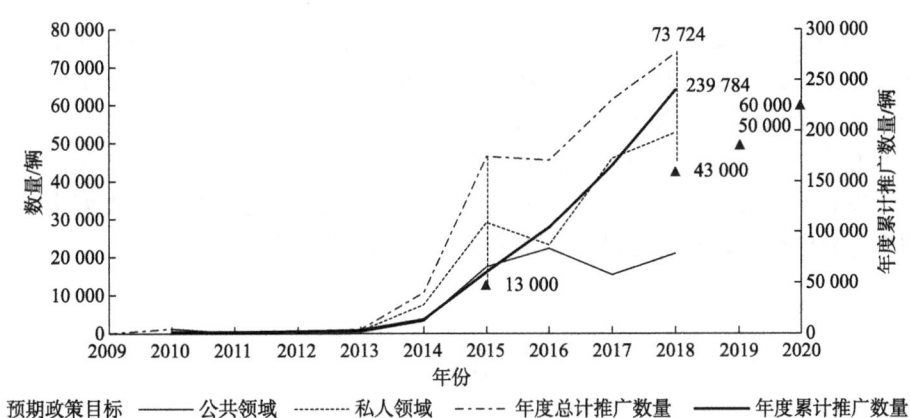

图 10-19　上海市新能源汽车推广应用目标完成情况

4）充电基础设施目标完成情况

上海市新能源创新政策的充电基础设施目标是 2020 年基本形成覆盖广泛、互联互通的充电设施网络，满足上海地区消费者用户的需求。2018 年，上海市充电桩保有量累计为 210 650 个，总体平均增长速度为 107.76%，公共和私人充电桩的平均年增长速度分别为 129.30%和 312.81%，平均每辆新能源汽车拥有 0.88 个充电桩。总体上，上海市充电基础设施建设较好地完成了政策预期目标。

由图 10-20 可知，上海市充电基础设施建设呈现明显的两阶段性，以 2014 年为分界点。2014 年之前上海市充电基础设施以公共充电桩建设为主，发展较为缓慢，主要原因是新能源汽车主要推广领域集中在公务、公交、出租、环卫等公共领域。

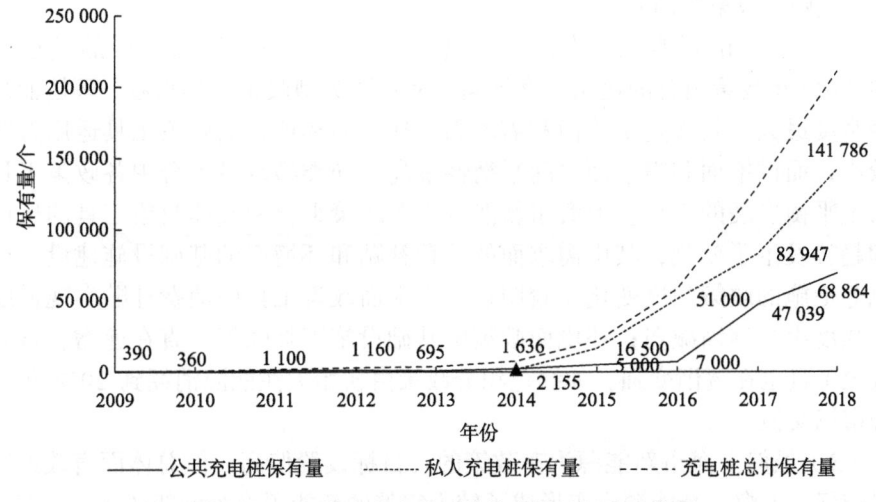

图 10-20　上海市充电基础设施建设目标完成情况

2014年之后,上海市开始同时注重私人充电桩建设,私人充电桩年平均增长幅度远大于公共充电桩建设,主要原因是2010年中央政府和2012年上海市政府分别发布了鼓励私人购买新能源汽车的政策,随着公用和私人新能源汽车的推广应用发展,充电基础设施环境成为制约其发展的关键因素之一。2015年国务院办公厅发布了《关于加快电动汽车充电基础设施建设的指导意见》,上海市开始大力推动充电基础设施的建设,尤其是私人充电桩的建设。

四、结论与讨论

本章基于政策组合的新能源汽车政策分析框架,运用政策文本量化研究方法对上海市新能源汽车政策进行了分析与评价。根据政策主体模块、政策元素模块和政策评价模块的具体分析,得出以下结论。

(1)上海市新能源汽车政策由多层级政府制定,多层级政府通过纵向合作和横向协作共同推进新能源汽车的创新发展。在纵向合作中,中央政府起着引导、统筹和决定作用,上海市执行中央政府的决定,并对上海市的新能源汽车发展进行管理,区级基层政府负责具体执行和落实中央和上海市的新能源汽车的各项事宜。在横向合作中,中央和上海市分别形成了两个政策共同体,即以工业和信息化部为核心,科学技术部、国家发展和改革委员会、财政部等组成的政策共同体,以上海市经济和信息委员会为核心,上海市科学技术委员会、上海市财政局、上海市交通委员会等组成的政策共同体,而上海市经济和信息委员会作为中介来对接两个政策共同体。

(2)上海市新能源汽车政策中的政策组合是一个逐渐发展的过程,在2013~2018年政策组合的运用密度最高。从不同类型政策工具来看,环境面总体运用密度最大,其次是供给面和需求面,战略面和评估面政策工具运用力度相对较小;而供给面和需求面之间平衡性最高;同类型政策组合中各政策工具呈现出不平衡发展的特点。上海市新能源汽车政策组合中具体政策工具的运用力度和趋势发生了变化,其中需求面的消费补贴和环境面的基础设施建设、行政规范等措施的政策强度变化比较明显,需求面政策工具中消费补贴实现梯度退坡,强度由强逐渐减弱;环境面政策中基础设施工具强度一直在递增,行政规范政策工具也在逐渐变强,如绿色积分政策由初始关注能源消耗到2018年实施积分市场交换。

(3)虽然上海市新能源汽车政策的总目标设置偏高,但总体而言政策实施效果较好,上海市新能源汽车形成了较为完整的新能源汽车创新产业链,在技术创新、推广应用和基础设施三个方面的市场表现良好。这是中央、上海市和区级地方政府的战略面、供给面、需求面、环境面和评估面多类型政策共同作用的结果。同时，上海市新能源汽车政策组合的一致性、可信性、连贯性、综合性和平衡性的特征表现较好，并对新能源汽车的创新发展发挥了积极的促进作用。

第十一章　政策组合中多层级多类型政策对新能源汽车创新产出影响研究

政策组合是指政策主体运用了两种及以上政策工具的组合，而评估面政策是以某具体政策或政策组合为对象，对其效果进行评估，它不直接对新能源汽车创新产出活动产生影响，后续实证研究未将其考虑在内。本章从政策组合的构成角度出发，研究了政策组合中多层级多类型政策对新能源汽车创新产出的影响。首先，分别研究了中央政府层面和地方政府层面的多类型政策如战略面、供给面、需求面和环境面各自在政策组合效果中的具体表现；其次，从多层级政府整体层面重点考察了在中央政府层面政策运用下，地方政府层面政策加入后，地方政府的多类型政策在多层级政策组合中的效果是否发生改变，会给中央政府层面多类型政策对新能源汽车创新产出的作用效果带来怎样的影响。

一、理论分析与研究假设

政策组合是一套相互作用的政策工具的组合。根据政策主体的多层级性，政策工具和政策组合也具有多层级。我国新能源汽车政策组合是以多层级政府多类型政策构成的，它以政策工具的多样性和多层级性对新能源汽车创新产出产生影响，具体体现在两个方面。一是政策工具的多样性，战略面、供给面、需求面、环境面四种政策工具在功能上具有互补性，它们分别发挥战略引领、技术推动、市场拉动和环境影响的作用机制，形成政策合力，从整体上最大限度地发挥政策工具组合效应，推动新能源汽车创新活动的发展。二是政策工具的多层级性，根据中央政府和地方政府两个层级，中央政府层级的战略面政策工具从整体上进行顶层统筹，具有全局性、前瞻性和引导性，它可以有效解决系统性问题，而供给面、需求面和环境面为具体的实施政策工具；地方政府在中央政府的引导下，先后实施了配套的地方层级的供给面、需求面和环境面政策工具。

（一）中央政府层面多类型政策与新能源汽车创新产出

1. 战略面政策与新能源汽车创新产出

战略面政策是我国中央政府运用的重要政策工具之一，它在我国创新驱动发展中发挥着重要的作用。战略面政策工具是中央政府顶层设计和实施的关于国家、产业、区域等方面的创新发展战略、中长期发展规划及战略规划，通过战略统筹，综合引导各级政府具体政策工具的制定、实施和监督。它主要包含战略、规划、组织机构三个具体的政策工具。

我国中央政府重视战略面政策工具对产业创新发展的战略引导和统筹管理。2009年，中央政府在《汽车产业调整和振兴规划》中明确提出实施新能源汽车战略。自此，战略面政策工具开始发挥其顶层设计和战略统筹作用，对国家的科学技术长远发展具有前瞻性和系统指导性，中央政府开始了统筹规划和全面管理新能源汽车创新发展的时代。战略面政策对新能源汽车技术、市场、环境等类型政策工具的选择和支持力度具有引导作用，它对新能源汽车的创新发展起到了积极的作用（李肆和战建华，2017）。战略面政策的实施效果与当地政府及其具体的实施情况有关。新能源汽车战略面政策不一定都会对地区新能源汽车发展起到积极影响。Heidrich等（2017）分析了英国城市当地政府实施的电动汽车战略对电动汽车及其基础设施发展的影响，发现英国实施电动汽车战略的城市与没有实施电动汽车战略的城市在电动汽车和充电设施数量上没有统计差异。我国新能源汽车战略的实施，从国家层面明确了新能源汽车的战略定位、发展目标和发展方向，自上而下综合引导各级政府加大政策支持力度，加快具体政策工具的制定、实施和监督，从而全面影响新能源汽车的创新发展速度和质量。

综上，本章提出如下假设。

H_{11-1}：中央政府层面的战略面政策对新能源汽车创新产出的提高具有积极的影响。

2. 供给面政策与新能源汽车创新产出

为了减少市场外部性的影响，提高创新活动的活跃性，政府采取了研发补贴、技术支持和公共服务平台等多种供给面政策工具支持措施，其中研发补贴或与研发技术相关的技术研发政策措施对创新活动的影响最为直接有效，它有效降低了企业研发活动的成本，激励其加大研发投入力度，促进创新产出水平的显著提高。而且，即使研发补贴存在一定的"挤出效应"，它仍然有效提高了企业创新产出（Alecke et al.，2012）。可见，供给面的研发补贴政策有效诱导了企业从事清洁技术研发。供给面政策对成熟产业的技术创新没有积极影响，但对仍处于早期发展阶段的不太成熟的技术创新活动具有积极影响（Costantini et al.，2015；Costantini et al.，2017）。

在新能源汽车创新初期阶段，政府研发补贴政策对新能源汽车技术创新和技术进步起到了积极的推动作用。中央政府层面的供给面政策通过新能源汽车重大攻关专项及其研发补贴、研发税收优惠等措施，有效地降低了高校、研发机构和企业的新能源汽车技术研发成本，提高了市场主体对新能源汽车创新研发的积极性，激励其投入更多的研发资本。而且，中央政府对新能源汽车关键共性技术的研发支持，客观上加快了新能源汽车技术创新的扩散速度。因此，中央政府层面的供给面创新政策直接或间接地促进了新能源汽车创新产出的提高。

综上，本章提出如下假设。

H_{11-2}：中央政府层面的供给面政策对新能源汽车创新产出的提高具有积极的影响。

3. 需求面政策与新能源汽车创新产出

Edquist 和 Hommen 在 1999 年首次明确提出了需求侧的创新理论，指出消费者在技术创新和发展中起着积极的促进作用，呼吁政府要制定需求面创新政策。需求面创新政策是政府通过运用公共采购和消费补贴等政策工具为创新产品增加或创造市场需求，从而推动技术创新的市场化，加快创新扩散。环境友好型新兴技术由于负外部性和路径依赖性而与具有成本优势的现有技术相比，具有次优的市场份额。政府通过政府采购需求面政策工具吸引市场主体参与研发与生产，通过为高质量的创新产品提供部分稳定和可预期的需求市场等途径开拓利基市场，增加创新主体的创新积极性，从而对研发活动具有积极的影响（Guerzoni and Raiteri，2015；桂黄宝，2017）。它不仅促进了发明活动的增加，而且，随着市场的发展，企业主动开发更高效的生产流程，促进了过程创新和研究合作（Cantner et al.，2016；Graf and Kalthaus，2018），在增加创新产出的同时，还有效地降低了生产成本，使企业获得较高的市场收入（Peters et al.，2012）。但部分学者发现需求面政策工具不都是有效的，需求面政策对不同的能源产业创新产出影响也是不同的，其中，需求面政策对太阳能技术具有较大的积极影响，而对风能产业的专利产出则是负面影响，对光伏产业的专利产出没有产生积极影响。

新能源汽车需求面政策对新能源汽车的创新发展起到了积极的拉动作用。我国中央政府主要运用的需求面新能源汽车政策工具为机构采购、推广示范及消费补贴等政策，其中公共机构采购政策为新能源汽车创新产品提供了一定的公共需求市场，降低了市场的不确定性，同时以需求端的消费补贴和税收优惠政策直接降低了创新产品的购买成本，刺激了个人和单位等消费者的购买积极性，为创新产品扩大了私人市场需求（陈麟瓒和王保林，2015）。中央政府通过运用需求面政策工具刺激公共和私人消费市场，推动创新技术的商业化，为新能源汽车创造和扩大需求，拉动企业创新产品研发的积极性和主动性，从而提高产品性能和市场占有率。研究证明需求面的推广应用和消费补贴等市场培育政策对新能源汽车企业的清洁技术专利的申请和转化具有正向的影响作用（王俊和刘丹，2015；何文韬和肖兴志，2017），企业不仅从规模经济和边做边学的效果中受益，而且具有潜力的销售市场激励着企业增加研发资金从事技术创新活动。因此，需求面政策从市场需求侧对新能源汽车创新产出的提高发挥着积极的影响。

综上，本章提出如下假设。

H_{11-3}：中央政府层面的需求面政策对新能源汽车创新产出的提高具有积极的影响。

4. 环境面政策与新能源汽车创新产出

基础设施工具是新能源汽车环境面创新政策中的重要工具之一（卢超等，2014；张永安和周怡园，2017；张国强和徐艳梅，2017），基础设施如充电桩的建设、用电价格及经营管理等政策工具均为新能源汽车的使用营造了良好的环境，地区充电桩等基础设施的数量和使用便利性是影响新能源汽车采用的重要因素，充电价格优惠降低了新能源汽车使用成本，多数实证研究表明基础设施政策工具对新能源汽车的扩散起到了积极的作用。

新能源汽车基础设施建设是其走向商业化、产业化的重要环节之一，而良好的产业配套建设和广阔的市场前景将促进市场主体对新能源汽车产品研发的积极性。新能源汽车充电基础设施涉及充电技术创新、充电服务创新等创新活动，它是新能源汽车创新部署中的重要组成部分。基础设施政策工具有助于市场主体加快建设满足消费者使用的基础设施，促进快充技术的进步，从而间接地成为促进新能源汽车技术创新增长的驱动力（Maia et al.，2015）。新能源汽车基础设施政策工具增加了市场主体对充电桩等基础设施研发的重视，促进了该领域专利产出的提高，同时，还促进了充电基础设施运营平台和商业模式的创新（岳为众等，2019）。因此，环境面政策直接或间接地对市场主体基础设施研发活动产生积极的影响，促进新能源汽车创新产出的提高。

综上，本章提出如下假设。

H_{11-4}：中央政府层面的环境面政策对新能源汽车创新产出的提高具有积极的影响。

（二）地方政府层面多类型政策与新能源汽车创新产出

我国新能源汽车政策是由多层级政策工具构成的，在中央政府的统筹领导下，各地方政策根据地区新能源汽车创新发展特点，出台了配套的供给面、需求和环境面的新能源汽车政策，这些政策在促进地区新能源汽车创新发展中也起到了重要的作用。

1. 供给面政策与新能源汽车创新产出

我国试点城市所在省市级地方政府先后发布了当地供给面的新能源汽车创新支持政策，如上海市先后发布了《2006-2008年上海市新能源汽车推进项目指南》《上海市推进战略性新兴产业"新能源汽车与汽车电子"专项工程实施方案（2012-2015年）》等技术研发和研发资金补贴创新政策，深圳市人民政府在《关于印发深圳新能源产业振兴发展政策的通知》中提出"2009年起，连续7年，设立新能源产业发展专项资金，支持新能源汽车进行自主创新研发，建设研发中心、工程实验室、重点实验室、公共技术服务平台等"。可见，各地方政府不同程度地从供给面支持地区内新能源汽车的创新发展，鼓励地区建设新能源汽车科研机构和平台，为地区新能源汽车创新科研项目提供研发资金补助，为科研机构推进新能源汽车技术发展指明了方向。

综上，本章提出如下假设。

H_{11-5}：地方政府层面的供给面政策对提高新能源汽车创新产出具有积极的影响。在中央政府层面政策工具的同时运用下，地方政府层面的供给面政策对提高新能源汽车创新产出的影响作用仍然是积极的。

2. 需求面政策与新能源汽车创新产出

在中央政府层面需求面政策的引导下，我国试点城市所在省市级地方政府先后出台了当地需求面的新能源汽车创新支持政策，在公共机构采购、推广应用及消费补贴等方面给予新能源汽车发展不同程度上的支持。例如，2010年《上海市鼓励私人购买和使用新能源汽车试点实施暂行办法》、2014年《上海市鼓励购买和使用新能源汽车暂行办法》和2016年《上海市鼓励购买和使用新能源汽车暂行办法（2016年修订）》中均给予纯电动乘用车补助4万元/辆；2012~2015年要求新增或更新的公交、公务、环卫、物流车辆中，新能源汽车比例不低于30%。可见，各试点城市地方政府不同程度地从需求面支持地区内新能源汽车应用发展，鼓励公共机构和私人购买和使用新能源汽车，为地区新能源汽车提供和创造市场需求，从需求侧拉动市场主体进行技术研发的积极性。

综上，本章提出如下假设。

H_{11-6}：地方政府层面的需求面政策对新能源汽车创新产出提高具有积极的影响。在中央政府层面政策工具的同时运用下，地方政府层面的需求面政策对新能源汽车创新产出的影响作用仍然是积极的。

3. 环境面政策与新能源汽车创新产出

在中央政府层面环境面政策的引导下，我国试点城市所在省市级地方政府先后出台了当地环境面的新能源汽车创新支持政策，主要体现在基础设施建设补贴、运用管理、用电价格、用地优惠等方面，其中上海、北京、深圳等城市的充电基础设施工具较早开设运用，政策力度较大，如上海市《关于促进上海新能源汽车产业发展的若干政策规定》对 2010~2012 年新能源汽车配套设施的设备投资给予不超过 20%且不超过 300 万元的资金支持，后续政策给予充换电设施财政资金支持。极少数试点城市如长春、大连等城市基础设施政策工具运用较晚，力度较小。例如，《长春市关于印发新能源汽车推广应用实施方案的通知》按充（换）电站项目总投资的 10%额度，最高不超过 200 万元给予补贴。可见，各试点城市对充电基础设施政策工具的关注，不仅为新能源汽车发展提供了较好的产业配套服务，构建了良好的使用环境，还从产业环境方面影响市场主体关于新能源汽车充电技术研发和产品研发的决策。

综上，本章提出如下假设。

H_{11-7}：地方政府层面的环境面政策对新能源汽车创新产出提高具有积极的影响。在中央政府层面政策工具的同时运用下，地方政府层面的环境面政策对新能源汽车创新产出的影响作用仍然是积极的。

二、数据来源与变量测量

（一）数据来源

以 1993~2016 年的 20 个试点城市的面板数据为样本，其中：

（1）政策变量新能源汽车政策文件来源于北大法宝数据库、《节能与新能源汽车年鉴》（2010~2017 年）、《中国新能源汽车产业发展报告》（2013~2017 年）以及多层级政府官方网站。根据政策文件内容，绘制得出中央政府和地方政府多类型政策工具开始实施时间图（图 11-1），它是各政策变量采用 0~1 虚拟变量设置的依据。

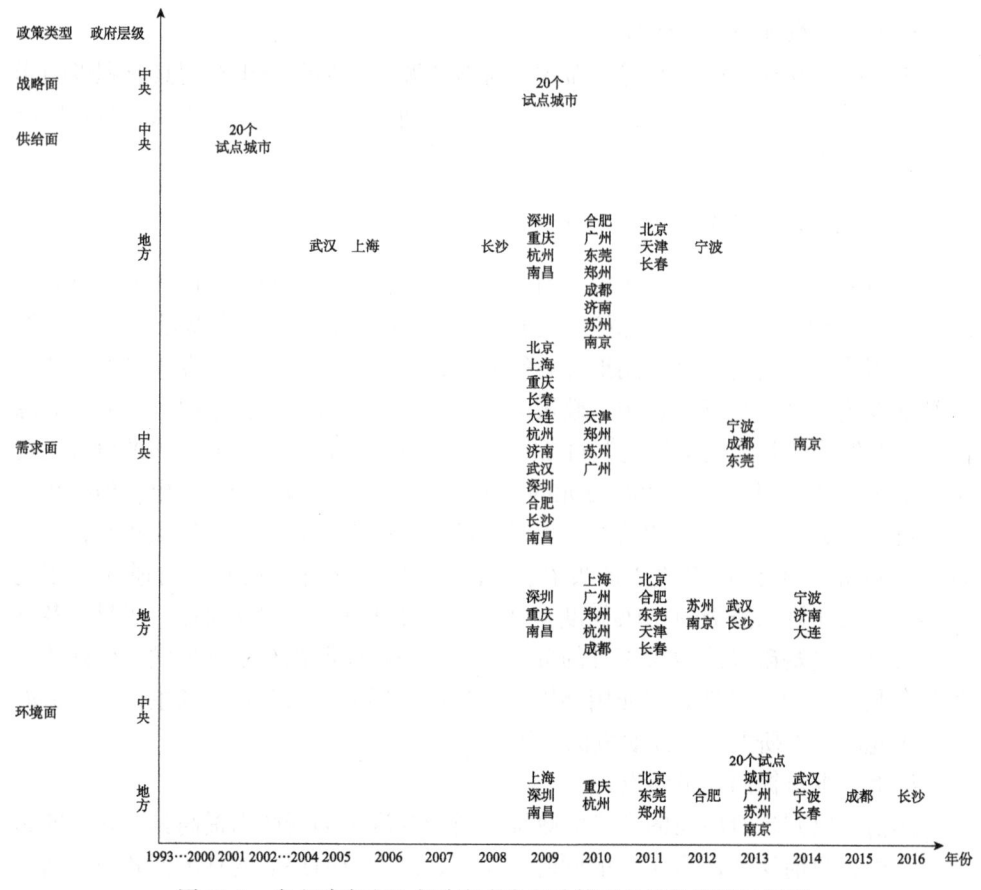

图 11-1　中央政府和地方政府多类型政策工具开始实施时间图

（2）试点城市人口数量、人均收入和人均 GDP 来源于城市统计公报和城市统计年鉴，试点城市年度专利授权数量主要来源于国家、省级与各试点城市知识产权局官方网站。

（3）新能源汽车专利样本来源和选择。借鉴以往学者的关键词搜索法，结合新能源汽车的六个重要关键技术领域，确定关键词为"电动汽车、混合动力汽车、燃料电池汽车、新能源汽车、锂离子电池、动力电池系统、驱动电机系统、整车控制"等与新能源汽车技术相关的 8 个名词，关键词的范围扩大意味着它包含了新能源汽车技术专利更加广泛的数据，虽然它包括了一些非汽车车辆专利，如电动力驱动、手机等锂离子电池相关的专利，但是，这具有积极的效果，因为它们的加入与该领域的总体发展有关，并且一个领域的改进可能对其他领域有益。搜索原则为"申请地+关键词+申请日期+公开类型"，申请地包含北京、上海、深圳等20个新能源汽车试点城市，关键词搜索范围为标题、摘要和全文，申请日期范围为1993年1月1日至2018年12月31日，公开类型为"授权公告"。在中国知识产权专利网数据库进行搜索，共搜索了29 869条授权专利数据，采用爬虫方法进行下载。对专利数据进行了处理，首先根据申请公开和授权分类，剔除申请数据，仅保留授权专利，接着将授权专利重复数据剔除6 654条，最后根据专利标题，结合新能源汽车技术主题与申请单位，将含"手机、电脑、笔记本、灯、自行车"等与电动力有关的名词①但又与新能源汽车不相关的专利剔除，共剔除专利495条，最后1993~2016年新能源汽车专利目标样本数据为22 720条，如表11-1所示。

表11-1 1993~2016年20个试点城市授权专利数据　　单位：件

试点城市	搜索结果（1993~2018年）			样本数据（1993~2016年）
	授权专利	排除授权专利	目标授权专利	目标授权专利
北京	5 034	56	4 978	3 916
上海	3 048	65	2 983	2 367
深圳	4 103	78	4 025	3 247
重庆	1 261	4	1 257	955
长春	591	6	585	445
杭州	1 904	22	1 882	1 551
合肥	1 546	17	1 529	1 088
济南	527	8	519	436
武汉	931	18	913	746
长沙	699	6	693	597
大连	194	2	192	162
南昌	253	5	248	173
天津	2 122	58	2 064	1 715
广州	1 366	26	1 340	974
郑州	874	10	864	591
苏州	1 470	45	1 425	1 018
成都	858	19	839	550
东莞	1 445	27	1 418	1 072
宁波	585	9	576	469
南京	1 058	14	1 044	648
总计	29 869	495	29 374	22 720

资料来源：作者统计，其中排除授权专利数量是重复专利数据和不符合主题专利数据的总和

---

① "手机、电脑、笔记本、灯、自行车"等名词是作者查阅了上海、深圳两个城市的所有专利，将与新能源汽车技术不相关的专利进行名词归纳，总结出的名词，其实不进行专利主题剔除筛选也可以，因为剔除的专利仅约占试点城市专利1%，在误差允许范围内。

（二）变量测量

1. 被解释变量

专利是重要的创新产出指标，它具有较好的可获得性和可比性。因此，本章使用新能源汽车授权专利数量来测量因变量，它包含授权发明、授权实用新型和授权外观设计。

学者们选择将申请专利数量作为因变量，但是专利申请数量不能完全代表创新产出。申请专利为了获得政府审批的专利资格，其创新必须是新颖性和创造性，并具有商业可行性，而授权专利相比申请专利，更具备这些特点。因此，本章认为授权专利相比申请专利能更好地反映创新产出水平。

2. 解释变量

借鉴能源环境创新政策（Johnstone et al., 2010; Nesta et al., 2014）和新能源汽车政策研究文献（Ma et al., 2017; 马少超和范英，2018）对政策类解释变量的设置方式，本章中除了需求面政策解释变量，其他政策类解释变量均采用0~1虚拟变量。其中政策变量在模型建立时进行了滞后期设置，每种政策类型的滞后期不同，它们是在借鉴现有政策研究和后续部分中的政策滞后期测算结果基础上进行设置的。

解释变量的具体定义如下。

（1）中央政府层面战略面政策工具（strategy），采用虚拟变量，2009年，我国中央政府在《汽车产业调整和振兴规划》中明确提出实施新能源汽车战略。因此，战略面政策工具变量在该政策实施后的年度为1，其他为0。

（2）中央政府层面供给面政策工具（supply_c），采用虚拟变量，2001年，中央政府开始实施专项的新能源汽车科技研发专项项目或明确的研发补贴政策，因此，中央政府层面的供给面政策工具变量在该政策实施后的年度为1，否则0。

（3）中央政府层面需求面政策工具（demand_c），借鉴Ma等（2017）需求面消费补贴政策变量设置方法，中央政府从2009年开始，分步骤有选择地在全国选择试点城市进行新能源汽车推广应用，并逐步扩大了试点城市的范围。同时，中央政府对推广应用的新能源汽车实行了消费补贴退坡政策。因此，中央政府层面的需求面政策工具变量是试点城市名单政策出台后，其所对应年度的消费补贴金额，以纯电动乘用汽车消费补贴金额上限为准。

（4）中央政府层面环境面政策工具（env_inf_c），采用虚拟变量，它以中央政府新能源汽车基础设施资金补贴政策实施后的年度为1，其他为0。

（5）地方政府层面供给面政策工具（supply_d），采用虚拟变量，它是指地方政府出台了新能源汽车研发专项或明确的研发补贴政策，因此，地方政府层面的供给面政策工具变量在该政策实施后的年度为1，否则0。

（6）地方政府层面需求面政策工具（demand_d），借鉴Ma等（2017）需求面消费补贴政策变量设置方法，地方政府层面的需求面政策工具变量是试点城市实施的消费补贴政策，它由试点城市独自承担或其与所在省级政府共同分担，以纯电动乘用汽车消费补贴金额上限为准。

（7）地方政府层面环境面政策工具（env_inf_d），采用虚拟变量，它以试点城市地方政府新能源汽车基础设施资金补贴政策实施后的年度为1，其他为0。

3. 控制变量

借鉴现有创新政策和新能源汽车政策研究文献，本章采用试点城市的人均GDP、人均收入水平和万人专利拥有量作为控制变量，人均GDP反映了试点城市经济发展水平对新能源汽车创新发展的影响，人均收入水平反映了试点城市对新能源汽车购买潜力，万人专利拥有量反映了试点城市的整体创新能力。

三、实证分析

（一）模型建立

本章研究了政策组合中多类型政策工具各自对新能源汽车创新产出的影响，并且分别分析了中央政府层面、地方政府层面及多层级政府同时考虑时，多类型政策工具对新能源汽车创新产出的作用。结合研究背景，建立以下三个模型，如式（11-1）、式（11-2）和式（11-3）所示。

$$totalpatent_{it} = \beta_1 strategy_{it-3} + \beta_2 supply\_c_{it-3} + \beta_3 demand\_c_{it} + \beta_4 env\_inf\_c_{it-3}$$
$$+ \beta_5 lnper\_gdp_{it} + \beta_6 lnper\_income_{it} + \beta_7 lnper\_citypatent_{it} + \partial_i + \varepsilon_{it}$$
（11-1）

$$totalpatent_{it} = \beta_1 supply\_d_{it-2} + \beta_2 demand\_d_{it} + \beta_3 env\_inf\_d_{it-2} + \beta_4 lnper\_gdp_{it}$$
$$+ \beta_5 lnper\_income_{it} + \beta_6 lnper\_citypatent_{it} + \partial_i + \varepsilon_{it}$$
（11-2）

$$totalpatent_{it} = \beta_1 supply\_d_{it-2} + \beta_2 demand\_d_{it} + \beta_3 env\_inf\_d_{it-2} + \beta_4 strategy_{it-3}$$
$$+ \beta_5 supply\_c_{it-3} + \beta_6 demand\_c_{it} + \beta_7 env\_inf\_c_{it-3} + \beta_8 lnper\_gdp_{it}$$
$$+ \beta_9 lnper\_income_{it} + \beta_{10} lnper\_citypatent_{it} + \partial_i + \varepsilon_{it}$$
（11-3）

模型 1 是中央政府层面战略面、供给面、需求面和环境面四类政策工具对新能源汽车创新绩效的影响，如式（11-1）所示。模型 2 是地方政府层面供给面、需求面和环境面三类政策工具对新能源汽车创新产出的影响，如式（11-2）所示。模型 3 是在中央政府层面多类型政策影响下，地方政府层面供给面、需求面和环境面三类政策工具对新能源汽车创新产出的影响，如式（11-3）所示。

被解释变量新能源汽车创新产出是授权专利指标，它是计数的非负变量，不满足普通最小二乘法"同方差、标准残差"的假定条件。这种情况一般采用非线性回归方法，如泊松回归、负二项回归。泊松回归是计数模型的首选方法，但本章的因变量新能源汽车授权专利方差是其平均值的 195.53 倍，存在过度离散，更适合运用面板数据的负二项回归模型，如式（11-4）、式（11-5）和式（11-6）所示。

$$E(\text{totalpatent}_{it}|\partial_i, X_i) = \exp\begin{pmatrix} \beta_1 \text{strategy}_{it-3} + \beta_2 \text{supply\_c}_{it-3} + \beta_3 \text{demand\_c}_{it} \\ + \beta_4 \text{env\_inf\_c}_{it-3} + \beta_5 \text{lngdp}_{it} + \beta_6 \text{lnper\_income}_{it} \\ + \beta_7 \text{lnper\_citypatent}_{it} + \partial_i + \varepsilon_{it} \end{pmatrix}$$

（11-4）

$$E(\text{totalpatent}_{it}|\partial_i, X_i) = \exp\begin{pmatrix} \beta_1 \text{supply\_d}_{it-2} + \beta_2 \text{demand\_d}_{it} + \beta_3 \text{env\_inf\_d}_{it-2} \\ + \beta_4 \text{lngdp}_{it} + \beta_5 \text{lnper\_income}_{it} + \beta_6 \text{lnper\_citypatent}_{it} \\ + \partial_i + \varepsilon_{it} \end{pmatrix}$$

（11-5）

$$E(\text{totalpatent}_{it}|\partial_i, X_i) = \exp\begin{pmatrix} \beta_1 \text{supply\_d}_{it-2} + \beta_2 \text{demand\_d}_{it} + \beta_3 \text{env\_inf\_d}_{it-2} \\ + \beta_4 \text{strategy}_{it-3} + \beta_5 \text{supply\_c}_{it-3} + \beta_6 \text{demand\_c}_{it} \\ + \beta_7 \text{env\_inf\_c}_{it-3} + \beta_8 \text{lngdp}_{it} + \beta_9 \text{lnper\_income}_{it} \\ + \beta_{10} \text{lnper\_citypatent}_{it} + \partial_i + \varepsilon_{it} \end{pmatrix}$$

（11-6）

其中，解释变量 strategy_{it-3} 表示中央政府层面的战略面政策工具；supply_c_{it-3} 和 supply_d_{it-2} 分别表示中央和地方政府层面的供给面政策工具；demand_c_{it} 和 demand_d_{it} 分别表示中央和地方政府层面的需求面政策工具；env_inf_c_{it-3} 和 env_inf_d_{it-2} 分别表示中央和地方政府层面的环境面政策工具；lnper_gdp_{it} 表示人均 GDP；lnper_income_{it} 表示人均收入；$\text{lnper\_citypatent}_{it}$ 表示万人专利拥有数量；β_1、β_2、β_3、β_4、β_5、β_6、β_7、β_8、β_9、β_{10} 为模型中待估计的参数；∂_i 为常数项，以捕获不可观察的试点城市的异质性；ε_{it} 为其他不可观测的因素。所有残差变化由误差项 ε_{it} 捕获。考虑到政策变量存在一定的时间滞后，不同类型的政策对创新产出的滞后期也不同。因此，本章借鉴 Fabrizi 等（2018）、

Cantner 等（2016）关于政策变量不同滞后期设置方法，结合后续"政策滞后效应测度结果分析"部分中的政策滞后期测算结果进行设置，将中央政府层面战略面、供给面和环境面政策滞后 3 年，地方政府层面供给面和环境面政策滞后 2 年，需求面政策采用当期值。

（二）描述性统计

表 11-2 为各变量数据的均值、标准差、最小值、最大值。由变量方差可以看出部分变量的变异程度较大，说明样本具有一定的离散性，不存在选择性偏差。被解释变量新能源汽车专利授权数量均值为 47.33，标准差为 96.20，方差与平均值的比率为 195.53，存在过度分散。因此，本章拟采用负二项回归模型对面板数据进行估计。首先对模型变量进行了方差膨胀因子检验，各模型的平均膨胀因子和最大方差膨胀因子均小于 7，说明模型变量之间不存在严重的多重共线性。通过豪斯曼检验确定面板数据是选择固定效应模型还是随机效应模型，结果表明随机效应负二项回归模型更好。

表 11-2 变量描述性统计

变量名称	变量解释	观测值	均值	标准差	最小值	最大值
中央政府层面：						
战略面政策 l3strategy0	滞后 3 期的战略面政策	420	0.238	0.426	0	1
供给面政策 l3supply_c0	滞后 3 期的供给面政策	420	0.619	0.486	0	1
需求面政策 demand_c0	滞后 0 期的需求面政策	480	1.630	2.580	0	6.600
环境面政策 l3env_inf_c0	滞后 3 期的环境面政策	420	0.0476	0.213	0	1
地方政府层面：						
供给面政策 l2supply_d0	滞后 2 期的供给面政策	440	0.234	0.424	0	1
需求面政策 demand_d0	滞后 0 期的需求面政策	479	1.038	2.063	0	6.600
环境面政策 l2env_inf_d0	滞后 2 期的环境面政策	440	0.120	0.326	0	1
地区人均 GDP lnper_GDP	当期值	480	10.31	0.978	7.676	12.70
地区人均收入 lnper_income	当期值	480	9.528	0.811	7.213	13.81
地区万人专利拥有量 lnper_citypatent	当期值	480	1.974	1.710	−3.350	5.754

续表

变量名称	变量解释	观测值	均值	标准差	最小值	最大值
新能源汽车授权专利数量 totalpatent	当期值	480	47.33	96.20	0	705

注：经变量滞后期测算，需求面政策工具仅当期有限，没有滞后效应。

资料来源：Stata14.0 统计，作者整理

图 11-2、图 11-3、图 11-4 和图 11-5 表示本章 20 个试点城市新能源创新产出在授权专利总量、授权发明、授权实用新型和授权外观设计四个方面的发展趋势。总体来看，20 个试点城市的新能源汽车授权专利创新产出水平是不同的。由图 11-2、图 11-3、图 11-4 可知，北京、深圳、上海在新能源汽车专利方面创新产出较多，其次是杭州、合肥、天津、广州、苏州、重庆、成都、郑州、武汉、东莞、南京，它们均在 2010 年之后创新产出有了大幅提高。长春、长沙、大连、济南、南昌和宁波等城市的创新产出较低，这六个城市的新能源汽车创新产出总体上一直保持缓慢发展，2010 年之后略有不同程度的波动低速增长。由图 11-5 可知，北京、深圳、上海、杭州、合肥和郑州六个试点城市在新能源汽车外观设计方面的创新产出较多。

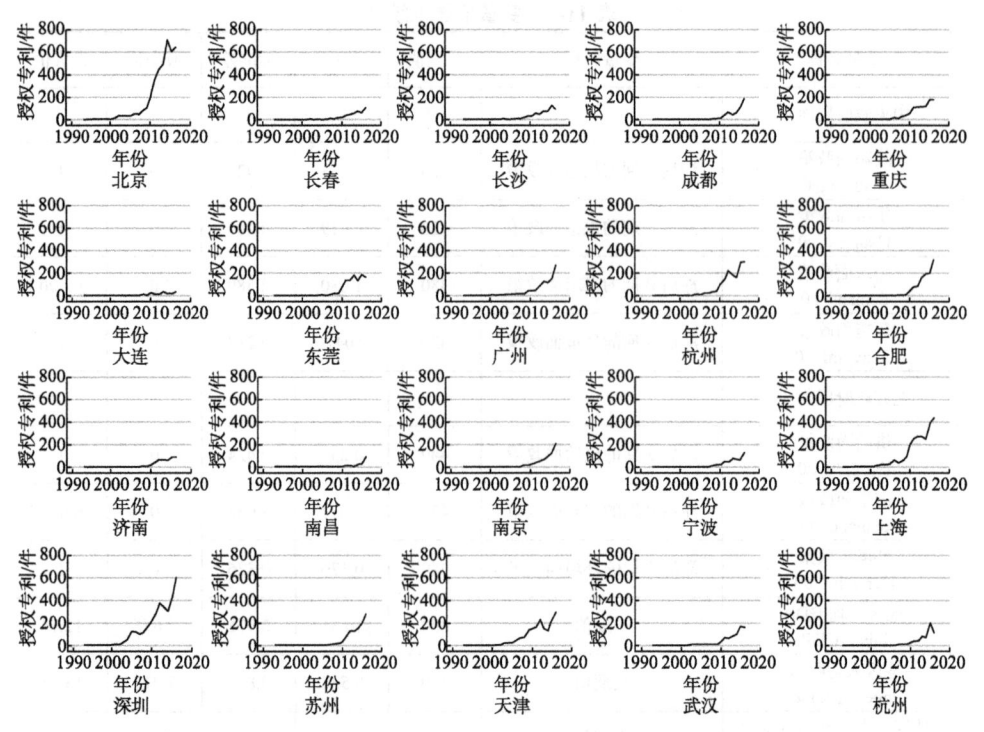

图 11-2 20 个试点城市授权专利总量发展趋势

第四篇 创新驱动发展的政策研究

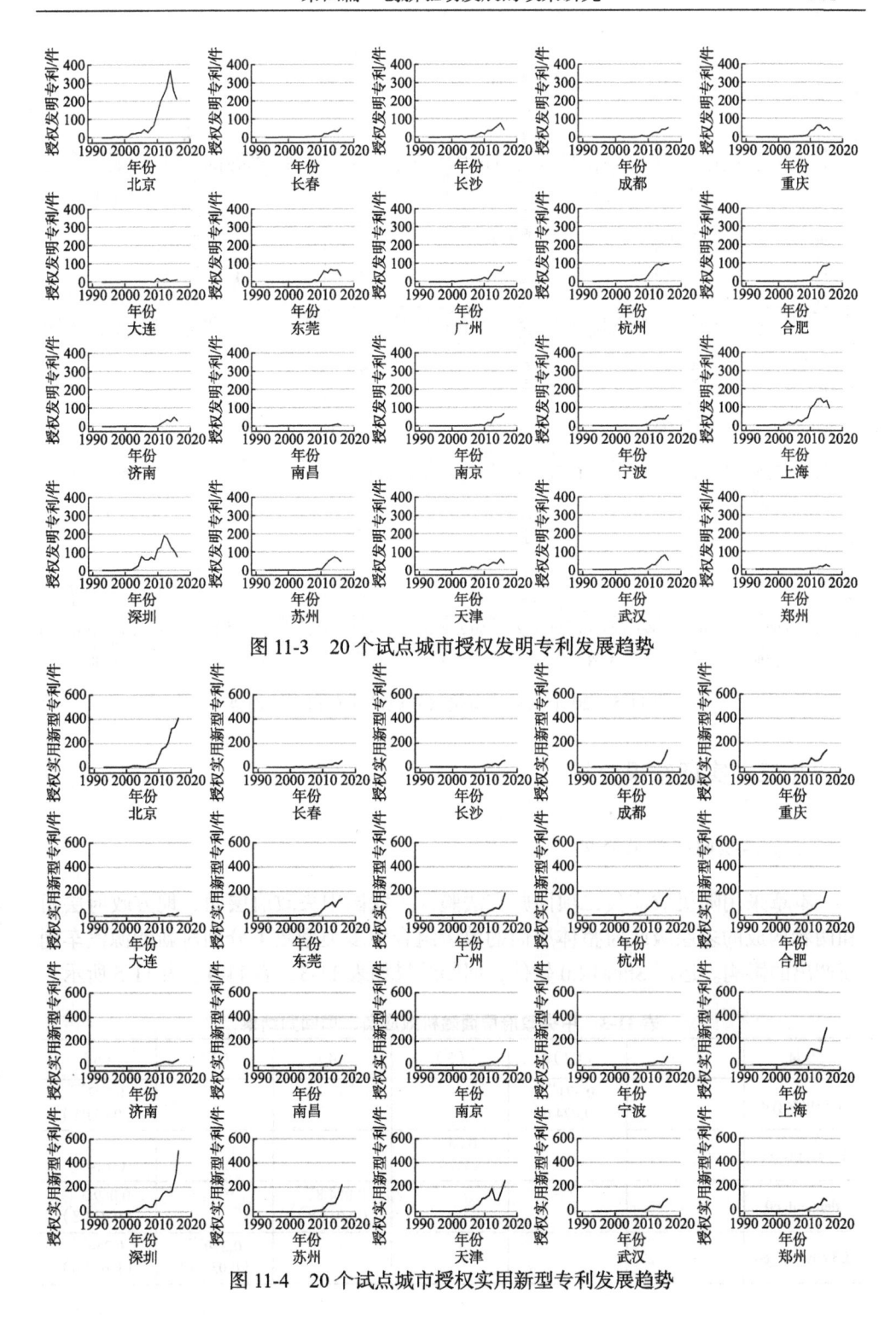

图 11-3 20 个试点城市授权发明专利发展趋势

图 11-4 20 个试点城市授权实用新型专利发展趋势

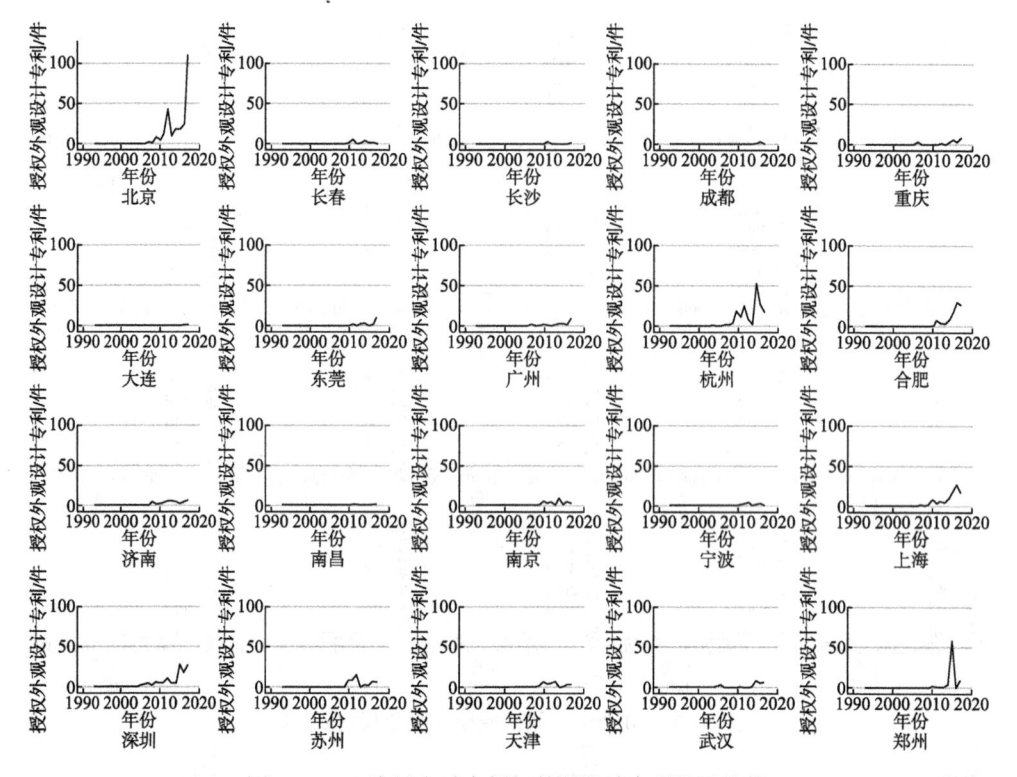

图 11-5　20 个试点城市授权外观设计专利发展趋势

（三）实证结果分析

1. 负二项回归结果分析

本章采用随机效应负二项回归方法验证了我国中央政府层面、地方政府层面和两者构成的多层级政府整体层面的政策组合中多类型政策分别对新能源汽车创新产出的影响。运用 Stata14.0 软件，回归结果如表 11-3、表 11-4、表 11-5 所示。

表 11-3　中央政府层面随机效应负二项回归结果

变量	（1）	（2）	（3）	（4）	（5）	（6）
L3.strategy0		0.371*** （0.074 0）				0.293*** （0.071 1）
L3.supply_c0			0.660*** （0.142）			0.753*** （0.148）
demand_c0				0.084 8*** （0.013 8）		0.069 5*** （0.013 8）
L3.env_inf_c0					0.270*** （0.055 9）	0.254*** （0.053 6）

续表

变量	(1)	(2)	(3)	(4)	(5)	(6)
lnper_GDP	0.796*** (0.073 1)	0.679*** (0.086 9)	0.846*** (0.085 2)	0.753*** (0.077 9)	0.741*** (0.079 2)	0.554*** (0.113)
lnper_income	0.816*** (0.059 6)	0.674*** (0.074 1)	0.841*** (0.065 0)	0.738*** (0.064 7)	0.752*** (0.065 8)	0.585*** (0.091 5)
lnper_citypatent	0.644*** (0.042 7)	0.583*** (0.049 7)	0.525*** (0.051 5)	0.525*** (0.048 4)	0.656*** (0.045 8)	0.440*** (0.058 2)
_cons	−17.53*** (0.777)	−14.81*** (0.997)	−18.43*** (0.891)	−16.12*** (0.827)	−16.32*** (0.859)	−12.72*** (1.199)
ln_r	0.570* (0.298)	0.678** (0.301)	0.669** (0.300)	0.746** (0.303)	0.599** (0.299)	0.889*** (0.305)
ln_s	2.447*** (0.353)	2.605*** (0.354)	2.445*** (0.351)	2.591*** (0.352)	2.459*** (0.352)	2.586*** (0.347)
N	480	420	420	480	420	420
Group	20	20	20	20	20	20
Wald chi2	1 577.77	1 804.52	1 432.52	1 838.85	1 799.71	2 172.17
Prob>chi2	0.000 0	0.000 0	0.000 0	0.000 0	0.000 0	0.000 0
Log likelihood	−1 434.742 4	−1 393.159 2	−1 395.786 9	−1 413.404 8	−1 396.421 4	−1 355.569 1
chibar2（01）	318.16	316.10	319.35	315.69	322.13	348.57
Prob>=chibar2	0.000	0.000	0.000	0.000	0.000	0.000
AIC	2 881.485	2 800.318	2 805.574	2 840.81	2 806.843	2 731.138
BIC	2 906.527	2 828.6	2 833.855	2 870.026	2 835.125	2 771.541
Mean VIF	5.53	4.24	4.54	4.69	4.02	3.56
Max VIF	6.73	6.02	6.65	6.92	5.93	6.95

*表示 $p<0.1$，**表示 $p<0.05$，***表示 $p<0.01$
注：括号内为标准误
资料来源：Stata 14.0 统计

表 11-4　地方政府层面随机效应负二项回归结果

变量	(1)	(7)	(8)	(9)	(10)
L2.supply_d0		0.408*** (0.070 5)			0.162* (0.095 5)
demand_d0			0.057 1*** (0.011 6)		0.028 6* (0.014 9)
L2.env_inf_d0				0.381*** (0.060 1)	0.269*** (0.066 3)
lnper_GDP	0.796*** (0.073 1)	0.649*** (0.085 5)	0.718*** (0.079 5)	0.688*** (0.081 3)	0.629*** (0.086 6)
lnper_income	0.816***	0.678*** (0.072 6)	0.735*** (0.066 7)	0.696*** (0.069 7)	0.636*** (0.076 0)

续表

变量	（1）	（7）	（8）	（9）	（10）
lnper_citypatent	（0.059 6） 0.644***	0.606*** （0.048 3）	0.600*** （0.046 4）	0.636*** （0.045 9）	0.604*** （0.049 2）
_cons	（0.042 7） -17.53***	-14.58*** （0.949）	-15.84*** （0.863）	-15.16*** （0.883）	-13.91*** （0.956）
ln_r	（0.777） 0.570*	0.761** （0.305）	0.704** （0.303）	0.702** （0.302）	0.812*** （0.306）
ln_s	（0.298） 2.447***	2.679*** （0.356）	2.615*** （0.356）	2.569*** （0.353）	2.699*** （0.356）
N	480	440	479	440	440
Group	20	20	20	20	20
Wald chi2	1 577.77	1 909.33	1 876.53	2 083.07	2 202.44
Prob>chi2	0.000 0	0.000 0	0.000 0	0.000 0	0.000 0
Log likelihood	-1 434.742 4	-1 404.742 6	-1 421.572 5	-1 402.906 2	-1 394.961 5
chibar2（01）	318.16	301.56	295.09	299.07	284.66
Prob>=chibar2	0.000	0.000	0.000	0.000	0.000
AIC	2 881.485	2 823.485	2 857.145	2 819.812	2 807.923
BIC	2 906.527	2 852.093	2 886.347	2 848.42	2 844.704
Mean VIF	5.53	4.18	4.57	4.06	3.72
Max VIF	6.73	5.81	6.75	5.74	5.85

*表示 $p<0.1$，**表示 $p<0.05$，***表示 $p<0.01$
注：括号内为标准误
资料来源：Stata 14.0 统计

表 11-5　多层级政府整体层面随机效应负二项回归结果

变量	（6）	（11）	（12）	（13）	（14）
L2.supply_d0		0.145* （0.085 1）			0.028 1 （0.094 2）
demand_d0			0.026 7** （0.012 8）		0.023 7* （0.013 6）
L2.env_inf_d0				0.199*** （0.065 2）	0.184*** （0.067 4）
L3.strategy0	0.293*** （0.071 1）	0.206** （0.086 2）	0.225*** （0.077 3）	0.212*** （0.074 8）	0.138 （0.088 8）
L3.supply_c0	0.753*** （0.148）	0.756*** （0.149）	0.762*** （0.149）	0.759*** （0.148）	0.767*** （0.149）
demand_c0	0.069 5*** （0.013 8）	0.064 5*** （0.014 3）	0.065 5*** （0.014 0）	0.067 7*** （0.013 9）	0.063 5*** （0.014 3）
L3.env_inf_c0	0.254*** （0.053 6）	0.247*** （0.053 6）	0.261*** （0.053 6）	0.188*** （0.056 4）	0.197*** （0.056 5）

续表

变量	(6)	(11)	(12)	(13)	(14)
lnper_GDP	0.554*** (0.113)	0.541*** (0.114)	0.541*** (0.114)	0.557*** (0.113)	0.545*** (0.115)
lnper_income	0.585*** (0.0915)	0.576*** (0.0926)	0.575*** (0.0927)	0.567*** (0.0932)	0.557*** (0.0945)
lnper_citypatent	0.440*** (0.0582)	0.442*** (0.0592)	0.435*** (0.0587)	0.441*** (0.0587)	0.436*** (0.0594)
_cons	−12.72*** (1.199)	−12.50*** (1.209)	−12.47*** (1.210)	−12.56*** (1.194)	−12.33*** (1.207)
ln_r	0.889*** (0.305)	0.930*** (0.307)	0.934*** (0.307)	0.937*** (0.307)	0.981*** (0.309)
ln_s	2.586*** (0.347)	2.634*** (0.349)	2.635*** (0.349)	2.618*** (0.347)	2.668*** (0.350)
N	420	420	420	420	420
Group	20	20	20	20	20
Wald chi2	2 172.17	2 199.00	2 215.95	2 295.74	2 329.93
Prob>chi2	0.000 0	0.000 0	0.000 0	0.000 0	0.000 0
Log likelihood	−1 355.569 1	−1 354.081 6	−1 353.365 3	−1 350.967	−1 349.043 4
chibar2 (01)	348.57	336.16	324.68	325.75	306.77
Prob>=chibar2	0.000	0.000	0.000	0.000	0.000
AIC	2 731.138	2 730.163	2 728.731	2 723.934	2 724.087
BIC	2 771.541	2 774.606	2 773.173	2 768.377	2 776.61
Mean VIF	3.56	3.75	3.56	3.41	3.60
Max VIF	5.85	6.95	6.95	6.96	6.96

*表示 $p<0.1$，**表示 $p<0.05$，***表示 $p<0.01$
注：括号内为标准误
资料来源：Stata 14.0 统计

表 11-3 是中央政府层面四类政策对新能源汽车创新产出影响的负二项回归结果，在表 11-3 中，模型 1 是基础模型，模型 2 至模型 5 表示中央政府层面的战略面、供给面、需求面、环境面四类政策工具单独均对新能源汽车创新产出的提高具有正向显著影响。模型 6 是全模型，由模型 6 可知，中央政府层面同时运用这四个政策工具时，它们对新能源汽车创新产出的提高仍然是正向显著影响，政策作用从大到小依次为供给面（0.753***）、战略面（0.293***）、环境面（0.254***）和需求面（0.069 5***）。因此，$H_{11\text{-}1}$、$H_{11\text{-}2}$、$H_{11\text{-}3}$ 和 $H_{11\text{-}4}$ 得到了验证。其中，供给面政策工具对新能源汽车创新产出的影响作用相比模型 2 获得了增强，增加了 0.093。其他三类政策工具虽然对新能源汽车创新产出的影响作用

相比单变量模型（模型 3、4、5）分别有了不同程度的削弱，但四类政策工具作为政策组合，它们具有一定的互补和协同作用。

表 11-4 是地方政府层面三类政策对新能源汽车创新产出影响的负二项回归结果，在表 11-4 中，模型 1 是基础模型，模型 7 至模型 9 表示地方政府层面的供给面、需求面、环境面三类政策工具单独均对新能源汽车创新产出的提高具有正向显著影响。模型 10 是全模型，由模型 10 可知，地方政府层面同时运用这三个政策工具时，对新能源汽车创新产出的提高仍然是正向显著影响，政策作用从大到小依次为环境面（0.269***）、供给面（0.162*）和需求面（0.028 6*）。在全模型中，虽然三类政策工具对新能源汽车创新产出的影响作用相比单变量模型（模型 3、4、5）分别有了不同程度的下降，但三类政策工具作为政策组合，它们的政策作用之和大于单独使用情况，因此地方政府层面的政策组合具有一定的互补和协同作用。

表 11-5 是多层级政府整体层面多类型政策对新能源汽车创新产出影响的负二项回归结果。在表 11-5 中，模型 6 是基础模型，模型 11 至模型 13 检验了在中央政府政策工具作用下，地方政府层面对应的供给面、需求面、环境面三类政策工具对新能源汽车创新产出的提高具有正向显著影响。与基础模型 6 相比，它们均不同程度上增强了中央政府层面的供给面政策对新能源汽车创新产出的正向影响作用。模型 14 是全模型，由其可知：当中央政府和地方政府的多类型政策同时运用时，地方政府层面的环境面政策工具和需求面政策工具对新能源创新产出仍然呈积极的影响。因此，H_{11-6} 和 H_{11-7} 被验证。地方政府层面的供给面政策工具对提高新能源汽车创新产出是正向影响但不显著，综合模型 11 和模型 14 的结果表明 H_{11-5} 是不稳定的，因此它没有被验证。但地方政府不同类型政策工具的加入运用，促进了中央政府层面供给面政策工具对新能源汽车创新产出正向显著影响的增强。全模型相对基础模型和单变量模型，各变量系数变化不大，说明政策效应具有一定的稳定性。多层级政府多类型政策作用从大到小依次为中央政府层面的供给面（0.767***）、环境面（0.197***），地方政府层面的环境面（0.184***），中央和地方需求面政策效果（0.063 5***、0.023 7*）则较小。但多层级政策作用之和大于单层级政府政策组合使用的情况，因此，多层级政府的政策组合具有一定的互补和协同作用。

2. 政策滞后效应测度结果分析

本章对多层级政府的多类型政策滞后效应的具体滞后期进行了测算，得到中央政府层面和地方政府层面多类型政策的滞后期测度结果，如表 11-6 和表 11-7 所示。研究发现政策对创新产出影响具有滞后效应，不同类型的政策工具具有不同的滞后期。

表 11-6　中央政府层面政策滞后期测度结果表

滞后期	strategy coef.	strategy p>|z|	supply_c coef.	supply_c p>|z|	demand_c coef.	demand_c p>|z|	env_inf_c coef.	env_inf_c p>|z|	LR test P
T_0	0.430	0.001	1.041	0.000	0.045	0.005	0.205	0.001	0.000
T_1	0.632	0.000	1.013	0.000	0.020（T_0）	0.146	0.188	0.000	0.000
T_2	0.585	0.000	0.987	0.000	0.013（T_0）	0.316	0.232	0.000	0.000
T_3	0.300	0.000	0.770	0.000	0.069（T_0）	0.000	0.258	0.000	0.000
T_4	0.207	0.001	0.671	0.000	0.074（T_0）	0.000	omitted	omitted	0.000

资料来源：Stata14.0 统计，作者整理

表 11-7　地方政府层面政策滞后期测度结果表

滞后期	supply_d coef.	supply_d p>|z|	demand_d coef.	demand_d p>|z|	env_inf_d coef.	env_inf_d p>|z|	LR test P
T_0	0.408	0.000	−0.010	0.446	0.432	0.000	0.000
T_1	0.350	0.000	0.005（T_0）	0.704	0.325	0.000	0.000
T_2	0.162	0.089	0.029（T_0）	0.054	0.269	0.000	0.000
T_3	0.178	0.018	0.046（T_0）	0.000	0.083	0.257	0.000
混合	0.694（T_3）	0.343	0.400（T_0）	0.002	0.282（T_2）	0.000	0.000

资料来源：Stata14.0 统计，作者整理

由表 11-6 可知，总体上，中央政府层面战略面、供给面、环境面政策工具在滞后三期对新能源汽车创新产出仍具有显著作用，需求面政策工具没有滞后效应。各政策滞后效应具体表现如下：①战略面政策工具具有较长的滞后效应，在滞后 1 年和滞后 2 年中政策作用最大，之后，随着滞后时间的推移，其政策作用会下降，但仍然呈正向显著作用。其下降主要原因是其他类型政策工具的加入，分离了一部分战略面政策工具的作用。②中央政府层面的供给面政策工具属于技术研发政策，它也具有较长的滞后效应，随着滞后时期的延长其政策作用在下降。主要原因是我国中央政府层面供给面政策作用于新能源汽车技术萌芽期时，正处于技术开发探索创新阶段，技术发明速度缓慢；政策实施需要经过一段时间才有明显效果，因此，政策滞后期较长。③中央政府层面的需求面政策工具没有滞后作用，它的作用仅在当年反映，主要原因是消费者在购买新能源汽车时，政策的优惠补贴金额在车辆价格中直接兑现，政策反映速度非常快。④中央政府层面的环境面政策工具滞后三期仍显著，并且随着滞后时间的推移，其政策作用在增强。这说明新能源汽车配套充电基础设施的建设有助于其创新产出的提高。环境面政策在滞后四期时成为遗留变量的主要原因是它从 2013 年才开始实施。

由表 11-7 可知，总体上，地方政府层面供给面和环境面政策工具存在滞后效应，它们在滞后二期时均对新能源汽车创新产出的提高具有积极的显著影响，并

且随着滞后时间的推移，两者的政策效果呈缓慢下降趋势，直至其滞后效应不显著。主要原因是地方政策实施时，新能源汽车技术发展已有了一定的基础，技术创新速度有了提升，因此地方政策滞后期相比中央政府层面政策有所缩短。地方政府层面的需求面政策不存在滞后效应，仅在当期对新能源汽车创新产出的提高具有积极显著影响，与中央政府层面需求面政策无滞后效应的原因一致。

（四）稳定性检验

为了更好地验证模型的有效性，对模型变量进行了方差膨胀因子检验，各模型的平均膨胀因子和最大方差膨胀因子均小于 7，说明模型变量之间不存在严重的多重共线性。面板数据是选择固定效应模型还是随机效应模型，通过豪斯曼检验确定，结果表明随机效应负二项回归模型更好。另外，本章运用信息准则中的赤池信息量（Akaike information criterion，AIC）和贝叶斯信息度量（Bayesian information criterion，BIC）对模型变量的数量和整个模型的适宜性进行了检验，发现模型 2 至模型 5 中的 AIC 和 BIC 的值与基础模型的 AIC 和 BIC 相比都有所变小，说明单个变量模型和全模型都是对基础模型的改进，并且在模型 1 至模型 14 中，全模型 14 是最好的模型，该模型能较好地解释不同政府层级政策组合变量与创新产出的影响关系。另外，本章选取了创新产出排名前 70%的试点城市为样本，验证了模型的稳定性。同时，进一步增加了对绿色车牌政策的控制后，重新对模型进行了稳健性检验回归，发现结果与不控制该变量时是一致的。因此，研究结果具有较好的稳定性。

四、结论与讨论

基于政策组合理论，实证分析了不同政府层级多类型政策及政策组合对新能源汽车创新产出的影响。主要结论如下。

（1）中央政府层面的战略面、供给面、需求面和环境面政策工具均对新能源汽车创新产出具有积极的影响。其中，战略面政策的研究结果与 Heidrich 等（2017）英国的电动汽车战略政策影响结果不一致，主要原因是我国中央政府通过战略面政策工具对新能源汽车创新发展发挥着重要的统筹引领作用，促进了其创新产出的提高。供给面和需求面政策研究结果与现有研究一致，说明两者对新能源汽车创新产出的提高具有积极的影响，并且供给面的研发补贴比需求面的消费补贴政策更有效。本章在以往供给面和需求面政策研究基础上，新增考虑了战略面和环境面政策对创新产出的影响。其中环境面政策与现有研究一致,说明环境面的基础设施补贴政策比需求面的消费补贴政策对创新产出的积极影响更有效。

(2)地方政府层面的供给面、需求面和环境面政策工具均对新能源汽车创新产出具有积极的作用,在中央政府多类型政策运用背景下,地方政府层面的需求面和环境面政策仍对创新产出具有正向影响,而地方政府层面的供给面政策对创新产出的积极作用变得不再显著。这说明政策组合中的政策工具之间具有相互作用,具体表现为,一是同政府层级(中央政府、地方政府)的政策组合中多类型政策的作用大于单个政策,多层级政府的政策组合效应大于单个政府层级政策工具组合效应,说明政策组合中多类型政策之间存在互补效应;二是地方政府多类型政策工具的加入能够增强中央政府层面供给面政策对新能源汽车创新产出的积极影响,表明政策组合中中央政府供给面政策与其他多类型政策之间存在协同作用;三是在中央政府多类型政策组合运用下,地方政府层面供给面政策的积极作用变得不显著,表明地方政府层面的供给面政策与中央政府多类型政策之间具有一定的替代关系。本章拓展了政策组合中多层级多类型政策之间的相互作用研究。同时,本章分析了政策组合中多层级多类型政策各自对新能源汽车创新产出影响的贡献,并将地方政府层面多类型政策的影响从中央政府层面政策效果中挖掘出来,为填补地方政府层面多类型政策与创新活动影响研究上的空白做出一定贡献。

(3)政策具有滞后效应,中央政府层面的战略面、供给面和环境面三类政策对创新产出具有 3 年的滞后期,地方政府层面的供给面和环境面政策对新能源汽车创新产出具有 2 年的滞后期,需求面政策仅在当期有效,没有滞后效应。以往研究借鉴现有相关文献直接对政策变量进行 1~3 年的滞后期处理或者运用动态面板模型在自变量中增加因变量的滞后项,没有对政策的具体滞后期进行测算。研究发现供给面政策与 Dumont(2017)供给面的滞后三期一致,而我国需求面政策的零滞后期与 Cantner 等(2016)的需求面政策滞后四期不一致,主要原因是我国的需求面政策在消费者购买时直接兑付,政策执行及反馈速度较快;而德国风电产业的需求面政策以鼓励出口为主,从政策实施到产品销售至海外市场完成间隔时间较长,政策反馈速度较慢,滞后期较长。因此,本章拓展了多层级多类型政策的滞后期测算结果,为其他学者相关政策的滞后期选择提供了参考。

第十二章　政策组合的特征对新能源汽车创新产出影响研究

本章从政策组合的特征角度出发，继续探析在战略面政策影响下，以供给面、需求面和环境面为主的多类型政策构成的政策组合的特征对新能源汽车创新产出的影响。政策组合的特征指标有一致性、可信性、连贯性、平衡性和综合性等特征，目前可信性、连贯性等特征指标仍停留在概念界定和质性分析研究层面。因此，本章主要研究了可量化的政策组合的一致性、平衡性和综合性三个特征指标对新能源汽车创新产出的影响，尤其是分别探析了多层级政府维度的中央政府层面、地方政府层面以及两者构成的多层级政府整体层面的政策组合的三个特征对新能源汽车创新产出的影响。

一、理论分析与研究假设

（一）政策组合的一致性与新能源汽车创新产出

政策组合的一致性指政策组合中的元素自身和各要素之间的一致性。它具体体现为三个层次的一致性，一是政策目标之间的一致性，即多个政策以特定的逻辑方式彼此共存，而不能相互矛盾；二是政策工具之间的一致性，政策工具之间的作用是相互加强而不是相互破坏各自的能力；三是政策目标和政策工具之间的一致性，多个政策目标和政策工具以单向或相互支持的方式共同作用于政策客体，共同推动政策问题的解决或目标的实现。

Uyarra 等（2016）通过定性研究发现英国创新政策组合的不一致性为公司制定决策时带来了不确定性，从而阻碍了私营部门的研发投资。Reichardt 等（2016）认为政策组合的一致性越高，其对创新活动的积极影响越大。高的一致性意味着政策组合中政策工具之间产生了积极的相互作用，而较低的一致性意味着政策工具之间发生矛盾和冲突的可能性越大，从而政策组合内将产生负向的相互作用。他们发现德国风电产业能源创新政策组合的一致性对企业创新支出产生了积极的影响。徐喆和李春艳（2017）以高技术产业为例，得出了相同的结论，政策组合的一致性与创新活动呈正向影响。

在我国，新能源汽车政策体系由中央政府和地方政府制定的供给面、需求面和环境面创新政策组合构成。因此，从多层级政府角度，新能源汽车政策组合的一致性包括三个层面，即中央政府层面政策组合的一致性、地方政府层面政策组合的一致性以及多层级政府整体层面的创新政策体系（中央和地方）政策组合的一致性。郭雯等（2018）发现中央政府层面的供给面、需求面和环境面三类政策组合的一致性对新能源汽车产业领先市场形成具有积极的影响。

综上，本章提出如下假设。

H_{12-1}：政策组合的一致性对新能源汽车创新产出具有积极的影响。
H_{12-1a}：中央政府层面政策组合的一致性越高，新能源汽车的创新产出越高。
H_{12-1b}：地方政府层面政策组合的一致性越高，新能源汽车的创新产出越高。
H_{12-1c}：多层级政府整体政策组合的一致性越高，新能源汽车的创新产出越高。

（二）政策组合的平衡性与新能源汽车创新产出

政策组合的平衡性指不同类型政策工具运用数量的均衡度。政策组合的平衡性并非侧重考虑"最佳"的工具类型，而是在复杂的政策组合中平衡不同政策工具的优势。均衡性强调政策组合内不同政策工具的运用强度及发展应该是均衡的，平衡性越高，对创新活动的积极影响越大；否则，它将会对创新活动产生阻碍作用。

在创新政策研究中，技术供给面和市场需求面政策的平衡性发展具有重要的意义。一方面，如果支持需求拉动工具的不平衡政策组合，将导致各种替代技术的减少以及劣质技术的锁定效应（Costantini and Crespi，2013；Hoppmann et al.，2013）。另一方面，不成比例地使用技术推动工具可能会减缓对需求扩张的预期，从而部分减少对新技术的私人投资（Costantini et al.，2017）。在需求拉动和技术推动工具方面均衡运用的政策组合有助于建立一个可靠的政策框架，从而促进创新活动的发展（Costantini et al.，2015）。供给面和需求面政策工具组合的平衡运用对欧洲能源技术创新绩效的提高具有积极的影响（Costantini et al.，2017）。徐喆和李春艳（2017）发现供给、需求和环境面构成的政策工具组合的平衡性对南部沿海地区创新活动的影响是正向显著的。然而 Schmidt 和 Sewerin（2019）的研究发现 6 个欧盟国家的可再生能源政策组合的平衡性对非水电可再生能源创新产品市场份额呈负向相关，其正向影响假设没有得到验证。郭雯等（2018）以新能源汽车产业为例，同样发现政策组合的平衡性对新能源汽车销售量的影响不显著。

新能源汽车政策在技术供给、需求拉动和使用环境三个方面的政策工具运用平衡发展，才能较好地促进新能源汽车发展。如果运用不平衡的政策组合，单方面支持技术推动政策而没有一套影响消费者行为的需求拉动工具，可能导致创新投资者相信消费者对新技术的需求不足，降低利润预期，从而降低创新倾向。如果基础设施建设和运营等政策工具与供给面、需求面政策的运用不相匹配，将阻碍配套充电基础设施的快速发展，而充电桩的缓慢发展将阻碍新能源汽车的创新扩散，反过来不利于新能源汽车技术创新的进一步发展。

综上，本章提出如下假设。

H_{12-2}：政策组合的平衡性对新能源汽车创新产出具有积极的影响。

H_{12-2a}：中央政府层面政策组合的平衡性越高，新能源汽车创新产出越高。

H_{12-2b}：地方政府层面政策组合的平衡性越高，新能源汽车创新产出越高。

H_{12-2c}：多层级政府整体政策组合的平衡性越高，新能源汽车创新产出越高。

（三）政策组合的综合性与新能源汽车创新产出

综合性也称全面性，是指政策工具运用的广度，即同时应用多种政策手段，它反映了政策组合要素的广泛性和详尽性，以及基于广泛决策的程度。Jaffe 等（2005）指出在技术创新和变革中将涉及多个市场和系统失败，创新经济发展过程中存在阻碍创新系统功能的多种瓶颈。因此，没有一种政策工具可以解决所有已识别的故障和风险，这就需要政府运用不同的政策工具，增强政策组合的全面性。政策组合的综合性越高，意味着政策组合覆盖和预期可解决的市场失灵、系统失灵、创新外部性以及创新发展中存在的障碍等问题就越多，它可为利基市场创新发展提供更多的保护空间，增强其市场潜力（Weber and Rohracher，2012）。但当政策组合内的政策工具过于多样化时，政策组合全面性产生的积极影响可能会有所减少，甚至可能成为创新的障碍。

Sovacool（2009）认为可再生能源效率的全部潜力需要通过互补的政策工具来实现。政策组合的综合性越高，代表它涵盖面越宽广，可以从多个方面协调多个利益主体，从而对创新活动产生积极的影响。国内学者（徐喆和李春艳，2017；郭雯等，2018）得出了相同的结论。Flanagan 等（2011）对某类型政策工具的简单积累可能导致消极或相互矛盾的互动，如意大利和西班牙在能源效率领域针对相同政策目标采用了若干规范措施，这些规范包含相互矛盾的因素，从而对能源效率的提高产生了消极影响。Costantini 等（2017）发现 23 个 OECD 国家政策组合的综合性与节能技术创新产出呈倒 U 形关系。政策组合的综合性在一定程度上提高了创新绩效，但是当其包含的政策工具数量超过一定的阈值，综合性将会促使政策工具之间产生负面互动效应，从而降低了政策组合对生态创新的有效性。Rogge 和 Schleich（2018）的研究表明政策组合的综合性对企业的创新支出的积极影响是不显著的。

我国多层级政府运用了供给面、需求面和环境面构成的政策工具组合，它涵盖了新能源汽车技术供给、市场需求和使用环境整个创新价值链，它们分别针对技术创新、市场推广和应用环境三个分目标，面向新能源汽车的企业创新主体、消费主体、基础设施建设和运营商等不同的相关目标群体，通过发挥技术推动、需求拉动和环境影响三个不同的政策作用机制，共同促进新能源汽车的创新发展，实现创新产出的提高。

综上，本章提出如下假设。

H_{12-3}：政策组合的综合性对新能源汽车创新产出具有积极的影响。

H_{12-3a}：中央政府层面政策组合的综合性越高，新能源汽车创新产出越高。

H_{12-3b}：地方政府层面政策组合的综合性越高，新能源汽车创新产出越高。

H_{12-3c}：多层级政府整体政策组合的综合性越高，新能源汽车创新产出越高。

二、数据来源与变量测量

（一）数据来源

本章以 1993~2016 年的 20 个试点城市的面板数据为样本，具体如下。

1. 政策变量

新能源汽车政策文件来源有三种途径：一是北大法宝数据库；二是新能源汽车相关年鉴和发展报告，即《节能与新能源汽车年鉴》（2010~2017 年）和《中国新能源汽车产业发展报告》（2013~2017 年）；三是政府官方网站即中央政府及其直属机构、省（市）级地方政府及其直属机构。经筛选处理后确定目标政策文件数量为 534 项，如表 12-1 所示。

表 12-1　多层级政府新能源汽车政策文件数量统计

层级	国家层面	上海	北京	合肥	郑州	武汉	长沙	长春	南昌	大连	济南
数量	125	26	30	18	24	17	14	20	29	7	29

续表

层级		成都	天津	广州	深圳	东莞	南京	苏州	杭州	宁波	重庆
数量		19	15	34	45	30	49	42	23	20	23

资料来源：作者整理，其中非直辖市试点城市新能源汽车政策包括省级政府层面与其相关的政策，同一省级行政区内的试点城市包含的省级政府政策可能不一样，如广东省的推广应用、消费补贴政策不包含深圳市，主要针对广州、东莞等城市。

2. 其他变量

20 个试点城市的人口数量、人均收入和人均 GDP 来自中国经济与社会发展统计数据库、城市统计年鉴和城市统计公报，试点城市年度专利授权数量主要来自国家、省级以及各试点城市知识产权局官方网站。

3. 新能源汽车专利样本来源与选择

20 个试点城市的新能源汽车专利样本来源、检索方法、筛选原则与前文中新能源汽车专利的样本来源与选择一致。本章对被解释变量新能源汽车专利进行了滞后一期的处理，因此本章的目标授权专利样本数据为 1993~2017 年的 27 324 条。

（二）变量测量

1. 被解释变量

采用新能源汽车授权专利数量作为因变量，它包含授权发明、授权实用新型和授权外观设计三种。

2. 解释变量

1）政策组合的一致性（consistency）

借鉴 Rogge 和 Schleich（2018）政策组合的一致性测量题项，它包含政策目标、政策工具、政策目标与工具三个层面的一致性，本章运用该题项通过评价小组打分来测量政策组合在中央政府层面、地方政府层面以及多层级政府整体层面的一致性，如表 12-2 所示。

表 12-2　政策组合的一致性评价题项

一致性在多层级政府整体层面的表现	一致性陈述 （1~7 打分，1 代表非常不同意，7 代表非常同意）	变量名称
1. 中央政府层面的一致性	1. 中央政府层面新能源汽车政策目标是一致的，总目标和分目标都是促进新能源汽车的创新发展 2. 现有中央政府层面的各类政策工具在支持新能源汽车创新发展方面是相互促进的	consistency_c

续表

一致性在多层级政府整体层面的表现	一致性陈述（1~7打分，1代表非常不同意，7代表非常同意）	变量名称
1. 中央政府层面的一致性	3. 新能源汽车创新发展的目标在现有中央政府层面的各类政策工具的帮助下可以实现	consistency_c
2. 地方政府层面的一致性	1. 省市级地方政府新能源汽车政策目标是一致的，总目标和分目标都是促进新能源汽车的创新发展 2. 现有省市级地方政府层面的各类政策工具在支持新能源汽车创新发展方面是相互促进的 3. 新能源汽车创新发展的目标在现有省市级层面的各类政策工具的帮助下可以实现	consistency_d
3. 多层级政府整体层面的一致性	1. 中央政府和省市级地方政府关于新能源汽车政策目标是一致的，总目标和分目标都是促进新能源汽车的创新发展 2. 现有中央政府和省市级地方政府层面的各类政策工具在支持新能源汽车创新发展方面是相互促进的 3. 新能源汽车创新发展的目标在现有中央政府和省市级政府层面的各类政策工具的帮助下可以实现	consistency_cd

注：1—非常不同意，2—不同意，3—比较不同意，4—中立，5—比较同意，6—同意，7—非常同意
资料来源：Rogge 和 Schleich（2018），作者对其拓展和提出

评价小组由课题组的 7 名成员组成，它们均熟知中央政府层面和 20 个试点城市所在省市级的新能源汽车政策，首先评价小组成员对 20 个试点城市 1993~2016 年的政策组合一致性进行单独打分，发现其打分结果具有方向一致性[①]。针对该评价结果，向 2 名从事创新政策研究的学者征询意见，并根据其建议进行了微调整，从而确定最终的评价分值。

2）政策组合的平衡性（balance）

借鉴 Schmidt 和 Sewerin（2019）关于政策组合特征平衡性的计算方法，通过政策工具在不同政策工具类型间的分散度来衡量。它源自生态学中的 1-Simpson 指数，也称为 Gini-Simpson 指数，如式（12-1）所示。

$$1-\lambda = 1 - \sum_{type_m=1}^{M} p_i^2 = 1 - \frac{\sum_{type_m=1}^{M}\left[instuments_m \times (instuments_m - 1)\right]}{\sum instuments \times \left[\left(\sum instuments\right) - 1\right]} \quad (12-1)$$

1-Simpson 指数的范围为 0~1。数值越大，表示两个政策工具属于不同类型政策的概率越大，政策组合的平衡性越好。

3）政策组合的综合性（comprehensiveness）

借鉴 Costantini 等（2017）、徐喆和李春艳（2017）关于政策组合特征综合性的计算方法，它是不同类型有效政策工具的数量累积值之和，如式（12-2）和式（12-3）所示。公共政策具有时效性和可累加性，只要政策没有终止，其政策

---

① 关于某个具体题项，如果两人打分均为 4~7 分，则具有方向一致性；如果一人为 4~7 分，另一人为 1~3 分，则存在方向不一致性。

效应会一直持续，因此，政策工具的综合性是有效政策工具数量的累积，它在一定程度上反映了政策体系的完善程度（尹希果和冯潇，2012；程华和钱芬芬，2013）。

$$\text{ComTP}_{it} = \sum_{j=1}^{n} P_{ijt} \quad i \in [1,20], j \in [1,n], t \in [1993,2016] \quad (12\text{-}2)$$

$$\text{ComTTP}_{it} = \text{ComTTP}_{it-1} + \text{ComTP}_{it} - \text{TP}_{it}^{f} \quad i \in [1,20], t \in [1993,2016]$$

$$(12\text{-}3)$$

其中，$j \in [1,n]$ 表示20个试点城市；$i \in [1,3]$，表示供给面、需求面和环境面政策工具的数量，n 为该年度最大工具数量；P_{ijt} 表示 i 城市第 t 年供给面（或需求面或环境面）的第 j 项政策工具；TP_{it}^{f} 表示 i 城市第 t 年失效的政策数量。

式（12-2）表示 i 城市 t 年内发布政策的综合性，式（12-3）表示 i 城市 t 年度总的综合性等于 i 城市 $t-1$ 年度总的综合性加上 t 年内发布政策的综合性减去 t 年内失效的政策数量。

3. 控制变量

本章采用战略面政策工具变量、试点城市的人均GDP、人均收入水平、万人专利拥有量作为控制变量，战略面政策工具在新能源汽车创新发展中发挥着重要的战略引领和指导作用；人均GDP代表试点城市经济发展水平对新能源汽车创新发展的影响，人均收入水平代表试点城市对新能源汽车的购买潜力，万人专利拥有量代表试点城市的整体创新能力。

三、实 证 分 析

（一）模型建立

本章研究了政策组合的特征对新能源汽车创新产出的影响，其被解释变量新能源汽车创新产出是授权专利数量，它是计数的非负变量，泊松回归和负二项回归是计数模型的首选方法。但本章的因变量新能源汽车授权专利方差是其平均值的200多倍，存在过度离散；相比泊松回归，负二项回归模型更适合，并且更准确和有效率。根据本章背景，建立负二项回归模型，如式（12-4）~式（12-6）所示。

第四篇　创新驱动发展的政策研究

$$E(\text{totalpatent1}_{it+1}|X_i) = \exp\begin{pmatrix} \alpha_i + \beta_1 \text{consistency\_c}_{it} + \beta_2 \text{balance\_sde\_c}_{it} \\ + \beta_3 \text{compre\_zh\_c}_{it} + \beta_4 \text{strategy}_{it} + \beta_5 \text{lnper\_gdp}_{it} \\ + \beta_6 \text{lnper\_income}_{it} + \beta_7 \text{lnper\_citypatent}_{it} + \varepsilon_{it} \end{pmatrix}$$
（12-4）

$$E(\text{totalpatent1}_{it+1}|X_i) = \exp\begin{pmatrix} \alpha_i + \beta_1 \text{consistency\_d}_{it} + \beta_2 \text{balance\_sde\_d}_{it} \\ + \beta_3 \text{compre\_zh\_d}_{it} + \beta_4 \text{strategy}_{it} + \beta_5 \text{lnper\_gdp}_{it} \\ + \beta_6 \text{lnper\_income}_{it} + \beta_7 \text{lnper\_citypatent}_{it} + \varepsilon_{it} \end{pmatrix}$$
（12-5）

$$E(\text{totalpatent1}_{it+1}|X_i) = \exp\begin{pmatrix} \alpha_i + \beta_1 \text{consistency\_cd}_{it} + \beta_2 \text{balance\_sde\_cd}_{it} \\ + \beta_3 \text{compre\_zh\_cd}_{it} + \beta_4 \text{strategy}_{it} + \beta_5 \text{lnper\_gdp}_{it} \\ + \beta_6 \text{lnper\_income}_{it} + \beta_7 \text{lnper\_citypatent}_{it} + \varepsilon_{it} \end{pmatrix}$$
（12-6）

式（12-4）和式（12-5）分别表示中央政府层面和地方政府层面的政策组合的特征对新能源汽车创新产出的影响，式（12-6）表示中央政府和地方政府构成的多层级政府整体层面的政策组合的特征对新能源汽车创新产出的影响。其中，解释变量 consistency_c_{it}、consistency_d_{it} 和 consistency_cd_{it} 分别表示中央政府层面、地方政府层面和多层级政府整体层面的政策组合的一致性；balance_sde_c_{it}、balance_sde_d_{it} 和 balance_sde_cd_{it} 分别表示这三类政府层面的政策组合的平衡性；compre_zh_c_{it}、compre_zh_d_{it} 和 compre_zh_cd_{it} 分别表示这三类政府层面的政策组合的综合性；考虑到被解释变量专利产出和政策解释变量之间存在一定的时间滞后，本章被解释变量 patent1$_{it+1}$ 专利授权数量采用一年的滞后期；strategy$_{it}$ 表示战略面政策工具；lnper_gdp$_{it}$ 表示人均 GDP；lnper_income$_{it}$ 表示人均收入；lnper_citypatent$_{it}$ 表示万人专利拥有数量；β_1、β_2、β_3、β_4、β_5、β_6、β_7 为模型中待估计的参数；ε_{it} 为其他不可观测的因素。

（二）描述性统计分析

表 12-3 为各变量数据的均值、标准差、最小值、中值、最大值。由变量方差可以看出部分变量的变异程度较大，说明样本数据具有一定的离散性，样本不存在选择性偏差。

表 12-3　变量描述性统计

变量名称	变量	均值	标准差	最小值	中值	最大值
中央政府层面：						
政策组合一致性	consistency_c	0.500	0.340	0	0.570	1

续表

变量名称	变量	均值	标准差	最小值	中值	最大值
政策组合平衡性	balance_sde_c	0.360	0.380	0	0	1
政策组合综合性	compre_zh_c	5.380	6.740	0	2	26
地方政府层面：						
政策组合一致性	consistency_d	0.270	0.350	0	0	1
政策组合平衡性	balance_sde_d	0.220	0.340	0	0	1
政策组合综合性	Compre_zh_d	3.060	5.260	0	0	32
多层级政府整体层面：						
政策组合一致性	consistency_cd	0.390	0.310	0	0.380	1
政策组合平衡性	balance_sde_cd	0.360	0.380	0	0	1
政策组合综合性	compre_zh_cd	8.720	11.750	0	3	56
战略面政策工具	strategy0	0.330	0.470	0	0	1
地区人均GDP	lnper_gdp	10.310	0.980	7.680	10.360	12.700
地区人均收入	lnper_income	9.530	0.810	7.210	9.550	13.810
地区万人专利数量	lnper_citypatent	1.970	1.710	−3.350	1.860	5.750
新能源汽车授权专利数量	totalpatent1	56.920	108.800	0	7	764

资料来源：Stata14.0统计，作者整理

政策组合特征一致性、平衡性的平均值从大到小依次为中央政府层面、地方政府层面、多层级政府整体层面。综合性特征则是多层级整体最大，中央政府层面次之，地方政府层面最小。被解释变量新能源汽车专利授权数量均值为56.92，标准差为108.8，方差与平均值的比率为207.82，存在过度分散，不符合泊松回归中方差等于期望的假设，因此，本章拟采用负二项回归模型对面板数据进行估计。首先对模型变量进行了方差膨胀因子检验，各模型的平均膨胀因子和最大方差膨胀因子均小于10，说明模型变量之间不存在严重的多重共线性。同时，为了控制不可观察的试点城市的异质性，采用固定效应负二项回归模型。而且，面板数据是选择固定效应模型还是随机效应模型，通过豪斯曼检验确定，结果表明固定效应负二项回归模型更好。

由图12-1可知，我国新能源汽车政策组合的一致性总体呈阶段性梯形上升趋势，从多层级政府角度看，中央政府层面政策组合一致性高于多层级政府整体层面和地方政府层面。在1993~2008年，总体上，多层级政府整体层面政策组合的一致性高于地方政府层面，但2009年之后，地方政府层面和多层级政府整体层面的政策组合的一致性均开始逐步提高，逐步缩小了与中央政府层面的一致性。其中深圳、上海、北京、杭州、合肥、重庆等试点城市在三个政府层面的一致性差距不大，并且于2010左右开始较快地提高了政策组合的一致性，而大连、长春、宁波、天津等地方政府层面的一致性则相对中央政府层面较低，且增长速度较慢。

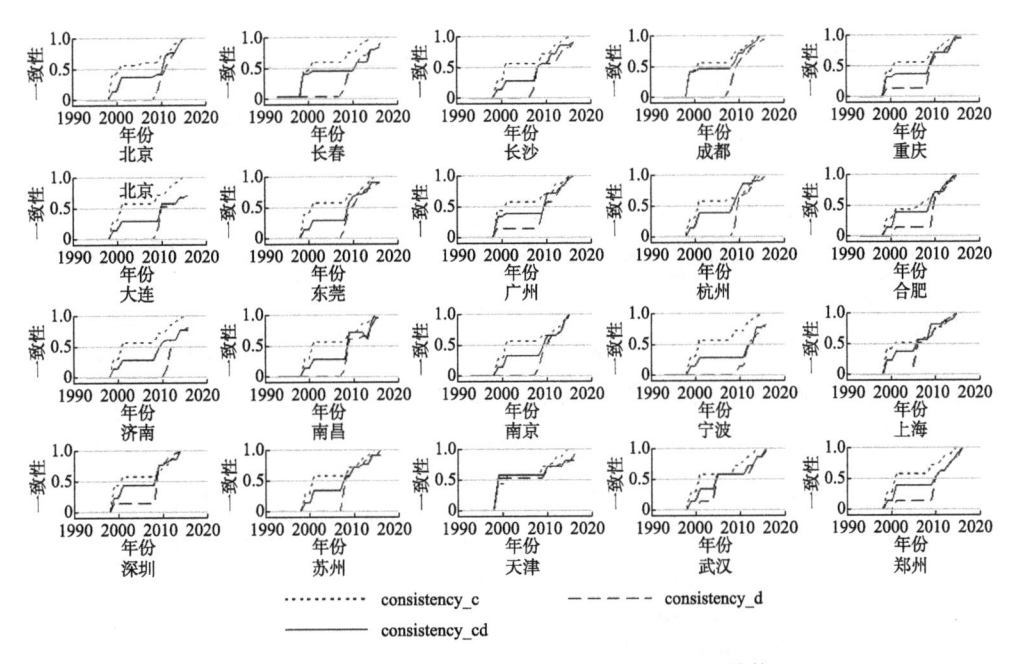

图 12-1 20 个试点城市政策组合的一致性发展趋势

由图 12-2 可知，根据多层级政府平衡性具体发展趋势形状的不同，可将样本分为三类。一是天津，其政策组合的平衡性指标在三类政府层面均从 1999 年开始呈较高水平的稳定发展，1999~2010 年，其平衡性指标从大到小依次为地方政府层面、中央政府层面和多层级政府整体层面，之后三者的平衡性趋于一致。二是以北京、长春、成都、重庆、大连、广州、上海、深圳、武汉为主，其中央政府层面和多层级政府整体层面的平衡性发展均远早于地方政府，中央政府层面于 1999 年开始较高水平的平衡性发展，而后逐步下降并于 2009 年或 2010 年趋于较高水平的稳定发展，地方政府层面则于 2010 年之后平衡性开始增大并趋于较高水平稳定发展。三是以长沙、东莞、杭州、合肥、济南、南昌、南京、宁波、苏州、武汉和郑州为主，其三类政府层面政策组合的平衡性于 2009 年或 2010 年之后开始增大并快速趋于较高水平稳定发展，并且指标值相差不大。

由图 12-3 可知，我国新能源汽车政策组合的综合性呈两阶段发展，中央政府层面以 2009 年为分界线，1993~2008 年，我国中央政府层面新能源汽车政策综合性呈缓慢发展，综合性指标较低，2009 年之后，综合性指标开始快速增长，且幅度较大；地方政府层面新能源汽车政策分界线明显滞后于中央政府，大部分试点城市地方政策组合的综合性在 2010 年之后才开始了快速增长。因此，从多层级政府视角，我国新能源汽车政策组合的综合性指标总体上由大到小依次为多层级政府整体层面、中央政府层面、地方政府层面。

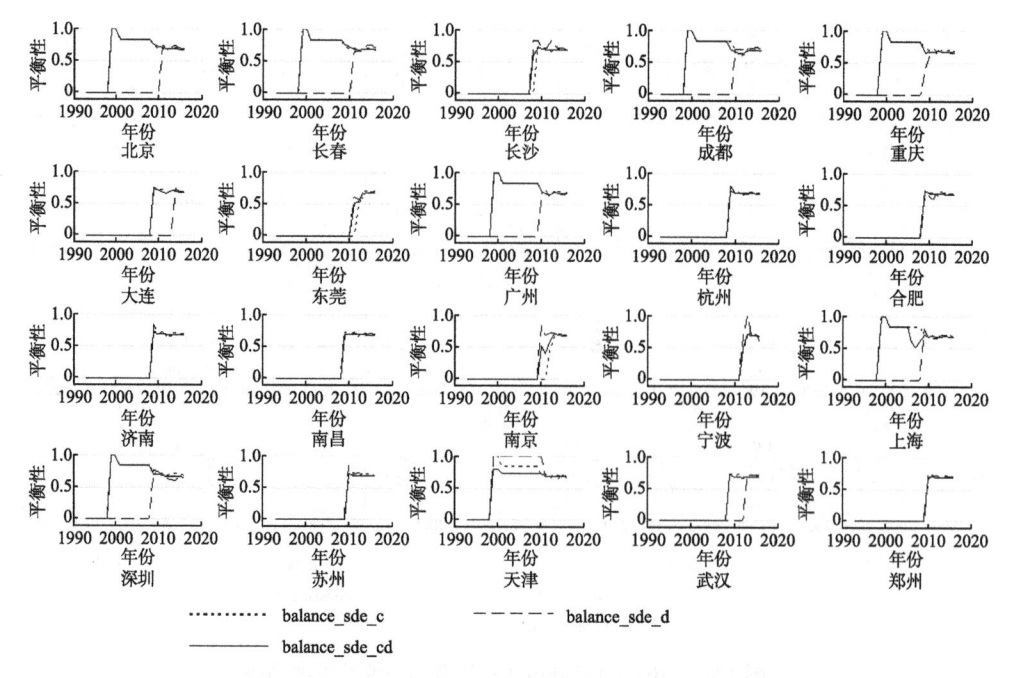

图 12-2 20个试点城市政策组合的平衡性发展趋势

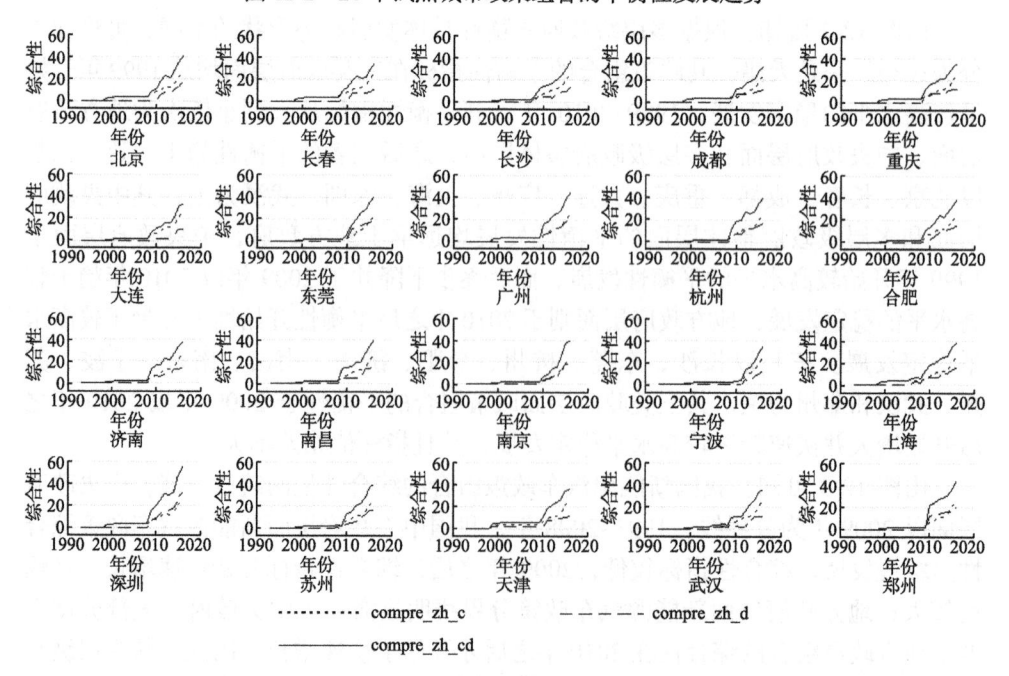

图 12-3 20个试点城市政策组合的综合性发展趋势

(三)实证结果分析

本章采用固定效应负二项回归方法验证了中央政府层面、地方政府层面和多层级政府整体层面的政策组合的一致性、平衡性和综合性对我国新能源汽车创新产出的影响。运用 Stata14.0 软件完成,回归结果如表 12-4、表 12-5、表 12-6 所示。

表 12-4 中央政府层面固定效应负二项回归结果

变量	(1) 基础模型	(2) 一致性模型	(3) 平衡性模型	(4) 综合性模型	(5) 全模型
consistency_c		1.531*** (0.244)			1.499*** (0.309)
balance_sde_c			0.559*** (0.110)		0.453*** (0.112)
compre_zh_c				0.013 4*** (0.003 6)	−0.004 3 (0.004 9)
strategy0	0.692*** (0.108)	0.647*** (0.115)	0.660*** (0.105)	0.707*** (0.113)	0.595*** (0.112)
lnper_citypatent	0.487*** (0.051 7)	0.375*** (0.060 0)	0.471*** (0.051 5)	0.479*** (0.053 8)	0.363*** (0.059 9)
lnper_gdp	0.622*** (0.076 9)	0.394*** (0.104 0)	0.523*** (0.077 3)	0.539*** (0.085 5)	0.373*** (0.096 7)
lnper_income	0.575*** (0.068 6)	0.434*** (0.100 0)	0.589*** (0.069 5)	0.480*** (0.082 7)	0.475*** (0.100 0)
_cons	−12.890*** (0.762)	−9.639*** (1.027)	−12.120*** (0.765)	−11.130*** (0.916)	−9.871*** (1.026)
N	480	480	480	480	480
Log Likelihood	−1 314.407	−1 324.195	−1 332.718	−1 339.384	−1 315.561
Wald chi2	2 223.540	2 563.100	2 291.470	2 486.400	2 561.100
(prob>chi2)	0.000 0	0.000 0	0.000 0	0.000 0	0.000 0
AIC	2 702.814	2 660.390	2 677.436	2 690.767	2 647.123
BIC	2 723.683	2 685.432	2 702.479	2 715.810	2 680.513
MeanVIF	4.84	4.96	4.22	4.69	4.63
Max VIF	6.89	7.43	6.94	6.93	7.45

***表示 $p<0.01$
注:括号内为标准误
资料来源:Stata14.0 统计

表 12-5 地方政府层面固定效应负二项回归结果

变量	(1) 基础模型	(2) 一致性模型	(3) 平衡性模型	(4) 综合性模型	(5) 全模型
totalpatent1					
consistency_d		0.572*** (0.163)			0.191 (0.220)
balance_sde_d			0.405*** (0.121)		0.302** (0.134)
compre_zh_d				0.015 30*** (0.004 25)	0.009 30 (0.005 82)
strategy0	0.692*** (0.108)	0.542*** (0.122)	0.518*** (0.122)	0.658*** (0.113)	0.488*** (0.132)
lnper_citypatent	0.487*** (0.051 7)	0.434*** (0.055 3)	0.463*** (0.051 5)	0.476*** (0.053 9)	0.447*** (0.055 6)
lnper_gdp	0.622*** (0.076 9)	0.562*** (0.083 7)	0.619*** (0.077 7)	0.564*** (0.083 1)	0.567*** (0.083 9)
lnper_income	0.575*** (0.068 6)	0.477*** (0.082 4)	0.543*** (0.071 4)	0.505*** (0.077 4)	0.475*** (0.082 3)
_cons	−12.89*** (0.762)	−11.28*** (0.899)	−12.49*** (0.771)	−11.58*** (0.856)	−11.29*** (0.898)
N	480	480	480	480	480
Log Likelihood	−1 346.407	−1 339.719	−1 340.343	−1 339.988	−1 336.017
Wald chi2	2 223.54	2 456.84	2 350.93	2 517.80	2 562.43
(prob>chi2)	(0.000 0)	(0.000 0)	(0.000 0)	(0.000 0)	(0.000 0)
AIC	2 702.814	2 691.439	2 692.687	2 691.976	2 688.033
BIC	2 723.683	2 716.482	2 717.729	2 717.019	2 721.424
MeanVIF	4.84	5.29	4.69	4.67	5.78
Max VIF	6.89	6.93	6.92	6.89	9.76

表示 $p<0.05$，*表示 $p<0.01$
注：括号内为标准误
资料来源：Stata14.0 统计

表 12-6 多层级政府整体层面固定效应负二项回归结果

变量	(1) 基础模型	(2) 一致性模型	(3) 平衡性模型	(4) 综合性模型	(5) 全模型
totalpatent1					
consistency_cd		1.337*** (0.206)			1.530*** (0.298)
balance_sde_cd			0.604*** (0.116)		0.513*** (0.121)

续表

变量	（1）基础模型	（2）一致性模型	（3）平衡性模型	（4）综合性模型	（5）全模型
compre_zh_cd				0.009 2*** （0.002 3）	−0.005 5 （0.003 6）
strategy0	0.692*** （0.108）	0.533*** （0.118）	0.638*** （0.104）	0.661*** （0.114）	0.461*** （0.113）
lnper_citypatent	0.487*** （0.051 7）	0.374*** （0.059 2）	0.479*** （0.051 2）	0.473*** （0.054 2）	0.354*** （0.059 5）
lnper_gdp	0.622*** （0.076 9）	0.482*** （0.094 8）	0.513*** （0.077 3）	0.542*** （0.085 3）	0.444*** （0.089 8）
lnper_income	0.575*** （0.068 6）	0.418*** （0.094 6）	0.595*** （0.069 3）	0.478*** （0.082 0）	0.475*** （0.093 2）
_cons	−12.89*** （0.762）	−10.07*** （0.944）	−12.10*** （0.764）	−11.11*** （0.900）	−10.36*** （0.952）
N	480	480	480	480	480
Log Likelihood	−1 346.407	−1 322.960	−1 332.386	−1 338.340	−1 312.449
Wald chi2	2 223.54	2 720.09	2 274.29	2 548.73	2 673.70
（prob>chi2）	0.000 0	0.000 0	0.000 0	0.000 0	0.000 0
AIC	2 702.814	2 657.920	2 676.772	2 688.680	2 640.898
BIC	2 723.683	2 682.963	2 701.814	2 713.722	2 674.288
MeanVIF	4.84	5.04	4.23	4.96	5.37
Max VIF	6.89	7.14	6.93	6.91	8.38

***表示 $p<0.01$

注：括号内为标准误

资料来源：Stata14.0 统计

由表12-4可知，模型1为基础模型，它验证了战略面政策工具新能源汽车发展战略对新能源汽车创新产出具有积极的作用，其同第四章战略面政策工具结论一致。试点城市地区特征如地区的创新水平、经济发展水平及人均收入水平均对新能源汽车的创新发展具有正向的影响。

由表12-4、表12-5和表12-6可知，模型2是政策组合特征一致性模型，它验证了不同政府层级政策组合的一致性均对新能源汽车创新产出具有积极的影响，因此，H_{12-1a}、H_{12-1b}、H_{12-1c} 得到了验证。三类不同政府层级政策组合的一致性影响具体分别为多层级政府整体层面（1.337***）、中央政府层面（1.531***）、地方政府层面（0.572***）。我国中央政府层面的供给面、需求面和环境面三类政策工具构成的政策组合的一致性较高，它从技术创新、推广应用和基础设施建设三个方面逐步完善政策目标、政策工具及目标与政策工具的一致性。地方政府则开始时间较晚，但其力度和完善速度较快。多层级政府整体层面的政策组合的一致性相对较高，地方政府层面的研发补贴等供给面和消费补贴等需求面政策工具是对中央政府层面相应政策因地制宜的应用以及政策力度的强化，而75%的试点城市在环境面基础设施建设及补贴政策方面与中央政府层面的政策目标及工具一致，并且早于中央政府层面。

由表12-4、表12-5和表12-6可知，模型3是政策组合特征平衡性模型，它验证了不同政府层级政策组合的平衡性均对新能源汽车创新产出具有积极的影响，因此，H_{12-2a}、H_{12-2b}、H_{12-2c}得到了验证。三类不同政府层级政策组合的平衡性影响具体分别为多层级政府整体层面（0.604***）、中央政府层面（0.559***）、地方政府层面（0.405***）。多层级政府整体层面新能源汽车政策由中央和地方的创新政策构成，随着其政策工具运用数量的增加，它经历了由不平衡发展逐步趋于稳定平衡发展的过程。中央政府则从1999年开始分阶段逐步增强了三类政策工具的平衡运用，它经历了以1999~2008年的供给面政策为主的不平衡使用到逐步发展为2009~2012年的供给面和需求面平衡运用，2013年开始，我国中央政府层面增强了环境面政策的运用力度，自此，供给面、需求面和环境面三类政策工具初步呈较平衡发展状态。地方政府层面20个试点城市在均衡性方面表现不一，如北京、上海、深圳等城市供给面、需求面和环境面三类政策运用起步虽晚，但总体上地方政府政策组合一开始就较为注重三类政策工具的均衡运用和发展。

由表12-4、表12-5和表12-6可知，模型4是政策组合特征综合性模型，它验证了不同政府层级的政策组合的综合性对新能源汽车创新产出具有积极的影响，因此，H_{12-3a}、H_{12-3b}、H_{12-3c}得到了验证。三类不同政府层级政策组合的综合性影响具体分别为多层级政府整体层面（0.009 2***）、中央政府层面（0.013 4***）、地方政府层面（0.015 3***）。我国新能源汽车政策组合是一个不断完善的过程，现在已形成了以供给面、需求面和环境面为主的政策组合。随着政策组合的丰富，其综合性也随之增加，从多方面激励新能源汽车创新发展，持续促进新能源汽车创新产出的提升。

由表12-4、表12-5和表12-6可知，模型5为全模型，它包括所有解释变量，特别是三个政策组合特征。在全模型中，H_{12-1a}、H_{12-1c}、H_{12-2a}、H_{12-2b}、H_{12-2c}得到了显著性验证，而H_{12-1b}、H_{12-3a}、H_{12-3b}、H_{12-3c}没有得到验证。其中，中央政府层面及多层级政府整体层面的全模型与政策组合特征单个模型相比，政策组合的一致性和平衡性系数大小变化不大，并且也具有较高的显著性，但是政策组合的综合性系数变成负的，并且不显著，主要原因为，一方面，政策组合特征之间存在相互影响，政策组合综合性的增加，意味着政策目标和政策工具类型的增多，从而政策组合之间存在矛盾的可能性也会随之增加，这在一定程度上会影响政策组合的一致性；另一方面，综合性的增加也会给政策组合带来协调难度的增加，甚至带来矛盾和冲突。因此，综合性对创新活动的影响是不显著的，甚至可能会对创新产出产生负向的影响。地方政府层面的全模型与政策组合单个模型相比，政策组合特征平衡性系数大小变化不大，也具有较高的显著性；其一致性和综合性是不显著的；主要原因是，一方面，20个试点城市新能源汽车政策开始时间不一，部分试点城市较晚，政策变量为0的时期较多，这会降低样本的数据量，影响其显著性；另一方面，地方政府层面政策相对数量仍然不多，以中央政府或省级政府为主，针对本地区特点的新能源汽车政策仍较少，这也会影响其政策组合的一致性和综合性。

综上，政策组合的平衡性对创新产出的积极影响显著性最为稳定，H_{12-2a}、H_{12-2b}、H_{12-2c}在个体模型和全模型中均得到了验证；一致性对创新产出的积极影响显著性较为稳定，H_{12-1a}、H_{12-1c}在个体模型和全模型中均得到了验证；H_{12-1b}仅在个体模型显著，全模型不显著。综合性对创新产出影响的显著性具有不稳定性，它在个体模型中是显著的正向影响，但在全模型中，其影响均是不显著的，因此H_{12-3}（H_{12-3a}、H_{12-3b}、H_{12-3c}）没有得到验证。

（四）可靠性检验

为了更好地验证模型的有效性，本章对模型变量进行了方差膨胀因子检验，各模型的平均膨胀因子和最大方差膨胀因子均小于10，说明模型变量之间不存在严重的多重共线性。面板数据是选择固定效应模型还是随机效应模型，通过豪斯曼检验确定，结果表明固定效应负二项回归模型更好。另外，本章运用信息准则中的赤池信息量（AIC）和贝叶斯信息度量（BIC）对模型变量的数量和整个模型的适宜性进行了检验，发现模型2至模型5中的AIC和BIC的值与基础模型的AIC和BIC相比都有所变小，说明单个变量模型和全模型都是对基础模型的改进，并且在模型1至模型5中，全模型是最好的模型，该模型能较好地解释政策组合特征变量与创新产出的影响关系。而且，本章根据因变量试点城市的创新产出授权专利总体情况，以排名前70%的试点城市为样本，重新对模型进行了回归分析，显著性相对总体样本更好。这说明模型中各变量结果具有较好的稳定性。

四、结论与讨论

基于政策组合理论，本章实证分析了政策组合特征的一致性、平衡性和综合性对新能源汽车创新产出的影响，主要结论如下。

（1）中央政府层面和多层级政府整体层面的政策组合的一致性对新能源汽车创新产出的作用是正向且显著的。这与 Rogge 和 Schleich（2018）、徐喆和李春艳（2017）以及郭雯等（2018）的研究结果一致。这说明政策组合一致性是影响新能源汽车创新产出的重要因素。政策目标与政策工具之间的一致性越高，对创新产出的积极影响就越强。从试点城市新能源汽车政策（中央政府层面和多层级政府整体层面）看，政策组合的一致性对创新产出具有积极且显著的影响，但地方政府层面政策组合的一致性对新能源汽车创新产出的作用不显著，这主要是由于我国新能源汽车在中央政府层面的一致性较高，而地方政府层面的一致性则大小不一，总体而言低于中央政府层面。地方政府应优化政策的设计以加强本层级新能源汽车政策组合的一致性。

（2）政策组合的平衡性对新能源汽车创新产出的作用是正向且显著的。这与徐喆和李春艳（2017）的科技创新政策和Costantini等（2017）的能源创新政策的平衡性研究结果一致；与Schmidt 和 Sewerin（2019）能源创新政策的研究结果不一致，与郭雯等（2018）的新能源汽车政策与市场领先关系也不一致。说明不同国家（地区或行业）创新政策组合的平衡性特点不一致，平衡性对创新产出和市场销售的影响也不一样，多层级政府应结合政策目标正确把握政策组合的平衡性运用。总体上，政策组合应向平衡运用发展，我国中央政府层面政策组合的平衡性平均值约为 0.48[①]，经历了早期不均衡、中期供给面与需求面相对均衡，2013 年至今初步形成了供给面、需求面与环境面政策组合的均衡发展。相对中央政府来说，地方政府的平衡值为 0.63，高于中央政府，主要原因是地方政策虽然新能源汽车政策运用起步较晚，但其从一开始就比较注重政策组合的平衡应用，试点城市至少同时运用供给面和需求面的政策组合，部分城市如北京、上海、深圳等较早地同时运用供给面、需求面和环境面三类政策工具组合，如2009年深圳市在《深圳市节能与新能源汽车示范推广实施方案（2009-2012 年）》文件中同时运用了研发补贴、消费补贴和基础设施建设补贴等政策工具。

（3）政策组合的综合性对新能源汽车创新产出的正向影响没有得到验证。这与 Rogge 和 Schleich（2018）的可再生能源创新政策及市场销售效果研究结果一致，与郭雯等（2018）新能源汽车政策与市场领先研究结果不一致。这说明政策组合的综合性对创新产出的影响结果是有争议的，政策不是越多越好，政策组合的综合性运用应保持一个适宜的度。同时也说明政策组合的综合性对于创新产品采用决策比创新决策更重要。政策组合的综合性对新能源汽车的采纳具有积极的影响，它不一定对新能源汽车创新产出具有积极的促进作用。

[①] 平均值按照政府开始运用新能源汽车的年份至 2016 年计算。中央政府开始实施新能源汽车政策的年份为 1999 年。地方政府则从各试点城市开始实施新能源汽车政策的年份计算。

第十三章　创新驱动发展的产业创新政策建议

创新政策对国家实施创新驱动发展战略具有重要的引领、支持、激励和协调作用。为了充分发挥战略性新兴产业政策体系对经济创新活动的政策驱动作用，根据政策分析原理、政策组合理论、政策评估理论、成本收益及知识基础理论，本章以产业创新政策为例对我国创新驱动发展政策进行了研究，以新能源汽车政策为研究对象，从政策组合视角构建政策分析框架对新能源汽车产业政策进行了系统性分析，接着对政策组合中多层级多类型政策及其组合特征对新能源汽车创新产出的影响效果进行了实证研究。

一、新能源汽车产业政策研究结论

（1）上海市新能源汽车政策案例分析验证了我国试点城市的新能源汽车政策是由多层级政府制定的政策构成，多层级政府通过纵向和横向协同合作共同推动新能源汽车的创新发展，纵向合作体现在中央政府起着引导、统筹和决定作用，上海市执行中央政府的决定，并对上海市的新能源汽车发展起着管理作用，区级基层政府负责具体执行和落实中央和上海市的新能源汽车的各项事宜；横向合作体现在中央和上海市分别形成了两个政策共同体，即以工业和信息化部为核心，科技部、国家发展和改革委员会、财政部等组成的政策共同体，以上海市经济和信息化委员会为核心，上海市科学技术委员会、上海市财政局、上海市交通委员会等组成的政策共同体，以上海市经济和信息化委员会为中介直接将两个政策共同体进行对接。上海市新能源汽车政策组合是一个逐渐发展的过程，随着战略面、供给面、需求面、环境面和评估面五类政策面的具体政策工具的运用而发展，随着政策组合的变化，其政策组合特征也会发生变化，政策组合的一致性、可信性、连贯性和综合性四个指标均较好，促进了新能源汽车的创新发展。从总体上看，上海市新能源汽车政策实施效果较好，上海市初步形成了完整的新能源汽车创新产业链，在技术创新、推广应用和基础设施三个方面的市场表现指标均较好。这是中央政府、上海市和区级地方政府构成的多层级多类型政策共同作用的结果。

（2）研究证实了中央政府层面的战略面、供给面、需求面和环境面政策工具均对新能源汽车创新产出具有积极的影响。地方政府层面的供给面、需求面和环境面政策工具均对新能源汽车创新产出具有积极的影响，但在中央政府多类型政策运用背景下，地方政府层面的需求面和环境面政策仍对创新产出具有积极的影响，而地方政府层面的供给面政策对创新产出的积极影响变得不显著。这说明政策组合中的政策工具之间存在相互作用，具体表现为，一是同政府层级（中央政府、地方政府）的政策组合中多类型政策大于单个政策的作用，多层级政府的政策组合效应大于单个政府层级政策工具组合效应，说明政策组合中多类型政策之间具有互补效应；二是地方政府多类型政策工具的加入，促进了中央政府层面供给面政策对新能源汽车创新产出积极影响的增强作用；三是地方政府层面的供给面政策与中央政府多类型政策之间存在一定的替代关系。本章剖析了政策组合中多层级多类型政策各自对新能源汽车创新产出影响的贡献，表明多层级政府应合理搭配不同类型政策组合的运用，最大化地促进政策组合互补或协同效应的发挥，控制替代效应政策的运用。

（3）研究结果证实了政策组合的平衡性对新能源汽车创新产出的影响是正向且显著的。中央政府层面和多层级政府整体层面的政策组合的一致性对新能源汽车创新产出的影响是正向且显著的，但在地方政府层面不显著。政策组合综合性对新能源汽车创新产出的正向影响和负向影响都是不显著的。综上政策组合特征与创新产出的研究结果，表明我国中央政府层面、地方政府和多层级政府整体层面的创新政策组合运用都是较为均衡的，而不同类型政策的均衡运用对新能源汽车创新产出具有积极的影响。多层级政府不仅要注重对技术供给面和市场需求面政策的平衡运用，同时也注重环境面政策与供给面、需求面政策工具的平衡运用。政策组合在政策目标、政策工具及政策工具之间的一致性越高，政策组合一致性对创新产出的影响就越大。我国新能源汽车政策在中央政府层面和多层级政府整体层面政策组合的一致性较高，而地方政府层面的一致性在20个试点城市的表现则大小不一，其总体一致性相对较低。未来应加强地方政府层面的新能源汽车政策组合的一致性特征方面的政策设计和制定。政策组合的综合性对创新产出的影响结果是有争议的，政策数量不是越多越好，政策组合的综合性运用应保持一个适宜的度，这与中央政府和地方政府的多类型政策同时运用时，地方政府层面的供给面政策效果变得不显著结论相呼应。这说明政策组合中政策数量增多，不一定对创新产出产生积极的影响。因此，多层级政府应更加重视新能源汽车政策组合的质量而不是政策工具的数量。

二、政策建议

1. 发挥新能源汽车政策体系框架的统筹引领作用

我国新能源汽车政策体系较为复杂，各级政府也暂未对政策体系进行科学管理和治理，创新政策管理体系方面存在较大空白，这不利于充分发挥政策对新能源汽车创新发展的引导、支持和激励作用。多层级政府首先应该对新能源汽车政策进行顶层设计，构建完整的新能源汽车框架体系，发挥政策框架的引领作用。多层级政府不仅要科学制定和运用创新政策，而且要对政策主体和政策进行科学管理，发现问题并及时进行治理。我国新能源汽车政策体系是由中央政府和地方政府等多层级政府制定的所有与新能源汽车创新发展相关的政策组成。它是国家创新体系、区域创新体系、国家产业创新体系和区域创新体系的重要组成部分，可分为新能源汽车政策运用体系和管理体系两部分。

新能源汽车政策运用体系是以新能源汽车创新发展为核心内容，主要包括政策目标体系和政策工具体系，政策目标体系既包括国家和区域新能源汽车战略目标，又包括为了解决新能源汽车创新发展存在的政策问题而设定的具体目标。政策工具体系是为了预期政策目标的完成，多层级政府运用了一系列政策工具的组合，包含战略面、供给面、需求面、环境面、评估面五类政策工具以及对应22种具体的政策工具。其中战略面政策工具主要包含战略、规划、组织机构，供给面政策工具主要包含人力资源、资金支持、技术研发支持、信息支持及公共服务，需求面政策工具主要包含机构采购、推广示范、消费补贴、税收优惠、商业模式创新、海外机构，环境面政策工具主要包含基础设施建设、金融政策、行政规范、技术标准体系、政务服务、宣传，评估面政策工具包含评估性措施和评估结果报告。它的作用对象主要是新能源汽车产业链上的经济利益相关主体，如研发、销售、配套基础设施等企业生产者种群，政府、企事业单位和私人消费者等消费者种群。

新能源汽车政策管理体系主要包括政府间合作政策体系、政策管理体系和第三方监督反馈体系三个部分。政府间合作政策体系主要是规范多层级政府合作行为，包括同层级横向合作、多层级纵向合作、跨国家合作三方面，通过明确的部门职能、分工及合作等规定，提高政府工作效率和提升政策效果。政策管理系统以政策本身为核心关注对象，包括政策设计、政策评估管理和政策治理三方面，通过加强对政策设计的科学性、政策效果的及时科学评估以及现有问题政策的治理等方面的管理，提高政策本身的科学性和执行效力。第三方监督反馈体系以政府与公众对话与互动为核心，包括政策咨询、公众监督反馈和信息数据管理三方面，主要通过专家、公众和社会团体等政策参与，通过专家智库咨询、公众的互动反馈以及信息数据的管理，充分发挥第三方的政策监督反馈作用。它主要作用于多层级政府等政策主体、公众和社会团体等社会利益相关者。

2. 加强多层级政府间的横向和纵向协同合作

新能源汽车政策以跨部门联合主体制定为主，以政策组合为主要运用形式。为了防止多层级政府在政策目标组合之间可能的冲突和政策工具组合之间的相互抵消，我国各级政府应建立关于规范政府间合作的相关政策，完善多层级政府间的协同合作机制建设，加强政策主体之间的横向和纵向协同合作管理，提高其合作效率，减少多层级和同层级部门之间的利益冲突和矛盾。在现有各级政府新能源汽车领导小组组织机构基础上，构建统一高效的多层级新能源汽车产业创新发展领导组织机构，明确各层级的主要责任部门，以其为核心，加强政府部门之间的横向和纵向管理沟通，充分发挥领导组织机构对新能源汽车创新发展的统筹协调作用。一方面，加强中央政府与地方政府的纵向跨层级部门合作，以保证国家政策在地方政府层面实施中的针对性、一致性和双向快速响应性。另一方面，加强同层级政府部门之间的横向跨部门分工、合作与协调，综合使用产业、贸易、教育、财税、金融等多样化领域措施，尽可能地使政策目标组合、政策工具组合以及两者之间保持高的一致性和可靠性。

3. 规范并完善政策评估制度和机制建设

规范并完善政策评估制度和机制，尤其是中央政府应发挥统筹规划引导作用，优先建立国家层面的政策评估制度和机制建设，明确政策评估的合理性和合法性，采取多样化措施确保我国评估面政策和评估工作的科学实施。例如，建立专门的政策绩效评估管理组织机构，专门负责我国多层级政府的政策评估工作。通过与第三方合作加强政策评估的及时性；建立健全政策评估报告的使用机制和公开机制，通过其增加政策评估结果的透明度和公信力，促进政策的科学制定和评估；建立统一的公共政策信息平台，增强政策过程的信息收集以及政策制定、实施和评估。可在有条件的地方先试先行，如北京、上海、深圳等城市。

4. 强化供给面政策组合和环境面政策组合的运用

由我国多层级政府多类型政策工具的系数及其显著性可知，供给面政策和环境面政策相比需求面政策对新能源汽车创新产出的提高发挥着更加重要的作用，其中，供给面政策直接促进新能源汽车技术创新的市场供给，我国各级政府应加大技术研发、技术补贴等供给面政策的支持力度，还需加大供给面专业技术和高层次人才的引进和培养等供给面政策组合的运用力度。同时，环境面政策对我国新能源汽车创新发展环境发挥着重要的影响作用。由我国基础设施建设补贴政策的发展过程可知，我国中央政府和地方政府基础设施政策实施时间相对滞后，因此，我国多层级政府应同时强化同层级环境面政策工具的运用力度。近期，我国中央政府已向这方面倾斜，加大了对基础设施等环境面政策组合的运用和支持力度。地方政府是基础设施建设的直接执行单位，更应该强化地方政府层面基础设施政策的运用力度，加快地区基础设施建设的发展速度。同时，还应加强环境面规范性政策的运用，一方面通过绿色通行等交通管制及安全管理等规范性政策，吸引消费者购买和使用新能源汽车，另一方面通过"双积分"、创新产品目录等政策影响企业决策，倒逼企业研发高技术含量和高安全性能的新能源汽车。

5. 控制和调整需求面政策组合的运用

虽然需求面政策对新能源汽车创新产出的提高具有积极的影响，但在政策组合中，需求面政策对技术创新提高的程度相对供给面和环境面等政策工具较小。而且随着消费补贴退坡政策的实施，需求面政策对新能源汽车创新产出的影响变化不大。因此，多层级政府应该合理控制消费补贴类需求面政策工具的运用力度，增加市场导向型需求面政策的运用。根据新能源汽车市场发展阶段，引导需求面政策工具向高创新型车型补贴，充分发挥市场对低端新能源汽车的市场筛选作用，减少企业对消费补贴等需求面政策的依赖作用。同时，应强化海外机构、商业模式创新等市场导向型政策工具的运用力度，通过主动创造和开拓需求市场，激励创新产品的开发。

6. 优化多层级多类型政策在政策组合中的合理搭配运用

多层级不同类型政策工具对新能源汽车创新产出提高发挥着不同的作用，多层级政府不仅应加强本层级政府对政策组合的运用，结合政策工具的不同功能进行合理搭配，还要优化中央政府和地方政策层面政策组合的搭配运用，既要注意同类型政策工具组合在不同层级政府的应用，又要注意不同类型政策组合的搭配，使其最大限度地发挥政策组合对创新产出的积极影响，控制多层级政府间替代效应政策工具组合对创新产出的削弱影响。总之，多层级政策主体要注重优化和充分发挥不同层级和不同类型政策组合协同效应的运用，具体体现在充分发挥战略面政策工具对其他四个政策面政策工具的引导作用，不仅要加强中央政府对地方政府层面不同类型政策工具之间的联动运用，还要注重发挥同政府层级供给面、需求面和需求面政策工具的组合运用，尽可能促进其对创新产出活动发挥互补或协同作用。同时，增强评估面政策工具对供给面、需求面和环境面政策实施效果的监督和反馈作用。总体而言，政策工具之间的合理组合搭配运用，有助于增强政策组合的互补作用和协同作用，从而促使多层级目标的共同实现。它在一定程度上也是政府强化新能源汽车政策相关利益主体之间的协作及利益的平衡分配。

第十四章 创新驱动发展的人才政策研究

近年来，我国各地政府纷纷出台人才政策进行引才、育才、管才，普遍采用人才政策参与到人才的竞争当中。随着我国区域经济差距的逐渐拉大，各地区人才流动日益频繁，东南沿海地区成为人才集聚的重点区域，中西部地区人才密度增长速度降低。与此同时，各地颁布的人才政策也暴露出了以下四个方面问题：第一，人才政策发布频繁且不成体系；第二，人才政策科学性、针对性不足；第三，地区情境差异明显但政策同质化严重；第四，地区间人才恶性竞争显现（张波，2018）。而且，现阶段，无论是理论还是实践中，仍然没有完全回答以下问题：人才政策的发展演化规律是什么？地方人才政策能否驱动区域创新发展？地方人才政策驱动地方创新发展的路径是什么？人才政策对区域创新产生了怎样的影响？因此，探索我国人才体制机制改革、区域人力资本配置和走具有中国特色的创新驱动发展道路具有非常重要的理论和现实意义。

人才政策是国家或者地区相关机关、党政及其他机构在一定时期内制定的指导人才工作的法律、法规、规划、计划、意见、办法、细则、措施、条例等制度的总和，涉及人才引进、培养、使用、管理、评价等，影响人才培养、开发和利用的全过程。现有对人才政策的研究主要集中在政策分类、政策发展历程、政策内容对比、政策评价等方面。科技人才政策作为一种科技政策，逐渐成为地方政府吸引人才、留住人才的主要手段。

为了探索人才政策发展路径，实现人才政策高效运行，本章从人才政策发展特点出发，结合人才政策分类方式构建了人才政策发展三阶段模型。并且，对中国市级以上所有人才政策进行了归类整理分析，用中国人才政策发展数据对三阶段模型进行了验证。主要回答了以下两个问题：人才政策的发展规律是什么？在不同的发展阶段应该如何配置不同种类的人才政策？

一、相关人才政策研究回顾

1. 人才政策发展相关研究

人才政策作为科技政策的一类，指的是政府部门为达到一定的经济社会目标而制定的影响人才培养、开发、利用等过程的一系列行动方案或行为准则的统称（张波，2018）。国外人才政策研究主要集中在两个方向，一个研究方向集中对科技政策发展历程、政策内容、作用形式及政策背景进行分析。例如，Gokhberg 和 Sokolov（2017）对俄罗斯 1920 年以来的科技政策进行梳理，并将政策发展划分为 5 个时期；Dufour（2010）从供需的视角对加拿大科技人才和创新发展史进行了总结。另一个研究方向集中对不同国家的科技政策进行对比分析。例如，Soofi（2017）对中国和伊朗的科技政策以及科技人才问题进行了对比分析。

中国人才政策研究主要集中在人才政策分类、人才政策发展历史的回顾总结和展望、单个地区人才政策状况分析及多地区对比分析、人才政策成效评价四个方面。在人才政策分类方面，有学者沿用 Rothwell（1986）政策工具分类方法将人才政策分成供给型、需求型、环境型政策，如曹钰华和袁勇志（2019）在对中国区域创新人才政策进行对比分析时就是采用 Rothwell（1986）的分类方法。此外，《中国科技人才发展报告 2016》[①]将科技人才政策分成了 6 类，即人才流动与吸引、人才选拔与使用、人才激励、人才培养、人才评价和人才保障。此种分类方法被很多学者所沿用。刘轩（2018）在研究科技人才政策与创新绩效关系时按科技人才的开发与管理链条将人才政策分成了 7 类：人才吸引政策、人才培养政策、人才选拔与使用政策、人才激励政策、人才评价政策、人才市场与流动政策、人才安全政策及其他。在人才政策发展历史的回顾总结和展望方面，刘民主（2008）将人才发展阶段进行了划分，1979~1982 年为萌芽阶段，1983~1990 年为基本形成阶段，1991~2002 年为丰富和完善阶段，2003 年以后科学人才观提出。李燕萍等（2019）基于共词分析法对我国改革开放 40 年来的科技人才政策演变趋势进行了分析，其中将我国科技人才政策发展历程分成了四个时期：1978~1984 年为科技人才恢复调整期，1985~1994 年为科技人才管理体制深入改革期，1995~2005 年为战略导向期，2006~2017 年为科技人才创新发展期。在单个地区人才政策状况分析及多地区对比分析方面进行研究的学者众多，黄怡淳（2017）从引进、培养与发展、激励与管理三个层面对北上广深的人才政策进行了对比分

[①] 中华人民共和国科学技术部. 中国科技人才发展报告 2016[M]. 北京：科学技术文献出版社，2017.

析。苏立宁和廖求宁（2019）在政策文本分析的基础上，从政策年度、适用对象、政策类别和政策文种四个维度，运用 NVIVO 质性研究软件比较分析了 2006~2017 年长三角经济区上海、江苏、浙江、安徽现行有效的人才政策的差异。解佳龙等（2019）基于人才政策颁布年度、适用范畴、政策工具和执行效力四个维度，运用文本计量分析法系统梳理了中关村、光谷和张江三家代表性国家自主创新示范区的科技人才政策。在人才政策成效评价方面，王宁等（2018）利用 DEA-BCC 模型对河南省 2011~2015 年科技人才政策实施成效进行了评估。顾玲琍等（2019）运用专家访谈、问卷调查等方法构建了科技人才政策实施效果的评估指标体系及权重。也有学者从区域环境角度对人才政策进行了研究，翁清雄等（2014）从区域经济环境、生活环境、人文环境和人才政策环境研究了人才根植意愿的情况。

对人才政策进行研究所使用的方法主要有四种：一是定量分析方法，通过人才政策发布时间、政策数量统计、问卷收集等方法进行研究；二是文本-内容分析法，通过文本内容定量化的方式进行分析，此种方法是学者们普遍采用的一种研究方法，但是此研究方法没有统一的文本量化标准；三是空间分析法，从动态视角对人才的空间流动进行分析，探索影响人才区域间流动的深层次因素；四是履历分析法，对人才的履历进行统计分析，此种方法以问卷方式收集得较多。

2. 人才政策与区域创新发展相关研究

创新是经济发展的第一推动力，熊彼特提出创新是经济增长源泉的观点，无论是从公司层面还是区域层面，更高水平的创新的确能够带来更高水平的经济绩效。影响一个区域创新水平和创新产出的因素有很多，如区域法律制度体系等正式制度，区域文化等非正式制度，社会资本、地区基础设施、自然资源禀赋、人力资本等资源因素。人力资本是创新的核心要素，创新驱动的本质是人力资本驱动。因此，分析政府人才政策对区域创新的作用，对探索中国人才体制机制完善、区域人力资本配置和创新驱动发展具有至关重要的理论和现实意义。

随着我国创新驱动发展战略的推进，区域创新能力成为理论和实践中人们关注的焦点。在对区域创新能力的研究过程中涌现出三种理论派别，分别是以 Romer（1990）为代表的内生增长理论、以 Porter（1998）为代表的产业集群理论和以 Nelson（1993）为代表的国家创新体系理论。其中，内生增长理论将创新能力概括为 R&D 活动的努力和对知识存量的有效利用，区域 R&D 水平决定了地区的创新能力。创新系统的构建离不开政府政策的指引。政府参与区域创新的活动主要有创新软、硬环境的构建以及创新体制机制的完善，主要手段为财税政策及制度安排。Johan 和 Edward（2018）把 R&D 作为创新政策的三个框架之一，发现研发是促进创新发展的重要驱动力。通过财政补贴研发活动的形式鼓励企业增加研发投入也是各国政府的普遍做法。实证研究发现 R&D 补贴政策效果与税收抵免政策效果均未达成一致意见，且对政府进行 R&D 补贴的评价也褒贬不一。有学者支持 R&D 补贴能够促进企业研发，有学者认为 R&D 补贴挤出了企业私人研发投入。无论是财政补贴还是税收优惠，这些影响区域创新因素都是从资金方面出发，政府政策目的也是影响区域创新资金的投入。影响区域创新除了资金投入外，人力资本的投入也不可或缺。然而，政府通过人才政策参与区域创新系统的构建往往被忽略。因此，对政府人才政策与区域创新的关系进行研究，以期厘清政府人才政策对区域创新影响的机制和路径，为区域创新发展提供理论上的指导。

当前研究政府人才政策的文献相对较少，并且主要关注人才政策文本分析和地区人才政策对比，鲜有研究探讨政府人才政策对区域创新的影响。人力资本作为知识和技术的载体，不仅能够提升全要素生产率，而且能通过影响创新进而促进地区发展。政府人才政策能否增加区域人力资本存量，改善区域人力资本结构进而影响区域创新仍待论证。

二、人才政策发展三阶段模型与中国人才政策

（一）人才政策发展三阶段模型构建

1. 人才政策特点及分类

通过对美国、韩国、印度等国家人才政策发展历程进行归纳发现，人才政策的发展有以下三个特点。第一，时间性。一个国家或者地区在不同时期人才政策的侧重点不同。美国 2007 年建立的博士奖学金制度旨在吸引并挽留人才，如今美国加强了对人才的考核制度的建设，包括专业能力认证和职业资格认证。第二，空间性。一个国家或地区随着时间的推移对当地人才的情况的认识会逐渐加深。不同地区在资源禀赋、经济、地理、文化等方面具有一定差异性，发展过程中当地政府能逐渐摸索出适合本地区发展的模式及产业，并且加深对地区人才结构的认知，从而能够制定更加符合本地区情况的人才政策。20 世纪 90 年代以来印度根据其人力成本优势决定发展 IT 产业，人才政策都围绕在 IT 人才的培养发展上，而中国的禀赋优势适合发展制造业，众多人才政策都围绕制造业展开。第三，历史性。一个国家或地区随着时间的推移会加深对人才政策的理解。当地政府人才政策的发布量会逐渐增多，政策的实施和管理经验也会逐渐积累，从而会制定出更高质量的人才政策。韩国移民政策由传统的投资移民政策逐步转向对外国高层次人才直接发放绿卡的方式。

根据人才政策发展的三个特点,以及各个国家人才政策的发力方向,现将人才政策分成四类:人才吸引与保障政策、人才培养与发展政策、人才管理与维护政策和人才评价与考核政策。具体分类解释见第三章,创新驱动发展的中国情境部分的解释。

2. 三阶段模型的构建

根据成本收益理论,将政策制定者作为一个"经济体",其制定人才政策的唯一目的就是政策为本地区带来收益。根据上文中人才政策发展特点及四分类,构建了人才政策发展的三阶段模型,如图14-1所示。

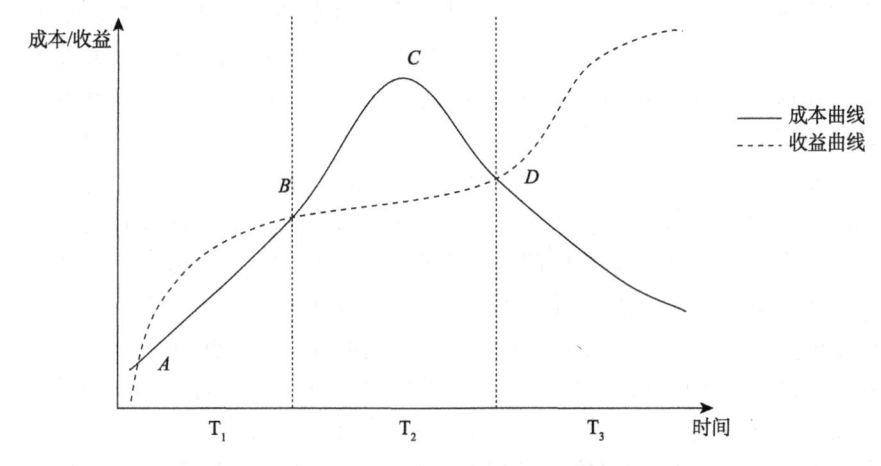

图 14-1 人才政策发展三阶段模型

整体上看,人才政策成本曲线在发展过程中呈现倒 U 形特点,人才政策的成本主要构成为:激励类成本,如对人才的学历补贴及创业补贴、落户激励政策等;环境创造类成本,如为人才提供良好的基础设施、营造良好的文化和法律环境;人才管理类成本,如人才库的建立维护、人才政策的管理执行等。很明显,人才政策成本与人才政策发文量关系密切,随着人才政策发文量的增加,激励类成本和人才管理类成本会不断提升,导致人才政策发文量与成本呈现出一种同向变动的关系。收益曲线呈现出双 S 形特点,人才政策实施的开始阶段,随着大量不同类型人才的涌入,人才作用显现,收益迅速增加。随着收益的边际递减,增长速度逐渐降低,最后呈现稳定上升的趋势。收益曲线的后期,随着政府对高层次、高质量人才的追逐,人才政策收益会再次重复之前的增长形式。

在人才政策发展的 T_1 阶段,区域政府意识到人才在推动地区发展上不可替代的作用后,开始利用人才政策来引领地区人才战略的发展。在该阶段,人才政策的重点是采取措施吸引和留住区域外的人才,对本地区人才采取培育和发展的措施。然而，这一阶段的人才政策属于普适性政策，对何种类型人才的需求并没有明确的目标。此时，人才政策的发文数量会持续增多，成本随着发文量的增多也逐渐增多。伴随着本地区人才的流入以及人才作用的发挥，人才政策的收益会迅速提高，经过成本收益第一个平衡点 A 后实现正的净收益。良好的人才政策效果会吸引当地政府对人才政策的关注，激励当地政府继续增加人才政策的发文数量。当地政府人才政策发文数量的增加，人才政策成本也会不断攀升，而且此阶段人才的供给并不能与当地人才需求相契合，人才政策的收益会逐渐下降，最终到达人才政策的第二个成本收益平衡点 B。

在人才政策发展的 T_2 阶段，人才政策的重点仍然是吸引人才、留住人才，培育和发展本地人才，同时开始逐渐关注适合本地区资源禀赋情况及产业特点的人才，开始强调人才质量的重要性。逐渐增加对人才的管理和维护，提高人才的利用效率。在这一阶段，成本曲线和收益曲线在达到 B 点后，当地政府并不会意识到人才政策净收益为负的情况，当地政府会继续增加人才政策的发文数量，推高人才政策成本，直至达到人才政策成本最高点 C，即人才政策发文数量的最高峰。此时人才政策的负净收益达到最大，作为"理性人"的当地政府认识到人才政策数量过多、人才供给与需求不匹配等问题的存在。经过 C 点后，区域政府开始降低人才政策发文量，加强对人才的管理，注重本地区人才的需求，随着人才政策成本的下降，最后到达人才政策的第三个成本收益平衡点 D。

在人才政策发展的 T_3 阶段，人才政策的重点是吸引、培育、发展和激励契合本区域发展情况的高层次、高质量、高水平、专业化的人才，并且对现有人才进行合理管理，通过一定的评价考核机制发挥出现有人才的最大作用。在这一阶段，人才政策不再追求发文量，而是注重人才政策发布、实施、管理、评价的全过程。而且，这一阶段为本地区人才发展所构建的外部环境（基础设施等）已经初步成型，人才管理实现规模效应，管理费用开始下降，人才政策成本降低，人才政策质量逐渐提升，人才政策发文量趋于稳定。随着适应本地区需求的人才的引进和培育，人才政策收益在 D 点后又会迅速上升，随着收益的边际递减，人才政策收益也逐渐稳定。最终，取得稳定的人才政策实施收益。

（二）中国人才政策的演化发展

基于构建的人才政策发展三阶段模型，对中国（未含港澳台）2000~2018 年所有地级及以上城市的人才政策进行整理归类分析，通过中国人才政策的发展规律来验证理论模型，分析中国人才政策发展状况和存在问题，并为中国人才政策更好地服务地方发展提出改进建议。

从北大法宝数据库下载了中国 31 个省（区、市）2000~2018 年的所有地级及以上城市的人才政策，经过整理，去除掉了表彰通知类、授予头衔类、活动评选类、行政批复类、名单公布类、换届通知类和任免通知类政策，最终收集了 2 136 条人才政策，按照上文中对人才政策的分类方式将其分为四类。下面从不同类型人才政策发文量变化趋势和发文是否为专有性两方面来分析中国人才政策发展情况。

1. 人才政策发文量分析

2000~2018 年中国人才政策总数量和四种类型的人才政策发文数量及其在总发文数量中的占比的变化趋势如图 14-2、图 14-3 所示。在对人才政策进行四分类时，由于部分人才政策同时符合多种人才分类的分类标准，所以对四种类型人才政策的统计采用重复计数的方法。

图 14-2　2000~2018 年中国人才政策发布数变化趋势图
资料来源：北大法宝数据库

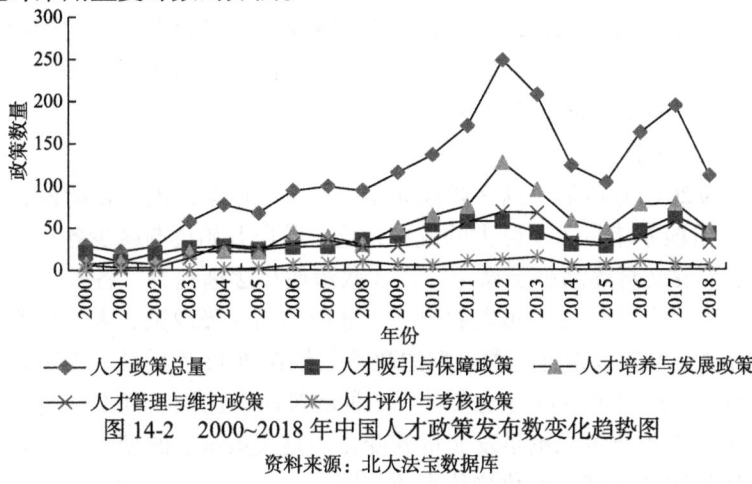

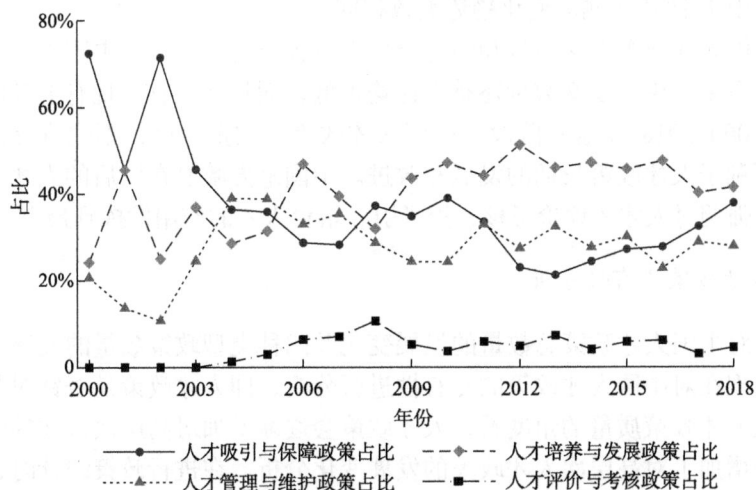

图 14-3　2000~2018 年中国四种人才政策占比变化趋势图
资料来源：北大法宝数据库

从中国人才政策发文量和占比变化图来看，T_1阶段约为2000~2006年，这一阶段属于中国利用人才政策进行揽才、养才的探索阶段，这一阶段的政策总发文量和四种类型政策的发文量均在逐渐提升。从四种人才政策的占比变化趋势图来看，人才吸引与保障政策、人才培养与发展政策是主导型政策，人才管理与维护政策占比呈上升趋势。综上，在T_1阶段，中国人才政策无论是发文数量的变化还是政策重点的变化都与人才政策三阶段模型中T_1阶段预测的变化趋势大致相同。

T_2阶段为2007~2012年，这一阶段属于中国人才政策飞速发展阶段，由于在T_1阶段人才政策的收益初现，这一阶段的总发文数量以及四种政策发文数量呈现出爆发式增长，2012年达到了高峰。在T_2阶段，人才吸引与保障政策、人才培养与发展政策、人才管理与维护政策占比趋同。人才吸引与保障政策有下降趋势，中国在T_2阶段更加注重通过培养与发展政策来促进人才繁荣，人才管理与维护政策的占比有超越人才吸引与保障政策的趋势。综上，在T_2阶段，中国人才政策无论是发文数量的变化还是政策重点的变化都与人才政策三阶段模型中T_2阶段预测的变化趋势大致相同。

T_3阶段为2012年以后，这一阶段属于中国人才政策成熟稳定阶段，由于政策发文量在T_2阶段暴增带来了巨大的成本，这一阶段开始逐渐减少各种人才政策的发文量，政策发文量逐渐趋于稳定，人才政策质量逐渐提升，各种类型人才政策配置更加均衡。从图14-2中可以看出，人才吸引与保障政策、人才培养与发展政策、人才管理与维护政策这三种类型的政策数量在2015年后基本稳定并且数量上已经开始趋同。从四种政策占比来看，四种政策所占比例也基本稳定。综上，在T_3阶段，中国人才政策无论是发文量的变化还是政策重点的变化都与人才政策三阶段模型中T_3阶段预测的变化趋势大致相同。

从中国人才政策发文数量和四种类型政策各自占比来看，中国人才政策中评价与考核政策无论是发文数量还是占比均很低，而且并没有发现有上升的趋势。说明在2000~2018年这一阶段，中国人才政策只注重发展，不注重反馈。实质上，这不利于人才政策长期的发展和改进。中国地方政府在以后的人才政策发展中应着重强调对人才的评价考核，把吸引、培育人才的作用发挥到最大。

2. 人才政策专有性分析

以上对中国人才政策总数量的发展变化及四种类型政策数量的发展变化进行了分析，现在对中国人才政策的专有性进行分析，即人才政策是否针对某一特定领域。从人才政策质量的角度看，人才政策会逐渐增加对高层次人才的干预。所以，此处增加了对高层次人才政策的发展变化分析。在进行政策统计时，将带有某一特定领域名称的政策归类为专有性人才政策，将涉及"高层次人才""专家""拔尖人才""领军人才""优秀中青年""博士""博士后"等关键词的人才政策归类为高层次人才政策。两种类型的人才政策发布数量及其在总政策数量中所占比例情况如图14-4、图14-5所示。

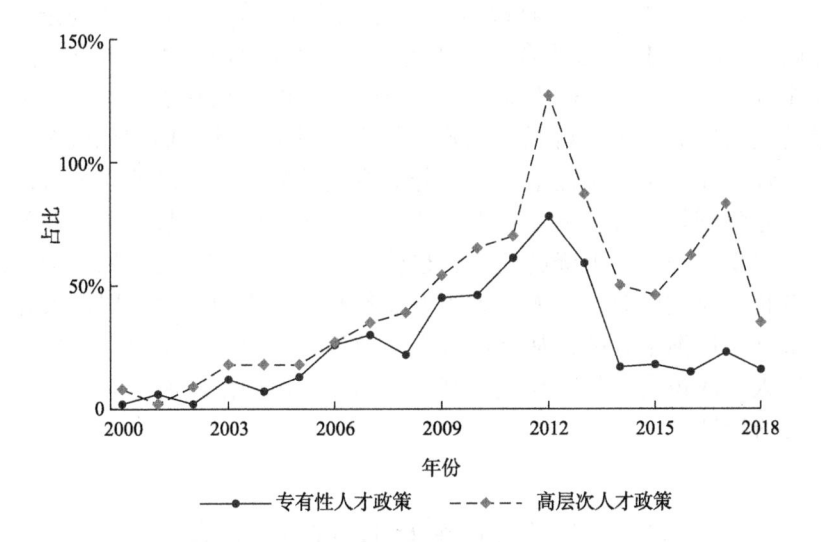

图14-4 2000~2018年中国专有性和高层次人才政策发文数变化趋势图
资料来源：北大法宝数据库

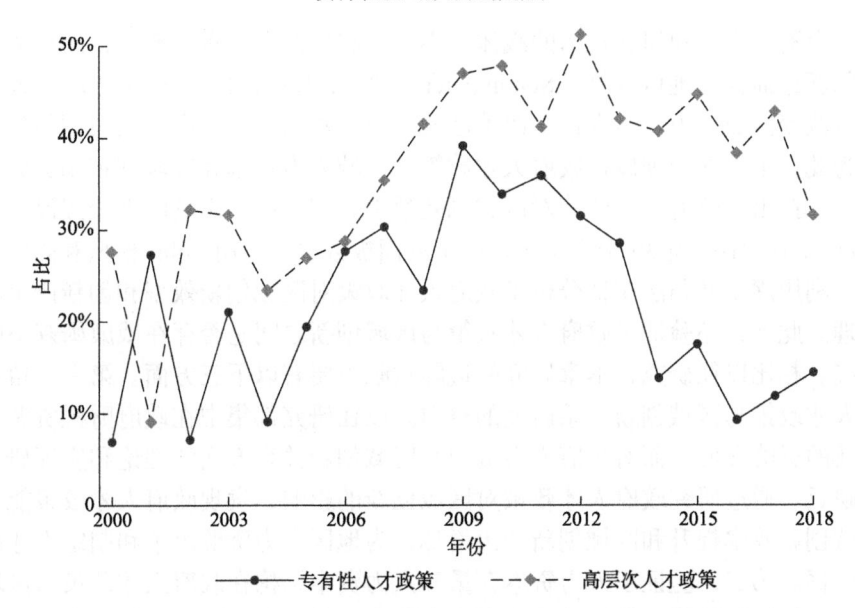

图14-5 2000~2018年中国专有性和高层次人才政策占比变化趋势图
资料来源：北大法宝数据库

从政策发文数量来看，2000~2012 年中国专有性人才政策和高层次人才政策都在逐年上升，2012 年发文数量达到最高峰，这与中国人才政策发展的 T_1 和 T_2 阶段重合。2012 年以后，两种政策发文数量逐渐下降，并且趋于稳定，这与中国人才政策发展的 T_3 阶段重合。人才政策在三个阶段所关注的重点不同，T_1 阶段关注全领域的人才，加速本地区人才的聚集；T_2 阶段认识到本地区需求，加速追求特定领域的人才；T_3 阶段再次关注全领域的人才，促进地区全面发展。中国专有性人才政策数量先上升后下降的变化趋势与人才政策三个阶段关注的重点变化趋势刚好吻合。从专有性人才政策在人才政策总数量中所占的比例来看，同样出现先上升后下降的趋势，也验证了人才政策发展过程对专有性人才的需求变化。与此同时，在人才政策发展的整个过程中，对高层次人才政策的关注度应该是逐渐上升的，从高层次人才政策发布数量上不容易看出关注度，从高层次人才政策占比的变化趋势则能很明显看出中国政府对高层次人才关注不断上升的趋势。

三、人才政策与区域创新发展

人力资本作为知识和技术的载体，不仅能够提升全要素生产率，而且能通过影响创新进而促进地区发展（Schumpeter，1934；Baumol，1986）。政府人才政策能否改变区域人力资本存量，改善区域人力资本结构从而影响区域创新仍需论证。为此，本章在梳理以往政府人才政策、区域人力资本和区域创新相关研究的基础上，提出了政府人才政策对区域创效效率和创新产出影响的理论假设，并基于 2005~2017 年中国 30 个省（区、市）的面板数据，运用 Tobit 模型和固定效应模型，利用逐步回归法实证分析了政府人才政策对区域创新效率和创新产出的影响机理。此外，还验证了政府人才政策与区域创新之间是否存在威廉姆森空间聚集效应。相比以往研究，本章研究的边际贡献主要有以下三方面。第一，填补了政府人才政策与区域创新关系研究的空白。以往研究都集中在政府财税资源对区域创新的影响方面，而对政府人力资源与区域创新关系方面的理论和实证研究都比较缺乏。通过研究政府人才政策对区域创新的影响，发现政府人才政策能够促进区域创新效率提升和区域创新产出增加，为地区人力资源改革和制定人才政策提供依据。第二，验证了人力资本存量和人力资本结构在政府人才政策对区域创新影响中的间接作用。实证检验发现人力资本存量和人力资本结构对创新产出和创新效率均有积极影响。政府人才政策通过提升人力资本存量影响创新的效果要优于改变人力资本结构。第三，实证研究发现政府人才政策对人力资本存量、人力资本结构、创新产出、创新效率均有威廉姆森空间聚集效应。这为具有不同人力资本存量、人力资本结构和创新水平的地方政府采取差异化人才政策提供了理论支撑。

（一）理论分析与假说提出

科技创新主要依靠前期科学技术和科学知识的积累来实现，人力资本是知识和技术的主要载体（王开国和宗兆昌，1999），也是新技术和新思想的来源。Romer（1986）和 Lucas（1988）把人力资本作为推动经济增长的内生性因素理论化。如今，对人力资本与创新的研究主要集中在微观层面，主要涉及企业人才培养、人力资源结构和人才管理（Borah et al.，2019），以及公司、组织的吸收能力与创新的关系（Protogerou et al.，2017；Teixeira and Tavares-Lehmann，2014）等方面。从宏观层面研究人力资本对创新影响的较少，Gössling 和 Rutten（2007）用本科以上人才占比表示地区人才情况对区域创新进行了研究，结果显示人才对地区创新有显著的正向影响。也有学者把人口结构和人力资源等因素加入区域创新研究中（Qian，2010）。仅从微观层面研究人力资本与创新的关系时，割裂了区域内部各个创新主体之间的联系，不能系统性了解各个主体之间的知识和技术的溢出效应以及创新的负外部性，而且政府参与创新活动的目的都是从整个区域的社会和经济价值出发，并非为某个企业的短期经济利益而行动。因此，单纯从微观视角分析政府参与区域创新活动偏离了政府行为的初衷，很容易导致对政府行为效果估计的偏差（李政和杨思莹，2018）。然而，从宏观方面对人力资本与创新关系的研究很少涉及政府的参与，涉及政府参与创新活动的研究大都是基于政府财政偏好、财税补贴等资金运用的视角，缺乏人力视角的考量。

作为对区域创新研究的补充，本章将政府人才政策纳入区域创新研究当中。为了赢得地区竞争优势，地方政府更加努力地参与到人才竞争当中，试图通过人才政策吸引和培养更多人才，挖掘本地区人才的潜能。政府人才政策的作用主要体现在两个方面：第一，政府人才政策能够为当地营造鼓励和支持创新的氛围，并以此来推动创新环境的建设；第二，通过政府人才政策能够扫清人才在区域之间流动障碍，加速地区人才的培养，完善地区人才的管理，促进地方知识资本累积。根据知识基础理论，人才是知识实践的重要载体，对人才的培养和引进是最直接最有效的一种知识聚集途径（王新华等，2019）。人才的聚集会促进知识的外溢，促进地区内部之间的知识和技术的传播交流，产生人力资源的"集聚租"（Krugman，1991），人才的聚集恰恰需要政府通过人才政策构建创新环境来实现，如设立园区人才工作站等。Fassio 等（2018）以专利引用作为衡量指标研究发现技术移民确实促进了欧洲的工业创新。政府可以通过颁布人才政策直接提高科技工作者的创新绩效（刘轩，2018）。人才政策对人才的引进力度越大、对人才的激励手段越丰富、对人才的发展保障越完善，越有利于人才的创新成果产出。

区域创新的直接影响因素有区域的 R&D 人员状况和 R&D 资金状况，众多学者在对区域创新效率的测算过程中，普遍使用了区域研发经费内部支出和研发人员的全时当量（李政和杨思莹，2018；孙晓华和李明珊，2016）两个指标作为投入指标。由于 R&D 人员供给缺乏弹性，特别是科学家和工程师等高层次人力资本更缺乏弹性，短时间内供给量不会产生巨大变化（Austan，1998）。但是，地方政府可以通过培育本地人才、引进区域外人才、激励人才创新性工作等人才政策改善区域 R&D 人员弹性，从而改善区域创新效率，提高区域创新产出。同时，政府也可以直接通过人才政策的方式配置 R&D 人员工资，提高 R&D 资金使用效率。政府人才政策改善了区域 R&D 人员弹性和结构，良好的 R&D 团队会提高 R&D 资金的使用效率，从而提高区域创新效率和创新产出。由此，提出如下假设。

H_{14-1}：政府人才政策能推动区域创新环境建设，改善 R&D 人员弹性和人员结构，提高 R&D 资金效率，从而提高区域创新效率和创新产出。

区域人力资本存量是影响区域创新水平的重要因素之一。人力资本存量越丰富，越有利提高科技创新成功的概率（王开国和宗兆昌，1999），而且高级人力资本能够提升潜在的创新成果的新颖性和科技含量（谷军健和赵玉林，2020）。人力资本存量能从两个方面影响创新。一方面，人力资本存量就是知识的存量，技术在知识螺旋中产生、发展和转移（Nonaka and Takeuchi，1995）从而促进创新。Delgado-Verde 等（2016）研究发现，人力资本存量与企业创新存在正向的线性关系，人力资本中知识积累越丰富，越有利于企业实现颠覆式创新，越有利于实现技术的商业化。而且，人力资本存量的提升能够提高区域对新技术、新知识的吸收能力，有利于新技术和新知识在本区域内利用和扩散。Che 和 Zhang（2018）研究发现，1999 年中国高校扩招增加的人力资本，促进了企业采用新技术，而且加速了企业技术创新。另一方面，人力资本存量的提高有利于促进具有较高生产效率部门的发展，促进创新要素从低效率部门向高效率部门流动，实现资源的最优配置。人力资本存量的增加会提高研发资金的使用效率，从而促进区域创新。在研发资金一定的情况下，人力资本存量越丰富，单位研发资金所分配的知识越多，有效提高了研发资金的使用效率。换言之，人力资本存量的增加提高了研发资金的边际效率。而且，地方政府恰恰能通过人才政策增加区域人力资本存量，参与到区域创新活动中来。政府通过人才政策，如吸引高端人才，培养、培训本地人才，考核管理人才等，增加本区域的人才储备，从而提高本地区的人力资本存量。如今，人力资本存量已经被地方政府重视，地方政府通过制定政策法规等努力参与到人才争夺战中，很明显，政府通过人才政策所做的努力会影响本地区的人力资本存量。鉴于此，提出如下假设。

H_{14-2}：政府人才政策能提高区域人力资本存量，增加区域知识积累，从而提高区域创新效率和创新产出。

区域人力资本结构是影响区域创新水平的重要因素之一。不同层次人力资本对创新的影响具有异质性。众多研究发现，不同层次人力资本对创新的影响不同，高层次人力资本更能提升产品的科技含量和新颖程度。Lucas（1988）把人力资本划分为原始劳动力和具有高技能的专业劳动力，研究发现具有高技能的专业劳动力才是经济增长的原始动力。Arbache 和 Sarquis（2002）研究发现高层次人力资本的技术创新和技术扩散能力对全要素生产率提升的贡献是低层次人力资本所不能相比的。人力资本结构决定了人力资本与研发资本的匹配性。李静等（2017）研究发现人力资本匹配与创新产出呈现正 U 形关系，研发人员教育不匹配会导致研发投资专利回报率降低 10%~15%。地方政府通过人才政策影响本区域的人力资本结构，从而参与到区域创新活动中来。政府的人才政策对不同层次的人才具有差异性。例如，有专门针对院士、教授、博士等高端人才的奖励政策，也有针对本科及研究生人才的落户政策等，这些人才政策会释放政府对待不同人才态度的信号，对本地区不同层级人才的流动、培养、评价产生影响，从而改变了本地区人力资本结构。因此，提出如下假设。

H_{14-3}：政府人才政策能改善区域人力资本结构，提高人力资本配置效率，从而提高区域创新效率和创新产出。

基于上述理论分析与假说，研究思路和变量之间的关系如图 14-6 所示，在后续研究中将对研究思路进行实证分析以验证假设。

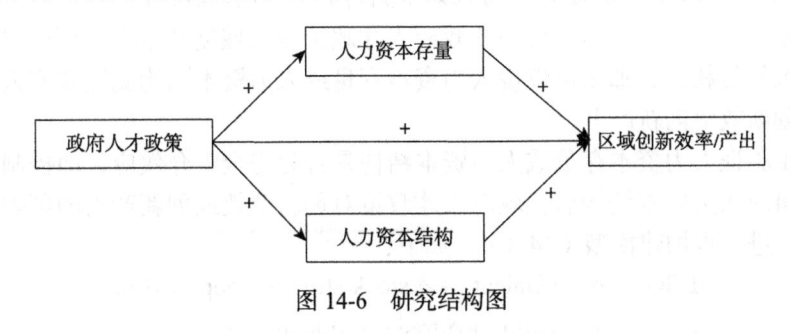

图 14-6 研究结构图

（二）研究设计

1. 模型设定

为了检验政府人才政策与区域创新的关系，首先设置基准模型（14-1）。

$$IE/IO_{it} = \beta_0 + \beta_1 talent_{it} + \beta_2 pop_{it} + \beta_3 fdi_{it} + \beta_4 stgdp_{it} + \beta_5 trade_{it} + \beta_6 load_{it} + \varepsilon_{it}$$
(14-1)

在式（14-1）中，IE 表示区域创新效率；IO 表示区域创新产出；talent 表示地方政府人才政策；pop 表示区域人口情况；fdi 为外商直接投资，表示区域外商投资情况；stgdp 为地区二、三产业生产总值占 GDP 的比重，表示地区产业结构和经济发展情况；trade 为进出口总额，表示地区对外开放程度；load 为地区年末金融机构贷款余额，表示地区金融发展水平；β 为回归系数；ε 为误差项。

为了验证 H_{14-2} 和 H_{14-3}，检验政府人才政策是否会通过改变区域人力资本存量和人力资本结构间接影响区域创新效率和创新产出，借鉴了 Baron 和 Kenny （1986）等对中介变量的设定方式，运用逐步回归法进行验证。第一步，以区域人力资本存量或人力资本结构为被解释变量，以政府人才政策为解释变量，检验政府人才政策对人力资本存量或人力资本结构的影响；第二步，以区域创新效率或创新产出为被解释变量，以人力资本存量或人力资本结构为解释变量，检验人力资本存量或人力资本结构对区域创新效率或创新产出的影响。按照上述逐步回归思路，设定式（14-2）和式（14-3）为中介效应模型。

$$stock/stru_{it} = \gamma_0 + \gamma_1 talent_{it} + \gamma_2 pop_{it} + \gamma_3 fdi_{it} + \gamma_4 stgdp_{it} + \gamma_5 trade_{it} + \gamma_6 load_{it} + \varepsilon_{it}$$
(14-2)

$$IE/IO_{it} = \alpha_0 + \alpha_1 stock/stru_{it} + \alpha_2 pop_{it} + \alpha_3 fdi_{it} + \alpha_4 stgdp_{it} + \alpha_5 trade_{it} + \alpha_6 load_{it} + \varepsilon_{it}$$
(14-3)

上述式中，stock 表示区域人力资本存量；stru 表示区域人力资本结构。如果政府人才政策能通过人力资本存量或人力资本结构影响区域创新效率或创新产出，那么 γ_1 和 α_1 都应该显著，而且如果 $\gamma_1 \alpha_1$ 和 β_1 的系数符号一致，那么可以说人力资本存量或人力资本结构中介政府人才政策与区域创新效率创新产出关系；如果系数符号相反，那么可以说人力资本存量或人力资本结构遮掩政府人才政策与区域创新效率创新产出。

为了验证人力资本存量或人力资本结构是否为完全中介效应，即控制了人力资本存量或人力资本结构后，政府人才政策对创新绩效或创新产出的影响是否依然显著，进一步构建模型（14-4），如下：

$$IE/IO_{it} = \delta_0 + \delta_1 talent_{it} + \delta_2 stock/stru_{it} + \delta_3 pop_{it} + \delta_4 fdi_{it} + \delta_5 stgdp_{it} + \delta_6 trade_{it} + \delta_7 load_{it} + \varepsilon_{it}$$
(14-4)

如果 δ_1 和 δ_2 同时显著，那么说明政府人才政策对区域创新既有直接效应又有间接效应，而且间接效应的大小为 $\gamma_1 \delta_2$。如果 δ_1 显著，而 δ_2 不显著，那么此时人力资本存量或人力资本结构完全中介政府人才政策与区域创新效率或创新产出。

2. 创新效率测算

创新效率是指创新活动中投入与产出之比。即在其他条件不变的情况下，单位投入所能产生的产出量，或者说是单位产出所需要的投入量。在创新资源有限的情况下，创新效率就成了突出的问题。在创新效率测算过程中，投入产出指标的选择至关重要。在投入方面，一般区域创新系统投入包含了人力和财力两个方面。在人力投入方面，选择 R&D 人员全时当量指标，其能有效反映区域创新过程中研发人员的实际投入水平；在财力投入方面，选择 R&D 经费内部支出总额指标，能有效反映区域创新过程中研发经费的使用情况。在区域创新产出方面，科研机构和高校创新产出主要包括论文、专利、专著等，企业则以专利和新产品为主。专利是不同主体创新活动的共性产出，也通常被用作创新主体的产出指标。发明专利因其技术含量高，能够更客观反映区域原始创新能力，所以选择地区发明专利授权数来衡量创新产出。常用来测算区域创新效率的方法有随机前沿分析方法和数据包络分析（DEA）方法，DEA 方法属于非参数法，在评价投入产出效率时更科学、客观，因此选择 DEA 方法测算区域创新效率。传统的 DEA 方法测算区域创新效率主要使用规模报酬可变模型和 Malmquist 指数模型，但是这些方法测算都是基于同一时期的假设来测算的，没有将时间因素考虑在内，而创新活动具有持续性的特征，与前期研发、知识积累息息相关，选用传统的 DEA 方法测算会导致结果有偏。为了解决上述问题，选择窗口 DEA（Window DEA）方法来测算区域创新效率。

窗口 DEA 方法使用的是移动平均的原则，其把一个决策单元在不同时期视作不同决策单元进行测算，一个决策单元不仅能与同一时期的其他决策单元比较，而且能与其他时期的决策单元比较。选择窗口宽度 $d=3$，此时在可信度和效率测度方面可以取得最好的平衡（Charnes et al., 1994）。原本拥有 J 个决策单元，在选取窗口宽度后，此时将拥有 $d \times J$ 个决策单元，如果研究的时间总长度为 T，那么每一个决策单元将有 $T-d+1$ 个窗口对其效率进行测算。最后，利用移动平均法对每一个决策单元在不同窗口的效率值进行测算，最后取得各个时点上的平均效率作为决策单元的效率值。样本包括除港澳台地区和西藏自治区以外的 30 个省（区、市）2005~2017 年的数据。由于我国发明专利从申请到授权大约要历时两年时间，所以此处将投入变量做滞后 2 年处理，得到了各个地区 2007~2017 年创新效率。数据主要来源于《中国科技统计年鉴》。从时间角度看，2007~2017 年我国平均创新效率变化如图 14-7 所示；从空间角度看，各个地区平均创新效率结果如表 14-1 所示。

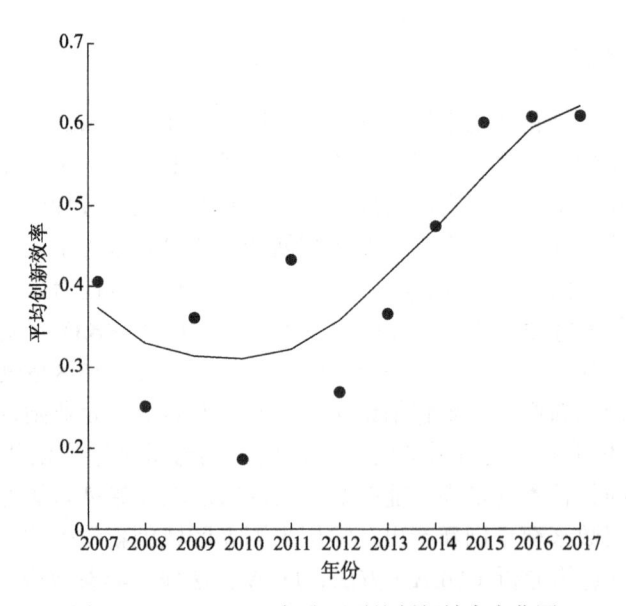

图 14-7　2007~2017 年我国平均创新效率变化图

表 14-1　2007~2017 年各地区平均创新效率

地区	创新效率	地区	创新效率	地区	创新效率
北京	0.585	浙江	0.645	海南	0.805
天津	0.311	安徽	0.491	重庆	0.451
河北	0.245	福建	0.368	四川	0.389
山西	0.245	江西	0.213	贵州	0.484
内蒙古	0.146	山东	0.339	云南	0.398
辽宁	0.317	河南	0.289	陕西	0.341
吉林	0.302	湖北	0.315	甘肃	0.255
黑龙江	0.393	湖南	0.389	青海	0.584
上海	0.536	广东	0.738	宁夏	0.508
江苏	0.593	广西	0.446	新疆	0.334

从图 14-7 来看，2007~2017 年我国整体的创新平均效率经历先下降后上升的过程，2010 年之后创新效率提升显著。从表 14-1 分区域情况来看，广东、北京、海南、上海、江苏、浙江等东部地区普遍高于 0.5，山西、江西、河南等中部地区普遍在 0.3 以内，不同地区创新效率差异明显。

3. 变量的设定

被解释变量除了上一部分介绍的创新效率指标外，还选择了创新产出作为被解释变量，选择发明专利授权数表示创新产出（IO）。此处需要说明，前文在模型设定过程中涉及创新效率（IE）和创新产出（IO）两个被解释变量，在 IE 的测算过程中已经考虑了 R&D 人员全时当量和 R&D 经费内部支出总额两个变量。当 IO 做被解释变量时，需增加 R&D 人员全时当量（rdp）和 R&D 经费内部支出总额（rd）两个变量作为控制变量。

本章关键解释变量为政府人才政策（talent），将其定义为政府大力开发人力资源所做的一系列重大决策和制度安排。本章的人才政策包含了人才流动与吸引、人才选拔与使用、人才激励、人才培养、人才评价和人才保障等各种政策。地方政府在某项工作上是否努力，往往能从其发布的相关政策、法规、规定等文件中反映出来，发布数量越多，说明其越活跃越努力。鉴于政策具有时效性的特点，选择每个省（区、市）所有地级市及以上行政级别的政府机关单位发布的人才政策的每年累计有效数作为自变量，这一数据有效刻画了地方政府在人才政策上的努力程度。人才政策数量统计过程中去掉了表彰通知类、授予头衔类、活动评选类、行政批复类、名单公布类、换届通知类和任免通知类政策。

人力资本存量（stock）指标用平均受教育年限法测算地区就业人员平均受教育程度来表示。仿照蔡昉和王德文（1999）、姚先国和张海峰（2008）等的做法对区域人力资本存量进行了测算。计算基本公式如下：

$$\text{stock} = \sum_{i=1}^{n} p_i y_i \qquad (14\text{-}5)$$

其中，i 表示受教育程度，按照受教育程度划分成 n 个层次；p_i 表示 i 层次教育人口占总人口的比重；y_i 表示 i 层次教育人口累计受教育年限。按照我国教育制度的实际情况，将受教育程度划分成未上过学、小学、初中、高中、专科、本科、研究生及以上 7 个教育层次，同时，将不同受教育程度的累计受教育年限设定为 1.5 年、6 年、9 年、12 年、15 年、16 年、19 年。因为未上过学的工作者在日常生产生活中会通过自学或者培训的方式累积一定的知识，所以此处按照 1.5 年的受教育年限计算（石庆焱和李伟，2014）。

人力资本结构（stru）指标的测算常用方法有基尼系数法（Gini index）和泰尔指数法（Theil index）。基尼系数法和泰尔指数法在测算人力资本情况相近的地区和人口受教育程度比较低的地区存在计算结果非常相近的问题，这恰恰不适合我国各个地区人力资本结构的测算。鉴于高层次人才对区域创新的影响程度远超低层次人才，选择本科以上学历人员占比表示人力资本结构。

借鉴以往相关研究，选择地区人口情况（pop）、经济发展水平、地区产业结构（stgdp）、对外开放程度（trade）、外商投资状况（fdi）和地区金融发展水平（load）作为控制变量。区域人力资本与区域人口状况密切相关，人口多的地区往往人力资源也丰富，选择地区常住人口数代表人口状况，并对其进行控制；经济发展水平高通常能为一个地区的创新活动提供更多的资源支持，地区不同的产业结构对创新产出贡献是不同的，以第一产业为主的地区创新水平很难超过以第二产业为主的地区，选择地区二、三产业产值占 GDP 的比重代表地区产业结构和经济发展水平，并对其控制；地区在开放过程中会产生技术溢出和技术引进从而会对区域创新产生影响，选择地区进出口总额代表地区开放程度，并对其进行控制；外商投资促进了海外技术向本地转移，增强了本地吸收能力，以外商直接投资金额代表外商投资状况，并对其进行控制；金融发展水平决定了一个地区进行技术创新过程中投融资难易程度，以年末金融机构贷款余额代表地区金融发展水平，并进行控制。鉴于专利申请到专利授权过程中时滞的特点，将所有解释变量和控制变量进行了标准化和滞后 2 期的处理，处理后样本时间跨度为 2007~2017 年，各个变量的描述性统计特征如表 14-2 所示。以上数据来源于《中国人口和就业统计年鉴》、中国统计数据应用支持系统数据库、北大法宝数据库和国家统计局数据库。

表 14-2 描述性统计

变量	数量	均值	标准差	最小值	最大值
IO	300	7.788	1.618	3.135	12.205
IE	300	0.416	0.244	0.068	1
talent	300	−0.079	0.884	−0.930	4.736
stock	300	−0.138	0.943	−2.211	3.217
stru	300	−0.171	0.889	−0.954	4.892
rdp	300	−0.014	0.953	−0.806	4.043
rd	300	−0.035	0.867	−0.712	3.710
pop	300	−0.005	0.997	−1.462	2.395
fdi	300	−0.003	1.005	−0.898	4.115
stgdp	300	−0.001	0.986	−3.338	1.826
trade	300	0.004	1.003	−0.560	5.316
load	300	−0.084	0.843	−0.966	3.888

（三）实证检验

1. 政府人才政策对区域创新效率的直接、间接效应检验

使用窗口 DEA 对区域创新效率计算值介于 0 到 1 之间，具有明显的截尾特征，普通最小二乘法估计有偏且不一致，因此采用随机效应 Tobit 模型对被解释变量为区域创新效率的模型进行回归。进行多重共线性检验发现，变量平均 VIF 值为 4.52，小于 5，不存在严重的多重共线性问题。首先对政府人才政策对区域创新效率的直接和间接效应进行了验证，回归结果如表 14-3 所示。模型 1 为控制变量对区域创新效率影响的回归结果。人口因素、外商投资情况和金融发展情况对

区域创新效率均有显著影响。产业结构和开放程度对创新效率影响不显著,说明在调整产业结构、扩大对外开放方面的红利还有挖掘的潜力。

表 14-3　政府人才政策、人力资本与区域创新效率关系的回归结果

变量	模型1 IE	模型2 IE	模型3 stock	模型4 stru	模型5 IE	模型6 IE	模型7 IE	模型8 IE	模型9 IE
talent		0.265*** (0.032)	0.596*** (0.069)	0.180*** (0.065)			0.189*** (0.033)	0.244*** (0.030)	0.207*** (0.034)
stock					0.201*** (0.025)		0.135*** (0.025)		0.085** (0.039)
stru						0.174*** (0.031)		0.143*** (0.027)	0.071* (0.042)
pop	-0.082*** (0.029)	-0.071** (0.033)	-0.201 (0.145)	-0.437*** (0.108)	-0.009 (0.038)	0.007 (0.040)	-0.027 (0.033)	-0.003 (0.035)	-0.010 (0.035)
fdi	0.060** (0.028)	0.019 (0.026)	0.084 (0.055)	0.087 (0.053)	0.020 (0.027)	0.046* (0.028)	0.003 (0.025)	0.009 (0.025)	0.004 (0.025)
stgdp	0.000 (0.044)	0.025 (0.035)	0.756*** (0.079)	0.386*** (0.068)	-0.060* (0.035)	-0.009 (0.044)	-0.047 (0.032)	-0.025 (0.034)	-0.045 (0.032)
trade	0.033 (0.038)	-0.122** (0.048)	-0.246** (0.111)	0.049 (0.100)	-0.004 (0.040)	0.001 (0.041)	-0.096** (0.044)	-0.126*** (0.048)	-0.108** (0.045)
load	0.095*** (0.030)	-0.012 (0.030)	-0.012 (0.060)	0.256*** (0.059)	0.048* (0.028)	0.030 (0.031)	-0.012 (0.029)	-0.056* (0.031)	-0.034 (0.032)
_cons	0.424*** (0.025)	0.436*** (0.029)	-0.091 (0.136)	-0.137 (0.100)	0.448*** (0.034)	0.448*** (0.033)	0.449*** (0.029)	0.455*** (0.028)	0.454*** (0.029)
个体效应标准误	0.123*** (0.034)	0.150*** (0.029)	0.737*** (0.104)	0.538*** (0.074)	0.175*** (0.028)	0.169*** (0.038)	0.148*** (0.025)	0.145*** (0.028)	0.147*** (0.026)
特异效应标准误	0.184*** (0.009)	0.161*** (0.007)	0.303*** (0.013)	0.299*** (0.013)	0.159*** (0.007)	0.169*** (0.008)	0.153*** (0.007)	0.154*** (0.007)	0.152*** (0.007)
N	300	300	300	300	300	300	300	300	300

*表示 $p<0.1$,**表示 $p<0.05$,***表示 $p<0.01$
注:括号内为标准误

模型 2 为政府人才政策对区域创新效率影响的回归结果,从结果来看,政府人才政策对区域创新效率在 1%显著性水平下有显著正向影响,部分支持了 $H_{14\text{-}1}$。模型 3 和模型 5 对政府人才政策通过影响人力资本存量间接影响区域创新效率进行了验证。模型 3 结果显示,政府人才政策能显著提高地方人力资本存量,模型 5 结果显示,人力资本存量能显著提高区域创新效率,二者的关系都在 1%显著性水平下显著。这说明,政府人才政策能通过提高人力资本存量间接提高区域创新效率。模型 7 中考察了政府人才政策和人力资本存量二者共同对区域创新效率的影响,结果显示二者同时对区域创新效率有显著正向影响,间接效应大小为 0.08,说明人力资本存量部分中介政府人才政策与区域创新效率之间的关

系。模型3、模型5和模型7部分验证了H_{14-2}。

同理,模型4、模型6和模型8对人力资本结构是否中介政府人才政策与区域创新效率的关系进行了验证。从结果来看,政府人才政策对人力资本结构有显著的正向影响,人力资本结构对区域创新效率也有显著的正向影响。模型8中,政府人才政策和人力资本结构同时对区域创新效率有显著正向影响,说明人力资本结构也部分中介政府人才政策与区域创新效率的关系,中介效应大小为0.025,部分支持了H_{14-3}。模型9检验了政府人才政策、人力资本存量和人力资本结构同时作用的情况下对区域创新效率的影响,政府人才政策在1%显著性水平下对区域创新效率有显著正向影响,人力资本存量和人力资本结构分别在5%和10%显著性水平下对区域创新有显著正向影响。在我国,人力资本存量增加在促进区域创新效率方面的作用要大于人力资本结构的改进,而且在发挥政府人才政策与区域创新效率中介作用方面,人力资本存量也发挥了更大的作用。现实中,政府通过人才政策来改变区域人力资本结构的难度也大于改变区域人力资本存量。这也说明我国人力资本存量远未饱和的现状,还处在依靠人力资本存量的提升和知识的累积来提高创新效率的阶段。虽然我国在进入21世纪以来大量引入海外人才,通过教育体制改革、高校扩招等方式培育了大量的本土人才,显著提升了劳动者文化水平,但是,人力资本累积上还有很大的增长空间。对于地方政府来说,增加地区人力资本存量仍然是提高地区创新效率的良方,未来很长一段时间人才政策作用方向仍然是吸引人才、培育人才,增加区域人力资本积累。同时要注意,不能走"先污染,再治理"的老路,在提高区域人力资本存量之前要搭好适合本地区产业结构发展的人力资本结构框架,"两条腿走路"努力增加适合本地区的人力资本存量。如果只看重人力资本存量的发展,那么将来调整人力资本结构时必将付出巨大代价。

2. 政府人才政策对区域创新产出的直接、间接效应检验

上文检验了政府人才政策对区域创新效率的直接和间接效应,接下来对政府人才政策对区域创新产出的影响进行检验。被解释变量创新产出与创新效率不同,不再具有截尾特征,所以对创新产出的研究采用了固定效应模型进行逐步回归检验。创新产出与创新效率相比不再包含R&D因素,所以此处对R&D人员和R&D资金变量进行了控制。回归结果如表14-4所示。模型10为控制变量对区域创新产出的影响结果。模型11是政府人才政策对区域创新产出影响的回归结果,政府人才政策在1%显著性水平下正向影响区域创新产出。此时,H_{14-1}被完全支持。模型12、模型14和模型16检验了人力资本存量是否中介政府人才政策与创新产出的关系。结果显示,政府人才政策在1%显著性水平下正向影响人力资本存量,人力资本存量在5%显著性水平下正向影响区域创新产出,而且在模型16

中二者同时显著正向影响区域创新产出，因此，人力资本存量部分中介政府人才政策与区域创新产出的关系，中介效应大小为0.115。此时，$H_{14\text{-}2}$被完全支持。模型13、模型15和模型17对人力资本结构的中介效应进行了检验。政府人才政策在10%显著性水平上对人力资本结构影响显著，人力资本结构在5%显著性水平上对创新产出有显著正向影响，在模型17中政府人才政策和人力资本结构同时对区域创新产出有显著正向影响，因此，人力资本结构部分中介政府人才政策与区域创新产出之间的关系，中介效应大小为0.036。此时，$H_{14\text{-}3}$被完全支持。可以看出当前政府人才政策在促进人力资本存量增加方面的效果更好，在未来一段时间内，地方政府把人才政策重点放在增加区域人力资本存量上，在促进区域创新产出增加方面能取得更好的效果。

表14-4 政府人才政策、人力资本与区域创新产出关系的回归结果

变量	模型10 IO	模型11 IO	模型12 stock	模型13 stru	模型14 IO	模型15 IO	模型16 IO	模型17 IO	模型18 IO
talent		0.597*** (0.218)	0.527*** (0.076)	0.130* (0.075)			0.482** (0.228)	0.559** (0.218)	0.524** (0.233)
stock					0.340** (0.142)		0.244* (0.148)		0.095 (0.229)
stru						0.312** (0.152)		0.274* (0.151)	0.200 (0.235)
rdp	0.671*** (0.162)	0.457** (0.178)			0.606*** (0.163)	0.694*** (0.162)	0.452** (0.178)	0.491*** (0.179)	0.480*** (0.181)
rd	0.547*** (0.192)	0.307 (0.209)			0.438** (0.196)	0.489*** (0.193)	0.275 (0.210)	0.271 (0.209)	0.268 (0.210)
pop	4.930*** (1.591)	4.866*** (1.572)	1.979*** (0.650)	1.885*** (0.641)	4.271*** (1.601)	4.333*** (1.608)	4.404*** (1.591)	4.345*** (1.591)	4.306*** (1.596)
fdi	−0.052 (0.136)	−0.064 (0.135)	0.057 (0.055)	0.079 (0.054)	−0.069 (0.135)	−0.073 (0.136)	−0.073 (0.134)	−0.081 (0.134)	−0.080 (0.135)
stgdp	1.414*** (0.195)	1.215*** (0.206)	0.866*** (0.086)	0.426*** (0.085)	1.065*** (0.242)	1.266*** (0.207)	1.003*** (0.242)	1.098*** (0.215)	1.047*** (0.248)
trade	−1.697*** (0.337)	−1.960*** (0.346)	−0.327** (0.137)	−0.034 (0.135)	−1.637*** (0.335)	−1.703*** (0.335)	−1.866*** (0.350)	−1.947*** (0.345)	−1.914*** (0.354)
load	−0.141 (0.170)	−0.102 (0.169)	−0.073 (0.062)	0.165*** (0.061)	−0.092 (0.170)	−0.190 (0.171)	−0.074 (0.169)	−0.147 (0.170)	−0.124 (0.179)
_cons	7.862*** (0.044)	7.891*** (0.045)	−0.091*** (0.019)	−0.137*** (0.018)	7.901*** (0.047)	7.906*** (0.049)	7.914*** (0.047)	7.928*** (0.049)	7.927*** (0.049)
N	300	300	300	300	300	300	300	300	300
R^2	0.410	0.427	0.680	0.515	0.423	0.420	0.433	0.434	0.434

*表示$p<0.1$，**表示$p<0.05$，***表示$p<0.01$
注：括号内为标准误

3. 政府人才政策对区域创新的威廉姆森空间聚集效应检验

政府人才政策会促进区域人力资本存量提升和人力资本结构改善，从区域经济学和经济地理学的角度看，政府的人才政策能加速人口聚集，根据产业聚集理论推断，人口聚集会促进区域经济的增长。Martin 和 Ottaviano（2001）、Baldwin 等（2001）实证研究发现经济活动的空间聚集能降低创新成本，促进区域经济发展。人才聚集能促进区域知识溢出，产生人力资源"聚集租"（Krugman，1991），这种聚集效应是可持续的吗？威廉姆森（Williamson，1965）在研究中提出了威廉姆森假说，即空间聚集在经济增长初期能够促进经济效率提升，但达到一定门槛后，空间聚集对经济增长的作用效率会降低。王智勇（2018）实证研究发现，中国人口聚集在促进经济增长方面也存在威廉姆森空间聚集效应。那么，政府人才政策是否也会造成区域创新的威廉姆森空间聚集效应？即政府能通过不断地增加人才政策提高区域创新吗？由此，针对政府人才政策对区域创新的威廉姆森空间聚集效应进行了检验。结果如表 14-5 所示。

表 14-5　政府人才政策威廉姆森空间聚集效应检验

变量	模型 19 IE	模型 20 IO	模型 21 stock	模型 22 stru
talent_2	−0.022** （0.009）	−0.146*** （0.048）	−0.136*** （0.015）	−0.136*** （0.015）
talent	0.261*** （0.041）	0.908*** （0.263）	0.809*** （0.074）	0.414*** （0.073）
stock	0.071* （0.038）	−0.035 （0.230）		
stru	0.052 （0.042）	0.047 （0.236）		
rdp		0.482*** （0.178）		
rd		0.289 （0.207）		
pop	−0.035 （0.034）	4.373*** （1.572）	1.544*** （0.575）	1.449** （0.563）
fdi	−0.009 （0.025）	−0.180 （0.137）	−0.052 （0.050）	−0.030 （0.049）
stgdp	−0.062** （0.032）	0.970*** （0.246）	0.627*** （0.080）	0.187** （0.079）
trade	−0.065 （0.046）	−1.554*** （0.369）	0.060 （0.129）	0.355*** （0.126）
load	−0.025 （0.032）	−0.100 （0.176）	−0.060 （0.055）	0.178*** （0.054）

续表

变量	模型 19	模型 20	模型 21	模型 22
	IE	IO	stock	stru
_cons	0.470*** (0.028)	8.029*** (0.059)	0.035 (0.022)	−0.011 (0.021)
个体效应标准误	0.137*** (0.024)			
特异效应标准误	0.152*** (0.007)			
N	300	300	300	300
R^2		0.454	0.752	0.629

*表示 $p<0.1$，**表示 $p<0.05$，***表示 $p<0.01$
注：括号内为标准误

当创新效率作为被解释变量时使用随机效应面板 Tobit 模型，创新产出作为被解释变量时使用固定效应模型且控制变量增加 R&D 人员和 R&D 资金。此处增加政府人才政策的平方项（talent_2）为解释变量。

模型 19 和模型 20 分别显示了政府人才政策对区域创新效率和创新产出的威廉姆森空间聚集效应的检验结果。模型 21 和模型 22 分别显示了政府人才政策对人力资本存量和人力资本结构的空间聚集效应的检验结果。根据 Lind 和 Mehlum（2010）提出的确定倒 U 形关系必须满足的三个条件：①二次方项系数要显著为负；②图形斜率必须足够陡峭；③曲线转折点要落在变量的取值范围内。模型 19 中的政府人才政策平方项在 5% 显著性水平下显著为负，模型 20~模型 22 中均在 1% 显著性水平下显著为负，满足条件①。图 14-8~图 14-11 显示了政府人才政策与区域创新效率、创新产出、人力资本存量和人力资本结构的关系，从图中可以看出其关系均满足条件②和条件③。因此，可以确定政府人才政策与区域创新效率、创新产出、人力资本存量和人力资本结构的关系为倒 U 形。

从模型 19~模型 22 可以判断，政府人才政策对创新的影响确实存在威廉姆森空间聚集效应，即随着政府人才政策数量的提高，区域创新效率和创新产出也不断提高，到达门槛值后，政府人才政策对区域创新的作用效果开始下降。任何政策的实施都有一定的成本，吸引人才、激励人才、考核管理人才的成本是巨大的，而且地方政府人才政策颁布数量过多需要更多的人力、资金投入来维护政策的高效运行，这无疑也增加了政府人才政策实施的成本。所以，政府人才政策到达一定数量后对区域创新促进作用将会降低。同理，政府人才政策对人力资本存量和人力资本结构的影响也存在威廉姆森空间聚集效应。由图 14-8 和图 14-9 可知，政府人才政策在提升区域创新效率方面的可持续性要超过创新产出。由图 14-10 和图 14-11 可知，政府人才政策对人力资本存量和人力资本结构具有倒 U

形影响。不同地区无论是人力资本情况还是创新发展情况都有所不同,这就要地方政府根据地区实际情况合理组织和开展人才工作,这无疑给地方政府制定人才政策提出了更高的要求。

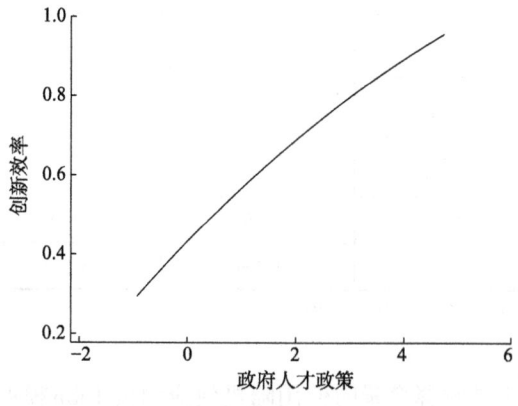

图 14-8　政府人才政策与创新效率关系图

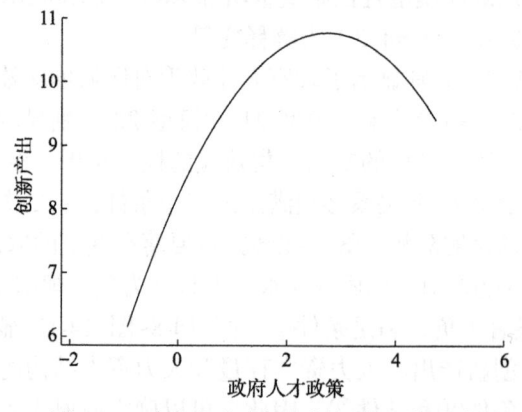

图 14-9　政府人才政策与创新产出关系图

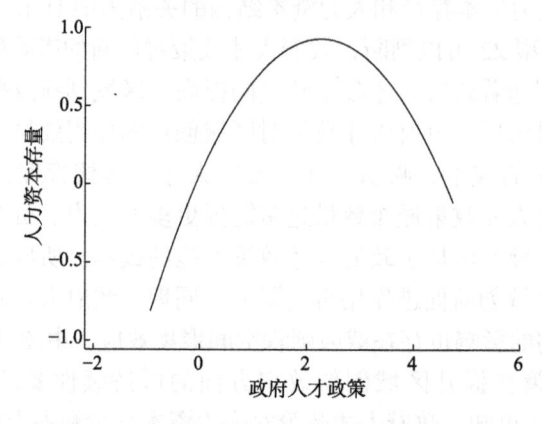

图 14-10　政府人才政策与人力资本存量关系图

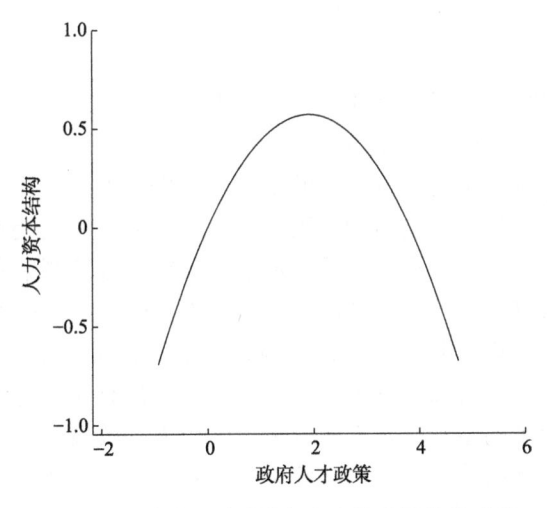

图 14-11 政府人才政策与人力资本结构关系图

四、结论与政策建议

1. 结论

（1）本章研究表明我国人才政策分为三个阶段：2000~2006 年的探索阶段，该阶段人才政策的作用是进行揽才、养才，人才吸引与保障政策、人才培养与发展政策是主导型政策，人才管理与维护政策占比逐年上升；2007~2012 年的飞速发展阶段，该阶段各种政策呈现出爆发式增长，更加注重通过人才培养与发展政策来促进人才繁荣，人才管理与维护政策的占比有超越人才吸引与保障政策的趋势；2012 年以后的成熟稳定阶段，该阶段开始逐渐减少各种人才政策的发文量，政策发文量逐渐趋于稳定，人才政策质量逐渐提升，各种类型人才政策配置更加均衡。

（2）本章研究证实了地方政府人才政策能够通过提升区域人才的工作效率和研发资金使用效率来直接提高区域创新效率和创新产出，还能通过增加区域人力资本存量和改善人力资本结构来间接提升区域创新效率和创新产出。现阶段，我国通过人才政策改变区域人力资本存量的方式相较于改变区域人力资本结构的方式而言，在提高区域创新效率和创新产出方面更为有效。当然，人才政策不能无限制地提高区域创新效率和创新产出。人才政策对区域创新的促进作用存在威廉姆森空间效应，即政府人才政策在促进区域创新上存在门槛效应，超过门槛值后促进效用开始下降。

2. 政策建议

1) 匹配人才政策发展阶段与地区发展阶段

根据人才政策发展的三阶段模型以及中国人才政策情况，政策制定者要对当地的发展及人才需求情况有非常清晰的了解。首先，人才政策的制定需要按照本地区的人才需求，盲目制定会增加政策成本，与当地产业发展不匹配的引才不仅不能促进地区发展，而且会形成人才的浪费。其次，政策制定者要对本地区人才政策发展的阶段有准确定位。人才政策发展的不同阶段对不同类型人才政策的侧重是不同的，如人才政策发展的 T_3 阶段应该着重发展人才管理与维护政策和人才评价与考核类政策，并且保持各种类型政策平衡。只有对本地区人才政策有了准确定位，才能用发展的眼光制定人才政策，缩短人才政策的发展时间。最后，政策制定者要注重人才政策组合使用。政策制定者要注意人才吸引与保障政策、人才培养与发展政策、人才管理与维护政策、人才评价与考核政策之间的搭配使用，中国人才政策中对人才评价与考核政策重视不足就是没有实现人才政策合理搭配的表现，不合理的政策搭配不利于政策的可持续发展。

2) 人才政策应更加重视增加人力资本存量

地方政府可以通过制定和实施人才政策的方式增加区域人力资本存量，改善人力资本结构来提升区域创新效率和创新产出。总体而言，我国人力资本存量在促进区域创新效率和创新产出方面的积极作用优于人力资本结构，短期内地方政府可以将人才政策重心放在增加区域人力资本存量上。但是，从长期来看，政府人才政策在人力资本存量和人力资本结构两个方面都要兼顾。

3) 避免人才政策的威廉姆森空间聚集效应

人才政策要考虑区域人力资本、社会经济发展的差异化特征及政策成本因素。政府人才政策对区域创新促进作用具有威廉姆森空间聚集效应，不同地区人力资本存量和人力资本结构以及社会经济发展情况存在差异。在我国东部沿海地区，人力资本存量远超中、西部地区，人力资本结构也优于中、西部地区，所处发展阶段不同，政府人才政策所能发挥的作用也是有差别的。而且，考虑到人才政策实施的成本因素，过于繁杂的人才政策会影响政策效果。所以，不同地方政府要充分了解本地区的情况，构建人才政策实施体系，将人才政策作用发挥到最优。

4) 人才政策去同质化，避免区域间恶性竞争

中央政府应加强对地方政府人才政策的管理，防止地方政府恶性竞争。如今，很多地方政府展开了"抢人大战"，可能存在不理智的人才竞争现象。中央政府需要根据不同地区人力资源实际情况，规范地方政府人才政策。同时，地方政府制定人才政策要综合考虑区域社会经济情况，避免盲目竞争，将有限资源进行合理利用。

本篇参考文献

白雪洁, 孟辉. 2018. 新兴产业、政策支持与激励约束缺失——以新能源汽车产业为例[J]. 经济学家, (1): 50-60.

蔡昉, 王德文. 1999. 中国经济增长可持续性与劳动贡献[J]. 经济研究, (10): 3-5.

曹国华, 杨俊杰. 2016. 政府补贴激励下消费者对新能源汽车购买行为的演化博弈研究[J]. 经济问题探索, (10): 1-9.

曹钰华, 袁勇志. 2019. 我国区域创新人才政策对比研究——基于政策工具和"系统失灵"视角的内容分析[J]. 科技管理研究, (10): 55-65.

陈军, 张韵君. 2013. 基于政策工具视角的新能源汽车发展政策研究[J]. 经济与管理, 27(8): 77-83.

陈麟瓒, 王保林. 2015. 新能源汽车"需求侧"创新政策有效性的评估——基于全寿命周期成本理论[J]. 科学学与科学技术管理, (11): 15-23.

陈庆云. 2011. 公共政策分析(第二版)[M]. 北京:北京大学出版社.

陈衍泰, 张露嘉, 汪沁, 等. 2013. 基于二阶段的新能源汽车产业支持政策评价[J]. 科研管理, (S1): 167-174.

陈振明. 1998. 政策科学[M]. 北京:中国人民大学出版社.

陈振明. 2005. 公共管理学[M]. 北京:中国人民大学出版社.

程华, 钱芬芬. 2013. 政策力度、政策稳定性、政策工具与创新绩效——基于2000-2009年产业面板数据的实证分析[J]. 科研管理, 34(10): 103-108.

方卫华, 周华. 2007. 新政策工具与政府治理[J]. 中国行政管理, (10): 69-72.

高秀平, 彭月兰. 2018. 我国新能源汽车财税政策效应与时变研究——基于A股新能源汽车上市公司的实证分析[J]. 经济问题, (1): 49-56.

葛建平. 2013. 北京市新能源汽车充电设施供给的政策工具选择[J]. 生态经济, (10): 118-121.

谷军健, 赵玉林. 2020. 中国如何走出科技创新困境?——基于科技创新与人力资本协同发展的新视角[J]. 科学学研究, 39(1): 129-138.

顾建光. 2006. 公共政策工具研究的意义、基础与层面[J]. 公共管理学报, (4): 58-61.

顾玲琍，王建平，杨小玲. 2019. 科技人才政策实施效果评估指标体系构建及其应用研究[J]. 中国人力资源开发，36（4）：100-108.

桂黄宝. 2017. 政府采购促进技术创新政策效果空间计量评估[J]. 科研管理，38（9）：161-168.

郭本海，李军强，张笑腾. 2018. 政策协同对政策效力的影响——基于227项中国光伏产业政策的实证研究[J]. 科学学研究，36（5）：790-799.

郭俊华，徐倪妮. 2017. 基于内容分析法的创业人才政策比较研究——以京沪深三市为例[J]. 情报杂志，36（5）：54-61.

郭雯，陶凯，李振国. 2018. 政策组合对领先市场形成的影响分析——以新能源汽车产业为例[J]. 科研管理，39（12）：30-36.

郭燕青，李磊，姚远. 2016. 中国新能源汽车产业创新生态系统中的补贴问题研究[J]. 经济体制改革，（2）：29-34.

郭元源，葛江宁，程聪，等. 2019. 基于清晰集定性比较分析方法的科技创新政策组合供给模式研究[J]. 软科学，33（1）：45-49.

何文韬，肖兴志. 2017. 新能源汽车产业推广政策对汽车企业专利活动的影响——基于企业专利申请与专利转化的研究[J]. 当代财经，（5）：103-114.

胡祖平，何建佳，刘举胜. 2017. 新能源汽车补贴政策下政府与企业的信号博弈分析[J]. 资源开发与市场，（5）：564-568.

黄怡淳. 2017. 北上广深四市人才政策对比分析及广州市人才政策建议[J]. 科技管理研究，37（20）：49-54.

孔欣欣. 2008. 部门创新体系：一个影响当今产业创新政策的重要概念[J]. 科学学与科学技术管理，（2）：76-81.

李春艳，刘晓静，高瑞静. 2014. 关于产业创新政策一些问题的探讨[J]. 东北师大学报（哲学社会科学版），（6）：1-5.

李冬琴. 2018. 环境政策工具组合、环境技术创新与绩效[J]. 科学学研究，36（12）：2270-2279.

李辉，曾文，吴晨生，等. 2018. 中文科技政策数据分析方法研究——以新能源汽车领域科技政策为例[J]. 现代情报，38（6）：68-72.

李珺，战建华. 2017. 中国新能源汽车产业的政策变迁与政策工具选择[J]. 中国人口·资源与环境，（10）：198-208.

李静，楠玉，刘霞辉. 2017. 中国研发投入的"索洛悖论"——解释及人力资本匹配含义[J]. 经济学家，（1）：31-38.

李礼，杨楚婧. 2017. 财政货币政策联动对新能源汽车消费的影响研究[J]. 科技管理研究，（13）：30-35.

李泉，王小雪. 2012. 促进新能源汽车发展的财税政策研究——以上市汽车企业为例[J]. 经济与管理，（6）：37-43.

李苏秀,刘颖琦,王静宇,等. 2016. 基于市场表现的中国新能源汽车产业发展政策剖析[J]. 中国人口·资源与环境,(9):158-166.

李燕萍,刘金璐,洪江鹏,等. 2019. 我国改革开放40年来科技人才政策演变、趋势与展望——基于共词分析法[J]. 科技进步与对策,36(10):108-117.

李兆友,齐晓东. 2017. 政府财政政策、企业R&D投入和专利产出关系研究——基于我国新能源汽车上市公司面板数据[J]. 辽宁大学学报(哲学社会科学版),(4):31-41.

李政,杨思莹. 2018. 财政分权、政府创新偏好与区域创新效率[J]. 管理世界,34(12):29-42.

廖家勤,孙小爽. 2017. 新能源汽车财税政策效应研究[J]. 税务与经济,(1):86-93.

刘兰剑,宋发苗. 2013. 国内外新能源汽车技术创新政策梳理与评价[J]. 科学管理研究,(1):66-70.

刘民主. 2008. 人才概念发展及科学的人才观[J]. 人才开发,(6):12-13.

刘轩. 2018. 科技人才政策与创新绩效关系的实证研究——一个被中介的调节模型[J]. 技术经济,37(11):65-71.

刘兆国,韩昊辰. 2018. 中日新能源汽车产业政策的比较分析——基于政策工具与产业生态系统的视角[J]. 现代日本经济,(2):65-76.

卢超,尤建新,戎珂,等. 2014. 新能源汽车产业政策的国际比较研究[J]. 科研管理,(12):26-35.

马亮,仲伟俊,梅姝娥. 2017a. "供给侧改革"背景下的新能源汽车产业补贴政策创新研究[J]. 系统工程理论与实践,(9):2279-2288.

马亮,仲伟俊,梅姝娥. 2017b. 政府补贴、准入限制与新能源汽车产业发展[J]. 上海经济研究,(4):17-25.

马亮,仲伟俊,梅姝娥. 2018a. 新能源汽车补贴政策"退坡"问题研究[J]. 软科学,(4):26-30.

马亮,仲伟俊,梅姝娥. 2018b. 基于续航能力需求的新能源汽车产业链补贴策略研究[J]. 系统工程理论与实践,38(7):1759-1767.

马少超,范英. 2018. 基于时间序列协整的中国新能源汽车政策评估[J]. 中国人口·资源与环境,(4):117-124.

彭纪生,仲为国,孙文祥. 2008. 政策测量、政策协同演变与经济绩效:基于创新政策的实证研究[J]. 管理世界,(9):25-36.

钱再见. 2010. 论政策执行中的政策宣传及其创新——基于政策工具视角的学理分析[J]. 甘肃行政学院学报,(1):11-18.

秦宇兴. 2016. 基于政企博弈的电动汽车研发补贴政策研究[J]. 工业工程与管理,(4):127-136.

邵慰,孙阳阳,刘敏. 2018a. 研发补贴促进新能源汽车产业创新了吗?[J]. 财经论丛,(10):

11-18.

邵慰，杨珂，梁杰. 2018b. 政府补贴、研发激励与新能源汽车创新[J]. 科技进步与对策，35（15）：69-75.

石庆焱，李伟. 2014. 教育年限总和法人力资本测算——基于2010年全国人口普查数据的修订结果[J]. 中国人口科学，（3）：95-103，128.

苏立宁，廖求宁. 2019. "长三角"经济区地方政府人才政策：差异与共性——基于2006-2017年的政策文本[J]. 华东经济管理，33（7）：1-7.

孙红霞，吕慧荣. 2018. 新能源汽车后补贴时代政府与企业的演化博弈分析[J]. 软科学，（2）：24-29.

孙晓华，李明珊. 2016. 国有企业的过度投资及其效率损失[J]. 中国工业经济，（10）：109-125.

佟健. 2015. 整体性治理视阈下公共政策传递失真问题研究[J]. 管理观察，（26）：25-47.

王静，王海龙，丁堃，等. 2018. 新能源汽车产业政策工具与产业创新需求要素关联分析[J]. 科学学与科学技术管理，39（5）：28-38.

王俊，刘丹. 2015. 政策激励、知识累积与清洁技术偏向——基于中国汽车行业省际面板数据的分析[J]. 当代财经，（7）：3-15.

王开国，宗兆昌. 1999. 论人力资本性质与特征的理论渊源及其发展[J]. 中国社会科学，（6）：33-46.

王洛忠，张艺君. 2017. 我国新能源汽车产业政策协同问题研究——基于结构、过程与内容的三维框架[J]. 中国行政管理，（3）：101-107.

王宁，徐友真，杨文才. 2018. 基于因子分析和DEA模型的河南省科技人才政策实施成效评估[J]. 科学管理研究，36（4）：69-72.

王薇，刘云. 2017. 基于内容分析法的我国新能源汽车产业发展政策分析[J]. 科研管理，38（S1）：581-591.

王新华，车珍，于灏，等. 2019. 网络嵌入、多途径知识集聚与创新力——知识流耦合的调节作用[J]. 南开管理评论，22（3）：28-39.

王智勇. 2018. 人口集聚与区域经济增长——对威廉姆森假说的一个检验[J]. 南京社会科学，（3）：60-69.

魏淑艳，郭随磊. 2014. 中国新能源汽车产业发展政策工具选择[J]. 科技进步与对策，（21）：99-103.

翁清雄，杨书春，曹威麟. 2014. 区域环境对人才承诺与根植意愿的影响[J]. 科研管理，35（6）：154-160.

吴明华，顾建光. 2011. 论市场背景下公共政策的合法性基础[J]. 上海行政学院学报，12（6）：63-67.

谢青，田志龙. 2015. 创新政策如何推动我国新能源汽车产业的发展——基于政策工具与创新价值链的政策文本分析[J]. 科学学与科学技术管理, 36（6）: 3-14.
解佳龙, 李雯, 雷殷. 2019. 国家自主创新示范区科技人才政策文本计量研究——以京汉沪三大自创区为例（2009-2018年）[J]. 中国软科学, （4）: 88-97.
熊勇清, 陈曼琳. 2017. 新能源汽车产业培育的"政策意愿"及其差异性——基于政府、制造商和消费者的网络媒体信息分析[J]. 中国科技论坛, （10）: 88-96.
熊勇清, 范世伟, 刘晓燕. 2018. 新能源汽车财政补贴与制造商研发投入强度差异——制造商战略决策层面异质性视角[J]. 科学学与科学技术管理, 39（6）: 72-83.
徐喆, 李春艳. 2017. 我国科技政策组合特征及其对产业创新的影响研究[J]. 科学学研究, 35（1）: 45-53.
姚先国, 张海峰. 2008. 教育、人力资本与地区经济差异[J]. 经济研究, （5）: 47-57.
尹希果, 冯潇. 2012. 我国高技术产业政策效应: 时期变迁、区域收敛与行业分化[J]. 科学学与科学技术管理, 33（4）: 34-43.
岳为众, 张晶, 刘颖琦. 2019. 产业政策与市场表现关联研究——以中国电动汽车充电基础设施为例[J]. 经济与管理研究, 40（2）: 82-94.
张波. 2018. 国内高端人才研究: 理论视角与最新进展[J]. 科学学研究, 36（8）: 1414-1420.
张长令, 马犇, 杜玖玉. 2016. 市场开放、资金补贴与新兴产业市场演化——以新能源汽车产业为例[J]. 上海经济研究, （5）: 47-57.
张国强, 徐艳梅. 2017. 新能源汽车政策工具运用的国际镜鉴与引申[J]. 改革, （3）: 130-138.
张国兴, 张绪涛, 程素杰, 等. 2013. 节能减排补贴政策下的企业与政府信号博弈模型[J]. 中国管理科学, （4）: 129-136.
张宏伟. 2017. 政策工具及其组合与海上风电技术创新和扩散: 来自德国的考察[J]. 科技进步与对策, 34（14）: 119-125.
张永安, 周怡园. 2017. 新能源汽车补贴政策工具挖掘及量化评价[J]. 中国人口·资源与环境, （10）: 188-197.
赵筱媛, 苏竣. 2007. 基于政策工具的公共科技政策分析框架研究[J]. 科学学研究, （1）: 52-56.
朱明皓, 窦水海, 贾冀. 2017. 中国汽车产业技术创新政策效果分析[J]. 科研管理, 38（7）: 26-36.
Aghion P, Dechezlepretre A, Hemous D, et al. 2016. Carbon taxes, path dependency, and directed technical change: evidence from the auto industry[J]. Journal of Political Economy, 124（1）: 1-51.
Alecke B, Mitze T, Reinkowski J, et al. 2012. Does firm size make a difference? Analysing the effectiveness of R&D subsidies in East Germany[J]. German Economic Review, 13（2）: 174-195.
Arbache J S, Sarquis J B. 2002. Human Capital, External Effect and Technical Change[M].

London: Social Science Electronic Publishing.

Austan G. 1998. Does government R&D policy mainly benefit scientists and engineers?[J]. American Economic Review, 88（2）: 298-302.

Baldwin R E, Martin P, Ottaviano G. 2001. Global income divergence, trade and industrialization: the geography of growth take-off[J]. Journal of Economic Growth, 6: 5-37.

Baron R M, Kenny D A. 1986. The moderator-mediator variable distinction in social psychological research: conceptual, strategic, and statistical considerations[J]. Journal of Personality and Social Psychology, 51（6）: 1173-1182.

Baumol W J. 1986. Productivity growth, convergence, and welfare: what the long-run data show[J]. American Economic Review, 76（5）: 1072-1085.

Bergek A, Berggren C. 2014. The impact of environmental policy instruments on innovation: a review of energy and automotive industry studies[J]. Ecological Economics, 106（oct.）: 112-123.

Boekholt P. 2010. The evolution of innovation paradigms and their influence on research, technological development and innovation policy instruments[C]//Smits R E, Kuhlman S, Shapira P. The Theory and Practice of Innovation Policy. London: Edward Elgar Publishing: 333-359.

Borah D, Malik K, Massini S. 2019. Are engineering graduates ready for R&D jobs in emerging countries? Teaching-focused industry-academia collaboration strategies[J]. Research Policy, 48（9）: 103837.

Borrás S, Edquist C. 2013. The choice of innovation policy instruments[J]. Technological Forecasting and Social Change, 80（8）: 1513-1522.

Cantner U, Graf H, Herrmann J, et al. 2016. Inventor networks in renewable energies: the influence of the policy mix in Germany[J]. Research Policy, 45（6）: 1165-1184.

Charnes A, Cooper W W, Lewin A Y, et al. 1994. Extensions to DEA Models, Data Envelopment Analysis: Theory, Methodology, and Application[M]. Norwell: Kluwer Academic Publishers.

Che Y, Zhang L. 2018. Human capital, technology adoption and firm performance: impacts of China's higher education expansion in the late 1990s[J]. The Economic Journal, 128（614）: 2282-2320.

Costantini V, Crespi F. 2013. Public policies for a sustainable energy sector: regulation, diversity and fostering of innovation[J]. Journal of Evolutionary Economics, 23（2）: 401-429.

Costantini V, Crespi F, Martini C, et al. 2015. Demand-pull and technology-push public support for eco-innovation: the case of the biofuels sector[J]. Research Policy, 44（3）: 577-595.

Costantini V, Crespi F, Palma A. 2017. Characterizing the policy mix and its impact on eco-innovation: a patent analysis of energy-efficient technologies[J]. Research Policy, 46（4）: 799-819.

del Rio P. 2014. On evaluating success in complex policy mixes: the case of renewable energy support schemes[J]. Policy Sciences, 47（3）: 267-287.

Delgado-Verde M, Martin-de Castro G, Amores-Salvado J. 2016. Intellectual capital and radical innovation: exploring the quadratic effects in technology-based manufacturing firms[J]. Technovation, 54: 35-47.

Dufour P. 2010. Supplying demand for Canada's knowledge society: a warmer future for a cold climate?[J]. American Behavioral Scientist, 53（7）: 983-996.

Dumont M. 2017. Assessing the policy mix of public support to business R&D[J]. Research Policy, 46（10）: 1851-1862.

Edler J, Cunningham P, Flanagan K, et al. 2013. Innovation policy mix and instrument interaction: a review[J]. Genes & Development, 7（7B）: 1390-1399.

Edmondson D L, Kern F, Rogge K S. 2019. The co-evolution of policy mixes and socio-technical systems: towards a conceptual framework of policy mix feedback in sustainability transitions[J]. Research Policy, 48（10）: 103555.

Edurne M, Wilson J R. 2019. Policy-mix evaluation: governance challenges from new place-based innovation policies[J]. Research Policy, 48（10）: 103612.

Egner F, Trosvik L. 2018. Electric vehicle adoption in Sweden and the impact of local policy instruments[J]. Energy Policy, 121: 584-596.

Ewing G, Sarigollu E. 2000. Assessing consumer preferences for clean-fuel vehicles: a discrete choice experiment[J]. Journal of Public Policy & Marketing, 19（1）: 106-118.

Fabrizi A, Guarini G, Meliciani V. 2018. Green patents, regulatory policies and research network policies[J]. Research Policy, 47（6）: 1018-1031.

Fan R, Dong L. 2018. The dynamic analysis and simulation of government subsidy strategies in low-carbon diffusion considering the behavior of heterogeneous agents[J]. Energy Policy, 117: 252-262.

Fassio C, Montobbio F, Venturini A. 2018. Skilled migration and innovation in European industries[J]. Research Policy, 48（3）: 706-718.

Flanagan K, Uyarra E, Laranja M. 2011. Reconceptualising the "policy mix" for innovation[J]. Research Policy, 40（5）: 702-713.

Frank A G, Gerstlberger W, Paslauski C A, et al. 2018. The contribution of innovation policy criteria to the development of local renewable energy systems[J]. Energy Policy, 115: 353-365.

Gokhberg L, Sokolov A. 2017. Technology foresight in Russia in historical evolutionary perspective[J]. Technological Forecasting and Social Change, （119）: 256-267.

Gong H, Wang M, Wang H. 2013. New energy vehicles in China: policies, demonstration, and progress[J]. Mitigation & Adaptation Strategies for Global Change, 18（2）: 207-228.

Graf H, Kalthaus M. 2018. International research networks: determinants of country embeddedness[J]. Research Policy, 47（7）: 1198-1214.

Guerzoni M, Raiteri E. 2015. Demand-side vs. supply-side technology policies: hidden treatment and new empirical evidence on the policy mix[J]. Research Policy, 44（3）: 726-747.

Gössling T, Rutten R. 2007. Innovation in region[J]. European Planning Studies, 15: 253-270.

Heidrich O, Hill G A, Neaimeh M, et al. 2017. How do cities support electric vehicles and what difference does it make?[J]. Technological Forecasting and Social Change, 123: 17-23.

Hoppmann J, Peters M, Schneider M, et al. 2013. The two faces of market support: how deployment policies affect technological exploration and exploitation in the solar photovoltaic industry[J]. Research Policy, 42（4）: 989-1003.

Howlett M, Kim J, Weaver P. 2006. Assessing instrument mixes through program-and agency - level data: methodological issues in contemporary implementation research[J]. Review of Policy Research, 23（1）: 129-151.

Howlett M, Ramesh M, Perl A. 2009. Studying Public Policy: Policy Cycles and Policy Subsystems[M]. Oxford: Oxford University Press.

Howlett M, Rayner J. 2007. Design principles for policy mixes: cohesion and coherence in "New Governance Arrangements" [J]. Policy and Society, 26（4）: 1-18.

Huang C Y, Shyu J Z, Tzeng G H. 2007. Reconfiguring the innovation policy portfolios for Taiwan's SIP Mall industry[J]. Technovation, 27（12）: 744-765.

Jaffe A B, Newell R G, Stavins R N. 2005. A tale of two market failures: technology and environmental policy[J]. Ecological Economics, 54（2）: 164-174.

Johan S, Edward S W. 2018. Three frames for innovation policy: R&D, systems of innovation and transformative change[J]. Research Policy, 47（9）: 1554-1567.

Johnstone N, Haščič I, Popp D. 2010. Renewable energy policies and technological innovation: evidence based on patent counts[J]. Environmental and Resource Economics, 45（1）: 133-155.

Jordan A, Wurzel R, Zito A. 2000. Innovating with "New" Environmental Policy Instruments: Convergence Divergence in the European Union?[C]. Paper delivered at the 2000 Annual Meeting of the American Political Science Association, Marriott Wardman Park August 31- September 3.

Kalcheva I, Mclemore P, Pant S. 2018. Innovation: the interplay between demand-side shock and supply-side environment[J]. Research Policy, 47（2）: 440-461.

Kaufmann D. 2013. The influence of causation and effectuation logics on targeted policies: the cases of Singapore and Israel[J]. Technology Analysis and Strategic Management, 25（7）: 853-870.

Kern F, Howlett M. 2009. Implementing transition management as policy reforms: a case study of the dutch energy sector[J]. Policy Sciences, 42（4）: 391-408.

Knill C, Kai S, Tosun J. 2012. Regulatory policy outputs and impacts: exploring a complex relationship[J]. Regulation & Governance, 6（4）: 427-444.

Krugman P. 1991. Increasing returns and economic geography[J]. Journal of Political Economy, 99（2）: 483-499.

Kwon Y, Son S, Jang K. 2018. Evaluation of incentive policies for electric vehicles: an experimental study on Jeju Island[J]. Transportation Research Part A-Policy and Practice, 116: 404-412.

Lanahan L, Feldman M P. 2015. Multilevel innovation policy mix: a closer look at state policies that augment the federal SBIR program[J]. Research Policy, 44（7）: 1387-1402.

Li W, Long R, Chen H. 2016. Consumers' evaluation of national new energy vehicle policy in China: an analysis based on a four paradigm model[J]. Energy Policy, 99: 33-41.

Li Y, Zhang Q, Liu B, et al. 2018. Substitution effect of new-energy vehicle credit program and corporate average fuel consumption regulation for green-car subsidy[J]. Energy, 152: 223-236.

Lind J T, Mehlum H. 2010. With or without U? The appropriate test for a U-shaped relationship[J]. Oxford Bulletin of Economics and Statistics, 72（1）: 109-118.

Lucas R E. 1988. On the mechanics of economic development[J]. Journal of Monetary Economics, （22）: 3-42.

Ma S C, Fan Y, Feng L. 2017. An evaluation of government incentives for new energy vehicles in China focusing on vehicle purchasing restrictions[J]. Energy Policy, 110: 609-618.

Magro E, Navarro M, Zabala-Iturriagagoitia J M. 2014. Coordination-mix: the hidden face of STI policy[J]. Review of Policy Research, 31（5）: 367-389.

Magro E, Wilson J R. 2013. Complex innovation policy systems: towards an evaluation mix[J]. Research Policy, 42（9）: 1647-1656.

Maia S C, Teicher H, Meyboom A. 2015. Infrastructure as social catalyst: electric vehicle station planning and deployment[J]. Technological Forecasting and Social Change, 100: 53-65.

Martin P, Ottaviano G. 2001. Growth and agglomeration[J]. International Economic Review, 42（4）: 947-968.

Mau P, Eyzaguirre J, Jaccard M, et al. 2008. The "neighbor effect": simulating dynamics in consumer preferences for new vehicle technologies[J]. Ecological Economics, 68（1/2）: 504-516.

Mavrot C, Hadorn S, Sager F. 2019. Mapping the mix: linking instruments, settings and target groups in the study of policy mixes[J]. Research Policy, 48（10）: 103614.

Melton N, Axsen J, Goldberg S. 2017. Evaluating plug-in electric vehicle policies in the context of long-term greenhouse gas reduction goals: comparing 10 Canadian provinces using the "PEV policy report card" [J]. Energy Policy, 107: 381-393.

Nauwelaers C, Boekholt P, Mostert B, et al. 2009. Policy mixes for R&D in Europe[R]. A study commissioned by the European Commission.

Nelson R. 1993. National Innovation Systems: A Comparative Analysis[M]. Oxford: Oxford University Press.

Nesta L, Vona F, Nicolli F. 2014. Environmental policies, competition and innovation in renewable energy[J]. Journal of Environmental Economics and Management, 67 (3): 396-411.

Nonaka I, Takeuchi H. 1995. The Knowledge-Creating Company[M]. New York: Oxford University Press.

OECD. 2010a. The OECD Innovation Strategy: Getting a Head Start on Tomorrow[M]. OECD: Paris.

OECD. 2010b. The Innovation Policy Mix[M]. OECD: Paris.

Ou S Q, Lin Z H, Qi L, et al. 2018. The dual-credit policy: quantifying the policy impact on plug-in electric vehicle sales and industry profits in China[J]. Energy Policy, 121: 597-610.

Peters M, Schneider M, Griesshaber T, et al. 2012. The impact of technology-push and demand-pull policies on technical change-does the locus of policies matter? [J]. Research Policy, 41 (8): 1296-1308.

Porter M E. 1998. Clusters and the new economics of competition[J]. Harvard Business Review, 76: 77-90.

Protogerou A, Caloghirou Y, Vonortas N S. 2017. Determinants of young firms' innovative performance: empirical evidence from Europe[J]. Research Policy, 46 (7): 1312-1326.

Qian H. 2010. Talent, creativity and regional economic performance: the case of China[J]. Annals of Regional Science, 45 (1): 133-156.

Raven R, Walrave B. 2020. Overcoming transformational failures through policy mixes in the dynamics of technological innovation systems[J]. Technological Forecasting and Social Change, 153: 119297.

Reichardt K, Negro S O, Rogge K S, et al. 2016. Analyzing interdependencies between policy mixes and technological innovation systems: the case of offshore wind in Germany[J]. Technological Forecasting and Social Change, 106: 11-21.

Ring I, Schröter-Schlaack C. 2011. Instrument mixes for biodiversity policies[R]. Helmholtz Centre for Environmental Research.

Rogge K S, Reichardt K. 2016. Policy mixes for sustainability transitions: an extended concept and framework for analysis[J]. Research Policy, 45 (8): 1620-1635.

Rogge K S, Schleich J. 2018. Do policy mix characteristics matter for low-carbon innovation? A survey-based exploration of renewable power generation technologies in Germany[J]. Research Policy, 47（9）: 1639-1654.

Romer P M. 1986. Increasing returns and long-run growth[J]. Journal of Political Economy, 94（5）: 1002-1037.

Romer P M. 1990. Endogenous technological change[J]. Journal of Political Economy, 98（5）: 71-102.

Rothwell K, Zegveld W. 1981. Industrial Innovation and Public Policy: Preparing for the 1980s and the 1990s[M]. London: Grances Printer.

Rothwell R. 1986. Public innovation policy: to have or to have not? [J]. R&D Management, 16（1）: 25-36.

Schaffrin A, Sewerin S, Seubert S. 2014. The innovativeness of national policy portfolios-climate policy change in Austria, Germany, and the UK[J]. Environmental Politics, 23（5）: 860-883.

Schaffrin A, Sewerin S, Seubert S. 2015. Toward a comparative measure of climate policy output[J]. Policy Studies Journal, 43（2）: 257-282.

Schmidt T S, Sewerin S. 2019. Measuring the temporal dynamics of policy mixes-an empirical analysis of renewable energy policy mixes' balance and design features in nine countries[J]. Research Policy, 48（10）: 103557.

Schumpeter J M. 1934. The Theory of Economic Development[M]. Oxford: Oxford University Press.

Soofi A S. 2017. A comparative study of Chinese and Iranian Science & Technology, and techno-industrial development policies[J]. Technological Forecasting and Social Change, （122）: 107-188.

Sovacool B K. 2009. The importance of comprehensiveness in renewable electricity and energy-efficiency policy[J]. Energy Policy, 37（4）: 1529-1541.

Söderholm P, Hellsmark H, Frishammar J, et al. 2019. Technological development for sustainability: the role of network management in the innovation policy mix[J]. Technological Forecasting and Social Change, 138: 309-323.

Tan R, Tang D, Lin B. 2018. Policy impact of new energy vehicles promotion on air quality in Chinese cities[J]. Energy Policy, 118: 33-40.

Teece D J. 1993. Profiting from technological innovation: implications for integration, collaboration, licensing and public policy[J]. Research Policy, 22（2）: 112-113.

Teixeira A A C, Tavares-Lehmann A T. 2014. Human capital intensity in technology-based firms located in Portugal: does foreign ownership matter? [J]. Research Policy, 43（4）: 737-748.

Uyarra E, Shapira P, Harding A. 2016. Low carbon innovation and enterprise growth in the UK: challenges of a place-blind policy mix[J]. Technological Forecasting and Social Change, 103:

264-272.

Veugelers R. 2012. Which policy instruments to induce clean innovating? [J]. Research Policy, 41（10）: 1770-1778.

Vitola A. 2015. Innovation policy mix in a multi-level context: the case of the Baltic Sea Region countries[J]. Science and Public Policy, 42（3）: 401-414.

Wang N, Pan H, Zheng W. 2017. Assessment of the incentives on electric vehicle promotion in China[J]. Transportation Research Part A: Policy and Practice, 101: 177-189.

Weber K M, Rohracher H. 2012. Legitimizing research, technology and innovation policies for transformative change: combining insights from innovation systems and multi-level perspective in a comprehensive "failures" framework[J]. Research Policy, 41（6）: 1037-1047.

Williamson G J. 1965. Regional inequality and the process of national development[J]. Economic Development and Cultural Change, 7: 3-45.

Wu X, Ramesh M. 2014. Market imperfections, government imperfections, and policy mixes: policy innovations in Singapore[J]. Policy Sciences, 47（3）: 305-320.

Xu L, Su J. 2016. From government to market and from producer to consumer: transition of policy mix towards clean mobility in China[J]. Energy Policy, 96: 328-340.

Zambrano-Gutierrez J C, Nicholson-Crotty S, Carley S, et al. 2018. The role of public policy in technology diffusion: the case of plug-in electric vehicles[J]. Environmental Science & Technology, 52（19）: 10914-10922.

Zhang X, Bai X. 2017. Incentive policies from 2006 to 2016 and new energy vehicle adoption in 2010-2020 in China[J]. Renewable & Sustainable Energy Reviews, 70: 24-43.

第五篇 创新驱动发展的创新网络研究

第十五章 企业创新网络研究背景与模型构建

一、研究的意义与背景

在开放式创新背景下，组织已经很难完全依靠自身的知识等资源存量来推进技术创新，多主体协同促进组织间知识、技术等资源的交流与共享，成为数字经济时代下的新常态。知识是组织取得竞争优势的重要依托资源，不仅具有流动性的特征，同时还受网络因素的影响。企业在创新主体中的战略地位越来越重要，同时也表现出产学研之间协同关系的复杂化，组织间的知识流动也逐渐从"线性模式"转变为"网络模式"，这种协同关系的复杂化也推进了企业、高校和科研院所之间协同创新网络关系的形成。企业、高校和科研院所之间的协同关系也表现出多样化与复杂化特征，故企业可能会同时嵌入在不同的协同创新网络中。创新网络即不同的组织通过获取、整合、创造和应用技术和知识等联系在一起，以创造出具有创新性的、适用于市场需求的新技术、新产品，其本质是各创新主体之间的知识流动与价值交换。

创新网络出现的外在推动力是专业知识分工的细化与创新速度的加快，使企业的创新活动需要多个创新主体的协同才能够实现；其内在推动力是知识、技术创新更加复杂化，技术创新需要结合更多的科学和技术才能得以实现。专利通常是企业技术创新重要的表征和量化形式，专利数据中共同申请信息和引用信息是对显性知识流动轨迹的反映，而共同申请信息除了表征显性知识流动外，还可以在与发明人的不断沟通、交流中传递大量隐性知识。因此，合作关系和专利引用关系两种协同关系是能够表征组织间的知识流动的两大重要途径，基于两种协同关系形成的合作网络与专利引用网络是知识流动的网络化形式，在推动组织创新中起着重要的作用。同时，企业在寻求发展的过程中会嵌入不同的创新网络，不仅对企业创新产生独立、并行的影响，还会在复杂的影响机制中产生综合作用。

组织合作与专利引用作为知识流动的重要表征形式，一些学者从不同的角度分析了二者对企业创新的影响，但多是从某一种创新网络出发，探究网络结构或特征对企业创新的影响，综合分析多层网络对企业创新影响的研究较少。在合作网络的相关研究中，大部分学者将合作网络（如联盟网络、产学研合作网络）与专利引用网络作为独立性研究，并探究对创新的影响，很少将二者纳入同一研究框架，探究二者对企业创新的综合影响。

数字经济背景下，新知识、新技术在不断改变着行业结构，ICT作为我国战略性新兴产业中创新活动最活跃的产业之一，对我国经济的发展起着重要的推动作用，也是国家创新的推动力之一，发展ICT产业成为我国重构国家竞争力的重要战略选择之一。因此，从多层网络视角探究ICT领域中组织间知识流动对企业创新的影响因素以及影响机制是有必要且有价值的。

本章基于多层网络视角探讨知识流动与企业创新的关系，以1999~2015年国家知识产权局专利数据库和incoPat数据库中的申请并授权的ICT产业的专利信息为数据来源，在对合作网络与专利引用网络动态演化分析的基础上，不仅实证分析合作网络和专利引用网络单层网络中知识流动对企业创新的影响，同时还剖析二者在同一研究框架中对企业创新的综合影响。首先，以参与合作创新的企业为研究对象，将企业参与的合作网络划分成产学研合作网络与企业间合作网络，分析企业在两种合作中的因网络位置不同而使得知识占有与控制程度不同，从而导致对企业创新的差异化影响；其次，以参与产学研合作的企业为例，实证分析这些企业在专利引用网络中的知识流动、联系强度对企业创新的影响；最后，以同时嵌入合作网络与专利引用网络的企业为研究对象，将两种网络纳入同一研究框架，探究多层网络下知识流动对企业创新绩效的复杂影响。

二、创新网络与企业创新相关研究

知识经济时代，创新主体间的竞争逐渐转变为人才、技术资源等形式的知识资源的竞争，知识资源也逐渐变成个体、组织，甚至一个地区或者国家提升综合竞争力的重要因素。然而，在探究组织创新差异时，往往通过R&D投入、销售收入等财务指标进行衡量，却忽略了组织创新能力、知识禀赋（获得新知识的能力）等方面的不同。不同组织的性质、规模、所处区域不同，导致其发展程度有所差异，因此会使得一些企业获取新技术及人才等方面处于劣势地位，造成知识流动在组织间流动不均，从而限制企业的创新进程甚至未来的发展。因此，组织合作与创新成果的吸收与扩散（专利引证、被引）成为促进组织间知识流动的重要途径。

1. 合作网络与企业创新

组织间的创新合作是掌握着显性或隐性知识的不同组织之间的合作，这些知识被整合、共享，并最终产生能够适应组织创新需求的新知识和新技术，最终达到个体和组织互惠互利的效果。专利是企业等其他组织新知识和新技术的重要表现形式之一，这些组织也就构成了专利申请人。基于联合申请专利形成的组织合作是一个知识共享的过程，在研发过程中共同申请人之间经过不断的沟通与协调，不仅能够深化对现有知识的理解，还可以激发新思维、创意的产生，从而产生新知识和新技术，以实现组织间的优势互补，缩短研发创新的周期，降低研发成本（吕民乐和王丹丹，2016），进而提升组织的创新能力，推进创新进程。这一创新合作过程一方面可以使企业、高校或科研机构从组织外部获取更多的创新资源和知识，以弥补自身处于劣势地位的创新资源禀赋；另一方面能够促进创新资源和要素在组织之间更合理地配置，从而促进不同组织整体创新水平和能力的提高，甚至可以提升不同行业在创新驱动发展战略中的重要作用。

有学者认为，联合申请专利是可文本和可视化的组织合作关系，反映组织间因创新合作带来的知识扩散（向希尧和蔡虹，2011）。虽然专利仅是表征企业或其他组织创新知识的一部分，但是现有相关研究大都以专利作为创新成果的衡量标准，在很大程度上能够反映一个组织的创新水平和能力，原因在于共同申请人之间存在密切的知识和技术交流，不仅能够传递非编码化的显性知识，还可以将一些个性化、难以编码化的隐性知识在不同组织之间进行转移。与显性知识不同，难以编码化的特点使其不易在组织间进行传播，而隐性知识是组织核心竞争力的基础，如果得不到有效的传播和转移，必然会导致缺乏知识的组织处于创新发展过程中的劣势地位。因此，组织间建立合作关系对组织创新发展传递显性和隐性知识起着极为重要的作用。

以专利共同申请人为知识流动指标时，多数学者会结合社会网络分析方法展开研究。近年来，探究合作网络这一知识流动方式对创新活动影响的研究越来越多，涉及不同的研究角度和研究层次。从研究对象来讲，主要包括：个人（如专利发明人、专利申请人、企业员工等），团队（如高校的科研团队、企业的研发团队等），组织（如企业、高校、科研机构等），区域，国家等。从研究层次来讲，主要包括个体层面、组织层面、区域层面和国家层面。表15-1列出了与企业创新相关的文献总结。

表 15-1　合作网络与企业创新相关文献回顾总结

年份	作者	研究对象	创新相关	网络层次	研究总结
2000	Ahuja	化工企业	创新产出	组织间	网络结构对创新产出的影响
2001	Love 和 Roper	企业	创新成功	组织间	网络位置与网络结构对创新成功的影响
2005	Zaheer 和 Bell	企业	创新绩效	组织间	占据网络结构优势的企业更有能力开发其内部能力，提高创新绩效
2007	Schilling 和 Phelps	企业	企业创新	企业间	聚集系数越高，路径长度越短，企业的知识产出越高
2010	Tomlinson	制造业企业	产品和过程创新	组织间	合作网络指标对创新绩效的影响
2012	I. Demirkan 和 S. Demirkan	生物技术领域的企业	专利创新	行业内、组织间	不同类型网络的网络关系对企业创新绩效有不同影响
2012	Paruchuri 和 Eisenman	发明人	知识影响力	组织内	企业并购后，企业技术演化活动的变化
2013	Carnabuci 和 Operti	半导体企业	创新	组织间	合作整合、知识多样性对两种类型能力的创新影响不同；当同时拥有整合组织网络与多样性知识时，企业通过两种能力进行创新
2013	Guan 和 Zhao	生物制药企业	创新绩效	组织间	产学合作网络对合作成员创新绩效的影响
2014	陈子凤和官建成	16 个创新型国家	创新绩效	国与国间	基于专利的合作对国家创新质量和数量都产生显著的促进作用
2013	Gonzalez-Brambila 等	引文作者	科研产出	不同引文作者间	网络嵌入如何影响科研产出
2014	Funk	企业	创新	组织间	网络结构调节了地理相似性与创新的关系
2014	van Burg 等	企业	知识转移	组织间	组织成员对知识转移的决定如何随时间变化
2014	Wong 和 Boh	个人	管理创新	个体间	网络稀疏性和中心性对管理创新的影响
2013	Ter Wal	发明人	创新网络	组织间	三元闭合关系对邻近关系形成的影响
2015	Guan 等	G7 国家	创新产出	城市和国家	探究区域合作网络在城市间合作网络与创新之间的调节作用
2016	Singh 等	合作专利	创新绩效	组织间	知识流动如何影响创新绩效
2016	Fitjar 等	企业	创新绩效	组织间	协同网络如何通过"最优"距离影响企业创新
2016	Schøtt 和 Jensen	企业	创新绩效	组织间	网络与制度支持对创新的影响
2017	宋晶等	企业	创新绩效	不同行业企业间	网络惯例对合作创新绩效的影响，并探索调节定向的调节作用
2018	Yan 和 Guan（a）	企业	知识创造	组织间	知识网络与合作网络对知识创造的影响
2016	Sun	省份	区域创新	省份内与省份间	网络结构演化特征分析；区域内和区域间网络在区域创新中存在互补关系
2018	Yan 和 Guan（b）	生物技术类企业	双元创新	组织内	知识网络与合作网络对双元创新的影响
2020	Chen 等	科研院所	科学绩效	组织间	在不同网络中的网络位置对科学绩效的影响差异

资料来源：作者综合整理

通过对以上文献的梳理发现，现阶段从社会网络视角分析知识流动及其对创新影响的研究中，主要集中在两个层面，部分学者主要是探究合作网络的演化特征；另一部分学者则从实证研究的角度分析合作网络合作结构特征对创新的影响。但是在合作网络对创新影响的实证研究中，大部分研究聚焦于企业的研究中，通常将企业参与的合作看作一个整体进行研究，并没有根据参与主体或者网络性质进行分类，进一步探究不同性质的合作网络中形成的知识流动对企业创新的差异化影响。

2. 专利引用网络与企业创新

在研究知识流动时，很多学者以专利引用关系作为知识流动的重要路径，这一指标能够捕捉显性知识的流动轨迹。专利说明书中能够表征显性知识流动轨迹的信息除了共同申请信息外，还包括专利引文信息。专利引文信息能够反映科学技术未来的发展方向，并且可以衡量技术领域间的关联关系，而专利引用关系能够分析专利所包含信息的发展变化，进而深入挖掘不同技术的发展路径和关系，并能够进行技术间知识流动的分析（黄鲁成等，2017）。专利引用信息能够反映发明创新原始知识和技术的来源与基础，反映组织间通过合作而产生的显性知识流动。专利引用关系能够通过对知识来源信息的记录将无形的、无法可视化的知识溢出转化为可追踪的、有形的知识流动形式。对于一个组织来讲，专利引用和被引用关系带来的分别是"主动"和"被动"的知识流动行为（Choe et al., 2016），也为不同企业之间的技术融合提供了一个有效的途径。不同组织通过专利的引用和被引用行为反映不同知识和技术之间的知识流动，知识流动程度越大，表明组织间的技术融合程度更高（魏红芹和周成，2018），更能推进组织创新进程。因此，企业与高校、科研院所间的专利引用成为其实现优势互补、衡量知识流动的重要指标，为企业拓展其知识网络、弥补依靠自身知识和技术无法实现创新目的的不足提供了重要途径（许冠南等，2016）。此种形势下，探究基于专利引用关系的知识流动是有价值和有必要的。

专利引用网络是现有研究中使用最为广泛的、从社会网络视角衡量知识流动的方法之一，它将专利引用关系作为知识流的代理变量，通过专利引用关系构建专利引用网络表示知识流动网络，进而结合社会网络分析相关研究的成果分析知识流动相关问题。通过文献梳理发现，关于专利引用表征的知识流动网络的研究，大都涉及企业内部（如企业内部团队间的知识流动）、不同企业之间，以及不同区域、国家之间或者两个层次同时研究等不同层面的知识流动情况。表15-2列出了专利引用网络与企业创新相关的文献研究。

表 15-2　专利引用网络与企业创新相关文献回顾总结

年份	作者	研究对象	创新相关	网络层次	研究总结
2002	Zhuge	大规模团队	知识共享	团队内	在团队合作中实现有效的知识共享，提出协作团队中对等知识共享和管理的知识流模型
2012	Bhupatiraju 等	企业	知识流动	组织间与组织内	领域间引用相对稀疏，组织内引用较为密集
2013	Ho 和 Chiu	半导体企业	知识能力、企业绩效	组织间	基于专利数据的知识流动网络结构对企业绩效的影响
2016	许冠南等	光伏企业	知识流动、R&D 强度	国与国间	分析了企业内外部因素对国际知识流动的作用
2016	Choe 等	有机太阳能电池企业	知识流动	组织间	识别技术知识网络的结构属性和主要组织在网络中的作用，并从组织-技术联动的角度分析了技术知识流动
2017	Chang 等	企业	知识转换	组织间	O-I 指数与度中心性对知识转换的影响
2017	黄鲁成等	3D 打印相关产业	知识流动	产业间	分析了 3D 打印产业间技术关联关系
2018	Park 等	企业、专利	知识流动	组织间	基于专利引文网络的信息模型的结构与知识流动分析
2018	Park 和 Yoon	企业	技术融合	行业间	技术流动如何影响技术融合机会
2018	Jeong 等	企业	技术扩散	国与国间	虚拟化技术中的跨国知识流动特征
2018	Chandra 和 Dong	专利	知识积累、技术价值	学科间	以技术价值为重点，提出一种新的度量方法，解释发明之前知识结构的成熟度
2018	周成和魏红芹	新能源汽车企业	技术与区域合作创新	组织间	知识流动特征对揭示知识流动结构化性质、知识源所扮演的角色以及知识流动内容有重要作用
2018	Zhou 等	企业	知识流动	行业内	中国风能与光伏产业之间的国际知识流动存在的差异以及造成差异的原因

资料来源：作者综合整理

通过对以上文献的梳理发现，分析专利引用网络与创新之间关系的研究一部分聚焦于对知识流动指标测度或网络结构自身特征的分析，另一部分是实证分析知识流动指标对创新的影响。关于知识流动对企业创新的实证研究，侧重于从专利数据的属性特征和数量特征进行分析，而关于专利引用的结构和关系特征分析的文献相对较少，将知识流动指标进行细化的研究也比较匮乏。

3. 多层网络与企业创新

根据以上文献分析可知，合作关系与专利引用关系所表征的知识流动是不同的，合作关系在共享显性知识的同时，共同申请人或者发明人在研发过程中也会无意识地进行隐性的转移；而专利引用关系中大多数传递的是显性知识，原因在于引用关系反映的是一个组织基于其他组织的专利说明书中披露的技术或知识进行的研发创新，属于非编码化的知识。二者在知识流动过程中同时传递了大量的显性知识，因此两类网络在这一过程中可能存在一定的交互或中介效应。此外，创新是一个多方参与的复杂过程，创新主体嵌入在多重网络中，创新行为受到多个网络交互作用的影响（Gupta et al.，2007；戴海闻等，2017；Yan and Guan，2018a）。同时，随着创新活动的网络化趋势逐渐增强，学者们为了明晰不同类型知识流动网络的结构对创新的影响，对网络的分析逐渐从单一维度向多个维度转变。表 15-3 从创新相关、网络类型、研究层次、研究内容方面对多层网络相关文献进行了回顾总结。

表 15-3 多层网络与企业创新相关文献回顾总结

年份	作者	创新相关	网络类型	多个层次	研究总结
1998	Stuart	技术发展	战略联盟网络	公司和边层次	公司处于密集的位置中，或者有很高的威望，会形成较高收益率的联盟
2001	Gnyawali 和 Madhavan		合作网络	公司层次、边层次、网络层次	资源流动和结构位置影响企业的竞争行为
2002	Guler 等		贸易网络	公司和国家层次	不同国家的企业会有不同的普及率
2004	Brass 等	创新等	社会网络	成员、个体与组之间网络	从多层次分析了组织中网络的特征
2006	Koka 等		组织间网络	组织层次、网络层次	外部环境与战略的交互作用影响网络演化
2010	Jha 和 Welch		社会网络	双边和个体网络层次	多层次合作对个体合作网络关系的影响
2010	Alexiev 等	探索式创新	内部网络、外部网络	个体层次和团队层次	探讨了内部建议网络和外部建议网络对探索式创新的作用
2010	Yang 等		社会网络	公司、双边、整体网络层次	探讨了公司内部资源配置对外部连接的作用
2011	Moliterno 和 Mahony		社会网络	多层次	定义了组织多层次网络理论的广义的理论领域
2011	Berends 等		跨层网络	个体和组织层次	探究了跨层次网络随时间变化产生怎样的交互作用
2012	Levine 和 Prietula	组织绩效	员工合作网络	个体和组织层次	检验了个体对自身知识补充的努力与个体、组织、环境特征等交互作用于组织绩效
2013	Arregle 等	绩效	社会网络	上层销售主管层次、中层销售经理层次、销售代表层次	中层经理战略对绩效的影响
2013	Ozmel 等		组织间网络	辛迪加网络和联盟网络	两种网络的交互作用，影响新创企业未来的战略联盟
2014	Wang 等	探索式创新	知识网络、合作网络	知识网络、发明人网络、合作网络	知识网络与合作网络结构洞、中心性指标对探索式创新影响不同
2014	Sytch 和 Tatarynowicz	发明生产力	个体、社团和全局网络	企业、社团和全局网络	网络社团影响发明生产力

续表

年份	作者	创新相关	网络类型	多个层次	研究总结
2014	Ranganathan 和 Rosenkopf		战略联盟网络	知识结构和商业化结构	知识联系和商业化结构交互作用于企业的投票选举行为
2014	Lipparini 等	知识效率	企业间网络	双边和整体网络层次	企业如何调整自身结构以更高效地产生和交换知识
2015	Guan 等	创新产出	知识网络、合作网络	知识网络、合作网络	网络中心性、结构洞、聚集系数对创新产出的影响
2016	Guan 和 Liu	利用式创新，探索式创新	知识网络、合作网络	知识网络、合作网络、隶属网络	分析了多重网络的特征，以及知识网络与合作网络对双元创新的影响
2016	Sun	区域创新	合作网络	区域内与跨区域专利合作	中国区域间与区域内合作网络结构分析
2017	Yoon 和 Park		合作网络	区域间技术合作网络、组织间合作	韩国官产学区域技术合作网络演化
2018	Yan 和 Guan (a)	知识创造	多层	合作网络、知识网络	基于专利数据构建的多层网络对知识创造的影响

资料来源：作者综合整理

从以上文献发现，创新是一个多方参与的过程，创新主体同时嵌入在不同类型的网络中，如城市合作网络、国际合作网络、专利引用网络、知识元素网络等。只分析单一网络对企业创新绩效的影响并不能充分解释这些影响因素与创新绩效间的影响机制。因此，越来越多的学者不仅关注合作网络对创新主体创新活动的影响，还开始关注多层网络对创新的影响。合作网络能够传递隐性知识和显性知识，专利引用网络主要反映了显性知识的流动，将合作网络与专利引用网络结合起来研究，并分析对企业创新影响的交互作用、中介效应，能够更为清晰地解释它们之间的影响机理。本篇的多层网络中，合作层关注企业参与的企业间合作网络与产学研合作网络，专利引用层则关注产学研合作模式下的专利引用和被引用。

三、研究的理论模型

在知识经济迅速发展的推动下，企业已经不能完全依靠自身的知识禀赋实现技术创新，需要借助外部组织的资源优势，通过组织间知识流动促进技术创新的过程，并推进创新成果的应用进程，从而提升整个行业或领域的创新能力和效率。知识流动中涉及的知识、技术等资源不仅包含显性知识，也包含很多的隐性知识，在提升企业综合竞争力中起到了重要作用。因此，同时考虑显性知识和隐性知识的流动情况，能够更加综合、全面地剖析影响企业创新的知识流动层面的影响因素与影响机制。

本部分研究基于社会网络视角分析组织合作与专利引用关系两种知识流动途径对企业创新的影响，对知识流动研究的侧重点不同，知识流动网络又可以从不同的角度进行分析。根据对相关文献的分析，通过合作网络可以同时促进隐性知识和显性知识的传递（洪勇和李琪，2018），而专利引用网络则更多的是进行显性知识的共享与传递（Wang et al.，2017）。因此，二者无论是对网络结构还是对企业创新的作用都会存在一定的差异。与组织间线性知识流动相比，网络型知识流动的知识传递效率更高、覆盖范围更广。对于合作网络这一知识流动途径，网络位置不同的企业能够获取和控制技术、人才等知识资源的程度不同，在创新中起到的作用也就有所差异；专利引用网络中的知识流动是动态和有向的，除网络位置影响企业创新外，更重要的是该网络同时包含知识的流入和流出，对创新产生不同的影响。由于二者在组织间可以同时传递显性知识，故二者在创新过程中也会存在一定的交互或更加复杂的作用。因此，本章不仅从不同侧重点剖析了两种类型的知识流动网络对企业创新的影响，同时从多层网络视角剖析了两类网络在创新中更加复杂的影响机制。

基于以上分析，提出整体理论模型，如图 15-1 所示，为下文的知识流动网络演化分析和实证研究提供理论基础。

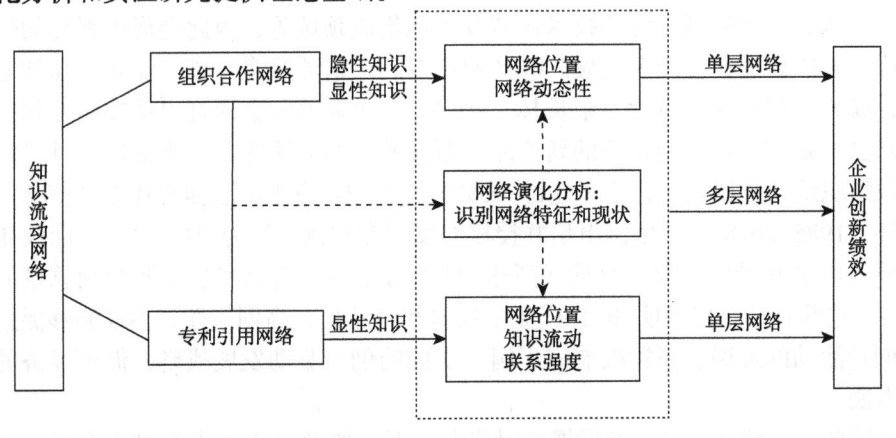

图 15-1　研究理论模型

四、数据获取与网络构建

1. 样本选择

随着数字经济的发展，以及人工智能和 5G 时代的到来，新知识、新技术在不断改变着行业结构，ICT 是我国战略性新兴产业中创新活动最活跃的产业之一，对我国经济的发展和创新的进步发挥着重要的推动作用。2018 年 9 月 10 日，中国信息通信研究院和世界知识产权组织（World Intellectual Property Organization，WIPO）主办的第七届"ICT 产业创新和知识产权保护大会"指出，在新的科技浪潮下，产业与学科之间紧密融合的趋势不断凸显，知识产权也成为创新发展中的重要战略资源；在工业互联网创新方面，形成了数字化、网络化、智能化的技术供给体系，开源模式成为 ICT 产业发展的潮流[①]。ICT 产业具有以下主要特点。①产品具有高技术性：该产业的高技术性主要体现在其生产设备及产品具有的高科技含量、创新性强，从业人员的高学历以及研发的投入高等方面（张化尧和杨军，2015）。②技术更新速度快：ICT 产业中产品的更新速度与产品生命周期较快，有时还要求不同产品之间具有兼容性，因此对技术水平要求必然更高、技术研发速度与更新速度更快（林娟娟和陈向东，2014）。③产学研合作频繁：由于 ICT 产业是以知识、技术为基础的产业，知识高度集中，同时其高技术性涉及广泛的领域，需要高校与科研院所的知识支持与不同企业的专业技术支撑，因此该产业产学研合作频繁（高霞等，2019）。④不同企业间带动效应强：ICT 产业需要与产业链上不同的企业进行合作，如高端芯片领域、基础软件领域、原材料和装备领域、存储领域、传感技术领域及整机集成领域等，因此会形成强烈的带动效应，并能促进科技融合发展。⑤产业中专利申请数量多：该产业属于高技术领域，属于专利敏感性行业（余长林，2013），企业通常会通过申请发明专利来保护自己的知识产权，使企业的新产品、新技术、新方法等具有排他性。世界知识产权组织统计数据表明，全球超过 90%的技术创新成果都会体现在专利信息中。此外，1985~2018 年，中国申请并授权的发明专利数量约为 214 万件，而仅 ICT 领域的申请并授权的专利数量就高达 98.7 万余件，占据授权发明专利总量的约 46%。这些特征足以证明 ICT 产业中技术和产品具有高创新性，不仅能够促进我国创新活动的发展，还积极响应了国家实施的创新驱动发展战略，促进经济的稳步发展。

因此，在数字经济飞速发展的时代背景下，加之 ICT 产业高技术含量、知识密集、技术更新速度快、产品生命周期短、产学研合作频繁、企业间带动效应强、专利申请量巨大等基本特点，本部分以国家知识产权局专利数据库中的申请并授权的专利为数据来源，以 ICT 产业中参与组织合作的企业为研究样本展开研究。之所以仅选取申请并得到授权的专利为数据基础，其主要原因是相较于没有得到授权的专利，得到授权的专利在其研究价值和质量上更高。这样不仅能够通过专利统计分析和实证研究，深化各部门对我国 ICT 产业的进一步了解，

---

① 资料来源：http://www.c114.com.cn/news/16/a1065027.html。

还能从不同层面了解 ICT 领域知识流动对创新活动的深远影响，具有其合理性与价值性。

2. 数据获取与处理

所使用的研究数据包含两部分，用于合作网络分析的专利合作数据与用于专利引用网络分析的专利引用数据，两类数据的专利检索时间为 2019 年 2 月 17 日至 2019 年 7 月 23 日，与此同时数据清洗筛选历时近 6 个月，数据量大以及处理的准确性能够提高网络演化分析与实证研究的严谨性。

1）合作创新专利数据获取

合作创新可以用共同发表科技论文、共同出版科学专著、共同发布研究报告和联合申请专利等衡量，但是考虑到发明专利是作为企业保护其知识产权的有效机制，联合申请专利是企业、高校和科研院所知识产出和应用需求相互匹配的过程，并且具有经济属性和信息的规范化特征（李晨光和赵继新，2019）。因此，以企业、高校和科研院所联合申请并授权的发明专利作为网络中各创新主体关联的依据。

样本选择时，考虑到 ICT 产业具有科技含量高、更新速度快、专利申请量大和产学研合作等特点，选取 ICT 产业中参与企业间合作和产学研合作的企业作为研究样本。本部分按照 2008 年 OECD 公布的专利统计公报中划分的 ICT 各子领域的国际专利分类号 IPC（international patent classification）界定检索范围[①]，ICT 产业各子领域 IPC 分类号如表 15-4 所示。

表 15-4　ICT 产业各子领域 IPC 分类号

领域	IPC 分类号
电信	G01S、G08C、G09C、H01P、H01Q、H01S、H1S5、H03B、H03C、H03D、H03H、H03M、H04B、H04J、H04K、H04L、H04M、H04Q
消费电子	G11B、H03F、H03G、H03J、H04H、H04N、H04R、H04S
计算机与办公设备	B07C、B41J、B41K、G02F、G03G、G05F、G06、G07、G09G、G10L、G11C、H03K、H03L
其他 ICT	G01B、G01C、G01D、G01F、G01G、G01H、G01J、G01K、G01L、G01M、G01N、G01P、G01R、G01V、G01W、G02B6、G05B、G08G、G09B、H01B11、H01J、H01L

通过国家知识产权局专利检索网站[②]进行数据检索，得到 1985~2018 年 130 余万件授权专利，与 incoPat 专利数据库[③]一起，检索时间为 2019 年 2 月 17 日~2019

---

① OECD. Compendium of Patent Statistics [R]. Paris：OECD，2008.
② 资料来源：http://www.cnipa.gov.cn.
③ 资料来源：https://www.incopat.com.

年 7 月 22 日。经去重处理，获得非重复申请并授权专利数量约为 90 万件。这些专利数据最终筛选出 1985~2018 年 47 899 条企业、高校和科研院所联合申请并授权的专利数据。处理的基本步骤为：首先，对数据进行去重处理，形成 ICT 产业专利数据库；其次，从筛选后的专利数据中提取联合申请的专利（剔除组织、个人独立申请专利）；再次，借助国家知识产权局专利检索网站，从数据库中筛选出隶属中国 31 个省（区、市）的专利数据（即不包含海外及港澳台地区）；然后，提取企业、高校和科研院所之间联合申请的专利数据，并借助国家企业信用信息公示系统检索网站，将这些专利划分成产业联合申请专利和产学研联合申请专利（剔除包含个人、非科研机构的政府部门、慈善机构等参与申请的专利），获得合作专利数据库；最后，将合作专利数据库中的专利数据按照"申请人"列进行分行处理，对合作主体进行拆分，得到企业、高校、科研院所两两之间的合作，拆分结果如表 15-5 所示。

表 15-5　申请人合作形式

原始申请人	拆分申请人			申请人合作形式		
A；B	A	B		A-B		
A；B；C	A	B	C	A-B	A-C	B-C

2）专利引用数据获取

国家知识产权局专利检索网站中的专利信息不包含完备的专利引用数据，因此专利引用数据仍然按照 OECD 公布的 ICT 产业 IPC 分类号在 incoPat 专利数据库中进行重新检索。incoPat 专利数据库具有高级筛选功能，此次检索仅搜索国内专利数据，以减少人工筛选的冗余工作量，共得到 80 余万条包含专利引用信息的专利数据。

之后从专利引用数据中提取并筛选出参与产学研合作企业的专利数据，获得每个企业的专利引用信息，为专利统计分析和专利引用网络奠定基础。其基本步骤为：首先，对数据进行去重处理，并从产学研联合申请专利数据库中按照"申请人"列，提取所有创新主体的名称，并将创新主体中的企业主体采用人工筛选的方式提取出来 [该步骤需要再次借助国家知识产权局专利检索网站和国家企业信用信息公示系统[①]，核对每个合作主体的性质和申请人地址，以确定合作主体的性质和归属地，即是否为 31 个省（区、市）的企业]；其次，提取专利引用数据库中"申请人"和"引证申请人"列出现产学研合作中企业主体的专利数据（不只是联合申请专利，同时包含这些企业独立申请的专利数据）；最后，借助 Python 软件按照"申请人"和"引证申请人"列对将获得的专利引用数据进行拆

---

① 资料来源：http://www.gsxt.gov.cn.

分处理，形成一对一的专利引用被引格式数据，拆分结果见表 15-6。

表 15-6　专利引用、被引拆分结果

原始		拆分		拆分后形式	
申请人	引证申请人	申请人	引证申请人		
A	B	A		A←B	
B	A; C	B	B	C	B←A	B←C
A	A; B	A	A	B	A↔A	A←B
A; B	C	A	B	A←C	B←C

注：↔ 表示专利自引带来的申请人的自引，实证分析中没有纳入研究

为使专利数据收集和处理更加直观，步骤如图 15-2 所示。

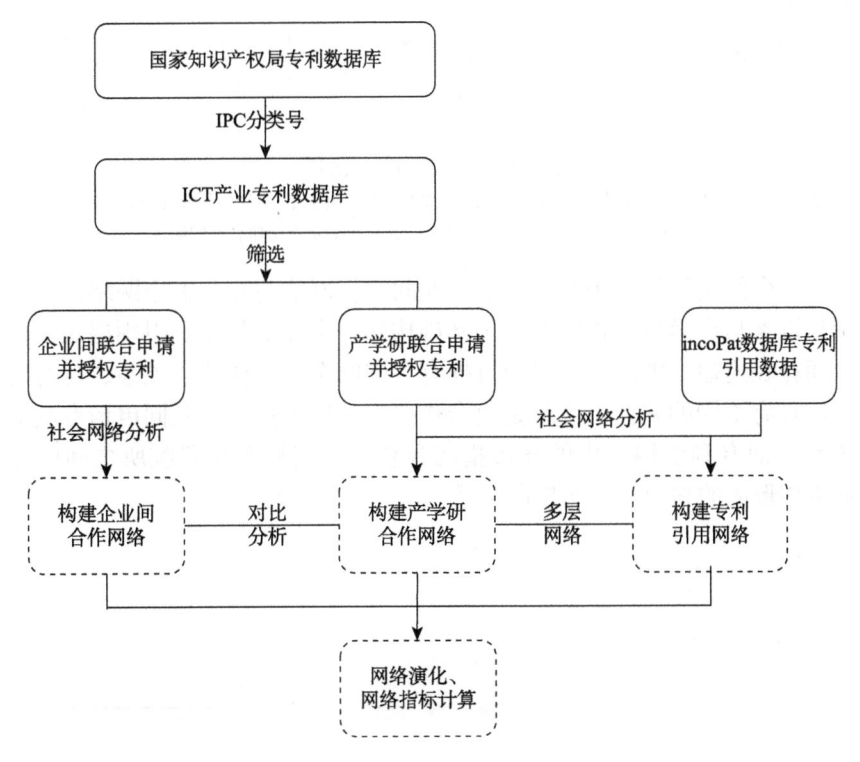

图 15-2　专利数据获取与筛选流程图

3. 多层网络构建

将收集到的二手数据整理后用负二项式回归模型进行实证分析，得到的实证结果可对提高企业创新绩效和国家创新体系建设提供借鉴。本部分在构建多层网络的基础上，分析合作网络与专利引用网络对企业创新的综合影响，示意图如

图 15-3 所示。

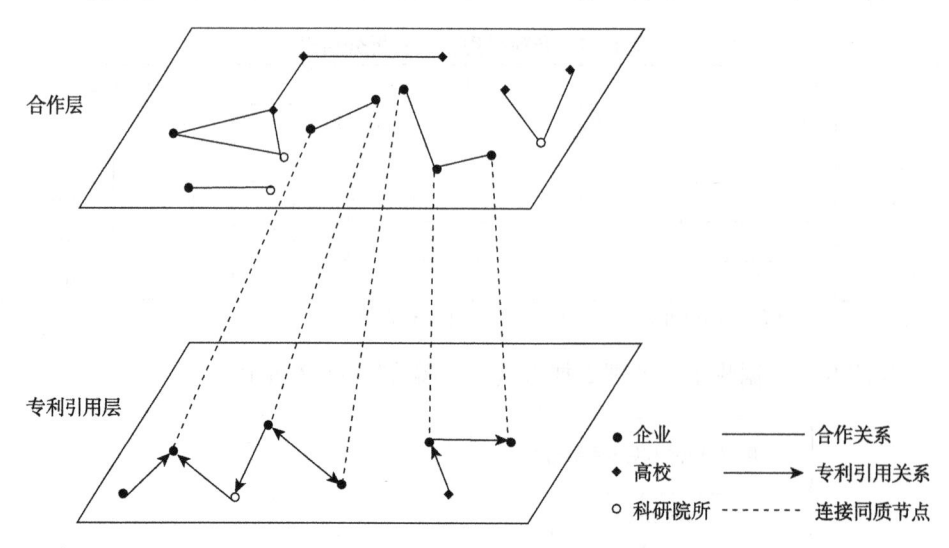

图 15-3 多层网络示意图

图中知识流动层双向箭头与单向箭头都表示专利引用、被引关系；由于专利引用网络仅以参与产学研合作的企业为例进行构建与实证分析，因此合作层仅展示产学研合作网络

其中，合作层指的是企业参与的企业间合作网络与专利引用网络，专利引用网络则是以参与产学研合作的企业为基础构建。合作层与专利引用层之间仅相同节点之间存在连边，即两层网络通过拥有共同的企业主体建立关系，且每层网络内的连边具有不同的属性，也就是说合作层中的连边指的是共同申请专利形成的合作关系，而专利引用层中的连边指的是企业、高校和科研院所之间因专利引用、被引用形成的知识吸收与扩散关系。

第十六章　创新网络动态演化分析

一、专利统计分析

深入了解国内外发明专利申请和授权的专利数据情况以及 ICT 产业中各个子领域专利，能够为下文实证研究奠定数据基础。本节根据国家知识产权局《中国知识产权统计年报》披露的 1985~2018 年专利数据以及按照 OECD 公布的 ICT 产业的 IPC 分类号检索到的该领域的专利授权数据，对专利数据进行详细的统计分析。

1. 发明专利数量统计与分析

对国家知识产权局中国内、国外申请和授权的发明专利数量进行统计（表 16-1）。其中，1987~2018 年各年国内申请专利数据数量均高于国外申请专利数据数量，说明选择国内专利数据为基础进行研究具有一定的可行性。

表 16-1　专利数量统计　　　　　　　　　单位：件

年份	申请专利数量			授权专利数量		
	总量	国内	国外	总量	国内	国外
1985	7 276			40	38	2
1986	8 240			96	52	44
1987	7 701	3 630	4 071	7 701	3 630	4 071
1988	8 768	4 122	4 646	1 025	617	408
1989	9 463	4 312	5 151	2 303	1 083	1 220
1990	4 122	1 311	2 811	3 797	1 132	2 665
1991	10 204	6 289	3 915	4 122	1 311	2 811
1992	11 615	7 976	3 639	3 966	1 388	2 578
1993	14 137	8 945	5 192	6 556	2 553	4 003

续表

年份	申请专利数量			授权专利数量		
	总量	国内	国外	总量	国内	国外
1994	16 668	9 401	7 267	3 883	1 659	2 224
1995	23 696	13 171	10 525	3 393	1 531	1 862
1996	20 779	10 959	9 820	2 976	1 383	1 593
1997	38 855	10 795	28 060	3 494	1 532	1 962
1998	25 026	12 581	12 445	4 733	1 655	3 078
1999	42 209	15 483	26 726	7 637	3 286	4 351
2000	48 549	23 767	24 782	12 683	6 177	6 506
2001	67 684	33 925	33 759	16 296	5 395	10 901
2002	83 540	41 517	42 023	21 473	5 868	15 605
2003	93 361	53 970	40 391	37 154	11 404	25 750
2004	122 238	63 054	59 184	49 360	18 241	31 119
2005	160 869	84 815	76 054	53 305	20 705	32 600
2006	218 163	128 694	89 469	57 786	25 077	32 709
2007	235 486	145 810	89 676	67 948	31 945	36 003
2008	290 989	195 536	95 453	93 706	46 590	47 116
2009	288 508	207 134	81 374	128 489	65 391	63 098
2010	364 910	272 954	91 956	135 110	79 767	55 343
2011	450 782	347 188	103 594	172 113	112 347	59 766
2012	706 012	583 070	122 942	217 105	143 847	73 258
2013	795 517	671 940	123 577	207 688	143 535	64 153
2014	845 938	725 315	120 623	233 228	162 680	70 548
2015	1 112 425	977 775	134 650	359 314	263 434	95 880
2016	1 179 583	1 054 783	124 800	404 208	302 136	102 072
2017	1 278 359	1 138 549	139 810	420 144	326 970	93 174
2018	1 752 051	1 603 846	148 205	432 147	345 959	86 188

资料来源：国家知识产权局《中国知识产权统计年报》

为了更加直观地反映我国发明专利申请和授权数量的总体趋势以及是否存在阶段性等基本特征，用图 16-1 展示专利数量的变化情况。由于《中国知识产权统计年报》中 1985 年和 1986 年申请的发明专利没有划分国内和国外专利，其中，1985 年的申请专利数量为 7 276 件，授权专利数量为 40 件，国内授权专利 38 件，国外授权专利 2 件；1986 年申请的专利数量为 8 240 件，授权专利总量为 96 件，国内授权专利 52 件，国外授权专利 44 件。因此图 16-1 中没有将 1985 年和 1986 年的数据纳入分析，只是 1987~2018 年的申请和授权数量情况。

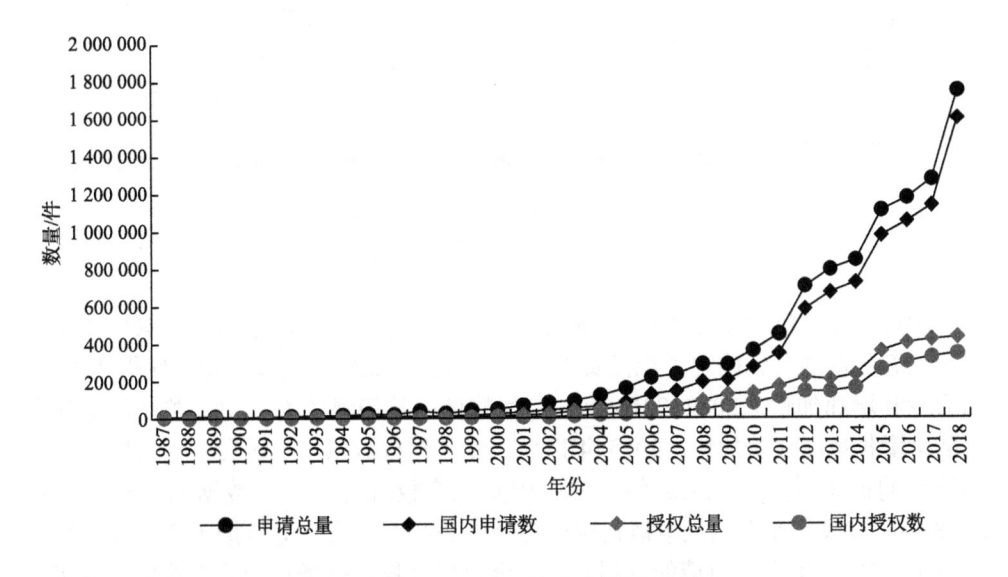

图 16-1　1987~2018 年专利统计分析
资料来源：国家知识产权局《中国知识产权统计年报》

由图 16-2 可以看出，1987~2018 年申请与授权的发明专利，无论是总量还是国内专利数量，总体上都保持一定的上升趋势。2001 年以前国内专利申请和授权总量分别约为 16.7 万件和 3.4 万件，专利数量增长较为缓慢。原因主要有三个。第一，至 2000 年我国才对《中华人民共和国专利法》进行了第二次修订，在此之前专利政策还不够完善（邓洁等，2014），专利合作没有引起企业与高校的足够关注。第二，2000 年以前专利尚未纳入高校对教师的评价系统中，高校对产学研合作的需求不高（许治和范洁凭，2012）。第三，中国加入世界贸易组织，专利申请数量激增，因为 2001 年 7 月 1 日修正后的《中华人民共和国专利法》生效，扩大了专利保护范围，延长了专利保护期限，使得更多的组织、个人参与专利申请，以寻求自身知识产权保护。2001 年以后，专利数量增长速度逐渐加快，总体呈现波动性增长趋势，至 2018 年专利授权总量增加至 214 万件。其中，2002~2011 年，增长趋势相对平稳，发明专利的申请和授权数量逐年缓慢增加。

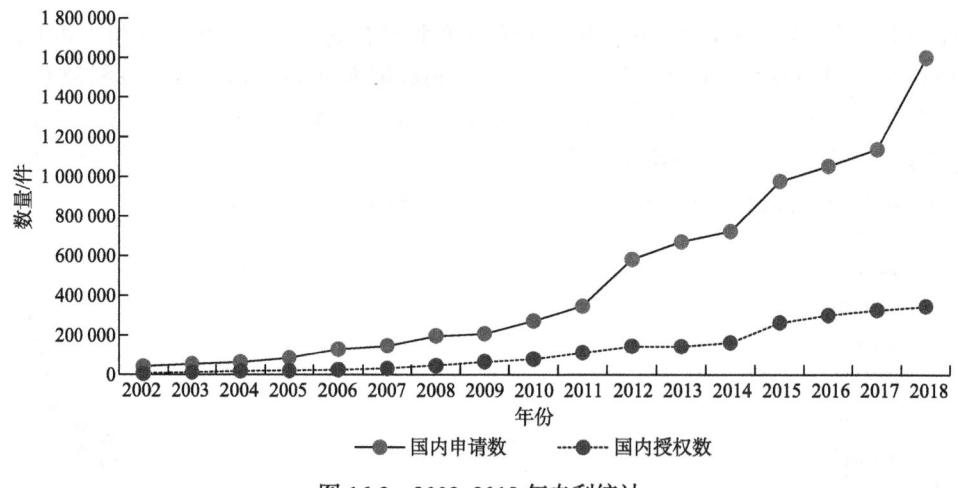

图 16-2 2002~2018 年专利统计

2011 年国家知识产权局与九部委共同编制、发布了《国家知识产权事业发展"十二五"规划》，确定了积极实施国家知识产权战略的指导思想，使得 2011 年以后专利增速加快。2012~2018 年，专利数量增长趋势较为波动，尤其是专利申请数量增长速度显著加快。2015 年以后，专利授权数量增长缓慢，主要原因是专利统计的截止时间为 2018 年，《中国知识产权统计年报》数据的检索必然在 2018 年底完成，而专利从申请到授权会经历 36~48 个月的等待期（李健和余悦，2018），2015 年之后申请的专利并未完全得到授权，故增长趋势必然呈现减缓的趋势。因此，我国发明专利的申请和授权数量均呈现阶段性特征，而 2001 年以后是专利增长最为迅速的阶段。综合以上专利统计分析，下文选取 2002~2015 年的授权专利作为研究数据存在其合理性，能真实反映专利活动（如专利合作、专利引用、专利合作形成的知识元素合作等）与创新之间的内在逻辑关系。

2. ICT 产业专利数据统计与分析

按照 2008 年 OECD 公布的专利统计公报中对 ICT 产业的分类，即根据专利信息中的 IPC 分类号将其划分为电信、消费电子、计算机与办公设备、其他 ICT 四大子领域，每个子领域包含不同的 IPC 分类号，共涉及 61 种。其中，电信领域包括 18 种分类号；消费电子领域包括 8 种分类号；计算机与办公设备领域包括 13 种分类号；其他 ICT 领域包括 22 种分类号。通过国家知识产权局专利检索网站按照 ICT 各子领域涉及的 IPC 分类号共检索到我国 130 万余件授权的发明专利检索的专利统计，经过去重处理，最后得到 90 万余件符合要求的专利。ICT 产业及各子领域的专利数量统计见表 16-2。

表 16-2 ICT 产业及各子领域专利数量统计　　　　　单位：件

年份	ICT 产业	电信	消费电子	计算机与办公设备	其他 ICT
1985	1 043	146	232	262	598
1986	756	98	163	215	431
1987	786	93	144	215	455
1988	860	100	163	242	521
1989	796	103	164	280	460
1990	851	110	184	294	453
1991	744	117	184	242	442
1992	917	128	224	327	503
1993	1 427	257	453	545	588
1994	2 583	589	725	939	931
1995	3 688	874	1 114	1 378	1 263
1996	4 824	1 236	1 440	1 633	1 643
1997	6 131	1 653	1 746	2 201	2 041
1998	7 353	1 987	1 981	2 851	2 500
1999	7 773	2 312	2 137	3 156	3 049
2000	9 725	2 798	2 401	4 533	4 138
2001	12 959	3 334	2 871	6 479	5 568
2002	19 045	4 583	3 847	10 121	7 713
2003	26 462	5 488	5 322	15 139	10 922
2004	32 968	8 822	6 605	17 803	12 799
2005	40 178	11 281	7 324	21 993	16 082
2006	44 827	12 758	7 434	24 531	17 456
2007	47 025	13 672	7 586	25 453	19 134
2008	52 190	14 680	7 541	26 802	22 821
2009	56 085	14 532	7 024	26 769	26 950
2010	62 112	15 797	7 008	27 543	30 620
2011	78 353	17 919	7 030	34 563	39 824
2012	95 073	21 304	9 571	41 507	50 651
2013	104 593	21 943	9 200	44 563	59 943
2014	102 200	19 036	8 304	44 559	61 073
2015	86 370	14 532	6 370	34 623	51 238
2016	52 887	6 352	2 544	22 771	31 263
2017	17 523	1 078	559	13 237	5 585
2018	6 331	60	35	6 161	359

注：由于同一专利可能会同属于两个以上的子领域，故 ICT 产业专利总量小于四个子领域专利数量的加总；《中国知识产权统计年报》中每年的数据统计日期基本为第二年年底，本篇检索日期每一年数据均在 2019 年，因此本表授权专利数量可能会大于《中国知识产权统计年报》中的数量

由表 16-2 可知，ICT 产业的授权专利数量为 987 438 件，电信、消费电子、计算机与办公设备、其他 ICT 的授权专利数量分别为 219 772 件、119 630 件、463 930 件和 490 017 件。其中，计算机与办公设备、其他 ICT 领域的专利授权量远高于电信和消费电子领域。这也可以间接说明，较之其他三个领域，我国 ICT 产业中计算机与办公设备领域发展得更为迅速，创新活动更为频繁。

1985~2018 年，ICT 产业专利总数和各子领域专利数量均呈增长趋势（图 16-3），与我国发明专利授权数量变化趋势基本是一致的。

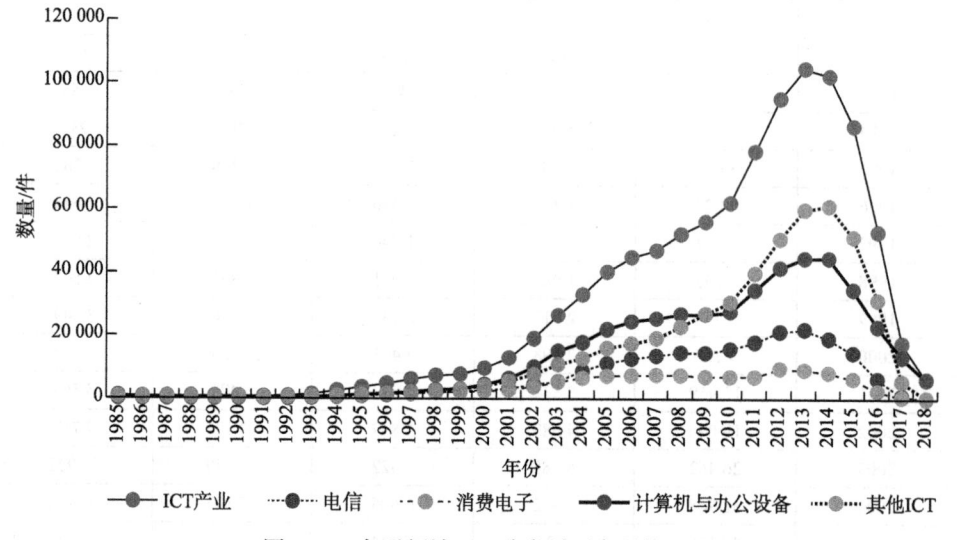

图 16-3　各子领域 IPC 分类号下专利数量

由于同一专利信息中可能同时包含两种以上 IPC 分类号，故所有 61 种 IPC 分类号下专利总量大于 ICT 产业专利数量

2001 年以前增长较为缓慢且平稳，2001~2014 年增长趋势的波动性较大且增长速度更快，而 2014 年以后授权专利数量急剧下降，再一次印证了专利从申请到授权需要较长的等待期，以及使用 2002~2014 年进行后续研究的合理性与可行性。

二、合作网络动态演化规律及特征

合作关系表征的组织间知识流动层面，通过刻画企业参与的合作网络的基本特征及动态演化规律，不仅为下文探究不同网络对企业创新绩效影响提供理论依据，还能够加深企业方及学研方对其专利合作中知识流动特征与效果的认识，提升知识流动效率。

（一）合作网络基本特征

基于国家知识产权局专利检索的专利数据的清洗步骤，得到 ICT 领域的合作专利数据，合作专利数量和合作主体具体分析如下。

1. 合作专利数量

根据数据获取与处理的基本步骤，对数据进行处理之后，共得到 1985~2018 年企业间合作（II）与产学研合作（IUR）两类合作专利数据的数量分别为 27 632 件和 20 267 件，2002~2014 年，企业间合作与产学研合作专利数量分别为 20 044 件、15 682 件，分别占两类合作专利数的 72.5%和 77.4%。企业间合作与产学研合作合计专利总数为 47 899 件，仅占授权专利总数的 4.9%。仅从这一数据来看，企业间合作和产学研合作的专利数量还极少，企业、高校和科研院所之间的合作尚不频繁与密切，需要进一步加强，才能使企业间合作与产学研合作机制更加完善，充分发挥企业联盟、产学研合作在推动创新驱动发展战略中的促进作用。各年详细统计数据如表 16-3 所示。

表 16-3 合作专利数量

年份	企业间合作 数量/件	占比	累计/件	产学研合作 数量/件	占比	累计/件
1985	0	0	0	5	0.024 7%	5
1986	0	0	0	1	0.004 9%	6
1987	0	0	0	2	0.009 9%	8
1988	1	0.003 6%	1	5	0.024 7%	13
1989	0	0	0	3	0.014 8%	16
1990	2	0.007 2%	3	5	0.024 7%	21
1991	0	0	3	3	0.014 8%	24
1992	0	0	3	3	0.014 8%	27
1993	1	0.003 6%	4	4	0.019 7%	31
1994	1	0.003 6%	5	2	0.009 9%	33
1995	3	0.010 9%	8	5	0.024 7%	38
1996	0	0	8	3	0.014 8%	41
1997	1	0.003 6%	9	3	0.014 8%	44
1998	2	0.007 2%	11	7	0.034 5%	51

续表

年份	企业间合作			产学研合作		
	数量/件	占比	累计/件	数量/件	占比	累计/件
1999	4	0.014 5%	15	19	0.093 7%	70
2000	11	0.039 8%	26	55	0.271 4%	125
2001	7	0.025 3%	33	53	0.261 5%	178
2002	31	0.112 2%	64	106	0.523 0%	284
2003	83	0.300 4%	147	154	0.759 9%	438
2004	90	0.325 7%	237	188	0.927 6%	626
2005	188	0.680 4%	425	334	1.648 0%	960
2006	266	0.962 7%	691	509	2.511 5%	1 469
2007	348	1.259 4%	1 039	609	3.004 9%	2 078
2008	568	2.055 6%	1 607	753	3.715 4%	2 831
2009	1 047	3.789 1%	2 654	971	4.791 0%	3 802
2010	1 642	5.942 4%	4 296	1 104	5.447 3%	4 906
2011	1 799	6.510 6%	6 095	1 992	9.828 8%	6 898
2012	3 625	13.118 8%	9 720	2 333	11.511 3%	9 231
2013	5 014	18.145 6%	14 734	3 061	15.103 4%	12 292
2014	5 343	19.336 3%	20 077	3 568	17.605 0%	15 860
2015	4 832	17.487 0%	24 909	2 839	14.008 0%	18 699
2016	2 277	8.240 4%	27 186	1 395	6.883 1%	20 094
2017	436	1.577 9%	27 622	167	0.824 0%	20 261
2018	10	0.036 2%	27 632	6	0.029 6%	20 267

由表 16-3 可以看出，2001 年以前 ICT 产业授权的专利数量很少，2001 年以后授权专利数量增速加快，但 2014 年以后由于专利未完全授权，数量有所下降，尤其是 2018 年直线缩减。这与图 16-3 中我国发明专利授权数量的变化趋势基本吻合。因此，关于合作网络部分的实证选取 2002~2014 年的专利为基础数据，这一期间的参与合作的企业主体为研究对象。

为了更加明晰 2002~2014 年授权的企业间合作与产学研合作专利变化趋势，绘制图 16-4，以探究企业间合作与产学研合作这两种知识流动途径下的合作主体在数量和网络演化特征方面是否存在差异，以及二者之间存在怎样的差异。

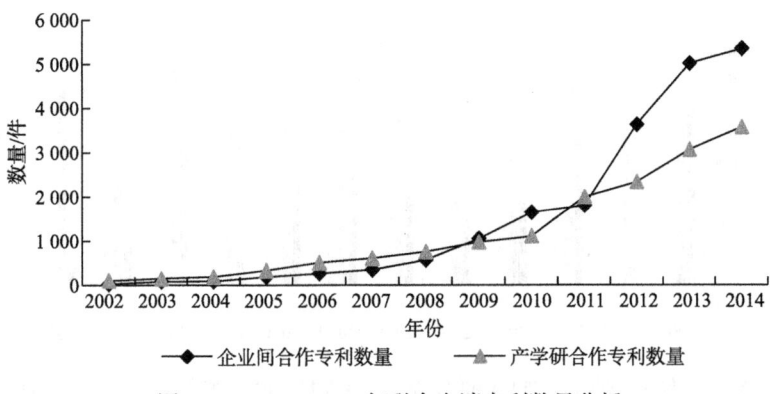

图 16-4　2002~2014 年联合申请专利数量分析

2. 合作主体数量

从合作主体数量的变化来看，2002~2014 年参与企业间合作和产学研合作的主体数量均在逐年增加，且每年的企业间合作中企业数量和增长幅度都高于产学研合作中企业数量和增长幅度，企业间合作企业总数比产学研合作参与主体总数要高。由图 16-5 可知，2002~2014 年企业间合作专利与产学研合作专利数量呈现波动性增长趋势。联合申请专利数量波动性增长的原因之一是，当前期的专利合作为合作主体积累了一定水平的知识和技术基础后，为了减少合作成本，后期对合作的需求会相应降低（王珊珊等，2018）。当知识与技术基础不足以支持现有研发需求时，便会继续寻求合作伙伴，导致合作专利再一次增加。整体来看，与企业间合作相比，产学研合作专利数量增长幅度更大，2003~2014 年每年的合作专利数量都是上一年数量的 1 倍以上，而企业间合作中，专利数量只有 2003 年、2005 年、2012 年较上一年增长幅度均超过 50%（图 16-6）。与此同时，参与合作的主体数量也在不断增加，说明随着时间推移，不同组织的专利合作意愿逐年增加，意识到只有合作创新才能实现创新活动上的共赢效果。

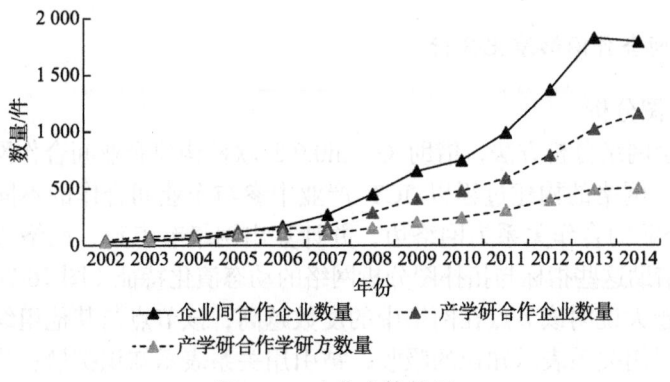

图 16-5　合作主体数量

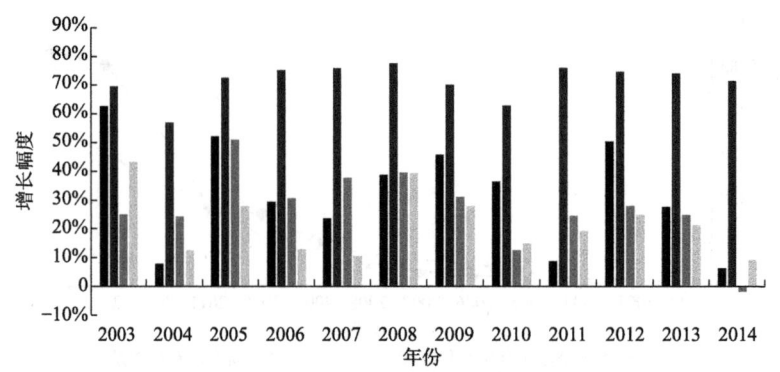

图 16-6　2003~2014 年合作专利增长幅度

对比图 16-5 和图 16-6，虽然产学研合作中合作主体数量的增长幅度比企业间合作中合作主体增长幅度小，但是前者的合作专利增长幅度更大，原因可能在于参与产学研合作的主体包括企业、高校和科研院所，企业间合作中合作主体仅包含企业，而高校和科研院所是知识的主要创造者，科研院所也是创新成果的主要传播者，企业与大科研院所合作能够获得更多的前沿知识与先进技术，促进企业创新，因此二者是不同企业争相合作的对象。所以，虽然在 2002~2014 年产学研合作网络中企业数量以及合作主体总量大体上比企业间合作网络中的数量要少，但是与每个企业相比，与每一个高校或科研院所合作的企业数量会更多，一个企业与之合作的次数也会更多，这样就会导致产学研合作专利数量和增长幅度比企业间合作的专利数量更多。

（二）合作网络演化分析

1. 企业间合作网络演化分析

1）拓扑图分析

运用社会网络分析方法，借助 Gephi0.9.2 软件构建企业间合作网络（无向网络）拓扑图。网络的构建过程以 ICT 产业中参与企业间合作的不同企业作为节点，企业-企业的合作关系为网络边，并计算出网络节点数、网络边数、节点度数等指标，借助这些指标与拓扑图分析网络的动态演化特征（图 16-7~图 16-9）。其中，节点越大说明该节点在网络中的度数越高，该节点与其他组织的知识交流程度更高；引用关系表示知识的吸收，被引用关系表示知识扩散；边线越粗说明两个节点之间的合作次数越多，知识流动的频率越高。

从图 16-7~图 16-9 可以看出，从网络整体来看，节点数量与网络边数呈逐年增加趋势，网络也变得更加复杂。

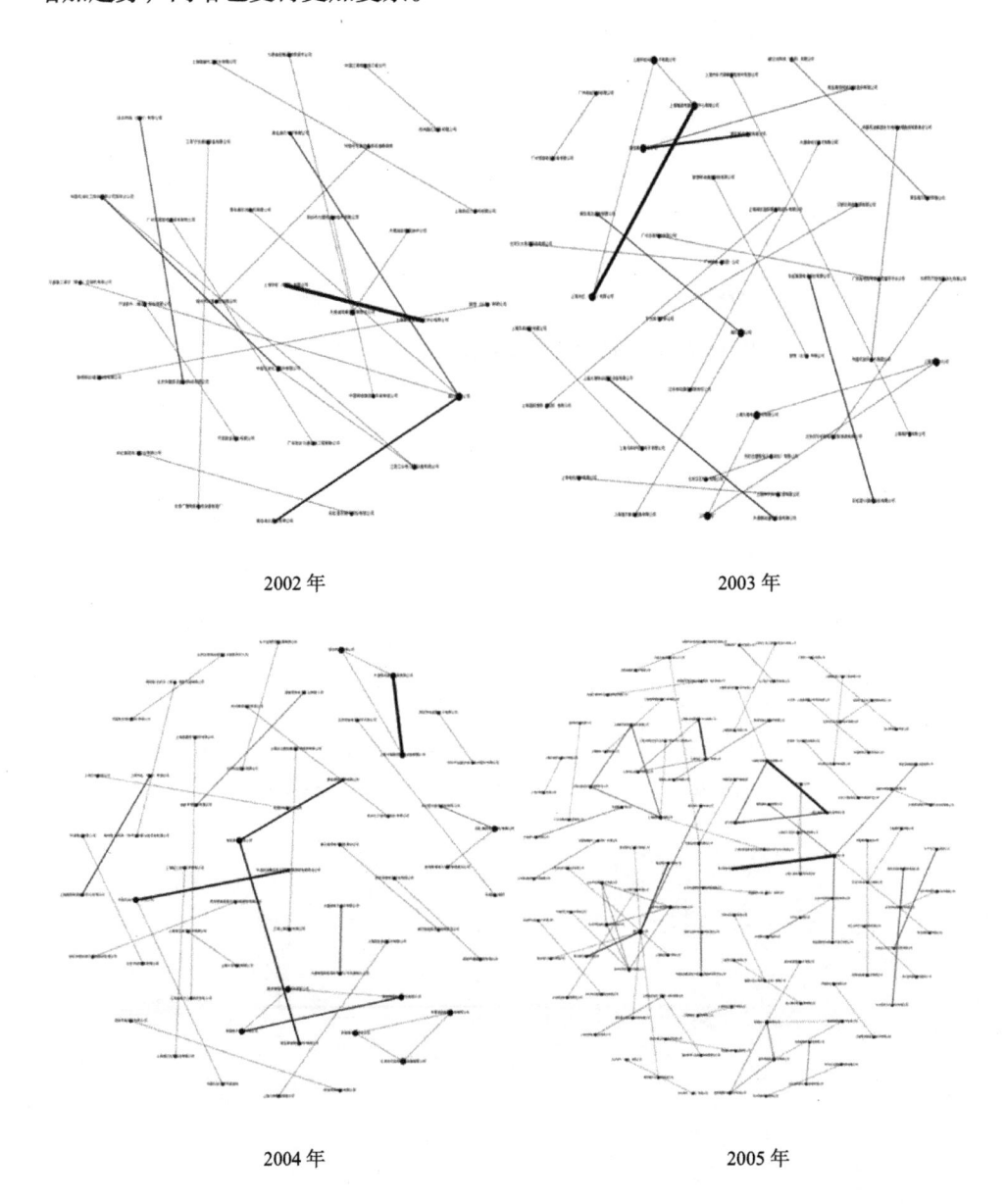

2002 年

2003 年

2004 年

2005 年

·458· 创新驱动发展战略研究

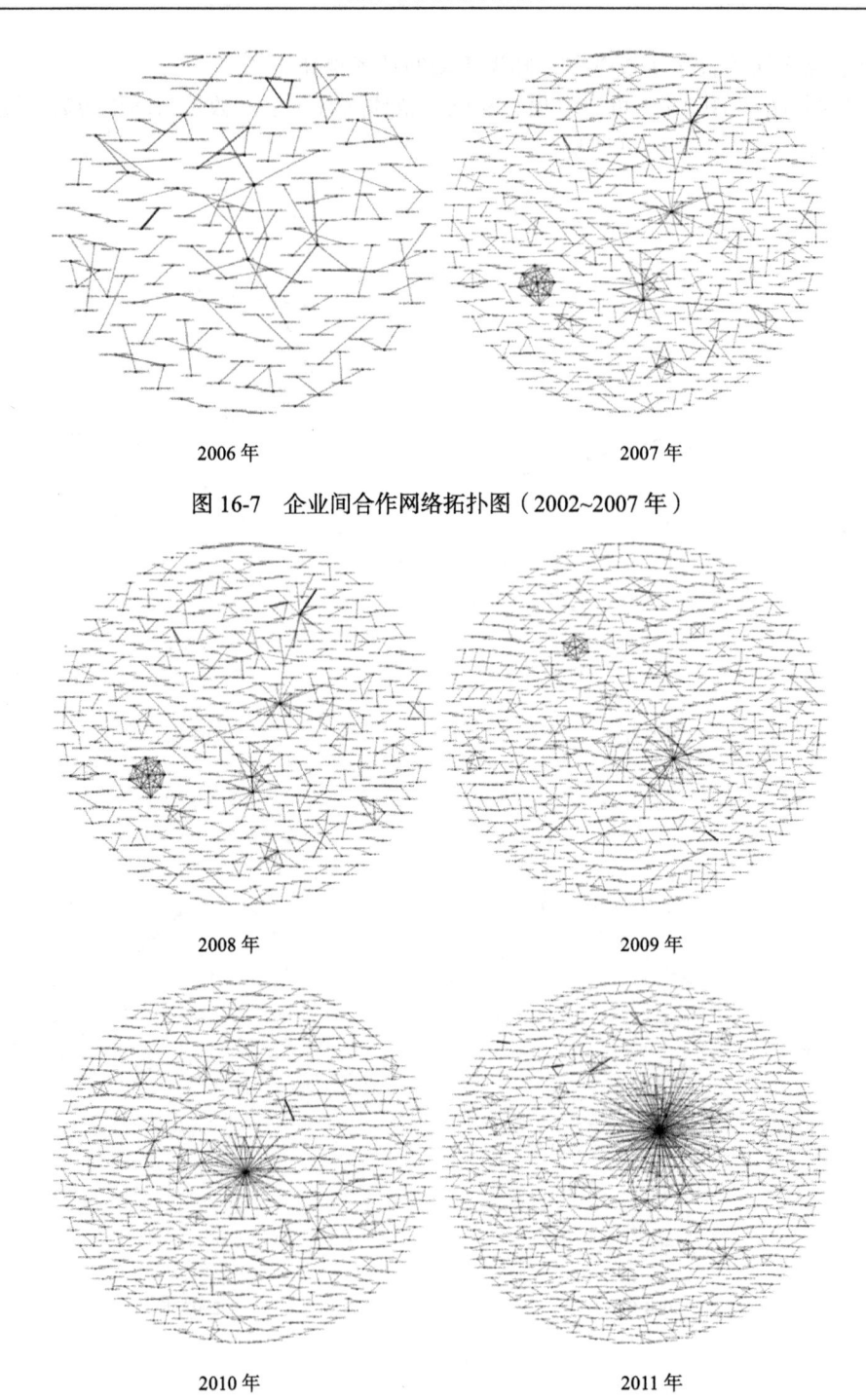

2006年

2007年

图16-7 企业间合作网络拓扑图（2002~2007年）

2008年

2009年

2010年

2011年

第五篇　创新驱动发展的创新网络研究 ·459·

2012年　　　　　　　　　　　　　　2013年

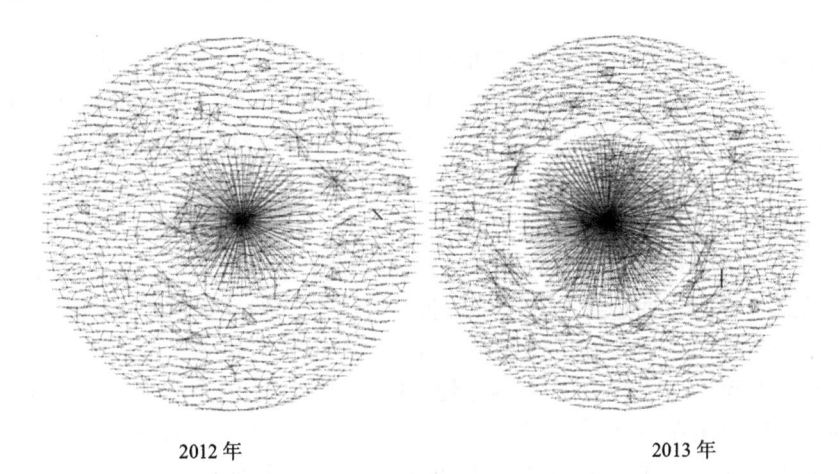

图 16-8　企业间合作网络拓扑图（2008~2013 年）

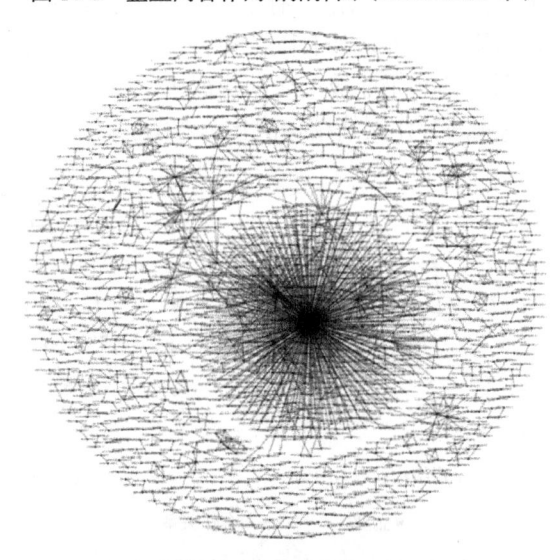

图 16-9　企业间合作网络拓扑图（2014 年）

2002~2005 年，企业间二元关系较多，即企业间通常进行的是两两之间的"线性"合作模式，合作关系单一，知识传递效率较低。2006~2009 年，企业间合作的三元及更高维度的合作，呈现"星形结构"和"三角结构"合作模式，说明企业间合作已经逐渐打破单一的线性合作，一个企业的合作伙伴越来越多，合作关系更为复杂化，知识流动效率更高。例如，2009 年中国移动通信集团公司连接了华为技术有限公司、京信通信系统（中国）有限公司、播思通讯技术（北京）有限公司、上海坤锐电子科技有限公司等多家企业，而这些企业之间没有建立合作关系，因此形成了以中国移动通信集团公司为中心的"星形结构"，中国移动通信集团公司也在其他企业之间起到了"中间人"的作用。说明中国移动通信集团公司不仅与多个企业之间进行了知识的转移与共享，同时也建立了不同企业间知识交流的"桥梁"作用，促进了网络整体知识流动效率的提高。

2009年以后，企业之间合作关系呈现更加复杂的"星形结构"和"交互三角结构"关系的"复杂网络结构"合作关系，并且表现出明显的"中心-边缘结构"，说明网络中逐渐出现具有众多合作伙伴的中心节点，掌握了网络中的主要知识、信息等资源，而边缘部分节点之间的联系较为稀疏松散，资源优势较弱，即处于中心节点的企业在知识流动中的控制和获取优势更大，而边缘节点获取的有效信息相对较少。图16-9中2014年处于网络核心位置的企业为国家电网公司，说明国家电网公司在ICT产业的专利合作中起到了重要的推动作用，是其产业链中的重要组成企业，即该企业能够为ICT产业中的其他企业提供知识或技术支持；2010年的阿特斯光伏电力（洛阳）有限公司连接了常熟阿特斯阳光电力科技有限公司、苏州阿特斯阳光电力科技有限公司等多家企业，而与之联系的企业相互之间建立了合作关系，这些企业彼此之间形成了"交互三角结构"，加速知识的流动。图16-10为企业间合作网络结构演化示意图。

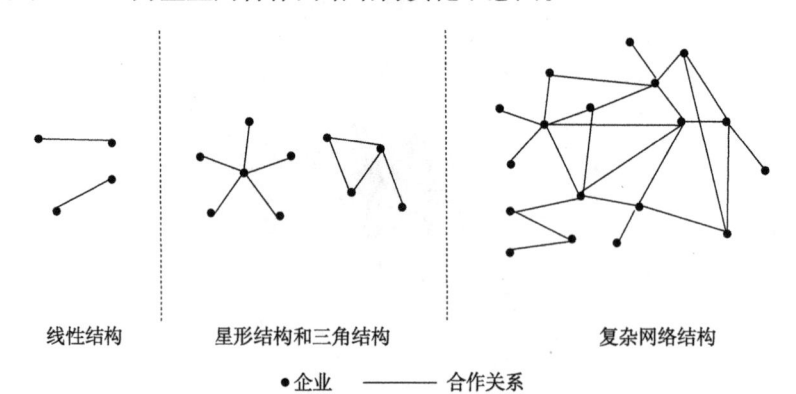

图 16-10 企业间合作网络结构演化

2）整体网络指标分析

为了更加清晰地了解2002~2014年的企业间合作网络的演化特征，借助Gephi0.9.2软件计算整体网络的结构指标（表16-4），以进一步探究网络演化的指标特征。

表 16-4 企业间合作网络整体指标

年份	节点数	网络边数	联结次数	网络平均度	平均加权度	网络密度	网络直径	平均路径长度	聚类系数
2002	33	20	33	1.212	2	0.038	2	1.259	0.6
2003	44	26	87	1.182	3.864	0.027	2	1.071	0.75

续表

年份	节点数	网络边数	联结次数	网络平均度	平均加权度	网络密度	网络直径	平均路径长度	聚类系数
2004	58	35	96	1.207	3.241	0.021	2	1.079	0.75
2005	118	82	230	1.39	3.898	0.012	3	1.407	0.654
2006	170	112	316	1.318	3.647	0.008	3	1.325	0.611
2007	273	192	452	1.407	3.179	0.005	4	1.836	0.716
2008	451	379	814	1.681	3.539	0.004	6	2.279	0.74
2009	654	494	1 392	1.511	4.11	0.002	8	2.598	0.666
2010	747	607	2 007	1.623	5.219	0.002	11	2.836	0.697
2011	989	901	2 439	1.822	4.74	0.002	8	2.477	0.753
2012	1 373	1 303	5 224	1.898	7.357	0.001	9	2.523	0.772
2013	1 828	1 985	8 438	2.172	8.886	0.001	9	2.626	0.764
2014	1 794	2 050	8 518	2.285	9.907	0.001	10	2.767	0.791

节点数、网络边数、联结次数在不断增加。其中，节点数衡量节点所在网络企业间合作网络中合作企业的数量。从网络规模（节点数）来看，节点数除2014年以外，其余各年份在持续增加，2002年仅为33家合作企业，2013年达到了1 828家之多。这说明参与企业间合作的企业数量在不断增加，ICT领域企业间合作需求在不断增加，即企业之间的知识流动需求和知识流动强度在增加。网络边数衡量网络中有直接联系的节点对数；联结次数指的是网络中所有节点之间的联系次数总和。网络边数和联结次数都在增加，说明企业间的知识流动频率在逐渐增加；2009年以前，网络边数远小于节点数量，说明网络中节点的联系比较稀疏，也就是说并非所有企业之间都存在知识的交流。

网络平均度指网络中所有节点度数的平均值，计算公式为式（16-1）。其中N为网络中节点数，k_i为网络节点的度数。平均度值越大，说明网络中与一个节点联系的节点数越多。平均加权度是基于联结规模的网络节点之间平均联系强度，即考虑节点间的联结权重，值越大，说明网络中节点间的平均联系次数越多，该节点与其他节点的知识交流也就越多。网络平均度和平均加权度两个指标能够测量企业间合作网络中两个企业之间的合作开放度，前者表示合作广度，后者则表示合作深度（高霞等，2019），能够从两个方面综合衡量知识流动的广度与深度。2002~2014年，网络的平均度在1.182~2.285波动，说明一个企业平均最多会仅与其他2个企业发生联系，而平均加权度在2~9.907波动，表明两个企业之间每年的平均联系次数最多是9，说明企业间的合作广度与合作深度都需要进一步加强（尤其是合作广度），从而促进不同企业之间的知识交流频率与强度。

$$K = \frac{1}{N}\sum_{i=1}^{N}k_i \qquad (16\text{-}1)$$

网络密度度量网络的完整性，即节点间联系的密集程度。计算公式为式（16-2）。其中，N 表示节点个数，L 为网络边数。$d(G)=1$ 表示网络是全连通的，$d(G)=0$ 表示网络中不存在联结边。表 16-4 中，2002~2014 年，网络密度总体呈下降趋势。原因在于虽然每年企业间合作网络中企业数量增加的同时节点间边数也有所增加，但是网络边数增加的幅度远小于节点增加的幅度，使网络密度有所降低。因此，图 16-9 中节点的联系还是比较稀疏的，网络整体结构还比较松散，知识交流的强度有待提高。2002~2008 年，网络密度维持在 0.008~0.038，2008 年以后仅维持在 0.001、0.002 水平上，此时网络虽然总体稀疏，但达到了相对稳定的状态。通过网络密度统计结果得出，虽然企业间合作网络中企业间的合作关系密集程度有所提升，但是节点间的联系广度仍没有使网络连通性达到完备状态，也就是说虽然有些企业之间知识交流增强了，但是其他剩余企业之间的知识流动仍然较少。

$$d(G) = \frac{2L}{N(N-1)} \qquad (16\text{-}2)$$

网络直径指网络中相距最远的两个节点间的距离。平均路径长度指网络中任意一个节点到达另一个节点经过的平均距离。总体来看，网络直径和平均路径长度都随密度的减小呈增加趋势，说明网络中任意两个企业要建立专利合作关系，需要经过更多的中间节点，经过的路径也更长。也就是说知识传递的途径更长，有更多的企业获取有价值的信息，但同时说明企业的信息、资源能够传递的距离更远，这样更能促进网络中不同企业之间的知识、资源共享，更能促进节点间异质性资源间的传递。

3）个体网络指标

由于在企业间合作网络中所处的位置不同、合作对象及数量不相同，不同企业在合作网络演化中会表现出不同差异化的特征。表 16-5 为 2002~2014 年节点度数排名前 10 位的企业及其度数情况。

表 16-5 企业节点度数（TOP10）

2002 年		2003 年		2004 年		2005 年		2006 年		2007 年		2008 年	
企业	度数	企业	度数	企业	度数	企业	度数	企业	度数	企业	度数	企业	度数
海尔	4（8）	上海华虹	2（33）	大唐	2（20）	海尔	7（26）	海尔	5（17）	移动	17（27）	移动	18（25）
海尔电子	1（2）	集成电路	2（30）	上海大唐	2（20）	上海联能	4（11）	移动	5（13）	海尔	7（21）	上海电力	12（27）

续表

2002年		2003年		2004年		2005年		2006年		2007年		2008年	
企业	度数	企业	度数	企业	度数	企业	度数	企业	度数	企业	度数	企业	度数
劲永科技	1(2)	海信	2(17)	海信	2(18)	熊猫电子	4(8)	书生电子	4(7)	移动通信	5(5)	国网	12(26)
华旗资讯	1(2)	海尔	2(5)	南京熊猫	2(7)	书生电子	4(7)	海信	3(12)	方正	4(36)	方正	9(88)
北京联想	1(1)	华虹NEC	2(2)	彩虹集团	2(3)	大唐	3(34)	南京熊猫	3(7)	中石化	4(19)	东港嘉华	8(16)
联想移动	1(1)	海信通信	1(15)	联芯	2(2)	南京熊猫	3(7)	书生国际	3(6)	书生电子	4(10)	南京熊猫	7(28)
上海华虹	1(1)	彩虹集团	1(7)	中海油	2(2)	书生国际	3(7)	书生网络	3(6)	中海石油	4(9)	海尔	7(12)
集成电路	1(1)	大唐	1(6)	中海油服	2(2)	书生网络	3(6)	书生数字	3(6)	华为	4(5)	中海油	5(19)
海通	1(1)	上海大唐	1(6)	南京熊猫	2(2)	书生数字	3(6)	大唐	2(38)	福建移动	4(4)	书生电子	4(11)
彩虹集团	1(1)	海通	1(4)	中天启明	2(2)	中石油	3(5)	上海大唐	2(38)	金山数字	3(17)	大唐	4(8)

2009年		2010年		2011年		2012年		2013年		2014年	
企业	度数	企业	度数	企业	度数	企业	度数	企业	度数	企业	度数
国网	30(77)	国网	63(145)	国网	155(409)	国网	250(736)	国网	458(1848)	国网	460(2004)
上海电力	9(21)	方正	12(105)	江苏电力	22(88)	江苏电力	21(95)	江苏电力	43(257)	江苏电力	59(425)
移动	9(12)	上海电力	11(30)	上海电力	15(33)	中石化	18(25)	浙江电力	26(98)	浙江电力	37(165)
江苏电力	8(38)	中海油	10(22)	中石化	12(15)	上海电力	16(86)	南瑞科技	21(53)	福建电力	32(225)
海尔	8(16)	江苏电力	9(57)	方正	10(183)	福建电力	14(39)	京东方	17(624)	南京南瑞	31(122)
思源电气	8(10)	海尔	8(13)	海尔	10(33)	浙江吉利	12(154)	上海电力	11(118)	南瑞科技	22(106)
方正	7(95)	中国核电	7(23)	南瑞继保	10(17)	南瑞科技	12(25)	南京南瑞	16(53)	神华能源	18(33)
洛阳阿特	6(46)	神华能源	7(19)	浙江电力	9(42)	方正	11(119)	中海油	16(46)	北京电力	17(70)
常熟阿特	6(44)	华北电科	7(15)	福建电力	9(23)	神华能源	11(19)	神华能源	16(34)	四方继保	16(29)
苏州阿特	6(42)	四方继保	7(14)	许继电气	8(30)	京东方	10(326)	浙江吉利	15(143)	上海电力	15(69)

注：括号内为加权度数；企业全称见本章末附表

可以看出，2008年以前，海尔集团公司、海信集团有限公司、大唐移动通信设备有限公司、中国移动通信集团公司、北大方正集团有限公司、南京熊猫电子集团有限公司等通信电子行业的企业的度数都是遥遥领先，说明这些企业作为知识密集型的行业，需要通过合作引进先进的技术等知识资本以进行研发创新活动。例如，海尔集团公司在 2002 年、2005 年和 2006 年的度数都在第一位，分别为 4、7、5；中国移动通信集团公司在 2006~2008 年连续 3 年的平均度均排名第一，分别为 5、17、18。2008 年以后，这些企业的度数排名有所下降，国家电网公司及其地方子公司的度数不断增加，国家电网公司连续 6 年平均度数达到最高，2014 年的节点平均度为 460，加权度数达到 2 004。主要原因在于国家电网公司的信息通信业务发展迅速，能够为 ICT 产业提供创新性的知识和技术支持，说明其他企业与国家电网公司的 ICT 企业间合作的意愿、需求增强，与之形成了更强的知识流动。

2. 产学研合作网络演化分析

1）拓扑图分析

同样，借助 Gephi0.9.2 软件构建产学研合作网络拓扑图（无向网络），以 ICT 产业中参与产学研合作的企业、高校和科研院所为节点，以企业、高校、科研院所之间的合作关系为边，分析网络的动态演化特征（图 16-11~图 16-13）。其中，节点越大说明该节点在网络中的度数越高，边线越粗说明两个节点之间的合作次数越高。

从图 16-11~图 16-13 可以看出，从网络整体来看，节点数量与网络边数呈逐年增加趋势，网络也愈来愈复杂化。2002~2005 年，企业、高校和科研院所间的合作多表现为"线性结构"合作和"星形结构"合作。"星形结构"合作的核心节点大都是高校节点，其中，清华大学、北京大学和浙江大学形成的自我中心网络的"星形结构"较为显著，即很多企业和科研院所与高校发生知识流动的意愿更强。2006~2009 年，企业、高校和科研院所间的合作在"星形结构"的基础上进行拓展，增加了节点间相互连通的"三角结构"合作关系，逐渐形成"交织型"网络，此阶段合作关系变得更加复杂化，参与知识流动的组织数量更多，也更加多样化。此外，该阶段的"星形结构"合作关系除了清华大学、北京大学为主要的核心节点，企业在网络中的地位也逐渐凸显。例如，2009 年的北大方正集团有限公司同时与北京北大方正电子公司、方正国家软件（北京）有限公司等多家企业、高校合作；华为技术有限公司同时与北京大学、浙江大学、电子科技大学、上海交通大学等多所高校合作，同时可以看出华为技术有限公司在与不同区域的高校进行合作，促进了区域间的知识流动。

2002 年 2003 年

2004 年 2005 年

2006 年 2007 年

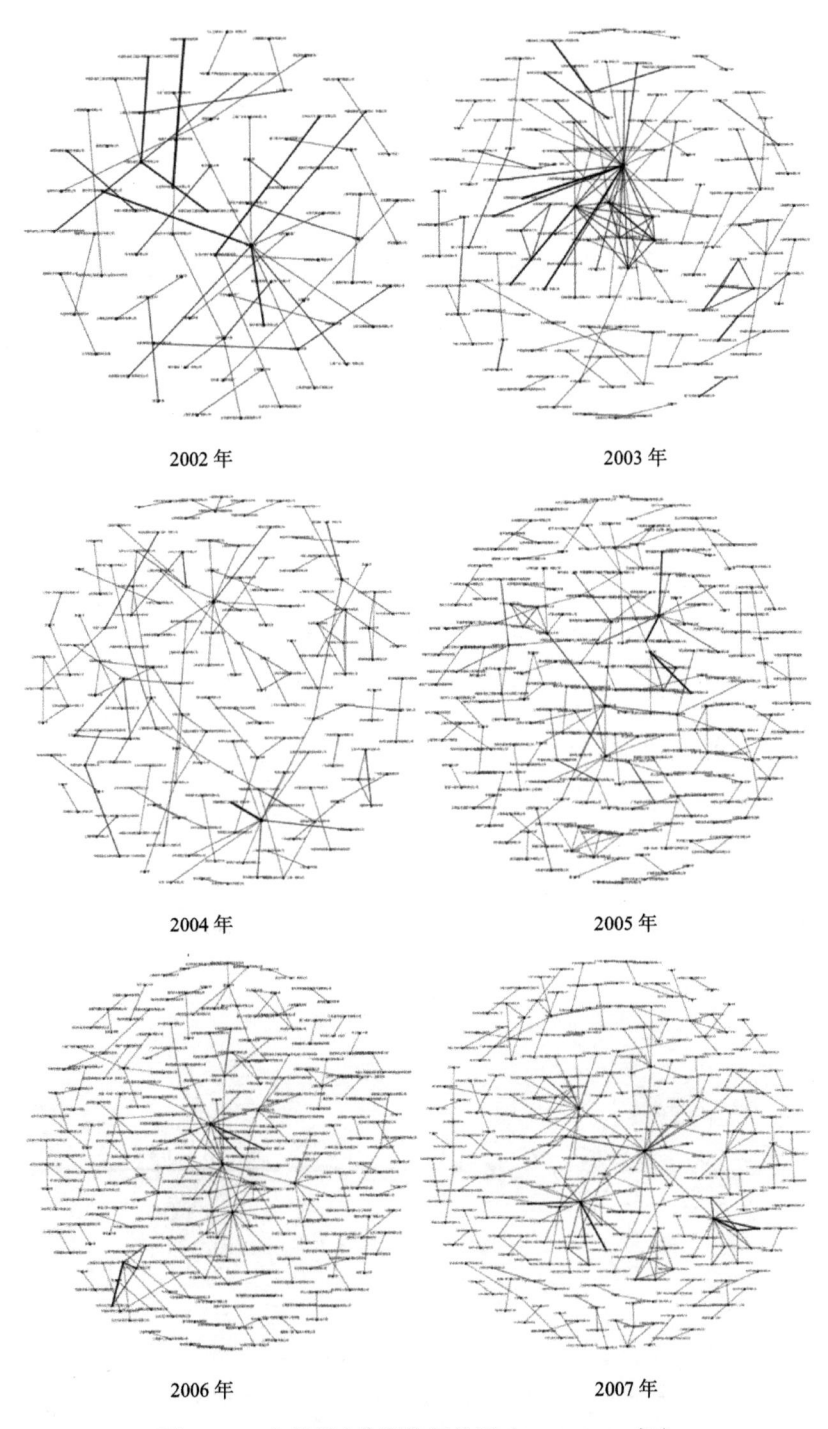

图 16-11 产学研合作网络拓扑图（2002~2007 年）

·466· 创新驱动发展战略研究

2008年

2009年

2010年

2011年

2012年

2013年

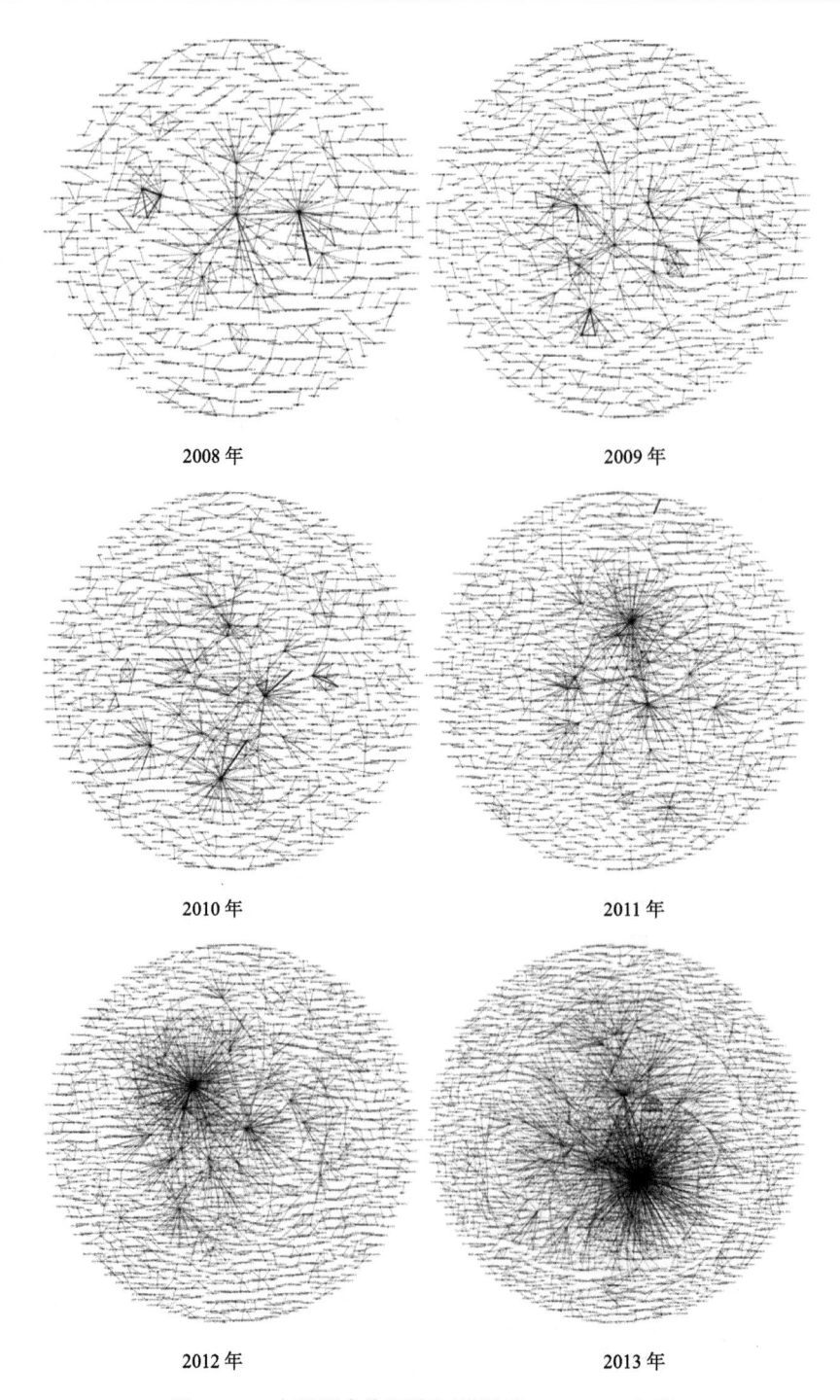

图 16-12 产学研合作网络拓扑图（2008~2013年）

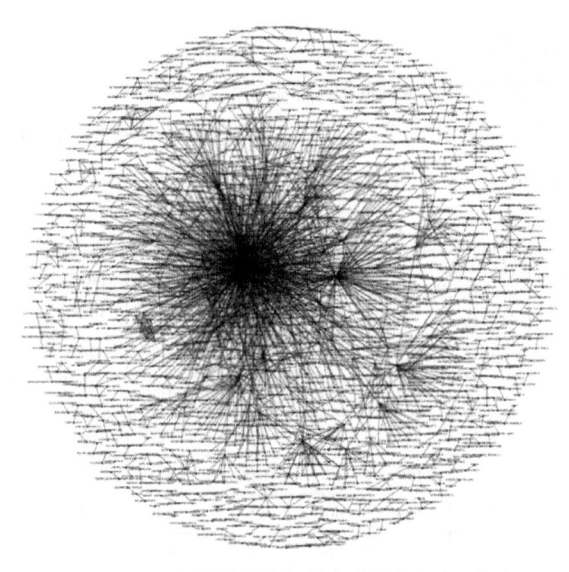

图 16-13　产学研合作网络拓扑图（2014 年）

2009 年以后，高校、企业和科研院所之间合作关系呈现"复杂网络型"合作关系，"中心-边缘结构"表现出多核心的特点，此时各个组织间的知识交流更加频繁。说明网络中逐渐出现不以单一节点为核心的网络结构，网络中的核心知识不再掌握在少数几个组织的手中，而是更加分散化、共享化。图 16-13 中 2010~2014 年处于网络核心位置的除国家电网公司、中兴通讯股份有限公司、华为技术有限公司、北大方正集团有限公司、国电南瑞科技股份有限公司等企业外，还包括清华大学、北京大学、浙江大学、中国电力科学研究院等高校和科研院所。

图 16-14 为 2002~2014 年产学研合作网络结构的演化示意图。

线性结构与星形结构　　复杂星形结构和三角结构　　多核心复杂网络结构

● 企业
○ 高校
◆ 科研院所
—— 合作关系

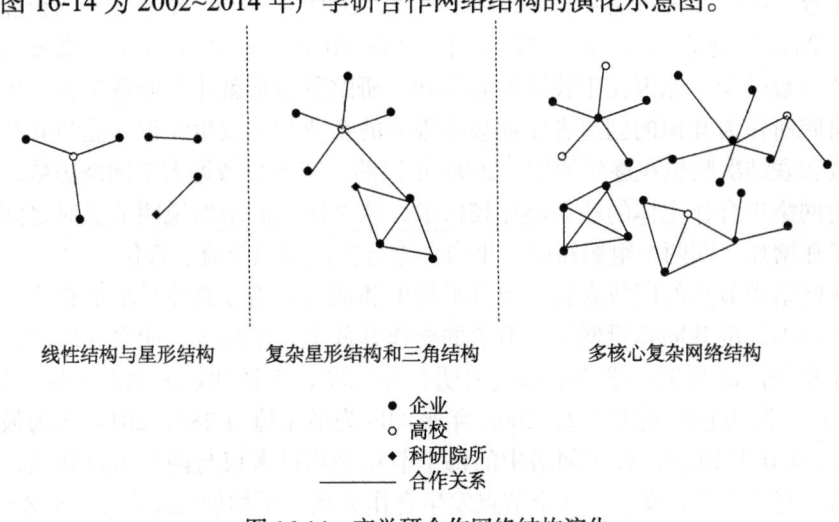

图 16-14　产学研合作网络结构演化

2）整体网络指标分析

整体网络指标能够更加清晰地解释网络整体的基本特征，根据构建的产学研合作网络拓扑图，借助 Gephi0.9.2 软件计算整体网络的结构指标（表 16-6），进一步探究网络演化特征，以了解通过产学研合作的知识流动情况。

表 16-6 产学研合作网络整体指标

年份	节点总数	企业节点数	高校和科研院所节点数	网络边数	联结次数	平均度	平均加权度	网络密度	网络直径	平均路径长度	聚类系数
2002	76	47	29	50	106	1.289	2.474	0.017	3	1.623	0
2003	134	81	53	117	216	1.746	3.104	0.013	4	2.319	0.62
2004	153	92	61	117	221	1.529	2.784	0.01	4	2.006	0.531
2005	212	126	86	170	396	1.596	3.455	0.008	11	4.023	0.468
2006	243	147	96	187	607	1.533	4.746	0.006	7	3.609	0.385
2007	271	169	102	236	868	1.735	6.088	0.006	9	3.835	0.544
2008	446	291	155	393	1 031	1.762	4.417	0.004	9	3.985	0.576
2009	618	411	207	549	1 358	1.774	4.207	0.003	11	4.773	0.554
2010	725	479	246	723	1 664	1.989	4.538	0.003	12	4.92	0.618
2011	897	589	308	930	2 766	2.062	5.938	0.002	11	4.419	0.605
2012	1 193	792	401	1 353	3 641	2.264	5.809	0.002	13	4.441	0.631
2013	1 514	1 022	492	2 176	6 204	2.869	7.702	0.002	10	3.729	0.670
2014	1 665	1 160	505	2 533	7 563	3.304	8.519	0.002	10	3.849	0.660

从网络节点和网络边数来看，2002~2014 年产学研合作网络中节点总数、企业节点数、高校和科研院所节点数逐年增加，2001 年参与产学研合作的企业仅为 76 家，2014 年到达 1 665 家，增加了近 21 倍；相对企业节点数来看，高校和科研院所节点数较少，原因在于我国的高校和科研院所总量就比企业数量少，但高校和科研院所作为知识的创造者能够吸引很多的企业与之发生知识交流与共享。网络边数和联结次数也在逐年增加，2009 年以前，节点总数远大于网络边数，表明此时的网络中合作主体的联系还比较松散，联结次数的增加说明节点对之间的联系频率在增加，即两个组织在同一年内会进行多次知识交流、合作。

从网络中节点的度数来看，节点平均度和加权平均度总体呈增加趋势，平均度和平均加权度共同衡量网络中节点的合作开放度，平均度表明合作广度，表征知识流动的广泛程度；平均加权度表明合作深度，表征知识流动的深度。2001~2014 年，平均度的均值为 2，2002 年平均度为最小值 1.289，2014 年为最大值 3.304。2010 年以前，各年网络中的每个节点平均最多仅与两个节点联系，2010 年以后，每个节点最多会与 3 个节点发生合作关系。平均加权度在 2.474~8.519 波动，说明两个合作主体之间每年最多的联系次数为8，最小为2。以上数据说明，网络中企业、高校和科研院所之间的合作开放度还较低，知识流动的频率和广泛程度都不高；与合作广度相比，组织间的合作深度更大。主要原因在于，在整理专利数据过程中可以发现很多企业存在多年内仅申请一次专利的现象，即一些企业、高校和科研院所之间的协同关系属于偶发性合作，组织间并未形成长期稳定、相互信任的合作关系，知识流动仅是暂时和偶然的，没有维持持久的知识交流。这说明产学研合作广度与合作深度都需要进一步加强（尤其是合作广度），促进不同企业之间的合作关系，进而助推组织间的知识流动。

从网络密度来看，表16-6中，2002~2014年，网络密度总体呈下降趋势。主要由于随节点数量的增加，网络中节点之间的合作广度增加较为缓慢，使得节点增加的幅度远大于边数的增加，造成网络结构的稀疏、松散。2002~2008年，网络密度维持在0.004~0.017，2008年以后仅维持在0.002、0.003水平上，此时网络虽然总体稀疏，但达到了相对稳定的状态。这说明虽然产学研合作网络中企业、高校和科研院所间的合作关系密集程度有所提升，网络总体还是较为稀疏、联系不够紧密，进一步表明产学研合作中的知识流动有待进一步加强。

从网络直径和平均路径长度来看，两个指标都随节点数量的增加呈增大趋势。网络直径最长为2012年的13，说明一个节点到达距离其最远的一个节点，中间要经过12个其他节点才能构成联系；平均路径长度在2010年达到最大为4.92，说明网络中一个节点与另一个节点建立合作关系的平均距离为4.94。以上数据表明，随着网络中节点数量和联系的增加，不同的组织之间能够建立合作关系，但是有些组织间建立联系要经过很多的中间环节。一方面，能够促进资源、技术和知识等在更多企业、高校和科研院所之间的共享与交流；另一方面，过多的中间环节容易导致传递的信息失真，同时会造成更多的信息筛选成本，给组织带来不利影响。

3）个体网络指标

产学研合作网络中，企业、高校和科研院所拥有不同的资源，从自我中心网络来看，与不同节点直接联系的合作伙伴的性质、网络位置均有所不同，因此在网络演化过程中自然会表现出不同的特征。表16-7为2002~2014年度数排名前5位的企业及其度数情况。从表16-7可以看出，2002~2008年，华为技术有限公司、北大方正集团有限公司、中国石油化工股份有限公司的节点度数居高不下，说明这一阶段这些企业参与产学研合作的意愿与需求较高，尤其是华为技术有限公司作为ICT企业的典型代表，拥有更多行业的前沿技术与知识，占据知识的高势能地位，且与华为技术有限公司合作节点中绝大多数为高校和科研院所。这说明高校对该技术领域企业具有重大的影响，原因在于高校和科研院所通常会掌握国际前沿技术，能够为企业提供创新活动的基础（王珊珊等，2018）。北大方正集团有限公司作为北京大学的衍生企业，其依托北京大学成立与运营，通常会与北京大学以及该高校的其他衍生企业建立长期的战略合作关系，共享知识与技术。2009~2014 年，除华为技术有限公司、中兴通讯股份有限公司外，国家电网公司及其下属子公司的节点度数不断提高，成为获取和控制知识的焦点企业。华为技术有限公司与中兴通讯股份有限公司作为软件和信息业行业的代表性企业，其通过产学研合作增强知识流动，进而创新能力的需求不减；国家电网公司近年来也逐渐涉及 ICT 产业的相关业务，通过与该产业不同企业合作传递产业所需的知识与技术，提升自身竞争能力。

表 16-7　企业节点度数（TOP5）

2002 年		2003 年		2004 年		2005 年		2006 年		2007 年		2008 年	
企业	度数	企业	度数	企业	度数	企业	度数	企业	度数	企业	度数	企业	度数
中石化	5（17）	国芯科技	6（15）	华为	3（4）	华为	9（26）	华为	14（87）	华为	18（108）	华为	21（112）
中兴	2（2）	中石化	3（10）	中海油服	3（4）	中海油服	5（16）	中海油	8（15）	中石化	6（19）	北大方正	9（126）
中科信利	1（8）	科园信海	3（6）	中石化	3（3）	方正研究	4（16）	中石化	7（13）	北大方正	5（138）	中石化	6（13）
同方威视	1（5）	天诚信海	3（6）	九州软件	3（3）	中海油	4（15）	北大方正	3（68）	中石化	4（5）	中海油	5（8）
清华同方	1（5）	华信万邦	3（6）	中石化	2（10）	中石化	4（13）	中海油服	3（6）	中商流通	4（16）	神华能源	4（4）

2009 年		2010 年		2011 年		2012 年		2013 年		2014 年	
企业	度数	企业	度数	企业	度数	企业	度数	企业	度数	企业	度数
华为	16（59）	国网	44（141）	国网	78（336）	国网	171（934）	国网	326（1 973）	国网	346（2 534）
国网	16（38）	中海油	19（59）	中海油	20（59）	中石化	23（132）	江苏电力	43（285）	江苏电力	61（474）
北大方正	8（134）	中石化	11（72）	中石化	14（131）	江苏电力	19（80）	苏电研究	25（200）	浙江电力	43（132）
中石化	6（36）	华为	9（21）	华为	12（36）	广电研究	17（29）	中石化	24（173）	苏电研究	36（325）
神华能源	6（12）	神华能源	7（11）	中兴	7（10）	华为	13（74）	中海油	23（57）	南瑞科技	27（77）

注：括号内为加权度数；企业全称见本章末附表

表 16-8 为 2002~2014 年高校和科研院所在产学研合作网络中排名前 5 的节点及其度数，包括清华大学、北京大学、浙江大学、上海交通大学、北京邮电大学、中国科学技术大学、东南大学、重庆大学、复旦大学、华北电力大学等，这些高校多为综合性和以工科见长的高校。2011~2014 年，中国电力科学院的度数高于多数学校，说明这一阶段该研究所在 ICT 产业专利合作中发挥了重要作用。与这些高校和科研院所建立直接联系的节点 90%以上为企业，高校与高校之间合

作通常要以企业为"中间人",企业成为不同组织间知识流动的"桥梁"。例如,2011年与清华大学直接合作的组织有25个,除清华大学深圳研究院、中国科学院软件研究所和河海大学外,其余均为企业,包括华为技术有限公司、日电(中国)有限公司、北京华大九天软件有限公司、鸿富锦精密工业(深圳)有限公司等;与此同时,华为有限公司同时与电子科技大学、上海交通大学、东南大学、中国科学院计算技术研究所等合作,促进了清华大学与上海交通大学、东南大学等的间接知识流动。

表16-8 学研方节点度数(TOP5)

2002年		2003年		2004年		2005年		2006年		2007年		2008年	
学研	度数	学研	度数	学研	度数	学研	度数	学研	度数	学研	度数	学研	度数
清华	10(22)	清华	25(55)	清华	10(41)	清华	12(68)	清华	15(100)	清华	17(158)	清华	32(191)
北邮	4(5)	浙大	12(21)	上交	8(11)	浙大	10(13)	浙大	12(27)	浙大	14(29)	北京大学	17(147)
北大计研	3(7)	上交	11(24)	北邮	4(11)	中国科大	6(18)	东南	8(9)	北京大学	13(158)	浙大	17(37)
北京科大	2(4)	西安电子	7(13)	北京大学	4(11)	华东师大	6(7)	北京大学	5(124)	上海大学	8(12)	东南	13(30)
上交	2(3)	电子科大	6(12)	浙大	4(11)	北京大学	5(46)	重庆大学	5(8)	复旦大学	7(17)	电科院	1(38)

2009年		2010年		2011年		2012年		2013年		2014年	
学研	度数	学研	度数	学研	度数	学研	度数	学研	度数	学研	度数
北京大学	10(171)	清华	32(192)	清华	40(204)	电科院	53(232)	电科院	116(706)	电科院	111(802)
清华	18(150)	浙大	25(132)	电科院	27(137)	清华	52(295)	清华	80(223)	清华	101(306)
浙江大学	17(32)	电科院	15(96)	上交	22(39)	上交	28(43)	华北电力	37(88)	东南	40(90)
上交	19(29)	北航	12(15)	浙江大学	22(26)	浙大	20(27)	华科	30(59)	西安交大	38(73)
北邮	13(26)	北邮	12(18)	国网电科	19(57)	华南理工	19(35)	浙大	29(39)	华北电力	38(110)

注:括号内为加权度数;学研全称见本章末附表

3. 网络对比分析

将企业间合作网络(图16-8~图16-10)与产学研合作网络(图16-11~图16-13)进行对比分析,可以初步判断合作关系下的两类知识流动网络在基本特征上的差异,为实证探究二者的网络结构对企业创新是否存在差异化影响提供理论依据。

1)整体网络

从网络结构来看(图16-8~图16-10与图16-11~图16-13),企业间合作网络和产学研合作网络节点间的合作结构存在共性与差异。企业间合作网络和产学研合作网络在2009年以前，合作关系都较为稀疏，2009年以后，合作关系更为紧密，但从网络特征来看则存在一定的差异。首先，2002~2005年企业间合作网络这一阶段企业间合作结构多为"线性结构"合作，而产学研合作网络中企业、高校和科研院所之间的合作除"线性结构"合作外，还存在"星形结构"的合作关系，说明该阶段产学研合作网络结构更为复杂，有高校和科研院所参与的合作网络中知识的共享、传递效率更高，原因在于高校和科研院所是新知识的创造者，掌握前沿的知识与技术。其次，2006~2009年，企业间合作网络中的合作关系在"线性结构"合作的基础上增加了节点间相互合作"星形结构"；而产学研合作网络在上一阶段已经表现出"星形结构"的合作关系，此阶段产学研合作网络中不仅出现大量更为复杂的"星形结构"，网络演化过程中还出现了大量的"交互三角结构"；2010~2014年，企业间合作网络出现以少数阶段为核心的"复杂网络结构"，表现出"核心-外围"的显著特点，而产学研合作网络在该阶段的网络结构更为复杂，表现为多核心的"核心-边缘"式复杂网络。以上数据表明，与仅有企业参与的组织合作方式相比，产学研合作中的组织间知识流动更加复杂化。

从整体网络指标来看，两类网络的节点数、边数和联结次数都逐年增加，参与知识交流的组织更多，交流的次数也更多了。2006年以前，产学研合作网络的节点数大于企业间合作网络节点数，而企业间合作网络后来居上，2006年以后大于前者，说明2006年以后参与企业间合作的企业数高于参与产学研合作的企业数量，企业间的知识流动在不断完善；从平均度和加权平均度来看，这两个指标产学研合作网络高于企业间合作网络，原因在于产学研合作网络中高校和科研院所作为国际前沿知识、技术的主要掌握者，通常是企业竞相合作的对象，同时企业与高校、科研院所合作中合作成本与利益冲突较小，而且更能够获取新知识来助力企业研发；产学研合作网络中的网络直径和平均路径高于企业间合作网络，说明产学研合作网络中知识的传递可达性更高。

2）个体网络

对比表16-5和表16-7，产学研合作网络中企业节点度数高于企业间合作网络中企业节点度数，原因在于产学研合作网络中企业可以同时与高校、企业、科研院所三类组织合作，不断获得异质性知识等资源，能够吸引更多的合作伙伴参与知识的共享与传递。

此外，从表16-4、表16-6和网络演化拓扑图可以看出，无论是企业间合作网络还是产学研合作网络，高校和科研院所的度数普遍高于企业度数。这说明与企业相比，同一时间一所高校或科研院所会同时与更多的组织合作，而每年中企业通常不会在一年建立过多合作关系。这一现象可以解释为，高校作为知识溢出的促进者和新知识的创造者，掌握着企业依靠自身能力不能获得的异质性知识（Fukugawa，2013），很多企业或高校都会竞相与之合作，导致多个企业在同一时间与同一高校进行合作，同时与更多的组织合作才能激发创造能力的提升，也会促进其主动进行知识的传递与共享。但不同高校可能拥有先进的知识基础与技术，而企业的目标是利润最大化，如果企业同时与过多高校合作，反而会带来更多的成本（赵炎和王琦，2013），减少其利润。此外，从对比中还发现，华为技术有限公司和中心通讯有限公司参与在产学研合作网络中的度数更高，说明这些典型的 ICT 产业中的企业对于与高校、科研院所合作的意愿更强，更倾向于通过产学研合作推动组织间的知识流动，促进企业创新。

总体来看，企业间合作与产学研合作在网络结构上存在差异，ICT 产业中产学研合作网络无论是在网络演化结构，还是整体网络指标和个体网络指标上，都比企业间合作网络更为完备，联系更为紧密，因此知识传递与共享的状态更加完备。

三、专利引用网络动态演化规律及特征

在专利引用关系表征的组织间知识流动层面，对专利引用网络构建所用的基础数据来自 incoPat 数据库，ICT 专利数据总量与国家知识产权局检索得到的数据量基本一致。

（一）专利引用网络基本特征

1. 专利数量

专利数据中的引证与被引证信息是下文分析专利引用网络的基础，因此本小节对参与专利引用网络的专利数量与参与主体进行分析。由图 16-15 可以看出，2002~2014 年，引证专利和被引证专利中包含参与产学研合作企业的专利数量总体上呈增加的趋势，即随着时间的推移，一个企业在申请专利的过程中引用其他企业、高校和科研院所的专利数量在不断增加，同时其他组织在申请专利的过程中，也在不断增加对该企业的专利引用。这说明 ICT 产业在其研发创新过程中，企业与其他组织的知识转移、知识共享频率在不断增加，促进了组织之间知识的流入与溢出效率，可以初步推断出专利引用网络中的节点数量在不断增加，网络会变得愈加密集与稳定。

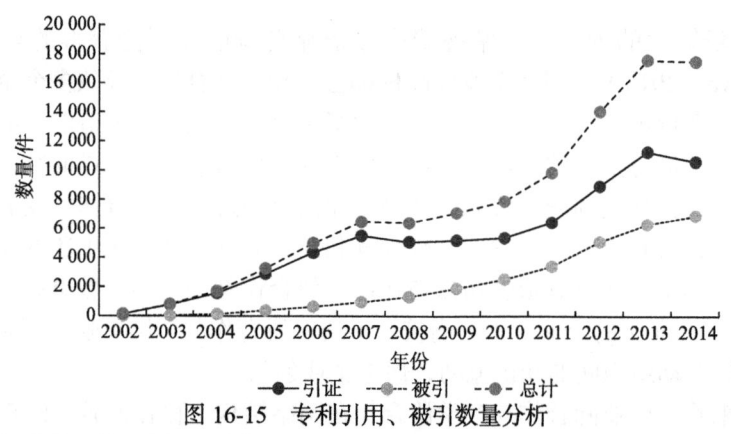

图 16-15 专利引用、被引数量分析

引证表示"引证专利"列中包含产学研合作中企业的专利；被引表示"被引证专利"列中包含产学研合作中企业的专利

2. 主体数量分析

由图 16-16 得出，专利引用网络中的节点（企业、高校、科研院所）总数以及作为研究对象的 ICT 产业的企业数量在逐年增加。其中，网络节点数从 2002 年的 73 个增加到 2014 年的 9 685 个，作为研究对象的企业数量也从 19 家增长到 1 763 家。除此之外，专利引用网络中的高校与科研院所数量也在不断增加，申请专利过程中专利引用与被引用数量都得到了很大提升。这也进一步验证了专利引用网络随时间推移而逐渐完备，但是网络演化的基本特征需要下文构建专利引用网络进行深入剖析。

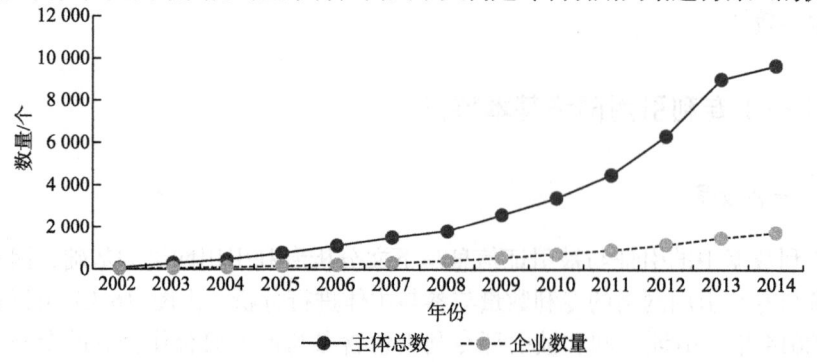

图 16-16 专利引用网络参与主体分析

由于专利引用网络的研究对象是参与产学研合作的企业，故图中的企业数量指参与产学研合作的企业的数量

（二）专利引用网络演化分析

使用专利引用数据中获取并筛选后的 2002~2014 年的专利数据，构建专利引用网络。借助 Gephi0.9.2 软件，以专利数据中的引证申请人为源节点、以申请人

为目标节点,以企业、高校及科研院所之间的专利引用、被引关系为边,构建专利引用网络拓扑图(有向网络),其中,申请人和引证申请人中共包含参与产学研合作的企业 2 487 家。其中,节点大小表示与之发生引用、被引关系的组织的数量多少,边线粗细表示两个节点之间的引用、被引关系的多少。

1. 拓扑图分析

根据构建的 2002~2014 年企业互引网络拓扑图和表现的基本网络结构特征分析网络的动态演化特征(图 16-17~图 16-19),并分析不同阶段的拓扑图表现出的专利引用网络结构模式有怎样的变化,为下文的实证分析提供理论基础和现实依据。

根据图 16-17~图 16-19,从网络整体结构来看可以将其划分成两个阶段。第一阶段是 2002~2005 年,基于专利的企业间互引网络节点联系还相对比较稀疏,但已经出现了以少数关键节点为核心的自我中心网络结构。该阶段网络特征表现为参与专利互引关系的组织数量相对较少,网络结构也相对简单,网络中存在大量的"线性"引用、被引关系。说明这一阶段企业、高校或科研院所在研发的过程中,从其他组织进行知识吸收的程度还比较低,而是倾向于进行原创性研发创新活动。大量"线性"引用关系的存在,原因在于网络中存在许多"偶发性"引用关系,即两个组织之间仅在某次或某几次研发过程中偶然借鉴了某个组织的研发成果。此外,网络中也已经出现了"核心-边缘"结构,但网络中的核心(关键)节点数量还比较少,也就是说虽然有一些组织的创新活动促进了知识的吸收与扩散,但多数组织的促进作用还较小;同时,以关键节点为核心形成了自我中心网络,但自我中心网络边缘节点之间的联系较少,即它们之间在申请专利过程中相互引用关系较少,而是倾向于与核心节点建立"往来"关系,形成局部的知识流动关系。基于这一阶段的网络结构特征,将该阶段网络结构定义为"寡核心网络结构"。

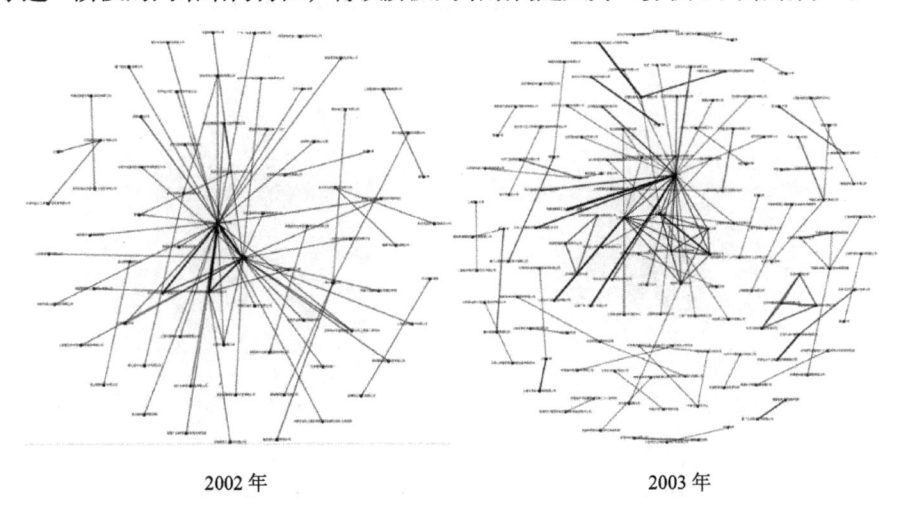

2002 年　　　　　　　　　　　　　2003 年

·476· 创新驱动发展战略研究

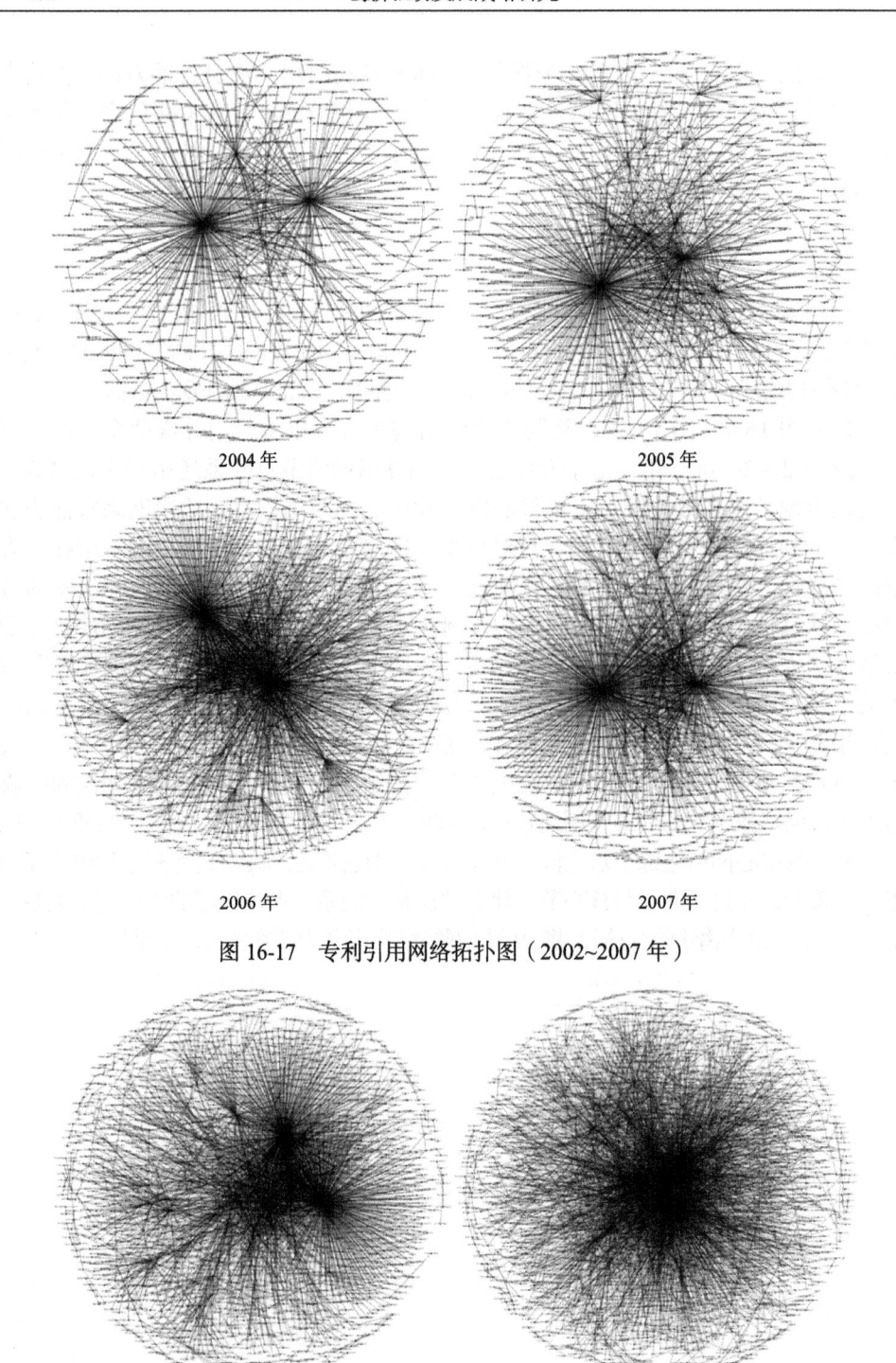

2004 年

2005 年

2006 年

2007 年

图 16-17 专利引用网络拓扑图（2002~2007 年）

2008 年

2009 年

第五篇　创新驱动发展的创新网络研究 ·477·

2010 年　　　　　　　　　　　　2011 年

2012 年　　　　　　　　　　　　2013 年

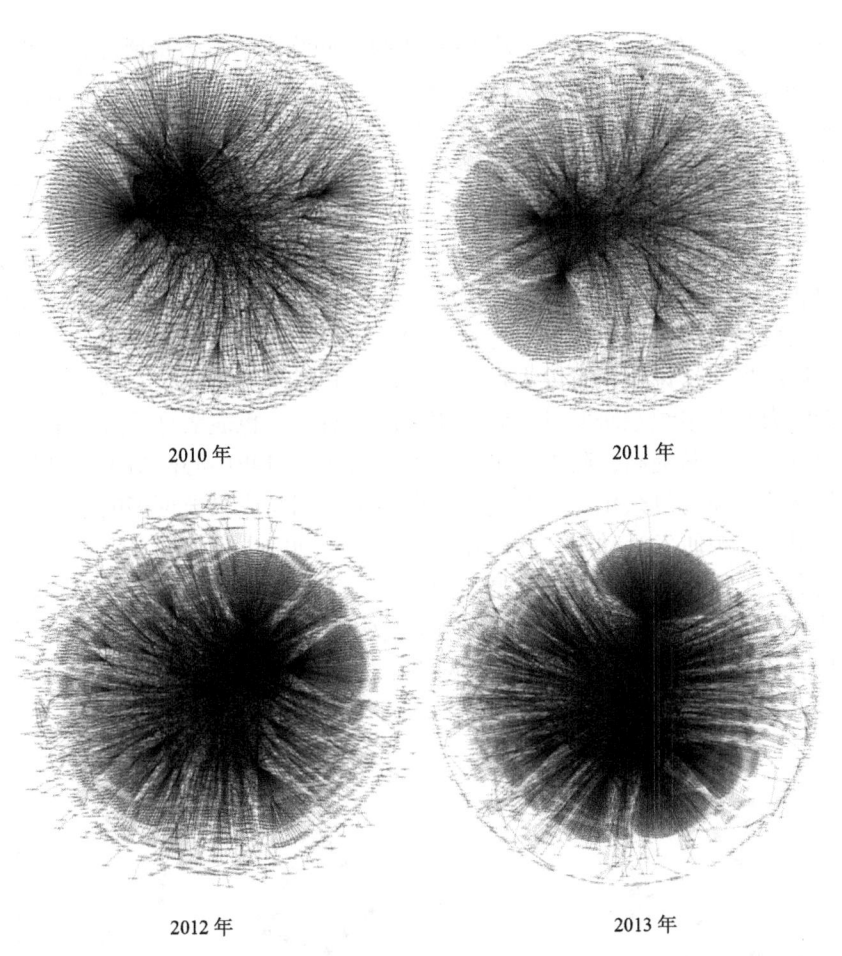

图 16-18　专利引用网络拓扑图（2008~2013 年）

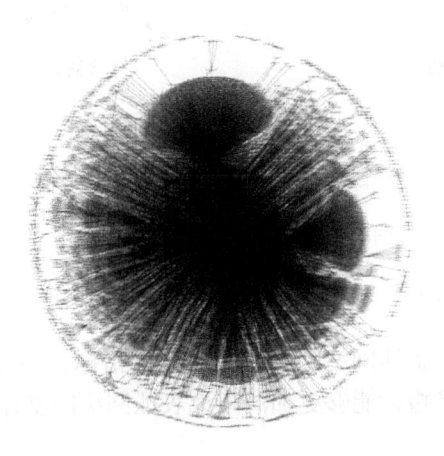

图 16-19　专利引用网络拓扑图（2014 年）

第二阶段为 2006~2014 年，从 2006 年起，网络中节点数量增加，网络中的节点之间的互引关系变得越来越紧密，并且互引网络中核心（关键）节点数量增加。该阶段参与专利互引的企业、高校和科研院所数量不断增加，网络结构越来越复杂化，但网络中仍存在大量的"线性关系"。这说明该阶段企业、高校和科研院所在研发过程中，逐渐增加对其他组织专利的引用，不再仅仅进行原始创新活动，而是对其他组织知识、技术的吸收力度增加，开始进入集成创新和引进消化吸收再创新阶段。此外，网络中的"核心-边缘"结构更加明显，核心（关键）节点数量更多，以关键节点为核心的自我中心网络中的边缘节点之间的引用关系数量增加。这说明该阶段大量企业、高校和科研院所拥有专利中的知识等信息逐渐成为其他组织在研发过程中竞相引用的对象，也表明这些关键节点的创新能力和声誉在不断提高，吸引了更多组织的信任。自我中心网络中边缘节点之间互引关系的增加与复杂化，说明这些节点组织的创新成果被更多的组织和机构认可，并用于组织研发活动中，同时在自身研发活动中也更加愿意融入其他组织的科研成果，形成知识、技术的共享与交流，实现创新活动中的"共赢"。根据这一阶段的网络结构特征，定义该阶段网络结构为"多核心复杂网络结构"。

基于专利引用、被引的企业互引网络结构演化如图 16-20 所示。

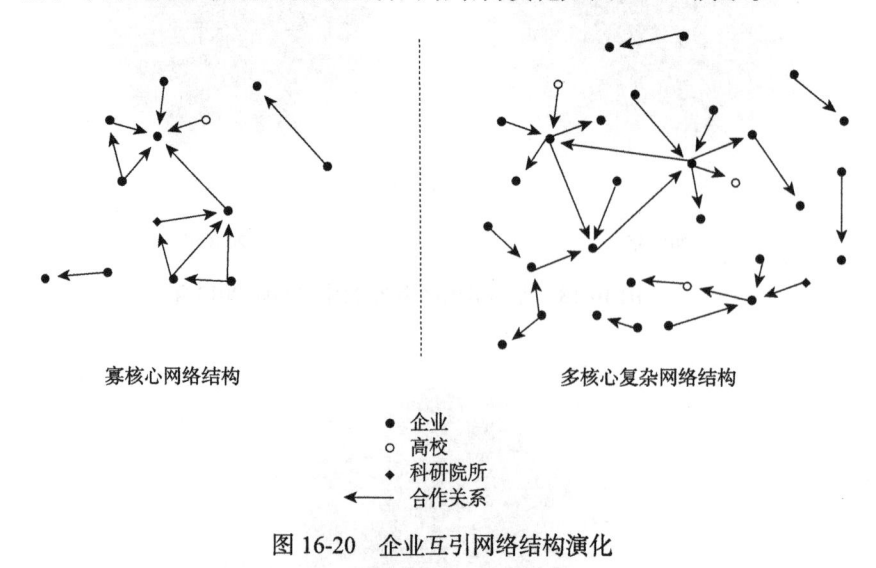

图 16-20 企业互引网络结构演化

2. 整体网络指标分析

本节所用指标包括整体网络和关键节点分析指标，指标的具体含义与测度方法见表 16-9。整体网络指标能够更加清晰地表征网络的整体结构与特征。

表16-9　引用网络分析指标含义与测度方法

网络	指标名称	含义	测度方法
整体网络	节点数、边数和联系次数	网络规模与联系数量	分别计数
	平均度	网络的凝聚性	节点的度数之和/节点数
	平均加权度	考虑重复边网络的凝聚性	考虑联结次数的节点度数之和/节点数
	网络密度	网络完整性	网络中实际发生的非重复联系数量/网络可能存在的边数
	网络直径	网络的传输效率与性能	两个节点间最长的最短路径长度
	平均路径长度	网络的传输效率与性能	所有节点对之间的最短距离之和/节点数
	聚类系数	节点聚类或抱团迹象	与一个节点相联系的邻居节点之间的联系数/邻居节点之间可以连接的最大边数
关键节点	入度	节点的专利引用程度	引用节点数量
	出度	节点的专利被引程度	被引用节点数量
	度数	与其他节点联系的程度	点入度与出度之和

借助社会网络分析软件 Gephi0.9.2，并根据表 16-9 的整体网络指标，计算出各指标的具体数值，结果如表 16-10 所示。首先，从网络节点数和边数来看，都随着时间的推移逐年增加，且边数自 2003 年以后逐渐大于节点数，网络关系从稀疏变得稠密。这说明不同组织在专利申请过程中逐渐倾向通过整合外部知识作为推动创新的途径之一，不仅参与引用网络的组织数量增加了，相互间的引用、被引关系也在大幅度增加，加速了不同组织之间显性知识的流动。网络中联结次数的增加幅度更大，表明节点之间的信任程度在不断增加，在专利申请过程中对同一组织授权专利的引用次数增加，更易建立长期的信任关系。

表16-10　专利引用整体网络指标

年份	节点数	企业节点数	边数	联结次数	平均度	平均加权度	网络密度	网络直径	平均路径长度	聚类系数
2002	72	18	71	192	0.986	2.667	0.014	2	1.418	0.036
2003	289	62	340	939	1.176	3.249	0.004	4	2.285	0.098
2004	477	106	636	2 151	1.333	4.509	0.003	7	2.605	0.127
2005	778	168	1 222	4 445	1.571	5.713	0.002	7	2.816	0.152
2006	1 130	230	1 850	6 690	1.626	5.879	0.001	8	3.001	0.119
2007	1 522	317	2 643	9 693	1.737	6.369	0.001	11	3.279	0.125
2008	1 829	415	3 300	10 075	1.804	5.508	0.001	9	3.273	0.116

续表

年份	节点数	企业节点数	边数	联结次数	平均度	平均加权度	网络密度	网络直径	平均路径长度	聚类系数
2009	2 599	569	4 705	11 889	1.81	4.574	0.001	12	3.628	0.095
2010	3 386	727	6 223	13 632	1.838	4.026	0.001	11	3.754	0.089
2011	4 475	924	8 687	17 614	1.941	3.936	0.0001	11	3.879	0.086
2012	6 327	1 183	13 151	26 647	2.079	4.212	0.0001	13	3.912	0.091
2013	9 024	1 501	19 495	38 955	2.16	4.317	0.0001	11	3.72	0.105
2014	9 680	1 668	21 216	41 200	2.192	4.256	0.0001	10	3.617	0.104

注：企业节点数指的是作为研究对象的企业数

其次，平均度和平均加权度也在逐年增加，且平均加权度增长幅度更大。平均度从0.986增长至2.192，说明2002~2014年中所有组织平均起来最少仅引用1个组织的专利或被一个组织引用，最多也只有2个组织与其发生引用、被引关系。平均加权度呈现先增长后降低的趋势，在2007年达到最大值6.369，即该年份每个节点平均最多与其他组织发生6次联系。且2009年以后联系次数趋于稳定，在3.936~4.574浮动。以上分析表明，网络中不同企业、高校和科研院所之间的专利引用被引关系还不够频繁，且两个组织之间也没有建立稳定的互引关系，原因可能在于在进行研发创新时，企业、高校和科研院所更倾向于与拥有异质性知识的节点建立组织间的知识流动关系。

从网络密度来看，专利引用网络密度较低，且随节点数量的增加而减少，节点之间联系变得稀疏。密度最大值也仅为2002年的0.014，其余年份更小。原因在于虽然网络中节点数量增加，但是节点间联系数量远小于所有节点能够形成的潜在联系数量。这说明网络中每年增加的偶发性合作很多，与特定组织发生的知识流动较少。

网络直径与平均路径长度反映网络的传输速度与效率。网络直径总体呈增加趋势，最大值为2012年，达到13，即网络中一个组织与另一个组织建立间接的专利引用关系，最远需要经过12个中介组织。平均路径长度也是在2012年达到最大值3.912，即两节点之间建立间接的专利引用关系平均最短距离也要经过4步。直径与平均路径长度的增加，说明网络规模在逐渐增大，除了直接联系外，一个组织能够与更多的组织建立间接联系，信息的传播途径更多，传播距离更远，增强了企业、高校和科研院所之间的知识的流动性速度与效率。

从平均聚类系数来看，呈现新增加后较少的趋势。2002~2007年聚类系数逐年增加，说明与一个节点直接联系的邻居节点之间的专利引用、被引关系在增加，形成了连通性较好的节点自我中心网络。2008~2011年平均聚类系数开始减小，意味着邻居节点之间的联系变得稀疏松散，可能是由于组织在上一阶段的知识积累能够支持其进行原始性创新，因此选择在较少借鉴他人知识、技术的基础上进行研发活动。2012~2015年，平均聚类系数又有所上升，说明当资源积累被消耗之后，组织会再次通过寻求外部知识推动创新。

3. 关键节点分析

表16-11给出了2002~2014年入度和出度排名前10的节点，经统计，13年中排名前10的节点加总后共50个，说明一些年份某些企业的节点知识流入指标和知识流出指标均很高。中兴通讯股份有限公司和华为技术有限公司作为ICT企业的典型代表，它们的入度和出度每年基本维持在前两位，即二者不仅是网络中重要的知识传播者，不仅承担着技术知识的输出作用，还不断引入新知识推动创新活动。2002~2005年，网络中关键节点度数还相对较低，2002年入度和出度的最小值为1，即一些企业每年申请的专利仅被一个组织引用或者被引。2006~2014年，入度和出度的最小值分别为20和12，即每年组织得到授权的专利中最少也会吸收20个其他组织的有价值的专利信息，同时最少也会被12个组织吸收它的专利成果。

但是，总体来看，节点的入度高于出度，说明组织的技术吸收能力较强，输出能力相对较弱。例如，2012年华为技术有限公司的入度为793，出度为621。也就是说2012年华为技术有限公司得到授权的发明专利吸收了其他793个组织专利成果中的有价值的信息，同时该年份的专利成果中有价值的信息被其他621个组织吸收、借鉴。但其入度大于出度，说明华为技术有限公司在2012年吸收的外部知识高于知识的溢出。

此外，统计结果表明2002~2014年度数较高的企业的中介中心性也位列前茅（表中未列出），但是指标数值相对较低，说明这些企业不仅能够直接促进显性知识的流动，同时在其他组织之间起到了知识传递桥梁的作用，控制知识等资源的流通与传递，但指标较低也表明网络的复杂性还不是很高。其中，华为技术有限公司和中兴通讯股份有限公司的中介中心性仍然排在前两位，2006年华为技术有限公司的中介中心性达到了所有节点的最大值0.12，中兴通讯股份有限公司中介中心性在2010年达到0.10。与此同时，中介中心性最大值也仅为0.12，说明网络中的节点并没有同时担任很多节点的沟通媒介，网络中节点间连通性不高。

表 16-11 关键节点分析

2002年 节点	人度	2003年 节点	人度	2004年 节点	人度	2005年 节点	人度	2006年 节点	人度
中兴	28	华为	127	华为	175	华为	269	华为	367
华为	18	中兴	53	中兴	116	中兴	145	中兴	220
贝尔	4	清华	14	阿尔卡特	17	清华	39	海信	43
英业达	2	交大	12	大唐	15	海信	31	清华	43
邮科	2	东南	7	UT	15	上交	30	大唐	35
兴上	2	大唐	6	中石油	14	联想	26	浙大	32
北邮	2	北邮	5	海信	8	中上	25	上交	31
华电	1	鸿富锦	5	中石油	7	中科计	23	三星	28
清华	1	联想	4	三星	6	大唐	21	联想	23
海尔	1	西信	4	宝信软件	6	烽火	16	阿尔卡特	20

2002年 节点	出度	2003年 节点	出度	2004年 节点	出度	2005年 节点	出度	2006年 节点	出度
中兴	6	华为	33	华为	53	华为	107	华为	161
华为	5	中兴	23	中兴	47	中兴	87	中兴	112
海尔	2	清华	8	清华	12	清华	16	海信	23
康缘	2	交大	4	联想	10	海信	13	清华	23
光迅	2	东南	4	华科	8	上交	13	大唐	20
中控	2	大唐	3	海信	6	联想	11	浙大	19
卫士	2	北邮	3	中上	6	中上	11	上交	19
贝尔	2	鸿富锦	3	大唐	5	中科计	10	三星	13
海通	2	联想	3	烽火	5	大唐	9	联想	13
科汇	1	西信	3	西电捷通	5	烽火	9	阿尔卡特	12

2007年 节点	人度	2008年 节点	人度	2009年 节点	人度	2010年 节点	人度	2011年 节点	人度
华为	425	华为	380	中兴	478	中兴公司	480	中兴	519
中兴	302	中兴	305	华为	263	华为	288	华为	427
清华	55	清华	118	华终	125	华终	117	清华	152
大唐	49	大唐	86	移动	110	移动	109	大唐	151
上交	39	上交	63	赛门铁克	86	方正	104	浙大	139

2007年 节点	出度	2008年 节点	出度	2009年 节点	出度	2010年 节点	出度	2011年 节点	出度
中兴	220	华为	243	中兴	325	中兴公司	430	中兴	602
华为	150	中兴	227	华为	298	华为	350	华为	408
移动	38	清华	48	华终	53	中石化	58	清华	82
宝钢	33	大唐	33	移动	50	国网	57	大唐	79
康佳	29	上交	31	方正	40	移动	54	移动	64

续表

2007年 节点	入度	节点	出度	2008年 节点	入度	节点	出度	2009年 节点	入度	节点	出度	2010年 节点	入度	节点	出度	2011年 节点	入度	节点	出度
大唐	35	浙大	27	康佳	20	浙大	23	方正	72	上交	40	中石化	93	厦门铁克	52	华终	128	浙大	62
联合	34	海信	25	大唐	43	阿尔卡特	21	科陆电子	49	浙大	36	中石油	81	宝钢	46	方正	128	康佳	59
方正	33	移动	21	方正	38	三星	21	宝钢	45	宝钢	34	联芯	67	方正	40	中石油	83	北航	59
海尔	30	联想	20	普天	35	康佳	20	康佳	43	北航	31	国网	55	上交	37	华星光电	80	上交	54
迈瑞	29	华科	17	联合	33	移动	19	中石化	43	长虹	29	康佳	53	康佳	36	联合	73	厦门铁克	52

2012年 节点	入度	节点	出度	2013年 节点	入度	节点	出度	2014年 节点	入度	节点	出度
华为	793	中兴	635	国网	2106	中兴	740	国网	2463	华为	759
中兴	515	华为	621	华为	1067	华为	726	华为	1021	中兴	2659
国网	340	清华	96	移动	348	国网	129	京东方	358	国网	292
移动	210	移动	88	中兴	331	移动	117	移动	276	清华	126
华终	204	厦门铁克	84	方正	302	清华	112	中石化	268	移动	115
中石化	173	上交	74	京东方	224	大唐	99	联合	227	华终	115
光启创新	161	北航	72	中石油	217	华终	185	中石油司	219	大唐	108
华星光电	136	大唐	69	腾讯计算	217	北航	96	方正	188	方正	95
京东方	132	华终	68	联合	210	浙大	89	宇视科技	173	浙大	91
方正	112	浙大	67	华终	185	厦门铁克	88	华星光电	169	北航	91

注：节点全称见本章末附表

四、结论与讨论

基于社会网络视角，使用 ICT 产业申请并授权的发明专利数据，对 2002~2014 年合作网络和专利引用网络的动态演化进行分析，从整体网络和个体网络两个层面分析网络演化的基本特征，得出以下基本结论。

（1）合作和专利引用关系表征的知识流动网络在演化过程中均表现出阶段性和动态性特征。首先，随着时间的推移，在不同阶段不同组织之间的知识流动广度和深度不断增强，组织的创新活动倾向于从自主研发创新到合作创新的转变。企业间合作网络与产学研合作网络动态演化过程在2002~2005年、2006~2009年、2010~2014 年三个阶段表现出不同的结构特征，三个阶段中合作结构依次变得更加复杂化，从"线性结构"到"网络结构"转变；专利引用网络在 2002~2005 年和 2006~2014 年经历了"寡核心网络结构"和"多核心复杂网络结构"两个阶段，前一阶段的网络相对稀疏，后一阶段节点间的互引关系更为复杂，网络更为稠密。其次，无论是整体网络还是个体网络，组织间知识流动的基本特征都在不断变化。动态性特征一方面表现在合作网络与专利合作网络中，整体网络节点数量（节点总数、企业节点数、学研方节点数）、网络边数、联结次数从 2002 年到2014年不断增加，增加幅度有所不同；网络密度、直径等指标也随时间不断变化。另一方面，从个体网络来看，每年都会有不同的企业、高校或科研院所发展成网络中的关键节点，且这些关键节点的联系伙伴数量不断发生变化。如果企业能够掌握其所在合作网络与专利引用网络中的结构变化，不仅可以深化其对合作结构及其在网络中发挥的作用的认识，还能够推动其不断调整合作结构，在不同阶段合理选择合作伙伴类型以及合理调整知识流入、流出比例。

（2）对于合作关系表征的知识流动，企业间合作网络与产学研合作网络的演化过程存在差异。总体而言，2002~2014 年，产学研合作网络比企业间合作网络更为稠密、复杂，即产学研合作网络中组织的知识流动效率会更高。首先，企业间合作网络和产学研合作网络在网络结构的变化上存在差异，整体来看在同一阶段产学研合作网络结构比企业间合作网络结构更为复杂化，2002~2014 年企业间合作网络结构经历了"线性结构"、"星形结构和三角结构"合作到"复杂网络结构"的演变，而产学研合作网络经历了"线性结构和星形结构"、"复杂星形结构和交互三角结构"到"多核心复杂网络结构"的演变。其次，在网络指标上存在差异，如从网络中节点平均度、加权平均度来看，产学研合作网络高于企业间合作网络，也就是说产学研合作网络中节点的合作伙伴与合作频次更高。因此，企业关注企业间合作网络与产学研合作网络在演化过程中的差异化特征，能够帮助其合理选择合作对象，有针对性地进行知识的交流与共享，平衡知识流动在两种网络中的优劣，同时也为下文选择实证研究对象提供理论依据。

（3）基于专利引用的知识流动是一个从简单到复杂的，随时间推移更加多元化的过程，但网络密度持续偏低。从专利引用网络拓扑图和网络指标中可得出，网络结构 2002~2014 年逐渐复杂化，无论是节点数还是边数都在逐年增加。同时节点间的联系方式也更加复杂化、多元化，2002~2005 年第一阶段节点间联系以单一"线性结构"和少数节点为核心的"星形结构"为主，到 2006~2014 年第二阶段呈现出交错联系的"多核心复杂网络结构"，说明进行知识的吸收与扩散的程度逐渐增强，组织更加注重从外部获取自身所需的知识和技术进行研发创新；从关键节点来看，发生从节点类型多为企业到逐渐包含企业、高校和科研院所多种类型的改变，也体现出网络演化的复杂化与多元化。但是，整体网络的密度呈逐年降低的趋势，主要原因在于虽然节点数和边数增加，但增加的"偶发性"联系较多且多为处于网络边缘单一的"线性"联系，导致密度降低。这也说明网络总体来看还比较稀疏，知识流动状态并不完备，节点间知识流通程度还处于较低水平。这一特征能够帮助组织认识组织在知识流动网络演化过程中的基本特征，使其充分发挥在网络中占据的优势，尽量规避在网络中的劣势地位带来的弊端，从整体上提升知识流动带来的好处。

附表 企业、高校和科研院所全称及对应简称表

全称	简称	全称	简称	全称	简称
海尔集团公司	海尔	青岛海尔电子有限公司	海尔电子	劲永科技（苏州）有限公司	劲永科技
北京华旗资讯数码科技有限公司	华旗资讯	联想（北京）有限公司	北京联想	上海华虹（集团）有限公司	上海华虹
上海集成电路研发中心有限公司	集成电路	海信集团有限公司	海信	上海华虹 NEC 电子有限公司	华虹 NEC
上海联能科技有限公司	上海联能	南京熊猫电子集团有限公司	南京熊猫	彩虹集团电子股份有限公司	彩虹集团
北京书生电子技术有限公司	书生电子	中国移动通信集团设计院有限公司	移动设计	上海市电力公司	上海电力
北京东港嘉华安全信息技术有限公司	东港嘉华	江苏省电力公司	江苏电力	中国海洋石油总公司	中海油
福建省电力有限公司	福建电力	国家电网浙江省电力公司	浙江电力	南京南瑞集团公司	南京南瑞
联想移动通信科技有限公司	联想移动	青岛海信通信有限公司	海信通信	上海大唐移动通信设备有限公司	上海大唐
中海油田服务股份有限公司	中海油服	北京中天启明科技发展有限公司	中天启明	北京书生国际信息技术有限公司	书生国际
北京书生网络技术有限公司	书生网络	北京书生数字图书馆软件技术有限公司	书生数字	中国移动通信集团福建有限公司	福建移动
北京金山数字娱乐科技有限公司	金山数字	思源电气股份有限公司	思源电气	阿特斯光伏电力(洛阳)有限公司	洛阳阿特

续表

全称	简称	全称	简称	全称	简称
常熟阿特斯阳光电力科技有限公司	常熟阿特	苏州阿特斯阳光电力科技有限公司	苏州阿特	中国广东核电集团有限公司	广东核电
中国神华能源股份有限公司	神华能源	华北电力科学研究院有限责任公司	电力科学	南京南瑞继保电气有限公司	南瑞继保
北京四方继保自动化股份有限公司	四方继保	许继电气股份有限公司	许继电气	浙江吉利控股集团有限公司	浙江吉利
国家电网北京市电力公司	北京电力	北京中科信利技术有限公司	中科信利	清华同方威视技术股份有限公司	同方威视
杭州国芯科技有限公司	国芯科技	北京科园信海医药经营有限公司	科园信海	北京天诚信海医药有限公司	天诚信海
北京华信万邦医药技术有限公司	华信万邦	北京九州软件有限公司	九州软件	北京北大方正技术研究院有限公司	方正研究
中商流通生产力促进中心有限公司	中商流通	江苏省电力的公司	江苏电力	广东电网公司电力科学研究院	广电研究
江苏省电力公司电力科学研究院	苏电研究	国电南瑞科技股份有限公司	南瑞科技	北京大学计算机科学技术研究所	北大计研
中国科学技术大学	中国科大	北京科技大学	北京科大	西安电子科技大学	西安电子
华东师范大学	华东师大	电子科技大学	电子科大	中国电力科学研究院	电科院
华北电力大学	华北电力	西安交通大学	西安交大	国家电网电力科学研究院	国网电科
华南理工大学	华南理工	中兴通讯股份有限公司	中兴	华为技术有限公司	华为
江苏康缘药业股份有限公司	康缘	武汉光迅科技股份有限公司	光迅	英业达集团(上海)电子技术有限公司	英业达
信息产业部武汉邮电科学研究院	邮科	深圳市中兴通讯股份有限公司上海第二研究所	兴上	成都卫士通信息产业股份有限公司	卫士
上海贝尔有限公司	贝尔	青岛海尔通信有限公司	海通	淄博科汇电气有限公司	科汇
北京邮电大学	北邮	深圳市华为电气股份有限公司	华电	清华大学	清华
海信集团有限公司	海信	上海贝尔阿尔卡特股份有限公司	阿尔卡特	中国印钞造币总公司	中钞
浙江中控技术股份有限公司	中控	烽火通信科技股份有限公司	烽火	维豪信息技术有限公司	维豪
大唐移动通信设备有限公司	大唐	武汉光迅科技股份有限公司	光迅	上海交通大学	上交
东南大学	东南	鸿富锦精密工业(深圳)有限公司	鸿富锦	联想(北京)有限公司	联想
西安大唐电信有限公司	西唐	UT斯达康通讯有限公司	UT	中国石油天然气集团有限公司	中石油
中国石油化工股份有限公司	中石化	北京三星通信技术研究有限公司	三星	上海宝信软件股份有限公司	宝信
华中科技大学	华科	西安西电捷通无线网络通信有限公司	西电捷通	上海华为技术有限公司	华上
康佳集团股份有限公司	康佳	宝山钢铁股份有限公司	宝钢	中国科学院计算技术研究所	中计
中国移动通信集团公司	移动	深圳迈瑞生物医疗电子股份有限公司	迈瑞	浙江宇视科技有限公司	宇视科技

续表

全称	简称	全称	简称	全称	简称
浙江大学	浙大	中国联合网络通信集团有限公司	联合	华为终端有限公司	华终
成都市华为赛门铁克科技有限公司	赛门铁克	北大方正集团有限公司	方正	普天信息技术研究院有限公司	普天
深圳市科陆电子科技股份有限公司	科陆电子	北京航空航天大学	北航	四川长虹电器股份有限公司	长虹
联芯科技有限公司	联芯	国家电网公司	国网	深圳市华星光电技术有限公司	华星光电
深圳光启创新技术有限公司	光启创新	京东方科技集团股份有限公司	京东方	深圳市腾讯计算机系统有限公司	腾讯计算

第十七章 合作网络对企业创新绩效影响的实证研究

知识经济时代，企业仅依靠自身的知识禀赋已经不能维持其在激烈竞争中的优势地位，很多企业选择通过与其他组织协同合作从外部获取发展所需的知识和技术，从而激发组织创新能力。因此，组织间的协同合作也就形成了组织间的知识流动，在企业创新中起着举足轻重的作用。企业作为协同创新的重要驱动力之一，在创新主体中的战略地位愈加凸显，在国家创新体系中也起着关键作用（Zhao et al., 2015）。企业间合作与产学研合作是企业参与协同创新的重要方式，通过协同合作促进不同组织之间的知识流动，更加广泛地汇聚各方面同质或者异质性创新资源，进而促进企业的持续创新。企业间合作能够整合不同企业的知识、技术和创新能力，产学研合作则能够有机整合产业方和学研方的优质资源，实现知识、技术的创造与转移，最终提升企业的创新能力，并实现高校与科研院所的成果转化。协同创新理论强调创新过程的非线性机制（解学梅，2013），随着企业、高校与科研院所间合作的不断深入，创新主体之间的合作关系与互动交流更加密切，合作创新模式也逐渐从简单的线性模式向网络模式转变（高霞和陈凯华，2015），形成了促进组织间知识流动的、互相依存的合作网络——企业间合作网络和产学研合作网络。合作网络中，与其他组织联系较多的企业，其获取知识、技术的机会更多，同时知识转移效率取决于企业在网络中所处的相对位置（Ahuja，2000）。因此，在合作网络中拥有优越位置的企业能够在获取资源、知识扩散与转移中占有更大的优势，能够有效促进企业的创新活动（Phelps，2010），这一主题也成为有关创新网络的研究热点之一。以往研究多将网络中心性、结构洞作为衡量网络位置本质属性的两个重要指标（孙永磊和党兴华，2013），原因在于中心性指标尤其是点度中心性能够衡量企业在合作网络中对知识、技术等资源的控制程度[①]，结构洞指标则能够衡量企业获取与控制

[①] 下文均使用点度中心性测量中心性指标。

异质性知识的程度。

现有研究关于网络位置对企业创新究竟是何种影响，尚未得出统一结论。一些学者认为网络位置中心性和结构洞会促进企业创新，而另一些学者则认为中心性和结构洞会阻碍企业创新，还有一些学者认为网络位置与企业创新之间并非简单的线性相关，而是倒 U 形的非线性关系。究其原因，可能是研究过程中忽略了不同合作情境的影响，即企业嵌入在不同性质的合作网络情境中，其获得的同质与异质性知识、技术等资源的相对数量与机会都是不同的，进而对企业创新产生差异化影响。因此，基于社会网络和知识流动理论，借鉴 Chen 等（2020）的研究，根据合作主体不同，将企业参与合作网络划分为传递同质性知识较多的企业间合作合作网和传递异质性知识较多的产学研合作网络，剖析不同性质的合作网络在知识流动过程中网络位置对企业创新绩效表现出怎样的差异化影响。

一、理论分析与研究假设

（一）企业间合作网络中企业网络位置与创新绩效

企业间合作网络是指不同企业之间合作的一种网络（李晨光和赵继新，2019），本章中指的是 ICT 产业中不同企业之间因联合申请专利而形成的一种合作网络。专利说明书中共同申请信息能够表征显性知识流动的轨迹，而共同申请人及发明人在专利研发过程中进行频繁的交流与互动，也会将自身拥有的个性化、难以编码的隐性知识进行共享。因此，基于专利的合作关系成为组织间知识流动的重要途径。合作网络中心性作为衡量网络位置本质属性的指标之一，反映了焦点企业对网络中知识、技术等资源[①]的控制程度，网络中的核心节点比边缘节点获得的知识、技术等越多，综合竞争力就越强，其成功的机会就越大（Mason and Watts，2012）。但与此同时，中心性较高的企业会付出更多的成本处理从外部聚集的资源，反而会抑制企业创新。一方面，网络中企业的中心性越高，说明与之直接联系的其他企业越多，那么其获得资源的渠道就更丰富，能够吸收、内化更多的信息和知识（张红娟和谭劲松，2014）。焦点企业就可以充分利用合作企业的研发技术、人员或者基础设施，补充企业自身资源的不足，进而提升企业创新绩效。同时，网络中心性较高的企业，其进行知识搜索的时间越短，知识整合效率就越高，加快企业对新知识、新技术的更新速度（陈伟等，

---

① 基于合作网络是知识流动的表征形式，且研究样本为知识密集型的高技术企业，本章合作网络传递的资源主要指知识、技术、信息等。

2014)。此外，中心性较高的企业，说明它与合作企业之间建立了更多相互信任的关系，在企业间合作网络中拥有的声誉和地位就越高（赵炎和王燕妮，2017），就会吸引更多企业与之合作，加速企业创新。

另一方面，与产学研合作网络相比，企业间合作网络中只存在一种类型的组织——ICT领域的不同企业，同一领域的企业拥有相似的组织系统、相近的组织目标——通过科学和技术提供产品和服务，强调知识的商业价值（Efi，2014）。企业间合作网络中企业间的组织邻近（如企业规章、企业价值和文化等）和认知邻近（知识基础和认知能力等）更大（Chen et al.，2020）。因此，企业间合作网络中的企业之间会有更多同质性资源（知识、技术等）进行共享，而一个企业在这一网络中拥有过高的中心性，可能会导致企业内部资源的冗余（Baum et al.，2000），从而增加了对冗余知识和信息进行加工、处理的难度，提高了信息管理成本，从而降低了企业创新绩效。此外，过多冗余的资源对企业的吸收能力是一个巨大的挑战，不能有效地将获得的知识进行吸收、转化，反而成为企业负担，不能推进企业的创新活动。

综合以上两个方面的分析，本章认为企业间合作网络中，中心性与企业创新绩效呈倒U形关系。当企业的网络中心性处于一个相对低水平时，随着中心性指标的增加，企业能够从其他合作企业获得更多的知识、技术等资源，促进企业的创新绩效。但是，当达到一定值时，中心性的继续增加会使二者呈现一种负相关。因为过高的中心性使得原本同质性资源就较多的企业间合作网络中企业资源更加冗余，企业合作成本的增加超过其增加的收益，使得企业的创新绩效减少。因此，提出以下假设。

H_{17-1}：企业间合作网络中，中心性与企业创新绩效之间呈倒U形关系。

由于ICT领域企业间合作网络自身特征的局限性，参与合作的企业间共享更多的是同质性知识和信息，该种情境下就需要提高企业吸收异质性资源的能力，弥补网络本身的弊端，而企业在网络中结构洞的占有就能很好地解决这一问题。结构洞理论认为，如果两个人之间没有直接联系，他们之间的联系必须通过共同的伙伴建立，就认为这两人之间存在结构洞。企业间合作网络中，处于结构洞位置的企业能够获得更多异质性、非冗余的知识、技术等（Burt，1992）。如果一个企业拥有较多的结构洞，不仅能够获得更加多样、及时的信息与资源（如知识、技术、人才和研发实验室等），还可以控制与之联系的其他节点间知识的往来（Martin et al.，2015），在知识获取与控制上都存在巨大的优势。获得多样性知识对于一个企业来说极其重要，特别是在合作网络中企业普遍不易获得知识的情况下。首先，资源获取优势方面，企业间合作网络中，企业的结构洞越多，意味着该企业与其他企业拥有更多异质性的联系，因为与之联系的企业相互之间不存在联系，这样就降低了企业间同质性资源共享的概率，增加了异质性资源在该企业中的重组与转化（认知、技术和资金等），进而提升企业创新绩效（Markóczy et al., 2013）。其次，控制优势方面，处于结构洞位置的企业在获取资源上具有排他性的优势（Dahlander and Frederiksen, 2012），在信息传递过程中起到了一个中间人（broker）或者"桥"（bridge）的作用，处于结构洞两端的企业拥有不同的知识、技术、信息等资源，而占据结构洞位置的企业中介了其他企业间的知识、信息流动，并能从这个过程中优先筛选双方拥有的与自身互补的、异质的资源（Lee, 2010）。因此，企业间合作网络中结构洞数量越多的企业，更能够获得非冗余知识和更多的决策自主性。

基于以上分析，本章认为企业间合作网络中，处于结构洞位置的企业拥有知识获取优势和控制优势，不仅能够利用结构洞优势提高异质性知识的获取数量与可能性，还在其他企业的联系中起到中介作用，控制并优先获得更多的非冗余知识和信息，促使企业更好地识别机会和威胁，从而最大化自身的创新绩效。因此，提出以下假设。

H_{17-2}：企业间合作网络中，结构洞与企业创新绩效之间呈正相关关系。

（二）产学研合作网络中企业网络位置与创新绩效

产学研合作网络是指企业、高校与科研院所之间形成交互关联的耦合创新系统（李晨光和赵继新，2019），系统中企业是技术和各类知识的需求方，高校和科研院所为技术和知识的供给方。本章中产学研合作网络指的是 ICT 领域企业与高校或科研院所至少一方联合申请专利形成的合作网络。与企业间合作网络不同，网络中企业、高校和科研院所属于不同性质的组织，在创新系统中发挥不同的作用。其中，高校和科研院所是知识的主要创造者，科研院所也是研究成果的主要传播者，而企业更强调知识的商业价值。由于三种组织的性质不同，在三者之间传递的大部分为异质性知识。因此，企业、高校和科研院所通过为彼此带来多样性、互补性的知识、信息、技术等资源，降低了同质性资源的溢出与传递。产学研合作网络中，企业中心性表示与之直接联系的企业、高校和科研院所的数量，中心性数值越大，说明企业获得非冗余、异质性知识等资源的机会就越大。这些非冗余的异质性知识能够激发企业的知识整合能力，促进企业创新绩效的提升（Ahuja and Lampert, 2001）。企业的中心性越高，其获取信息的渠道就越多，减少搜索有用信息的时间，降低了组织间的交易成本、知识搜索和获得成本、讨价还价成本，以及信息的维护与管理成本（张红娟和谭劲松，2014），企业有更多的机会获得有价值的商业信息与竞争优势，从而提高企业创新绩效。此外，有学者认为，当企业遇到利用自身技术和知识难以解决的技术难题时，通常会向中心性较高的企业寻求咨询与帮助（汤超颖等，2018），原因在于高中心性的企业拥有更高的权利和地位，这样就能使企业在维持现有合作的基础上，吸引更多的合作伙伴，促进企业不断创新。

从以上分析可以看出，在异质性知识相对较多的产学研合作网络中，中心性越高的企业能够获得的异质性知识越多，越易激发企业的创新思维；同时，较高的中心性使企业节省了知识搜索的时间成本、人力成本与管理成本，能够将更多的人力、物力和财力投入创新活动中，提高创新绩效。因此，提出以下假设。

H_{17-3}：产学研合作网络中，中心性与企业创新绩效之间呈正相关关系。

与企业间合作网络不同，企业在产学研合作网络中的结构洞数量与创新绩效之间并不是简单的线性关系。企业间合作网络属于同质性知识和技术较多的网络，而产学研合作网络是一种异质性知识和技术较多的网络。因此，企业在产学研合作网络中能够获得更多的异质性资源。当产学研合作网络中的企业处于结构洞位置时，能够同时拥有知识、信息等资源的获取与控制优势，使企业从外部获得更多自身发展所需的互补性资源，从而了解行业发展趋势，对面临的机会和威胁快速做出反应，提高效率（Zaheer and Bell，2005），把握企业创新的最佳时机。

但是，中国企业的研发和创新能力还相对较弱，与高校、科研院所的合作强度不足，导致产学研合作网络比较稀疏，企业的结构洞数量也就相对较多（Zhang et al.，2016）。产学研合作网络本身就是一个更多聚集异质性资源的网络，当结构洞数量过多时，这种异质性资源就会持续增加，使得企业拥有的异质性资源超过其吸收能力范围（Phelps，2010），反而增加了信息处理难度，无法迅速将这些资源消化、吸收，阻碍企业创新。其次，占据结构洞位置的企业是资源在高校和科研机构之间进行转移过程中的"中间人"，但企业与高校、科研院所有着截然不同的组织运行机制（如组织结构、文化、价值观等），使这些知识和技术等超越组织边界进行转移、内化存在很大难度（Chen et al.，2020），会消耗企业的"精力"转换信息，不利于企业创新。

综合考虑产学研合作网络中企业结构洞对创新绩效带来的收益和成本，研究认为在一个相对较低的范围内，结构洞数量的增加能够为企业带来创新所需的非冗余知识，促进创新。但是，当超过这一合理范围时，结构洞数量的持续增加会成为企业的负担，不仅会使其耗费更多的时间平衡同质、异质性知识带来的利与弊，还会消耗企业自身的资源处理这些规模巨大的多样化知识，给企业创新带来负向影响，造成"得不偿失"的现象。基于此，提出以下假设。

H_{17-4}：产学研合作网络中，结构洞与企业创新绩效之间呈倒U形关系。

基于以上理论分析与研究假设，提出本章的研究模型（图17-1）。

图 17-1　研究模型

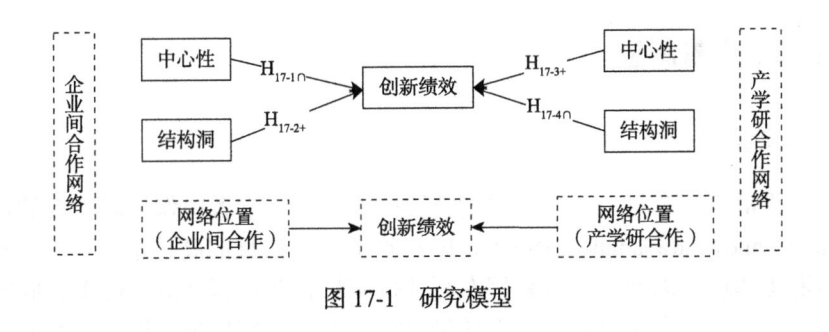

二、数据与变量

(一) 样本选择与数据获取

考虑到 2001 年中国在加入世界贸易组织以前，发明专利授权总量很少，同时专利从申请到最终授权平均时长为 36~48 个月（李健和余悦，2018），故 2015~2018 年的专利并未完全授权。所以，为了避免选择样本偏差，最终筛选出 2002~2014 年专利作为研究数据，ICT 产业中参与企业间合作的 5 089 家企业和参与产学研合作的 3 638 家企业作为研究样本，专利与创新主体数量如图 17-2 所示。专利数据来源于国家知识产权局，企业的成立年份和所属省份从国家企业信用信息公示系统中获得。

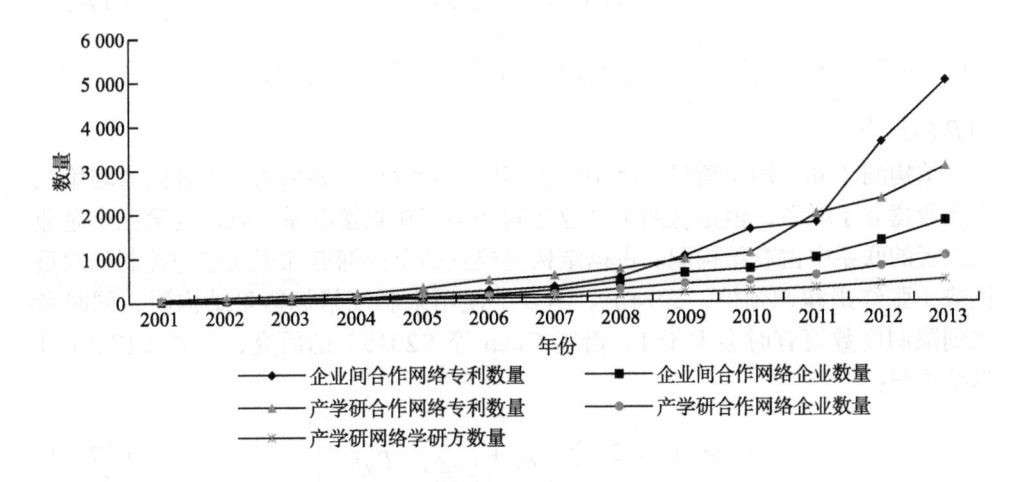

图 17-2　专利与创新主体数量分析

（二）变量测量

1. 因变量

专利数量能够衡量一个企业的创新程度，被众多学者用作创新绩效的代理变量（Lahiri and Narayanan，2013），ICT 产业属于典型的高技术产业，专利是其创新的重要体现。因此，本章采用专利数据衡量企业创新绩效（Pa），同时考虑企业的创新产出具有时滞性，对因变量进行了滞后一期处理，即如果企业的自变量测量的是 2002 年的网络位置，因变量就是该企业 2003 年的专利数量[①]。

2. 自变量

创新主体在网络中的位置能够反映它获取和控制知识等资源的情况，对创新绩效起到了重要作用，而中心性和结构洞又是反映网络位置本质属性的重要指标（孙永磊和党兴华，2013）。因此，本部分选取点度中心性（Dc）和结构洞（Sh）两个指标测度企业在企业间合作网络和产学研合作网络中的网络位置。

节点的点度中心性是指与该节点直接联系的节点的数量，用以测度企业在网络中对知识的控制程度，核心企业比外围企业能够获得更多的知识、信息和技术等（魏龙和党兴华，2018）。企业间合作网络中企业的点度中心性表示与该企业直接联系的其他企业的数量；产学研合作网络中企业的点度中心性表示与该节点直接联系的企业、高校和科研院所的总数。计算公式如式（17-1）所示。

$$Dc(n_i) = \sum_{i=1}^{N} x(p_i p_j) \qquad (17\text{-}1)$$

其中，n 表示网络节点数量，当网络中只有节点 i 和 j 联系时，$x(p_i p_j)=1$；否则 $x(p_i p_j)=0$。

结构洞（Sh）用于衡量网络中知识等的冗余程度。如果两个企业同时与第三个企业建立了联系，但是这两个企业之间并不存在直接联系，就认为第三个企业在二者的联系中占有结构洞。占据结构洞位置的企业拥有知识获取与控制的双重优势（张红娟和谭劲松，2014）。本章中使用限制度指标衡量结构洞，同时考虑到限制度数值有时会大于 1，借鉴 Guan 等（2015）的研究，用式（17-2）计算结构洞：

$$Sh(n_i) = 2 - \sum_{j}\left(p_{ij} + \sum_{q,\ q\neq i,\ q\neq j} p_{iq} p_{qj}\right)^2 \qquad (17\text{-}2)$$

[①] 因变量滞后一期，又因 2015 年申请专利未完全授权，观测期截止年份为 2014 年。

其中，p_{ij} 表示节点 i 与 j 直接联系占 i 在网络中所有联系的比例；$p_{iq}p_{qj}$ 表示节点 i 与 j 间接联系占 i 在网络中所有联系的比例。

3. 控制变量

本章主要探究的是不同性质网络位置对企业创新绩效的影响，但也存在其他变量影响企业创新绩效。因此，为保证研究的严谨性，增加了以下控制变量（表 17-1）。

表 17-1 控制变量说明表

控制变量	含义	测度
样本前专利（Pp）	企业过去技术、知识等创新能力的积累	企业进入样本前 3 年的专利总量
当年专利产量（P）	企业当年的技术、知识等创新能力的存量	企业在当年专利数量累计
企业年龄（A）	企业存续的时间跨度	观测年度–成立年度
企业隶属区域（Sf）	企业隶属的区域	是否属于东部地区（1，0）
网络规模（Si）	企业当年所在网络的大小	网络节点总数
网络平均路径（Pl）	企业当年所在网络所有节点对之间的平均图距离	任意两个节点之间最短路径长度之和/节点数量
网络直径（Zj）	企业当年所在网络最长的两个节点之间的距离	任意两个节点间最长路径长度

样本前专利（Guan et al.，2015）和当年专利产量（陈雷和武宪云，2019）能够衡量企业过去和现在的创新能力，影响企业的创新绩效。企业年龄能够改变组织的创新环境，组织能力也会随着企业年龄的增长而提高。隶属区域不同，经济发展水平均不同（章丹和胡祖光，2013），企业能够获得的资源和政策就不同。网络规模能够衡量网络信息多样化的程度，数值越大，信息就越多元，直接影响创新绩效。平均路径与网络直径能够反映信息传递、知识转移的速度（Guan et al.，2015）。

（三）研究方法

研究中涉及两类数据，即网络指标数据和专利数据。其中，网络指标数据通过社会网络分析获得，网络指标数据与专利数据之间的关系使用负二项回归分析明晰。

1）社会网络分析

首先，为了更加直观地观测 2002~2014 年企业间合作网络与产学研合作网络特征，使用社会网络分析软件构建企业间合作网络和产学研合作网络。其次，根据构建的合作网络，使用 Python 中的 networkx 程序包计算网络结构洞和中心性指标，为下文实证检验提供依据。

2）负二项回归

由于研究中因变量为专利数量，为任意的非负整数，属于计数型变量，适用泊松回归或负二项回归。泊松回归的前提是条件均值等于条件方差，但创新绩效的标准差大于均值（122.83>14.39；144.18>16.24），泊松回归不再适用，因此选取负二项回归进行分析。负二项分布是泊松分布与对数分布的复合形态，是泊松分布的改进模型，能较好地解决数据过度分散的问题。固定效应回归模型认为样本个体之间存在固定不变的差异，随机效应回归模型认为个体间的差异是随机的、不可预测的（赵炎和王燕妮，2017），而且固定效应对于周期较短的面板数据的估计会存在一定偏差，因此本章采用随机效应模型进行负二项回归分析。

三、实证检验

（一）网络对比分析

通过网络演化分析与理论分析可知，企业间合作网络与产学研合作网络的演化结构不同，网络性质也不同，根据 2002~2014 年专利与企业数量变化趋势，按照自然断裂法，将其划分成 2002~2005 年缓慢增长阶段、2006~2009 年平稳增长阶段和 2010~2014 年波动式增长阶段三个阶段。为了能够更加直观地观测企业间合作网络与产学研合作网络在 2002~2005 年、2006~2009 年和 2010~2014 年三个阶段的网络特征，使用 Gephi0.9.2 软件刻画 2002~2014 年的合作网络的基本特征，并计算网络指标（图 17-3 和表 17-2）。

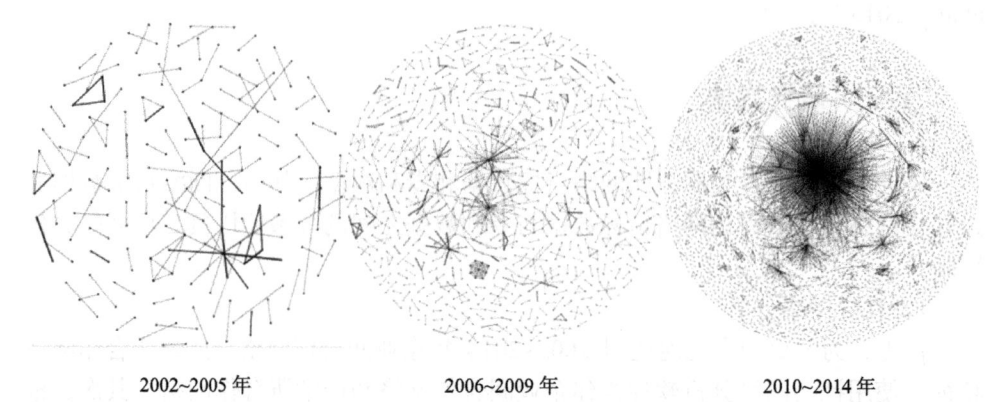

2002~2005 年　　　　　2006~2009 年　　　　　2010~2014 年

（a）企业间合作网络

	2002~2005 年	2006~2009 年	2010~2014 年

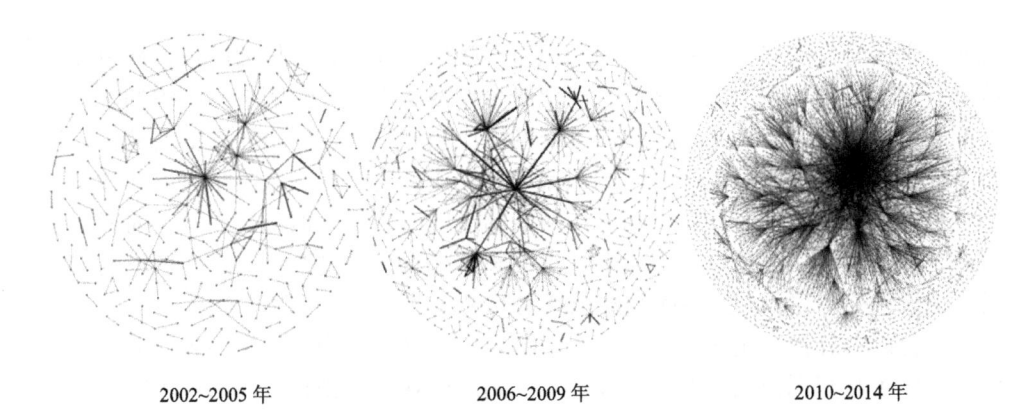

(b) 产学研合作网络

图 17-3　企业间合作网络与产学研合作网络演化对比分析

表 17-2　合作网络结构指标

指标	企业间合作网络			产学研合作网络		
	2002~2005 年	2006~2009 年	2010~2014 年	2002~2005 年	2006~2009 年	2010~2014 年
节点数	202	1 152	4 312	410	1 149	3 879
边数	128	923	4 727	364	1 091	5 756
联结次数	165	1 232	7 464	490	1 469	8 420
平均度	1.267	1.602	2.192	1.776	1.899	2.968
平均加权度	1.515	1.931	2.925	2.098	2.296	3.705
密度	0.007	0.001	0.001	0.004	0.002	0.001
网络直径	3	11	13	13	13	15
平均路径长度	1.453	3.425	3.476	4.715	4.879	4.538
平均聚类系数	0.613	0.6110	0.682	0.46	0.525	0.609

从图 17-3 可以看出，产学研合作网络与企业间合作网络总体网络变化趋势较为一致，网络规模逐渐增大，网络结构更加复杂化，说明参与知识流动的组织数量更多、结构更复杂。但无论是哪个阶段，产学研合作网络都比企业间合作网络中节点联系更为紧密，且节点间关系的交互性更强，即通过产学研合作形成的知识流动效率更高。原因在于产学研合作网络中的高校和科研院所具有很强的创新能力与知识创造力，吸引大量企业与之合作，而高校与科研院所的合作促进了三元关系的形成。对比整体网络指标，虽然产学研合作网络节点数少于企业间合作网络，但边数、联结次数、度数、网络直径等指标都比企业间合作网络的要大，

说明产学研合作网络中一些组织间知识流动频率更高,知识传递的可达性更高。从每个阶段的平均聚类系数来看,产学研合作网络更小,说明焦点组织的邻居节点间联系并不紧密,即虽然产学研合作网络比企业间合作网络联系更为稠密,但与高校、科研院所联系的企业间知识流动较少或者与企业联系的学研方间知识流动较少。此外,产学研和企业间合作网络的密度都较小,但相比而言,前者小于后者,即前者网络完整性小于后者,说明整体来看,通过产学研合作形成的组织间知识流动并不完备,发生频繁知识流动的仅存在于部分组织间。

综合以上分析,企业间合作与产学研合作在网络结构上存在差异,但仅能从整体层面了解知识流动的基本特征,不能刻画微观层面创新主体的个体特征及其对创新活动的影响。企业作为参与主体之一发挥重要的作用,其网络位置不同必然导致其对知识和技术等资源的控制程度不同,会对企业创新产生差异化的影响。因此,下文从企业角度出发,通过实证研究剖析网络位置对创新绩效的影响机制。

(二)相关性检验

研究使用 Stata14.1 对企业间合作网络与产学研合作网络中的各变量做了描述性统计和相关性分析(表 17-3)。同时,对两个网络中的变量进行了多重共线性分析。结果表明,除个别变量外(Si 与 Pl),变量间的系数均小于 0.7,方差膨胀因子(VIF)最大值分别为 3.21 和 1.74,变量之间不存在多重共线性。

(三)回归分析

表 17-4 为企业间合作网络与产学研合作网络中解释变量与被解释变量间的回归结果。模型 1~模型 5 检验企业间合作网络中各变量间的影响,模型 6~模型 10 检验产学研合作网络各变量之间的影响。模型 1 和模型 6 仅包含控制变量,模型 1 和模型 6 中企业间合作网络中样本前专利与当年专利产量对企业创新绩效产生显著正向影响,说明企业以往和当前创新能力的积累能够促进创新绩效;网络规模对企业创新绩效产生负向影响,原因在于虽然网络中节点增加,但是节点联系不频繁,多样化信息不能进行充分传递。模型 1 中,企业年龄、隶属区域与平均路径没有显著影响,模型 6 中企业年龄和平均路径促进企业创新,而隶属区域抑制了异质企业创新。

表 17-3　描述性统计与相关性分析

变量（企业间合作网络）	均值	标准差	模型 1	模型 2	模型 3	模型 4	模型 5	模型 6	模型 7	模型 8
1Pa	14.39	122.83	1							
2Dc	2.00	8.60	0.346***	1						
3Sh	1.11	0.23	0.103***	0.227***	1					
4Pp	1.06	1.15	0.152***	0.080***	0.235***	1				
5P	1.39	1.02	0.496***	0.204***	0.368***	0.527***	1			
6A	10.54	8.67	0.0001***	0.030***	0.139***	0.193***	0.085***	1		
7Sf	0.78	0.41	0.044***	0.025	0.048***	0.085***	0.087***	−0.003	1	
8Si	7.04	0.70	−0.043***	0.034**	0.146***	0.082***	−0.006	0.143***	−0.100***	1
9Pl	2.53	0.30	−0.053***	0.025*	0.108***	0.057***	−0.018+	0.119	−0.088***	0.826***

变量（产学研合作网络）	均值	标准差	模型 1	模型 2	模型 3	模型 4	模型 5	模型 6	模型 7	模型 8
1Pa	18.35	153.93	1							
2Dc	2.01	7.45	0.387***	1						
3Sh	1.12	0.23	0.172***	0.303***	1					
4Pp	0.51	0.55	0.169***	0.105***	0.274***	1				
5P	1.40	1.06	0.519***	0.267***	0.419***	0.568***	1			
6A	2.08	0.81	0.028*	0.046***	0.141***	0.223***	0.131***	1		
7Sf	0.76	0.42	0.051***	0.015	−0.044**	0.081***	0.092***	−0.044**	1	
8Si	6.81	0.70	−0.005***	0.055***	0.198***	0.111***	0.030*	0.212***	−0.123***	1
9Pl	4.07	0.59	−0.020	−0.011	−0.029*	0.010	−0.009	0.075***	−0.005	0.267***

+表示 $p<0.1$，*表示 $p<0.05$，**表示 $p<0.01$，***表示 $p<0.001$，下同

注：变量 Pp、P、A、Si 做了取自然对数处理

表 17-4　负二项回归结果

变量	企业创新绩效（企业间合作网络）					企业创新绩效（产学研合作网络）				
	模型 1	模型 2	模型 3	模型 4	模型 5	模型 6	模型 7	模型 8	模型 9	模型 10
Pp	0.689*** (0.032)	0.688*** (0.032)	0.689*** (0.032)	0.692*** (0.032)	0.693*** (0.032)	0.734*** (0.041)	0.721*** (0.042)	0.712*** (0.042)	0.731*** (0.041)	0.701*** (0.042)
P	0.642*** (0.014)	0.644*** (0.136)	0.638*** (0.014)	0.620*** (0.014)	0.618*** (0.014)	0.724*** (0.167)	0.739*** (0.017)	0.755*** (0.018)	0.744*** (0.018)	0.764*** (0.018)
A	−0.009 (0.019)	−0.009 (0.019)	−0.010 (0.019)	−0.019 (0.193)	−0.019 (0.019)	0.061** (0.023)	0.061** (0.023)	0.049* (0.024)	0.055* (0.023)	0.024 (0.024)
Sf	−0.043 (0.039)	−0.043 (0.039)	−0.044 (0.039)	−0.047 (0.039)	−0.048 (0.039)	−0.097* (0.048)	−0.097* (0.048)	−0.097* (0.048)	−0.101* (0.048)	−0.095* (0.048)
Si	−0.115*** (0.029)	−0.114*** (0.029)	−0.121*** (0.029)	−0.119*** (0.029)	−0.118*** (0.029)	−0.201*** (0.023)	−0.194*** (0.023)	−0.180*** (0.024)	−0.186*** (0.024)	−0.158*** (0.024)

续表

变量	企业创新绩效（企业间合作网络）					企业创新绩效（产学研合作网络)				
	模型1	模型2	模型3	模型4	模型5	模型6	模型7	模型8	模型9	模型10
Pl	−0.016 (0.058)	−0.017 (0.058)	−0.009 (0.058)	−0.035 (0.058)	−0.036 (0.058)	0.091*** (0.023)	0.082*** (0.023)	0.084*** (0.023)	0.092*** (0.023)	0.107*** (0.023)
Dc		−0.000 4 (0.000)	0.007*** (0.002)				−0.002* (0.001)	−0.011* (0.004)		
Dc^2			−0.000 01*** (0.000)					0.000 02* (0.000)		
Sh				0.276*** (0.054)	−0.011 (0.453)				−0.148* (0.062)	3.574*** (0.587)
Sh^2					0.110 (0.172)					−1.361*** (0.217)
常数项	−1.223*** (0.116)	0.116*** (0.116)	−1.209*** (0.117)	−1.408*** (0.122)	−1.228*** (0.307)	−1.504*** (−0.158)	−1.530*** (0.155)	−1.611*** (0.159)	−1.449*** (0.157)	−4.039*** (0.444)

注：N（企业间合作网络）=8 532，N（产学研合作网络）=5 406；括号内为标准差

模型2和模型3是在模型1的基础上分别增加中心性和中心性的平方，通过模型3可知，中心性的系数为正（$\beta=0.007$，$p<0.001$），中心性平方的系数为负（$\beta=-0.000\ 01$，$p<0.001$），说明企业间合作网络中心性与企业创新绩效呈现倒U形关系，$H_{17\text{-}1}$得到验证（图17-4）。即当企业的网络中心性水平相对较低时，随着中心性的增加，一个企业能够从其他企业获得的知识、技术更多，资源更加多元化，促进企业创新；但是，当达到一个最优值时，企业获得的同质性资源过多，超过组织吸收能力所承受的最大范围，反而抑制了企业创新。模型4和模型5在模型1的基础上分别加入结构洞和结构洞的平方，模型4中结构洞与创新绩效系数为正（$\beta=0.276$，$p<0.001$），说明结构洞与创新绩效正相关，$H_{17\text{-}2}$得到验证（图17-5）。即随着企业在企业间合作网络中结构洞水平的增加，企业及时获得的异质性、互补性知识、技术越多，创新绩效越高。

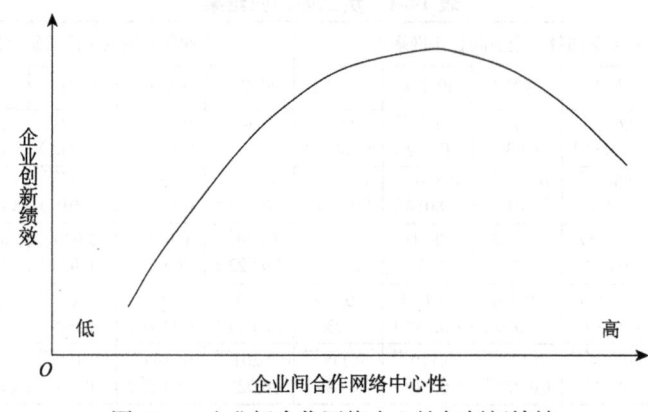

图17-4 企业间合作网络中心性与创新绩效

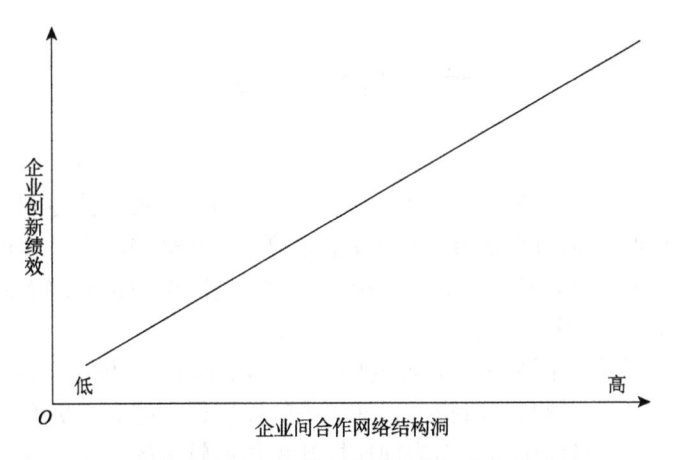

图 17-5　企业间合作网络结构洞与创新绩效

模型 7 和模型 8 是在模型 6 的基础上分别增加中心性和中心性的平方，模型 8 中心性的系数为负（$\beta=-0.011$，$p<0.05$），中心性平方的系数为正（$\beta=0.00002$，$p<0.05$），说明产学研合作网络中心性与企业创新绩效呈现 U 形关系，而非正相关，$H_{17\text{-}3}$ 未得到验证。模型 9 和模型 10 是在模型 6 的基础上分别增加结构洞和结构洞的平方，模型 10 中结构洞的系数为正（$\beta=3.574$，$p<0.001$），结构洞平方为负（$\beta=-1.361$，$p<0.001$），说明结构洞与创新绩效呈倒 U 形关系，$H_{17\text{-}4}$ 得到验证（图 17-6）。当产学研合作网络中企业结构洞水平较低时，随着结构洞水平的增加，企业从高校、科研院所和其他企业中获得的异质性知识越来越多（Wang et al., 2014），能够提升企业的知识整合能力，促进创新绩效；但是，当达到一个最优值时，结构洞的持续增加使得异质性知识过多，反而增加了知识管理成本，降低了企业创新绩效。

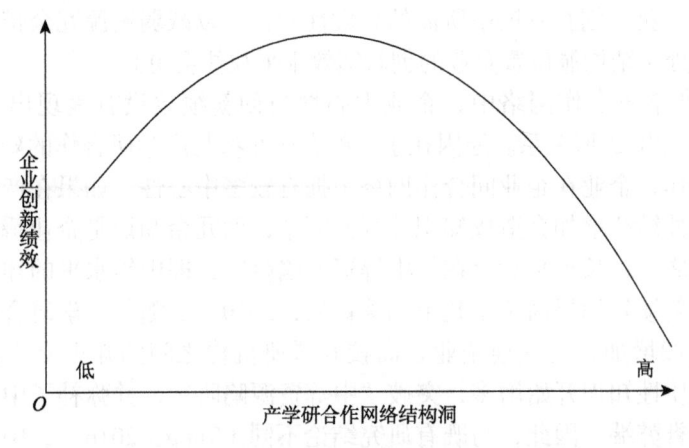

图 17-6　产学研合作网络结构洞与创新绩效

四、结论与讨论

以2001~2014年企业、高校和科研院所联合申请并授权的专利为研究数据,将合作关系表征的知识流动网络划分成企业间合作网络和产学研合作网络,以参与这两类合作的企业为研究对象,分析了不同类型网络中企业网络位置对创新绩效的影响,得到以下主要结论。

(1) 企业间合作网络中,企业的中心性与创新绩效呈倒U形关系。通常情况下,企业的中心性越高,对技术、知识等的控制程度越高,更有可能获得多样化的知识;但企业间合作网络作为同质性知识传递较多的网络,中心性的持续提高,会造成知识的冗余,企业需要投入大量的人力物力,从冗余信息中识别和筛选有价值的知识,从而对企业创新产生不利影响。同时,从吸收能力的角度来看,并非所有的外部知识都能够被充分吸收、内化,即并非所有外部知识都能增加企业的知识基础。因此,企业间合作网络中企业中心性在一定范围内,能够通过资源整合提高企业的创新能力,并增强战略柔性,但当超过合理范围时,处理多种信息反而成为企业的负担,降低创新绩效。

(2) 企业间合作网络中,企业的结构洞对创新绩效具有显著正向影响。这与大部分现有研究的结论一致,即网络中企业结构洞水平的提高,意味着企业对知识的获取和控制都表现出显著的优势,一方面,能够及时优先获取研发过程中所需的知识与技术,而信息的时效性正是企业创新的重要因素;另一方面,占据结构洞位置的企业成为合作伙伴进行新知识传递的"中间人",控制了知识在其他组织之间的传递。同时,在这种知识等资源高度同质化的网络中,企业亟须通过结构洞优势获取创新发展中所需的异质性知识,以减弱资源冗余带来的负面效应。因此,处于结构洞位置企业的创新绩效水平往往会更高。

(3) 产学研合作网络中,企业中心性与创新绩效没有表现出显著正向影响,而是表现出U形关系。原因在于一些企业在参与产学研合作的同时,也参与了企业间合作,企业在企业间合作网络中拥有较多中心性,如果在产学研合作网络中的中心性继续增加会造成知识等资源冗余,而冗余知识是企业瞬时竞争优势的重要来源之一,长远来看存在"中等资源陷阱",即中等水平的知识和技术等并不利于创新绩效的提高(于晓宇和陈颖颖,2020)。随着产学研合作网络中的中心度的持续增加,与其他企业、高校和科研机构之间的知识交流概率也会增加,这样异质性知识开始增多,突破"中等资源陷阱",并弥补了中心性过多带来的知识荣誉弊端。因此,与既有研究结论不同(Tang, 2016),中心性与创新绩效未表现出显著正向影响,而是呈U形关系。

（4）产学研合作网络中，企业结构洞与创新绩效呈倒 U 形关系。这一结论与应洪斌（2016）的研究结论类似，即通常情况下结构洞对企业创新具有正向影响，但是结构洞数量过多时就会阻碍组织间的知识转移，对创新绩效产生负向影响。原因在于结构洞的最大优势就是能够帮助企业及时获得更多的异质性知识，但与企业间合作网络相比，产学研合作网络中传递的异质性信息更多，因为产学研合作网络的创新主体包含拥有不同数量与质量的异质性、同质性资源的企业、高校和科研院所。因此，当结构洞在一个相对较低的水平上时，会促进企业对异质性知识的吸收，而过高的结构洞水平会导致异质性资源和技术过多，超过企业的吸收能力，不利于组织创新。

第十八章　专利引用网络对企业创新绩效影响的实证研究

数字经济时代，技术创新成为驱动企业乃至整个社会发展的主要动力之一，知识流动（如知识吸收和知识扩散）是推动创新的前提和基础。知识流动的效果能够直接影响组织、区域甚至国家的知识创新质量和能力（周成和魏红芹，2018）。专利是技术创新的重要体现形式，专利引用信息通过对知识来源信息的记录将无形的、无法可视化的知识溢出转化为可追踪的、有形的知识流动形式，而企业间专利的引用、被引用情况成为知识流动的重要表征，能够反映发明创新原始知识和技术的来源与基础，反映组织间的显性知识流动。

基于专利引用关系形成的专利引用网络对企业创新的研究备受关注，原因在于结构复杂的专利引用网络从网络结构、节点关系及节点属性等多个层面对创新活动产生影响，能够更加全面地识别影响企业创新的影响因素，进一步明晰这些影响因素与创新之间的复杂影响机制。通过梳理现有文献发现，对专利引用网络的研究主要集中在技术单元层面或技术领域、个人层面、组织层面、区域层面和国家层面。

从技术单元或技术领域层面来看，李蓓和陈向东（2015）以海峡两岸的新兴技术为例，使用美国专利商标局的专利数据分析了不同技术领域的专利引文情况，识别出大陆当前的核心技术与核心领域。从个体层面来看，Vermeulen（2018）在研究中发现，在合作前期发明人通常主要在本地进行合作，但引用的知识来源距离更远；之后发明人在更大的范围内进行合作，但引用了更多的当地资源；再后来发明人网络逐渐全球化，发明人越来越多地在后续发明中使用当地资源。从组织层面来看，Ho 和 Chiu（2013）以半导体行业中的 30 家企业为研究样本，分析了专利引用活动对知识流动网络的网络位置和财务绩效的影响，结果表明专利自引、专利引用及专利被引关系的数量对知识网络中心性和财务绩效具有显著影响。Choe 等（2016）以有机太阳能领域为例，以专利引用网络表征知识流动，分析了不同企业的 3 456 件专利的引用与被引情况，表明专利引用网络表现出明显的"小世界性"；中介中心性较高的企业处于网络的中心位置，引领知识流动。薛澜等（2019）以人工智能产业为例，分析了专利引用网络中企业的资源异质性、知识流动对产学研协同创新的影响，结果表明，资源异质性对产学研协同创新绩效具有促进作用，知识吸收和知识扩散在产业发展的不同阶段起到不同的调节作用。从区域层面来看，Paci 和 Usai（2009）以专利引用关系的知识流入与知识溢出作为知识连接的代理变量，分析了欧洲各州之间的知识流动，认为知识流动随着节点之间地理距离的增加而减少；同一国家内相邻区域和区域之间的知识流动往往更高。Miguélez 和 Moreno（2015）利用 274 个地区的不平衡面板来估计区域知识生产函数，表明发明人的流入对相对发达地区至关重要，而对欠发达地区的影响则较小；同时地区的吸收能力极大地增加了利用知识流动和网络传递带来的知识优势。陈暮紫等（2019）使用 30 所"211"高校 2002~2016 年的专利引用数据，分析了区域内和区域外的专利引用网络的基本特征。从国家层面来看，叶选挺等（2014）从专利引用角度明晰了国家间知识流动的测度指标，并剖析了计算机与通信产业的专利引用网络的基本特征。Chen 和 Guan（2015）分析了 1981~1985 年、1991~1995 年和 2001~2005 年三个阶段的国际专利引用网络的演化特征，结果显示国家间知识流动表现出明显的"核心-外围"特征，且大部分的流动发生在"核心"部分；核心和外围之间的知识流动也广泛存在，但不强烈，而外围之间的流数据稀疏和薄弱。Zhou 等（2018）分析了中国风能领域和光伏产业在国际知识流动网络中的作用，结果表明中国光伏行业具有较强的国际知识联系的知识集群和显性知识流动，但风力发电行业有更强的隐性知识流动。

  以上不同层面的专利引用网络表征知识流动网络分析主要分为两类，即专利引用网络结构的描述性研究和专利引用网络与相关变量的实证分析，但聚焦于区域和国家层面的研究更多，从企业层面探究专利引用网络结构与创新绩效关系的研究较少。此外，对于企业层面的专利引用网络相关研究，一方面定性分析专利引用网络的结构的基本特征或者进行演化分析；另一方面分析专利引用、被引次数或者网络结构对创新产出或创新绩效的影响，但是很少将知识流动的衡量指标细分为知识吸收广度、深度和知识扩散广度、深度，更加全面地分析专利引用网络对企业创新的研究。本章将以 ICT 产业中参与产学研合作的企业间专利引用数据为基础，剖析专利引用网络中知识吸收（广度与深度）和知识扩散（广度与深度）对企业创新绩效的影响，同时探究了企业在网络中联系强度的调节作用，进而从社会网络视角厘清专利引用关系与企业创新绩效之间的影响机制。

一、理论分析与研究假设

开放创新理论认为,主体的创新开放度是提升创新产出的前提,而创新主体开放度的本质体现是知识流动。专利作为知识和技术创新成果的重要表现形式,能够在一定程度上反映组织拥有的知识、技术存量,体现创新活动的状况和水平;专利引用则是组织间技术成果、方法的吸收、再利用的过程。通过专利引用关系产生技术和知识的流动,对于创新活动的探索、延伸具有重要的意义。基于专利引用关系形成的专利引用网络能够从动态视角表征企业间知识流动的基本特点,并使其变得可视化。专利引用网络不仅能够反映知识吸收与知识扩散的情况,同时能够细化知识吸收和知识扩散的测量维度,从广度和深度两个层面综合分析知识流动的特征及其对创新绩效的影响。但是,知识吸收与知识扩散的广度和深度仅能从网络的结构维度检验其对创新活动的影响,忽视了网络结构维度与关系维度对创新绩效的叠加效果(孔晓丹和张丹,2019)。因此,下文将网络的结构要素与关系要素结合起来探究其对企业创新的影响。

1. 知识吸收与企业创新绩效

知识经济时代知识的更新速度不断加快,企业不仅需要通过自主研发获取竞争优势,同时需要从外界吸收、整合技术、知识等资源保持竞争优势。创新主体可以通过知识、信息的交流实现知识转移、再创造的效果,进而提高企业的开放性(孔晓丹和张丹,2019)。同时,知识流动有利于企业间隐性知识及适应性知识的利用,从而提高企业的创新能力和创新绩效(Hsiao et al.,2016)。由于不同企业的知识存量及创新能力不同,它们之间会存在知识势差,必然会造成处于低位的企业从高位企业获取、吸收知识,处于高位的企业传播、扩散知识,促进创新网络中整体知识存量与创新能力的平衡。

知识吸收表示企业对外部知识的探索式学习,指的是组织获得、内化、吸收及利用知识的复杂过程,包括知识吸收广度和知识吸收深度两个层面。专利引用网络中节点入度及专利引用次数能够衡量企业吸收外部知识的广度和深度(叶选挺等,2014),知识吸收广度指企业从外界获取知识的广泛程度,能够增加企业的知识宽度;知识吸收深度指企业授权专利中引用其他组织专利的次数,表征从外部汲取知识和信息的深度,能够增加知识的系统性与理解深度。一方面,知识吸收能够丰富企业的知识基础,为企业创新活动提供基本的技术、知识支持。知识吸收可以增加企业知识的广度和深度,增强协同创新的合作资本(Shan et al.,

2018），从而提高企业创新产出。知识吸收广度越大，说明企业获取外部资源的途径更多，获取的多样化、异质性的知识、信息更多，这些知识的融合能够促进创新绩效的提升（Catherine and Andrea，2011）。知识吸收深度越大，表明处于知识势差低位的创新主体与高位主体的联系更加频繁，增加知识主体间的信任关系，交易成本更低（高霞等，2019）；知识吸收深度越大的企业更容易掌握本领域知识的系统性与前瞻性，对外部知识进行更加准确的识别与判断（刘岩和蔡虹，2012），整合、创新的基础更高，更容易形成创新成果。因此，知识吸收广度越大，越有利于企业知识基础宽度拓展、知识源类别的增加；知识吸收深度的增加有利于掌握知识的系统性与前沿性，增强知识基础的稳定性，从而提升企业创新绩效。另一方面，知识吸收是企业与其他组织进行协同创新，升级集成创新的基础（薛澜等，2019）。企业可以从其他企业、高校或者科研院所获取外部知识，形成知识、技术的互补，以弥补自身的知识短板、优化知识结构，从而减少组织边界对知识的交流与共享产生的阻碍作用。知识吸收广度与深度更大的企业其知识吸收能力更强，而知识吸收能力较强的创新主体更容易与外界发生知识联系（Giuliani and Bell，2005），促进企业与其他组织的协同创新，而协同创新是企业提升企业创新绩效的重要途径（Guan et al.，2015）。所以，知识吸收必然会成为企业与其他组织建立协同创新关系的基础，从而提升企业创新能力，增加企业创新绩效。因此，基于以上分析，提出以下假设。

H_{18-1}：知识吸收广度对企业创新绩效具有正向影响。

H_{18-2}：知识吸收深度对企业创新绩效具有正向影响。

2. 知识扩散与企业创新绩效

知识扩散指的是知识拥有者在互动过程中知识被更多主体吸收、利用的过程，包括知识扩散广度和深度两个维度。专利引用网络中节点出度及其专利被引用次数能够衡量企业拥有的知识向外部流出的广度和深度（叶选挺等，2014）。知识扩散广度指的是某个企业拥有的知识被其他企业使用的广泛程度；知识扩散深度指的是知识被某些企业重复使用的程度或频次。对于知识拥有者来说，知识扩散是一把"双刃剑"，一方面，能够通过知识扩散使组织获得声誉（孙德忠等，2015），进而吸引更多的协作伙伴提升协同创新绩效；还可以通过扩散效应营造良好的知识创新氛围，促进其他企业的知识创造，提高整体创造力。另一方面，知识扩散意味着知识拥有者的技术、信息等被其他组织利用，甚至内化吸收，这就会增加企业的核心技术知识外溢的风险，企业利润与优势被竞争对手侵蚀（薛澜等，2019），削弱企业核心技术的竞争力，竞争形势越激烈，这种负面效应就越高。Knott（2003）在其研究中也指出，知识扩散虽然对知识的接收者产生有利的影响，但对知识拥有者却产生负面影响。从长远来看，还有可能导致某项核心技术专长消失，最终导致企业核心竞争力的减弱甚至消失。Iammarino 和 McCann（2006）探究知识流入和知识流出给企业造成的正、负两种效应，认为知识流入能够促进企业的发展，但是知识流出（或知识扩散）会导致企业智力资本和无形资产的泄漏，而且这种负面影响是长期的。此外，知识扩散会导致知识创新激励的无效，这是由于企业在知识扩散过程中无法有效执行其拥有的知识产权，知识共享减少了知识创新产生的个人回报减少，从而导致知识创新主体的积极性降低，从而破坏了知识扩散到知识创新的良性循环过程（陈素鹃和孙锐，2010）。本章提出，ICT 产业中，企业创新中涉及更多的核心技术，而知识扩散的广度和深度越大，越容易导致企业核心竞争优势的减弱，从而降低企业创新绩效。因此，提出以下假设。

H_{18-3}：知识扩散广度对企业创新绩效具有负向影响。

H_{18-4}：知识扩散深度对企业创新绩效具有负向影响。

3. 联系强度的调节作用

联系强度（或关系强度）指的是不同企业之间因知识交流形成的联系频率。专利引用网络中知识吸收和知识扩散的广度和深度是网络结构的体现，联系强度是网络关系的体现，有学者认为，知识网络关系嵌入（知识流动）与结构嵌入对企业创新存在交互作用（Singh and Stout, 2018），随着网络中节点联系强度的增加，也可以称之为"强联系"，节点间联系频率增加，信任度增强，机会主义减少，促进隐性知识的传播，促进企业创新。一方面，知识吸收对企业创新绩效的促进作用，不仅取决于知识吸收的广度与深度，还在很大程度上依赖于企业对新知识的整合再造能力（唐青青等，2015），而网络关系的嵌入程度（如联系强度）又在一定程度上决定了知识主体对网络中知识、信息等的吸收和整合（Bao et al., 2012）。另一方面，从影响企业创新等外部因素来讲，专利引用网络表征的知识流动网络不仅会对企业创新产生直接影响，同时还会作为情境因素影响网络节点特征对创新的影响。因此，联系强度调节知识吸收与企业创新绩效之间的关系。企业的联系强度值越大表明它们之间的联系更加紧密，更容易建立信任关系，增加关系伙伴分享知识的意愿（唐青青等，2015）。拥有高水平联系强度的企业能够获得的共享知识、技术等资源更丰富，知识获取的深度与多样性更大（Jin et al., 2015），对于有价值资源的吸收、获取就相对容易，从而降低了获取成本。虽然强联系容易造成知识的冗余，导致知识搜索与筛选成本增加，但是随着联系强度的增加，企业能够通过实践经验从大量信息中有目的地获取有价值的知识，不断提高信息甄选与吸收的速度，从而提高新、旧知识的整合效率（Xu, 2015）。因此，处于高水平联系强度的企业对新知识的整合能力更强，知识吸收对企业创新绩效的促进作用能达到更好的效果。因此，提出以下假设。

H_{18-5}：联系强度对知识吸收广度与企业创新绩效的关系具有正向调节作用。

H_{18-6}：联系强度对知识吸收深度与企业创新绩效的关系具有正向调节作用。

有学者认为知识扩散程度会受到网络结构、联系强度、信任程度、知识水平、认知水平等多种因素的影响（王国红等，2015），联系强度这一网络关系要素除了对企业创新有直接影响外，还会与结构要素（如专利被引表征的知识扩散）对企业创新产生交互作用。联系强度较强的企业之间更容易建立互惠和信任关系，有利于形成互利共赢的氛围，减少知识搜索和筛选的成本（乔坤和吕途，2014），能够获得更多有价值的信息，增强企业的竞争力，从而弥补知识扩散对企业创新带来的弊端。同时，互惠和信任减少企业对机会主义的担忧，愿意承担传播与共享有价值信息带来的机会成本（王巍等，2019），不再过于关注企业自身的利益回报，知识创新主体的积极性提高，使得知识扩散造成的企业创新绩效减少的幅度降低。此外，强联系使得企业间的互动、沟通更加频繁、紧密（Tortoriello et al.，2012），减少了组织边界，沟通障碍减少，从而有利于节省转移外部知识耗损的成本；同时具有强联系的企业间能够通过更加直接的沟通，减少中介环节导致的信息传递失真，并能够更加容易获取伙伴企业的前沿、优势技术或信息，从而弥补知识扩散导致的核心技术外泄带来的负面效应。综合以上分析，联系强度能够通过增加企业间相互信任，获取伙伴企业更加前沿的技术、知识等，减弱知识扩散对企业创新带来的负面影响。因此，提出以下假设。

H_{18-7}：联系强度对知识扩散广度与企业创新绩效的关系具有正向调节作用。

H_{18-8}：联系强度对知识扩散深度与企业创新绩效的关系具有正向调节作用。

基于以上理论分析与研究假设，提出本章的研究模型（图18-1）。

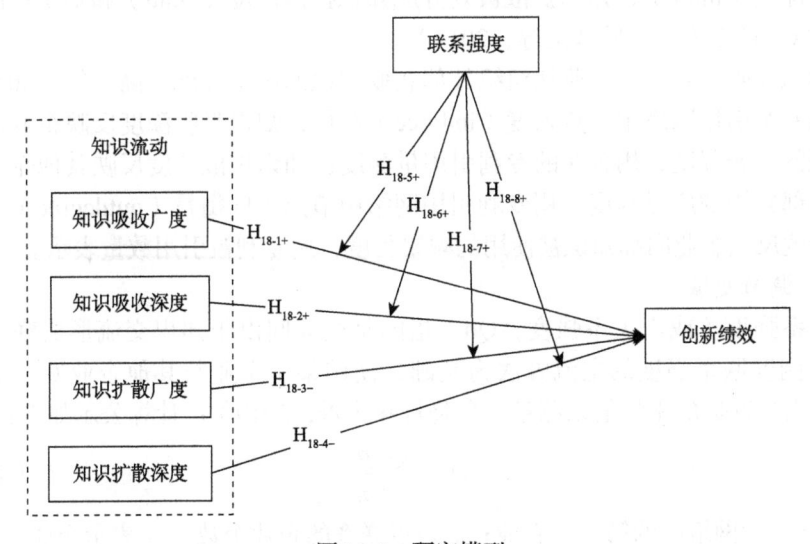

图 18-1　研究模型

二、数据与变量

1. 样本选择与数据获取

选取 ICT 领域中 2002~2014 年参与产学研合作的 2 487 家企业为研究样本，以企业间专利引用、被引用数据为研究基础，从社会网络视角探究知识流动与企业创新绩效的关系。数据来源包括两部分，专利数据来源于国家知识产权局和 incoPat 数据库中的专利引证数据，企业的成立年份和所属省份从国家企业信用信息公示系统中获得。

2. 变量测量

1）因变量

因变量为企业创新绩效（Pa），使用专利数量来衡量。由于企业的创新产出具有时滞性，对因变量进行了滞后一期处理，即若企业的自变量是 2002 年专利引用网络的知识流动情况，因变量为该企业 2003 年的专利数量。

2）自变量

知识流动能够从动态视角分析知识搜索、共享在创新体系起到的作用，因此选取知识流动作为自变量。专利引用网络中知识流动可以从知识吸收和知识扩散两个维度衡量（薛澜等，2019），知识吸收又可以分成知识吸收广度（Ind）与知识吸收深度（Indw），知识扩散被划分成知识扩散广度（Outd）和知识扩散深度（Outdw）两个方面（叶选挺等，2014）。

知识吸收广度反映企业从组织外部获取知识的广泛程度（高霞等，2019），本章用专利引用网络中节点入度（indgree）衡量；知识吸收深度反映企业汲取外部知识的频繁程度，用企业的专利引用量测度；知识扩散广度反映其他企业获取企业内部知识的广泛程度，用专利引用网络中节点出度衡量（outdegree）；知识扩散深度反映企业内部知识被使用的频繁程度，用专利被引用数量表示。

3）调节变量

联系强度（或者关系强度，Qd）指的是企业间由于知识交流形成联系的频率，以测度联系强度的主流方法为基础，使用某个企业与其他企业专利引证专利、被引证次数的平均值来测量（孔晓丹和张丹，2019）。计算公示如下：

$$Qd = \sum_{i=1}^{n} \frac{p_i}{n} \qquad (18\text{-}1)$$

其中，i 表示网络中的第 i 个企业；n 表示联系的企业个数；p_i 表示企业 j 与第 i

个联系企业特定年份内的联系频数。

需要强调的是,虽然自变量知识吸收、知识扩散和调节变量联系强度在一定程度上会存在相关性,但并不代表知识吸收或知识扩散水平越高,联系强度就越大。联系强度是一个加权的联系程度,如果一个企业知识吸收水平较高,联系强度总体水平可能会很低,因为其知识扩散水平极低,也会导致联系强度很低。因此,自变量和因变量之间在理论上不存在多重共线性。下文的相关性检验中也进一步证实了这一解释结果。

4)控制变量

这里主要探究专利引用网络中知识流动、联系强度对企业创新绩效的影响,除了知识吸收、知识扩散和联系强度三个解释变量外,增加可能影响企业创新绩效的其他控制变量(表18-1)。控制变量从企业属性和整体网络两个方面选取:其中样本前专利(Pp)衡量企业的知识存量,影响企业的创新绩效(Guan et al.,2015);企业年龄(A)能够通过影响组织的创新环境来提高企业创新绩效(Lin et al.,2012);企业隶属区域(Sf),企业所处区域经济发展程度不同(章丹和胡祖光,2013),其获取资源的数量与质量就不同,进而影响企业创新;专利引用网络规模(Si)(或节点数量)能够影响企业获取信息的多少,直接影响创新绩效(Chen et al.,2020);网络直径(Zj)能够影响网络中信息的传递速度与效率(Chen et al.,2020);聚集系数(Jl)反映网络中节点的局部集团化程度(赵炎等,2015),影响知识的传递与共享。

表18-1 控制变量说明表

控制变量	含义	测度
样本前专利(Pp)	企业过去技术、知识等创新能力的积累	企业进入样本前3年的专利总量
企业年龄(A)	企业存续的时间跨度	观测年度-成立年度
企业隶属区域(Sf)	企业隶属哪个区域	是否属于东部地区(1,0)
专利引用网络规模(Si)	企业当年所在专利引用网络的大小	专利引用网络的节点总数
网络直径(Zj)	企业当年所在网络最长的两个节点之间的距离	任意两个节点间最长路径长度
聚集系数(Jl)	网络中相邻节点间的联系程度	节点i的三元组数量占比

三、实证检验

1. 相关性检验与分析方法

研究采用 Stata14.1 对数据做了描述性统计和各变量间的相关性分析(表18-2),并分析了变量的多重共线性。结果表明,自变量间的系数均小于

0.7，方差膨胀因子（VIF）数值介于 1.02~2.43，小于最大临界值 5，因此变量之间不存在多重共线性。由于用于测量创新绩效的专利数据是任意非负整数的计数数据，且数据的离散程度较大，不服从正态分布，符合泊松分布或者负二项分布，线性模型不再适用，否则会导致结果有偏。此外，因变量标准差远大于均值（20.60>5.97），不满足泊松回归均值等于方差的约束条件。因此，采用负二项回归进行变量间关系的检验。

表 18-2 变量描述性统计与相关系数

变量	均值	标准差	1	2	3	4	5	6	7	8	9	10	11
1Pa	5.97	20.60	1										
2Ind	8.07	47.75	0.620***	1									
3Indw	1.05	1.28	0.346***	0.364***	1								
4Outd	4.03	23.13	0.516***	0.614***	0.253***	1							
5Outdw	1.04	1.07	0.308***	0.278***	0.303***	0.370***	1						
6Qd	2.44	21.60	−0.004	−0.003	0.155***	−0.002	0.196***	1					
7Pp	11.53	49.08	0.816***	0.680***	0.340***	0.780***	0.383***	−0.004	1				
8Si	8.46	0.80	−0.072***	0.031**	0.111***	0.038***	0.116***	−0.044***	−0.014	1			
9Zj	10.75	1.56	−0.033*	0.007	0.084***	0.017	0.014	−0.016	−0.019+	0.510***	1		
10Jl	0.10	0.01	0.008	0.0008	0.007	−0.010	0.018	−0.001	0.002	−0.320***	−0.546***	1	
11A	10.90	8.08	0.044***	0.045***	0.036**	0.079***	0.128***	−0.017	0.071***	0.194***	0.079***	−0.058***	
12Sf	0.77	0.42	0.069***	0.039***	0.015	0.040***	0.051***	−0.017	0.067***	−0.084***	−0.020+	0.013	−0.043***

+表示 $p<0.1$，**表示 $p<0.01$，***表示 $p<0.001$

注：对 Si、Indw、Outdw 做了自然对数处理

2. 回归分析

变量间负二项回归分析结果如表 18-3 所示。表 18-3 中，模型 1 仅包含控制变量，是基础模型。其中，样本前专利与企业创新绩效正相关，说明企业的知识存量能够促进企业创新。专利引用网络规模与企业创新绩效负相关，原因在于虽然网络规模增大，使网络中的资源更丰富，但是节点间总体联系较为稀疏，知识交流不够频繁，不利于企业创新。网络直径越大，企业创新绩效越大，说明网络直径的增加使得信息能够到达的节点更远，更能获得异质性资源。聚类系数与企业创新绩效负相关，原因在于邻居节点之间联系越紧密，越容易导致企业间知识的冗余，不利于企业创新。企业年龄能够明显促进企业创新绩效，说明企业成立时间越长越能够积累更多的知识、技术等，进而提升企业创新绩效。企业隶属区域对企业创新没有表现出明显的促进作用，原因可能在于我国不同区域经济发展状况差距越来越小，能够获得的知识等资源差距也在减小，因此处于东部地区的企

业创新绩效较中部与西部地区没有明显增加。

表 18-3 负二项回归分析结果

变量	企业创新绩效									
	模型 1	模型 2	模型 3	模型 4	模型 5	模型 6	模型 7	模型 8	模型 9
Pp	0.001 4*** (0.000 2)	0.000 8** (0.000 3)	−0.000 6+ (0.000 3)	0.000 7* (0.000 3)	0.001 1** (0.000 4)	0.000 5+ (0.000 3)	−0.000 6* (0.000 3)	0.002 7*** (0.000 3)	0.001 3*** (0.000 2)
Si	−0.040 0+ (0.022 1)	−0.037 8+ (0.022 2)	−0.085 8*** (0.021 6)	−0.003 2*** (0.000 7)	0.063 1** (0.022 3)	−0.034 3 (0.022 3)	−0.107 0*** (0.000 3)	−0.036 2+ (0.022 0)	−0.050 4* (0.023 6)
Zj	0.068 4*** (0.010 0)	0.069 4*** (0.001 0)	0.058 1*** (0.009 4)	0.059 4*** (0.009 4)	0.055 5*** (0.009 5)	0.071 3*** (0.010 1)	0.054 7*** (0.009 3)	0.068 7*** (0.009 9)	0.068 9*** (0.010 0)
Jl	−3.739 8*** (1.056 9)	−3.834 7*** (1.059 3)	−5.893 5*** (1.018 5)	−5.846 9*** (1.002 2)	−5.830 8*** (1.004 1)	−3.527 3** (1.069 7)	−6.109 2*** (0.993 4)	−3.876 3*** (1.051 7)	−3.834 3*** (1.054 7)
A	0.005 5+ (0.003 2)	0.005 6+ (0.003 2)	0.005 4+ (0.003 1)	0.006 4* (0.003 1)	0.007 6+ (0.003 2)	0.005 7+ (0.003 2)	0.005 1+ (0.003 1)	0.006 3+ (0.003 2)	0.005 3+ (0.003 2)
Sf	−0.021 7 (0.058 9)	−0.021 7 (0.059 2)	−0.065 8 (0.058 1)	−0.065 4 (0.204 9)	−0.057 5 (0.584 0)	−0.022 8 (0.059 3)	−0.080 1 (0.202 1)	−0.020 1 (0.221 6)	−0.025 2 (0.058 8)
Ind		0.000 6*** (0.000 1)	0.000 3* (0.000 2)	0.000 4** (0.000 1)	0.000 3* (0.000 1)	0.001 8*** (0.000 4)			
Indw			0.165 2*** (0.010 7)	0.159 9*** (0.010 6)	0.171 1*** (0.011 0)		0.190 3*** (0.011 3)		
Outd				−0.003 2*** (0.000 7)	−0.002 8*** (0.137 6)		−0.002 6*** (0.000 6)		
Outdw					−0.050 9*** (0.013 8)				0.010 4 (0.013 0)
Qd						0.000 2 (0.001 3)	−0.038 4*** (0.006 8)	−0.000 9 (0.001 1)	−0.012 1* (0.004 9)
Ind×Qd						−0.000 4** (0.000 1)			
Indw×Qd							0.005 0*** (0.000 9)		
Outd×Qd								−0.000 008 (0.000 1)	
Outdw×Qd									0.001 5* (0.000 6)
常数项	0.384 9+ (0.222 1)	0.379 1+ (0.222 2)	0.938 9*** (0.206 1)	0.878 6*** (0.204 9)	0.797 4*** (0.207 8)	0.303 4 (0.225)	1.199 1*** (0.202 1)	0.356 0 (0.221 6)	0.484 1* (0.228 6)

+表示 $p<0.1$,*表示 $p<0.05$,**表示 $p<0.01$,***表示 $p<0.001$

注:N=7 888;括号内为标准差;Si、Indw、Outdw 做了自然对数处理

模型 2 和在模型 1 的基础上分别增加了知识吸收广度变量,模型 3 在模型 2 的基础上增加了知识吸收深度变量,用以检验知识流动中知识吸收维度对创新绩效的影响。由模型 2 的回归结果可知,知识吸收广度对企业创新绩效具有显著正向影响(β=0.000 6,$p<0.001$),H_{18-1} 得到验证;由模型 3 的回归结果可知,知识吸收深度对企业创新绩效具有显著正向影响(β=0.165 2,$p<0.001$),H_{18-2} 得到验证。以上结果说明,专利引用网络中知识流动的知识吸收维度能够促进企业

创新绩效的提高。

模型 4 是在模型 3 的基础上增加知识扩散广度变量，模型 5 在模型 4 的基础上增加知识扩散深度变量，用以检验知识流动中知识扩散对企业创新绩效的影响。由模型 4 的回归结果可知，知识扩散广度对企业创新绩效具有显著负向影响（$\beta=-0.0032$，$p<0.001$），H_{18-3} 得到验证；由模型 5 的回归结果可知，知识扩散深度对企业创新绩效具有显著负向影响，H_{18-4} 得到验证。以上结果表明，专利引用网络中，知识流动的知识扩散维度对企业创新绩效的提高具有抑制作用。

模型 6 在模型 1 的基础上增加知识吸收广度、知识吸收广度与联系强度的交互项，用以检验联系强度对知识吸收广度与企业创新绩效关系的调节作用。模型 6 的回归结果表明，知识吸收广度与联系强度的交互项系数显著为负（$\beta=-0.0004$，$p<0.01$），即联系强度对知识吸收广度对企业创新绩效的正向影响没有起到正向调节作用，H_{18-5} 没有得到验证。原因可能在于知识吸收广度增加了企业的知识深度与知识存量，而高水平的联系强度也使企业处于资源丰富、更加容易获取的环境中，这样反而会造成企业知识的冗余，再加上受企业吸收能力的限制，企业创新受到阻碍。

模型 7 在模型 1 的基础上增加知识吸收深度、知识吸收深度与联系强度的交互项，用以检验联系强度对知识吸收深度与企业创新绩效关系的调节作用。模型 7 的回归结果表明，知识吸收深度与联系强度的交互项系数显著为正（$\beta=0.0050$，$p<0.001$），即联系强度对知识吸收深度对企业创新绩效的正向影响起到了正向调节作用，H_{18-6} 得到验证（图 18-2）。

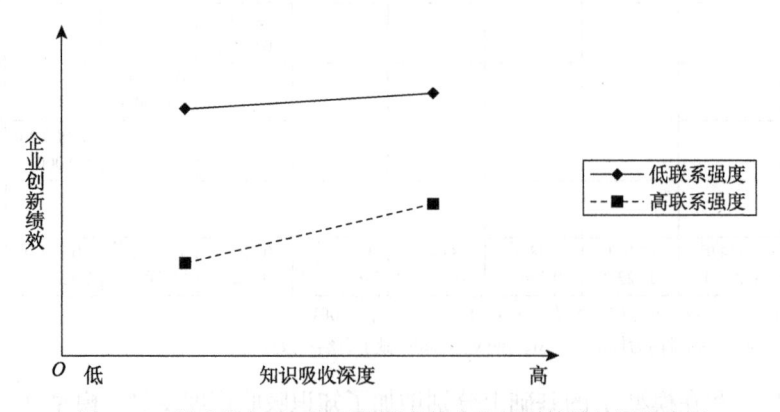

图 18-2 联系强度对知识吸收深度与企业创新绩效的调节作用

模型 8 在模型 1 的基础上增加知识扩散广度、知识扩散广度与联系强度的交互项，用以检验联系强度对知识扩散广度与企业创新绩效关系的调节作用。模型 8 的回归结果表明知识扩散广度与联系强度的交互项系数并不显著（$\beta=-0.000008$，$p>0.1$），即联系强度对知识扩散广度对企业创新绩效的正向影响没有起到调节作用，H_{18-7} 没有得到验证。原因在于知识扩散广度越大，企业创新知识被使用的机会就越多，但是企业并没有通过联系强度获得多个企业的核心知识，改善自身竞争力，提升企业创新绩效。

模型 9 在模型 1 的基础上增加知识扩散深度、知识扩散深度与联系强度的交互项，用以检验联系强度对知识扩散深度与企业创新绩效关系的调节作用。模型 9 的回归结果表明，知识扩散深度与联系强度的交互项系数显著为正（$\beta=0.0015$，$p<0.05$），即联系强度对知识扩散深度对企业创新绩效的负向影响起到了正向调节作用，H_{18-8} 得到验证（图 18-3）。

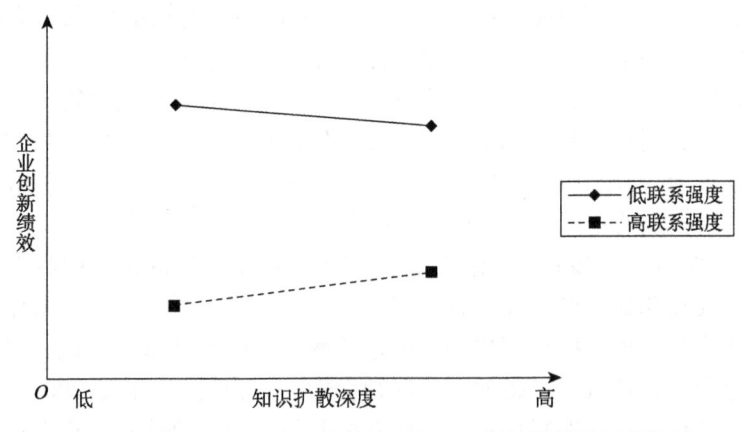

图 18-3　联系强度对知识扩散深度与企业创新绩效的调节作用

四、结论与讨论

本章以 2002~2014 年 ICT 领域参与产学研合作的企业为研究对象，以专利引证数据为基础，构建专利引用网络，并通过计算网络指标分析知识流动对企业创新绩效的影响，同时分析了联系强度的调节作用，得出以下基本结论。

（1）知识吸收（广度与深度）对企业创新绩效具有显著正向影响。换言之，企业获取外部知识的广泛程度及其深化程度能够促进企业创新绩效的提高。因此，企业在知识管理过程中，不仅要重视从外部识别、获取知识的广度，同时也要兼顾吸收外部知识的深化程度与频率，才能够加深对外部知识的充分理解，避免由知识理解片面造成对外部知识的滥用，不利于企业创新甚至阻碍企业的发展。

（2）知识扩散对企业创新绩效具有显著负向影响。也就是说，企业内部知识被其他企业识别、获取、利用的广泛程度越大、程度越深，越容易导致企业创新绩效的降低。原因在于，企业内部知识的扩散容易造成核心技术的外泄，使企业失去综合竞争力。因此，企业要做好知识产权保护工作，避免由知识过度扩散造成的负面影响。

（3）网络联系强度在知识吸收深度与企业创新绩效的关系中具有显著正向调节作用，而在知识吸收广度与企业创新绩效的关系中没有起到调节作用。网络联系强度水平的提高，能够使不同企业间建立信任与互惠关系，企业能够获得异质性知识的途径与数量都会增加。但是，知识吸收的广度越大，说明企业会从更多的企业获得知识，加之高水平的联系强度使得异质性资源过多，不利于企业对知识的整合，使得企业消耗人力、物力资本来识别有价值的信息，降低创新效率，联系强度并不能正向调节二者之间的关系。知识吸收深度越大说明企业对其他组织知识的熟悉程度更高，理解更深，加上高水平联系强度使得异质性资源丰富度增加，能够同时增加知识宽度与深度，促进企业创新。因此，从知识流动视角促进企业创新，知识吸收深度较强的企业要充分发挥联系强度的积极作用，而知识吸收广度较强的企业要尽量规避联系强度带来的负向效应。

（4）网络联系强度在知识扩散深度与企业创新绩效的关系中具有显著正向调节作用，而在知识扩散广度与企业创新绩效的关系中没有起到调节作用。知识扩散深度的增强使得一些组织更加充分地了解企业内部技术、知识，降低了企业的核心竞争力，也造成了"搭便车"的社会惰性（施杨和李南，2009），但联系强度从建立信任关系的途径增加了企业获取其他企业竞争优势的机会，减弱了二者之间的负向关系；而知识扩散广度的增加意味着更多的组织参与企业知识的吸收、利用，较扩散广度更不容易控制核心技术的外泄，因此没有起到正向调节作用。因此，知识扩散深度较强的企业可以通过增加联系强度提升企业创新绩效，而知识扩散广度较强的企业应把握联系强度的水平，尽量减弱其对创新带来的弊端。

第十九章　多层网络对创新绩效影响的实证研究

创新具有强烈的网络属性，需要企业、高校、科研院所甚至政府的多方互动。企业通过与企业、高校、科研院所的互动关系形成协同效应，获取新的知识、资源和机会，进而促进企业持续创新。企业、高校和科研院所之间的协同关系可以是合作关系、共同发表著作，也可以是专利引用关系。这些复杂关系促进协同创新网络（合作网络、专利引用网络、政策网络等）的形成。其中，基于专利信息的共同申请关系和专利引用关系是组织间知识流动的重要途径，在促进企业创新中起到了重要作用。网络结构和关系要素都是影响创新的重要因素，能够促进组织双元性创新（Xie et al., 2016）。高校和科研机构拥有雄厚的科研能力以及促进创新能力提升的专业知识，尤其是在基础学科上占有巨大优势。由于 ICT 领域是一个多种高技术行业参与的产业，企业通常掌握着某个行业的核心技术。网络为组织提供了无法通过自身取得的异质性知识、信息的途径，因此网络成为知识创造的场所。一方面，企业与企业、高校、科研机构的合作网络能够更加有效地研究、开发和利用这些知识、技术，企业间的合作能够促进产业链上不同专业技术的融合。另一方面，除合作关系以外，通过与其他组织的专利引用、被引用关系也是促进不同组织之间知识流动的重要方式，以此形成与其他企业、高校和科研机构的技术、知识等资源交流的专利引用网络。企业在协同创新中将获取的知识内化、吸收并运用于研发创新中（Moon et al., 2019），促进自身创新能力的提升，更有利于吸引更多的外部合作者和其他组织对该企业创新成果的引用，形成与外部组织持续协同创新的良性循环。

对于合作关系表征知识流动的企业创新，大部分学者侧重对合作网络静态特征的研究，如合作网络特征与创新关系的研究，网络异质性、网络中心位置、网络结构等的研究（朱丽等，2016；Gupta et al., 2007），而对合作网络动态特征的研究较少。产学研合作中，企业的自我中心网络动态性（ego-network dynamics）——

稳定性与扩张性会从不同角度同时对创新绩效产生影响（Yan and Guan, 2018b），即维持现有合作关系的知识流动还是拓展新合作关系的知识流动对创新的作用是共同存在的。对于专利引用网络，学者们也倾向于借助节点入度和出度分析知识流动对企业创新的影响，很少从联系强度这一关系要素综合分析专利引用、被引对企业创新的综合作用。但是，既有研究大部分将不同的创新网络进行独立研究，忽略了企业会同时嵌入在不同的知识流动网络中（Yan and Guan, 2018a），这些网络对企业创新产生复杂的作用，只有解决多层网络的综合效应才能更深层次理解企业创新与社会网络之间的关系（Mu, 2014）。合作网络和专利引用网络作为知识流动的两种重要方式，在企业创新中不仅包含直接影响，还存在更为复杂的效应（中介效应、调节效应）。

因此，本章不仅从动态视角考虑分析合作网络中企业自我中心网络动态性和专利引用网络中关系强度对企业创新的直接影响，还分析了专利引用网络与合作网络对企业创新产生的更为复杂的影响机制。为了更深入地挖掘多层知识流动网络对企业创新的影响，从以下三个方面展开研究：①探究企业在合作网络中的自我中心网络动态性与扩张性形成的知识流动对创新绩效产生何种影响；②剖析企业在专利引用中形成的知识流动网络中心性对创新绩效的影响；③厘清专利引用网络在合作网络与企业创新之间关系中的中介效应与二者的交互作用对企业创新绩效的影响。

一、理论分析与研究假设

1. 自我中心网络动态性与创新绩效

社会网络主要分为整体网络与自我中心网络两个分析框架，不仅能够反映个体在社会网络中的位置特点，同时揭示了网络的整体结构。以往研究过多关注整体网络的结构特征，现有研究将分析视角从整体网络转移到自我中心网络，从合作整体向企业个体层面转移（戴海闻等，2017）。创新是一个参与主体互动的合作网络，是知识创造的过程，基于网络动态性理论与知识流动理论，知识的创造与企业创新是动态的过程，而知识并不会自发在合作中产生流动、转移，企业若想获取新知识就必须通过动态合作网络拥有更丰富的信息渠道。企业一方面要维持现有合作的稳定性，另一方面不断寻求新的合作伙伴，获取通过自身无法得到的新知识、新技术等，这样就形成了以自我为中心的动态合作网络，影响着组织的创新活动（郭建杰等，2019）。只有使创新主体实现内部与外部要素间的协同与交互，才能形成主体间的知识流动，获得研发必需的资源与信息。Yan 和 Guan

（2018b）将发明人的共同申请专利形成的自我中心网络划分为稳定性与扩张性两个维度，探究了二者与双元创新的关系。

自我中心网络稳定性指的是企业维持现有合作状态，与以往熟悉的高校、科研院所及企业进行合作（Guan et al.，2015），在当前知识、技术基础上优化知识结构。自我中心网络稳定性意味着企业继续维持与巩固现有合作关系，充分利用组织间共享的知识、资源进行研发创新。维持长期合作双方进行不断的沟通与理解，促进信息的分享与利益的互惠（Dahlander and Mcfarland，2013），当网络成员之间的创新行为默契逐渐增大到一定规模，达到一定阈值时，就会形成一种稳定的组织关系（宋晶等，2017）。现有合作伙伴将更容易交流知识，尤其是与重组相关的知识，重组能力是研发创新表现的关键驱动力，并且是新颖性的主要来源（Carnabuci and Operti，2013）。合作双方在一段时间内保持相对稳定，维持有价值的合作伙伴能够降低合作成本（Yan and Guan，2018b）。此外，稳定的合作关系能够通过合作伙伴间的持续沟通增加相互间的理解与信任，从而促进相互间有价值知识的交换与共享（Dahlander and Mcfarland，2013）。

自我中心网络扩张性即组织为从外部获取新知识、新技术而寻求新的合作伙伴，刺激组织产生创新。新合作伙伴的加入，为企业带来新鲜"血液"，促进企业吸收新知识，并能够为存在风险的创新项目分散风险（Lavie and Rosenkopf，2006），共同承担新产品、新技术研发成本。自我中心网络扩张意味着企业能够涉足更多的领域参与研发合作，通过合作寻求新的科研技术、丰富创新思维（Danneels，2002），不断获取创新知识、新技术，丰富现有知识基础。同时，企业的外部合作网络依赖于以往的社会关系，容易形成路径依赖（Guan et al.，2015），而扩张性能够打破网络成员之间的路径依赖，使合作不断引入新的合作伙伴，因此，扩张性合作能够拓展企业的创新领域，促进新产品研发或生产技术的改进。

因此，合作网络中自我中心网络稳定性能够使企业维持与巩固现有的合作关系，降低知识的搜索成本，深化对现有知识基础的理解；自我中心网络扩张性能够使企业的业务拓展到新的领域，从新合作伙伴处获得更多异质性知识以拓宽知识基础，并能够减少研发风险。因此，企业合作网络形成的组织间知识流动中，自我中心网络动态性在维持和拓展知识基础上起到了不同的作用，提出以下假设。

H_{19-1}：企业合作网络中自我中心网络稳定性对创新绩效有正向影响。

H_{19-2}：企业合作网络中自我中心网络扩张性对创新绩效有正向影响。

2. 自我中心网络动态性与专利引用网络中心性

合作网络和专利引用网络是组织间知识共享与传递的重要方式，合作网络能够传递显性和隐性知识，专利引用网络则更能促进显性知识流动，二者都对企业创新产生重要的影响。企业在创新过程中会同时嵌入两类网络中，二者结合能够从静态和动态两方面对企业创新产生的复杂影响（孔晓丹和张丹，2019）。企业自我中心网络的稳定性不仅能够加深对现有知识的理解，还可以持续获得合作伙伴的新知识、新技术。在对现有知识深入理解的基础上，促使企业通过利用式学习方式满足顾客与市场的需求（吴楠等，2015），不断提升产品或服务的品质，能够得到更多客户的认可与肯定，提升企业的声誉与竞争力，必然会吸引其他组织更多地借鉴本企业的知识（Guan et al.，2017）、技术进行自主研发与合作研发，即在专利引用网络中该企业的专利会被更多的组织引用。同时，对于从现有合作伙伴处获得的新知识需要通过探索式学习将新知识内化、吸收，在探索式学习过程中对自身不熟悉的技术必然要借鉴合作伙伴之外对该领域来说更为专业化组织或者团队拥有的知识、技术等（Guan et al.，2017），即在专利引用网络中需要引用其他组织专利信息以掌握这些新技术。因此，企业在合作网络中的自我中心网络稳定性能够促进其在专利引用网络中不断与其他组织发生知识与技术间的联系，也就是说该节点的联系伙伴（企业、高校及科研院所）更多，中心度越高，与其他组织之间的知识流动程度更大。

自我中心网络扩张性能够使企业获得更多合作伙伴，使以该企业为核心的自我中心网络规模不断扩大，这些边缘组织会通过其他组织互动分享从核心企业获得的有价值的知识、信息，并能促进知识重组（Carnabuci and Operti，2013），拓宽组织的知识基础，潜移默化中提升该企业在领域内的影响力（Guan et al.，2017）。随着核心企业影响能力与影响范围的不断扩大，基于信任关系必然使得其他组织在研发过程中更多使用该企业的独有知识与技术，在专利引用网络中的交流越来越密切，最终形成强联系状态（姚山季和王永贵，2012），增加企业的中心性水平，即与外部组织的知识流动。同时，自我中心网络的扩张为企业带来其以往没有接触到的知识，促使企业更多地借鉴熟悉这些知识的组织深化理解，以达到学以致用的效果，这样就会提高对其他组织知识的引用频率，进而提升其在专利引用网络中的中心性水平。

合作网络中企业的自我中心网络稳定性能深化其对现有知识的理解与认识，自我中心网络扩张性拓宽企业的知识基础，二者综合使得企业与外部的知识流动强度更大，使其知识存储更具外部吸引力，提升其在某领域的声誉。同时，二者也会形成知识的被动与主动溢出，即加速该企业与其他组织之间的知识的流动，说明该二者在知识流动中起着重要作用。在对新知识的内化过程中也需要企业去主动吸收外部组织的知识来助推该过程。专利引用网络作为知识流动的重要途径，企业的点度中心性代表了知识流动的程度。因此，企业在合作网络中自我中心网络的动态性促进其在专利引用网络表征的知识流动网络的中心性水平提高。

基于以上分析，提出以下假设。

H$_{19-3}$：企业合作网络中自我中心网络稳定性对专利引用网络中心性有正向影响。

H$_{19-4}$：企业合作网络中自我中心网络扩张性对专利引用网络中心性有正向影响。

3. 专利引用网络中心性的中介作用

根据上文的分析可知，合作网络中自我中心网络动态性对企业在专利引用网络中的中心性水平具有促进作用，即基于合作关系形成的知识流动对专利引用关系形成的知识流动具有一定的促进作用。稳定性和扩张性从资源功能与声誉功能两方面增加与外部组织的知识互动关系（Hoang and Yi，2015），从而增加在专利引用网络中知识流动的程度，即中心性水平。首先，通过资源（知识、信息和技术等）功能提高中心性水平。通过以某企业为核心的自我中心网络通过稳定性和扩张性，不仅可以深化企业对现有知识基础的认识，还可以通过吸收新知识、新技术拓展知识基础，强化知识、技术等资源的吸收和扩散能力；而组织间专利引用、被引关系是知识吸收和扩散的重要途径（Sharma and Tripathi，2017），必然会使得企业与其他企业、高校或者科研院所的直接联系更为紧密与频繁，也就是其中心性水平更高，增强了与外部组织的知识流动。其次，通过声誉功能提高中心性水平。一方面，由于企业在合作网络中的自我中心网络动态性能够使其获得更多通过自身无法取得的异质性资源（知识、技术、信息等）（Guan et al.，2017），当这种异质性资源数量达到一定水平时，就能够提升其在行业内的声誉，得到更多长期协作伙伴的认可（崔蓓和王玉霞，2017），从而提高其在专利引用网络的中心性水平。另一方面，对于自我中心网络动态性来说，虽然能够从合作伙伴处获得更多的异质性知识，但这些知识往往并非都是企业所熟悉的，因此就需要借助外部相关知识进行深化理解，而专利引用是从外部吸收知识的有效途径，这样也就提高了企业在专利引用网络中的中心性。

专利引用网络中心性指标能够综合衡量节点在网络中的知识交流广度（徐庆富等，2017）和在网络中的活跃程度。中心性越高，企业的创新绩效越高，原因如下。第一，中心性越高表示焦点企业拥有大量有价值的信息和知识存储，在网络中的权利和影响力就更大、声誉越高（Seidler-de Alwis and Hartmann，2008），对知识、技术等资源流动的控制能力越强，成为中心枢纽的程度越高；与边缘组织相比，焦点企业更容易访问其他组织的知识（Tsai，2001）。因此，中心性高的企业比其他组织有更多的机会与不同节点进行交流、协作，增加外部知识获取的机会，促进企业创新绩效的提高。第二，中心性越高的企业越容易获得其他组织的信任感，越容易引起外部组织对其产生依赖性（Yan and Guan，2018a），并使组织间知识的相互交流不断产生新的知识组合，进而促进企业创新。

因此，合作网络中企业自我中心网络的动态性能够通过促进其在专利引用网络中心性的提高，增加与不同组织进行知识、技术交流的机会，产生新的知识组合，获得更多企业创新所需的资源，从而促进企业创新绩效的提高。

H_{19-5}：专利引用网络中心性对企业创新绩效具有正向影响。

H_{19-6}：专利引用网络中心性对企业合作网络自我中心网络稳定性与创新绩效有中介作用。

H_{19-7}：专利引用网络中心性对企业合作网络自我中心网络扩张性与创新绩效有中介作用。

4. 合作网络位置的调节作用

开放式创新背景下，组织或个人均嵌入在多种不同的社会网络中，对创新活动产生影响。关于知识对企业创新的影响，合作网络与专利引用网络从社会嵌入和知识嵌入两方面衡量，但是既有文献大部分是将二者作为并行研究探讨对创新的影响，忽视了递进式视角的叠加效应（孔晓丹和张丹，2019）。企业在专利引用网络中的中心性衡量了对知识交流的广度（徐庆富等，2017）与知识流动的控制程度。一个节点中心性数值越大，说明该节点越处于网络的中心位置，能够获得的资源更多，对网络中的知识流动更具主导作用，在获取和控制创新过程中所需知识、信息具有更多的优势。中心性高的企业一般被认为是某领域的领导者，利用自身的声誉和地位获得组织的信任，这种声誉和地位带来的影响力会引发邻居节点的追随与学习，形成更大程度的知识交流与聚集（Assenza et al., 2008）。

节点如果在合作网络中具有较高水平的中心性，说明与之联系的合作伙伴更多，可以获得更多的多元化知识，并且能够获取更多潜在有价值的信息，降低知识搜索成本（张红娟和谭劲松，2014）。同时，由于本章涉及的合作网络是产学研合作网络，企业、高校和科研院所性质、目标不同，在创新系统中发挥不同的作用（de Fuentes and Dutrenit, 2012），三种创新主体在网络中传递的大部分为异质性知识，因此企业的中心性越高，能够获得的异质性知识越多。因此，合作网络高中心性水平能够为企业提供丰富的异质性知识，这种异质性知识较多的环境下，企业与外部组织间会进行更频繁与广泛的知识流动（即中心性增加），会使企业更易得到互补的技术、知识，即加强专利引用网络的中心性对企业创新绩效的促进作用。

合作网络中占据结构洞位置的企业在知识、技术等资源获取和控制方面都具有很大优势。结构洞水平越高越容易优先获得异质性、非冗余的知识和技术，增加异质性知识在该企业中的重组与转化（Markóczy et al., 2013）；在控制优势方面，处于结构洞位置的企业在获取知识和技术上具有排他性的优势（Dahlander and Frederiksen, 2012），在信息传递过程中起到了一个中间人的作用，中介了其他企业间的知识、信息的互动,减少网络中不必要的联系(曹兴和李文,2017),并能从这个过程中优先筛选与自身互补、异质的资源(Lee,2010)。但产学研合作网络本身就是异质性资源更多的网络,合作网络结构洞水平的提高会造成异质性资源的冗余(Baum et al.,2000),而企业受吸收能力的限制,在大量冗余信息中筛选有价值的难度、成本增加,也会使得协同创新关系处于锁定状态,降低组织的灵活性(裴梦丹等,2019)。因此,企业在合作网络中结构洞水平越高,越容易导致其处于异质性知识过多的外部环境中,当企业同时嵌入在中心性较高的专利引用网络时,会使成本增加、吸收能力不足,导致其对企业创新绩效的作用减弱。

综合以上分析,合作网络中心性水平的提高能够使企业处于知识广度更大与异质性信息更丰富的环境中,这种环境使同时嵌入在专利引用网络中的企业更易与其他组织之间发生知识流动。

也就是说合作网络中心性能够促进专利引用网络中心性对创新绩效的促进作用,但产学研合作网络结构洞水平的提高意味着获取丰富的异质性知识,加之企业在专利引用网络中高中心性水平已经在一定程度上获取了异质性知识,二者的叠加使企业处于异质性知识冗余的环境中,反而抑制了企业创新。因此,提出以下假设。

H_{19-8}:企业的合作网络中心性在专利引用网络中心性对创新绩效的影响中起正向调节作用,即企业的合作网络中心性水平越高,专利引用网络中心性对创新绩效的促进作用越大。

H_{19-9}:企业的合作网络结构洞在专利引用网络中心性对创新绩效的影响中起负向调节作用。即企业的合作网络结构洞水平越高,专利引用网络中心性对创新绩效的促进作用越小。

综上,研究的理论模型如图19-1所示。

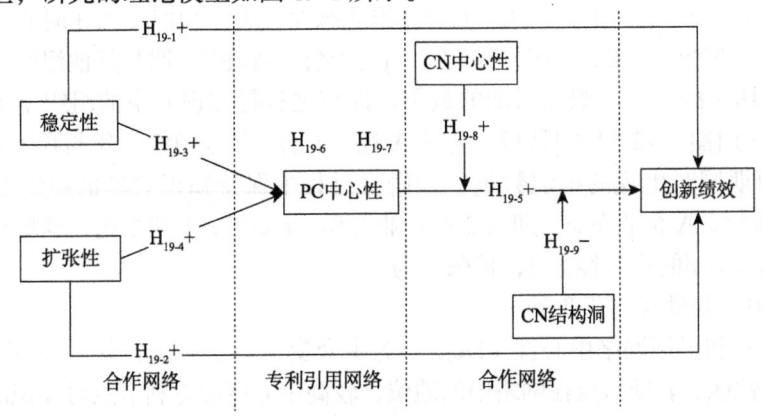

图19-1 理论模型

PC中心性和CN中心性分别指企业在专利引用网络和合作网络中的中心性,CN结构洞指的是企业在合作网络中的结构洞

二、数据与变量

1. 样本选择与数据获取

研究样本选取 2002~2014 年同时存在产学研合作关系以及专利引用或被引用关系的企业为研究样本,共 1 646 家企业。研究数据同样是来源于国家知识产权局、incoPat 数据库和国家企业信用信息公示系统,从国家知识产权局、incoPat 数据库获取的是专利申请人信息和专利引用信息,从国家企业信用信息公示系统获取的是企业性质信息。

2. 变量测量

1) 因变量

选取企业创新绩效(Pa)作为因变量,用专利数量衡量企业创新绩效。基于企业创新产出的时滞性,对因变量进行了滞后一期处理,即若解释变量测量的是 2002 年的网络结构或自我中心网络动态性,因变量就是该企业 2003 年企业的专利数量。

2) 自变量

自我中心网络动态性表现在网络节点、联系、联系结构的变化上,受到学者们的关注。Dahlander 和 McFarland 利用斯坦福大学 15 年的研究合作纵向数据集,探究了个体层面的网络关系的形成与持续性(Dahlander and Mcfarland, 2013)。本章拓展了 Yan 和 Guan(2018b)的研究,将自我中心网络动态性定义为,专利申请人在合作网络中相邻两期产生的合作动态性,表征知识流动在时间上的动态性。其中,扩张性(Exp)[图 19-2(a)]是指公司 A 在第 t 期与其他组织合作比在 $t-1$ 期合作中的合作组织新增加的数量,即与之进行知识共享的组织增加数;稳定性(Sta)[图 19-2(b)]是指,公司 A 在第 t 期与其他组织合作与在 $t-1$ 期合作相比,两期同时出现的组织数量,即研发过程中保持知识共享的组织数量。如图 19-2 所示,A 企业在 $t-1$ 期与 2 家企业合作,t 期与 $t-1$ 期相比,新增加了 1 所高校,那么 t 期的稳定性为 2,扩张性为 1。

3) 中介变量与调节变量

选取专利引用网络中心性(Deg3)为中介变量,原因在于专利引用网络中企业的中心性能够表征节点在网络中的地位,较高中心度的专利节点对知识的控制力和影响力也较强,知识流动程度也更高,其核心地位更突出(张端阳和肖国华,2013;田丽娜和杨祖国,2017),能够提高专利研发数量(王巍等,2019),进

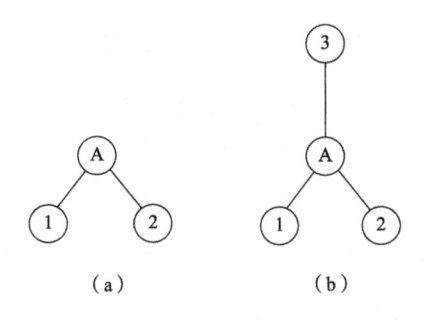

图 19-2 自我中心网络动态性示意图

而促进创新。中心性采用节点在专利引用网络中的点度中心性进行测量。

由于企业嵌入在不同的社会网络中，同时本章是基于知识对企业创新影响的探索，合作网络和专利引用网络是组织间知识流动的两种重要途径（孔晓丹和张丹，2019）。既有研究表明合作网络位置能够调节知识网络对企业创新的影响。因此选取 ICT 企业的合作网络位置——中心性与结构洞（Deg、Sh）为调节变量（Yan and Guan，2018a；孔晓丹和张丹，2019）探究两种网络位置是否对企业创新产生交互效应。中心性与结构洞（Deg、Sh）指标计算方式在前文中已经详细阐释，此处不再赘述。

4）控制变量

由于企业存续年限、专利存量、网络规模及合作网络直径等都是影响企业创新的重要因素，因此选取企业年龄（A）、样本前专利（Pp）、合作网络直径（Zj）、聚类系数（Jl）以及专利引用网络直径（Zj3）与聚类系数（Jl3）作为控制变量。

三、实证检验

1. 相关性检验与分析方法

本节对数据做了描述性统计和各变量间的相关性分析（表 19-1），并分析了变量间的多重共线性。结果表明，除个别变量外，变量间的系数均小于0.7，大于0.7的变量不会放在同一统计模型中。方差膨胀因子（VIF）数值介于 1.02~2.43，低于最大临界值 5，因此变量之间不存在多重共线性。在社会网络分析的基础上，采用负二项回归检验变量间影响机制。原因在于，创新绩效指标是任意非负整数的计数数据，数据的离散程度较大，不服从正态分布，符合泊松分布或者负二项分布。此外，因变量标准差远大于均值（20.60>5.97），不满足泊松回归均值等于方差的约束条件。因此，采用负二项回归检验变量间相关关系。

表 19-1　变量相关性检验

变量	均值	标准差	模型1	模型2	模型3	模型4	模型5	模型6	模型7	模型8	模型9	模型10	模型11
1Pa	10.02	30.37	1										
2Sta	0.70	4.44	0.409***	1									
3Exp	1.88	6.55	0.385***	0.877***	1								
4Deg3	21.14	108.39	0.663***	0.697***	0.600***	1							
5Deg	1.01	0.51	0.427***	0.475***	0.565***	0.391***	1						
6Sh	1.18	0.27	0.307***	0.239***	0.316***	0.246***	0.868***	1					
7Pp	1.46	1.20	0.303***	0.136***	0.070***	0.194***	0.234***	0.251***	1				
8A	10.59	7.69	0.036+	0.027	0.044*	0.024	0.149***	0.146***	0.150***	1			
9Zj	10.55	1.61	−0.041*	−0.011	−0.005	−0.001	0.002	−0.007	0.017	0.062**	1		
10Zj3	10.77	1.51	−0.042*	−0.009	0.013	0.007	0.018	0.011	0.016	0.091***	0.825***	1	
11J1	0.62	0.06	−0.095*	0.026	0.052**	0.019	0.115***	0.134***	0.025	0.175***	0.211***	0.311***	1
12J13	0.10	0.01	0.025	0.005	−0.003	0.003	−0.007	−0.007	−0.046*	−0.063**	−0.512***	−0.553***	−0.181***

+表示 $p<0.1$，*表示 $p<0.05$，**表示 $p<0.01$，***表示 $p<0.001$

2. 回归分析

变量间直接效应回归结果如表 19-2 所示。表 19-2 中，模型 1 和模型 5 仅包含控制变量，是基础模型。其中，样本前专利与企业创新绩效和专利引用网络中心性正相关；企业年龄的增长能够明显促进企业创新绩效。专利引用网络直径越大，信息能够到达的节点越远，企业创新绩效越大；邻居节点之间联系越紧密，越容易导致企业间知识的冗余，因此聚类系数与企业创新绩效负相关。

表 19-2　直接效应检验

变量	Pa				Deg3	
	模型1	模型2	模型3	模型4	模型5	模型6
Pp	0.464 7*** (0.026 3)	0.462 2*** (0.026 3)	0.462 0*** (0.026 3)	0.462 8*** (0.026 2)	0.329 7*** (0.017 3)	0.329 9*** (0.017 2)
A	0.006 7+ (0.004 0)	0.006 7+ (0.004 0)	0.006 6+ (0.004 0)	0.006 7+ (0.004 0)	0.006 7* (0.002 9)	0.007 1* (0.002 8)
Zj	0.018 4 (0.021 5)	0.019 1 (0.021 5)	0.020 6 (0.021 5)	0.019 2 (0.021 4)	−0.004 0 (0.016 4)	0.001 7 (0.016 4)
Zj3	0.061 6*** (0.018 1)	0.061 8* (0.024 5)	0.059 8* (0.024 5)	0.059 3* (0.024 5)	0.080 9*** (0.018 0)	0.066 6*** (0.018 1)
J1	−0.897 9* (0.351 0)	−0.954 6** (0.350 9)	−0.965 7** (0.349 3)	−1.079 7** (0.352 7)	4.047*** (0.344 4)	4.001 7*** (0.343 6)

续表

变量	Pa 模型1	Pa 模型2	Pa 模型3	Pa 模型4	Deg3 模型5	Deg3 模型6
Jl3	1.061 6 (1.804 4)	0.988 7 (1.801 8)	0.871 6 (1.794 4)	1.064 4 (1.790 9)	4.547 0** (1.567 0)	4.163 9** (1.556 5)
Sta		0.006 4** (0.002 3)			0.015 9*** (0.001 2)	
Exp			0.006 8*** (0.001 5)			0.011 3*** (0.001 1)
Deg3				0.000 4*** (0.000 1)		
常数项	−0.972 9** (0.334 9)	−0.945 5** (0.333 4)	−0.927 8** (0.330 4)	−0.875 6** (0.330 9)	−3.200 0*** (0.357 2)	−3.078 9*** (0.354 6)

+表示 $p<0.1$，*表示 $p<0.05$，**表示 $p<0.01$，***表示 $p<0.001$

注：$N=2\,572$；括号内为标准差

模型 2~模型 4 的因变量为创新绩效，检验企业自我中心网络动态性、专利引用网络中心性与创新绩效的直接效应。其中，模型 2 在模型 1 的基础上增加了企业在合作网络的自我中心网络稳定性。结果表明，企业的合作网络中自我中心网络稳定性对企业创新绩效具有显著正向影响（$\beta=0.006\,4$，$p<0.01$），$H_{19\text{-}1}$ 得到验证；模型 3 在模型 1 的基础上增加了企业的合作网络的自我中心网络扩张性。结果表明，企业的合作网络自我中心网络扩张性对企业创新绩效具有显著正向影响（$\beta=0.006\,8$，$p<0.001$），$H_{19\text{-}2}$ 得到验证。以上结果说明，企业在合作关系表征的知识流动中无论是维持现有合作关系还是寻求新的合作伙伴，都能够促进企业创新。模型 4 在模型 1 的基础上增加了企业专利引用网络中心性变量。结果表明，企业专利引用网络中心性水平的提高对企业创新绩效具有显著正向影响（$\beta=0.000\,4$，$p<0.001$），$H_{19\text{-}5}$ 得到验证，即企业专利引用网络中心性能够促进其与不同组织间的知识流动，从而提升创新绩效。

模型 5 和模型 6 的因变量为企业专利引用网络的中心性水平，检验企业的合作网络自我中心网络动态性对企业专利引用网络中心性水平的直接效应。模型 5 的结果表明，企业的合作网络自我中心网络稳定性对企业专利引用网络中心性水平具有显著正向影响（$\beta=0.015\,9$，$p<0.001$），$H_{19\text{-}3}$ 得到验证。模型 6 的结果表明，企业的合作网络自我中心网络扩张性对企业专利引用网络中心性水平具有显著正向影响（$\beta=0.011\,3$，$p<0.001$），$H_{19\text{-}4}$ 得到验证。以上结果说明企业在合作关系表征的知识流动中维持现有合作关系或者增加新的合作伙伴都能提升其在专利引用网络中的知识获取优势。

根据 Baron 和 Kenny（1986）提出的研究方法检验中介效应。表 19-3 中模型 7 和模型 8 检验企业专利引用网络的中心性在自我中心网络动态性对创新绩效影

响的中介作用。其中，模型 7 在模型 2 的基础上增加企业的专利引用网络中心性变量。结果表明，企业的合作网络自我中心网络稳定性对企业创新绩效的直接效应变得不显著（$\beta=0.0001$，$p>0.1$），企业的专利引用网络中心性与企业创新绩效的回归系数正向显著（$\beta=0.0004$，$p<0.05$）；结合 $H_{19\text{-}3}$ 得出，$H_{19\text{-}6}$ 得到验证；说明企业的专利引用网络中心性在企业的合作网络自我中心网络稳定性对企业创新绩效的影响中起中介作用。模型 8 在模型 3 的基础上增加了企业的专利引用网络中心性变量性，虽然企业的合作网络自我中心网络扩张性对企业创新绩效具有显著正向影响（$\beta=0.0054$，$p<0.05$），但专利引用网络中心性与企业创新绩效的回归系数并不显著（$\beta=0.0001$，$p>0.1$），所以 $H_{19\text{-}7}$ 没有得到验证，即企业的专利引用网络中心性在企业的合作网络自我中心网络扩张性对企业创新绩效的影响中起到中介作用。

表 19-3　中介与调节效应检验

被解释变量：Pa

变量	模型 1	模型 7	模型 8	模型 9	模型 10
Pp	0.4647*** (0.0263)	0.4628*** (0.0262)	0.4619*** (0.0263)	0.4377*** (0.0254)	0.4274*** (0.0254)
A	0.0067+ (0.0040)	0.0067+ (0.0040)	0.0066+ (0.0040)	0.0042 (0.0038)	0.0035 (0.0038)
Zj	0.0184 (0.0215)	0.0192 (0.0214)	0.0206 (0.0215)	0.0222 (0.0213)	0.0324 (0.0212)
Zj3	0.0616*** (0.0181)	0.0594* (0.0245)	0.0597* (0.0245)	0.0535* (0.0241)	0.0471 (0.0241)
Jl	−0.8979* (0.3510)	−1.0791* (0.3541)	−1.0096** (0.3546)	−1.5422*** (0.3416)	−1.5319*** (0.3417)
Jl3	1.0616 (1.8044)	1.0634 (1.7918)	0.9070 (1.7933)	0.5547 (1.7423)	1.0672 (1.7286)
Sta		0.0001 (0.0039)			
Exp			0.0054* (0.0025)		
Deg3		0.0004* (0.0002)	0.0001 (0.0002)	0.0010* (0.003)	0.0100*** (0.0006)
Deg				0.5040*** (0.0449)	
Sh					0.8658*** (0.0943)
Deg3 × Deg				−0.0001* (0.0001)	
Sh × Deg					−0.0029*** (0.0003)

续表

被解释变量：Pa

变量	模型1	模型7	模型8	模型9	模型10
常数项	-3.251 0*** (0.360 3)	-0.895 9** (0.331 5)	-0.907 9** (0I331 0)	-1.041 9*** (0.313 2)	-1.685 1*** (0.326 1)

+表示 $p<0.1$，*表示 $p<0.05$，**表示 $p<0.01$，***表示 $p<0.001$

注：$N=2\ 572$；括号内为标准差；Deg 做了自然对数处理

模型9和模型10检验企业的专利引用网络与合作网络位置是否对企业创新具有交互作用。模型9在模型4的基础上增加了企业在合作网络中的中心性和企业的专利引用网络中心性与合作网络中心性的交互项，结果表明交互项的系数并非显著正向，而是负向显著（$\beta=-0.000\ 1$，$p<0.05$），$H_{19\text{-}8}$未得到验证。模型9在模型4的基础上增加了企业在合作网络中的结构洞和企业的专利引用网络中心性与合作网络中心性的交互项，结果表明交互项的系数负向显著（$\beta=-0.002\ 9$，$p<0.001$），$H_{19\text{-}9}$通过验证。以上结果说明企业在合作网络中的中心性对专利引用网络中心性与企业创新绩效的关系中没有起到正向调节作用，但企业在合作网络中的结构洞对专利引用网络中心性与企业创新绩效的关系中没有起到负向调节作用。

四、结论与讨论

本章以2002~2014年ICT领域同时参与产学研合作和专利引用的企业为研究对象，根据专利申请人和引证数据来构建合作网络与专利引用网络两类知识流动网络，并通过计算网络指标来探讨两类网络对企业创新绩效的复杂影响机制，得出以下基本结论。

（1）企业合作网络中的自我中心网络动态性对企业创新绩效有显著的促进作用。

与以往研究结论有相似之处，维持现有合作关系与寻求新的合作伙伴能促进企业创新。自我中心网络稳定性越高，说明企业能够不断深化对合作伙伴知识的理解，促进信息的分享与利益的互惠，形成一种稳定的组织关系。现有合作伙伴更利于知识的交流与共享，尤其是与重组相关的知识。此外，维持有价值的合作伙伴有利于降低合作成本。稳定的合作关系还可以通过合作伙伴间的持续沟通增加相互间的理解与信任，不断获得合作伙伴的新知识并加以利用，促进企业创新。

自我中心网络扩张性越大，说明与企业进行研发合作的组织越多，与其他组织共享的研发所需的知识与技术更多，并能共担项目风险与研发成本。企业通过产学研合作获得的知识会被应用于自主研发中，增强独立研发能力。与更多的组织合作能够接触更多的前沿知识，激发创新思维。同时，企业在合作网络中容易对以往关系形成路径依赖，能够通过扩张性打破成员之间的路径依赖，获得的新知识越多，研发能力越强，必定会吸引更多的合作者参与研发合作。因此，企业在产学研合作中自我中心网络扩张促进其综合创新能力的提高，增加企业创新绩效。

（2）合作网络自我中心网络动态性促进其专利引用网络中心性水平的提高。

企业在创新过程中需要不断汲取创新知识，而合作网络与专利引用网络正是与知识流动相关的两类创新网络，企业同时嵌入在两类知识流动网络中，合作关系和专利引用关系在知识流动过程中必然存在一定的相关关系。企业自我中心网络稳定性能够通过维持现有合作关系深化对知识的理解，并从合作伙伴处获得它们的新知识并"为我所用"，拓宽知识基础，提高企业自身的影响力，从而吸引更多的组织借鉴其优势技术等，即知识扩散；与此同时，将获取的新知识、新技术进行内化的过程需要借助于其他拥有该技术的专业组织（即知识吸收），因此企业在合作网络中自我中心网络稳定性会促进其在专利引用网络中的中心性水平的提高，使知识的流动性增加。

（3）企业专利引用网络的中心性在自我中心网络稳定性与企业创新绩效的关系中起中介作用，而对自我中心网络扩张性与企业创新绩效的影响没有起到中介作用。

企业同时嵌入在不同网络中，因此这些网络在对企业创新的影响中不仅会有直接影响，也可能存在中介效应或调节效应。由结论（3）可知，企业在合作网络中自我中心网络稳定性有助于增加其在专利引用网络中的中心性水平，提高了知识的流动性，而组织间知识流动作为促进企业创新的前提，有利于提升企业创新绩效。因此，企业通过合作网络中自我中心网络的稳定性提升其专利引用网络的中心性，进而提高企业创新绩效。自我中心网络扩张性与企业创新绩效的影响没有起到中介作用，原因可能在于自我中心网络扩张性在转化为企业创新绩效的过程中存在其他更为重要的创新行为或创新资源要素。

（4）企业合作网络的结构洞负向调节了专利引用网络的中心性与企业创新绩效间的关系，企业合作网络的中心性没有发挥正向调节作用。

企业同时会嵌入在合作网络与专利引用网络中，对企业创新除了会产生独立影响，还会产生叠加效应。处于合作网络结构洞水平的企业本身就能控制和获取异质性知识的优势（张红娟和谭劲松，2014），加之产学研合作网络本身就提供了一个异质性知识丰富的环境。因此，这种环境下异质性知识冗余，会使专利引用网络中心性对企业的促进作用减弱。企业合作网络的中心性没有起到正向调节作用的原因可能在于，产学研合作网络中心性位置节点所拥有的异质性知识数量并没有达到降低知识搜索成本与风险的水平，而企业又同时需要在两个网络中进行知识的交流，消耗大量的时间与精力，反而使得专利引用网络的中心性对企业创新绩效的促进作用减弱。

第二十章　创新驱动发展的企业创新网络政策建议

一、主要研究结论

1. 合作网络与专利引用网络的演化特征

在分析合作网络与专利引用网络两类知识流动网络动态演化过程的基础上，得出以下主要结论。

（1）合作关系和专利引用关系表征的知识流动网络在演化过程中均呈现出阶段性和动态性特征。首先，两类网络在演化过程中表现出的共性为，合作网络与专利引用网络的动态演化过程网络结构都是从简单到复杂，节点间联系从稀疏到稠密，但总体来看联系还不够紧密，网络规模、边数等指标在逐渐增加；两类网络的焦点组织在不断增加，从"寡核心"到"多核心"结构演化，与焦点组织直接联系的合作伙伴的数量越来越多。以上特征说明，无论是合作关系还是专利引用关系都在逐渐完善，组织间的知识流动强度在不断增加，但企业、高校和科研院所之间的合作及其相互之间的知识流动深度与广度都需要进一步提升。

其次，合作网络和专利引用网络在演化过程中存在一定的差异化特征。与专利引用网络相比，合作网络演化的阶段性特征更加明显，即合作网络经历了"线性结构""三角结构和星形结构""交互三角结构""网络结构"的演化过程，而专利引用网络从开始就表现出网络化特征，经历了"寡核心网络结构""多核心网络结构"的演化过程；从网络规模来看，专利引用网络的规模更大，即参与专利引用关系的组织比参与合作关系的组织数量更多；专利引用网络节点组成随时间推移更加多元化，节点类型从多为企业节点到逐渐包含企业、高校和科研院所多种类型的改变，体现出网络演化的复杂化与多元化。以上特征说明不同形式的知识流动网络表现出较大的差异，合作关系表征的知识流动比专利引用关系表征的知识流动阶段性特征更显著，但专利引用关系中的知识流动特征更加复杂，参与主体也更加多样化。

（2）从合作关系表征的知识流动来看，企业间合作网络和产学研合作网络的演化过程有所不同。总体来看，产学研合作网络比企业间合作网络更为稠密、复杂，说明产学研合作关系中的参与知识流动的组织数量更多，结构更加复杂。首先，产学研合作网络与企业间合作网络在演化过程中网络结构有所不同。前者相较于后者更为复杂，企业间合作网络结构经历了从"线性结构"、"星形结构和三角结构"到"复杂网络结构"三个阶段，而产学研合作网络经历了从"线性结构和星形结构"、"复杂星形结构和交互三角结构"到"多核心复杂网络结构"三个阶段。其次，在网络指标上有所不同。产学研合作网络的节点平均度、加权平均度高于企业间合作网络，即产学研合作网络中节点的合作频次更高；产学研合作网络的网络密度、直径、平均路径与聚类系数高于企业间合作网络，表明产学研合作网络中组织间的合作关系更加稠密，知识流动强度相对更高。

2. 合作网络对企业创新绩效的影响

我们将 2002~2014 年的合作关系表征的知识流动网络划分成企业间合作网络和产学研合作网络，以参与这两类合作的企业为研究对象，分析了企业网络位置对创新绩效的影响，得到以下主要结论。

（1）企业间合作网络中，企业的中心性与创新绩效呈倒 U 形关系；企业的结构洞对创新绩效具有显著正向影响。企业的中心性越高，表示对知识、信息等资源的控制程度越高，更容易获得多样化资源（Pan et al., 2019）；但企业间合作网络属于同质性知识较多的网络，中心性的持续增加，会导致知识、信息等的冗余，企业需要投入大量的资金和时间，从冗余知识中筛选有价值的信息，抑制企业创新。因此，将企业间合作网络中心性控制在相对较低的范围内，能够实现企业创新绩效的最优值，当超过这个范围时，反而会降低创新绩效。

网络中企业结构洞水平的提高，意味着企业对知识、信息等资源的获取和控制都表现出显著的优势，不仅能优先获取研发过程中需要的知识，还控制了知识在其他组织之间的传递（Martin et al., 2015）。同时，在这种资源高度同质化的网络中，企业亟须通过结构洞优势获取创新发展中所需的异质性知识，以减弱知识冗余带来的负面效应。因此，处于结构洞位置企业的创新绩效水平往往会更高。

（2）产学研合作网络中，企业中心性对创新绩效的影响并不显著；企业结构洞与创新绩效呈现出显著的倒 U 形关系。由回归结果可知，中心性与创新绩效表现出 U 形关系。原因在于一些企业在参与产学研合作的同时，也参与了企业间合作，企业在企业间合作网络中拥有较高中心性，如果产学研合作网络中的中心性继续增加，会造成知识、信息、技术等的资源冗余，降低创新绩效；但是，当产学研合作网络中的中心度增加到一定水平时，与企业和高校联系的概率也会增加，这样异质性知识开始增多，弥补了中心性过多带来的弊端。因此，企业中心性与创新绩效未表现出显著正向影响，而是呈现 U 形关系。

结构洞能够帮助企业获取更多的异质性知识。相较于企业间合作网络，产学研合作网络能够传递更多异质性资源（Chen et al., 2020），因为产学研合作网络的创新主体包含具备不同资源的企业、高校和科研院所。因此，较低水平的结构洞能够促进企业对异质性知识的吸收，而过高水平的结构洞则会造成异质性知识过多，超过企业的吸收能力，对组织创新产生不利影响。

3. 专利引用网络对企业创新绩效的影响

以 2002~2014 年参与产学研合作的企业为研究对象，构建专利引用网络，探讨该网络中知识流动对企业创新绩效的影响与联系强度的调节作用，得出以下主要结论。

（1）知识吸收正向影响企业创新绩效；知识扩散则负向影响企业创新绩效。企业获取外部知识的广度和深度有助于促进企业创新绩效的提高。知识吸收广度能够拓宽企业的知识基础，知识吸收深度能够深化企业的机制基础，二者使得企业的知识基础在竞争中更具优势。即企业在知识管理过程中，不仅要注重识别有价值的外部知识，提高知识的广度，也要重视吸收外部知识的深化程度与频率，方能够充分理解外部知识，避免由于对知识的片面理解而造成对外部知识的误用或滥用。

企业内部知识被其他企业识别、获取利用的广度和深度越高，越可能对企业创新绩效产生消极影响。这是由于企业内部知识的扩散容易导致核心技术的外泄，对企业综合竞争力产生负面影响。因此，企业需强调知识产权保护工作，避免知识过度扩散导致的消极影响。

（2）网络联系强度正向调节了知识吸收深度与企业创新绩效的关系，而对知识吸收广度与企业创新绩效的关系的调节作用则不显著。网络联系强度水平的提高使得不同企业间建立了信任与互惠关系，增加了企业获得异质性知识的途径与数量。但是，知识吸收广度的增加意味着企业会从更多的渠道获得知识，此时高水平的联系强度将使得异质性资源过多，企业需要消耗大量人力、物力资本来识别有价值信息，不利于知识的有效整合，降低了创新效率，因此联系强度并不能正向调节二者之间的关系。知识吸收深度的增加则意味着企业对其他组织的知识更为熟悉，理解更深，此时高水平联系强度使得异质性资源丰富度增加，能够提升知识宽度与深度，促进企业创新。因此，知识吸收深度较高的企业要充分发挥联系强度的积极效应，而对于知识吸收广度较高的企业则要尽量避免联系强度带来的负向影响。

（3）网络联系强度正向调节了知识扩散深度与企业创新绩效的关系，而对知识扩散广度与企业创新绩效的关系的调节作用则不显著。知识扩散深度的增强使得一些组织能够更为充分地了解企业内部知识和技术，削弱了企业的核心竞争力，也导致了"搭便车"的社会惰性，但联系强度通过建立信任关系增加了企业获取其他企业竞争优势的机会，削弱了二者之间的负向关系；而知识扩散广度的增加意味着更多的组织参与企业知识的吸收和利用，相较于扩散深度更不容易控制核心技术的泄漏，因此没有发挥正向调节作用。因此，对于知识扩散深度较强的企业，可以通过增加联系强度来促进企业创新绩效的提升，而知识扩散广度较强的企业应把握联系强度的水平，尽量减少其为创新绩效带来的弊端。

4. 多层网络对企业创新绩效的影响

在分别剖析了合作关系与专利用引用关系表征的两类知识流动网络对企业创新绩效影响的基础上，为了明晰二者在知识流动过程中是否对企业创新有着更为复杂的交互影响或中介效应，将其纳入同一研究框架，厘清二者对企业创新的影响机制，得出以下结论。

（1）合作网络中企业自我中心网络动态性对创新绩效产生促进作用。产学研合作网络中企业无论是维持现有合作关系的稳定性，还是不断寻找新的合作伙伴，都能够促进组织间的知识流动，从而对企业创新产生积极影响。与现有合作伙伴保持稳定的合作，不仅能够深化现有知识基础，还能够增加合作组织之间的信任，增强知识分享意愿，尤其是前沿知识，为企业创新提供基础；而不断寻求新的合作伙伴，不仅可以使其在网络中的声望有所提升，吸引更多的组织与之进行知识交流，还可以拓宽企业知识基础，增加知识的多样性，参与到更多的技术领域，降低知识搜索成本与研发风险，从而提升企业创新绩效。

（2）合作网络中企业自我中心网络动态性有助于提高企业在专利引用网络中的中心性水平。企业同时嵌入在合作网络与专利引用网络中，二者同时进行着组织间的知识流动，因此二者之间也会存在复杂的关系。自我中心网络动态性拓宽了企业的知识基础，并且提高了企业在该领域的声望与其他组织对它的信任感，因此会吸引更多的组织在创新过程中更多借鉴该企业的技术、知识等；企业在维持与寻求合作伙伴过程中，传递的知识并非都是自身熟悉的领域，为了内化、吸收这些陌生知识，必然会增强对其他组织知识的吸收程度，表现为专利引用网络中节点的中心性的增加。因此，合作网络中企业自我中心网络动态性有助于提高企业的知识吸收与扩散程度，即提升了专利引用网络中的中心性。

（3）企业的专利引用网络中心性中介了合作网络中企业自我中心网络稳定性和创新绩效间的关系。企业在创新过程中同时嵌入在不同网络中，如合作网络与专利引用网络，二者在对企业创新的影响中不仅会有直接影响，也可能存在间接影响。企业在合作网络中自我中心网络稳定性有助于提高其在专利引用网络的中心性水平，提升企业知识传递过程中的广度，增加知识的流动性，从而促进企业创新绩效的提升。

（4）企业合作网络的结构洞负向调节专利引用网络的中心性与企业创新绩效的促进作用。企业嵌入在两类网络中，对企业创新可能存在叠加效应，产学研合作网络节点性质不同、异质性资源丰富，同时处于合作网络结构洞水平的企业本身就能控制和获取异质性资源的优势，这样会造成异质性资源冗余。专利引用网络的中心性水平越高说明知识交流频率或交流广度越大，这个过程会同时获得同质性和异质性知识，当企业的专利引用网络处于这种异质性资源过多的环境下，企业并不能将这些信息全部吸收，导致专利引用网络中心性对企业创新的促进作用减弱。

二、政策建议

本书从社会网络视角出发，聚焦于组织合作与专利引用关系表征的知识流动对企业创新绩效的影响，有一定的理论意义与实践意义。

1. 合理调整合作模式与知识流入、流出比例

一方面，企业掌握其所在合作网络与专利引用网络中结构变化，能够深化其对两种不同途径下组织间知识流动网络结构及其发挥作用的认识。例如，合作网络与专利引用网络在演化过程中都表现出显著的阶段性特征，网络结构逐渐由简单到复杂，虽然网络规模在不断增大，但是网络密度确有下降趋势，说明节点之间无论是合作关系还是专利引用关系都不紧密，知识流动的强度不高，知识传递不畅。企业关注到这些演化特征，就能在未来的合作中增加与外部组织的知识交流；同时有些节点作为组织竞相合作的对象，也要选择合作伙伴，以控制共享的同质和异质性知识的比例，从而提高知识传递效率与效果。

另一方面，企业应区分不同的合作模式，企业间合作网络与产学研合作网络也存在很多的差异化特征，其知识流动程度不同，会对企业创新带来不同的影响。与企业间合作网络相比，产学研合作网络结构在演化过程中更为复杂，节点性质差异更大。产学研合作网络节点度数和平均度都更大，但是网络密度却更小，因此企业参与产学研合作时要注意增加间接合作关系以增加网络的连通性，而企业间合作则需要企业拓展直接合作的广度，从而使得整个网络中知识流动的

效率更高。

依据合作网络与专利引用网络演化的不同特征，调整合作模式，合理选择合作伙伴类型以控制知识获取的数量和类型；适当调整知识流入、流出比例，以平衡利弊。

2. 兼顾企业间合作和产学研合作对企业创新的综合影响

由于企业从企业间合作与产学研合作中获取的知识、技术等资源不同，应该综合二者的优势促进不同形式的创新。例如，参与企业间合作的企业通常是存在一种类型的组织——ICT 领域的不同企业，同一领域的企业通常拥有相似的组织系统和组织目标，注重知识的商业价值。企业间合作网络中企业间的组织邻近和认知邻近更大，因此，从企业间合作中获取更多的知识和产业技术，将相关技术进行有机融合，促进企业的集成创新；产学研合作中高校和科研院所是知识的主要创造者，科研院所也是研究成果的主要传播者，而企业更强调知识的私有化和商业价值，三种组织的性质不同，在三者之间传递的大部分为异质性知识和技术，因此从产学研合作中能够获取更多研发创新所需的基础知识，为企业展开原始创新活动提供知识支持。不同性质的合作网络中，企业间合作网络中的知识多为同质性的，而产学研合作网络中的知识多为异质性的，企业在不同性质的网络中网络位置对企业创新发挥着不同的作用。

企业在企业间合作网络中应充分发挥结构洞带来的异质性知识优势，同时避免中心性过度带来同质性知识冗余的弊端；而产学研合作网络中高水平下的中心性更能促进企业创新，尽量规避中等水平中心性带来的"中等资源陷阱"，而中等水平的结构洞能够最大化地转化为企业创新，但过高的结构洞水平不利于知识的吸收与内化。企业要平衡中心性和结构洞在不同类型合作网络中对企业创新带来的利弊，使其达到最优的促进效应。

因此，协同创新中企业要兼顾企业间合作和产学研合作对企业创新的综合影响，合理利用不同网络中网络位置带来的知识获取和控制优势。

3. 平衡知识吸收与扩散对企业创新带来的优势与弊端

知识吸收与知识扩散对企业创新起到了不同的作用，因此企业在创新过程中要兼顾二者的利弊，才能充分发挥知识流动在企业创新中的促进作用。首先，企业在研发过程中通过借鉴更多组织的前沿知识与技术，获得多样化、异质性的知识、信息，掌握本领域知识的系统性与前瞻性，对外部知识进行更加准确的识别与判断，取得创新成果；通过多次吸收协作伙伴的知识与技术，增加知识主体间的信任关系，降低交易成本。其次，知识吸收可以促进企业与其他组织间的协同创新，升级集成创新（薛澜等，2019）。企业可以从其他企业、高校或者科研院所获取外部知识,以优化自身的知识结构、弥补知识短板,减少组织边界对知识的交流与共享的阻碍作用。

但是,知识扩散对ICT产业中的企业创新表现出显著的抑制作用,也就是说企业掌握的前沿知识与技术被外部组织汲取,非但没有起到提高企业声誉的作用,反而会造成企业核心技术的外泄,而且这种负面影响是长期的。但这并不意味着企业只进行知识吸收而不需要知识扩散,因为单纯的知识吸收会使知识存量超过企业吸收能力,且容易造成企业的故步自封,不利于企业创新。因此,企业应该采取措施平衡知识吸收与知识扩散对企业创新的影响,在研发过程中一方面要充分发挥知识吸收对企业创新的促进作用;同时对拥有高技术含量、知识密集型的企业来讲,也应该尽量规避企业核心技术和知识的外泄,加强核心技术的知识产权保护,在激烈的竞争中保持长久的竞争力。

因此,企业应充分利用知识吸收对企业创新带来的优势,同时也要平衡知识扩散对企业创新带来的弊端。

4. 针对性建立不同水平的专利引用网络联系强度

由于联系强度能够加强知识吸收深度对企业创新绩效的正向作用,并减弱知识扩散深度对企业创新绩效的负向作用,而对知识吸收、扩散广度没有显著的调节作用。也就是说,如果一个企业在研发过程中与其他组织有较强的联系强度,此时应当与某些组织保持持续的引用关系,即多次借鉴某些组织的知识、技术,加强与其他组织的联系强度,建立信任与互惠关系,使自身在深化获取知识的基础上再拓宽异质性信息获取的途径与数量;同时还应该使知识吸收广度保持较低水平,规避因异质性资源过多导致企业对知识整合的障碍,使得企业消耗人力、物力资本来识别有价值信息,降低创新效率,抑制企业创新。同样,知识扩散深度的增强使得一些组织能够更加充分、深入地了解企业内部技术和知识,也导致了"搭便车"的社会惰性(施杨和李南,2009)。此时,若企业在研发过程中与其他组织形成了较强的联系强度,便能够通过建立信任关系来提高企业获取其他企业竞争优势的概率;而较高的知识扩散广度容易引起企业核心技术的泄漏,仅仅通过增加与其他组织的联系强度无法避免这种负面效应。因此,企业应根据面临的知识流入与流出情况,构建不同联系强度的专利引用网络,使其充分发挥对企业创新的促进作用。

因此,对于知识吸收与知识扩散广度、深度不同的企业,要有针对性地建立不同水平的专利引用网络联系强度,发挥联系强度的优势。

5. 维持合作伙伴稳定性与拓展新合作关系并重

一个企业在与其他组织合作的过程中,虽然稳定的合作关系能够深化现有的知识基础，拓展新的合作关系能够拓宽知识基础，但如果仅仅追求自我中心网络稳定性的维持与巩固，会造成组织故步自封，阻碍创新的发展；而如果只注重网络扩张则容易导致合作关系的不稳定加剧。因此，企业要想获得更多的创新产出，必须综合考虑稳定性与扩张性在创新中发挥的作用，在深化现有合作关系的同时，积极扩展新的合作关系以丰富组织资源，从深度和广度两个方面完善企业现有知识基础。

因此，对于合作关系表征的知识流动，企业在与其他组织建立合作关系时，不仅要维持现有合作伙伴的稳定性，还要积极拓展新的合作伙伴，同时深化和拓宽知识基础，充分发挥二者对企业创新的促进作用。

6. 综合考虑合作网络与专利引用网络的双重优势

企业应意识到自身同时嵌入在合作网络和专利引用网络中，两类网络作为知识传播的重要途径不仅对企业创新绩效有直接的影响，还存在间接效应或者交互影响。一方面，专利引用网络是企业维持合作网络合作关系稳定性到创新绩效的转化机制，为推动企业创新提供了新的路径。企业可以通过与现有直接联系伙伴保持稳定的合作，使知识基础得到深化和拓展，从而提高其在专利引用网络中与其他组织的知识交流程度（即中心性水平的提高），进而提升企业创新绩效。另一方面，企业在合作网络中的位置对专利引用网络中心性与企业创新绩效的关系起到调节作用。企业在专利引用网络中的中心性水平提高，促进了它与组织外部的知识交流，加速了知识的更新。研究中关注的合作网络为产学研合作网络，结构洞水平的提高，为企业提供了极其丰富的异质性资源，这一水平超过了企业的吸收能力，当专利引用网络的中心性也处于高水平时，反而减弱了对企业创新的促进作用。当企业处于高中心性水平专利引用网络时，应尽量使其在合作网络中保持相对较低的结构洞水平，才能充分发挥二者对企业创新的促进作用。

因此，合作关系与专利引用关系两种知识流动方式对企业创新起到了复杂的交互影响和中介效应，除了关注二者对创新的独立影响外，还应综合考虑二者的双重优势。

本篇参考文献

曹兴，李文. 2017. 创新网络结构演化对技术生态位影响的实证分析[J]. 科学学研究，35（5）：792-800.

陈雷，武宪云. 2019. 企业内部合作网络对知识搜索的影响[J]. 中国软科学，（5）：131-136.

陈暮紫，秦玉莹，李楠. 2019. 跨区域知识流动和创新合作网络动态演化分析[J]. 科学学研究，37（12）：2252-2264.

陈素鹃，孙锐. 2010. 知识型企业知识扩散与知识创新的协调困境及对策[J]. 科技进步与对策，27（12）：133-135.

陈伟，杨早立，张永超. 2014. 网络结构与企业核心能力关系实证研究：基于知识共享与知识整合中介效应视角[J]. 管理评论，（6）：74-82.

陈子凤，官建成. 2014. 国际专利合作和引用对创新绩效的影响研究[J]. 科研管理，35（3）：35-42.

崔蓓，王玉霞. 2017. 供应网络联系强度与风险分担：依赖不对称的调节作用[J]. 管理世界，（4）：106-118.

戴海闻，曾德明，张运生. 2017. 标准联盟组合嵌入性社会资本对企业创新绩效的影响研究[J]. 研究与发展管理，29（2）：93-101.

邓洁，余翔，崔利刚. 2014. 基于专利信息的我国发明专利无效行为实证研究[J]. 情报杂志，33（8）：52-58.

高霞，陈凯华. 2015. 合作创新网络结构演化特征的复杂网络分析[J]. 科研管理，36（6）：28-36.

高霞，其格其，曹洁琼. 2019. 产学研合作创新网络开放度对企业创新绩效的影响[J]. 科研管理，40（9）：231-240.

郭建杰，谢富纪，王海花，等. 2019. 基于产学联合申请专利的合作网络动态演化研究[J]. 科技进步与对策，36（17）：1-10.

洪勇，李琪. 2018. 基于主体间多维交互的产学研知识转移机理[J]. 科学学研究，36（5）：857-867

黄鲁成，石媛嫄，吴菲菲，等. 2017. 基于技术视角的新兴产业关联研究——以 3D 打印相关产业为例[J]. 管理评论, 29（2）：47-58.

孔晓丹, 张丹. 2019. 创新网络知识流动对企业创新绩效的影响研究——基于网络嵌入性视角[J]. 预测, 38（2）：45-51.

李蓓, 陈向东. 2015. 基于专利引用耦合聚类的纳米领域新兴技术识别[J]. 情报杂志, 34（5）：35-40.

李晨光, 赵继新. 2019. 产学研合作创新网络随机交互连通性研究——角色和地域多网络视角[J]. 管理评论, 31（8）：110-122.

李健, 余悦. 2018. 合作网络结构洞、知识网络凝聚性与探索式创新绩效：基于我国汽车产业的实证研究[J]. 南开管理评论, 21（6）：121-130.

林娟娟, 陈向东. 2014. 基于网络图形分析的ICT技术收敛实证研究[J]. 科研管理, 35（4）：34-43.

刘岩, 蔡虹. 2012. 企业知识基础网络结构与技术创新绩效的关系——基于中国电子信息行业的实证分析[J]. 系统管理学报, 21（5）：655-661.

吕民乐, 王丹丹. 2016. 基于创新合作网络的我国省际间知识流动研究[J]. 工业技术经济, 35（7）：154-160.

裴梦丹, 张宝建, 孙国强. 2019. 关系冗余、组织合法性与新创企业绩效关系研究[J]. 软科学, 33（1）：64-67.

乔坤, 吕途. 2014. 强关系与弱关系的内涵重构——基于4家企业TMT社会关系网络的案例研究[J]. 管理学报, 11（7）：972-980.

施杨, 李南. 2009. 团队知识扩散与组织学习的匹配及其动态模型探析[J]. 科学管理研究, 27（1）：71-74.

宋晶, 孙永磊, 陈劲. 2017. 基于调节定向的网络惯例对合作创新绩效的作用研究[J]. 科学学与科学技术管理, 38（2）：127-135.

孙德忠, 李亚平, 喻登科. 2015. 高校教师隐性知识共享能力评价模型[J]. 情报科学, 33（4）：46-52.

孙永磊, 党兴华. 2013. 基于知识权力的网络惯例形成研究[J]. 科学学研究, 31（9）：1372-1380, 1390.

汤超颖, 李美智, 张桂阳. 2018. 中国创新型企业内外部研发合作网络对组织二元学习平衡的影响[J]. 科学学与科学技术管理, 39（5）：76-88.

唐青青, 谢恩, 梁杰. 2015. 知识库与突破性创新：关系嵌入强度的调节[J]. 科学学与科学技术管理, 36（7）：21-29.

田丽娜, 杨祖国. 2017. 基于"反向引用"视角的中国专利技术与世界科学关联分析[J]. 图书情报工作, 61（2）：107-113.

王国红, 周建林, 邢蕊. 2015. 基于双重扩散过程的创新孵化网络内知识扩散方选策略研究[J]. 科学学与科学技术管理, 36（4）：105-114.

王珊珊，邓守萍，Cooper S Y，等. 2018. 华为公司专利产学研合作：特征、网络演化及其启示[J]. 科学学研究，36（4）：701-713，768.

王巍，孙笑明，崔文田，等. 2019. 外部知识搜索对内部知识扩散的影响研究[J]. 管理学报，16（10）：1516-1524.

魏红芹，周成. 2018. 专利间知识流动与技术融合趋势研究[J]. 科技进步与对策，35（22）：17-22.

魏龙，党兴华. 2018. 惯例复制、网络闭包与创新催化：一个交互效应模型[J]. 南开管理评论，21（3）：165-175，190.

吴楠，赵嵩正，张小娣. 2015. 企业创新网络中外部知识获取对双元性创新的影响研究[J]. 情报理论与实践，38（5）：35-41.

向希尧，蔡虹. 2011. 组织间跨国知识流动网络结构分析[J]. 科学学研究，29（1）：97-105.

解学梅. 2013. 协同创新效应运行机理研究：一个都市圈视角[J]. 科学学研究，31（12）：1907-1920.

徐庆富，康旭东，杨中楷，等. 2017. 基于专利权转让的我国省际技术转移特征研究[J]. 情报杂志，36（7）：66-72.

许冠南，潘美娟，周源. 2016. 基于 QAP 分析的国际知识流动影响要素研究——以光伏产业为例[J]. 科学学与科学技术管理，37（10）：49-62.

许治，范洁凭. 2012. 我国校企联合申请有效专利分布特征研究[J]. 科学学与科学技术管理，33（1）：99-105.

薛澜，姜李丹，黄颖，等. 2019. 资源异质性、知识流动与产学研协同创新——以人工智能产业为例[J]. 科学学研究，37（12）：2241-2251.

姚山季，王永贵. 2012. 顾客参与新产品开发及其绩效影响：关系嵌入的中介机制[J]. 管理工程学报，26（4）：39-48，83.

叶选挺，张剑，刘云，等. 2014. 产业创新国际化知识流动测度研究——基于专利跨国引用网络的视角[J]. 科学学与科学技术管理，35（9）：14-23.

应洪斌. 2016. 结构洞对产品创新绩效的作用机理研究——基于知识搜索与转移的视角[J]. 科研管理，37（4）：9-15.

于晓宇，陈颖颖. 2020. 冗余资源、创业拼凑与瞬时竞争优势[J]. 管理科学学报，23（4）：1-21.

余长林. 2013. 知识产权保护对国际贸易的影响研究述评[J]. 经济评论，（1）：137-144.

张端阳，肖国华. 2013. 基于社会网络分析的企业专利情报分析[J]. 情报杂志，32（6）：34-39.

张红娟，谭劲松. 2014. 联盟网络与企业创新绩效：跨层次分析[J]. 管理世界，（3）：163-169.

张化尧，杨军. 2015. ICT 产业中的国际技术战略合作——宁波舜宇光电的案例[J]. 科学学研究，33（6）：868-875.

章丹，胡祖光. 2013. 网络结构洞对企业技术创新活动的影响研究[J]. 科研管理，34（6）：

34-41.

赵炎, 王冰, 郑向杰. 2015. 联盟创新网络中企业的地理邻近性、区域位置与网络结构特征对创新绩效的影响——基于中国通讯设备行业的实证分析[J]. 研究与发展管理, 27（1）: 124-131.

赵炎, 王琦. 2013. 联盟网络的小世界性对企业创新影响的实证研究——基于中国通信设备产业的分析[J]. 中国软科学, （4）: 108-116.

赵炎, 王燕妮. 2017. 越强越狭隘？企业间联盟创新网络的证据——基于资源特征与结构特征的视角[J]. 科学学与科学技术管理, 38（5）: 117-127.

周成, 魏红芹. 2018. 基于专利引用网络的我国新能源汽车省际间知识流动研究[J]. 情报杂志, 37（7）: 60-65.

朱丽, 柳卸林, 宋继文. 2016. 网络范式下的管理学研究及前沿热点[J]. 管理世界, （10）: 184-185.

Ahuja G. 2000. Collaboration networks, structural holes, and innovation: a longitudinal study[J]. Administrative Science Quarterly, 45（3）: 425-455.

Ahuja G, Lampert C M. 2001. Entrepreneurship in the large corporation: a longitudinal study of how established firms create breakthrough inventions[J]. Strategic Management Journal, 22（6/7）: 521-543.

Alexiev A S, Jansen J J P, Bosch F A J, et al. 2010. Top management team advice seeking and exploratory innovation: the moderating role of TMT heterogeneity[J]. Journal of Management Studies, 47（7）: 1343-1364.

Arregle J L, Miller T L, Hitt M A, et al. 2013. Do regions matter? An integrated institutional and semiglobalization perspective on the internationalization of MNEs[J]. Strategic Management Journal, 34（8）: 910-934.

Assenza S, Gómez-Gardeñes J, Latora V. 2008. Enhancement of cooperation in highly clustered scale-free networks[J]. Physical Review E, 78（1）: 017101.

Bao Y, Sheng S, Zhou K Z. 2012. Network-based market knowledge and product innovativeness[J]. Marketing Letters, 23（1）: 309-324.

Baron R M, Kenny D A. 1986. The moderator-mediator variable distinction in social psychological research: conceptual, strategic, and statistical considerations[J]. Journal of Personality and Social Psychology, 51（6）: 1173-1182.

Baum J A C, Calabrese T, Silverman B S. 2000. Don't go it alone: alliance network composition and startups' performance in Canadian biotechnology[J]. Strategic Management Journal, 21（3）: 267-294.

Berends H, Burg E, Raaij E M. 2011. Contacts and contracts: cross-level network dynamics in the development of an aircraft material[J]. Organization Science, 22（4）: 940-960.

Bhupatiraju S, Nomaler O, Triulzi G, et al. 2012. Knowledge flows-analyzing the core literature of innovation, entrepreneurship and science and technology studies[J]. Research Policy, 41（7）: 1205-1218.

Brass D J, Galaskiewicz J, Greve H R, et al. 2004. Taking stock of networks and organizations: a multilevel perspective[J]. Academy of Management Journal, 47（6）: 795-817.

Burt R S. 1992. The social structure of competition[J]. Economic Journal, 42（22）: 7060-7066.

Carnabuci G, Operti E. 2013. Where do firms' recombinant capabilities come from? Intraorganizational networks, knowledge, and firms' ability to innovate through technological recombination[J]. Strategic Management Journal, 34（13）: 1591-1613.

Catherine B, Andrea S. 2011. Impact of collaboration and network indicators on patent quality: the case of Canadian nanotechnology[J]. European Management Journal,（29）: 362-376.

Chandra P, Dong A. 2018. The relation between knowledge accumulation and technical value in interdisciplinary technologies[J]. Technological Forecasting and Social Change, 128: 235-244.

Chang Y H, Yang M C, Lai K K, et al. 2017. Patent portfolios and knowledge flow（s）of photovoltaic companies[J]. Technology Analysis & Strategic Management, 29（10）: 1121-1138.

Chen K H, Zhang Y, Zhu G L, et al. 2020. Do research institutes benefit from their network positions in research collaboration networks with industries or/and universities? [J]. Technovation, 94: 102002.

Chen Z F, Guan J C. 2015. The core-peripheral structure of international knowledge flows: evidence from patent citation data[J]. R&D Management, 46（1）: 62-79.

Choe H, Lee D H, Kim H D, et al. 2016. Structural properties and inter-organizational knowledge flows of patent citation network: the case of organic solar cells[J]. Renewable and Sustainable Energy Reviews, 55: 361-370.

Dahlander L, Frederiksen L. 2012. The core and cosmopolitans: a relational view of innovation in user communities[J]. Organization Science, 23（4）: 988-1007.

Dahlander L, Mcfarland D A. 2013. Ties that last tie formation and persistence in research collaborations over time[J]. Administrative Science Quarterly, 58（1）: 69-110.

Danneels E. 2002. The dynamics of product innovation and firm competences[J]. Strategic Management Journal, 23（12）: 1095-1121.

de Fuentes C, Dutrenit G. 2012. Best channels of academia–industry interaction for long-term benefit[J]. Research Policy, 41（9）: 1666-1682.

Demirkan I, Demirkan S. 2012. Network characteristics and patenting in biotechnology, 1990-2006[J]. Journal of Management, 38（6）: 1892-1927.

Efi A E. 2014. Synergy between academic research and industrialization: the search for development in Nigeria[J]. Human Resource Management Research, 4（3）: 69-74.

Fitjar R D, Huber F, Rodriguez-Pose A. 2016. Not too close, not too far: testing the goldilocks principle of "optimal" distance in innovation networks[J]. Industry and Innovation, 23（6）: 465-487.

Fukugawa N. 2013. University spillovers into small technology-based firms: channel, mechanism, and geography[J]. The Journal of Technology Transfer, 38（4）: 415-431.

Funk R J. 2014. Making the most of where you are: geography, networks, and innovation in organizations[J]. Academy of Management Journal, 57（1）: 193-222.

Giuliani E, Bell M. 2005. The micro-determinants of mesolevel learning and innovation: evidence from a Chilean wine cluster[J]. Research Policy, 34（1）: 47-68.

Gnyawali D R, Madhavan R. 2001. Cooperative networks and competitive dynamics: a structural embeddedness perspective[J]. Academy of Management Review, 26（3）: 431-445.

Gonzalez-Brambila C N, Veloso F M, Krackhardt D. 2013. The impact of network embeddedness on research output[J]. Research Policy, 42（9）: 1555-1567.

Guan J C, Liu N. 2016. Exploitative and exploratory innovations in knowledge network and collaboration network: a patent analysis in the technological field of nano-energy[J]. Research policy, 45（1）: 97-112.

Guan J C, Zhang J J, Yan Y. 2015. The impact of multilevel networks on innovation[J]. Research Policy, 44（3）: 545-559.

Guan J C, Zhang J J, Yan Y. 2017. A dynamic perspective on diversities and network change: partner entry, exit and persistence[J]. International Journal of Technology Management, 74（1/4）: 221-242.

Guan J C, Zhao Q J. 2013. The impact of university-industry collaboration networks on innovation in nanobiopharmaceuticals[J]. Technological Forecasting and Social Change, 80（7）: 1271-1286.

Guler I, Guillén M F, Macpherson J M. 2002. Global competition, institutions, and the diffusion of organizational practices: the international spread of ISO 9000 quality certificates[J]. Administrative Science Quarterly, 47（2）: 207-232.

Gupta A K, Tesluk P E, Taylor M S. 2007. Innovation at and across multiple levels of analysis[J]. Organization Science, 18（6）: 885-897.

Ho Y, Chiu H. 2013. A social network analysis of leading semiconductor companies' knowledge flow network[J]. Asia Pacific Journal of Management, 30（4）: 1265-1283.

Hoang H, Yi A. 2015. Network-based research in entrepreneurship: a decade in review[J]. Foundations and Trends in Entrepreneurship, 11（1）: 1-54.

Hsiao Y C, Chen C J, Choi Y R. 2016. The innovation and economic consequences of knowledge spillovers: fit between exploration and exploitation capabilities, knowledge attributes, and transfer mechanisms[J]. Technology Analysis & Strategic Management, 29（8）: 1-14.

Iammarino S, McCann P. 2006. The structure and evolution of industrial clusters: transactions, technology and knowledge spillovers[J]. Research Policy, 35（7）: 1018-1036.

Jeong D, Lee K, Cho K. 2018. Relationships among international joint research, knowledge diffusion, and science convergence: the case of secondary batteries and fuel cells[J]. Asian Journal of Technology Innovation, 26（2）: 246-268.

Jha Y, Welch E W. 2010. Relational mechanisms governing multifaceted collaborative behavior of academic scientists in six fields of science and engineering[J]. Research Policy, 39（9）: 1174-1184.

Jin X, Wang J, Chen S, et al. 2015. A study of the relationship between the knowledge base and the innovation performance under the organizational slack regulating[J]. Management Decision, （1）: 2202-2225.

Knott A M. 2003. Persistent heterogeneity and sustainable innovation[J]. Strategic Management Journal, 24（8）: 687-705.

Koka B R, Madhavan R, Prescott J E. 2006. The evolution of interfirm networks: environmental effects on patterns of network change[J]. Academy of Management Review, 31（3）: 721-737.

Lahiri N, Narayanan S. 2013. Vertical integration, innovation, and alliance portfolio size: implications for firm performance[J]. Strategic Management Journal, 34（9）: 1042-1064

Lavie D, Rosenkopf L. 2006. Balancing exploration and exploitation in alliance formation[J]. Academy of Management Journal, 49（4）: 797-818.

Lee J J. 2010. Heterogeneity, brokerage, and innovative performance: endogenous formation of collaborative inventor networks[J]. Organization Science, 21（4）: 804-822.

Levine S S, Prietula M J. 2012. How knowledge transfer impacts performance: a multilevel model of benefits and liabilities[J]. Organization Science, 23（6）: 1748-1766.

Lin C, Wu J C, Yen D C. 2012. Exploring barriers to knowledge flow at different knowledge management maturity stages[J]. Information & Management, 49（1）: 10-23.

Lipparini A, Lorenzoni G, Ferriani S. 2014. From core to periphery and back: a study on the deliberate shaping of knowledge flows in interfirm dyads and networks[J]. Strategic Management Journal, 35（4）: 578-595.

Love J H, Roper S. 2001. Location and network effects on innovation success: evidence for UK, German and Irish manufacturing plants[J]. Research Policy, 30（4）: 643-661.

Markóczy L, Li Sun S, Peng M W, et al. 2013. Social network contingency, symbolic management, and boundary stretching[J]. Strategic Management Journal, 34（11）:

1367-1387.

Martin G, Gözübüyük R, Becerra M. 2015. Interlocks and firm performance: the role of uncertainty in the directorate interlock - performance relationship[J]. Strategic Management Journal, 36 (2): 235-253.

Mason W, Watts D J. 2012. Collaborative learning in networks[J]. Proceedings of the National Academy of Sciences, 109 (3): 764-769.

Miguélez E, Moreno R. 2015. Knowledge flows and the absorptive capacity of regions[J]. Research Policy, 44 (4): 833-848.

Moliterno T P, Mahony D M. 2011. Network theory of organization: a multilevel approach[J]. Journal of Management, 37 (2): 443-467.

Moon H, Mariadoss B J, Johnson J L, et al. 2019. Collaboration with higher education institutions for successful firm innovation[J]. Journal of Business Research, 99: 534-541.

Mu J. 2014. Networking capability, network structure, and new product development performance[J]. IEEE Transactions on Engineering Management, 61 (4): 599-609.

Ozmel U, Reuer J J, Gulati R. 2013. Signals across multiple networks: how venture capital and alliance networks affect interorganizational collaboration[J]. Academy of Management Journal, 56 (3): 852-866.

Paci R, Usai S. 2009. Knowledge flows across European regions[J]. The Annals of Regional Science, 43 (3): 669-690.

Pan W, Zhao P, Ding X. 2019. The effects of network structure on research innovation: an analysis from a content perspective using the data of R&D funding[J]. Technology Analysis & Strategic Management, 31 (12): 1430-1446.

Park I, Yoon B. 2018. Technological opportunity discovery for technological convergence based on the prediction of technology knowledge flow in a citation network[J]. Journal of Informetrics, 12 (4): 1199-1222.

Park Y N, Lee Y S, Kim J J, et al. 2018. The structure and knowledge flow of building information modeling based on patent citation network analysis[J]. Automation in Construction, 87: 215-224.

Paruchuri S, Eisenman M. 2012. Microfoundations of firm R&D capabilities: a study of inventor networks in a merger[J]. Journal of Management Studies, 49 (8): 1509-1535.

Phelps C C. 2010. A longitudinal study of the influence of alliance network structure and composition on firm exploratory innovation[J]. Academy of Management Journal, 53 (4): 890-913.

Ranganathan R, Rosenkopf L. 2014. Do ties really bind? The effect of knowledge and commercialization networks on opposition to standards[J]. Academy of Management Journal, 57 (2): 515-540.

Schilling M A, Phelps C C. 2007. Interfirm collaboration networks: the impact of large- scale network structure on firm innovation[J]. Management Science, 53（7）: 1113-1126.

Schøtt T, Jensen K W. 2016. Firms' innovation benefiting from networking and institutional support: a global analysis of national and firm effects[J]. Research Policy, 45（6）: 1233-1246.

Seidler-de Alwis R, Hartmann E. 2008. The use of tacit knowledge within innovative companies: knowledge management in innovative enterprises[J]. Journal of Knowledge Management, 12（1）: 133-147.

Shan W, Zhang C, Wang J. 2018. Internal social network, absorptive capacity and innovation: evidence from New Ventures in China[J]. Sustainability, 10（4）: 1094.

Sharma P, Tripathi R C. 2017. Patent citation: a technique for measuring the knowledge flow of information and innovation[J]. World Patent Information, 51: 31-42.

Singh H, Kryscynski D, Li X, et al. 2016. Pipes, pools, and filters: how collaboration networks affect innovative performance[J]. Strategic Management Journal, 37（8）: 1649-1666.

Singh N P, Stout B D. 2018. Knowledge flow, innovative capabilities and business success: performance of the relationship between small world networks to promote innovation[J]. International Journal of Innovation Management, 22（2）: 1-35.

Stuart T E. 1998. Network positions and propensities to collaborate: an investigation of strategic alliance formation in a high-technology industry[J]. Administrative Science Quarterly, 43（3）: 668-698.

Sun Y. 2016. The structure and dynamics of intra-and inter-regional research collaborative networks: the case of China（1985-2008）[J]. Technological Forecasting and Social Change, 108: 70-82.

Sytch M, Tatarynowicz A. 2014. Exploring the locus of invention: the dynamics of network communities and firms' invention productivity[J]. Academy of Management Journal, 57（1）: 249-279.

Tang C. 2016. Accessed external knowledge, centrality of intra - team knowledge networks, and R & D employee creativity[J]. R&D Management, 46（S3）: 992-1005.

Ter Wal A L J. 2013. The dynamics of the inventor network in German biotechnology: geographic proximity versus triadic closure[J]. Journal of Economic Geography, 14（3）: 589-620.

Tomlinson P R. 2010. Co-operative ties and innovation: some new evidence for UK manufacturing[J]. Research Policy, 39（6）: 762-775.

Tortoriello M, Reagans R, McEvily B. 2012. Bridging the knowledge gap: the influence of strong ties, network cohesion, and network range on the transfer of knowledge between organizational units[J]. Organization Science, 23（4）: 1024-1039.

Tsai W. 2001. Knowledge transfer in intraorganizational networks: effects of network position and absorptive capacity on business unit innovation and performance[J]. Academy of Management Journal, 44（5）: 996-1004.

van Burg E, Berends H, van Raaij E M. 2014. Framing and interorganizational knowledge transfer: a process study of collaborative innovation in the aircraft industry[J]. Journal of Management Studies, 51（3）: 349-378.

Vermeulen B. 2018. Geographical dynamics of knowledge flows: descriptive statistics on inventor network distance and patent citation graphs in the pharmaceutical industry[J]. International Journal of Computational Economics and Econometrics, 8（3/4）: 301-324.

Wang C C, Sung H Y, Chen D Z, et al. 2017. Strong ties and weak ties of the knowledge spillover network in the semiconductor industry[J]. Technological Forecasting and Social Change, 118: 114-127.

Wang C, Rodan S, Fruin M, et al. 2014. Knowledge networks, collaboration networks, and exploratory innovation[J]. Academy of Management Journal, 57（2）: 484-514.

Wong S S, Boh W F. 2014. The contingent effects of social network sparseness and centrality on managerial innovativeness[J]. Journal of Management Studies, 51（7）: 1180-1203.

Xie X, Fang L, Zeng S. 2016. Collaborative innovation network and knowledge transfer performance: a fsQCA approach[J]. Journal of Business Research, 69（11）: 5210-5215.

Xu S. 2015. Balancing the two knowledge dimensions in innovation efforts: an empirical examination among pharmaceutical firms[J]. Journal of Product Innovation Management, 32（4）: 610-621.

Yan Y, Guan J C. 2018a. How multiple networks help in creating knowledge: evidence from alternative energy patents[J]. Scientometrics, 115（4）: 51-77.

Yan Y, Guan J C. 2018b. Social capital, exploitative and exploratory innovations: the mediating roles of ego-network dynamics[J]. Technological Forecasting and Social Change, 126: 244-258.

Yang H, Lin Z, Lin Y. 2010. A multilevel framework of firm boundaries: firm characteristics, dyadic differences, and network attributes[J]. Strategic Management Journal, 31（3）: 237-261.

Yoon J, Park H W. 2017. Triple helix dynamics of South Korea's innovation system: a network analysis of inter-regional technological collaborations[J]. Quality & Quantity, 51（3）: 989-1007.

Zaheer A, Bell G G. 2005. Benefiting from network position: firm capabilities, structural holes, and performance[J]. Strategic Management Journal, 26（9）: 809-825.

Zhang Y, Chen K, Zhu G, et al. 2016. Inter-organizational scientific collaborations and policy effects: an ego-network evolutionary perspective of the Chinese Academy of Sciences[J].

Scientometrics, 108（3）: 1383-1415.

Zhao S L, Cacciolatti L, Lee S H, et al. 2015. Regional collaborations and indigenous innovation capabilities in China: a multivariate method for the analysis of regional innovation systems[J]. Technological Forecasting and Social Change, 94: 202-220.

Zhou Y, Pan M, Urban F. 2018. Comparing the international knowledge flow of China's wind and solar photovoltaic (pv) industries: patent analysis and implications for sustainable development[J]. Sustainability, 10（6）: 1883.

Zhuge H. 2002. A knowledge flow model for peer-to-peer team knowledge sharing and management[J]. Expert Systems with Applications, 23（1）: 23-30.

第六篇　中国实施创新驱动发展战略的总体构想

第二十一章　实施创新驱动发展战略的顶层设计

根据前文对创新驱动发展战略实施中中国情境与国际比较、创新理论、创新政策、创新网络的研究结果，结合我国创新驱动发展战略的发展历程，从总体目标、实施路径、双轮驱动、四个动力、五大战略重点等方面出发，构建我国创新驱动发展战略实施的总体框架。

一、指导思想和设计思路

1. 指导思想

以习近平新时代中国特色社会主义思想为指导，深入贯彻习近平总书记系列重要讲话精神，以十八大以来，党中央和国家层面关于创新驱动发展战略的部署为指南。特别是以下重要论述。

2012年11月8日中国共产党第十八次全国代表大会报告中关于"实施创新驱动发展战略"的主要论述，强调科技创新是提高社会生产力和综合国力的战略支撑，必须摆在国家发展全局的核心位置。

2015年3月13日中共中央、国务院印发的《关于深化体制机制改革加快实施创新驱动发展战略的若干意见》中关于必须深化体制机制改革、加快实施创新驱动发展战略的主要意见。

2015年10月29日《中国共产党第十八届中央委员会第五次全体会议公报》强调的"破解发展难题，厚植发展优势，必须牢固树立并切实贯彻创新、协调、绿色、开放、共享的发展理念"的论述。

2016年5月19日中共中央、国务院印发的《国家创新驱动发展战略纲要》中关于战略背景、要求、部署、任务和保障的主要内容。

2017年10月18日，中国共产党第十九次全国代表大会报告中关于"加快建设创新型国家""创新是引领发展的第一动力，是建设现代化经济体系的战略支撑"的主要论述。

2020年10月29日中国共产党第十九届中央委员会第五次全体会议通过的《中共中央关于制定国民经济和社会发展第十四个五年规划和二〇三五年远景目标的建议》中所指出的"坚持创新驱动发展，全面塑造发展新优势""坚持创新在我国现代化建设全局中的核心地位，把科技自立自强作为国家发展的战略支撑"等重要论述。

2. 设计思路

我国创新驱动发展战略的实施和科技强国的建设是一项复杂的系统工程，战略实施的总体构想主要需要回答以下几个问题。

第一，目标是什么？解决到哪里去的问题。目标是创新驱动发展战略实施总体构想首先要解决的问题，它决定了战略的方向和定位，反映了战略制定和实施的总体指导思想，决定了实施创新驱动发展战略的总体方向，对战略实施中其他几个部分的内容起到引领作用。

第二，阶段性目标是什么？解决战略实施的阶段性问题。阶段性目标是对总目标分解，也是实现总目标的保障。通过确定阶段性的发展目标或者战略实施的阶段，能够为战略实施的不同发展时期提供指导性的方向和定位，通过逐步完成阶段目标，进而实现创新驱动发展战略的总目标。

第三，核心内容是什么？解决战略核心内容的问题。坚持创新在我国现代化建设全局中的核心地位，从生产力与生产关系入手，调整一切不适应创新驱动发展的生产关系，统筹推进科技创新和科技体制机制改革，破除制度藩篱，减少政策障碍，降低体制机制约束，最大限度释放创新活力。

第四，动力从哪里来？解决战略实施的动力机制问题。动力来源是创新驱动发展战略实施顶层设计中的驱动因素，它反映了创新驱动发展战略中的内在动力机制，决定了驱动创新发展的主要因素，可以从不同角度、多个层面解决回答创新驱动发展战略实施和科技强国建设的动力源泉。

第五，抓手有哪些？解决战略实施的重点问题。创新驱动发展战略的实施是一项涉及多主体、多领域的系统工程，基于对动力机制的分析，确定好重点的领域和实施的抓手是将创新驱动发展战略落地的重要保证，也是创新驱动发展战略实施和目标实现的重要途径、发力点和引领点。

我国实施创新驱动发展战略总体框架的设计思路如图21-1所示。

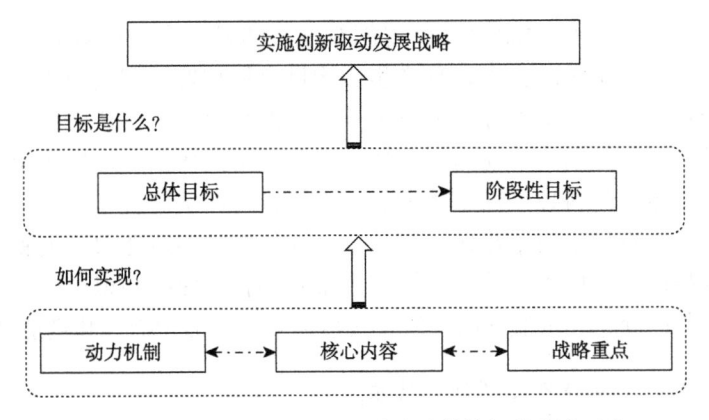

图 21-1 实施创新驱动发展战略总体构想的设计思路

二、总 体 设 计

我国实施创新驱动发展战略的总体构想如图 21-2 所示。具体内容如下。

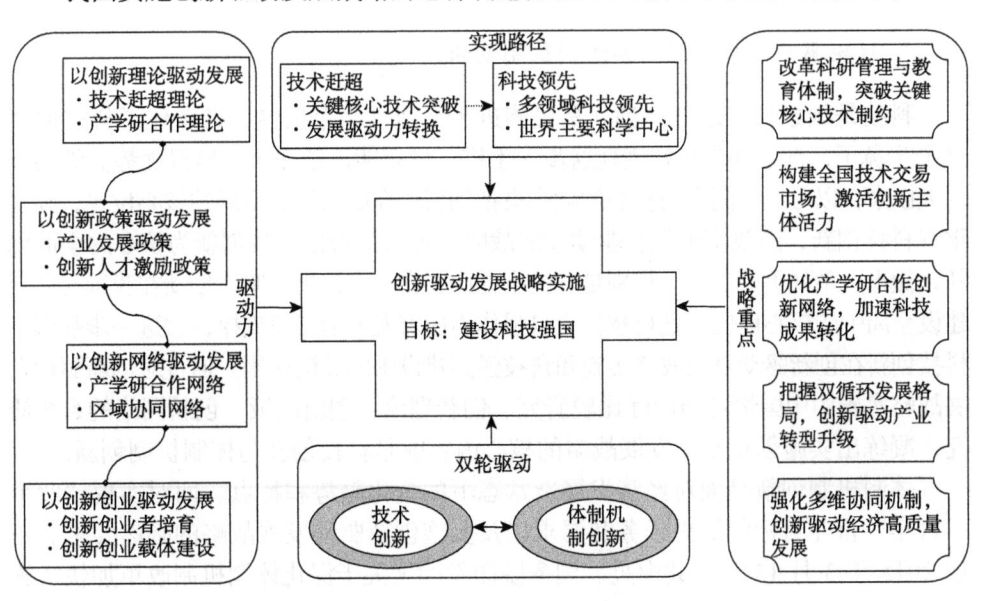

图 21-2 我国创新驱动发展战略实施的总体构想

1. 总体目标：建设科技强国

科技强国意味着我国要成为世界主要科学中心和创新高地。具体表现为三个方面：①科技创新的引领能力，科技创新在多学科、多领域具有世界引领的能力，具有国际顶尖水平的大师，且产生影响世界科技发展和文明进步的重大科技成果，汇聚世界顶端创新人才，拥有世界一流的高等院校、科研机构和创新型企业；②科技创新资源的组织能力，坚持发扬新型举国体制的优良传统，激发企业家精神，确立企业的科技创新主体地位，组织进行产学研合作、军民融合机制，跨界协同共同攻克科学技术难题；③科技创新氛围的塑造能力，创新成为政策制定和制度安排的核心因素，让尊重知识、崇尚创新、保护知识产权、包容多元成为全社会的共同理念和价值导向，激发科技创新工作的积极性和创造性。

2. 实现路径：从技术赶超到科技领先

科技强国的实现具体而言分为两个阶段。第一阶段的目标是到2035年，关键核心技术实现重大突破，进入创新型国家前列，发展驱动力实现根本转换，经济社会发展水平和国际竞争力大幅提升，为建成经济强国和共同富裕社会奠定坚实基础。第二阶段的目标是到2050年，多领域技术全面领先，建成世界科技强国，成为世界主要科学中心和创新高地，为我国建成富强民主文明和谐美丽的社会主义现代化强国、实现中华民族伟大复兴的中国梦提供强大支撑。

3. 双轮驱动：科技创新和体制机制创新

科技是国家强盛之基，创新是民族进步之魂。当今世界，谁牵住了科技创新这个牛鼻子，谁走好了科技创新这步先手棋，谁就能占领先机、赢得优势。党的十八大以来，以习近平同志为核心的党中央把创新摆在国家发展全局的核心位置，高度重视科技创新，围绕实施创新驱动发展战略、加快推进以科技创新为核心的全面创新，做出一系列重要论述。特别是党的十九届五中全会提出，坚持创新在我国现代化建设全局中的核心地位，把科技自立自强作为国家发展的战略支撑，这进一步强调了科技创新在创新驱动发展战略实施和科技强国建设中的关键作用。通过对创新驱动发展战略实施中中国情境与国际比较研究、创新理论、创新政策、创新网络的系统研究，凝练出实施创新驱动发展战略的核心内容就是科技创新与体制机制创新。

体制机制创新是面对经济发展新常态下的变化趋势和特点、面对实现"两个一百年"奋斗目标的历史任务和要求以及实施创新驱动发展战略的必然要求。正如2015年3月13日中共中央、国务院印发的《关于深化体制机制改革加快实施创新驱动发展战略的若干意见》中所强调的：加快实施创新驱动发展战略，就是要使市场在资源配置中起决定性作用和更好发挥政府作用，破除一切制约创新的思想障碍和制度藩篱，激发全社会创新活力和创造潜能，提升劳动、信息、知识、技术、管理、资本的效率和效益，强化科技同经济对接、创新成果同产业对接、创新项目同现实生产力对接、研发人员创新劳动同其利益收入对接，增强科技进步对经济发展的贡献度，营造大众创业、万众创新的政策环境和制度环境。

4. 四个动力：理论驱动、政策驱动、网络驱动和创业驱动

第一，创新驱动发展的理论基础和内在逻辑是实施创新驱动发展战略的动力之一，技术赶超理论主要从国家层面和产业层面剖析技术赶超的路径和战略，以及不同国家制度因素的影响等问题；产学研合作理论主要从企业、高校和科研机构等微观层面揭示协同创新的演进机制和利益分配机制。

第二，创新驱动发展的政策演变和影响效果是实施创新驱动发展战略的动力之一，产业创新政策是从产业层面探讨政策评估体系的构建和对创新产出的影响作用，并基于对不同区域产业创新政策的比较识别出区域间差异；人才激励政策则是从创新要素的角度研究人才激励政策的发展阶段和对区域创新发展的影响机制。

第三，创新驱动发展中的创新网络演化是实施创新驱动发展战略的动力之一，企业创新网络的动态演化包括企业与高校、科研机构合作网络的演化，以及企业间专利引用网络的动态演化；多层网络对企业创新绩效的影响作用是指合作网络和专利引用网络的单独影响作用和交互影响机制。

第四，创新驱动发展中新创企业的成长是实施创新驱动发展战略的动力之一，创新载体和网络对新创企业成长的影响机制涉及众创空间创业环境的影响、正式网络和非正式网络对新创企业绩效的影响作用机制。在实施创新驱动发展战略的进程中，持续倡导"大众创业、万众创新"。

5. 五大战略重点

第一，改革科研管理与教育体制，突破关键核心技术制约。基于对创新驱动发展理论和政策的分析，从关键核心技术突破和体制机制改革的角度寻求创新驱动发展的突破点。主要包括：洞悉国际关键核心技术领域，提高把握技术赶超机遇的能力；尊重科学发展与技术研究规律，构建新型科研管理体制与创新激励机制；进行综合性教育体制改革，加快原始创新型人才培养；突破产业与空间壁垒，推进"大科学"协同创新。

第二，构建全国技术交易市场，激活创新主体活力。基于对创新驱动发展战略实施中企业创新主体建设和创业驱动因素的研究，从技术交易市场角度提出激活企业创新主体活力的着力点。主要包括：推进国家创新生态系统建设，创造适宜知识产权保护的制度环境；构建系统协调的政策体系；发挥政府在技术市场建设中的作用；加强技术交易相关配套设施建设；推进专利技术产业化进程；重塑产学研合作模式与高校激励机制；激发微观创新主体的活力。

第三，优化产学研合作创新网络，加速科技成果转化。基于对创新驱动发展中产学研合作创新理论和企业创新网络的研究，从科技成果转化的需求角度明确

创新驱动发展的发力点。主要包括：完善国家创新体系建设，构建系统协调的科技政策体系；建立区域协同创新机制，推进科技成果跨区域转化；健全知识产权保护制度，明确企业创新主体定位；因势利导专利申请的多元化动机，促进创新、专利与标准的协同作用；培育产学研协同创新网络模式，设计新型科研管理体制与创新激励机制，构建适宜科技成果转化的制度环境和创新文化氛围。

第四，把握双循环发展格局，创新驱动产业转型升级。基于对创新驱动发展战略实施情境和政策的研究，从把握新格局、新机遇等角度提出创新驱动发展战略的措施。主要包括：推进创新型国家建设，积极参与国际科技合作；把握新一轮科技革命发展机遇，构建新型产业技术创新机制；优化创新空间网络结构，打破产业技术创新孤岛现象；升级产业创新系统，推动技术产业化发展。

第五，强化多维协同机制，创新驱动经济高质量发展。从多维协同和经济赶超角度提出创新驱动发展战略的重点。主要包括：以政策协同实现创新驱动发展战略实施中奋斗目标、行动原则、推进步骤的协调统一；以区域协同实现经济体系内的交互创新；以产业协同实现经济系统中创新要素的优化匹配；以组织协同实现创新生态系统的结构优化；坚定不移维护国家的政治独立性和提升国家的国际地位是经济赶超顺利推进的前提；努力塑造和谐的国际经济赶超竞争规则体系；关注国际科技变革动态，提高把握赶超机遇的能力；坚持自主创新，增强经济赶超动力。

我国实施创新驱动发展战略的动力机制和战略重点可用图21-3描述。

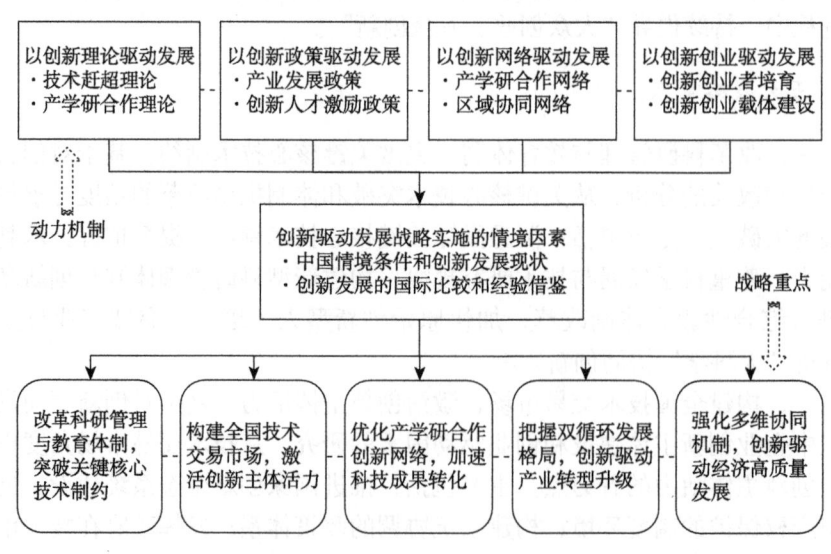

图21-3 我国实施创新驱动发展战略的动力机制和战略重点

第二十二章　创新驱动发展战略实施的战略重点

本章依据第二十一章实施创新驱动发展战略的总体构想，详细阐述五大战略重点，包括：改革科研管理与教育体制，突破关键核心技术制约；构建全国技术交易市场，激活创新主体活力；优化产学研合作创新网络，加速科技成果转化；把握双循环发展格局，创新驱动产业转型升级；强化多维协同机制，创新驱动经济高质量发展。

一、改革科研管理与教育体制，突破关键核心技术制约

当今世界正经历百年未有之大变局，技术主权之争愈演愈烈，技术能力竞争如火如荼。科学技术的抽象性和环境性特性以及知识的隐性与情境性特征，使得全球范围内以技术为基本要素的竞争变得愈加复杂化与非均衡化。改革开放40多年来，我国经济发展取得了显著成就，但也积累了一些深层次的矛盾和问题。其中，关键核心技术的缺失，已经成为我国经济高质量发展的重要障碍。宏观层面上，全方位的自主创新能力不强，创新尚未成为推动经济发展的主导力量；中观层面上，科学研究、技术开发同产业、区域发展之间缺乏紧密衔接，尚未形成合力；微观层面上，企业、高校、科研机构、政府和个人尚未形成相互交融、协同作用、螺旋推进的合作创新网络。

站在新的历史起点，面向未来，国家把提升自主创新能力，锻造并掌握关键核心技术作为我国未来经济社会发展的重大战略进行部署。我们要抓紧解决关键核心技术"卡脖子"问题，补齐各种制约我国自主创新能力提升的短板，加快跻

身创新型国家前列。

1. 洞悉国际关键核心技术领域，提高把握技术赶超机遇的能力

实施创新驱动发展战略，提升关键核心技术自主创新能力，必须关注世界科技变革趋势和动态，根据出现的科技赶超机遇窗口性质以及机遇变化情况动态配置创新资源，提高关键核心技术创新能力。当前，科技领先国家正处于旧范式成熟阶段和新范式爆发阶段，这恰恰能够为我国实现关键核心技术创新突破提供机会。一方面，要重视和把握科技革命带来的范式间赶超机遇，摒弃过去由技术模仿到技术创新，或者由技术移植向技术创新转型的发展路径，集中资源，发挥我国的制度优势，通过全面制度创新，积极参与科技竞争。另一方面，要利用新科技革命出现前后的机会期，洞悉国际科技发展前沿理论与技术领域，凝练最新科学问题，明晰关键核心技术瓶颈，加大新兴科技领域的自主创新投入，优化创新资源的配置机制，提高科技创新效率，形成从基础研究、应用研究、技术研发再到产业化的全链条布局。

2. 尊重科学发展与技术研究规律，构建新型科研管理体制与创新激励机制

目前我国普遍实行的科研管理体制和激励机制尚不能很好地促进我国科学研究事业的发展，某些地方甚至有悖关键核心技术创新的规律，这是我国科技创新"从 0 到 1"应用转换之路为何如此艰难的根本原因所在。一是鼓励科技创新的政策体系与制度不完善，缺失政府、高等院校、科研院所等层面支撑跨学科研究的政策制度。现实中，基于学科边界的学术组织、研究项目、研究理念等无法适应突破关键核心技术的要求，没有形成开拓创新、宽容失败、竞争合作、注重长远的创新文化，缺少促进科技与人文互动融合、培育和营造创新文化的氛围和制度环境。二是行政主导和干预过多，科研人员难以发挥创造性和积极性。现行高校和科研院所运作模式下，行政部门更多发挥的是管理职能，缺少服务功能，导致科研人员难以把更多的时间和精力放在科研创新工作上。同时，刚性的管理体制和规定好的研究计划，做出的一定是成熟、规范的科研成果，但这样的成果既难言超前性和引领性，更谈不上关键核心技术的突破。三是科学研究是一项艰辛的工作，关键核心技术创新成果的产生往往是几十年如一日持之以恒坚持不懈的结果，同时又是多学科交叉协同创新的结果，而现行的科研项目管理与评价体制要求科研项目边界明晰，缺乏对不同领域、不同学科科研项目联合创新与跨界研究的激励。

因此，首先，需要弘扬创新文化，造就开放的学术环境与创新氛围，培育追求真理、自由探索、个性张扬、宽容失败的创新生态环境，摒弃有悖关键核心技术研发的急功近利、急于求成的浮躁做法。其次，要在高校、科研院所、企业等

创造适宜新知识产生的各类实体的与虚拟的"知识创造场",让科研人员能够长期心无旁骛地从事科学研究与技术开发工作,特别是要鼓励高校与科研院所的研究人员坚守基础科学研究,这是突破关键核心技术的必由之路和根本所在。此外,还要改革现行科技管理体制与评价机制,改变鼓励科研人员追求论文发表与专利申请、忙于项目立项、关注成果奖项、争戴各种"帽子"等有悖科技创新本质与价值的做法。

3. 进行综合性教育体制改革,加快原始创新型人才培养

关键核心技术的缺失,说到底是我们缺乏原始创新型人才。当前,关于创新型人才培养的重要性,无论是国家层面还是高校和业界都已形成共识。从入学方式的改革、学科专业的调整与课程体系的再设计,到各高校创新创业学院与园区的成立等,反映出各层面积极探索,寻求突破人才培养桎梏的强烈愿望。但最关键的还是如何优化社会环境和教育体制,培养学生献身科学事业,敢于创新创业的精神。

对此,需要国家从建设科技创新强国的战略高度,做好长远规划,加大支持基础学科发展和基础学科研究人才培养力度,激励更多优秀科技人才投身科学事业,为国家奠定支撑关键核心技术研发所必需的雄厚知识基础。学校也应改变以往灌输式、模板式的教学方法,强调开放式、发散式的师生互动学习方法,把培养学生的创新思维、独立思考能力以及学术研究上的批判精神放在突出位置。支持学生参加各种学习活动、学术交流、研发实践、创新创业实践,激发他们的创新灵感,鼓励学生在学习和科学研究上突破循规蹈矩的做法,敢于挑战权威,树立问鼎世界科学高峰的远大志向。另外,现代科学技术的发展越来越呈现出"大科学"特征,新一代关键核心技术无不是多学科交叉融合的成果,因此我国高校中过于明晰的学科边界和学院边界必须破除,支持跨组织跨专业组建大科学攻关团队、培养新一代原始创新型人才。

4. 突破学科与组织壁垒,推进"大科学"协同创新

国际经验一再表明,一个国家只有通过协同创新体系的运作,实现科技创新资源的全球化配置,才能拥有强大的原始创新能力,从而在激烈的国际竞争中把握先机、赢得主动。但我们面对的现实是,我国科技创新资源主要分布在科研院所、高等院校和科技型企业,虽有种类繁多的创新联盟,但实则"貌合神离"。另外,我国经济与科技总体发展不平衡,企业总体规模偏小,技术创新能力相对较弱,拥有自主知识产权的产品较少。在创新资源的配置机制方面,也缺乏政策协同、区域协同、产业协同与组织协同。

因此,需要从多方面着力。首先,着力推动形成"多元、融合、动态、持

续"的协同创新模式与机制，构建具有内在创新动力的现代企业制度，以及技术、产业选择规划与相应的国际创新资源配置之间的联动机制。其次，深化协同创新联盟的形成，构建网络视角下的不同学科、不同区域、不同组织合作交互式创新体系，鼓励创新主体超越区域与部门的限制，在更广阔的空间下跨国界、跨区域、跨产业、跨组织抢占关键核心技术的战略制高点，把握技术发展的主动权。最后，保障创新要素整合、研发创造、商品化、社会效用化等环节的高效畅通，实现科技创新与经济高质量发展的良性互动。

二、构建全国技术交易市场，激活创新主体活力

技术交易市场的形成，既是社会分工的结果，也是技术转移与扩散的要求。国家创新体系的运行，离不开技术市场的健康发展。针对技术交易与技术市场，国内外学者进行了系统的研究（Bozeman，2000；Junhan，2020），主要聚焦领域包括技术市场的发展历程，技术交易的影响因素，技术交易的效率与效果，技术交易的有效性标准，技术交易对技术创新、经济发展的影响等。21世纪以来，我国技术市场发展强劲（邓少慧和黄何，2020；蒋芬，2016），科技部发布的全国技术市场交易数据显示，2019年全年共签订技术合同484 077项，成交额为22 398.4亿元[①]，成交额是2000年的34倍之多。2009年8月，全国性的技术交易机构——中国技术交易所正式成立，标志着我国技术市场的发展迈上了新台阶。近年来，我国技术交易的法制政策体系、组织机构、管理与经营体系、运行机制等方面的建设取得了显著进展（朱雪忠和胡锴，2020），区域技术市场逐渐走向成熟（王黎萤等，2020；张林和莫彩玲，2020），成为经济发展方式由粗放型向集约型转变的有力杠杆，对我国经济发展和科技进步起到了重要的推动作用。但同时也要看到，我国技术交易与技术市场在快速发展的同时，交易效率低下，存在逆向选择风险，后续服务跟进机制不健全（吴亚娅，2018），这直接影响了科技成果的转化效果。技术商品通过市场顺利交易，是发挥其应用价值的前提，技术交易效率低下的现状，不但使社会资源严重浪费，而且不利于提高科技人员发明创造的积极性，也不利于建设科技创新强国战略目标的实现。因此，无论政府、业界还是学界，一直努力研究技术从实验室走向企业的途径，为拓宽技术产业化的渠道进行着积极的探索。

---

① 科技部. 全国技术市场交易快报[EB/OL]. https://www.most.gov.cn/ztzl/lhzt/lhzt2020/jjkjlhzt2020/202005/t20200518_154068.html，2020-02-24.

1. 我国技术市场发展存在的主要问题

1) 技术市场呈现出技术交易"量多质低"的特征

专利是技术交易市场的主要技术商品，但几十年来我国的专利技术却表现出了"申请多，创新少""专利多，质量低"的特征。为什么促进创新的制度设计在我国仅带来专利数量的增加，却没有同样刺激企业的创新努力和提升企业的创新水平。相关理论无法充分解释我国企业和高校等创新主体申请专利的动机。为了保障创新活动有序进行，各级政府在高新技术创新税收优惠、创新孵化器建立与运行、促进技术成果交易等方面都制定了相应的政策，企业在产学研合作、新技术合作研发、开放式创新网络建立等方面也有规定，高校和科研机构在与企业的合作过程中有技术转移政策和合作研发政策，各种中介组织在科技成果定价和创新成果测度等方面也有相关的政策与方法。然而现实的情况是，政策之间不协调、不配套导致部分政策落实不到位、执行效果不佳，在一定程度上抑制了各类主体的创新活力（陈芳等，2020）。例如，研发补贴能否有效发挥出激励创新的作用高度依赖于企业的外部融资行为，如果企业的研发活动所基于的融资来源不是外部融资，研发补贴政策激励机制就很难通过外部融资激励机制影响企业的研发投入和高质量专利开发行为，激励效应也会相应地减弱，甚至不存在激励效应。虽然长期以来各级政府一直都在实施研发补贴政策，但在实际工作中，忽视了研发补贴对企业研发投入行为的额外激励效应产生的作用机制，致使这一政策实施的效果没能有效地发挥出来。再如，我国高校和科研机构对科研人员考评制度仍没有将科技成果转化作为重要的考核评价标准，看重的仍然是发表论文和专利的数量以及科研项目的申请，对科研成果的转化不重视、不感兴趣，传统的基于学科边界的学术组织、研究项目、研究理念，以及高校和科研院所的学科壁垒与制度惰性短期内仍无法适应高质量专利技术产出的要求。

2) 缺乏统一的技术市场监管体系和法规体系

目前我国技术交易的监管主要由地方政府来完成，技术交易行为主要还是依据现有的法律和条款进行。各地政府的具体法规不尽相同，且并非所有中介都能提供完善的相关政策咨询服务，缺乏全国统一的规范合理的技术定价机制、评估机制和法律法规体系。在这种情况下，技术交易双方的利益就很难得到保障，在技术交易过程中发生合同条款缺陷或违约等情况，很难追究责任人，这就造成了在进行技术交易时存在许多不规范行为，同时面临着除技术交易本身特征外所导致的其他不确定性风险，使技术交易方对技术交易存在很多顾虑，导致部分技术合同在签订后，并没有真正达到技术转移的效果。同时，跨区域技术交易方沟通协作不畅，中介服务体系不完善等对技术交易履约也产生影响。技术中介作为技术交易的纽带，其发展状况往往能够反映市场的成熟程度。但就全国来看，技术服务中介机构普遍规模小、功能单一（姜江，2020）。目前的技术中介建设处于各成体系的状态，没有统一的中介组织运行机制和法规，服务的类别不规范，在跨区域的技术交易中，难以树立起良好的信誉。

3）尚未建立起统一高效的技术市场信息和交易服务平台

目前我国技术交易市场信息和交易平台的技术手段等严重滞后（姜江，2020），技术交易平台大多局限于信息的集散和信息沟通咨询层面，缺乏主动链接匹配技术需求方和技术供应方的功能，尚不能集成不同系统中用户信息，主动为技术交易双方提供符合其利益的服务，没能充分发挥鼓励各类机构通过技术交易服务平台发布技术成果供需信息，集成国内外的科技成果信息、技术交易服务、中试工程化、创业孵化等资源的功能。我国技术中介建设的半官方体制和缺乏激励政策等方面的因素导致并没有形成统一的中介组织运行机制，在跨区域的技术交易中，科技中介组织更是难以树立起良好的信誉。研发人员等创新人才的流动可以带动技术交易的发展，对中介服务体系形成一定程度的互补效应，但互补效应尚不显著。因此，只有降低信息与人员流动的区域行政壁垒，构建统一高效的信息与交易平台，方可有效激发创新资源对技术交易市场活跃程度的边际贡献，以促进技术信息、技术专家和企业的精准对接。

4）国家创新体系的不完备使技术成果在供求之间转化受阻

从目前我国国家创新体系发挥的功能来看，技术成果在供给方和需求方之间的转化率，以及其间的匹配与协同度均需提高。高校和科研机构作为技术成果的提供方能够提供企业创新过程中所需的技术，企业作为需求方能够将高校和科研机构的技术成果应用于产品开发与升级，政府与各类中介组织助推或催化上述过程。然而，从现实情况来看，政府对高校和科研机构的研发支持投入仍占主导地位，企业的现实需求很难从高校和研发机构获得。从国家创新体系的结构来看，各主体在创新体系中的功能定位和职能匹配仍是亟待解决的现实问题。我国创新实施主体包括企业、高校与科研机构、政府及中介组织等尚不能在组织结构、组织文化、组织战略导向、组织地理位置等方面实现最佳匹配是影响科技成果成功转化的关键瓶颈。企业在国家创新体系中的主体地位尚未完全确立，技术交易供求各方尚未形成协同推进的创新网络结构，致使技术成果在供求方之间转化困难重重。技术市场实践中的价格机制，忽视了技术商品所具有的高度信息不对称性与产出不确定性特征，定价方式过于单一，也是造成技术交易困难的一个重要原因。

2. 全国技术交易市场的构建

全国技术交易市场不仅仅是从事技术中介服务和技术商品经营活动场所的集合，还是全国范围内技术成果流通的全领域，是技术成果交换关系的总和，包括技术市场主体及其之间的结合方式、技术市场环境和技术市场的运行机制，连接着政府、中介机构、企业及科研机构。

全国技术市场有别于传统区域技术市场的基本特征有：①技术交易信息统一。全国技术交易市场的建设，应当使所有技术交易主体能够具有同等的获取信息的机会，使处于不同区域的技术交易方便捷地获得处于其他地区的能够匹配的交易信息，从而降低技术交易方的搜寻成本，减少因搜寻成本高带来的搜寻外部性的影响。这就要求建立全国统一的信息平台，因为技术交易主要通过交易中介匹配来完成，这个信息平台就要实现不同区域技术交易中介之间的交易信息共享。这样的共享信息资源平台使得中介更容易在全国范围内匹配合适的技术交易方，从而促进技术交易效率的提高。②技术交易监管统一。由于技术交易的复杂性，在交易合约签订、交易履约及技术发生实际转移的各个环节，技术交易的双方及技术交易中介可能存在不同的认知，同时又可能为了自身利益损害其他交易主体的利益。这就需要有全国统一的监管机构，通过强有力的市场监管手段，对技术交易进行统一监管，为保障技术交易主体的合法权益，对技术交易的各个环节中技术交易主体的行为做出详细的界定，对于技术交易中出现的问题给予权威的解决方案，并不断修正和完善监管机制。这样，从监管机构到具体监管措施和政策及监管机制，构成了统一的技术交易市场监管体系，给技术市场的建设和运行提供有力的保障。③技术交易规则统一。由于技术交易本身的特点，技术商品的存在形式多样，其交易的方式也存在差异，为了规避交易中存在的风险，技术交易主体对交易形式和流程可能产生不同的认知，这在跨行政区域的技术市场中更可能出现。对于不同的认识，凭借技术交易中介机构的协调和交易双方的沟通来解决难度较大，同时可能浪费大量的时间，延误技术转移的有利时机。因此，完善的技术市场应当有一套普遍认可的交易规则。④技术交易观念统一。在我国经济社会发展的背景下，虽然强调各省（区、市）作为一个经济区域的整体性，但是由于其跨区域的性质，全国技术交易市场的构建不可避免会遇到文化和观念上的差异，主要包括对技术交易的目标、交易采取的形式和交易风险的规避等方面的认识，以及对待技术交易本身和技术交易另一方的态度。对于处于不同区域的技术交易方，相互之间沟通不便，容易产生额外成本，若存在着观念上的重大差异，很容易导致技术交易的流程无法顺利进行，也影响技术交易方对异地交易的积极性。所以，观念氛围作为市场环境中的一方面，在复杂的技术市场中尤为重要，是这个市场顺利运行的保障。

全国技术交易市场有别于传统市场的关键特征是其运行机制，主要包括以下四个。

（1）行为约束机制。技术交易中的许多因素，如信息的非对称性、不确定性、技术交易双方努力程度的不可观测性和不可证实性等，会导致道德风险或机会主义行为,加大履约的难度。所以,要创造一种有利于技术合约履行的激励机制或约束机制。这一机制需要正规约束与非正规约束的结合。正规约束包括政治与司法规则、经济规则和合约,为技术交易合约的执行提供权威和强制力。非正规约束是社会制度结构中的非正式或不成文的部分,主要指行为规范、行为准则、风俗习惯等。法律体制的创立为处理复杂的交易争端提供便利,也有助于增进非正规约束的有效性,降低信息、监督和实施成本,因而为非正规约束解决更为复杂的技术交易提供了可能。有效的正式的规则和制度,是技术合约履行的基础和前提,但是技术交易中固有的不确定性、信息非对称性等问题,又严重制约和限制了正规约束在解决技术交易中存在问题的作用。正规约束只是为技术合约的达成和履行提供了好的制度背景和环境,有效的非正规约束才是保证技术合约履行的关键。由于技术合约是一种典型的不完全合约,而多数不完全合约是自我实施的。不完全合约的自我履行机制就是合约当事人利用自身的优势和行业的专有关系资本投资,把惩罚条款而不是强制履行的条款强加在能够观察到的打算违约的当事人身上。这种惩罚条款主要包含与当事人关系终止所造成的直接损失和由于信誉贬值而导致的相关损失。这种信誉贬值会使违约的当事人在未来的业务交往中增加交易成本。统一信息平台上的信息发布会使违约当事人的信誉贬值迅速传播,使当事人在自身的沟通合作网络中受到损失。因此,在全国技术交易市场内的非正规约束实际上对合约的履行具有很强的影响效力,对于技术交易主体的行为具有强制约束力。

（2）中介组织机制。技术中介组织在降低技术交易成本、提高技术交易供需双方匹配效率和执行效率方面发挥重要作用。目前我国的技术交易中介种类繁多,运行模式各异,尚未形成统一的服务规范。一方面,技术中介的繁荣促进了技术交易,如果仅从技术交易合同签订的角度来看,我国的技术交易可谓发展迅速。但另一方面,由于技术交易合同本身的复杂性,技术交易双方信息不对称,导致技术合同履约难以控制。很多技术合同签订后,没有合理的机制和手段来促进技术合同的履约,造成了技术合同履约率低、产业化难的现状。由于技术市场的跨区域性和信息量巨大的特征,单一技术中介难以担负起信息沟通、交易匹配、规范流程、合约咨询、监督实施等多项任务,所以需要优化现有的技术中介资源,打造适合全国技术交易市场的新型中介服务模式,建立纵横交错的一体化技术交易中介服务体系。纵向一体化技术交易中介服务体系是指技术交易中介应是包含信息服务、技术咨询、技术评估、法律服务、合约确定、技术培训、技术实施监督等功能的组织。技术交易中介的横向一体化则是指通过技术交易信息系统、专业化中介分工合作、收益分配等机制将专业化技术交易中介紧密联系。纵向一体化的中介服务组织结构功能复杂,在技术交易过程中提供一体化的服务,需要大量人力资源和专项设备的投入,所以很难覆盖所有的技术门类。针对这一问题，可行的方案是将技术分为多个大类，将技术上相近或有密切联系的技术放在同一大类当中，按照分类的结果建立多个专业性的一体化技术服务中介，并在全国不同区域进行合理布局。在全国技术交易市场为跨区域技术交易提供纵向一体化中介服务的过程中，技术交易中介的横向联合是不可或缺的。同时，跨区域横向联合的中介组织形式避免了中介同业竞争中最大化自身利益而导致的交易导向的扭曲。当专业性强的技术交易中交易方处在与专业技术中介不同的城市，技术交易同时涉及普通技术中介和专业性技术中介时，可将中介一体化服务的流程模块化，根据中介自身优势进行分工，将服务项目分为技术交易流程服务和技术交易咨询服务。

（3）信息共享机制。技术交易信息系统是国家技术交易市场构建中关键的一环，在跨区域技术交易信息共享、技术中介跨区域信息匹配以及跨区域的专业性中介与普通中介的合作中具有重要的联结、共享、记录、监管工具等作用。目前我国已经初步形成网上技术交易系统，可以在网站上发布技术交易信息，由技术交易需求方搜索技术信息并与对方联系。但是仅有技术交易信息的沟通是不够的，统一的技术中介服务体系的构建，需要运行在技术中介服务体系中，能够联结技术服务中介的信息系统，作为技术中介合作提供完整服务的纽带。技术市场需要整合现有的信息系统资源，包括硬件设施、网络环境、信息资源等，需要新的信息发布、交易检索等运行机制，发挥新的系统功能。统一信息系统平台也是构建技术具体市场的基础性环节，信息系统平台的建设应当充分考虑技术交易的信息发布和信息存储需求，并有效利用现有资源，广泛征集技术交易中介机构的要求。信息系统的应用涉及技术交易方的关键技术信息，要加强系统安全性，以保障技术交易方的权益。同时还要加强其易用性与实用性，信息系统的建设必然涉及硬件投入，要注意成本控制，包括建设成本和运行成本。

（4）市场监管机制。技术市场必然要突破各地政府对技术交易的监管范围，所以跨行政区域的统一监管机构是必需的，它能够为技术交易的统一监管提供保障。这个监管机构应独立于地方政府存在，必须是权威机构，拥有对中介组织建设、设备人员和投入资金等的分配权、专业性技术中介及普通技术中介设立的审批权和实施监督权、对下属机构规划的否决权等，使其具有一定的调控能力，以实现符合技术市场利益的总体发展。该监管机构的职能主要应包含市场交易主体行为合规性监督和交易纠纷的调解，在交易主体合规性监督工作中，要发挥事前监督、事中控制和事后核查几个方面的监管功能。

3. 相关政策建议

（1）推进国家创新生态系统建设，创造适宜知识产权保护的制度环境。创新生态系统是在一定的空间范围内技术创新复合主体（企业、科研机构、高校、中介和政府）与技术创新复合环境（生态环境、人文环境），通过创新物质、能量和信息流动而相互作用、相互依存形成的系统（黄鲁成，2003）。全国技术交易市场是国家创新生态系统的核心构成部分，也是国家创新生态系统功能发挥的主要机制。技术市场主体即创新生态系统主体。完善的国家创新生态系统可以保障科技成果高效顺畅地转化，全国技术交易市场的发展要以实现各创新主体协同互动和创新要素顺畅流动为核心，明晰企业、高校、科研院所、社会组织等各创新主体的功能定位，实现创新生态系统内要素的高效配置。技术与技术市场的特殊性还必须要有与之适应的知识产权保护制度环境，知识产权的明晰界定和有效保护，对全国技术交易市场的健康运行具有重要意义。在知识产权保护领域，目前有两个方面的问题，一方面技术交易中对知识产权的相关立法不完善，另一方面知识产权保护领域执法不严。这样可能导致两种情形，一种情形是技术研究人员和技术创新成果拥有人不愿对所发明的技术申请专利，另一种情形是在申请专利时隐藏更多的关键信息，使专利制度通过保护来推动创新和技术扩散的功能无法实现。不申请专利的技术成果无法进行正式的交易，而且也无法受到知识产权法律的有效保护，所以此类技术成果交易往往通过非正式关系网络进行，渠道窄，交易效率低下。在申请专利时隐藏更多关键信息，使技术交易中无法对技术做出客观的评估，技术交易很难达成共识，也造成了交易的阻力。这两种情形都不利于有效开放的技术市场建设。要因势利导各创新主体专利申请的多元化动机，要避免企业等创新主体通过专利申请的寻租行为，鼓励企业在部分行业的专利申请变被动为主动，鼓励企业专利战略逐渐从单纯的防御性技术保护向进攻性价值创造转变，由主要在国内申请转变为国内外申请并重，由通过专利实施创造价值转变为并重专利许可等多种专利价值创造手段。

（2）构建系统协调的政策体系。基于对我国技术市场存在问题的分析，需要从多个维度识别全国技术交易市场建设与发展的各种政策工具（税收优惠、金融支持、教育培训、政府采购、知识产权保护、创新团队培育、科技中介、大学科技园、中小企业创新基金、国家科技发展规划、区域科技发展计划、创新文化建设、创新氛围营造等），要加强政策工具的组合运用，注意政策工具之间的平衡，对政策工具之间的协同效应进行及时评价。技术交易具体立法和相关政策应尽量保障交易方利益，如果技术交易方的利益在技术交易中受损，将极大挫伤其交易的积极性，就会对技术市场的运行产生不信任，造成阻力。政策制定要细致，具有可实施性，因为新型一体化技术交易市场机制是一个复杂的系统，其中有很多操作细节，政策如果不够细致或模棱两可，则起不到规范行为的作用。研发补贴政策实施方面，应重视长期以来对研发补贴的认识误区，即补贴额度越高激励效应越大。需要重新审视现行的政府研发补贴政策的作用，不应只关注补贴额度提升，更应关注研发补贴的政府信用认证方面和对市场资金的信号引导作用，以市场融资为主导配置方式实现研发补贴资金新供给，向市场公开共享相关数据，搭建研发补贴新平台。

（3）发挥政府在技术交易市场建设中的作用。技术交易市场建设需要建立新型的中介一体化服务机制，由专业化的技术中介和普通中介协同配合，这就需要政府从中进行协调。技术交易组织的发展依赖于信用机制的建立，而政府行为可以弥补商业信用，迅速建立全行业的社会声誉。技术中介行业声誉的培育需要大量的人、财、物，在初始阶段中介组织盈利能力微薄的情况下，需要政府动用公共资源进行扶持。

（4）加强技术交易相关配套设施建设。资金是市场有效运转的催化剂，应健全和完善风险资本与证券市场，探索技术与资本有效对接的方式，实现技术市场融资服务功能的创新。技术市场活动本身就包含技术所有权和使用权的转移，通过挂牌上市及投资商之间参与的技术产权交易平台，技术的价值得到清晰界定，凸显出技术具有资本属性的特点。建议组建以技术交易为资助对象的风险投资公司，以提供借款担保的形式支持企业特别是中小企业的技术交易活动。对技术创新的风险投资应给予信贷和税收优惠，引导风险资本和资本市场向技术开发企业增加投资。

（5）推进专利技术产业化进程。我国专利技术产业化效率不高的原因之一在于短期的政策工具并没有从专利技术产业化的机理上寻求问题的症结并提供系统的解决方案，导致政策实施结果与预期存在较大差距。另一原因在于对专利技术产业化问题的认识仍局限于"产学研合作""加大研发投入""保护知识产权"等操作性薄弱、缺乏平衡力的温和对策。专利技术产业化不仅仅指专利技术投入生产的商业化过程，还指专利技术经过研发、市场交易、扩散渗透等阶段，再到标准化的动态系统工程。专利技术产业化的目的就是使专利技术走向市场，实现其社会价值，因此需要依托政策平台、技术平台、企业平台和市场平台，四个平台缺一不可。要充分发挥市场机制的作用推进专利技术产业化，市场是专利技术的应用和扩散场所，亦是检验技术适用性、有效性的最佳场所和终极场所。

（6）重塑产学研合作模式与高校激励机制。高校专利技术市场交易率低的主要原因，一是专利技术缺少产品中试和市场前景，或单一专利难以获得市场优势；二是高校的科研考核机制普遍未强调专利技术产业化的权重，反而有一定抵制效应。因此，高校需要调整专利激励模式，并重事前与事后激励，不但要重申请，更要重视技术交易与产业化效果。全国技术交易市场需要通过产学研合作、区域间合作、多方协同互动推进创新成果转移，加速完善技术转移机制，构建高效的技术转移通道，促进企业之间、企业与高校和科研院所之间的知识流动和技术转移，建立以企业为主体、市场为导向、产学研相结合的技术创新体系。

（7）激发微观创新主体的活力。要真正确立企业创新主体地位，加快创新型企业培育步伐，使企业成为技术创新决策、研发投入、科研组织、技术交易和创新成果集成应用的主体。让企业成为基础研究中的重要力量具有重要的战略意义（吕薇，2020），要鼓励企业主动承担国家基础研究、应用基础研究项目和科技专项，支持大型企业开展前瞻性技术布局，制定重点领域的技术发展路线图，设定技术发展目标，开展超前研发和源头创新。鼓励企业开展海内外研发团队、研发机构或科技型企业的并购，或通过购买、许可、合资合作等多种形式，引进境内外高端技术进行创业与创新应用开发。鼓励企业设立海外研发机构或与国际优秀高校、科研机构成立产学研共同体，积极利用全球创新资源服务我国产业发展。大力推进企业技术中心建设，强化企业技术中心在产业技术创新体系中的核心作用，支持企业创建国家重点实验室、制造业创新中心。

三、优化产学研合作创新网络，加速科技成果转化

改革开放40多年来，我国相继实施了科教兴国、人才强国、创新型国家建设、创新驱动发展等一系列国家科技发展战略，旨在通过改革开放，引进学习国际先进科学技术与管理方法，在消化吸收再创新的基础上，实现自主创新和技术赶超。2020年9月11日，习近平总书记在科学家座谈会上的重要讲话指出加快解决制约科技创新发展的一些关键问题。重新审视改革开放以来的历史进程，我们发现，虽然我国的经济发展与科技进步都取得了显著成就，但同时也积累了一些深层次的矛盾和问题。我们是在没有掌握关键核心技术的背景下进行经济建设的，整体上科学研究、技术开发同产业、区域发展之间尚未形成创新合力，没有形成统一运行的全国技术交易市场与协同创新网络，缺乏成熟有效的科技成果转化机制，致使我国科技成果转化驱动经济向高质量转型发展之路关卡重重。

1. 我国科技成果转化存在的几个突出问题

1) 国家创新体系尚不完备，科技成果转化机制相对滞后

从目前国家创新体系整体发挥的功能来看，科技成果在供需之间的转化率，以及其间的匹配与协同度均不高。现实中政府对高校和科研机构的研发支持投入占主导地位，而高校和科研院所的研究重点依然聚焦于论文发表与专利申请，并没有针对企业的技术需求，致使企业技术的现实需求很难从高校和研发机构获得。国家创新体系缺乏对国家科技成果转化所需要的科技成果供求双方协同推进创新网络结构的整体设计，致使技术成果在供求方之间转化受阻。我国科技成果转化实施主体包括企业、高校与科研机构、技术市场、中介组织等，但这些实施

主体尚不能在组织结构、组织战略导向、组织地理位置、组织文化等方面实现最佳匹配，影响着科技成果的转化效率。当前针对不同主体的科技成果转化相关制度安排未能很好地激励科技成果供需之间展开合作。为了促进科技成果转化的有序进行，各地在税收优惠、创新孵化器的建立、技术市场的运行等方面都出台了一系列政策措施，对企业、高校和科研院所的新技术合作研发、产学研合作、开放式创新网络的建立，以及合作过程中的技术转移进行了相应规定，对各种中介组织在科技成果定价和创新成果测度等方面实施了相关的规范化方法。但就全国来看，各地不同层次、不同政策之间存在有相互矛盾和冲突的地方，缺乏相对统一的标准和评价体系。随着我国创新驱动发展战略的实施，这些政策工具结构不均衡、不协调的问题日益显现，缺少了内涵式的驱动科技成果转化与创新环境营造的政策。科技成果转化效率不高的原因，还在于技术市场实际运行中的价格机制，忽视了技术商品所具有的高度信息不对称性与产出不确定性特征，在于短期的政策工具并没有从科技成果转化的机理上寻求问题的症结并提供系统的解决方案，导致政策实施结果与预期有较大差距。此外，学界对于科技成果转化问题的认识和建议也限于产学研结合、加强研发投入、保护知识产权等操作性薄弱、缺乏平衡力的温和对策，没有一个总体的、系统的顶层设计。

2）技术交易缺乏规范，统一技术市场尚未形成

我国科技成果转化的监管目前主要由地方政府来完成，而各地政府的具体法规不尽相同，技术交易过程中的法律法规与政策服务不完善，缺乏全国统一的规范合理的科技成果评估机制、定价机制，因此无法保障技术交易各方的利益，也就很难追究在技术交易过程中发生合同条款缺陷或违约等情况时的责任人，这种技术交易存在的不规范行为势必使技术交易方心存顾虑，无法实现技术成果转移的应有效果。中介服务体系是技术市场的重要组成部分，然而目前的中介服务机构普遍规模较小、功能单一、服务类别不规范，在跨区域技术交易方面发挥的作用非常有限，无法实现科技资源在全国范围内有效配置的功能。随着信息技术的发展，各类全国性的技术交易平台的作用日益显现，但目前尚局限于信息的集散和信息沟通咨询层面，主动链接匹配科技成果需求方和供应方的功能有待开发和强化。因此，需要构建全国统一高效的技术市场，搭建畅通的信息与交易平台，才能实现科技成果、技术信息、技术专家和企业的精准对接。

3）转化科技成果缺乏创新，政策激励与知识产权保护力度不够

科技创业是科技成果转化的主要形式之一，但我国目前环境下，众多高校和科研院所的研究人员，在取得研究成果后更多的做法就是发表论文和申请专利，由于现行的高校和科研单位的科技管理制度与考评机制，这些成果真正转化实现商业化的只是少部分，更多地处于闲置状态。通过许可或作为合作条件转让第三方使用的科研成果主要是一般性的成熟技术，更多是用于产品更新换代开拓市

场，无益于关键核心技术突破。以专利形式呈现的研究成果是技术交易市场的主要技术商品，多年来普遍存在创新少、质量低的现象。国家一系列促进科技创新成果转化的制度设计仅带来科研成果数量的增加，却没有同样激励企业、高校和科研单位的创新努力和创新水平的实质性提高。为了保障科技创新活动有序进行，中央和地方政府在高新技术创新税收优惠、技术合作研发、促进技术成果交易等方面都制定了相应的政策，但缺乏对中央与地方、区域间政策协调性的关注，致使政策的实际效果不佳。例如，各地都实施了企业研发补贴的做法，却忽视了其能否发挥激励创新的作用还高度依赖于企业内在的创新需求与企业的外部环境。研发补贴政策的本质应该是引导和影响企业的自主研发投入和高质量专利开发行为，驱动企业本能创新力的迸发，仅仅是作为企业研发投入的一个补充部分，这一政策的激励效应自然就会减弱，甚至不存在激励效应，现实中的政策效果恰是如此。近些年我国在知识产权归属和知识产权保护两个方面做出了很大的努力，但仍存在知识产权保护不力的问题，影响到高校、科研机构和企业之间科技成果转化。真正有价值的知识产权高校和科研机构更倾向于自己设立公司进行转化，这样做的结果是降低了科技成果转化的效率和效益，延长了技术商业化进程，制约着企业作为创新主体的科技成果转移转化的创新体系的完善。

2. 新发展格局下我国科技成果转化的对策建议

1）完善国家创新体系建设，构建系统协调的科技政策体系

国家创新体系作为一个开放的巨系统，其运行效果取决于内部结构、构成要素和运行规则。国家创新体系的建设要以知识协同实现系统内的要素匹配，以组织协同实现系统的结构优化，以制度协同实现规则统一，以空间协同实现系统内的交互创新。科技成果转化涉及国家创新体系中众多要素，既包括高校、科研机构、企业、中介服务机构，也包括政府、政策法规、文化等要素，以及这些要素之间的相互联系与互动过程。一个完善的国家创新体系可以保障科技成果高效顺畅地转化，从而提升经济发展的有效性。经济有效性提高可以进一步激励创新主体加大创新投入，参与新一轮原始投入到知识产出、再到经济产出的创新循环当中，实现经济的健康发展。在科技政策体系构建方面，要完善科技成果转化的激励机制、利益分配机制与人才激励机制，要加强政策工具的组合运用，注意政策工具之间的平衡，使其发挥最大限度的互补性作用，及时评价政策工具之间的协同效应，包括区域间协同、不同组织间的协同、不同产业间的协同。

2）建立区域协同创新机制，推进科技成果跨区域转化

空间距离现阶段仍然是我国跨区域科技成果转化的一个制约因素。因此，政府应当为远距离的企业和高校提供良好的科技成果转化的制度环境，如东部地区与西部地区的创新合作及成果转化可以很好地带动西部地区的经济发展。政府应

采取措施鼓励跨区域信息共享,促进区域之间在相应的技术领域实现信息互通,缩小技术距离。在进行宏观调控时,政府要充分发挥各地的技术比较优势,突破空间锁定效应,推动在创新活动中科技成果的有序有效转化,通过科技成果转化让优势的科技成果服务优势的产业,以寻求各地创新发展的突破点。不同地区在新兴产业的发展布局上,根据其自身的资源禀赋特点合理分配产业的空间资源分布,有针对性地实施科技成果转移策略,避免新兴产业在区域间的盲目建设。我国各个地区均需要提高协同创新意识,促进内外创新资源的流动,以多样化的合作模式推动协同创新关系的形成与科技成果的转化。

3)健全知识产权保护制度,明确企业创新主体定位,激发企业内在创新动力

完善知识产权激励机制,健全知识产权公共服务机构及平台,加强知识产权运用与保护机制,提升企业知识产权运用能力,加强行业知识产权服务能力建设。开展知识产权创造、运用、保护和管理的系统化服务,建立并规范社会资本以众筹模式投向科技型、创新型、创业型企业的资本筹集机制,建立以政府资金为引导、民间资本为主体的科技成果转化资本筹集机制和市场化的资本运作机制。综合运用阶段参股、风险补助和投资保障等方式,引导科技成果向初创期科技型企业转化,增强保险服务,创新保险产品,支持科技成果转化风险担保等模式创新。要推动企业在国家创新体系中的创新主体地位的确立,使得企业成为技术创新决策、研发投入、科研组织和成果转化的主体,让创新成为企业发展的内在需求。鼓励企业走国际化发展道路,开展海内外研发团队、研发机构或科技型企业的并购、合资合作。鼓励企业设立海内外研发机构或与高校、科研机构成立产学研共同体,积极利用全球视野下的科技成果转化服务我国产业发展,支持大型企业开展前瞻性技术布局,制定重点领域的技术发展路线图,设定技术发展目标,开展超前研发和源头创新。

4)因势利导专利申请的多元化动机,促进创新、专利与标准的协同作用

要鼓励企业在专利申请上审时度势,把知识产权保护、技术防御,国内申请、国外申请等策略组合运用,通过专利实施创造价值转变为并重专利许可等多种科技成果转化价值创造手段。避免企业等创新主体通过专利申请的寻租行为,政府的研发补贴作用是有限的,要防止鼓励专利申请的资助政策驱使下,企业等创新主体将专利申请异化为获得资金资助的途径。有些地方政府的补贴激励并非不可取,但更重要的是专利费用资助政策过于宽泛、缺乏可操作性,违背了补贴是为了增强企业创新内在动力的初衷。要引导企业从技术研发阶段就制定知识产权战略与技术标准战略,通过技术预测把握行业技术发展及技术标准形成方向,鼓励企业利用各种信息渠道分析技术发展中知识产权状况,使企业专利工作、标准化工作与研发同步。政府部门要平衡技术标准权利人的利益和社会公众的公共

利益，对技术标准的技术许可进行适度的反垄断审查。

5）培育产学研协同创新网络，构建新型科研管理体制与创新激励机制

高校科技成果转化率低的主要原因，一是技术成果缺少产品中试和市场前景，二是高校的科研考核机制普遍不重视科技成果转化。因此，高校需要调整科技成果转化激励模式，并重事前与事后激励，不但要重申请，更要重视转化过程与产业化效果，着力构建产学研协同的螺旋式研发推进机制。通过产学研合作、区域间合作、多方协同互动推进科技创新成果转移。促进科技成果转移机制的完善，建立高效的技术转移通道，促进企业之间、企业与高校和科研院所之间的知识流动和技术转移，构建以企业为主体、市场为导向、产学研相结合的技术创新体系。科技成果转化是国家创新资源配置的一个有效机制，需要一个宽松、开放、稳定的环境。我国创新机制当下存在的一个突出问题是，企业、高校、科研院所、政府、中介机构等没有真正形成创新合力。因此，要建立具有内在创新动力的现代企业制度，建立新型的创新服务与中介机构制度，在研发行为主体之间建立相应的组织协调机制，以保证行为主体研发目标的一致性，破除科技成果转化过程中的障碍，最大限度释放创新能量，促进高校、科研机构的科技成果、专利向企业转化。创新文化是创新型国家建设的重要组成部分，是一种有利于创新活动与科技成果转化有效持续开展的价值观念与行为规范。因此，要造就开放的研究环境，鼓励进行科学上的自由探索，摒弃急功近利、急于求成的浮躁做法，尊重科学研究与技术开发规律，在全社会形成良好的培养创新精神的文化底蕴。

四、把握双循环发展格局，创新驱动产业转型升级

2020年5月14日召开的中共中央政治局常委会会议指出，"要深化供给侧结构性改革，充分发挥我国超大规模市场优势和内需潜力，构建国内国际双循环相互促进的新发展格局"。在国际技术主权之争愈演愈烈的新发展格局下，西方发达国家设置的技术壁垒和进行的技术封锁使我国的技术赶超与创新型国家建设之路正面临严峻挑战。"十四五"时期将是我国实现产业升级与经济向高质量发展的关键转型期，产业的协调发展和结构的提升将成为这一时期的主要表征，而产业素质与效率的提升又体现为生产要素的优化组合、技术水平和管理水平以及产品质量的提高。在产业升级发展的背后，技术创新无疑是支撑产业升级与经济高质量发展的极为重要的一个要素。作为超大规模经济体的后发大国，我们需要着眼于新科技革命的演进趋势，提高把握技术赶超机遇的能力，加强对关键核心技术的预先研究，研发出具有自主知识产权的战略性、前瞻性、关键性技术和产

品，把握双循环发展格局，驱动我国产业转型升级。

第一，推进创新型国家建设，积极参与国际科技合作。创新型国家的基本特征是以追求原始性科技创新为国家发展基本战略取向，以原始性创新作为经济发展的核心驱动力，以企业作为科技创新主体，通过制度、组织和文化创新，积极发挥国家创新体系的作用，不断把国民经济推向从事高新技术经济活动，从而处在世界科学技术与经济社会发展链条的高端。目前世界上公认的创新型国家有20多个。改革开放40多年来，中国虽然在科技创新领域成绩斐然，但仍然处在赶超者的行列。我们在科技创新投入和科技成果产出量的方面都已位居世界前列，但科技创新投入的强度和创新产出的质量水平还不高，对外技术依存度高的现实制约着企业的国际竞争力，关键核心技术还没有掌握在自己手中。作为世界第二大经济体，我们需要采取积极措施实现由技术赶超者向国际创新规则体系塑造者的转型，推进创新型国家建设。中国改革开放40多年的发展历史表明，创新型国家建设实际上既是一个对外开放、学习赶超的过程，又是一个国内区域间协同推进的发展过程。我们既不能照搬美国、日韩模式，也不能照搬欧洲国家模式。应该在培育民族创新精神和学习借鉴的基础上，倡导多元化创新与协同创新，鼓励自主创新，推进国家创新体系与经济全球化协同发展。要积极支持国内企业走出去，培育全球性企业，不断提高国际分工地位，参与国际竞争与合作，以核心、共性技术产业化为重点，通过构建以政府为主导、以企业为主体，以市场为纽带联结形成的多重力量相互交融、交叉影响、协同作用、螺旋前进的创新网络，推动支柱产业和战略性新兴产业的发展。

第二，把握新一轮科技革命发展机遇，构建新型产业技术创新机制。实施创新驱动发展，必须关注世界科技变革趋势，根据出现的技术赶超机遇窗口性质动态配置创新资源，增强把握新一轮科技革命机遇期的能力。要转变以往沿着技术引进、技术模仿到技术创新的发展路径，发挥我国的制度优势，集中资源，打造突破关键核心技术的适宜创新生态环境，改革阻碍科技创新的制度体制，实现创新突围，积极参与到国际科技竞争中去。我国长期以来一直存在着产学研创新联盟组织松散、缺乏有效合作、创新机制没能真正形成合力等问题。我们虽有各式各样的创新联盟，但缺乏从机制上进行有效设计，没有形成围绕关键核心技术创新的相互融合和良性互动。在新发展格局下，科技领先国家处于旧范式成熟阶段和新范式的爆发阶段，这恰恰能够为我国实现创新驱动产业转型发展提供机会。要充分重视把握科技革命带来的范式转换过程中的赶超机遇，着力构建企业、高校（科研机构）、政府"三位一体"螺旋式创新推进机制，建立以企业为主体，科研院所和高校优势互补、风险共担、利益共享、共同发展的产学研合作机制。结合企业现状与分布特点，建立具有内在创新动力的现代企业制度。

第三，优化创新空间网络结构，打破产业技术创新孤岛现象。自主创新、建设创新型国家战略提出以来，全国范围内逐渐形成了由国家创新中心城市、国家自主创新示范区、国家高新技术产业园区等构成的全国创新空间网络结构。但总体来看，这些创新极和创新节点并没有完全按照以产业分工为基础、以产业间互动发展为核心的原则来建立，结构趋同、重复建设的现象时有发生。现代产业技术创新往往涉及多个学科、多个主体、多个应用领域的协同推进，而目前这些区域和园区的产业空间集聚更多的是企业的盲目堆砌，在产业空间结构上表现出缺乏协同和凝聚力，造成产业技术创新的碎片化和孤岛现象，而非真正意义上的产业集聚和协同创新。这样一来，也就难以长期、稳定、持续地推动科学技术商品化、产业化进程，难以实现创新驱动经济高质量发展的目标。因此，各级政府应该从建设创新型国家和向经济高质量转型发展的战略高度，充分发挥市场配置资源的作用，实行更为积极的产业政策，在全国范围内形成规模不等、产业特色鲜明、积极参与国际国内分工的产业创新集群区域。将国家及各地重点实验室、工程中心的仪器设备向社会开放共享，减少重复投入，提高公共创新资源的使用效率。优化产业链与创新链的交互作用，努力让技术、人才、资本等各种创新要素汇集融合，推进产业链与科技创新的深度结合，集成创新，提升创新系统和产业体系的整体效能。

第四，升级产业创新系统，推动技术产业化发展。产业创新系统的本质是把系统中企业、高校、科研院所以及产业链上下游各个环节的创新活动联系起来，以技术创新为核心，推动产业内新技术或新知识的产生、流动、更新和转化，促进企业创新能力的形成和产业竞争力的提升。但在目前我国经济发展中，新兴产业存在强烈的空间依赖性，创新空间的锁定效应非常明显，区域发展差距存在扩大趋势，国家整体产业创新系统功能没有很好地发挥。因此，我们需要进一步升级产业创新系统，推动技术产业化发展。一要加强产业技术创新支撑体系建设，特别是共性技术支撑体系，鼓励不同类型的创新主体建设产业技术研究机构，逐步建立"多模式、多渠道、多层次"的共性技术研发体系。建设国家级创新平台，开展关键核心技术研究和产业化应用示范，探索建立一批适应新兴行业特点的新型产业研发机构。围绕重点产业领域，推进产业创新联盟基于技术标准和产业链合作开展标准化体系的研发创新，支持团体和联盟标准建设，促进创新成果的产业化。二要促进金融资本与技术创新的结合，探索技术与金融结合的发展渠道，鼓励有实力的企业设立企业创投基金。三要引导创新型人才向产业集聚，完善人才激励与发展机制，加快培育符合产业技术创新需求的高层次科技人才队伍。四要营造适宜创新创业的创新生态系统，把激发个人和组织创新活力与创造公平竞争环境结合起来，打造大中小微企业融合发展的产业技术创新企业生态链，以及一批适合不同行业特点的技术创新服务平台。五要创新科研成果评价机制，支持创新成果产业化，鼓励科研人员和团队运用创新成果创业，支持其向众创空间和产业基地的集聚。六要升级产业创新系统，强化对企业创新的扶持政策，完善支持创新的各项制度，强化知识产权保护，激发企业创新的内生动力，推动企业走上一条产品附加值高、竞争差异化的道路，把创新发展作为应对经济下行压力、实现转型发展的核心驱动力，实现产业升级发展。

五、强化多维协同机制，创新驱动经济高质量发展

党的二十大报告指出："必须坚持科技是第一生产力、人才是第一资源、创新是第一动力，深入实施科教兴国战略、人才强国战略、创新驱动发展战略，开辟发展新领域新赛道，不断塑造发展新动能新优势。"[1]这是中央在新的发展阶段确立的立足全局、面向全球、聚焦关键、带动整体的国家重大发展战略。实现中华民族的伟大复兴，恢复中国作为世界科技创新中心之一，必须真正用好科学技术这个最高意义上的革命力量和有力杠杆，必须依靠创新驱动打造发展新引擎，培育新的经济增长点，用科技创新支撑现代经济体系，开辟我国经济发展的新空间。

1. 多维协同创新驱动经济发展

现代化经济体系构建的核心是形成以企业、高校、科研院所为主体，以政府、金融机构、创新平台、中介组织、非营利性组织为辅助的多元协同互动的网络创新模式，实现知识创造主体和技术创新主体间的协同创新与资源整合。

（1）以政策协同实现创新驱动发展战略实施中奋斗目标、行动原则、推进步骤的协调统一。这需要从制度创新的视角，通过创建新的更能有效激励创新主体行为的制度规则、政策体系来实现创新活动的持续进行和创新战略的真正落地。在国家创新体系层面、区域创新体系层面、企业创新联盟层面、产学研合作创新层面分别设计推动组织协同的政策体系，构建具有预测功能的创新测量评估体系，引导创新活动的目标和方向，实现对创新资源的优化配置，提高创新效率，鼓励原始创新，推进创新成果的转化和产业化，培养优秀科技创新人才，充分调动创新成员的积极性和创造力，避免重复创新等资源浪费现象。

（2）以区域协同实现经济体系内的交互创新。这需要构建以企业为主体、市场为导向、产学研相结合的全国统一创新系统，进一步确立企业在国家创新体系中的主体地位，让企业成为技术需求选择、技术项目确定的主体，成为技术创新投入和创新成果产业化的主体，而不受区域边界的约束。同时，高校、研发机

---

[1] 习近平：高举中国特色社会主义伟大旗帜 为全面建设社会主义现代化国家而团结奋斗——在中国共产党第二十次全国代表大会上的报告[EB/OL]. https://www.gov.cn/xinwen/2022-10/25/content_5721685.htm, 2022-10-25.

构、中介机构以及政府、金融机构等应与企业一起构建分工协作、有机结合的创新链，形成有中国特色的协同创新系统。通过构建跨区域的协同创新网络和生态圈，促进创新网络组织生成，优化创新组织的区位布局。

（3）以产业协同实现经济系统中创新要素的优化匹配。这需要基于产业创新网络的各个环节来建构不同组织之间的合作关系与位置，并基于此形成产业内和产业间创新资源协同的实现路径。以现代信息技术和网络技术为基础，围绕特定的目标和内容，形成创新资源共享的通道，使创新资源在跨时空的情景下在产业间得到快速转移和有效利用。为了更好地形成知识创造场，需要在不同的情境（企业规模、经营战略、风险偏好等）下制定相应的知识产权保护（长度、宽度、高度）策略。对于规模大的企业，需要实行较长时期的知识产权保护策略等。

（4）以组织协同实现创新生态系统的结构优化。这需要考虑道德风险、风险分担和利益分配等问题。借鉴云平台的思想，建立利益共享、风险共担的组织间协同创新平台，并从网络嵌入的视角辨析网络成员之间的关系，由此寻找组织协同的实现路径。例如，从结构嵌入的视角，寻找形成协同创新网络的最优网络成员数量；从关系嵌入的视角，通过契约设计、信任关系构建等途径提升协同创新网络内组织间关系质量；从平台设计的视角，通过组织间关系分析识别不同组织在平台中的功能定位并设计平台的运行机制和规则。

2. 把握机会窗口实现经济赶超

中国近代以来的经济赶超路径选择和实现具有一定的内在连续性，虽历经波折，但每一个特殊的赶超阶段都有一定的历史价值。中华民族的复兴之路必然充满重重困难，无法复制其他国家的经济赶超经验。中国需要在不同的赶超阶段根据自身内部条件和所处赶超环境选择经济赶超路径和实施战略，并以相应的制度变革工具来促进赶超路径的顺利推进。

（1）坚定不移维护国家的政治独立性和提升国家的国际地位是经济赶超顺利推进的前提。中国自1840年以来的经济赶超大致经历了国家政治独立性逐渐被削弱、政治独立性争取和政治独立性逐步恢复三个阶段，表明只有将国家命运掌握在自己手中，才能实现经济赶超。政治独立性不仅是捍卫国家核心利益的前提，也是根据经济赶超进展阶段选择合适的制度变革工具的重要保障，拥有完整的政治独立性是与中国成为世界科技创新中心的战略目标紧密联系在一起的。拥有政治独立性才能够灵活选择和运用自主制度创新、制度移植和制度转型三种制度变革工具为提高中国科技创新能力提供制度供给保障，才能从顶层思考和解决经济赶超面临的跨期最优决策问题。政治独立性能够确保在经济赶超竞争中占据有利位置，能够确保更加高效率地参与国家竞争与科技交流合作，从而提高技术转移效率，促进国家的技术进步加速。

（2）努力塑造和谐的国际经济赶超竞争规则体系。作为世界第二大经济体，中国需要积极采取有效措施来实现由赶超环境影响者转变为和谐国际经济赶超规则体系的塑造者。从狭义视角看，国际经济赶超规则主要是指与国际经济、国际贸易、国际技术转移等有关的国际协定。从广义视角看，国际经济赶超规则包含多种形式，如国际或区域经济、技术协定、贸易，各种类型的国际组织、国家之间达成的联盟关系或战略合作等。国际领先国家重视主导经济赶超规则的根本目的是通过直接或者间接改变不同赶超国家面临的国际贸易、技术转移或扩散成本来影响赶超国家的赶超进程，最终达到确保自身领先的目的。一般而言，中小型开放赶超经济体即使实现了赶超目标，也很难威胁到领先国家的优势位置。巨型经济体的赶超则不然，其赶超进程受领先国家的密切监控，以避免威胁到领先国家的地位。中国作为巨型赶超经济体，必须积极主动地影响国际经济赶超环境，把握机会，重视由影响赶超环境转变为主动塑造和谐的国际经济赶超规则。这种规则体系应主张世界经济多元化，更加有利于全球经济平衡可持续发展。

（3）关注国际科技变革动态，提高把握赶超机遇的能力。在加强自主国家创新体系建设的同时，要密切关注世界科技变革动态和趋势，根据赶超机遇窗口性质及机遇变化情况动态分配经济赶超资源，把握赶超机遇。提高经济赶超动力组合和切换能力，当新科技革命来临时，不是沿着由技术模仿到技术创新，或者由技术移植向技术创新转型的顺序发展，而是要集中赶超资源直接进行科技竞争，这样才更有利于把握赶超机遇。利用新科技革命出现前后机会期，加大新科技领域的自主创新投入，实现跨越式缩小技术差距。当领先国家处于旧范式成熟阶段和新范式的爆发阶段，恰恰能够为中国实现跨越式赶超提供机会。在这种短暂的机遇窗口时期，要高度重视赶超中的长期利益和短期利益平衡，充分重视把握科技革命带来的范式间赶超机遇。

（4）坚持自主创新，增强经济赶超动力。坚持自主创新对中国实现建设科技创新强国战略目标的意义重大。自主创新不仅是中国经济赶超动力的主要力量来源，同时也是把握赶超机会窗口的重要条件。作为巨型赶超经济体，中国的赶超动力来源只能是自主创新，而自主创新又包含自主技术创新和自主制度创新两个方面。一是要增强自主技术创新能力，二是要坚持自主制度创新。赶超动力是推动科技差距持续以较快速度缩小，从而驱动经济快速发展的力量，缺乏持续赶超动力是无法实现赶超目标的。经过改革开放40多年的总量赶超之后，中国的经济赶超在转向以自主创新为根本驱动力的经济赶超方面有了较大进展，今后要坚定不移地实施创新驱动发展战略，以促进经济赶超绩效的持续提高。在坚持政治体制和文化体制自主性基础上，逐渐由技术移植模式向技术竞争模式转变。在科技政策上，重视以国家力量重点支持基础研究体系构建，加大对各类企业技术创新活动的政策与财政支持力度。

本篇参考文献

陈芳，万劲波，周城雄. 2020. 国家创新体系：转型、建设与治理思路[J]. 科技导报，38（5）：13-19.

邓少慧，黄何. 2020. 我国技术市场发展的政策体系、特征分析与对策建议[J]. 科技和产业，20（9）：45-50.

黄鲁成. 2003. 区域技术创新生态系统的稳定机制[J]. 研究与发展管理，15（4）：48-52.

姜江. 2020. 当前中国技术交易市场发展面临的主要问题[J]. 社科纵横，35（1）：34-38.

蒋芬. 2016. 我国技术市场发展演变趋势、存在问题及对策建议[J]. 科技通报，32（10）：251-254.

吕薇. 2020. 有效发挥企业在基础研究中的作用[J]. 中国科技论坛，（6）：4-5.

王黎萤，杨妍，高鲜鑫. 2020. 我国区域技术市场运行效率差异分析——基于 DEA-BCC 和 DEA-Malmquist 模型[J]. 经济地理，33（1）：36-40.

吴亚娅. 2018. 我国技术交易市场现状与发展对策研究[J]. 江苏科技信息，（18）：1-4.

张林，莫彩玲. 2020. 中国技术市场的时空演变特征[J]. 经济地理，40（9）：125-132.

朱雪忠，胡锴. 2020. 中国技术市场的政策过程、政策工具与设计理念[J]. 中国软科学，（4）：1-16.

Bozeman B. 2000. Technology transfer and public policy: a review of research and theory[J]. Research Policy, 29 (4/5): 627-655.

Junhan L. 2020. Technology market development: a literature review[J]. Journal of Simulation, 8 (1): 1-4.

后　　记

当今世界科技竞争日益复杂化与非均衡化，技术主权之争愈演愈烈，发达国家往往占据技术研发的领先地位，并力图在技术演变过程中掌握话语权，通过创造技术的先行优势获得市场先机，再通过网络外部性和正反馈机制保持和扩大其优势。这就使得后发国家的"技术黑箱"解密之路遭遇严格的技术壁垒，也使我国技术赶超与创新型国家建设之路面临严峻挑战。改革开放40多年以来，我国科技事业发展迅猛，科技创新能力显著提升，经济实现了跨越式发展。但随着国家创新体系的发展和国际竞争格局的变化，对防范和解决关键核心技术受制于人的问题重视不够，我国科技成果转化、经济向高质量转型发展之路关卡重重，这对国家经济建设、科技创新和产业发展带来严重影响。因此，我国实施创新驱动发展战略是新发展格局和新技术革命的必然要求。

谢富纪教授及其研究团队十多年来，紧密结合国家"十二五""十三五""十四五"规划，面向国家重大战略，以国际视野把握理论研究和实践动态，从整体上把握团队研究方向，保持研究的持续性、连贯性和针对性，并重理论创新和实践指导，持续开展国家创新战略与技术创新领域的研究工作。综合采用比较案例研究、扎根理论定性研究和定量研究等方法，聚焦创新驱动发展的理论研究、政策研究、创新网络研究与战略研究。研究获得2015年度教育部哲学社会科学研究重大课题攻关项目"创新驱动发展战略的顶层设计与战略重点研究（15JZD017）"的立项支持，在此表示感谢！在课题研究报告的基础上完成《创新驱动发展战略研究》一书。

《创新驱动发展战略研究》是团队全体成员多年来共同努力取得的成果，特别是王海花、刘秀玲、薛楚江、郭建杰、贺一堂、郑长江、于晓宇、蒋婷婷、陈瑜、韩雨卿、付丙海、夏丽娟、苏先娜、海力皮提木·艾比卜拉、吴珏、尹新悦、王倩、赵少华、贾友、詹湘东、陈红军、牛霄鹏、胡茜茜、刘骐源等老师和同学参与研究工作并做出重要贡献。感谢科学出版社和上海交通大学对本书出版给予的大力支持！

谢富纪
2023 年 7 月